（第二十二辑）

教育理论与实践研究

JIAOYU LILUN YU SHIJIAN YANJIU

主 编　三峡大学高等教育学会

中国海洋大学出版社

·青岛·

图书在版编目(CIP)数据

教育理论与实践研究 / 三峡大学高等教育学会主编
. -- 青岛 ：中国海洋大学出版社，2024.6
ISBN 978-7-5670-3847-9

Ⅰ. ①教… Ⅱ. ①三… Ⅲ. ①高等学校－教学研究－
文集 Ⅳ. ①G642.0-53

中国国家版本馆CIP数据核字(2024)第091662号

JIAOYU LILUN YU SHIJIAN YANJIU

出版发行	中国海洋大学出版社		
社　　址	青岛市香港东路 23 号	**邮政编码**	266071
出 版 人	刘文菁		
网　　址	http://pub.ouc.edu.cn		
订购电话	0532-82032573（传真）		
责任编辑	杨亦飞	**电　　话**	0532-85902533
印　　制	北京虎彩文化传播有限公司		
版　　次	2024 年 6 月第 1 版		
印　　次	2024 年 6 月第 1 次印刷		
成品尺寸	210 mm×285 mm		
印　　张	26.75		
字　　数	711 千		
印　　数	1～1 000		
定　　价	89.00 元		

发现印装质量问题，请致电 18600843040，由印刷厂负责调换。

编 委 会

主　任：黄悦华

委　员：（按姓氏笔画排序）

　　　　李　洁　李素芹　杨黎明　陈　鹏　赵　军

　　　　钟　朋　黄悦华　程永洲　曾德贤

目　录

第二部分 —————————————————— 103

第四部分　　　　　　　　　　　　　　　　　　　　　　　　　　　309

第一部分

三峡大学教育数字化问题及对策研究[1]

石丹淅[2]　董柳柳　李素珍

摘　要： 教育数字化是建设全民终身学习的学习型社会、学习型大国的基础。高校作为教育数字化发展的主力军，在教育教学的过程中尚未完全适应数字化新形势，面临着一系列问题与困境。本文以三峡大学教育数字化问题为研究对象。问卷调查数据分析显示，三峡大学数字化发展有一定成效，但仍存在理念碎片化、主体碎片化、行动碎片化、技术碎片化、评价碎片化等问题，主要成因在于文化保障缺失、行动主体松散、治理行动碎片、技术系统薄弱以及评价体系缺位。基于整体性治理理论视域，为解决三峡大学教育数字化碎片化问题，笔者提出可加强数字化文化保障、塑造多元化参与网络、构建整体性治理框架、建设一体化技术系统、健全综合性评价机制等对策建议。

关键词： 高等教育；数字化；整体性治理

党的二十大报告明确指出要"推进教育数字化，建设全民终身学习的学习型社会、学习型大国"，强调要"加快建设高质量教育体系"[1]，突出体现了新时代教育在全面建设社会主义现代化国家中的基础性、战略性支撑地位。党的十八大以来，国家高度重视数字化转型，并围绕此做出一系列重要的战略部署。党的十九大报告提出了建设数字中国的宏大构想。《中华人民共和国国民经济和社会发展第十四个五年规划和 2035 年远景目标纲要》提出"以数字化转型整体驱动生产方式、生活方式和治理方式变革"[2]。在教育领域，数字化已经成为新时期推动教育变革的关键力量。《教育部 2022 年工作要点》明确提出要加快推进教育数字转型和智能升级。以数字化赋能教育，变革教育治理模式，推进高等教育数字化转型是大势所趋。我国高等教育进入普及化发展阶段，高等教育的数字化已成为一种新的教育形态，颠覆了传统高校的教育体系、教育组织形式、教学模式和学习范式，对于构建网络化、数字化、个性化、终身化的教育体系具有基础性作用。省属综合性重点大学是教育数字化的重要行动主体。其适应数字化发展形势、开展教育数字化变革是省域高质量发展的重要力量与关键举措。作为湖北省重点建设的综合性大学，三峡大学不断完善数字化教学资源的基础建设，加快高校行政管理数字化进程。但数字化带来的巨大变革需要高校及时进行改革与创新才能适应，三峡大学在教育数字化进程中仍面临着诸多挑战，深层次的结构性与碎片化问题亟须解决。

鉴于此，基于新时代教育改革发展形势，准确把握教育数字化的基本内涵与特征，深度剖析三峡大学教育数字化的现实困境，切实采取推动其教育数字化发展的有效路径，既是践行全面建设社会主义现代化国家新使命的应有之义，也是加快建设数字中国和推动教育高质量发展的重要

1　三峡大学教研项目"基于 OBE 理念的公共管理人才培养体系研究与实践"（J2021038）；三峡大学课程思政项目"公共管理学"（K2021018）。

2　石丹淅，三峡大学法学与公共管理学院副院长、副教授、博士，从事教育经济学、教育管理学研究。

路径。

一、三峡大学教育数字化的现状分析

（一）教育数字化内涵

1. 数字化

Gartner 在 1990 年定义了 ERP，在 2011 年定义了数字化转型，提出 digitalization 是利用数字技术来改变商业模式并提供新的收入和价值创造机会，是转向数字业务的过程，digital-business-transformation 是开发数字技术和支持功能以创建强大的新数字业务模型的过程。数字化是社会信息化的高级阶段，是信息时代发展的新阶段。

2. 教育数字化

数字化与高等教育的深度融合已成为一种新的社会形态，信息技术的应用推进了教育的跨越式发展，高等教育为数字化在教育领域的发展也提供了关键保障。数字化与高等教育相互影响、相互作用而彼此交互联系的现象构成了数字化与高等教育的耦合。对教育而言，教育数字化是教育活动与当代数字技术的一种融合[3]，教育活动形态和数字技术之间有独特的关联关系。教育数字化在广义上指技术与教育系统深度融合的社会教育转型的综合体，在狭义上指将技术引入教育组织，以及基于这些技术形成的产品、流程或模式的创新和变革[4]。高等教育数字化就是通过彻底和全面的数字化转型，形成数据驱动、人技结合、跨界开放的教育生态，构建更加敏捷、适切、公平、可持续的高等教育体系，为学习者提供全面和丰富的学习体验[5]。

（二）三峡大学教育数字化的主要做法及成效

我国教育领域经历了从 1.0 到 2.0 的信息化升级。5G、人工智能、大数据、区块链等新一代信息技术与教育的不断融合迭代，推动着三峡大学逐渐完成从教育信息化向教育数字化的转变，从而迈入教育数字化深化发展新阶段。2022 年，学校发布《三峡大学智慧校园"十四五"发展规划》《三峡大学智慧校园项目建设管理办法》等相关规划和管理规定，以推进智慧校园建设的高质量发展和项目管理的统筹落地。学校设有专门的信息技术中心（智慧校园建设办公室），主要职责是贯彻落实国家教育信息化政策，制订学校信息化规划方案，组织学校信息化建设等。

近两年，信息技术中心连续完成三期智慧教室建设任务并不断推进相关建设，实现了学校教育与自我学习、线上载体与线下载体、传统模式与新兴模式的深度融合，建成校新一代智慧录播教室，探索出了全新的教育教学模式。截至 2022 年 6 月，学校建成智慧教室 29 间，可扩展智慧教室 45 间，智慧教学平台已涵盖师生共计 20 992 人，其中教师 1 395 人，学生 19 597 人。1 549 个教学班在教学平台上开启了授课相关活动，所授课程覆盖全校所有二级学院。同时，新的本科教学管理系统也建立了全过程覆盖、统一标准及数据流转的一体化教务管理服务系统。信息技术中心牵头进行数据治理工作，形成了标准统一、分类清晰、质量可信的数据仓库和数据集市，完成了开放易用、安全便捷的业务接口体系建设，实现了所有业务通过新建数据中台流转。三峡大学图书馆在数字化建设和数字化服务两个方面成效显著，不断完善云安全与云基础设施，依托大数据、云计算等技术，构建了以"智慧图书馆"为核心的资源数字化、应用集成化、传播智能化的信息环境，创建"两微一端"平台，为读者提供多项信息服务，如图书、期刊、论文、音视频，以实现文献信息资源的随时获取与充分利用。档案馆也建立了以软件和硬件为支撑的信息化平台，对馆藏档案进行了数字化加工，通过数字档案馆建设，极大地方便了档案的查询利用，基本达到了省级数字化档案馆的建设要求。

（三）三峡大学教育数字化存在的主要问题

1. 问卷调查情况

为了更好地揭示三峡大学的教育数字化问题，笔者设计了三峡大学教育数字化现状调查问卷，发放对象为三峡大学全体人员（管理人员、教师、学生），发放形式为网络问卷（问卷星平台）。问卷内容涵盖三峡大学师生的人口学特征、数字化认识、组织机构、教学管理、技术环境、评价机制、数字化总体满意度等信息。共发放调查问卷 320 份，回收 303 份，有效率约为 94.69%，问卷量表题 Cronbach's α 系数为 0.78（SPSSAU），大于 0.7，信度水平较高，KMO 值为 0.72，具有较高效度。

2. 存在的主要问题

（1）教育数字化理念碎片化

笔者将能反映受访者对教育数字化理念的两组数据绘制成饼状图（图 1）。

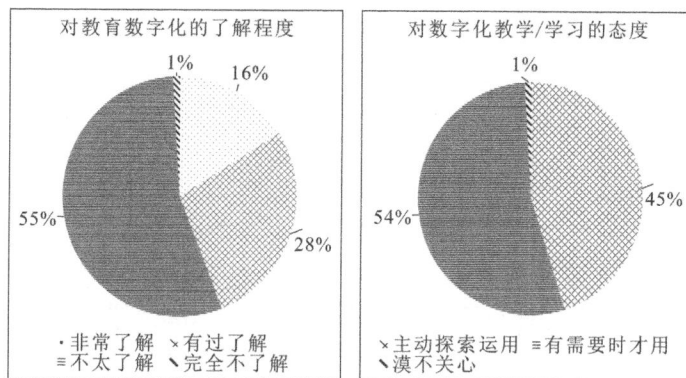

对教育数字化的了解程度

1%　16%
55%　28%

·非常了解　﹨有过了解
≡不太了解　﹨完全不了解

对数字化教学/学习的态度

1%
54%　45%

﹨主动探索运用　≡有需要时才用
﹨漠不关心

图 1　教育数字化理念饼状图

据图 1 所示，只有 16% 的人员表示对教育数字化非常了解，55% 的人员表示只了解教育数字化的相关话题，仍有一部分受访者表示对教育数字化并不太了解，这表明三峡大学人员整体上缺乏对教育数字化这一新的教育形态的基本认知。同时，愿意主动探索数字化教学或学习的人数远少于有需要时才进行数字化教学或学习的人数，这表明三峡大学的大部分人员并不具备利用数字技术进行教学和学习的积极态度，缺乏对教育数字化统一的价值共识。

一方面，调查结果呈现出认知碎片化问题。数字时代是一个全新的时代，教育数字化是教育形态发生根本转变和教育模式探索发生范式转变的重要表现之一，要适应时代的变化就务必及时更新理念与认知，但三峡大学人员没有及时更新观念，缺乏对教育数字化基本内涵的熟悉及对数字化的思维与认识。不少人员不注重对智能技术的学习与运用，缺乏进行数字化教学与学习的积极性、主动性、创造性，甚至有些人在受到现代社会功利性教育理念的影响后，对高等教育的价值及社会责任的认识产生了一定的偏差，转而注重培养能够产生实际效益的实用人才，从而忽视了教学和学习过程的重要手段。在没有将数字化理念内化于心的情况下，面对数字革新的社会，一些人员盲目地运用技术，导致数字化与教学学习的契合度不高，教学与学习手段牵强附会，很难在校内形成浓厚的教育数字化文化氛围。

另一方面，调查结果呈现出文化滞后现象。多年前三峡大学投入大量的资金、人力和物力来进行信息化建设，但如今在"加快数字化发展 建设数字中国"这一重点被列入"十四五"规划后，数字化应当成为学校大力建设的方向。三峡大学专门进行此工作的信息技术中心在将推进学校信息化建设作为工作主要职责的基础上，未及时更新其数字化发展规划与目标，仍以信息化建设作为学校建设导向；同时，校领导进行智慧校园建设专题调研建设时，仍以提高信息化水平和信息化发展为工作的着力点，未提及数字化，难以形成教育数字化价值的集体共识，整体存在理念碎片化问题。

（2）教育数字化主体碎片化

笔者将受访者对学校组织机构的态度数据绘制成柱状图（图2）。

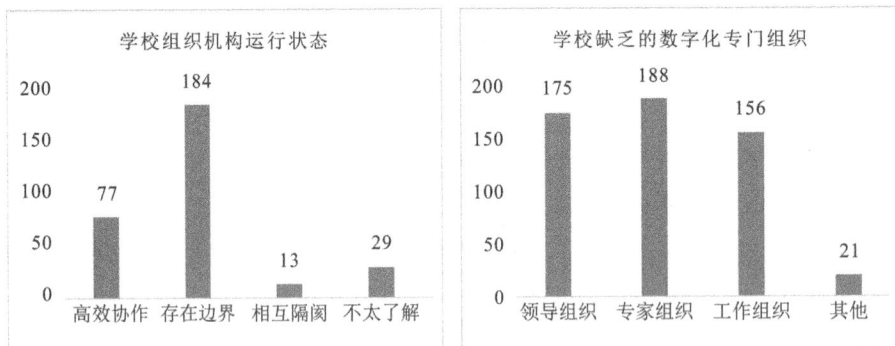

图2 受访者对学校组织机构态度柱状图

据图2所示，绝大部分人员认为学校原有的组织机构难以完全适应数字化发展趋势，各部门及组织之间"存在一定的管理边界"；约25%的人员认为各部门正高效地分工协作；少部分人员认为学校各部门间相互隔阂，形成数据孤岛，表明学校原有的组织机构的运行状态有待改善。同时，大部分人员认为学校缺乏数字化领导组织、专家组织和工作组织，表明学校要全面推进数字化发展还缺乏完善的组织机构。三峡大学师生的数字化实践情况的数据统计结果如表1所列。

表1 数字化教学与学习实际情况

内容	完全符合	基本符合	不确定	基本不符
数字素养	48（15.8%）	161（53.1%）	78（25.7%）	16（5.3%）
教学能力	59（19.5%）	184（60.7%）	54（17.8%）	6（2%）
教学实践	63（20.8%）	193（63.7%）	41（13.5%）	6（2%）
学习模式	60（19.8%）	178（58.7%）	59（19.5%）	6（2%）

据表1所示，在数字化教学与学习能力的四个方面，认为完全符合的人员与不确定是否符合一定数字化能力的人员数量基本一致，均远少于认为基本符合的人数。其中，认为自身完全符合"具有一定的数字素养，了解常见的数字技术内涵特征及其解决问题的程序和方法"的人数要少于其他三种，表明三峡大学人员在数字素养方面还有较大的提升空间。故本研究将三峡大学教育数字化关键行动者存在相互隔阂、相互分离的状态总结为主体碎片化，具体体现为以下两个问题。

一是组织机构碎片化。一方面，原有的组织机构难以适应数字化引发的模式创新和业务流程再造，缺乏更高层次的协调整合。三峡大学内部的党群部门、行政部门、各学院设置、科研机构在高校内部呈独立分散的状态，其中管理与服务部门掌管着大量的数据性材料，较早地进行了业务功能的信息化改造。然而，管理与服务的职能通常由多个部门分工负责，各部门之间管理边界仍然存在着较为明显的间隙，虽然在同一校园内，却形成了一个个数据孤岛，使得教育组织内部各部门、不同平台与信息系统之间功能上互不关联、信息不共享、服务和流程相互脱节[6]。另一方面，原有的专门机构难以在领导与支持数字化发展的同时，与数字化需求相匹配。目前，学校信息技术中心(智慧校园建设办公室)作为推进数字化建设的专门单位，内设的各业务部门分别承担工作，有着固定的职能部门的人员结构关系及职能定位，但不具备统一协调和统筹学校数字化建设的能力，难以让各部门的信息形成有机的关联。

二是教学与学习碎片化，教师和学生两大主体的互动参与程度很大程度地影响了教育数字化的实际成效。一方面，教师作为教学的主导者和直接实施者，应当具备一定的数字素养，及时更新教育计划，创新教学方法，但三峡大学教师在应用数字资源与智能技术开展教学活动的能力上还有所欠缺，同时在课程中嵌入数字技术、利用数字平台和数字工具的教学活动上还未充分发挥其主体作用。另一方面，作为教育教学的主要对象，学生也未及时跟进数字化学习模式，使用文献资源信息共享平台和各类网络教育平台系统的频率不高，处于被动接受的状态，还未具备数字时代的综合素养，跨越学科的价值观、必备品格和关键能力都较为短缺。

（3）教育数字化行动碎片化

基于本研究在三峡大学数字化行动所分析部分，笔者将数据绘制成如下圆环图（图3）分析。

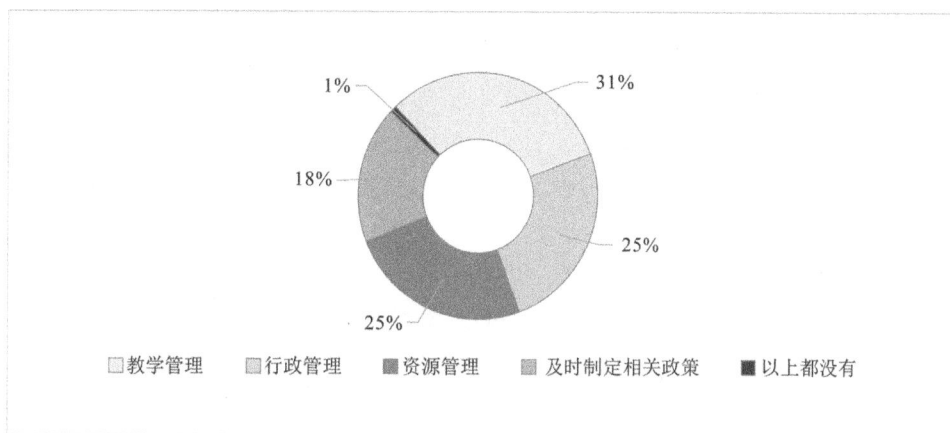

图3　三峡大学数字化行动圆环图

据图3所示，笔者认为教学管理有明显数字化发展的人数略多，同时，认为学校在制定并调整数字化教学相关政策与规范方面发展的人数较少，表明三峡大学在数字化上整体还未采取较有力且有效的行动，还有较大的发展空间。三峡大学教育数字化行动是由数字化政策规范、行政管理、教学管理等多方面的共同实践组成的过程，但长期以来，大一统、标准化和固定式的教育模式，以及分散式、单一化技术和教育整合的格局，使得教育主体形成单点式思维，从而在面对教育数字化这样一个多层次、多样化、系统性的实践过程中缺乏协同与整合，出现行动碎片化的问题。

首先，在数字化政策上，学校虽发布了智慧校园发展规划、建设管理办法等相关规划和管理规定，但这些规范仍基于国家有关信息化建设法律法规制定而成，缺乏对数字化战略的专门政策。并且管理层的科学化决策应通过选择高校发展的关键运行指标、比较对象来确定基准目标，学校缺乏进行大量的数据分析和相关发展指标的预测，从而制订、规划这一环节。

其次，管理维度是教育数字化在高校内的实践场域，学校尚缺乏教育数字化的整体性和协同性管理与服务体系。一方面，受行政管理导向的强制性同构和绩效筛选指标的规范性同构影响，管理制度存在结构不优、核心领导力不强、协同不力等掣肘性短板。虽然学校在某些活动或过程中做出了数字化实践，但受制于院校两级管理，并未完全做到结合起来发挥整体性功能，仍呈碎片化模式发展。同时，组织的工作与流程效率不高，未明显地使用数字化策略来改进现有工作方式，还没做到从传统的工作程序过渡到使用数字技术来改进、增强，以此简化教育服务和工作复杂的流程。另一方面，教学管理导向具有一定的学科和专业壁垒，有较强的独立性，所以学校在整合与统筹中难以兼顾，在建立学校教学管理系统中对数字化的运用还处于初级阶段。另外，学校尚未及时改进其教学流程，习惯按照传统教学过程的规律来决定教学工作的顺序，从而进行教学过程管理。学校应在完善的专业教育基础之上，加强课程方面的管理，涉及课程现代化和数字课程，为学习者提供灵活的学习课程和及时的培训。

（4）教育数字化技术碎片化

笔者将反映学校技术环境层面的满意度数据进行汇总，统计结果如表2所列。

表2　学校技术环境满意度

内容	非常满意	较为满意	一般	较不满意	非常不满
技术团队	50（16.5%）	145（47.9%）	94（31%）	14（4.6%）	0
技术系统	51（16.8%）	176（58.1%）	63（20.8%）	10（3.3%）	3（1%）
基础设施	56（18.5%）	173（57.1%）	64（21.1%）	9（3%）	1（0.3%）
数字资源	73（24.1%）	177（58.4%）	47（15.5%）	6（2%）	0

由表2可知，对学校技术环境建设的各个方面，认为"非常满意"的人数要远少于认为"一般"的人数，同时有少数人员对学校技术特别是技术团队、技术系统及基础设施这三个方面表示"较不满意"，表明学校在利用信息技术融入学校教育和发展的各个方面仍存在许多问题。技术系统是教育数字化发展的工具资源，学校表现出的技术碎片化问题不只包括数字技术运用碎片化，也涵盖技术生态系统碎片化和依托技术构建的数字化环境碎片化等问题。

首先，在数字技术的运用方面，出现了技术与教学深层次整合的瓶颈，各项技术不能有机整合，层出不穷的新兴功能与操作烦琐的数字设备加大了将技术与教学深度融合的难度，加上学校前期在线教育基础不够牢固，致使疫情防控期间的在线教学出现平台瘫痪、网络卡顿等诸多问题。在学校各种已有平台的基础上，学校虽积累了大量的业务数据，但技术团队的数据治理工作不够完善，面临数据资产不清、数据共享困难、数据维度少和缺失等问题，存在"信息孤岛""数字鸿沟"等现象。

其次，在技术系统的运行方面，面临着陈旧与孤立的技术生态系统问题[7]，学校存在大量使用旧方法和旧技术的信息系统、基础设施、技术架构等，存在着技术系统限制。另外，学校将数字技术融入教育时仅仅引入单个数字平台或数字工具设备，只是零散地将智能技术放置于教学环境，未形成网络化的技术生态系统。

最后，在数字化环境的构建方面，未形成数据安全且内部畅连互通的网络环境，也缺乏设施完备的数字基建环境。虽然学校在智慧校园建设中对校园网、智慧教室、统一信息门户平台、教务和学生管理系统等方面的建设投入较大，形成了一定的数字化环境，但仍存在系统崩溃、登录与操作失效等问题，学校的数据资源以及信息资源共享还未达到最优化效果。

（5）教育数字化评价碎片化

将受访者对学校原有的评价机制的成效态度数据汇总，制成柱状图（图4）进行分析。

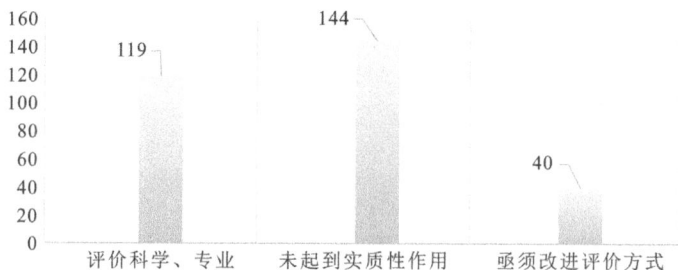

图 4　学校评价效果柱状图

据图 4 所示，笔者认为学校原有的评价机制"能保证基本的评价功能，但对提高学校教育质量未起到实质性作用"的人数居多，也有一定数量的人员认为学校"亟须创新和改进评价方式，创建更加多元的过程性评价和增值性评价"。三峡大学数字化教育系统中的教育评价，发挥了信息技术的优势，在一定程度上判断了学校教育的价值与成果，但在评价过程的中观和微观层面都表现出评价碎片化的问题。

从学校教育的中观层面出发，学校虽持发展性评价理念，但在实践层面未在评价过程中产生实质性影响，仅将收集到的数据进行汇总统计，缺乏对相关数据的深度挖掘与分析，未将数字技术充分融入评价过程，未形成定期、持续采集评价数据的机制和方法。同时，学校未对教育资源投入与人才培养的质量给予足够的关注，致使教育评价呈经济化趋向，忽视了学生多样化个性需求等差异。

从教学活动的微观层面出发，全面的评价机制涵盖了教学评价、学习评价等多方位评价。校内教学评价通常以学期为周期，评价反馈的及时性不足，基本以学生对教师的学期末评教为重点评价结果，主观性和可操控性强，难以保证评价结果的准确性。同时仅利用技术将评价结果进行收集整合，未发挥数据驱动的智能化作用，未做到数据信息的成分流转，评价对象和评价主体单一化，对教学质量提高的促进作用不明显。学习评价的数据采集较为单一，内容不够丰富，在借助技术进行学习过程的记录、学习满意度的测评、日常学习行为与成绩等方面都缺乏分析与评价。此外，学校未完全掌握基于大数据的学习分析手段，缺乏识别智慧学习环境和学习情境、进行多维度的反馈与综合分析等评价方式。

二、三峡大学教育数字化发展碎片化的原因分析

整体性治理是 20 世纪末发展起来的一种治理理论，英国学者安德鲁·邓西尔于 1990 年在其发表的《整体性治理》一文中首次提出，后经佩里·希克斯、戴安娜·叶特、金伯利·舒尔茨、加里·斯多克等学者进一步推动，在学术界和实务界产生巨大影响，并与网络治理、数字治理并称为后新公共管理时期三大主流治理理论。整体性治理的着力点在于变革碎片化带来的阻力，通过协调与整合最终实现善治[8]。三峡大学教育数字化表现出碎片化问题的主要诱因为以下几个方面。

（一）文化保障缺失

教育数字化理念是有关组织及成员在长期实践中形成并持有的关于教育数字化的固有认识与内在看法，通过影响和支配主体行为逻辑及其价值取向对教育数字化发展成效起关键性作用。

现阶段，教育数字化转型在高校中还处于初步探索与实践阶段，由于学校相关的文化保障缺失，导致转型主体理念整合不足。组织文化决定着组织成员对事物的接受程度，对于组织的数字化转型而言，诞生在数字时代的组织面临的文化阻力较少，而相对传统的组织会面临较大的文化

阻力[9]。作为办学久远的教育组织，三峡大学的数字文化相对保守。另外，高等教育所承载的传统人文精神、终极价值和责任伦理，与如今飞速发展的数字时代所显示的教育性与未来性产生了一定的碰撞，高等教育组织还未及时适应这种以人的主体性为中心的价值理性，成为限制教育数字化发展的隐性阻力。

从外部看，各区域间经济和数字化发展水平存在较大差距，各教育组织的数字化文化氛围也不尽相同，加之自身所具备能力和可获得资源的差异化，进一步强化了保守的数字化转型理念。而高校在办学中已步入稳步提高的状态，更趋向于维持内生性发展诉求的现状，对于外生性资源竞争和具有风险性的转型发展未形成目标一致且连续的整合型共识，并未从根本上改变教育理念。

（二）行动主体松散

高校内教育数字化多元主体缺位、越位和错位，尚未形成多元主体协同参与网络，产生相互隔阂、互相分离等问题，致使三峡大学教育数字化发展及各主体功能的实现面临碎片化问题。

我国高校目前主要为由纵向层级与横向的职能部门划分而组成的现代科层制管理体制，表现出专业分工、非人格化、多层级行政等特点。在这种行政管理模式下，高校内部逐渐趋向于形成"条块型"组织结构的格局，而各"条"的顶端作为高校数字化管理主体之间的错位与隔阂，不可避免地会引发条块分割、结构分散等问题，造成部门间权责界限不明晰、职能分工不明确以及伴随的管理空地、政出多门、互相推诿等问题，导致信息不流通、数据不共享等现象的产生。加之受到部门利益链条与偏好的影响，部门成为利益主体，在完成工作任务时倾向于从行政便利的角度出发，选择自身利益最大化的方式与手段，并且部门间缺乏有效沟通与协调机制，从而忽视了部门间的技术配合与数字化协作，难以实现各职能部门间的价值整合。在科层制运作的结构性背景下，面对学校不断提出并执行的信息化建设项目，整体性的工作任务被不断分化、裂解，再被细化至不同的责权部门，各项工作在各个层级与各分管机构中持续流动，面对进度不同与类型各异的任务，都需在既定的时间周期内应对上级的验收与评估工作，各个环节的分散难以顾及整体目标的实现。

另外，高校内部管理中采取的院校两级管理模式，由于缺乏明确的关系厘定认识，让基层院系逐渐演变成为松散的扁平化组织，向独立自主、低度连接的松散耦合组织结构愈加靠近，各个院系之间的联系越发疏离，只做到分工而难以协作。同时职责划分界限模糊，权力仍然集中于校级决策层和管理层，致使学院责权不对称，依旧执行"层层上报、逐级审批"的规范，基层工作积极性与效率受到一定的影响。

（三）治理行动碎片

教育数字化发展是一个长期且持续的过程，其会对教育生态系统产生重大变革，高校内的教育数字化更涉及教育与教学活动的各个方面，而在三峡大学教育数字化实践中，整体性治理框架的缺位以及系统性战略规划与完整制度安排的缺失，致使协同与整合不足，各行动模块呈碎片化发展。

明确的战略规划在教育组织内部对于实践发挥着强大的指导作用，而模糊、不明晰的定位对行动主体的数字化实践缺乏有效的指引。这些还需优化与更新的规划经过纵向传递与横向扩散后，进一步使高校教育系统内部的不同主体对各项工作的探索与完成缺乏整体性、系统性和方向性，甚至产生误解或片面解读教育数字化相关内涵。另外，在科层体制之下，教育数字化无法摆脱高校的教育管理模式独自进行，而是嵌入既有体制[10]，在与现实机制的持续互动中不断生成、建构并发挥作用，其存在的潜在风险在于导致嵌入方为被嵌事实所捕获，其原有运作结构及预期功能远不及意料之中，加之组织行为的非理性以及行政效率低下等缺点附着于教育组织的行动中，使得管理粗放、工作效率低下等问题愈发明显。

高校尚未构建统一且完善的管理制度，未能高效协调教学管理与行政管理之间的关系。现阶段教学管理与行政管理在目标、功能、侧重点上都有一定的差异，在二者共同实践的过程中常伴有权责、事务、监督等要素在层级体系间的上下传递与横向阻隔问题。在校长负责制下，行政管理部门更加遵循传统的管理思维，工作更限于在条块分割的部门及单位间运作，致使与教学相关的工作时常处于被动式的应付状态。在教授治学管理体制下，虽有以学术委员会为核心的学术管理体系，但带有行政职务的人员参与学术管理，难以协调行政管理与学术事务之间的关系，致使学术性管理机构也带有一定的行政化色彩，进而出现缺位的现象。

（四）技术系统薄弱

数字技术的发展和应用演绎出了数据革命的新形态，变革了高等教育的新模式，而在数字技术深深地嵌入教育全流程的过程中，学校技术系统的限制与阻碍使得整体技术水平与数字化治理工具相对落后。

在部门本位主义的运行模式下，不同部门的业务信息呈被分割的碎片形式，并分别存储在各自独立的"职能仓"内。由于缺乏将原本分散的业务信息转变为一体化的应用集成系统，协同工作流技术、系统集成技术、数据库技术等在线技术，难以发挥其公共信息整合、业务流程重组和系统集成的主要功能[11]。在面对具有交叉属性的各项事务时，信息管理系统也难以发挥在线技术的支撑作用从而实现信息流动。在技术系统的限制和信息管理系统的缺位情况下，高等教育组织仍遵循传统科层分工管理及其应对模式，极易产生主体信息壁垒，致使信息数据分散且淤塞于各部门、单位内部，无法实现教育数字化建设与成效数据的有效整合与共享应用，进一步加剧因纵横组织机构分割造成的信息封闭、数据失真等碎片化问题。

在信息与技术构架的建设缺失下，高校教育数字化发展存在的数据管理分散和教育资源分散问题，阻碍着数字集成发展与信息流的畅通和信息资源的有效利用，同时影响着基础设施的建设与数字设备的规划使用。虽大多操作实现了电子化控制，但缺少对设备的运行状态监控、预警与自动修复等功能，使得数字基建环境的构建质量难以得到保证。

（五）评价体系缺位

学校距离构建符合实际、高水平的评价体系还有一定的差距，评价体系缺位问题衍生出评价标准不统一、评价内容不一致、评价指标不完善等问题，由此影响了学校教育与教学活动的评价质量，表现出一系列碎片化问题。

学校在评价标准方面缺乏相关的成效指标基础数据，且缺乏评价标准值的确定标杆，导致评价人员在评价过程中更加依赖经验判断，从而直接造成评价标准存在较大差异性，难以形成标准体系的整体性。目前，三峡大学不同部门、不同项目的评价指标体系呈现碎片化、分散化特点，其还未建立起一个一体化、以大数据分析支撑的评估指标体系。各级管理机构、不同项目和政策执行验收平台并未实现有效对接，难以完成从各行各业、性质相异的不同层次进行综合评价的目标。

另外，定性指标设置缺乏统一的标准和规定，难以量化评价指标，使得各种形式化评价频现，从而出现典型的"唯指标化"，没有将成果性导向和客观性评价形成良性竞争，未能发挥追求共同目标的凝聚力，影响了教育评价结果的客观性。

三、三峡大学教育数字化整体性发展的对策

（一）转变与引领：加强数字化文化保障

1. 转变发展理念，营造数字化文化氛围

学校应立足本校文化底蕴，破除传统与保守的思维，转向秉持以"学生为中心、以服务为中心、以体验为中心、以数据为中心"的理念，高度重视数字化对于教育变革的重要作用，在全校上下形成以数字赋能教育的理念与共识。加强对教育数字化的研究与宣传，丰富学术文化活动，举办数字化讲座、数字竞赛、学术周等活动，引导全体人员内化数字化意识，认真利用数字技术开展教育教学活动，倡导形成数字化思维。充分发挥数字化理论课程的主渠道作用，培养校内人员的数字素养，引导校内整体教育数字化风气的形成。根据未来教育愿景与发展目标，定向教育数字化的发展总体规划与轨迹，驱动数字化实践主体和个体形成统一的价值共识。

2. 强化价值引领，加强整体性文化保障

学校需要克服部门利益导向下的"理性经济人"思维，把立德树人作为根本任务，从整体性治理理念出发，主动回应师生诉求，扮演好我国高等教育发展道路的"探路者"角色；加强文化阵地建设，在学校关于数字化建设的顶层设计下，有效激发并充分释放校内主体的数字化实践活力，给予充分稳固的文化保障。高校管理者、教学研究者、专业教师需协同努力，共建融合联通的数字化教育教学图谱体系，破除各管理活动、教学活动数字化思维边界，以形成整体性数字化发展理念。

（二）整合与协调：塑造多元化参与网络

1. 整合组织结构，完善组织管理体系

加大对学校内部组织机构的整合力度，优化并调整行政机构设置，积极探索实施大部制改革，以推动机构向"大部门、大职能、大服务"的范式转变。建立学校党群部门、行政部门、学院设置、科研机构、其他单位五位一体的管理体制和模式，在部门之间实现紧密的关联与协同机制。依据不同的职能性质改善各个机构独立运行的弊端，使得高校管理机制转向扁平化，逐步减少教育组织的管理层级，赋予学校二级学院或部门更多的办学权力。优化职能部门设置，强化服务式管理，推进管理重心下移，以减少因机构臃肿或职能重叠而引起的碎片化问题，加强信息与资源的融合与共通。探索教学单位学部制改革，打破原有的"学校—学院—系—年级"的多级管理，各学部按照专业集群设立"科教中心"，将其作为教学科研工作开展的单元，使得管理层级从四级缩减到两级，突破学科和专业壁垒，充分发挥其专业集群优势。

2. 协调多元主体，建成协同参与网络

在校内多元主体互动的基础上，加强管理层横向的政策协同、各层级间组织的协调、与其他单位间的联动，提高管理与运作效能。在加强主体整合过程中，遵循高等教育系统的内在运行逻辑和规律，依托学术权力扭转试点教育组织过度行政化倾向，缓解行政指标、经济标准、教学目标、科研任务等由不同主体负责的项目间可能出现的摩擦与矛盾。构建统筹引领下多元主体互动的参与网络，规范协作流程与执行标准，明确职责内容与权力范围，充分调动各主体教育数字化的积极性，破除各业务主体间的信息壁垒与明确界限，保障和提高相关主体间的协作意愿和能力，以整体性目标的实现作为行动旨归，促成校内组织结构的优化与功能整合。

（三）协同与发展：构建整体性治理框架

1. 协同实践全过程，构建教育数字化框架

教育系统内部结构是相互连接的整体，涉及教、学、管、测、评等一系列具有逻辑联系的实践过程。因此，应构建一个整体性的治理框架，将教育数字化嵌入各项具体过程，将教育数字化框架视为前瞻性工具，进行教育教学的路径指引和实践抓手，帮助学校制定实施策略。如可采用自上而下的顺序，即先进行教育数字化规划，制定战略目标，而后推进组织结构、业务职能、环境及基础数据的数字化创变，利用合理规划的数字技术将每一实践内容联结为严密有序的各个部分，以减少过程的分裂解构与碎片化发展。

2. 健全管理运作机制，完善内部治理体系

学校要坚持党委领导下的校长负责制，加强"党委领导、校长负责、教授治学、民主管理"的大学治理体系的建设，完善校、院两级管理制度，进一步扩大学院办学和治理的自主权，增强学院办学办事的积极性和主动性，提高数字化举措的执行能力、决策能力、治理能力。学校应科学合理地规范学术权力与行政权力的运行，充分发挥学术委员会、教学委员会等学术组织对学术领域的基础作用，推动学科建设、科研立项、学术评价等方面的发展。学校还应逐步建立推进数字化转型的相关规章制度，通过制度建设，包括对原有的管理、制度进行废、改、立、补等，促进高等学校管理、制度的根本性改变，逐步形成保障数字化转型顺利推进的机制，并对高等教育的教师、学生及管理人员的行为进行规范，构建"一体化领导、专业化运行、协同化育人"的工作机制，形成教学、科研、实践、管理、服务、文化、组织等多方育人长效机制。

（四）创新与共享：建设一体化技术系统

1. 创新数字技术，构建统一技术系统

学校应做到以下四点：一是基于一体化数字信息平台的数据，创新与加强系统化的数据分析方法，打破技术单一技术布局和技术限制，建立新技术融合的统一技术生态系统；二是加快发展物联网、大数据技术和云计算技术，搭建新型数字化教育云服务平台，为校内不同的数字化与信息化业务提供统一接口、统一数据、统一门户等类型的公共服务，充分发挥信息服务共享优势；三是利用泛在网络技术，尝试将移动技术与网络环境进行优质、高效的整合，通过"技术链条"的方式保持系统内部的普遍联系与整体性，为校内师生提供一个易于识别、掌握、获取知识的信息共享环境；四是加强智慧校园的升级改造，建设出校内专用的智能化教育应用系统。

2. 加强数据共享，提供优质教育资源

学校要重点建立校内数据交换通道，形成安全、统一、整体的数字环境，增强数据采集、分析、挖掘等数据处理与运用的能力，推动三峡大学内部教育数据的有序流转，从而实现跨层级和部门的数据共享；加强校内宽带网建设和管理，确保校园网高速、稳定和安全，保障校内网络全覆盖；充分利用云计算技术，有效联通现有信息化基础设施，以实现硬件资源共享，提升数字化教学装置水平。学校应根据最新的国家课程标准，建立适应学校发展的教学资源体系，多渠道汇聚不同教育阶段资源库，扩大资源接入范围，促进优质的资源广泛共享并应用于教育教学主体。

（五）优化与统筹：健全综合性评价机制

1. 优化评价方式，创建专业评价体系

学校应适应数据赋能的新型教育数字化评价势态，联结评价指标体系、评价过程机制、评价结果反馈模式，形成更加多元丰富的过程性评价和增值性评价方式；以严密准确的数据分析为评价基础，构建出一套科学完整的教育评价指标体系，确定出规范合理且以特定指标为主的评价内容，为教育评价提供专业的评估标准和模板，以专业的评价数据和依据，形成富有生命力的教育评价系统，保障评价过程的科学性和评价结果的准确性；健全适应评价体系的配套政策，制定相关的激励制度，最大限度地达到以评促建的效果。

2. 统筹评价要素，满足综合评价要求

学校应建立健全的自然科学和人文社会科学分类评价，制定不同类型的科研人员考核评价标准，建立以学术质量及影响力为导向的成果评价机制，形成以团队为核心的绩效考评体系。学校应引导科研辅助和实验技术类人员提高服务水平和技术支持能力，完善科研人员职称评价体系，探索高层次人才、急需紧缺人才职称直聘办法。

参考文献：

[1] 习近平.高举中国特色社会主义伟大旗帜 为全面建设社会主义现代化国家而团结奋斗——在中国共产党第二十次全国代表大会上的报告［M］.北京：人民出版社，2022.

[2] 习近平.关于《中共中央关于制定国民经济和社会发展第十四个五年规划和二〇三五年远景目标的建议》的说明［N］.人民日报，2020-11-04（01）.

[3] 冯珍珍.教育数字化发展的新趋势及其反思［J］.教育发展研究，2012（Z2）：116-120.

[4] 祝智庭，胡姣.教育数字化转型的实践逻辑与发展机遇［J］.电化教育研究，2022（1）：5-15.

[5] 杨宗凯.高等教育数字化发展：内涵、阶段与实施路径［J］.中国高等教育，2023（2）：16-20.

[6] 胡姣，彭红超，祝智庭.教育数字化转型的现实困境与突破路径［J］.现代远程教育研究，2022（5）：72-81.

[7] 兰国帅，魏家财，黄春雨.国际高等教育数字化转型和中国实施路径［J］.开放教育研究，2022（3）：25-38.

[8] 石丹淅.新时代农村职业教育服务乡村振兴的内在逻辑、实践困境与优化路径[J].教育与职业，2019(20)：5-11.

[9] 郑金洲.教育文化学［M］.北京：人民教育出版社，2000.

[10] 蔡亮.高等教育试点改革的碎片化问题及其应对——基于整体性治理理论的分析[J].高校教育管理，2023(1)：47-58.

[11] 谢微.整体性治理的核心思想与应用机制研究［D］.长春：吉林大学，2018.

地方综合性大学医学硕士研究生学风建设问题及对策探讨[1]

周永芹[2]　刘英　胡园园　宋银宏

摘　要： 医学相关学科的研究生培养目标是培养医学领域的高级专门人才。优良的学风是学校提高人才培养质量的根本保证。地方综合性大学的医学研究生在生源质量、个人背景、职业规划、学校的软件及硬件等方面和"双一流"高校均存在一定差异。本文以三峡大学医学硕士研究生为研究对象，通过问卷调查法及文献资料法，分析地方综合性大学医学研究生的学风现状及存在的问题，探讨应对策略，以期找到较为可行的提升地方综合性大学医学硕士研究生学风建设的做法。

关键词： 地方综合性大学；医学硕士研究生；学风建设；问题及对策

医学硕士研究生包含不同的专业，各专业的具体培养目标有所区别，但培养医学领域高级专门人才是其共同目标。此目标的实现是一项系统工程，不仅包含对医学知识的获取，更重要的是能力培养与学风建设。其中，学风建设的目标在于培养研究生严谨求实的治学态度和不畏艰难、勇于攀登的科学精神，要求医学研究生自觉遵守科研诚信与学术道德，自觉强化医学学术规范训练，建立强烈的医学职业伦理观念，提升自己的医学学术道德涵养。因此，医学研究生学风建设的好坏直接影响着医学研究生的培养质量，是决定医学院校研究生教育事业能否健康及可持续发展的关键。地方综合性大学的医学研究生从生源质量、个人背景、职业规划以及就读学校的软件及硬件等方面和"双一流"高校均存在一定差异，目前他们的学风情况如何？存在什么问题？背后有什么原因？有什么好的措施可以解决这些问题？笔者在问卷调查的基础上，进行了翔实的分析，并提出了相应的对策。

一、地方综合性大学医学硕士研究生的学风现状

本课题组以湖北省属高校三峡大学为例，2022 年对在读医学硕士研究生进行了电子问卷调查，收回问卷 237 份。参与调查的研究生来自各个专业及不同年级，具有较好代表性（图 1）。调查结果表明，75% 以上的参与者认为学风整体情况很好或较好，无人认为硕士研究生学风整体情况很糟糕（图 2），不过存在着不少问题，概括起来主要有以下方面。

1　2021 年度三峡大学研究生教学改革研究项目"医学研究生学风建设的问题及对策研究——以三峡大学为例"（SDYJ202114）。

2　周永芹，三峡大学基础医学院副教授，博士，从事肠道微生物的研究。

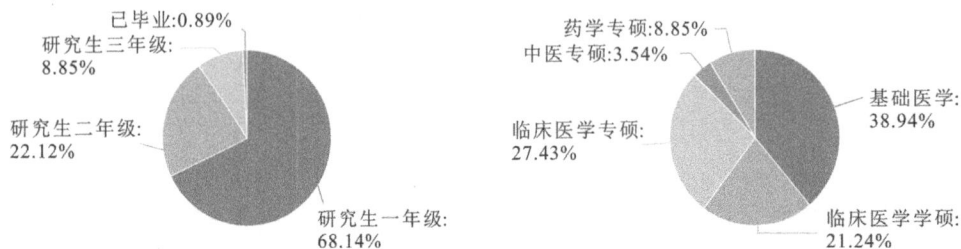

图1　参与问卷调查的医学研究生来源情况

（一）学习目的与国家的培养目标有一定偏差

教育部《2022年全国硕士研究生招生工作管理规定》第二条指出："高等学校和科学研究机构招收硕士研究生，旨在培养热爱祖国，拥护中国共产党的领导，拥护社会主义制度，遵纪守法，品德良好，具有服务国家、服务人民的社会责任感，掌握本学科坚实的基础理论和系统的专业知识，具有创新精神、创新能力和从事科学研究、教学、管理等工作能力的高层次学术型专门人才以及具有较强解决实际问题的能力、能够承担专业技术或管理工作、具有良好职业素养的高层次应用型专门人才。"本课题组调查结果表明，近一半医学硕士研究生的学习目的与国家的培养目标相契合，还有不少研究生主要为个人目的考虑，具有较现实和明显的功利化倾向（图2）。

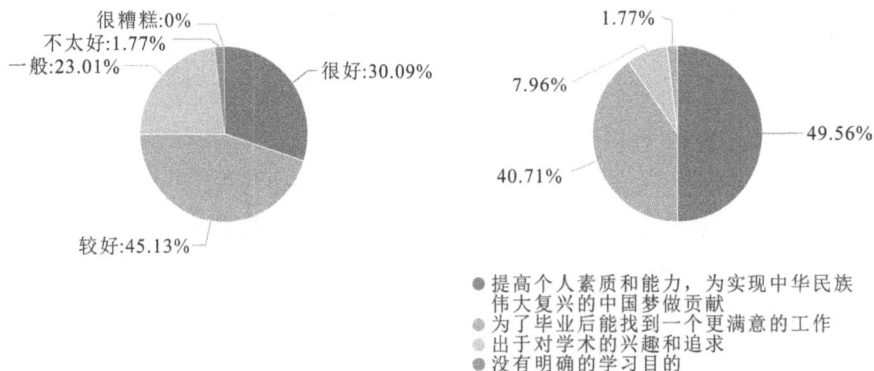

图2　医学研究生的学风整体情况及学习目的调查结果

（二）学习自觉性需加强

自主学习、终身学习对于医学专业研究生尤为重要，但就目前情况来看，有相当一部分医学硕士研究生学习的自觉性程度不高、主动性不够，主要体现在以下三个方面：①没有明确的学习计划。学习计划方面的调查结果表明，有明确的、稳定的长期学习计划的占48.67%，余下医学研究生要么只有短期的学习计划，要么偶尔有学习计划。②课堂学习不认真。听课情况的调查结果表明，能认真听课并积极思考的占52.22%，听课认真但很少思考的占23.01%，听课有时认真有时不认真的占20.35%，上课经常心不在焉或上甲课做乙事的占4.42%。③学习时间投入不足。课余学习时间的调查结果表明，平均每天超过3小时的占42.48%，平均每天2～3小时的占25.66%，平均每天1～2小时的占22.12%，平均每天1小时以内的占7.08%，还有2.65%的研究生没有利用课余时间学习。

（三）科研意识需加强

科研能力是衡量医学硕士研究生培养质量的重要指标之一。医学硕士研究生科研能力的提高虽取决于多方面的因素，但是否有足够强的科研意识对提高其科研能力至关重要。科研意识不强，就不可能真正投入科研，科研能力也很难得到提高。调查结果表明，目前地方综合性大学的绝大多数的医学研究生的科研意识还不够强，以三峡大学为例，主要表现在以下方面：①科研兴趣不够浓厚。在所调研的硕士研究生中，认为自己对科研很感兴趣的仅占24.78%，对科研较感兴趣的占58.41%，对科研不太感兴趣的占15.93%，对科研根本不感兴趣的占0.88%。②科研投入时间较少。在所调研的硕士研究生中，认为科研时间投入很多的占34.51%，投入较多的占38.05%，投入较少的占23.01%，认为几乎没有什么投入的占4.42%。③阅读文献数量不足。在所调研的硕士研究生中，只有15.04%的研究生每年阅读100篇文献以上，每年阅读50～99篇的占36.28%，每年阅读30～49篇的占23.01%，每年阅读10～29篇的占23.01%，每年阅读少于10篇的占2.65%。④问题意识不够强。在所调研的硕士研究生中，认为能发现问题并勤于思考的占60.18%，虽发现问题但很少思考的占31.86%，很少发现问题的占7.96%。

（四）学术道德观念需加强

学术道德是在学术研究过程中人们应该遵守的共同行为规则。虽然学校、管理部门和导师反复强调学术道德问题，但目前医学硕士研究生中仍然存在少部分人对学术道德问题存在侥幸心理，在学习研究过程中偶有学术不端的行为发生。"通过（或者打算通过）何种方式完成课程论文"的问题调查结果表明，完全通过独立思考完成的占85.85%，通过间接抄袭的方式完成的占2.65%，通过直接抄袭的方式完成的占0.88%，视情况而定的占10.62%。

二、地方综合性大学医学硕士研究生的学风成因剖析

（一）地方综合性大学医学硕士研究生培养尚需高质量的师资保障

此方面具体表现如下：①硕士研究生导师指导工作参差不齐。硕士研究生导师见面指导情况的调研结果表明，认为导师能经常见面指导的占73.45%，导师能不时指导的占18.58%，导师很少或偶尔指导的占6.19%，导师基本不指导的占1.77%。②导师指导方法不够科学。本课题调查结果提示，导师在指导过程中喜欢让研究生遵照指令完成课题的占15.04%，导师当"甩手掌柜"的占1.77%。③部分课题组欠缺常规交流。5.31%的研究生所在课题组1个月才开一次组会，还有2.65%的研究生所在课题组从不开组会。

出现导师直接指导相对不足、指导方法不够科学、课题组常规交流欠缺等问题的深层原因，与地方综合性大学医学学科的实力偏弱、缺乏足够的高水平的医学硕士研究生导师、导师的带教能力有待提高等因素有关。

（二）学风建设的教育及教学质量监督体系需进一步完善

一方面，学术道德教育还有欠缺。在回答"你对学术规范了解得如何"时，16.82%的医学硕士生认为很了解，认为比较了解的占61.06%，认为了解一点点的占22.12%。当被问及"学校是否经常开展学术道德教育"时，认为偶尔开展的占41.59%，认为基本没有开展的占1.77%。另一方面，课堂教学质量需进一步提高。22.12%的研究生认为医学研究生课程结构不合理；30.97%的研究生认为授课方法单一。尽管目前有不少教师已在研究生课堂教学中采取灵活多样的教学方法引导研究生开展研究性学习，但仍有一些教师采用传统的灌输式教学方式。在教学内容方面，16.81%的研究生认为授课内容有待改进，突出的问题在于部分教师所讲授的仍为教材中的固定知识，较少介绍前沿学术成果。上述两方面的调查结果显示，地方综合性大学医学研究生对学风建设达到真正理解的占比不是很高，且部分同学对课堂教学也不是很满意。除了学生自身的原因，学校本身对医学研究生的学风建设教育及教学质量的监督体系也有待进一步加强。

（三）大环境下学术不端问题的影响

由于多方面原因，全球包括我国在内学术不端问题仍有土壤。正如《教育部关于树立社会主义荣辱观进一步加强学术道德建设的意见》所指出："近年来，不同程度地存在学术失范和学术不端行为，有的情况还比较严重。主要有：夸大研究成果，一稿多投，虚假署名，放弃评审原则；甚至抄袭剽窃，伪造数据，篡改事实，系统造假。"究其原因，一是由于造假成本低，二是部分人凭科研造假获得了不正当利益。这些行为和现象不仅严重污染了学术环境，阻碍了学术进步，也严重影响了医学研究生的学习风气。目前，地方综合性大学医学研究生中存在的学术不端问题，实质上可以看作大环境下学术不端现象的一个缩影。

三、加强地方综合性大学医学硕士研究生学风建设的应对策略

根据《教育部关于切实加强和改进高等学校学风建设的实施意见》，地方综合性大学应该深刻反思本单位的硕士研究生培养质量保证与监督体系，查找存在问题，及时修订及完善相关制度和管理措施，逐步提高地方综合性大学医学研究生学风建设的质量。

（一）地方综合性大学更需积极引进拥有医学背景的高水平师资

目前，一些地方综合性大学尽管在医学学科的基础条件及硬件设施上进行了一定投入，但最为关键的引进拥有医科背景的高水平师资却存在困难。究其原因，还是投入不足。在有的地方综合性院校的人才引进体系中，医科人才的考核标准比工科和社科高一个等次，但待遇并无提升，加上医学教育本身的高投入特点，导致地方综合性院校很难引进高水平的医科人才。缺乏专业背景的师资，使得医学硕士研究生教育质量的提高较难取得质的飞跃。因此，地方综合性院校急需转变观念，加大对引进医科人才的投入力度，充实高质量医学研究生导师队伍。此外，要进一步加强对医学学科研究生导师的培训工作。

（二）管理队伍跟上的同时，确保管理措施执行到位

要推进高素质的医学硕士研究生教育管理人员的建设工作，管理人员中一定要有来自医学研究生教学一线的优秀导师。医学研究生教育的管理者要持续不断地引导、督促医学研究生导师进行研究生教育教学改革，开展研究生教学创新竞赛，探索并倡导利于医学硕士研究生研究性学习和自由探索的医学教育教学方法；同时建立健全研究生教育管理机构，如成立学术道德建设及研究生学风建设的专门机构，定期开展相关教育、检查及评比活动，贯彻执行教育部下发的《关于严肃处理高等学校学术不端行为的通知》规定，对各种相关问题进行及时处理和通报，持续推进硕士研究生学风建设；还需要多学习并借鉴学风建设做得好的其他高校的经验，如通过严格的分流预警措施来加强研究生学风建设，提升研究生培养质量[1]；加强数字化学风建设的力度，健全数字化学风建设的制度体系[2]，虽然这方面的建设需要更多的投入，但就当今教育的大环境，这也是保障学风建设的必由之路。

（三）激发地方综合性大学医学硕士研究生自身强大的内驱力

首先，加强医学硕士研究生入学教育，坚持邀请校内外名师及医学大家进行学术讲座，引领研究生厘清当今医学科技的发展，深刻认识"不进步就等于后退"，帮助地方综合性大学的医学硕士研究生一入校就树立远大理想和确立学习目标。其次，抓好医学硕士研究生党建工作，号召研究生党员带头提升自身修养，养成良好学风，并带动其他研究生，明确医学生的神圣光荣使命，只有自己脚踏实地、努力拼搏,掌握真正的医学科研思维和科研技能才可能为医学事业做出贡献[3]。再次，地方综合性大学的医科硕士研究生教育要定期开展诸如研究生学术讲坛、科研技能大比武

以及科研记录大赛等活动，促进"比、学、赶、帮、超"的医学研究生浓厚学风的形成，让医学研究生在各种活动中获得成就感。此外，可进行各种评比，选出学风严谨、科研成绩突出的典型代表，发挥先锋模范作用。

四、结语

地方综合性大学医学硕士研究生的学风建设问题直接关系国家医学毕业研究生的质量。学风建设是一个系统工程，必须外因和内因一起抓，长期坚持，可对学风优秀的毕业研究生进行大力宣传，使之成为在校研究生的榜样，激励在校生形成更好的学风，从而培养出更多优秀的医学毕业研究生，为我国医学事业做出更大的贡献。

参考文献：

[1] 王振林.以分流预警措施提升博士生培养质量——南京大学博士生学业预警帮扶机制［J］.学位与研究生教育，2021（8）：1-5.

[2] 程琼.高校学风建设的数字赋能及其实现路径制［J］.高校辅导员，2022（10）：67-71.

[3] 周辉.高校学生党建与学风建设良性循环机制的构建［J］.高教论坛，2017（9）：10-12，39.

水利类硕士研究生教学质量提升策略研究[1]

李英海[2]

摘　要: 水利工程学科为三峡大学龙头学科,统筹构建水利类硕士研究生教学质量提升策略是"双一流"建设视域下深化研究生教育改革的重要着力点。本研究通过分析三峡大学水利类硕士研究生的教育教学质量现状与问题,构建水利类硕士研究生核心素质体系,进而提出基于核心素质体系的研究生教学质量提升策略,以期为推动水利类研究生教育的内涵发展和地方高校"双一流"建设进程提供参考。

关键词: "双一流"; 水利工程;研究生;教学质量;提升策略

"双一流"建设是当前我国为增强国家核心竞争力而开展的一项国家级教育工程。为了更好地实现"双一流"建设这一目标,国务院在 2015 年《统筹推进设计一流大学和一流学科建设总体方案》中第一次指出关于"建设'双一流'大学"的基本要求。一流学科建设是建设"双一流"的核心内容,研究生是构建一流学科建设的重要组成人员。国务院前副总理刘延东曾多次在国务院学位委员会的讲话中指出:"我国高水平大学建设要取得新突破,就必须把建设一流的研究生教育体系放在重要位置。"

2018 年,三峡大学被列为"国内一流大学建设高校",其水利工程、土木工程、电气工程等三个学科被列为"国内一流学科建设学科"。"双一流"建设战略的推进,对三峡大学研究生教育改革的深化和转型提出了新的更高要求。水利工程学科作为三峡大学的龙头学科,支撑其发展的硕士研究生专业包括学术学位硕士专业——水利工程、管理科学与工程、力学,以及专业学位硕士专业——土木水利、工程管理和资源与环境。统筹构建水利类硕士研究生教学质量提升策略是"双一流"建设背景下深化研究生教育改革的重要着力点之一,也是当前教育评价理论研究与实践探索中一项重大且急迫的课题。

一、水利类硕士研究生教学质量现状与问题

(一)研究生教学手段单一,教学形式本科化

目前,三峡大学水利类硕士研究生课程教学仍以传统理论知识的课堂授课为主,考核形式也多以试卷考试和论文报告为主,交叉学科、跨学科、前沿学科课程占比较少,项目制学习、探究式教学、虚拟仿真等多样化教学形式交叉融合不够,存在教学手段单一化、教学形式本科化的问题,难以满足研究生创新精神、团队合作和实践能力的培养,无法有效提高研究生利用最新科研成果解决复杂工程问题的能力。

1　2021 年三峡大学研究生教学改革研究项目(SDYJ202118)。
2　李英海,三峡大学水利与环境学院副教授,从事水文学及水资源方面的教学和研究工作。

（二）多学科交叉融合不够，前沿科学问题联系不紧密

水利类硕士研究生教育的重要目标是培养学生的创新能力和综合素质，提升其在水利领域进行科学研究的竞争力，使学生具备解决水利学科复杂工程问题的能力。"互联网＋"、云计算、大数据、人工智能的不断发展以及当前"水资源、水生态、水环境、水灾害统筹治理的治水新思路"，均为水利学科发展与创新带来了新的挑战。然而，目前水利类研究生教育仍然偏向传统专业方向，多学科交叉与融合不够，内容间的相互协调不足，前沿科学问题联系不紧密，难以适应新时期水利发展科技创新与智慧水利发展的时代要求。

（三）研究生课程评价方式简单，评价标准单一

目前，研究生课程评价仍主要采用传统的课程终结性评价方式，即课程结束后，任课教师根据考试或课程论文评定学生的课程成绩。此种方式虽便于教师进行教学管理，但"重形式""轻过控""唯分数"的课程考核方式既不利于激发研究生开展深度学习和独立思考的积极性，难以提升学生的科研创新能力和综合应用能力，也不利于教师对课程教学内容、教学方式等方面开展改革和创新[1]。

二、水利类硕士研究生核心素质体系构建

水利类专业涉及水工程、水资源、水生态、水环境、水灾害、信息化等多个方面，在"节水优先、空间均衡、系统治理、两手发力"的新时期治水思路下，水利与生态、环境、管理、计算机、人工智能等领域不断交叉、深度融合。因此，研究生需要具备扎实的理论基础、全面的专业素养、较强的综合研究与应用能力，以及不断创新的科研精神[2]。笔者从研究生核心素质的内涵切入，借鉴本科《工程教育专业认证通用标准》培养指标体系并进一步凝练升华，结合国内相关专业院校研究生能力素质的充分调研[3]，提出了适合三峡大学水利类硕士研究生的核心素质体系。该体系主要包括理论基础、专业素养、工程／科学问题研究能力、创新思维与能力、工程伦理与社会意识、项目管理能力及终身学习能力七项指标。这七项核心素质指标既相互关联又相互影响，在内涵式发展导向下，共同构建了水利类硕士研究生培养质量评价指标体系，如表1所列。

表1　水利类硕士研究生培养质量评价指标体系

序号	研究生核心素质	相关描述
1	理论基础	具备扎实的数学、物理、力学及专业理论基础知识
2	专业素养	掌握职业规范，具备实验工具使用、软件模型应用、计算机编程能力，具备文献阅读及专业写作能力，具有学术意识，严守学术道德
3	工程／科学问题研究能力	具有从复杂科研问题中发现问题、分析问题的能力，具备设计、开发及实施研究方案的能力
4	创新思维与能力	具备批判性思维与创新意识，具有创新研究手段、开发改进研究工具、研发软件模型、凝练创新研究成果的能力
5	工程伦理与社会意识	具备工程伦理知识，具有社会、生态、环境、可持续发展等的综合分析意识
6	项目管理能力	具备团队合作意识，具有项目组织与管理、统筹与协调、沟通与交流能力
7	终身学习能力	了解国内、国际研究前沿，具备国际化视野，具有终身学习的意识与能力

三、水利类硕士研究生教学质量提升策略

笔者围绕水利类专业硕士研究生核心素质体系，结合国家和行业对水利类研究生人才培养提

出的目标和质量标准，探索研究生教学质量提升策略，包括明确人才培养质量标准、加强研究生教师队伍建设、优化构建研究生课程体系、创新理论教学与实习实践方法四个方面的内容。

（一）明确人才培养质量标准

培养质量是研究生教育的中心。三峡大学从研究生培养目标出发，围绕建立的研究生核心素质体系，明确本校水利类硕士研究生人才培养质量标准。虽然学术硕士、专业硕士不同专业对研究生的培养目标不尽相同，如水利工程学术学位硕士研究生的培养目标为"为水利工程学科培养从事本专业科学研究和技术开发的具备综合素质和创新能力的高层次的水利工程技术与管理人才"，土木水利专业学位硕士研究生的培养目标为"面向土木水利行业及相关工程部门，培养基础扎实、素质全面、工程实践能力强，并具有一定创新能力的应用型、复合型高层次工程技术和工程管理人才"，但是人才培养质量均可从理论课程成绩、实习实践评价、科研成果产出、毕业学位论文、就业创业质量以及未来职业发展六个方面进行衡量。理论课程成绩是研究生核心素质中的理论基础与专业素养的客观度量；实习实践评价则在一定程度上反映了工程/科学问题研究能力、工程伦理与社会意识以及项目管理能力；科研成果产出在硕士研究生阶段包括发表论文、申请专利、软件著作权以及竞赛获奖等，是创新思维与能力和工程/科学问题研究能力的直接体现；毕业学位论文是保障人才培养质量的最后通行证，是研究生核心素质体系的综合体现；而就业创业质量和未来职业发展情况则是社会对研究生人才培养质量认同度的直接反映，也体现了研究生的终身学习能力。

（二）加强研究生教师队伍建设

优秀的研究生教师队伍是研究生培养质量的保证。三峡大学秉承引进、培养与借智相结合的研究生教师队伍建设路线，坚持"优秀人才引进来、企业行业专家请进来和本专业教师促成长"的思路，进一步加强研究生教师队伍建设。一方面，加大人才引进力度，吸引优秀的本专业和其他交叉学科的优秀高层次人才，扩充到专任教师和导师队伍中；另一方面，加强本专业教师各类培训和学术交流活动，有计划、全覆盖地安排专业教师参加各类专业培训以及国内访学和国外访学等学术交流活动，进一步提升教师授课水平和导师人才培养能力；此外，从社会选聘一批富有余力、经验丰富、水平高超的企业行业专家作为研究生校外导师，健全校外导师考核与评估机制，切实发挥"双导师制"效力，全面提升研究生解决复杂工程问题的能力。

（三）优化构建研究生课程体系

在新时期"十六字"治水思路指导下，三峡大学依托其优势学科资源，进一步优化和修订研究生培养课程体系。水利工程专业是三峡大学"双一流"建设培育专业，其研究生课程体系的构建首先要瞄准国家重大需求和国际学术前沿，在专业基础类课程设置中优化学科前沿导论类课程，通过不同课程的交叉从不同维度融入学科前沿与学科优势，跟踪国家水利政策，明确国家重大战略需求，体现完整的科学体系；其次，要加强实践能力培养，提升学生解决复杂工程问题和在此基础上凝练科学问题的能力，在课程体系中增加工程实践类课程，做实研究生行业实习实训，增强其职业生涯岗位的匹配度；最后，加强交叉学科培养，通过整合学校和社会资源，构建交叉学科协同的研究生培养创新平台，保障跨学科、跨专业、跨方向研究生专业选修课比例，破除水工程、水资源、水环境、水生态等不同研究方向壁垒，扩展研究生学术视野宽度。

（四）创新理论教学与实习实践方法

科学的教学方法与完善的人才培养路径是提高研究生培养质量的手段。三峡大学借鉴当前国内外研究生理论教学广泛采用的项目式、翻转课堂、问题探究式、启发式、案例学习式、研究式、课堂交流等教学方法，针对不同课程特点，采用多种教学方法穿插融合的形式，进一步增加教学广度、深度和学生参与度；从网络资源与在线慕课中收集教学案例素材，借助虚拟现实、人工智能等新技术辅助教学，扩宽现有知识框架与案例储备，克服学生现场实习实践的局限性；进一步加强校企合作，完善企业实习实践平台，做实校企联合培养，强化研究生实习实践环节的教学，通过项目制、任务制让学生在实习实践中得到充分锻炼。

四、结语

笔者针对当前三峡大学"双一流"建设背景，对水利类硕士研究生课程教学和教学管理的现状进行调查与梳理，发现研究生教学中存在的问题，进而构建科学合理的研究生核心素质体系，提出针对性的教学质量提升策略。该研究有利于三峡大学了解自身在水利类硕士研究生培养中的表现、诊断问题，从而改进工作，推动研究生教育的内涵发展和"双一流"建设的进程。

参考文献：

[1] 杨帆，王旭阳，张慧梅.研究生课程成绩多元化评定问题的探索［J］.大学教育，2022（12）：244-246.

[2] 魏博文，谢斌，鲍丹丹，等.基于内涵发展的水利专业研究生培养质量评价体系及提升策略［J］.高等建筑教育，2020，29（2）：81-88.

[3] 宋孝忠，王君颖.我国水利研究生教育发展历程及经验研究［J］.华北水利水电大学学报(社会科学版)，2022,38(1)：32-41.

新工科背景下基础力学课程教学质量
提升路径探究[1]

王兴霞[2]　黄建文　吴泽艳　郭永成

摘　要：提高基础力学课程教学质量是新工科背景下工科人才培养的重要一环。笔者基于典型案例，全方面、多角度地凝练力学问题，建立力学模型并求解，将力学知识的学习与解决实际问题有机结合。为了实现提升基础力学课程教学质量的目标，首先，学校应加强教师队伍的内涵式建设，实现课程思政协同育人；其次，教师应在课程教学中采用多元化教学模式；最后，教师应运用多维度考核方法，客观公正地评价学生的学习情况，并通过学生考核结果反思教学过程中存在的问题，从而修订教学大纲、完善教学方法。以上这些措施将为提高基础力学课程教学质量提供有益的参考。

关键词：　基础力学；多元化；教学方法；课程思政；课程考核

力学课程属于专业基础课，是高等数学、大学物理等基础课程与专业课程之间的桥梁。学好力学课程将为工科学生接受专业教育奠定坚实的基础，因此，力学课程教学质量的提高日益重要。2017 年 2 月以来，教育部积极推进新工科建设。新工科建设是一项持续深化工程教育改革的重大行动计划。新工科背景下，国家对工科人才的培养有新的要求[1-3]，而提高工科学生基础力学课程的教学质量就是其中重要的一环。笔者基于自身的教学体会，提出几个提高基础力学课程教学质量的途径。

一、构建"多元化教学模式＋课程思政"课程体系

新工科背景下基础力学课程教学质量提升路径的探索与实践并非单一的问题[4]，而是一项系统工程，需综合考虑力学问题的凝练、教学方法的多样化、课程思政元素的融入、课程评价体系的多元化以及教学效果反馈等因素，研究内容及研究方法可归纳为图 1。

新工科背景下力学课程的教学更注重学生综合能力的培养。面对新的要求，需对传统力学课程教学大纲进行修订，在原有教学内容的基础上增加与多元化教学模式、课程思政相关的教学内容。力学知识往往与生活及工程实际紧密联系；针对教学大纲中教学内容的范围以及培养计划中学生综合能力培养的目标，笔者收集融合知识传授与思政教育于一体的典型教学案例，并以此为基础灵活应用讨论式教学、启发式教学、探究式教学等多种教学方法，精心地设计组织课堂教学，以学生为中心，充分发挥学生的主观能动性，以"润物细无声"的方式达到知识传授、能力培养及价值观塑造的多重目标。客观合理的考核将促进教学各个环节的完善，从而实现基础力学课程

1　三峡大学 2023 年教学改革研究项目"新工科背景下基础力学课程教学质量提升路径的探索与实践"（J2023080）。

2　王兴霞，三峡大学水利与环境学院副教授，博士，从事工程力学方面的教学与科研。

教学质量提升的目标。

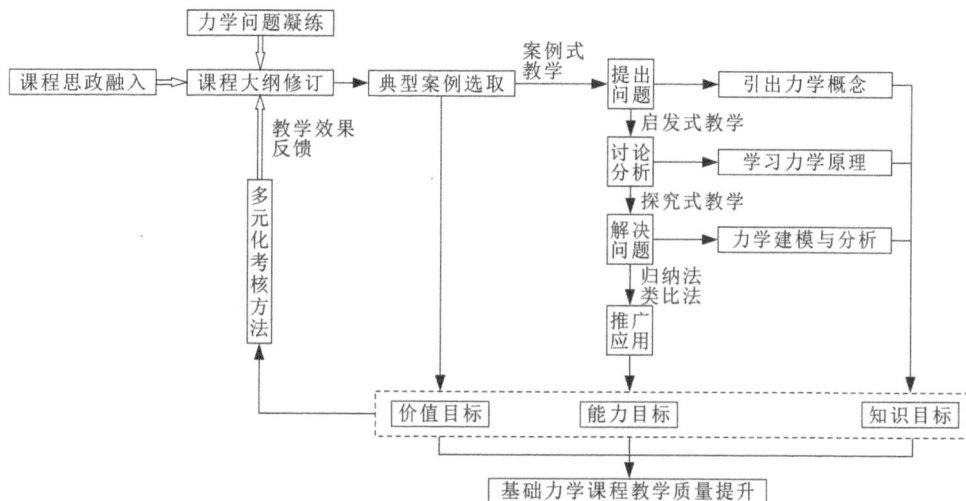

图1 "多元化教学模式＋课程思政"课程体系

二、基于多元化教学模式的教学组织与设计

力学基础课程的教师应转变传统的"以教师教为中心"的教学理念，树立"以学生学为中心"的教学理念，重塑教学内容，综合运用案例式教学法、讨论式教学法、启发式教学法、类比法、列表法、口诀法、归纳法等多元化教学模式。教师应把教学重心放在学习效果和学生发展上，激发学生的学习兴趣，提高学生自主学习的能力，使学习目标和学习成效一致。

（一）多元化教学模式的应用

力学课程知识点多、计算公式多，学生学习过程中往往感觉内容庞杂、学习难度大。在教学中，教师可灵活应用各种教学方法。针对抽象的力学概念，教师可以结合生活中的实例，将抽象的力学概念形象化、具体化。例如，在讲"强度"概念时，教师可以"鸡蛋碰石头，结果是鸡蛋被碰破，石头却完好无损"为例，解释"作用力与反作用力"的基本力学原理和"强度"这一抽象力学概念[5]。针对"知识点多而散"这个特点，教师可将不同章节的内容进行对比，分析总结其共同点。一个个知识点就如同散落在知识海洋的珍珠，而归纳总结就好比将一颗颗珍珠串成璀璨的项链。学生通过归纳总结理清了课本脉络，就如同拥有了这串项链。这样才能学得好、记得牢，能灵活应用。

（二）基于典型案例的教学组织与设计

教师在讲解重要知识点时，要精心进行教学组织与设计[6]。以典型案例为基础，导入课程，再引导启发学生提炼力学问题，建立力学分析模型，运用力学原理分析并解决问题，最后总结力学规律。

以讲解"以弯矩图绘制为基础的梁优化设计"这一知识点为例[7]，选取生活中常见的健身器材双杠为研究对象，研究双杠立柱的最优位置。双杠是学生熟悉的健身器材，但学生往往忽略了其中蕴含的力学问题。当教师抛出"双杆立柱的最优位置在何处？""你家附近的双杆立柱位置是最优设计吗？""判断最优设计的依据是什么？"等问题时，立刻就能激发学生的学习兴趣。

从典型案例中抽象力学问题并建立力学模型非常关键。仍以双杠为例，选取其中一个单杠分析，将其抽象为简支梁，当人在双杠上运动时，将人的自重抽象为作用在杠上的集中力F，将杠总长度设为L，杠外伸端长度为a，当人在杠上移动时，可看作集中力F在简支梁上的作用点发生变化，有两个危险位置，一个位置是中间段的中点，另一个位置是外伸端端处，如图2所示。此时，完成了力学模型的建立。学生绘制梁的弯矩图，发现弯矩值有两个极大值，$\frac{F}{2}\left(\frac{L}{2}-a\right)$ 与 Fa。当两个极大值相等时，即可得出杠外伸端长度为（a）与杆总长（L）的比值为1/6，从而确定了双杠立柱的最优位置。学生得到理论值后，教师可进一步引导学生比较理论值与生活中的双杠立柱位置是否一致，帮助学生树立"力学知识源于生活并服务于生活"的观念。

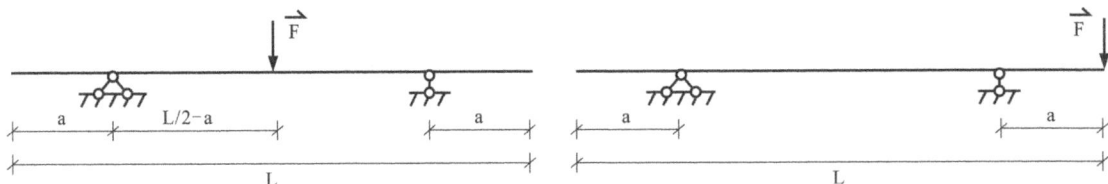

图2 "双杠优化设计"力学模型

三、加强教师队伍内涵式建设，实现课程思政协同育人

以思政铸魂为核心，以教师队伍建设和课程思政元素挖掘为两翼，构建基于"一核、两翼"模式的课程思政协同育人体系（图3）。一方面，要加强教师队伍建设，培养一支政治立场坚定、教学经验丰富的高水平基础力学课程教师队伍。一部分力学教师育人意识淡薄，认为思想政治教育是学生辅导员、思想政治理论课教师的事，课堂教学时只注重传授知识，忽视了立德树人的使命。高校所有教师都有立德树人的责任，加强基础力学课程教师队伍整体的自觉育人意识是确保高校所有课程共同发挥立德树人作用的人才资源保障。另一方面，要将课程思政内容与专业知识有机结合。课程思政内容体系既不能包罗万象地把所有思想政治内容和方法搬进专业课程教学，也不能简单地以专业中的思想政治教育课程代替思想政治理论课程，而是要根据基础力学课程教学内容和特点，将职业理想信念教育、职业道德操守教育、专业分工协作教育、专业创新创业教育等内容与专业教育有机融合[8]。

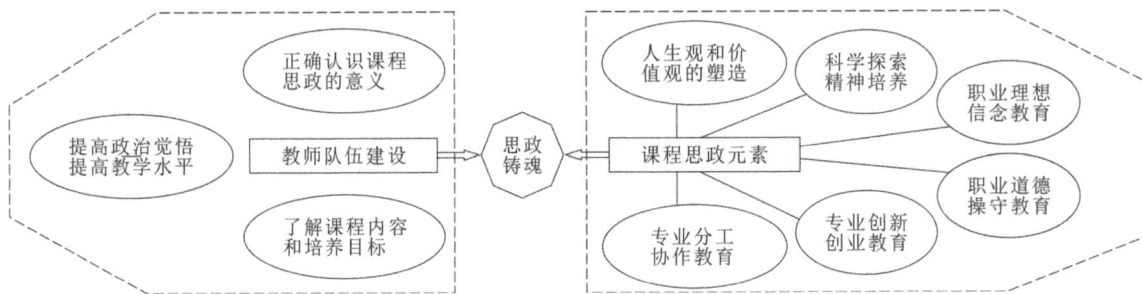

图3 "一核、两翼"模式

课程思政元素的来源多样化[9]（图4），既可以从生活实例、工程实例中挖掘思政元素，也可以将思政内容与中国传统文化[10]、力学科学家的故事等内容相结合。例如，教师可将《材料力学》绪论部分的知识与经典著作《考工记》《韩非子》的篇章段落相结合，使学生在学习课程内容的同时，感受中华文化的博大精深，提高学生的思想政治修养。

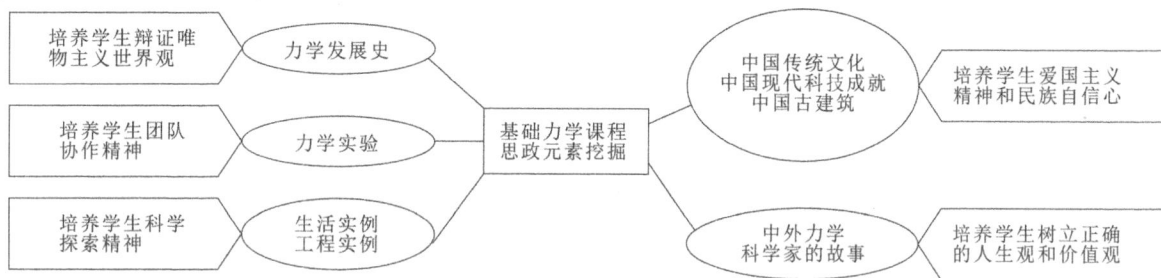

图 4　力学课程思政元素来源

教师可在引领学生回顾力学学科的发展历程中融入中外科学家的事迹。例如，教师可讲述力学大师牛顿的亲身经历——1665 年，伦敦爆发鼠疫，疫情防控期间，牛顿在独处的 18 个月里创立了二项式定理、光的分解，确立了力学三定律、万有引力定律的基本思想[11]——激发青年学生在逆境中追求科学真理的热忱。教师还可引领学生回顾中国老一辈力学大师为祖国建设和发展奉献了毕生精力的事迹，培养学生的远大理想，树立中国特色社会主义共同理想，实现个人价值与社会价值的统一。在讲解"如何提高梁的刚度和强度"这一知识点时，教师可引入宋代李诚的著作《营造法式》，融入中国古代科学家为力学发展做出的贡献。李诚在《营造法式》中曾提出，将圆木加工成矩形截面梁时，为了提高木梁的承载能力，合理的高宽比为 1.5。教师应基于教学内容，引导学生根据弯曲理论分析该结论的合理性，同时增强学生对中国文化的认同感。

四、完善课程教学大纲

（一）基于典型案例的教学大纲修订

大部分学生对力学课程有先入为主的偏见，认为力学课程枯燥乏味。教师在授课时，可将力学知识与一个个生动有趣的案例结合在一起，从典型案例中引导学生挖掘力学问题，激发学生的学习热情，打破学生对力学课程的偏见。笔者在多年的教学中积累了一些典型案例（表 1），并将其运用在授课中。

一个个生动的案例将力学课程变得引人入胜。越王勾践剑与刘备的双股剑这两把历史名剑哪一把更好呢？教师通过这个有趣的问题将学生带入材料力学性能的学习。"双杠支柱最优位置的确定"及"阳台配筋设计"这些与生活息息相关的案例让学生明白了梁弯矩图的绘制及弯曲应力计算并不仅是试卷上的一道道考题，更是解决生活实际问题的法宝。华严三圣像让学生领略到中国传统文化之美，也让学生明白了中国古代雕像蕴含的力学原理。建造魁北克大桥的曲折过程让学生理解了"压杆稳定性"这一力学概念及其重要性，也让学生更加懂得了成为一位工程师的责任与担当。

（二）融入思政育人案例的教学大纲修订

在传统的力学课程教学中，教师只侧重讲解力学知识。教师应在力学课程中融入课程思政内容，修订教学大纲时也应增加思政育人案例，结合力学课程教学内容和特点，寓思想政治教育于专业课程教学，实现专业教育与思想政治教育有机融合、相互促进。

表 1　基于典型案例的教学大纲修订

教学内容	典型案例
材料在拉伸与压缩时的力学性能	以越王勾践剑和刘备的双股剑为例,讲解塑性材料和脆性材料的力学性能
受弯杆件的简化、剪力和弯矩、剪力方程和弯矩方程荷载集度、剪力和弯矩间的关系	以双杠立柱最优位置设计为例,讲解梁弯矩图的绘制及其应用
梁横截面上的正应力计算、梁的强度校核	以阳台配筋设计与梁内力图的关系为例,讲解梁弯曲应力计算、梁危险工作点位置的确定及其应用
用积分法或叠加法求弯曲变形、求解简单超静定梁	以华严三圣像为例,讲解弯曲变形、超静定梁的求解及其应用
理解压杆稳定性概念,掌握压杆临界力的计算公式、压杆稳定性校核,了解提高压杆稳定性的措施	以魁北克大桥的事例导入"压杆稳定性"的概念

以《材料力学》第一章和第十章为例[12],第一章介绍了外力的概念及分类,在第十章中将进一步学习杆件受冲击时的应力及变形等内容。教师在课堂教学中,综合第一章和第十章的内容讲解动荷载的计算、动荷载与静荷载的区别与联系,并基于生活实例,引导学生运用力学知识进行计算,在巩固所学知识的同时实施思政教育(表 2)。

表 2　融入思政育人案例的教学大纲修订

教学内容	思政要素切入点	育人目标
动荷载	计算并比较在静荷载和动荷载两种不同情况下,杆件在相同力的作用下对应的静变形、静应力和动变形和动应力的大小,由此认识到高空抛物的危害性,从而在生活中杜绝高空抛物的行为	培养学生的安全意识,做文明公民,行文明之举,为构建和谐、文明的社会贡献力量

在生活中,考虑重物从高空下落时由于摩擦力等因素导致的能量损耗,一枚瓶盖从 20 楼落下所产生的冲击力相当于 15 kg 重物的重量。教师应通过比较,让学生认识到高空抛物的危害性,从而在生活中杜绝高空抛物的行为。教师应结合生活实例讲解静载、动载的区别与联系,不仅让学生对力学知识印象更深刻,也让学生懂得在生活中应提高安全意识,做文明公民,行文明之举,为构建和谐、文明的社会贡献力量。

五、多维度考核方式

传统考核方法多注重总结性评价,忽视过程性评评价,且评价指标单一。因此,教师应优化考核方式,加强过程考核,充分考虑学生的课堂表现、解决实际问题的能力、卷面测试分数等因素(表 3),客观公正地评价学生的学习情况。

表 3　力学课程多元化考试方式

考核内容	考核指标	分值比例
阶段性考核	重要知识内容分模块测试,进行 2 次阶段测试	5%*2=10%
课堂表现	运用长江雨课堂教学平台线上答题并计分、考勤情况	10%
力学实验	力学实验操作能力、实验报告撰写情况	20%

考核内容	考核指标	分值比例
解决实际问题能力	基于典型案例的力学实践作业完成情况	10%
期末卷面测试	具有课程思政元素的简答题	5%
	以填空、选择、计算、简答、绘图等多种题型综合考察力学知识掌握情况	45%

以工程力学[13]为例,改变传统的一次性期末考核方式,对于静力学和变形固体力学内力图绘制这两部分重要内容,开展两次阶段性卷面测试,并分别以5%的比例计入总分。运用长江雨课堂平台开展教学,在课件中嵌入选择题或填空题,学生线上答题,实时统计答题情况,反馈知识掌握情况,学生课堂表现将以10%的比例计入总分。学生力学实验操作及实验报告撰写情况,以及基于典型案例的力学实践作业完成情况均将以不同比例计入总分。完善的考核方法必将促进学生的进步和发展[14]。

六、教学效果跟踪反馈

教师可通过学生的课堂表现、力学课程考试成绩分析以及与力学课程相关的后续课程的考试成绩的分析,考察采用的教学措施是否有利于学生力学课程的学习及工程素养的提升,并根据反馈意见及时修正教学中存在的问题。

教师及时获得教学效果的反馈信息有利于实时动态调整教学内容及教学模式,积极促进教学质量的提升。任课教师基于典型教学案例精心地进行了教学组织,并根据学生的课堂反映直观感受学生对所选案例的敏感度、兴奋度,从而及时调整教学案例。教师对于学生反响热烈的案例可再次进行深加工,进一步挖掘其中蕴含的力学知识及课程思政元素,并根据学生对相关力学知识和力学原理的理解及掌握情况及时完善教学组织设计,更好地发挥典型案例的作用;对于学生不认可的案例则果断放弃。任课教师也可根据学生的考核情况获得及格率、优秀率、试卷达成度等具体的数据进行定量分析,从而全面了解所采取的教学措施是否有效促进了教学质量的提升。教学团队教师可走访毕业生,追踪、了解他们在工作中应具备的能力,特别是对力学素养的要求,这些信息的反馈也将促进力学课程教学环节的完善。全面有效的反馈信息有助于促进教学质量的提升,形成良性循环。

七、结语

纵观力学发展历程,力学与生活及工程实际总是紧密相关。在力学课程的教学中,教师以一个个典型的案例为基础,构建"多元化教学模式 + 课程思政"课程体系,将力学知识回归生活与工程实际,打破力学课程抽象、枯燥的偏见。每一个案例既蕴含着丰富的力学知识,又融合了力学课程思政元素。而在教学组织与设计环节,教师只有采用多元化的教学模式,才能将典型案例与力学知识传授、课程思政教育有机融合。新的教学理念与方法将营造更加和谐的教学氛围,充分调动学生的学习热情与主观能动性,从而实现提高基础力学课程质量、全方位育人的目标。

参考文献:

[1] 顾国庆,蔡中兵,佘斌,等.新工科背景下应用型高校基础力学课程教学改革[J].高教学刊,2021(9):
    149–156.

[2]魏凤春,徐三魁,彭进,等.新工科背景下材料力学性能课程"线上线下+课程思政"教学改革与实践[J].高教学刊,2023(5):129-132.

[3]梁艳峰,郭永春,杨忠,等.新工科背景下传统专业的课程思政建设实践探索[J].高教学刊,2021(15):152-155.

[4]王颖,杨茂林,王海云,等.新时代理工科课程思政研究:综述与展望[J].昆明理工大学学报(社会科学版),2023,23(2):127-134.

[5]邢伟.多元化教学方法组合在材料力学教学中的实践[J].广东农工商职业技术学院学报,2009,25(2):38-40.

[6]郝俊才,赵春香,于月明,等.材料力学案例教学方式研究[J].经济师,2015(1):259-261.

[7]李锋,周立明,郭桂凯.论材料力学教学中学生工程素养的培养[J].科技视界,2022(7):97-98.

[8]王龙,解晓光.工科专业课程思政元素隐性浸润式与显性强化式教育模式探讨——以道路勘测设计课程思政实践为例[J].高等建筑教育,2023,32(4):167-175.

[9]刘立悦,李桐栋,路维,等.材料力学课程思政建设与实践[J].山西建筑,2022,48(4):193-175.

[10]黄再兴.古汉字中的力学观念[J].力学与实践,2023,45(3):218-220.

[11]黄旭剑,谭冬妮.高等数学课程思政的教学探索[J].高教学刊,2021(31):105-108.

[12]刘鸿文.材料力学Ⅰ(第六版)[M].北京:高等教育出版社,2017.

[13]单辉祖,谢传锋.工程力学(静力学与材料力学)(第2版)[M].北京:高等教育出版社,2021.

[14]都喜东,黄凯波,李克钢.基于FLAC3D数值模拟技术的岩石力学课程教学改革[J].中国冶金教育,2023(4):1-3.

美国常春藤盟校教师发展中心的职能定位、运行经验及启示[1]

桑苓芷[2]　杨黎明　周丽君

摘　要：教师发展中心是直接承担大学教师发展责任的机构。在国外，许多高校建有教师发展中心，并发挥着越来越重要的作用。我国高等教育发展目前正处于实现"双一流"建设的关键时期，这对大学的综合实力和教师教学水平提出了更为严格的要求。笔者以美国常春藤盟校教师发展中心的职能定位和运行经验为研究对象，通过对研究对象的梳理和分析，再结合当前我国教师发展中心实际情况，从职能和分工、氛围和共识、受众和服务以及多元激励方面进行思考，提出启示，希望能够为我国高校教师发展中心提供可借鉴经验，进而协助提升高校教师的教学水平和提高大学教学质量，推动大学的综合发展。

关键词：常春藤盟校；教师发展中心；职能定位；运行经验

一、教师发展中心的职能定位

美国权威学者曾经对美国大学教师发展中心的职能进行了全面的调查，教师发展中心职能主要围绕"组织""教师"和"教学"开展，其基本职能定位则为三个方面：研究职能、服务职能和管理职能。中心职能是作为贯穿在三个基本职能定位中的根本而存在的，三个基本职能定位具有具体化、可操作化特征。笔者将使用理论研究法，从三个方面的基本职能定位来对美国常春藤盟校教师发展中心进行研究分析。

（一）承担科学研究职能

美国常春藤盟校教师发展中心成立之初是以科研为导向的职能定位。工作人员大多是专业人员出身（教师或研究员），科学研究和成果产出对他们的职业发展至关重要。科学研究项目主要为大学生发展研究和教育技术的使用和评估研究。[1]另外，教师发展中心积极承担校外科研项目，如程序教学教材开发、计算机教学平台搭建等研究，想通过高质量的科研来促进教师对教师发展中心的信任。教师发展中心所承担的科研项目数量较大、涉及学科繁多，研究成果主要通过研究报告、会议论文和学术期刊的方式呈现。

（二）满足个人服务需求

根据常春藤盟校网站分析，教师发展中心开展了内容丰富、形式多样的活动，通过活动折射出的个体服务职能主要包含以下内容，如表1所列。

1　三峡大学 2023 年教学改革研究项目"美国一流大学教师发展中心建设经验及其启示"（J2023003）；2023 年三峡大学高教研究项目"大学教师发展中心的功能演变、机制变迁及基本经验——以美国一流大学为例"（GJ2322）。

2　桑苓芷，三峡大学田家炳教育学院助理实验师，硕士，从事学位与研究生教育、高等教育学研究。

表1 常春藤盟校教师发展中心的服务职能

服务职能	实现方式
提供教学咨询与辅导	包含提供教学方案设计、指导教学资料、创新教学方法，指导学生学习、开展心理咨询
支持课堂教学	组织教学培训，提升教学技术，录制课堂教学视频，共享教学资源，提供语言培训，鼓励外籍教师参与
开展新教师培训	通过设立教学证书、研讨会等方式开展针对教学、课程、研究等方面的培训
设立教学奖项	设置课程发展基金和优秀教学奖
资源共享服务	提供校内外优质教学资源以及教师共同体互助项目
教学研讨	研讨会、工作坊、午餐会、教学戏剧

（三）负责教学管理监控

常春藤盟校教师发展中心作为一个组织机构，其最基本的职能就是管理职能。管理职能主要体现在年初根据大学的总体年度目标和中心的具体目标来制订教师发展年度的计划；年中对教师发展中心的运行和项目实施进行保障、评估、监督等；年末向学校和社会提交年度工作报告来汇报年度情况。有效的项目评估是确保学校持续支持教师发展中心的工作和良好运作的一个最为关键的因素；教师发展中心应根据项目的评估结果找出问题所在，进而对教学活动进行提升和优化。

二、教师发展中心的运行经验

（一）合理的组织架构和清晰的职能定位

美国常春藤盟校教师发展中心的组织结构呈现出一种趋同的隶属关系、扁平的岗位结构和明确变通的权责分工的特征，它们均为独立机构，隶属于学校、学院或多个部门，具有独立的建制，这使教师发展中心的独立运行得到了稳固的保障，从而被赋予了更大的自主权，有助于更好地体现其服务性和专业性，避免了行政权力的干涉，对学校的影响比隶属于学院下的教师发展中心更为深远。独立建制的设置既保证了各相关职能部门之间的联系，又避免相互冲突和干扰。教师发展中心的职位层级呈现出扁平的结构，此结构特点是以项目为核心，由三个层级的机构直接汇报，从而提高了其运作效率，同时减少了烦琐的行政程序。此外，教师发展中心的人员构成经过合理规划，以项目为依据进行人员配置，明确了人员权责分工，灵活地完成了项目要求，这与人员的专业性密不可分。因此，优秀的员工是大学教师发展中心的有效保障。常春藤盟校教师发展中心的员工具备两大特质：过硬的文化素质和良好的性格品质。其专业员工皆为美国常春藤盟校的博士，他们具有良好的教育背景和研究能力，满足了组织发展的需要并推动了组织的发展。他们还具备良好的组织协调能力和人际沟通能力。

大学教师发展中心的核心职能在于提供优质的服务。它不仅要满足教师个人的发展需求，更要关注整个学校群体的发展需要，并通过这种方式来实现教师个体与整体之间的和谐发展。因此，明确提供优质服务，对于大学教师发展中心的发展十分重要，毕竟大学教师发展中心的设立初衷在于为全校教师的教学发展提供有力支持，从而推动大学教育教学水平的不断提升。教师发展中心并非只是一家专注于科学研究或管理教师的行政机构，而是一个服务于全体教职工的服务组织，旨在为他们提供支持和帮助，使教师的职业发展服务成为工作的核心。根据研究结果，常春藤盟校的教师发展中心以服务为中心，其内部结构、文化、岗位设置和活动等组织要素均经过精心设计，旨在整合和优化资源，为提高教学水平和促进教师职业发展提供有力支持。

（二）浓厚的文化氛围和多重的支持体系

美国常春藤盟校教师发展中心具有浓厚的文化氛围，主要涉及教学学术文化、多元性文化、共享性文化、自由主义文化以及问责和监督文化。博耶提出教学学术思想已经在大学内部形成一种文化共识，大学教师发展中心也提倡教师将教学作为一种学术进行研究，为教师的课堂教学行为和创新实践提供理论支持。其多元性和共享性文化源于高等教育的快速发展，留学生的激增使大学教师发展中心的活动项目变得更加多元性和多样性，中心的人员之间形成了教师共同体，活动项目也强调共享和合作，使教师不是单独的个体，而是在协作中共同进步。

美国大学教师中心重视合作，不仅在校内主动与专家学者、教学院系、技术中心、人力资源与学生事务办公室及其他个人或机构进行沟通与合作，而且加强了同校外其他大学和社会团体组织的联系，以期获得更多的技术与资源的支持，使其发挥最大的功效。很多高等教育机构也积极参加国际合作计划，主动参与校企合作，多角度改善与优化教师发展中心扶持体系。美国大学教师发展中心建设受制约程度小，更易在协同创新下获得发展。

（三）广泛的受众群体和丰富的项目活动

美国常春藤盟校教师发展中心服务面（对象）广，涵盖学校和院系教学管理者、教辅人员和博士后研究人员等，也有有志于将来从事教师职业的学生群体参与其中，服务对象并不局限于一般教师。部分高等教育机构在为本校教师和学生服务的同时，还把受众拓展到国际研究生助教、社会人士以及其他与教学有关的各种群体，做到全方面覆盖。这些高校教师发展中心通过多种渠道与方法开展各种教学活动，形成一个较为完整的服务体系。高校要想更好地发挥作用，就必须依据自身定位与目标，明确自身师资力量的分布及结构比例。教师发展中心在此基础上准确地区分不同人群的需求与特征，有的放矢，针对多元化受众定制覆盖职业生涯各阶段、形式多样且具有丰富内涵的项目活动，全面尊重和满足不同服务对象对教师的要求。

除此之外，教师发展中心涵盖了一系列以教学为主题的交流活动，这些活动旨在促进教师的专业发展和个人成长。一是提供所需的与教学相关的材料，如提供课堂教学册、教学的重难点，以更好地为教学工作服务；二是在课堂上开展讨论和辩论，为新加入的教师和研究生助教提供专业的入职培训，以提升他们的职业技能和知识水平；三是成立教学创新基金，资助有关教学方面的创新项目的开展，并对各教师的教学创新项目进行科学的评估，以促进教育事业的发展；四是协助院系推进具有学科专业特色的教师发展项目，包括但不限于研讨会、工作坊等，以促进教师专业素养的提升；五是为了满足有需求的教师的个性化教学需求，对教师提供个性化的一对一咨询服务。通过以上措施，高校青年教师的教学水平和能力得以提高，丰富多彩的项目和活动也使其多元化需求得到了充分满足。

（四）科学的激励机制和多元的反馈平台

常春藤盟校实施了一套科学的激励机制，其中包括教学奖励、项目资助和教学证书三大类。这些措施旨在激发学生的学习热情和创造力。其中以项目资助最为典型，它将教师分为学术型与科研服务型两大类，并根据不同类别制定相应的奖励机制，从而有效地促进了大学教学质量的提升。奖励的力（制）度不仅仅是对教师的经济支持，更是对教师个人荣誉的体现；从奖励的方式来看，除了常规的物质激励之外，还包括精神奖励以及心理辅导。美国常春藤盟校的奖励范围十分广泛（从奖励的范围来看），涵盖了各种类型的教师奖励，可谓多种多样。教学奖包括教师科研奖、学生（术）奖学金以及课程学分奖三部分，其中教师科研奖又分为教授科研奖、青年学者科研奖与学科带头人科研奖三个层次，尽可能全方位鼓励多种级别教师进行创新性科学研究。授予教学奖不仅为了表彰卓越的课堂教学，更为了表彰那些在教学创新和研究生指导方面表现出色的教师。

学术奖则以鼓励科研为主，注重科研成果的转化与应用。赞助项目的主要目的在于支持教师和学生的研究项目和论文。科研奖则注重培养教师的创新能力，鼓励教师在研究中取得新成果并获得相应的奖励。课程奖是一种以学分或学位作为基础进行评价的方式，旨在激发学生的学习兴趣并提升教学效果。评估奖励的标准不限于基本的课堂教学，还包括个人项目和职业发展等方面，同时，教学奖励的对象也包括教授、讲师及研究生助教等。对高校教师教学奖进行合理分类是一个重要课题。针对教师在不同职业生涯阶段的教学发展特点，教学奖设立了专门针对教授、讲师和研究生助教的教学奖项，以促进其教学水平的提升。教学奖励制度能够有效提升教师的专业素养和教学质量，激发学生的学习兴趣并促进师生交流沟通。采用此种方式，奖励将更具公正性和科学性，也能更有效地激发员工的积极性。

教师发展中心提供了一个多元化的反馈平台，用于评估质量。在这个过程中，各主体都发挥着重要作用，形成一个相互补充、相互促进的良性循环机制，从而实现整体优化。常春藤盟校教师发展中心积极推行多层次、多主体参与的教师教学质量考核评价，其中包括学生评教、师生互评、学术评教、督导评教以及同行评教等多种形式。学校与教育行政部门、高校及相关机构之间建立起良好的合作关系，实现资源共享。参与不同主体的协同作用，使得反馈平台呈现多元化，同时提升了质量评估的真实客观性和全面深层性。总体而言，教师发展中心采用多元化的科学方法，对教师和学生的参与度、教学效果、学习成果等多个方面进行全面评估，更好地保障了教师发展中心的工作效果。

三、对我国教师发展中心运行的思考

（一）明确职能，合理分工

我国大学教师发展中心大多是非独立机构，主要隶属于教务处、人事处或者其他职能部门。非独立建制一方面会使大学教师发展中心的独立性和自主权受到限制，另一方面会使大学教师发展中心和学校其他机构存在工作交互现象，行政色彩在中心工作运转中加重，易产生机构臃肿、人浮于事的状况。[2] 因此，在组织架构中应该推动大学教师发展中心的独立建制，给予中心充分的自主性和灵活性，尽量减少行政的交叉干预；另结合服务对象遴选具有学科背景、教学经验和专业能力的教师，合理分工。

我国大学教师发展中心的职能存在定位模糊的问题，主要涉及三类职能性质：学术性质机构、行政性质机构、学术与行政相结合性质的机构。首先，职能定位不统一；其次，大学教师发展中心主要注重对教师的教学行为进行评估和监管，往往不进行引导，导致无法充分支持教师专业发展和教学提升，且以管理职能为主，而不是服务职能。[3] 职能定位的模糊会导致职能的泛化，缺乏主要的工作重心，实际运作效能低。另外，与行政部门的交叉，也存在部分岗位虚设、空转等问题。因此，大学教师发展中心要根据本校的具体情况制定清晰的职能定位，中心领导人员要明确教师发展中心的使命——为教师提供服务，提高教师的教学能力，行政管理职能知识起辅助作用。

（二）营造氛围，达成共识

我国大学教师发展中心中教学文化一直被忽视，一方面以科研为导向的教师评估使教师忽略教学，另一方面科研产出所带来的奖励和汇报高于教学突出，因此，许多教师不注重教学，不进行教学创新和实践，这不仅带来了教学能力的下降，更改变了教师的教学理念和思维方式。重行政管理、轻教学的学术文化，严重影响了教师的教学激情和教学技能。因此，大学教师发展中心要具备浓厚的文化氛围，要秉承学术、自由、共享、多元等文化理念，使之成为共识。要使教师受文化的熏陶自觉地参与到教师发展中心的项目中去，而不是受评估的需要被迫参与其中，形成教师共同体，为教师之间的合作交流创造条件。同时，我国大学教师发展中心在运作过程中要注重组织协同，教师发展中心不是独立个体的存在，要借鉴美国的经验，加强对内对外合作。对内要加强和各学院、图书馆、信息技术部门等合作，为学院提供教师培训和咨询服务，图书馆可以为中心提供资源共享服务，技术部门的帮助可以提高教育新媒体在教学创新中的使用。对外要加强与政府、其他学校与高等教育机构的合作，从而共同助力教师发展中心的工作顺利开展。

（三）扩展受众，个性服务

我国大学教师发展中心的服务对象主要是教师，为教师提供培训、咨询、评估等服务是其主要工作内容。其具有以下特点：首先，服务对象较为单一，可以借鉴美国的基本经验——扩大服务对象的范围，让研究生和本科生也参与其中，提高学生的学术能力和教学实践能力。例如，开展一些针对研究生的研讨会、教学实践项目，对于本科生设置写作课程和学术交流谈论会等活动项目，促进教师和学生的共同提升。其次，项目服务方式较为单一，项目的设置比较重视教师群体的发展，忽视了教师个体的专业发展。[4]大学教师发展中心的项目设置要涵盖教师教学技能、教师专业发展以及教师个人需求等多项内容，而目前我国大学教师发展中心的项目主要以教师培训、咨询和评估为主，且培训内容单一化，也没有开展针对性的咨询方案，评估方式也不够多元化。另外，行政化的自上而下的指令，导致大学教师发展中心较为关注整体中心的运转以及群体的发展，忽视了教师个体的需求。因此，我国大学教师发展中心在发展过程中不仅要扩大服务对象，更要针对不同的服务对象提供丰富、有针对性的项目活动，在关注组织发展的同时，重视和满足教师的个人需求。

（四）科学激励，多元奖励

我国大学教师发展中心目前采取了科研立项和教学奖励的形式来对教师进行奖励，但是在具体操作过程中实行"一刀切"的标准[5]，科研占比较大且注重结果性评价，忽视了教师的发展过程。我国现有的激励机制主要是科研奖励和教学奖励两种形式，形式和种类较少，因此，可以借鉴美国的科学的激励方式，设立教学奖、学术奖、课程奖等多种形式，且奖励的模式要"质性评"和"量化"相结合、奖励的范围也不限于科研与教学，还包括个人发展项目、课程创新等，奖励的人员范围也需要扩大到教师、研究生和本科生。对于质量评估，我国大学教师发展中心还未建立起一套完善的评估和反馈系统，首先是针对大学教师发展中心本身。虽然我国国家级教师发展中心会和美国大学教师发展中心一样出年度报告对中心年度工作进行总结，但是年度报告主要以量化来呈现参与人数和项目数量，这并不能有力度地证明中心的工作效度。其次，对于人员评价，我国教师发展中心针对教师的评价主要以督导评价、学术评教为主，缺乏对同行评教和学生评教的关注，且削弱了质性和过程评价。因此，我国教师发展中心在评估和反馈中可借鉴美国设立一套科学的、系统的评价和反馈机制，坚持质性和量化、过程与结果相结合的方式，使评估和反馈更加科学与公正。

参考文献：

[1] 林杰.美国大学教师发展组织［M］.太原：山西教育出版社，2018.

[2] 张澜，余斌.组织视角下一流大学青年教师教学能力发展研究——基于C9高校教师发展中心的分析［J］.教学研究，2021，44（2）：32-38.

[3] 陈明学，郑锋，缪国钧.高校教师教学发展中心协同职能探究［J］.中国大学教学，2018（9）：83-86.

[4] 郝德贤.大学教师教学发展中心的主体功能［J］.高教发展与评估，2023，39（2）：63-70，121-122.

[5] 赵鼎洲.在借鉴与超越中重生——论我国高校教师发展中心发展境遇与实践观照［J］.高等理科教育，2022，166（6）：75-85.

高校来华留学生档案管理实践路径探索 [1]

唐洪伟 [2]

摘　要： 加强来华留学生档案管理既是高校档案管理工作的政策要求，也因其独特的利用价值和保存价值，成为来华留学生教育的客观需要。目前，学生类别层次复杂、涉及管理部门繁杂、档案材料种类多等特殊性，导致我国来华留学生档案管理存在管理不规范、机制不健全和开放利用不够的问题。建议高校在实施留学生档案管理工作中注重建章立制，理清留学生档案内容，理顺管理体制机制；加大开发利用，重视档案信息化建设；加强队伍建设，增强留学生档案管理意识。

关键词： 来华留学生；档案管理；实践路径

一、必要性

高校来华留学生档案管理工作是高校来华留学生管理和档案管理工作的重要组成部分。因此，做好高校来华留学生档案管理存在以下两个维度的必要性。

（一）高校来华留学生档案管理工作是高校档案管理工作的客观要求

来华留学生作为高校的重要学生群体，其档案管理工作在各类政策文件和考评制度中有明确要求。在政策要求方面，2011 年，教育部发布《关于进一步做好外国留学生学历证书管理和电子注册工作的通知》，提出进一步完善外国留学生高等教育学历证书管理和学历电子注册制度的有关要求，并指出要满足留学生对学历电子注册信息即时查询的需求。2017 年，教育部、外交部、公安部联合发布《学校招收和培养国际学生管理办法》，规定："高等学校参照中国学生学籍管理规定开展国际学生学籍管理工作。学校对国际学生做出退学处理或者开除学籍处分的，应当按照国务院教育行政部门的规定进行备案。"2018 年，教育部印发《来华留学生高等教育质量规范（试行）》，将档案工作明确纳入管理与服务支持部分，要求"高等学校应当有健全的来华留学生档案和信息管理制度，符合国家有关规定要求"，"高等学校应当为每名来华留学生建立文书档案，如实记录招生录取、学习成绩、日常表现、学历和学位证书、离校和校友联络等入学、在校、离校全过程中的重大事项，收录有关重要文件，并妥善归档保存"。

各类考核评估指标体系中设定了相应分值。在中国教育国际交流协会来华留学质量认证指标体系中单独设立"信息与档案管理"三级指标，分值为 2 分（满分 100 分），要求"学校建有来华留学生管理信息系统且有效运行。建有来华留学生档案管理制度，来华留学生个人档案如实记录其入学、在校、离校全过程中的重大事项，收录重要文件"。并在教学组织与管理、学籍管理、实践与实习、奖学金管理和心理健康教育与咨询等三级指标中明确要求相关档案材料规范完整。另外，在教育部中国政府奖学金绩效评价指标体系中，"学生信息与档案管理"也被列入考核指

1　2021 年三峡大学开放办学教育教学研究立项项目"高校来华留学生档案信息管理研究"（KJ2021029）。

2　唐洪伟，三峡大学保卫处，讲师，硕士，研究来华留学生教育管理和高校安全管理。

标体系，要求"建立来华留学生信息管理系统且数据更新及时，学生档案完整"。以上政策为高校开展留学生档案管理提供了合理性和必要性支撑。

（二）高校来华留学生档案管理工作是来华留学生管理工作的现实需要

做好来华留学生档案管理工作是高校来华留学生教育提质增效的重要内容和具体体现。来华留学生档案与其他档案具有相同的价值，如利用价值和保存价值、凭证价值和情报价值[1]。留学生档案是留学生本人出国留学、学历认证最权威的凭证，同时留学生档案中的各类信息也是学校开展留学生管理的有力凭证和参考依据。另外，通过对留学生档案的保存和开发利用，其情报价值还可延伸出参考价值、科研价值、宣传价值等。例如，杰出来华留学生档案可以成为我国开展外交活动的重要宣传资料，直接服务我国大国外交，同时可成为高校开展招生宣传、就业推荐、校友工作的重要资料，帮助高校吸纳更多优秀的留学生，扩宽留学生就业市场等。以三峡大学为例，学校从 2004 年开始大批量招收、培养南亚留学生来校学习英文授课本科临床医学（MBBS）专业，并培养了大批优秀学生回国就业。他们回国后，学校通过挖掘整理学生在校档案信息，跟踪学生成长路径，发展海外校友。这些海外校友源源不断地推荐优秀学生来三峡大学学习就读，让南亚成为三峡大学最重要的留学生生源地。因此，规范来华留学生档案管理工作具有重要意义。

二、特殊性

（一）学生主体类别层次复杂

来华留学人员教育层次复杂，以高校为例，按层次分，除专科、本科、硕士研究生、博士研究生以外，还有普通进修生、高级进修生；按经费来源分，有中国和地方政府奖学金生、学校和企业奖学金生、自费生、校际交换生等，其档案涉及的记录主体也有所差异，相较于中国学生更加繁杂。

（二）涉及管理部门繁杂

来华留学生管理工作涉及外事、教育、出入境、公安、卫检、高校本身等管理部门，在教育协议和资助方面则涉及不同国家、部门、单位、政策间的协调。在高校内部，留学生管理工作涉及国际、学工、教学、招生就业、档案、财务、信息、后勤、二级学院等多部门，部门交叉也更复杂。档案管理工作不可避免地涉及以上主体的参与，给留学生档案管理增加了难度。

（三）档案材料种类多

来华留学生档案记录了留学生在华学习、生活、社会服务等方面的信息，既涵盖学生类档案的各类材料，又因其明显的涉外性质，教育部将其划定为高校的外事类档案进行保管、利用。因此，其材料种类更多，档案的归档范围扩展性很强，利用价值也较高。因为留学生档案价值的发挥具有一定的隐蔽性和潜伏期，所以对于留学生档案的归档要求不应局限于一般中国学生的归档范围，应兼顾外事类档案归档范围，将鉴定具有保存价值的材料、实物等都考虑归入留学生档案，增强留学生档案的可利用性。

三、存在的问题

（一）管理不规范

《高等学校档案工作规范》《高等学校档案实体分类法》《高等学校档案管理办法》（教育部第 27 号令）等文件将外事类单独划分为一级类目，并详细规定了基本工作原则、部门立卷及归档流程、管理、开发利用和岗位职责等内容，其中留学生档案虽有提及，但没有明确相关管理细则。另外，目前《高等学校档案管理办法》修订工作正在开展，尚未发布。原教办〔1993〕429号《高等学校档案实体分类法》《高等学校档案工作规范》已于2018年宣布失效，预计将于下一步修订发布。[2]留学生档案作为学生类档案和外事类档案兼具的一种特殊类别，目前在管理上缺乏上位文件指导。

在此情况下，部分高校或高校相关部门仍依据以上文件开展留学生档案管理工作。部分高校尝试自主出台了规章制度以完善细化，如《西北工业大学国际学生档案管理办法（试行）》《南华大学国际学生档案管理办法》《昆明理工大学研究生、外国留学生学籍档案管理暂行办法》，但相关工作要求不尽相同，对各种类和层次学生也缺乏区分，同时归档范围以学生档案为主，忽略了外事类档案和其他相关材料。因此，目前留学生档案管理缺乏政策指导，各高校管理实践缺乏规范性。

另外，留学生档案管理的工作人员多由留学生办公室的行政人员兼职。他们工作繁杂，档案业务知识薄弱，对留学生档案的重视程度不够。加之档案馆工作人员对留学生教育各环节不熟悉，导致在各项工作的指导和监督上存在不足。

（二）机制不健全

留学生档案管理涉及部门多，且各环节档案产生部门也十分分散，导致各高校在实际管理职能划分时也呈现出多样化、模糊化的特点。[3]以三峡大学为例，档案馆负责留学生档案的最终建档工作；国际学院负责留学生招生、学籍管理、学生日常管理等环节的档案归档工作；二级学院则主要负责学生教学、科研、实习等环节的档案归档工作。另外，学生出入境、体检、校内外活动等环节的档案涉及校内外各部门的职能交叉。目前，这种以多头分散管理为主的留学生档案管理模式缺乏统一协调的机制，导致留学生归档工作各单位沟通不足、职责模糊，容易出现部门相互推诿或无统一、不规范、不及时等问题，难以确保档案的完整性和系统性。

（三）开发利用不够

一是对留学生档案的信息化不够。档案存储以纸质载体为主，以电子载体为辅。虽然教育部及相关部门陆续开发专门平台，同时越来越多的高校自主研发或使用商业信息平台，但各平台之间没有形成信息网络，多为"信息孤岛"[4]，而且系统里的档案管理模块功能不完善，各高校对系统内的留学生档案电子化程度不高。二是对留学生档案的利用率不高。档案利用创新意识不足，开发方式较为单一。当前，利用留学生档案比较常见的方式是查询和认证，而对留学生档案的创新性整理和呈现十分缺乏，在招生、教学、科研、毕业、校友、对外交流等方面潜在价值的挖掘也不够。

四、实施路径

（一）注重建章立制，理清留学生档案内容，理顺管理体制机制

在国家和教育部门没有出台新的指导性文件之前，各高校要根据已有文件，结合高校留学生群体实际，出台各校留学生档案管理办法，明确留学生档案内容和管理体制机制，建立各部门沟通协调机制，明确各部门任务和分工，指导具体工作开展。以三峡大学为例，留学生档案管理应建立学校档案部门指导监督，国际学院具体统筹协调，二级学院及其他相关单位落实的三级管理体制，并通过管理办法、目标考核等方式确保档案工作落在实处。

而在归档内容上，可分为以下几类：一是学籍类档案（包括入学前、在学和毕结业相关材料）；

二是在校表现类档案（各类在校期间奖惩相关材料）；三是重点对象类档案（如特殊护照类、特殊荣誉、社会名人等重点学生档案）；四是专题类档案（如重大活动、突发事件）。另外，在线上、线下档案收录上，建议线上应收尽收，线下除了纸质档案外，更要注重视频、图片和实物的整理和收集。

（二）加大开发利用，重视档案信息化建设

一是要拓宽留学生档案追踪的渠道，借助校庆、校友联谊会、班主任、任课教师或导师、驻外领事馆、社交媒体等途径开展留学生在校和毕业后相关档案的追踪。二是应通过定期编纂留学生档案文献汇编、编制留学生校友册等措施，发挥档案育人功能，助力学校留学生招生、管理、就业、校友工作，推动学校国际交流工作，服务学校国际交流工作和区域国别研究相关科研工作。

而在信息化建设上，一是要加大既有系统开发，推进各类系统集成，信息共享，减少"信息孤岛"，将留学生档案管理逐步纳入整体智慧化校园建设。二是要利用开学、闭结业、来华留学质量认证、奖学金绩效考核等时间节点及时更新维护留学生电子档案，不断提升档案信息化水平。同时，高校应积极完善档案远程利用服务，实现留学生档案的网上查阅或电子化查阅，从而提升留学生档案信息资源的利用率。

（三）加强队伍建设，增强留学生档案管理意识

加强来华留学档案工作指导和培训。一是加强档案部门工作人员的外语能力培训；二是加强对国际部门和二级学院的档案专业知识和专业技能的培训；三是加强对信息化、数字化档案管理专业知识和技能的培训；四是加强对保密要求、外事纪律等相关政策的培训。另外，要建立专人负责机制，确保管理人员的相对稳定，避免人员轮换导致工作断线。

同时，要持续加强管理人员的档案管理意识。一是提升全员档案意识。留学生档案管理的特点要求各留学生管理工作的部门人员均是档案管理的参与者，要通过培训、考核、宣传等多种方式，提升相关人员留学生档案管理的支持和参与度，让参与留学生档案管理的工作人员做到人人有责、时时有心。二是要树立档案育人理念。档案管理也是学校育人工作的一部分。作为以培养知华、友华、爱华国际人才为目标的留学生教育事业，档案管理在其中也发挥着重要作用。要让高校档案工作者形成共识，利用来华留学人员档案服务塑造中国高校良好形象，让留学生档案成为留学生校友心系母校和中国的纽带，成为高校发挥"资政"功能、服务大国外交的重要渠道。

五、结语

来华留学生是高校学生群体的重要组成部分。其档案管理工作也应该是高校档案管理的重要内容。做好来华留学生档案管理工作是推进我国高校国际化水平和高质量发展的重要方面。但政策不配套和留学生群体的特殊性，导致目前我国高校来华留学生档案管理工作还存在各高校自行探索开展的无序阶段。教育部门和各高校要综合施策，一是做好顶层制度设计，让各高校参照执行，逐步实现中外学生档案趋同化管理；二是要加大开发利用，尤其是信息化建设，用物联网、大数据等技术手段解决来华留学生档案收集难、整理难、利用难的问题；三是要加强专业人才培训，要逐步提升高校档案管理人员的涉外沟通交流能力和留学生管理部门人员的档案管理意识和能力，切实解决一线办事人员本领恐慌，从而逐步提高我国高校来华留学生档案管理水平，打造"留学中国"品牌，提升我国来华留学生教育质量和高等教育对外开放水平。

参考文献：

[1] 杨保乐.广西高校留学生档案管理实证研究［D］.南宁：广西民族大学，2014.

[2] 郑紫颖，方华，王运彬.来华留学人员档案管理的实践现状、存在问题与提升策略［J］.档案与建设，2021（10）：51，54，50.

[3] 郑慧，黄艳芝."一带一路"倡议下高校留学生特色档案信息资源数据库建设研究［J］.档案管理，2020（2）：75-77.

[4] 何淑冰.有效加强高校留学生档案管理的若干思考［J］.兰台世界，2016（18）：53-55.

构建多元化的职教英语学业考核评价体系
——以洛阳市 L 学院为例

党翠平 [1]

摘　要：目前，我国职业教育的高质量发展对职业教育中职英语教学提出了更高的要求，传统的英语教学方法、学业考核评价、人才培养体系已不能适应新时代英语教学改革的需要，更难以满足社会对适配性专业人才的需要。学生学业考核评价作为教学活动中极为重要的一环，对学校教育和管理具有极强的导向作用。有效的学生学业考核评价能全方位促进学生的健康发展。如何评价中职学生的英语综合应用能力，提高教师育人能力，是值得职校教师认真思考的问题。

关键词：英语教学；中职院校；考核评价

随着我国现代化建设事业的快速发展，在技能型社会建设中扮演着重要推动者角色的职业教育受到了越来越多的关注。社会对职教人才培养的管理有诸多期待和批判，对其毕业生的社会责任感和贡献度的要求亦越来越高。在高素质技术技能型人才需求日益高涨的同时，公共基础英语课程过去那种过于注重理论考核、把实践应用看作知识考核附属的评价方式已经不能适应学生发展的需求，因此，改革英语学业考核评价体系就显得愈加紧迫和重要。

一、考核背景

洛阳市 L 学院秉承"以父母之心育人，帮助学生成就梦想"的办学宗旨，以"理实一体，知行合一"的校训为指导，要求教师在英语实际教学中，不仅要培养学生扎实的英语语言基本功和语言运用能力，特别是使用英语知识处理日常生活及工作需要的实践能力，还要使不同专业学生具备符合未来职业要求及时代特色的专业英语技能，提高学生的社会适应性[1]。但是，目前该门课程的学业考核评价体系还存在一些问题，如评价主体单一，过于注重学生的学业成绩，忽略其创新精神、批判性思维。用一个模式去培养、评价学生，缺乏科学性和客观性，而且考核内容单调，对于不同层次的学生，不能建立分层次的评价体系，每个学生的潜能、优势不能得到凸显，不利于学生的全面发展。同时，考核方式脱离实践，学生自学能力和实践应用能力不强，对于学生的核心素养的养成效果甚微。因此，构建多元化的英语课程考核评价体系意义重大。学生可以将专业理论知识应用于实践活动和实际操作，重新认识自己，建立自信，提升自身的竞争力，在实践中磨炼自己，干一行、爱一行，为踏入社会成为一名高素质技术技能型人才做好准备。

1　党翠平，洛阳科技职业学院马克思主义学院助教，三峡大学田家炳教育学院 2022 级教育管理硕士研究生。

二、考核设计

语言的基础性、工具性、人文性和思想性决定了英语在教育体系中不可或缺的作用。英语教学除了最基本的任务，即提高学生英语听、说、读、写的能力外，还应在日常授课中注重传播中国文化，学讲中国故事；探究知识背后的世界观、方法论；培养更多能在国际组织中胜任岗位要求的人才。

因此，为了综合检验学生的学习效果，课程的考核设计将理论与实践、过程性考核与终结性考核、"师评、互评、自评"相结合；从考核方式上、内容上进行设计，全员、全过程、全方位考查学生对知识的掌握情况，从而促进学生学习的积极性，提高教师的教学质量。

（一）考核评价方式

1. 过程性考核与终结性考核相结合

目前，学生评价存在的一个显著问题就是评价功能失调，重视评价结果，忽视评价过程和学生发展中存在的问题。因此在评价考核中，建立由过程性评价和终结性评价相结合的评价体系，培养学生自主学习能力，激发学生的自信心，促进学生的知识应用能力和健康身心的发展，至关重要。

根据确定的考核内容，制定每次课程的评价内容和评价标准，根据学生任务前、中、后的知识掌握情况、能力，评价学生的学习效果性，进而全面提升学生知识、能力、素质等综合能力，帮助学生开拓思维。在课程实施过程中，及时关注学生学到了哪些知识，教授方式是否有助于学生的深层次理解和探索，体现理论与实践的双结合。

过程性评价占课程总成绩的60%，由出勤、测验、课堂表现、课后作业、第二课堂活动等部分构成，以激发学生参与意识，这部分成绩依托云班课等平台进行客观记录。终结性评价占课程总成绩的40%，考试形式不拘泥于试卷，鼓励多元化、多维度的考核方式。终结性考核主要包括理论知识的考核和应用能力的测评。理论知识考核采用期末闭卷考试的方式，以客观题的形式考查学生对上课讲授知识的理解、掌握情况。应用能力的测评主要以主观题和实际运用的形式考查学生应用基础知识的能力。

以其中一个章节 Unit 2 Pollution 的教学设计为例，如表 1 所列。

表 1 Unit 2 Pollution 教学设计

环节	教师活动	学生活动	设计意图	评价主体	评价标准
导入新课	1. 单词与词组复习巩固 2. 点评学生测试完成情况 3. 引出本节课教学主题：Pollution in Modern World，树立环保意识，建立正确的价值观	1. 回忆上节课学习内容 2. 完成测试，对单词掌握程度进行及时反馈 3. 查漏补缺，适时巩固遗忘的知识点	1. 巩固旧知识，思考新知识，为新课学习做准备 2. 学生随堂测试，教师及时点评，帮助学生建立学习自信	自主评价 教师评价	定性：课前任务完成态度、完成质量 定量：课前测验正确率

环节	教师活动	学生活动	设计意图	评价主体	评价标准
讲授新课	任务一 1. 视频探讨与点评：Cause and Effects of Climate Change（气候变化的原因与影响），明确任务，要求学生深入思考气候变化与环境保护问题 2. 鼓励引导学生回答以下问题： a. 为什么有这么多极端天气？ b. 我们怎样才能改变它？ c. 我可以做些什么来保护环境？	1. 自主学习，认真观看视频，抓住视频中的关键词句 2. 回答问题：尝试用英语表达造成气候变化的原因；意识到环境保护的重要性 3. 从身边小事做起，分享自己能为环保出的一份力	1. 明确任务，培养学生的自主学习能力，提高对环保方面问题的深层理解 2. 以小组讨论的形式展开话题讨论，活跃课堂气氛，提高学生的学习兴趣 3. 视频导入吸引学生，设置问题引发学生思考气候变化的严重后果，帮助学生树立环境保护意识，阐述如何为节能环保做出自己的贡献	小组自评 组内互评	定性：课堂积极性；任务贡献度；团队协作意识 定量：小组讨论结果及结论
	任务二 1. 小组合作，进行互助学习，概括文章段落大意 2. 观看噪声相关视频，思考噪声的危害性以及防治措施 3. 小组代表汇报学习成果	1. 阅读文章，理解文章内容，回答相关问题 2. 分享小组讨论结果，积极展示学习成果 3. 紧扣本章节教学目标，深化绿色生活概念，明白"绿水青山就是金山银山"	1. 锻炼学生自主学习能力 2. 培养学生团队合作意识 3. 提升学生英语语言表达能力 4. 联系思政目标，提高学生的环保意识	组间互评 教师评价	定性：课堂参与度；团队协作；学习态度 定量：文章问题分析结果及结论
	任务三 师生联动，合作探究；重点词组语句的讲解、练习、应用和评价	1. 倾听 2. 记录 3. 思考 4. 回答	1. 适时提醒学生集中注意力，记录重点词组和长短句理解，养成良好的学习习惯 2. 锻炼学生运用所学知识解决问题的能力	小组自评 教师评价	定性：课堂积极性；沟通表达能力
课堂小结	1. 引导学生总结课堂所学的词汇和功能句 2. 预习课文后半部分，并以"Begin from Me, Start from Now"为题写一篇作文，并上传云班课平台	1. 配合教师总结本章节知识 2. 及时完成课后作业	1. 总结巩固所学知识，适时反馈，了解学生的掌握情况 2. 书写作文上传云班课平台，以便教师点评和学生互评	学生自评 教师评价	定性：课堂知识是否理解吸收；口语表达是否全面；作文书写是否准确 定量：云班课作业评改及后台数据分析

期末总成绩 = 过程性评价（60%）+ 终结性评价（40%）（表2）。

表2 期末总成绩考核计算方法

评价项目		评价内容及形式	评价重点	评价方式
平时成绩（60%）	平时表（30%）	课堂表现、课堂出勤	学习策略、情感态度等	自评、互评、教师评价
	平时测（10%）	线上测试、单元测试、课堂讨论、口语陈述、PPT主题演示	语言知识与技能、团队协作能力	定量评价、自评、互评、教师评价
	作业（10%）	线上作业、学习笔记、听说读写练习	学习过程、解题策略、交际能力	自评、互评、教师评价
	第二课（10%）	自主学习、第二课堂	学习过程、文化意识、协作精神	自评、互评、教师评价

评价项目	评价内容及形式	评价重点	评价方式
期末成绩（40%）	听、说、读、写、译等话题阐述，小组讨论，综合素养考查	语言综合应用能力	教师评价、定量评价

2. 线上考核与线下考核相结合

线上主要通过云班课学习平台考核学生课前、课中、课后学习任务的完成情况。线下主要通过学生对照课堂讨论、随堂测试情况等方式进行线下自评和小组互评。在考核时，把网上视频资源和非视频资源的学习、课前签到、直播讨论、头脑风暴、课堂表现和线下实际完成情况纳入总评成绩，从而做出合理的综合评价。

在每节课的教学过程中，根据教学三维目标和实施方式确定每单元的考核细节，考核形式多样，包括学生自评、小组互评和教师点评等。此处评价的数据反馈不仅包括可直观体现的随堂测试、期中测评、期末考试等，也包括隐形评价，如学生的成长与进步、品格发展。如表 3 所列，及时将学生的参与情况、小组互动情况、经验获得值在云班课中进行总结和反馈。

表 3 线上考核成绩总评

加权比例	6%	6%	20%	8%	5%	5%	10%	40%	100%
姓名	视频资源学习	非视频资源学习	签到	测试	讨论	投票问卷	作业	课堂表现	百分制得分
ZQQ	100.00	100.00	100.00	93.75	100.00	100.00	98.46	100	99.35
ZLW	37.50	100.00	100.00	91.25	100.00	100.00	90.00	95	92.70
HWL	100.00	100.00	100.00	90.00	100.00	100.00	97.69	77	89.74
GQQ	100.00	100.00	100.00	95.00	100.00	100.00	90.77	77	89.45
WRT	100.00	100.00	100.00	91.25	100.00	0.00	72.31	78	82.92
WHM	100.00	100.00	100.00	90.00	100.00	100.00	98.46	66	85.51
LSQ	100.00	100.00	100.00	88.75	100.00	100.00	90.77	66	84.64
YCH	100.00	100.00	100.00	92.50	100.00	100.00	79.23	60	81.32
LCY	100.00	100.00	100.00	83.75	100.00	100.00	96.92	55	80.55
LYL	100.00	100.00	100.00	88.75	100.00	100.00	89.23	54	79.56
LKL	100.00	100.00	100.00	87.50	100.00	100.00	88.46	54	79.38
YX	100.00	100.00	100.00	93.75	100.00	100.00	93.08	51	79.12
WHD	100.00	100.00	100.00	95.00	100.00	100.00	89.23	48	77.60
WSQ	100.00	100.00	100.00	76.25	100.00	100.00	94.62	49	77.25

3. "师评、互评、自评"相结合

传统的教学方式和教学手段容易导致学生出现"高分低能"的情况，改进考核方式可以活跃课堂，提高学生学习英语的积极性，打破"哑巴英语"的局面，学习不同文化，更好地与外国友人合作交流。"师评、互评、自评"相结合的多主体的评价机制，不仅可以体现公正性和公平性，也增加了学生的课堂参与度和学习效果，进一步帮助教师及时调整教学策略和教学重难点。

实践活动得分 = 教师评分（40%）+ 小组互评（30%）+ 自评（30%）。

（二）考核实施

1.过程性考核

（1）线上、线下与教师评分、学生互评及"师评、互评、自评"相结合

课前，通过云班课向学生发布任务，根据学生完成情况、课堂展示情况对学生的课前任务进行大致评定；学生根据任务完成度、参与度等进行自评；课中，教师根据学生的课堂参与度和学习掌握情况，进行线上打分和加分；同时，在小组讨论中，对学生进行个别辅导，有针对性地帮助学生克服学习障碍。课后，教师根据学生的具体完成情况进行线上评价，学生则对照课堂要求、评分点和小组贡献度进行互评和自评（图1）。

图1　学生互评评分点

（2）注重课堂思政，育人更要育才

新时代，职业院校要着眼党和国家的发展大局，紧紧围绕立德树人的根本任务，将"学生中心、成果导向、持续改进"融入英语教学设计，优化课程体系，注重知识传授与技能培养。

课程门门有知识，教师人人讲育人。职业院校教师应深刻认识到持续提高自身教书育人能力的重要意义，不断增强教书育人的责任感和使命感，把自己锻造成政治素质过硬、业务能力精湛、教书育人水平高超的高素质教师。

（3）综合素养评价

在育人实践中，做到理实一体。一方面以课堂为主体，进行专业学习和通识教育；另一方面以学校的第二课堂为育人载体，立足自身工作职能和资源优势，创设更多的学习机会。根据学生身心发展规律，以学生为中心，开展团学活动、文体活动等形式多样的第二课堂，以知促行、以行践学，让学生在求学阶段获得更广阔的成长空间，实现更全面的发展。做到专业上工学结合，课程里知行合一，将职业精神融入人才培养的全过程，既重视技能技术的学习，也重视道德品行的培养。

例如，在第二课堂"用英语传递中国声音——二十大热词你说我说大家说"的英语实践活动方案中，教师组织学生学习并掌握二十大热词的英文表达，学生能用英语流利讲授二十大的主题。学生以个人或小组形式提交"二十大主题流利说"英语口语视频到云班课平台，作为该课程平时成绩的重要组成部分。通过此活动，将英语课堂教学与课外实践活动相结合，帮助学生拓宽眼界、了解国际形势、把握世界和中国发展大势，成为具有国际眼光的新时代青年[2]。

2.终结性考核

每学期通过课堂活动记录、云班课学习记录及作业、学生学习自评及互评，对学习过程进行

监控和评估。终结性评估主要为学校单独命题的期末考试，但特殊点在于：考试形式灵活多样，学生可申请以成果展示的形式取代书面考试，即自编自导自演一场英文情景剧，考查学生的职场综合应用能力、创新能力，旨在调动全校学生学习英语的积极性，充分认识到英语学习的实用性、趣味性。

三、成果成效

为了检验英语课程考核成效，主要从学生学习自主性、英语实践能力、综合素养能力和教师教学能力四个方面进行效果评价。

（一）学生学习自主性提高

通过课程多元化的考核方式，师生、生生相互评价、相互促进。在课堂小组活动中，学生积极参与课堂活动，针对教师布置的学习活动进行合作讨论。在小组合作过程中，大部分学生能分工合作，为小组任务的完成贡献自己的力量，学生的自主学习能力明显提高，学习兴趣浓厚，课堂互动性高，完成作业情况良好。

（二）英语实践能力提升

第二课堂的进行和新的评价方式给学生提供了一个很好的展示自我、突破自己的平台。学生在完成实际工作任务的过程中，分工明确，互相合作，大胆用英语进行表达，有效提升英语实际运用能力。

（三）综合素养能力增强

学生综合素质、品德修养明显提升，社会责任、专业自信心和自我成就感显著提高。在课余时间，学生积极参加社会实践活动和志愿者活动，提高职业思想素质，树立正确的价值观和理想信念，增强自我认同感，重塑自信，促进个人全面而有个性的发展，也为 L 学院文化的传承和社会风尚的良性发展起到了正向的推动作用。

（四）教师教学能力提升

面向新时代人才培养需求，教师根据学科前沿技术，及时帮助学生更新和补充新的教学内容。在日常的英语课堂中，英语教师采用多元化的教学方法，动态调整和改进授课模式，通过润物细无声的教学，以学生为中心，认同、尊重、激活每一个学生，充分调动学生的学习激情，全面提升学生的听、说、读、写、译能力，提高课程教学质量，提升育人效果。同时，锤炼课堂操作技能，加快教学能力提升，造就一支师德高尚、业务精湛、结构合理、充满活力，能够适应学校事业发展和人才培养要求的高素质师资队伍。

四、结语

综上所述，职校教育学业考核评价体系应当顺应时代发展潮流，灵活地采用多元化、多维度的评价方式，提高学生的学业评价质量，进而推动人才培养质量的提高。L 学院的教师在教授必修公共英语课程时，及时改革学业考核评价体系，采用过程性评价和终结性评价相结合、线上与线下相结合、"师评、互评、自评"相结合的教学评价模式，以学生为中心，将知识内容融于岗位、融于课程、融于学生实践锻炼，寓教于乐，充分发挥学生在课堂上的主体地位，将课堂归还给学生。在实践中，进一步完善改革方案和细节，激发学生课堂学习的积极性和主动性，引导学生及时发现问题、主动探索问题并积极解决问题，对学生学业学习进行合理评价，促进学生全面发展，改进教学质量。

参考文献：

[1] 孙宇 . 基于课堂与网络交互的高职英语教学方法研究［J］. 英语广场：学术研究，2018（5）：2.

[2] 韩炳华 . 以课程传承世界文化 用英语传递中国声音——江苏省邗江中学基于文化推介的英语校本课程综述［J］.

江苏教育，2019（59）：4.

护理专业学位硕士研究生与专科护士并轨培养的研究现状及建议 [1]

王可 [2]　王倩　高学农

摘　要：鉴于现阶段我国护理专业学位教育与专科护士培养处于初期，为推动护理行业不断高质量发展，笔者通过总结国内外护理专业学位硕士研究生与专科护士并轨培养现状，分析了我国护理专硕研究生与专科护士并轨培养存在的问题，并提出了几点对策建议，以期为相关培养改革工作提供参考。

关键词：护理硕士；专业学位；专科护士；并轨培养；研究现状

2010 年，教育部审议关于护理硕士专业学位（Master of Nursing Specialist, MNS）的课程方案设置，提出应培养出"高层次、应用型、专科型"的临床护理人才[1]。《全国护理事业发展规划（2021—2025 年）》明确指出："要加强护理学科建设，以学科建设带动护理专科人才培养和护理服务能力提升。专科护士发展需加强院校教育与临床实训基地之间的有效衔接，以适应护理专科化的不断发展及护理教育改革的需要。如何实现 MNS 与专科护士的有效衔接，培养出具有专科护士临床实践能力的 MNS 研究生，同时提升专科护士科研水平及应对临床护理问题的循证能力，一直受护理专家及学者的重点关注。"笔者通过综述国内外护理硕士专业学位教育与专科护士职业资格衔接现状，剖析我国护理硕士研究生与专科护士并轨培养的现存问题，为高校与医疗卫生行业共同培养高级护理实践人才提出相关建议。

一、相关概念

（一）护理硕士专业学位概念

国务院学位委员会发布的《专业学位研究生教育发展方案（2020—2025 年）》特别指出："专业学位是针对某特定的社会领域需要，为培养具有较强的专业能力和职业素养，在实际工作中富有创造力的高层次应用型专门人才而设置的一种学位类型。"专业学位的教育模式相对独立，以产教融合培养为鲜明特征，促进职业性与学术性的紧密结合。我国在《护理硕士专业学位设置方案》中，将护理硕士专业学位人才定义为具有扎实的基础理论、系统的专业知识、较强的临床分析能力，能独立解决常见护理问题，并具较强科研、教学能力的高层次、应用型、专科型护理专门人才。护理硕士专业培养兼具教学科研能力和临床实践能力的高水平专科护理人才，为推动我国 MNS 教育与专科护士职业资格的并轨衔接奠定了基础。

1　三峡大学 2020 年教学研究一般项目（J2020055）。

2　王可，三峡大学助教。

（二）专科护士概念

专科护士（Clinical Nurse Specialist, CNS）是具备一定执业资格，在某个专门的临床领域为治疗对象提供专门化服务的高级临床护理工作者[2]。当前，美国、日本、加拿大等发达国家的专科护士培训制度已较为成熟完善。专科护士培训最早起源于美国，美国护理学会将 CNS 定义为取得硕士及以上学位且具有丰富临床实践经验、掌握特殊专科领域知识和技能的注册护士。我国目前对专科护士的概念和界定尚未统一，将其归纳定义为：在某护理专科领域工作，经过系统化的理论和实践培训取得相应资格证书，可熟练运用专科知识和技术为服务对象提供专门化护理服务的高级临床护理工作者[3]。由此可见，我国专科护士的水平与美国等发达国家的认证标准还存在较大差距，需不断提高护理队伍专业化水平和科研能力，以推动我国护理事业高质量发展。

二、护理专业学位硕士研究生与专科护士衔接培养现状及问题

（一）国外衔接现状

美国的护理学硕士分为专业学位和学术学位，统称为护理学硕士，并根据学生不同的研究方向（如护理教育、护理管理、护理科研以及临床护理）进行培养。美国的专科护士分为初级专科护士和高级专科护士两个层次。高级专科护士即高级实践护士（Advanced Practice Nursing, APN）。高级实践护士已经实现了护理硕士研究生教育与职业资格的衔接，要获取护理委员会颁发的高级实践护士职业资格证书，必须完成硕士及以上水平教育并通过资格认证考试[4]。APN 的教育和认证由教育机构、评审机构、执业注册机构以及认证机构相互沟通合作，实现统一化、标准化管理。

英国的护理硕士水平教育规定，学习了高级实践课程的护理硕士生，今后可成为兼具护理研究与临床实践能力的高级护理从业者。欧洲发达国家自 1999 年开展了高等教育改革运动——"博洛尼亚进程"之后，护理教育迎来了由职业教育向高等教育水平的提升。医疗卫生机构与护理高等院校联合培养硕士学历水平的高级实践护士，将硕士学历列为高级实践护士认证的先决条件。当前，英国卫生部门对于高级实践护士学历未在全国范围内做出严格要求，仅在威尔士地区建议需达到护理硕士水平或与之同等的教育。

澳大利亚护理职业资格体系分为登记护士、注册护士和开业护士。其中，开业护士申请职业资格认证时明确规定其学历需达到硕士水平[5]，部分院校还专门设置了护理硕士开业护士课程。日本通过学习美国的专科护理制度，将专科护士分为认证护理专家和临床护理专家，后者要求其具备护理硕士学位[6]。

（二）国内衔接现状

国内有部分专业已实行专业学位教育与职业资格培养相结合，为我国护理专业学位与专科护士的并轨培养提供了许多重要借鉴。近年上海、重庆、西安等地已开展临床医学硕士专业学位教育与住院医师规范化培训并轨项目，采取"三项结合"和"四证关联"的模式，实现了住院医师规范化培训和临床医学专业学位硕士培养的并轨[7]。国内翻译专业学位硕士教育与翻译专业资格水平证书采用课程及考试科目互认和豁免的方式，实现了国家层面的并轨培养。此外，会计学、工程学等专业也实现了硕士专业学位与职业资格的衔接[8]。

基于以上国内外并轨培养经验，为不断提高护理专科化水平，顺应国内护理事业发展目标和要求，护理专家穆欣等人[9]从属性、临床专科需要、资源有效利用等方面，分析了 MNS 教育与专科护士职业资格并轨培养的可行性。肖美惠等人[10]从行业需求视角下对国内 MNS 与专科嵌入

式培养模式提出了实施方案与建议。周影等人[11]构建了关于 MNS 与专科护士培养相衔接的详细评价指标体系。山西医科大学护理学院还与医疗机构联合实施了护理硕士研究生与专科护士的并轨培养试点工作[12]。

（三）国内现存问题

一是培养质量不对等。我国护理硕士专业学位与专科护士职业资格授予由两个管理系统负责：教育系统和卫生系统。二者在培养方案、要求、执行标准以及培养质量等方面的不对等，使双方难以实现互认与合作。二是专科护士分层不明确，缺乏与之对应的教育管理体系。我国专科护士水平可能只达美国初级专科护士水平，而且国内专科护士存在学历水平偏低、未划分层级、职责岗位不清楚等问题，使得暂时缺乏与现有教育体系对应的护士层级体系。三是师资力量与水平参差不齐。护理院校和医疗实训基地教师缺乏交流学习的机会，双方未能形成合力，以最大限度地发挥各自在教学中的作用。四是缺乏利益相关者及相关组织部门的参与。在美国、日本等国家，护理硕士专业学位和专科护士职业资格证书由不同机构协同合作管理；我国主要由政府部门主导负责，护理协会等相关组织授权范围有限，在推动护理专业学位硕士生与专科护士并轨发展中所起的作用较小。

三、我国护理专业学位硕士研究生与专科护士并轨培养的建议

（一）加强部门沟通，优化资源利用

加强多部门的交流协作，积极推动相关政策制定与实施，改革传统培养模式。考虑从培养目标、课程设置、培养要求、培养内容、考核评价体系等方面，建立既符合护理专业学位硕士研究生临床实训要求，又符合专科护士规范化培训的并轨培养方案，从而促使二者在培养质量上减少差距，增进彼此认可度。对相似或重点专业课程进行重组融合与规划，达到高效利用教育资源和师资力量。随着护理专业学位硕士研究生不断向专业化、实践化方向发展，应加快推进 MNS 人才培养"四证合一"举措，即硕士毕业证书、硕士学位证书、专科护士合格证书、新护士规培（研究生学历）。其中，MNS 研究生在获取专科护士合格证书时，可考虑免考专科护士职业资格部分培训科目或缩短获取职业资格的工作经验年限，以减少教育资源、人力、物力的重复投入和浪费。

（二）划分层级培养，促进个性发展

一方面，MNS 研究生临床实训期间，可根据有无工作经验对 MNS 研究生分层培养，如有临床工作经验的 MNS 研究生建议缩短临床实践时间，对无工作经验的 MNS 研究生可适当增加专科临床实践时长。另一方面，我国专科护士学历普遍较低，应鼓励专科护士加强继续教育学习。可根据工作年限或学历将专科护士划分为初级、中级和高级，对不同层级的专科护士制定对应的培养内容、要求、考核标准等，实行不同资质和学历的专科护士分层培养，促进专科护士职业资格与护理教育管理体系协同发展。对于已获得专科护士职业资格证书的护理人员，在考取护理硕士专业学位后可以免考或免修部分相关专业学位研究生课程，最终实现专科护士培养与护理专业学位教育的有效衔接，这是培养专业性、高素质临床专科护理人才的重要途径。

（三）构建高质量师资队伍

我国 MNS 教育起步较晚，大学缺乏相应的护理专任教师，硕士生导师资源分配不均，校内导师也可能存在临床经验不足的问题，无法给临床实践研究生直接的指导；大多数临床带教教师硕士及以上学历占比低，而且现有的临床护理导师并非全部获取专科护士职业资格证书、受过规范专科培训，在科研能力、教学能力等方面相对较弱。因此，培养高质量的 MNS 硕士生导师和

临床带教教师是推动 MNS 研究生向专业型人才发展的先决条件，选取具有较高资质的专科护士提供专业化指导十分必要。在并轨模式下，建议采用护理院校与临床专科护理导师并行的导师小组制，实现护理科研、临床护理实践等教学资源的互融共通，达到优势互补。

（四） 给予相关组织及利益相关者更多政策支持

在我国，主要由政府部门推动 MNS 研究生与专科护士不断发展。对于我国护理专业学位硕士研究生教育和专科护士职业资格认证，政府承担了较多职责，很多方面可能无法全面反映利益相关者的诉求。在政府的主导下，我国护理协会和相应组织缺少明确职能和权力，提出的相关建议可能无法较快实现，在 MNS 研究生与专科护士培养中仅起到一定的协同作用。由于专业学位是为社会特定职业领域培养人才，因而关于专业学位人才培养方案，应广泛听取来自该行业专家、组织以及利益相关者的建议，从而更好地推动护理硕士专业学位教育和专科护士培养的共同发展，增强衔接的内生动力。

四、结语

随着人们对护理专业服务质量和水平的需求不断提高，推动我国护理专业学位硕士研究生与专科护士并轨发展顺应了时代和社会的需要。因此，建议政府及相关部门加快推进关于 MNS 教育与专科护士职业资格并轨培养方案的制订与实施，这符合我国护理事业发展与前进的方向，是我国为满足社会需要培养专科化护理人才的必然趋势。我们既要认识到二者实现并轨培养具备的充分条件，也要明确二者并轨存在的核心问题，并找出解决问题的有效方法。

参考文献：

[1] 张美芬，谢文，黎青，等.护理硕士专业学位研究生培养模式的探索与实践［J］.中华护理教育，2015，12（10）；741-745.

[2] 尤黎明.专科护士在护理专业中的角色和地位［J］.中华护理杂志，2002（2）：5-8.

[3] 李春燕，吴文芳，梁涛.专科护士与护理硕士专业学位研究生培养的实践及启示［J］.中华护理教育，2017，14（3）；177-180.

[4] 李梦诗，周玲君，顾申.美国护理硕士学位教育与职业资格衔接的现状研究［J］.中国护理管理，2013，13（6）：48-51.

[5] 李梦诗，周玲君，顾申.美、澳、英护理硕士学位教育与执业资格制度及其衔接现状的比较［J］.解放军护理杂志，2013，30（9）：1-4.

[6] 宋江莉.日本护理教育介绍（一）：专科认证制度［J］.中华护理教育，2006（1）：34.

[7] 赵允伍，陈淑玲，田仰华，等.临床医学硕士专业学位研究生培养与住院医师规范化培训衔接模式实施情况调查分析［J］.中国毕业后医学教育，2020，4（3）：270-274.

[8] 李炜.加快推进专业学位教育与职业资格认证的有机衔接［J］.教育教学论坛，2013（51）：1-2.

[9] 穆欣，杨盼，代培方，等.护理学专业硕士教育与专科护士培养模式衔接的可行性分析［J］.护理研究，2018，32（1）；138-140.

[10] 肖美慧，蒋小剑，向婷婷，等.行业需求视角下护理硕士专业学位临床实践专科嵌入式培养模式的实施与建

议［J］．中国现代医生，2021，59（11）：150-153.

[11] 周影，李国宏，李雪珠.护理硕士专业学位研究生教育与专科护士培养衔接评价指标体系的构建[J].护理研究，2020，34（22）：3937-3944.

[12] 马梦柯.护理硕士专业学位研究生规范化培养方案的研究［D］.太原：山西医科大学，2017.

基于 EAP 视域的朋辈互助模式在高校
心理健康教育中的实践路径探析[1]

刘晓轶[2]　郭华丽

摘　要： 随着中国社会经济的发展和高等教育招生规模的扩大，大学生已然成为心理健康问题的高发人群，现有的高校心理健康教育模式已难以满足高校学生日益增长的心理服务需求。本研究充分借鉴、吸收 EAP 的服务理念，将朋辈心理互助模式与 EAP 科学、规范的管理体系相融合并运用至高校大学生的心理健康教育管理中，为在校大学生提供心理帮扶，引导大学生塑造健康心理，促进其身心健康全面发展。

关键词： EAP；心理健康；朋辈心理互助

　　大学生心理健康问题是一个严峻而又复杂的社会问题，它不仅影响着个人的身心健康和发展，也关系到国家的人才培养和社会稳定。21 世纪以来，随着高校扩招、就业竞争、社会变革等因素的影响，大学生面临着来自社会、家庭、学业、情感和就业等方面的诸多压力，导致他们在心理健康方面的问题越来越凸显，在社会上引起了广泛的关注。2019 年 7 月 29 日《中国青年报》发起的微博投票调查发现，超过 50% 的大学生认为自己存在心理健康问题，认为自己"有抑郁倾向且情况很严重"的大学生达到了 8.6 万，占总人数的 27.6%。为了有效地解决大学生心理健康问题，提升大学生心理素质，促进大学生全面发展，高校心理健康教育工作显得尤为重要和必要。

　　EAP（Employee Assistance Programs）又称员工帮助计划或员工援助计划，最早起源于 20 世纪 20 年代的美国，是因工作场所员工饮酒影响个人健康和企业生产的问题，在公司或者组织中推行的一种用于帮助员工解决心理、身体健康、经济等方面问题的福利方案[1]。EAP 服务体系主要通过向企业的员工及家属提供心理援助或者根据员工需求提供相应帮助来提升员工的身心健康水平，构建和谐共进的企业文化，进而提升员工满意度及劳动生产效率。近年来随着积极心理学的兴起，EAP 致力于解决员工心理资本培育、员工幸福发展以及组织健康促进等问题，已经成为企业为员工制定的一套科学、系统、有效的福利项目。EAP 服务与高校心理健康教育无论是从维护服务对象的身心健康微观层面，还是实施过程中的企业文化与校园文化的构建方面都具有高度的一致性。因此，将 EAP 服务体系引入高校心理健康教育是一种有益的尝试。

　　近年来我国高校心理健康教育存在着一些问题和挑战，限制了高校心理健康教育的发展和效果，如专业人员不足、服务内容单一、服务对象覆盖不全、服务效果难以评估。为了突破这些困境，笔者借鉴了国外较为成熟的朋辈心理互助模式，将其融入 EAP 先进的预防干预理论体系，探

1　三峡大学 2020 年教学研究项目：基于 EAP 高校医学生心理健康教育的"W+3S"干预模式的研究（J2020058）；PBL+LBL 双轨教学在本科《护理研究》理论教学中的应用研究（J2020059）。

2　刘晓轶，三峡大学第一临床医学院·宜昌市中心人民医院副主任护师，从事临床护理、护理管理、护理教育相关研究。

讨了如何将朋辈心理互助模式运用于高校心理健康教育，分析了其优势和挑战，并提出了一种基于 EAP 视域下的朋辈心理互助模式在高校心理健康教育中的实践路径。

一、高校心理健康教育现状及存在的问题

高校大学生正处于青春期向成年期转变的过渡时期，也是人格成长与发展的关键时期。这个时期个体自我认知和情绪调控能力的不稳定发展会带来一系列复杂、急剧的变化，使得大学生产生了较多的情绪问题[2]，偏离心理健康的轨道，而心理健康恰恰是大学生进行日常生活与学习的基本条件，也是开发潜力、自我实现的重要条件，心理健康状况的好坏直接影响到大学生身心健康和可持续性发展。

我国的高校心理健康教育起源于 20 世纪 80 年代。随着社会的发展，新时代的大学生在多元文化思潮的时代背景下越来越具有明显的时代特征，而传统的高校心理健康教育模式已经远远不能满足当代大学生的心理健康需求。一是社会、家庭和学校对于学生的心理健康不够重视，导致高校心理健康教育的服务对象覆盖不全、缺乏主动性。据调查显示，24.6% 的当代大学生存在不同程度的心理健康问题，但只有不到 10% 的大学生接受过心理咨询或治疗，而且多数家长和教师对于学生心理问题缺乏关注和了解。二是部分高校领导和心理课程指导教师没有认识到心理健康教育的特殊性，在提高专业课程教学效果时忽视了学生的心理健康情况，甚至将思政和德育混同心理健康教育，导致服务内容单一、服务内容与实际需求脱节，课程质量难以保证。三是因经费投入不足、缺乏长效机制和评价标准，多数高校没有专门用于心理咨询的场所和设备，心理咨询师的数量和质量也不足以满足学生的需求。

以上诸多原因导致目前的高校心理健康教育陷入"闭门造车"和理论创新滞后的困境，高校心理健康教育体系中所表现出来的缺少文化理念渗透、忽视技术改造、忽略动态内涵等缺陷与大学生具有鲜明特色的心理健康需求之间的矛盾日益凸显，极大地限制了高校心理健康教育的发展[3]。

二、EAP 理论体系与高校心理健康教育的关联及意义

EAP 是为员工提供的一种以预防为主的自愿参与、人性化、全方位的心理健康援助服务，而目前高校的健康教育工作方式中已融入越来越多的人文关怀措施，逐渐转变为以预防为主的理念来引导大学生个体的全面发展，这一点使二者在服务内容上存在一定的互通性。系统的 EAP 服务流程包括身心状况评估、宣传推广、心理健康教育培训辅导、个体及团体咨询与援助、危机干预、效果评估。这些环节与高校心理健康教育工作中的教育教学、实践活动、咨询服务、预防干预"四位一体"的工作格局是相契合的，由此可看出 EAP 理论与高校心理健康教育有着密切的关联。

第一，建立高校大学生的 EAP 服务体系能够提高高校心理健康教育的针对性和有效性。EAP 是根据服务对象的实际需求和特点来提供个性化、专业化、多元化的心理服务，而不是一刀切、千篇一律的心理教育。将 EAP 的服务体系运用于高校的心理健康教育，能够解决高校心理健康教育中存在的服务内容与实际需求脱节、质量难以保证等问题。

第二，高校大学生 EAP 服务体系的建立能够提高高校心理健康教育的覆盖面和参与度。EAP 的理论核心是以工作场所为背景开展的，在活动过程中充分尊重员工和家属的自愿参与，不会强制要求学生参加心理课程或咨询。这样可以解决高校心理健康教育中存在的服务对象覆盖不全、服务对象缺乏主动性等问题。

第三，EAP 服务体系是以预防为主的系统理论架构，它不仅关注和解决服务对象的心理问题，其最终目标更注重培养服务对象的心理素质和应对能力，将其融入高校心理健康教育中恰好能够有效解决高校心理健康教育中存在的缺乏长效机制和评价标准的问题，能够有效提高高校心理健康教育的持续性和发展性。

因此，借助 EAP 完善的理论服务体系来开展高校心理健康教育可以实现二者的流程互补、互相借鉴、相辅相成。事实上，国外已有许多高校引入了 EAP 服务体系，并取得了良好的效果，EAP 服务体系的建立对高校心理健康教育有着重要的意义和价值。

三、朋辈心理互助模式在高校健康教育中的运用

朋辈心理互助是指生理和心理年龄与被辅导者（即受助者）相近的心理辅导人员经过一定的培训，在心理健康教师的指导下对自己身边的同学或朋友进行心理咨询、心理辅导等具备一定专业素养的心理方面的服务[4]。它最早起源于美国的自助小组运动，后来逐渐发展成为一种广泛应用于各种领域和场合的心理干预手段。而在高校中，朋辈心理互助模式主要是指由大学生自愿组成的心理互助小组或者由专业人员培训和指导的大学生心理咨询师为同学提供心理服务的方式[5]。朋辈心理互助模式在高校健康教育中有着广泛的运用和良好的效果。例如，北京大学开设了"阳光之家""阳光之路"等多个心理互助小组，为不同类型和需求的学生提供了交流、分享、支持、成长的平台；清华大学建立了"清华大学生心理咨询师团队"，由经过专业培训和考核的大学生志愿者为同学提供免费、保密、专业的心理咨询服务。这些朋辈心理互助模式不仅能够有效地缓解大学生的心理压力，增强他们的自信和自尊，还能够促进他们之间的友谊和团结，培养他们的社会责任感和公民意识。当然，朋辈心理互助模式也存在一些局限和挑战，如缺乏专业性、难以处理复杂情况、容易受到道德风险，这些都需要在实践中不断地探索和完善。

四、EAP 与朋辈心理互助模式相互融合面临的优势及挑战

高校开展 EAP 视域下的朋辈心理互助模式是一种新的心理健康教育模式，也是一把"双刃剑"。本文是国内首次尝试将朋辈心理互助模式与 EAP 服务体系结合起来，在高校开展心理健康教育的实践探索。在实施过程中，笔者发现将 EAP 与朋辈心理互助模式相互融合后运用于高校心理健康教育有许多优势，也存在一些挑战。

EAP 与朋辈心理互助模式融合后运用于高校的心理健康教育的优势在于二者的有效结合能够充分发挥协同作用和互补优势。朋辈心理互助模式作为 EAP 服务体系的重要组成部分，通过培训大学生心理咨询师或组织心理互助小组，扩大 EAP 服务体系的覆盖范围和参与度，提高 EAP 服务体系的针对性和有效性；而 EAP 服务体系可以作为朋辈心理互助模式的重要支撑，通过提供专业人员的培训、指导、监督和反馈，提高朋辈心理互助模式的专业性和安全性，解决朋辈心理互助模式遇到的复杂情况和道德风险。

同时，在互相融合的过程中，它们在心理学领域的特殊性注定了双方都存在一定的缺陷。如何解决二者之间的矛盾或缺陷，最终实现优势互补，对高校来说是一种全新的挑战。

第一，朋辈心理互助模式与 EAP 服务体系有着一定的相似性和差异性。相似之处在于，它们都以以人为本、预防为主、多元化服务、全面覆盖、持续发展为原则，旨在促进服务对象的心理健康和个人成长。差异之处在于，朋辈心理互助模式更强调同伴之间的平等、互动、共情和信任，而 EAP 服务体系更强调专业人员的指导、干预、评估和反馈，如何实现二者的动态平衡显得尤为

重要。

第二，EAP 起源于美国，东西方文化观念上的差异在一定程度上制约了 EAP 在中国的发展。在西方国家，大家习惯出现心理问题时主动寻求心理医生或咨询师的帮助。但在中国，人们将心理问题视为自己的隐私，往往不愿意将自己的心理问题向别人倾诉，怎样借助朋辈的优势去实现 EAP 的本土化发展是 EAP 在高校深入推广的前提。

第三，朋辈心理辅导员自身的"半专业"性，加之互助双方的经历、背景等方面的相似性会干扰朋辈心理辅导员对受助者的启发和指导，造成了朋辈心理互助的不权威性。充分利用 EAP 完善的系统理论和架构去改善朋辈心理互助模式所面临的不权威性是保证朋辈心理互助模式在高校心理健康教育中应用效果的基础。

五、EAP 视域下的朋辈心理互助模式在高校心理健康教育中的实践路径

（一）设计理念

高校在实施 EAP 视域下的朋辈心理互助健康教育管理过程中，根据各自的具体情况选择合适的 EAP 内部或外部服务模式，分别从高校管理层、朋辈心理辅导员的选拔培育及高校学生的咨询互助三个方面展开工作，各个版块之间的内容及目标明确独立，相辅相成，共同构成基于 EAP 的朋辈互助心理健康管理体系。

（二）实践路径

1. 组建团队

在基于 EAP 视域的朋辈互助模式下，首先，高校内部招收 2～3 名心理咨询专业人员作为首要负责人对朋辈互助模式的开展进行总体把控；同时在将各班心理委员作为次要梯队成员的基础上，采用教师推荐、骨干自愿报名、有心理相关工作及学习经历优先的方式来招募第三梯队朋辈心理辅导员作为补充，从而建立科学、规范的人才梯队架构。

2. 团队培训

高校管理层安排专业的心理咨询人员对不同层级的朋辈心理辅导员进行常见心理疾病的预防与治疗、压力管理、时间管理、人际沟通管理、职业心理健康管理等方面的培训，每月进行相关知识的考核，通过培训考核的人员才具备对大学生开展朋辈心理辅导工作的资质。

3. 团队监控

在整个实施过程中，朋辈心理辅导团队的首要负责人及心理咨询专业人员对朋辈心理辅导员的工作进行统一管理。第二及第三梯队的朋辈心理辅导员均由学生担任，他们散布在高校的各个班级，在发现学生出现心理问题后，应及时上报心理辅导团队的首要负责人，由他们对心理问题进行评估，符合干预条件并进行授权后才能开展朋辈心理辅导工作，整个过程由首要负责人跟踪评价。

（三）注意事项

将 EAP 视域下的朋辈心理互助模式运用于高校心理健康教育中时需要注意以下几点：

第一，高校的朋辈心理辅导员由经过相关培训的学生骨干担任，互助双方处于十分或相对信任的状态，受助方非常愿意将自己的烦恼向朋辈心理辅导员倾诉，朋辈心理辅导员也应严格遵守保密原则，保护受助方的个人隐私。

第二，朋辈心理互助模式本身的不权威性及心理辅导员的"半专业"性会引发在进行心理互助过程中出现不够深入、内涵不够的情况。因此，在实施心理互助时需要随时评估受助者的需求，

对于超出朋辈心理辅导员能力的难题，应由 EAP 体系中的专业咨询人员早期介入。

第三，在高校有序推进 EAP 视域下的朋辈心理互助模式，应突出 EAP 体系的预防及危机干预功能。

六、结语

随着近年来高校心理危机事件频发，大学生心理健康教育工作逐渐成了高校工作体系当中的重要环节。将 EAP 模式先进的预防干预理论与技术引入大学生心理危机干预体系，能够帮助在校大学生及时采取有效措施预防和应对各种心理危机，减少大学生心理危机事件发生。目前 EAP 在我国企业中存在许多障碍，难以发展。专业人员匮乏是 EAP 发展体系中亟待解决的核心问题。将 EAP 体系引入高校的心理健康教育，能够利用高校中现存的、发展较为成熟的朋辈心理辅导模式来弥补 EAP 的局限性。一方面，朋辈心理辅导员的数量优势可以扩大心理咨询规模，解决 EAP 体系中专业咨询人员不足的问题；相对于 EAP 咨询中对人员专业水平和咨询环境要求较高来说，朋辈心理互助模式的许多非专业限制可以使高校学生更放松，朋辈心理辅导员也比专业的心理咨询人员能够更好地了解、疏导学生，从根源上解决高校学生的心理问题。另一方面，EAP 管理体系的系统性、全面性、针对性、预防性、适应性等对高校的心理健康教育管理工作有良好的启发与帮助作用[6]。"EAP+ 朋辈互助"这种新的工作模式突破了长期困扰我国高校心理健康教育的瓶颈，很好地弥补了现行的"咨询 + 授课"的高校心理健康教育工作模式的缺陷，是一种具有创新性的、非常值得期待的高校心理健康教育工作模式。

参考文献：

[1] 赵然 . 员工帮助计划：EAP 咨询师手册［M］. 北京：科学出版社，2019.

[2] 张钰晗 . ABC 理论在大学生情绪管理能力培养中的应用研究［D］. 西安：西北大学，2017.

[3] 何思彤，蒋继春，葛鲁嘉 . 文化心理学的演变历程与高校心理健康教育发展的隐形联结［J］. 黑龙江高教研究，2017（11）：127–131.

[4] 吕利敏 . 朋辈心理辅导在大学生心理健康教育中的价值与应用［J］. 产业与科技论坛，2020，19（3）：127–128.

[5 庞小佳 . 高校心理委员朋辈互助的发展现状及运作模式探究［J］. 科技视界，2020，10（35）：50–51.

[6] 马广水 . EAP 模式的应用与现代高校教育管理［J］. 求索，2011（11）：182–183.

自媒体时代大学生思想政治教育的现状与路径研究

田双双 [1]

摘　要：当今世界，科技的快速发展将自媒体推到一个新的发展高度。大学生思想政治教育在自媒体时代面临着机遇和挑战，同时自媒体对大学生的思想和学习现状也产生影响。自媒体改变了大学生的学习方式，使他们的学习方式变得多样化，使学习效率有所提高。因此，在自媒体时代下进行大学生思想政治教育，要坚持马克思主义和社会主义核心价值观的引领，坚持将自媒体与思想政治教育内容相结合，坚持创新教学方式，坚持与时俱进。

关键词：自媒体时代；大学生；思想政治教育

近年来，随着科技的快速发展，自媒体逐渐成为新兴行业并融入人们的日常生活。大学生对此感受颇深，没有了高中对网络使用情况的严格控制，进入大学后，他们能够自由支配自己上网的时间，通过电脑、手机等通信设备时刻接收着网络传递出来的信息。无论是课上还是课下，大学生的思想方式受网络极大的影响。如何引导大学生是一个值得深思的话题。

一、自媒体的特点与其对大学生思想政治教育的作用

自媒体是以个人为信息发布主体，以分享为信息发布目的，以互联网或移动互联网为信息传播平台，以个人电脑和手机作为信息发送和接收终端的一种新型数字媒体[1]。自媒体产生于20世纪90年代初期，通过互联网在手机和电脑等客户端中逐渐传播开来。在21世纪成长起来的新时代大学生，是特定历史条件下的特殊社会群体[2]。大学生是社会发展的中坚力量，自媒体对年轻人特别是大学生的影响尤为明显，他们的思想、行为方式都潜移默化地受到自媒体的影响。

（一）自媒体的特点

自媒体具有受众群体广泛的特点。当今，人们对手机和电脑的使用越来越频繁。在自媒体的发展下，对于某个新闻或日常生活的分享，可以通过转载量和阅读量来增加社会关注。

此外，自媒体还具有引导社会舆论的特点。相较于传统媒体，自媒体的专业性不够完备，对事物的见解易带主观色彩。其过于碎片化，致使自媒体的受众群体，特别是大学生因其对事物发展的观点或见解的形成尚未趋于完善，容易受到自媒体中一些舆论或态度的影响，使其立场不坚定，易受作品发布者的主观倾向的影响，从而失去自己对事物发展趋势的见解。

（二）自媒体对大学生思想政治教育的作用

首先，大学生思想政治教育的教学方式得到创新。在自媒体的发展下，大学生思想政治教育的教学方式不再局限于传统的灌输型教学，而逐渐有新的教学方式出现。例如，教学内容线上与线下相结合，从线下的完全听教师讲，发展成部分知识内容在线上学习，这能够增强学生学习的

1　田双双，三峡大学马克思主义学院2021级全日制硕士研究生，研究方向为马克思主义基本原理。

兴趣和主动性。有些教师会运用自媒体的特点，将自己的课堂内容不断充实和丰富，以营造良好的课堂学习氛围。

其次，大学生的思想变化程度能够在自媒体的广泛应用中体现出来。大学生对自媒体的应用越来越娴熟，有的大学生甚至进入自媒体行业，通过自媒体来分享自己的日常生活。因此，这也是观察大学生思想变化的一个入口。大学生对自媒体的使用，能够使教育工作者对他们的思想进行正确的引领，让他们逐渐形成自己对事物发展的见解和看法，避免因为舆论的风向引导而失去自己的认知，也有利于教育工作者及时进行工作指导和安排。

最后，自媒体的多样性发展能够激发大学生学习的主动性。学习的主动性对于大学生而言是必备的品质之一。在学习的过程中，无论是传统式教学方法还是新时代自媒体与教学相融合的方法，都需要大学生自觉、主动地学习，不能是教师一味地灌输知识，学生应该有自己的观点。所以在自媒体的发展和应用中，将其引进课堂，实现现实教学与虚拟网络相结合，从而激发大学生学习的兴趣，活跃课堂氛围。通过大学生所依赖的自媒体来激发他们的学习兴趣，是一个可靠并且具有创新性的方法，让他们能够做到"在玩中学，在学中玩"，真正做到劳逸结合。

二、自媒体发展引发的大学生思想政治教育的困境

（一）自媒体与大学生思想政治教育相融合的过渡性问题

自媒体的迅速发展对于大学生思想政治教育而言是一种机遇，对自媒体的合理应用可以将大学生的兴趣和教育内容有机结合起来。但在现如今的网络环境下，将自媒体与大学生思想政治教育相结合存在着过渡性的问题。如何实现二者正确结合、如何将自媒体在大学生思想政治课中灵活运用，这些问题都需要在这个过渡的环节中逐一解决。自媒体得以普遍发展后，大学生对其依赖性越来越高，几乎时刻都以其为主要内容。所以在自媒体与大学生思想政治教育相融合的过程中，需要时间也需要方法来磨合，从而给大学生创造出一个良好的学习氛围，最大限度地激发出他们学习的兴趣，既要让教育工作者准确表述出自己的想法，也要让大学生对思想政治教育有合理的接受性。自媒体与大学生思想政治教育融合的过程中存在着过渡的问题，这需要教育工作者不断尝试去获得教育过程中的效益，也需要大学生积极配合。怎么将二者融合、以什么样的内容将二者融合，是自媒体发展引发的大学生思想政治教育值得思考的课题之一。

（二）教育工作者与大学生对自媒体应用程度不同导致思政教育观点偏差

自媒体的发展形式越来越多元化，其发展程度也越来越高。大学生对自媒体的应用较为广泛，有的教育工作者能够对自媒体有所应用，但并非所有的教育工作者都能及时对其有所使用。由于时间、使用技巧和工作原因，他们可能无法广泛地使用新兴的自媒体，这也就造成了教育工作者在进行大学生思想政治教育过程中对事物的看法与学生不一样。自媒体形式和种类多样，在进行大学生思想政治教育过程中，对于自媒体的合理应用和应用的熟练程度都需要一个磨合期，也需要一定的时间将二者结合。对自媒体的不同应用程度，使得教育工作者和学生的观点有所差异，这对于教学而言有一定程度的影响，无法使二者恰当地融入教学过程。

（三）碎片化的信息容易减弱大学生思想政治教育的效益

随着自媒体的不断发展和使用，社会发展的热点新闻碎片化现象越来越普遍，这种碎片化将各种观点分解为一些琐碎细小的片段。与传统的媒体报道相比，自媒体对于社会热点新闻的报道具有较强的主观性，客观性相对欠缺，在自媒体中了解到的社会热点新闻容易带动社会舆论的风向。对于大学生而言，这样的碎片化的信息更容易理解，而且接受起来也更加快速。但正是这样

的碎片化信息，使得大学生容易倾向于自媒体作者的某些观点，从而没有对社会热点新闻进行深入思考和探讨。正因如此，大学生所接受的碎片化信息越多，那么教育工作者对大学生思想政治教育的效益收获就会有所不足，可能无法达到预想的目标。"图像时代的'碎片化'阅读迎合了'00后'大学生的学习偏好，逐渐成为他们主流的学习方式，这种'碎片化'极易造成'00后'大学生学习浅尝辄止，使得完整的理论体系被人为地割裂，破坏了思政课教学的完整性。"[3]传统的大学生思想政治教育内容和方法在当今自媒体的影响下，不一定能被大学生理解和接受，则需要在这样的环境下对大学生思想政治教育的内容和方法做出改变。但大量信息的碎片化程度在不断提高，这会引起大学生思想政治教育的收益有所减弱，从而使得大学生无法在真正意义上对知识内容有一个完整、系统的见解。

（四）大学生思想政治教育中价值观的形成存在弊端

良好的价值观是大学生极为重要的一项品质，为他们今后适应社会发展打下基础。如今，大学生对自媒体的广泛使用，让他们时刻接受着多种价值观的冲击。各种各样的新闻、信息对大学生价值观的形成产生影响，有的大学生对外在事物有自己的见解，能够形成自己的认知体系；而有的大学生只是接受外在事物，没有对事物进行思考，这会对大学生价值观的形成产生负面影响，使其逐渐丧失对事物发展的看法，进而丧失其思维进行思考。大学生价值观的形成需要教育工作者的正确引导，也需要大学生自己有正确的认知。对大学生进行思想政治教育时，如果他们过于依赖自媒体，没有自行思考的话，那么他们的价值观会产生偏差，从而无法对他们进行真正意义上的思想政治教育。自媒体的发展是顺应时代发展优势而产生的一种为人民和社会都有益的技术，但如果对其使用不恰当的话，大学生的思想政治教育则无法顺利进行，也就无法促进社会的发展。

三、自媒体时代下大学生思想政治教育的实践路径

（一）将自媒体与大学生思想政治教育有机结合

在新时代背景下，自媒体的发展越来越迅速，对于大学生思想政治教育产生了相应的影响。一方面，自媒体使教育工作者的教学方式和教学内容得到更新，使课堂氛围融洽度得到提升；另一方面，在自媒体的影响下，传统的教育方式和教育内容有时无法满足当今大学生的学习需要，但始终要坚持和弘扬马克思主义理论，坚持马克思主义的基本观点、基本方法和基本立场，更好地进行大学生思想政治教育。

（二）正确地将自媒体与大学生思想政治教育融合

科技的不断发展，让自媒体的发展相应加快，这是时代和社会进步的象征，但同时会对大学生的思想政治教育产生局限性。部分教师在教育教学过程中缺乏创新，教学形式单一，对理论性知识的阐释仍停留在传统的灌输式、说教式层面，难以用学生喜闻乐见的方式来进行教育引导[4]。所以教育工作者在进行文本学习和备课的同时，要不断提升自己的媒介素养，逐渐缩小和大学生对自媒体的了解和应用的差距，以更好地提升大学生思想政治教育的效益，使他们形成正确的思想观点，对事物的发展有自己的看法和见解。因此，提升教育工作者的媒介素养，对进行大学生思想政治教育起着重要的作用。

（三）创新大学生思想政治教育的方式和内容

以传统的教学方式和内容来进行大学生思想政治教育，按照目前的社会发展形势来看会有所欠缺，大学生思想政治教育的方式和内容应该与时俱进，以大学生愿意学和容易懂的方式来进行

教授，会事半功倍。身处自媒体时代背景之下的大学生，对手机、电脑等客户端的互联网的使用，已经成为生活的日常。教育工作者要结合社会发展的这一现实，继承传统教学方法好的一面，改正其不适应当今社会发展的另一面，从而对大学生思想政治教育的方式和内容进行创新，由此激发出大学生学习的兴趣和主动性。

（四）突出大学生在思想政治教育中的主体地位

在对大学生进行思想政治教育的过程中，大学生处于主体地位，教育工作者要时刻以大学生为核心，在自媒体与大学生思想政治教育的结合过程中，以大学生为主导，师生之间加强互动联系。大学生思想政治教育是一个大学生自我发展、自我完善的过程，如果没有学生的主动参与，教育就不可能取得真正的成效[5]。因此，在进行大学生思想政治教育过程中，要突出大学生的主体地位，将自媒体与其相结合，使得大学生形成正确的世界观、人生观和价值观。

四、结语

科技的迅速发展让自媒体得以广泛使用。在自媒体环境下，大学生的思想政治教育面临着良好的机遇，也面临着挑战。要平衡和处理好自媒体与大学生思想政治教育之间的关系，才能使大学生的思想政治教育层面实现质的提升，从而为整个人类社会的发展打下牢固的基础。

参考文献：

[1] 彭小毛. 自媒体时代及其舆情应对［J］. 中国广播电视学刊，2013（8）：59-62.

[2] 梁钦. 自媒体对"00后"大学生思想政治教育的影响及对策［J］. 学校党建与思教，2020（8）：94-96.

[3] 邢中先，张平. 困境与消解：图像时代高校思想政治理论课路径创新研究［J］. 思想政治教育研究，2019，35（4）：107-111.

[4] 杨智勇. 全媒体时代大学生思想政治教育的审视与优化［J］. 思想理论教育，2019（12）：97-101.

[5] 沈媛媛，杜伟泉. 自媒体视域下的大学生思想政治教育创新路径浅析［J］. 江苏高教，2015（2）：123-125.

医学实习生工作伦理现状及影响因素分析 [1]

宋宏源 [2]　杨怀洁　姚瑶

摘　要： 笔者采取便利抽样方法，选取 952 名在本院实习的医学专业实习生，以滚雪球的方式将医学实习生作为调查对象进行问卷调查，了解医学实习生的工作伦理现状及其影响因素。结果显示，医学实习生 MWEP 总分为（135.87±18.52）分，得分率为 77.60%，处于中等偏上水平。自我依赖和道德信念维度得分较高，得分率为 82.80%、81.60%。多元线性回归分析结果显示，对自己所学专业的认可程度、开展伦理教育培训的必要性、毕业后是否会从事本专业的工作是医学实习生 MWEP 总分的影响因素（$P < 0.05$）。为提高医学实习生工作伦理感，建议医院和院校重视伦理再教育，加强职业认知，促进医学实习生良好职业道德的形成。

关键词： 医学实习生；工作伦理；职业道德；影响因素

医学生实习阶段是医学专业教育与医学伦理教育的"黄金"时期，是将所学的理论知识运用于临床实践的重要阶段，也是进行伦理学习和道德实践的关键阶段 [1]。实习生的培养不但关系到医学人才队伍的稳定性，更直接影响医学团队的整体素质，所以提高医学实习生综合素质和工作伦理至关重要 [2]。但目前大多数医院对于实习生教育主要集中在医学专业教育，而对实习生工作伦理培训关注较少。工作伦理是指个体所习得的一种信念或者行为，它涉及个体对工作意义、职权行为和人际互动的价值判断或行为倾向 [3]。工作伦理是一种内在的固有契约 [4]，也是一种伦理规范，更是职业道德的内核，它指导员工在工作场景中如何对待工作、对待他人和对待环境。医学实习生只有具备基本的工作伦理意识，才能形成正确的价值取向，培养崇高的职业操守，贯彻以患者为中心、以健康为目的新医疗服务模式的内涵要求 [5]。因此，加强医学实习生工作伦理感的建设就显得尤为重要。本研究旨在探讨医学实习生工作伦理现状及其影响因素，为促进医学实习生工作伦理感的提高提供参考。

一、资料与方法

（一）研究对象

2023 年 2 月至 4 月，笔者采取便利抽样方法，选取在本院实习的医学专业实习生，以滚雪球的方式将医学实习生作为调查对象进行问卷调查。纳入标准：①临床医学专业在校学生；②已经完成在校医学理论知识学习，至少在临床实习 8 个月以上。排除标准：临床医生、进修医生。所有调查对象自愿完成问卷。

1　2023 年度宜昌市医疗卫生研究项目（A23-1-088），三峡大学 2022 年高教研究项目重点项目（GJ2214），三峡大学 2023 年教学改革研究项目（J2023004）。

2　宋宏源，三峡大学第一临床医学院主管护师、妇产科护士长，硕士，研究方向为医学教育及护理管理。

（二）调查工具

1. 一般资料问卷

在文献查阅的基础上设计调查问卷，包括调查对象的一般资料：性别、年龄、学历、对自身所学专业认可程度、实习期间是否学习伦理相关课程、实习间教办是否开展工作伦理培训、开展伦理教育培训是否必要、毕业后是否会从医等项目。

2. 多维工作伦理量表（Multidimensional Work Ethic Profile, MWEP）

该量表由 Miller 等人[6]编制而成，王芃等人[7]修订并简化后使其成为工作伦理领域研究者可行、简约的参考工具，包括自我依赖、道德信念、追求闲暇、努力工作、工作中心、时间观念及延迟满足 7 个维度，每个维度有 5 个条目，共 35 个条目，采用 5 级计分法，1 分为完全不同意，2 分为有点不同意，3 分为不确定，4 分为有点同意，5 分为完全同意，总分为 175 分，得分越高说明工作伦理感知越高。该量表的信度系数为 0.854。

（三）调查方法

本研究采用电子问卷，问卷采取统一的指导语，采取自愿方式。调查对象匿名填写，本次调查共发放问卷 952 份，回收有效问卷 952 份，有效回收率为 100%。

（四）统计方法

采用 SPSS 24.0 软件进行统计学分析，计数资料使用例数、构成比进行描述分析，计量资料采用均数 ± 标准差（$\pm s$）进行描述。组间比较应用两独立样本的 t 检验和方差分析，多因素分析采用多元线性回归分析，检验水准 $\alpha = 0.05$。

二、结果

（一）医学实习生的一般资料

952 名医学生年龄为 17 ~ 28（22.82 ± 1.5）岁；男 321 人，女 631 人；其他资料详见表 1。

表 1　医学实习生的一般资料

项目	分类	人数	占比 %
性别	男	321	33.72
	女	631	66.28
学历	专科	682	71.64
	本科	270	28.36
对自己所学专业的认可程度	喜欢	565	59.35
	一般	363	38.13
	不喜欢	24	2.52
实习期间是否学习伦理相关课程?	是	733	77.00
	否	219	23.00
实习间教办是否开展工作伦理培训?	是	685	71.95
	否	267	28.05

项目	分类	人数	占比%
开展伦理教育培训是否必要？	必要	868	91.18
	无所谓	64	6.72
	不重要	20	2.10
毕业后是否会从医？	是	605	63.55
	否	39	4.10
	不确定	308	32.35

（二）医学实习生工作伦理得分情况

本组医学实习生 MWEP 量表总体得分为（135.87±18.52）分，各条目均分为 3.88±0.21 分，处于中等偏上水平，说明医学实习生的工作伦理感知仍有提升的空间。7 个维度中，得分最高的是自我依赖 20.70±3.33 分，其次是道德信念 20.42±3.78 分；得分最低的是延迟满足 18.11±3.85 分，其次为工作中心 18.22±3.92 分，如表 2 所列。该表表明医学实习生具备较好的道德信念，认为工作主要靠自己。

表 2　医学实习生 MWEP 量表各维度得分

项目	得分（$\bar{x} \pm s$，分）	条目均分（$\bar{x} \pm s$，分）
自我依赖	20.70 ± 3.33	4.14 ± 0.67
道德信念	20.42 ± 3.78	4.08 ± 0.76
追求闲暇	18.91 ± 3.90	3.78 ± 0.78
努力工作	19.24 ± 4.11	3.85 ± 0.82
工作中心	18.22 ± 3.92	3.64 ± 0.78
时间观念	20.27 ± 3.34	4.05 ± 0.67
延迟满足	18.11 ± 3.85	3.62 ± 0.77
MWEP 总分	135.87 ± 18.52	3.88 ± 0.21

（三）医学实习生工作伦理的线性回归分析

以医学生 MWEP 总分为因变量，将学历及医学生对工作伦理的主观看法等作为自变量，采用多元线性回归逐步法进入回归方程。回归方程经方差分析检验具有统计学意义（$F = 26.358$，$P < 0.001$）。医学生对自己专业的认可程度、对伦理教育必要性的认知以及毕业后是否会从医是影响医学生工作伦理感知的 3 个重要因素，将其纳入回归方程，结果如表 3 所列。

表 3　医学实习生 MWEP 影响因素的多元回归分析

变量	未标准化系数 B	标准误差	标准化系数 Beta	t	显著性
常量	178.694	4.143		43.127	$P < 0.001$
对自己所学专业的认可程度	−8.150	1.146	−.240	−7.112	$P < 0.001$
开展伦理教育培训是否必要？	−7.484	1.571	−.151	−4.764	$P < 0.001$
毕业后是否会从医？	−1.806	.663	−.091	−2.724	$P < 0.001$

三、讨论

（一）医学实习生工作伦理影响因素分析

本研究结果显示，对自己所学专业的认可程度、开展伦理教育培训是否必要、毕业后是否会从事本专业的工作是影响医学实习生工作伦理感知的重要因素。其中，对自己所学专业的认可程度MWEP总分越高的医学实习生，在工作中表现得越积极、越主动、越有干劲，工作效率也就越高，这与战慧荣、党莉[8]的研究结论相一致。说明医学实习生热爱自己所学的专业并认可医疗行业的规范和要求，就会投入较大的热情和精力来学习，努力提高自己的专业知识和技能，在临床实践工作中会表现出积极的工作态度，更好地处理与他人、环境之间的关系，更好地遵守医疗行业的规范和准则，从而在岗位上有更为出色的工作表现。同时在"开展伦理教育培训是否必要"研究中，我们发现接受过伦理教育培训的医学实习生比未接受过伦理教育培训的医学实习生的MWEP总分高，更能适应各种工作环境，更能从容应对各种突发情况并解决问题。另外，对自身职业规划比较清晰、确定自己毕业后会从事本专业的工作的医学实习生在工作中更能发挥自身专业优势，取得业务成就，表现出较高的职业伦理认可度。

（二）医学实习生工作伦理感提升策略

工作伦理高的人员对工作具有更高的主动性[9]。为激发医学实习生对医疗职业的热爱，医学实习生工作伦理感需进一步提升。

首先，高校应提升实习生的法律意识和沟通技巧。目前，医学高校的法律知识教育滞后于医学技能教育，法律意识淡薄、法律知识欠缺成为医学实习生在临床出现医疗差错、引发医患纠纷的深层次原因。学校可在学生进入实习之前统一组织学习《执业医师法》《医疗事故处理条例》《医疗机构管理条例》《医学教育医学实践管理暂行规定》等法规；同时，注意将规范书写医疗文书、合理规避医疗风险、充分履行告知义务等意识融入带教过程，通过组织法律方面的小讲座、小讨论等医学法律的第二课堂，让实习生要充分认识到：作为医疗活动的中心环节，患者及其家属不仅需要治疗疾病，更需要人文关怀。

其次，临床教师言传身教，强化医学实习生职业认知。带教教师整合教学查房、医疗查房与医学伦理查房，在课堂上引入职业情感教育[10]，在实习生了解患者病情、选择适宜检查项目、提出恰当诊断和治疗意见的同时，指导学生询问患者个人生活史，了解患者的心理特征和社会压力，讲解患者的权利与义务，引导学生善待患者、尊重患者、关爱患者，鼓励实习生与患者进行有效沟通，帮助实习生树立"以人为本"的理念。

第三，临床科室应重视伦理再教育，创建良好的工作伦理氛围。目前社会就业形势严峻，高校工作者应帮助学生分析自身优势，确定职业理想，针对不同学历的医学实习生采取不同的培训和考核标准，发挥每个实习生的特长之处，通过多模式、多渠道的教育方式，促使医学实习生掌握专业技能，增强核心竞争力，提升自我延迟满足能力[11]，强化其职业信念。

第四，加快管理和制度、机制建设的融合。融合开展医学实习生的医学专业教育与伦理教育是一项复杂的系统工程，涉及面广，运作复杂。因此，教育管理部门要通过统一管理，做到科学设计、精心安排、有效组织；建设完善科学、可行的规章制度，如医学实习生医学专业教育与工作伦理教育融合的实施办法、教学大纲、教学计划；建立长效机制，充分发挥政策的引导作用，以达到强化医学实习生职业道德精神、提升医学实习生的工作伦理水平的目标。

四、结语

医学实习生的工作伦理感知处于中等偏上水平，学生对所学专业的认可程度、是否开展伦理教育培训、毕业后是否会从事本专业的工作是影响医学实习生工作伦理感知的重要因素。医学生实习阶段是形成正确价值取向、培养崇高职业操守的关键时期。医学院校及临床教师应重视医学实习生工作伦理再教育，进一步强化实习生专业思想，加强职业认知，促进医学实习生良好职业道德的形成。

参考文献：

[1] 王亮，李梅君.临床实习生专业教育与医学伦理教育整合的探讨［J］.医学与哲学（A），2013，34（6）：81-84.

[2] 陈心铭，郑城英，林雁，等.规范化培训护士的工作伦理现状及其影响因素［J］.护理研究，2021，35（3）：488-492.

[3] 王明辉，郭玲玲，赵国祥，等.企业员工工作伦理的结构［J］.心理学报，2009，41（9）：853-862.

[4] 赵小燕，房夏玲，陈宁，等.非语言沟通在儿科临床工作中的效果及其护理伦理思考［J］.中国医学伦理学，2018，31（11）：1438-1442.

[5] 陈南华.新医疗服务模式下医学实习生面临的伦理难题及干预措施［J］.医学与社会，2011，24（5）：38-40.

[6] Miller M J, Woehr D J, Hudspeth N. The meaning and measurement of work ethic: Construction and initial validation of a multidimensional inventory［J］. *Journal of Vocational Behavior*, 2002（60）：451-489.

[7] 王芃，王忠军.多维工作伦理量表的修订［J］.华中师范大学研究生学报，2013（4）：148.

[8] 战慧荣，党莉.高职护生专业承诺与工作伦理关系研究［J］.泰山医学院学报，2015，36（1）：42-45.

[9] 刘小浪.员工工作伦理对其主动性行为影响研究［D］.太原：山西大学，2012.

[10] 张诚诚，王晴，马孟婕，等.护理硕士专业学位研究生课程设置现状及思考［J］.中国中医药现代远程教育，2019，17（17）：159-160.

[11] 韦思怡.大学生核心自我评价与就业焦虑的关系——职业延迟满足的中介作用及社会支持的调节作用［J］.教师，2023（7）：111-113.

湖北省属高校发展困境与对策

袁琴[1] 赵云 陈静

摘 要： 自 20 世纪 90 年代湖北省启动"科教兴鄂"战略以来，湖北省逐步成为全国公认的"科教大省"。当前，按照党中央要求，湖北省要推动创新能力提升，实现从人才大省向科教强省转变，充分发挥科教优势建设教育强省、科技强省、人才强省。但湖北省高等教育目前面临多而不强、投入不足、人才流失等困境，湖北高校建设发展遭遇瓶颈，研究聚焦于湖北省属高校，从优化布局、差异培养、加强投入和指导、优化制度和环境等方面提出解决当前困局的对策和科教强省的策略。

关键词： 科教强省；省属高校；困境与对策

一、实施"科教兴鄂"战略的背景和意义

百年大计，教育为本，党在各个历史时期都十分重视教育工作。改革开放时期，邓小平提出"科技是第一生产力"。党的十八大以来，习近平总书记明确指出："教育是提高人民综合素质、促进人的全面发展的重要途径，是民族振兴、社会进步的重要基石"[1] "建设教育强国是中华民族伟大复兴的基础工程"[2] "科技是国家强盛之基，创新是民族进步之魂"[3]。以习近平同志为核心的党中央对科技的作用和地位进一步"定调"，推动实施了创新驱动发展战略，同时强调要努力办好人民满意的教育。

湖北省第十一次党代会全面贯彻中央要求，提出要推动创新能力显著提升，实现从人才大省向科教强省转变，充分发挥湖北省的科教优势，建设教育强省、科技强省、人才强省。科教兴省，就是要切实把科技、教育放在优先发展的战略地位，加速各行各业的科技进步，大力提高全民科学文化素质，逐步建立科教与经济紧密结合、协调发展、相互促进的新体制和新的运行机制，实现湖北省的全面振兴。

自 20 世纪 90 年代起，湖北省启动"科教兴鄂"战略，此后，湖北省高等教育开始了高速发展。21 世纪尤其是近 10 年来，湖北省高等教育从由数量与空间拓展的外延式发展转变为现在以质量提升、模式创新和区域协调为中心的内涵式发展。湖北省科教发达，素有兴学重教之风，其高等教育事业在全国有广泛的影响和重要地位，是公认的"科教大省"。湖北省属高校 70% 以上生源来自本省，对于推动全省高等教育大众化做出了巨大贡献。湖北省属高校每年毕业生主要面向湖北本地就业，为湖北经济社会发展提供了强大的人才智力保障。多年来，湖北省属高校与 100 多个市州县建立全面合作，牵头成立研发中心 300 余个，为构建湖北科技创新体系做出了积极贡献。

---

1 袁琴，三峡大学健康医学院教学办主任，硕士，从事医学教学管理、药物分析研究。

二、湖北高等教育的困境与原因

（一）多而不强，高校发展速度不能满足湖北省快速发展的需要

湖北省现有高等院校 132 所，其中，公办本科院校 42 所，民办及独立院校 27 所，高职高专院校 63 所。在这 132 所高校中，教育部直属高校 7 所：武汉大学（985、211），华中科技大学（985、211），武汉理工大学（211），中国地质大学（武汉）（211），华中农业大学（211），华中师范大学（211），中南财经政法大学（211）；国家民委直属高校 1 所（中南民族大学）；军事院校 2 所：（军事海军工程大学和空军预警学院）；除了上述 10 所高校，其余的 122 所高校，属于湖北省地方院校。

教育部直属高校中，仅武汉大学和华中科技大学位于第一梯队，其他 5 所专业性明显的高校逐渐在各类排名中失去优势，与北京、上海、江苏、广东相比，有拉大距离的趋势。而省属高校中缺乏标志性领军代表，无法与湖北省快速崛起产生的巨大科教需求相匹配，未能成为推动湖北省经济社会又好又快发展的"思想库""智囊团""驱动器"和"加速站"。

分析原因：一是湖北省属高校人才优势尚未充分凸显，在专业设置上与全省经济社会发展尚未形成完全的有效对接，部分高校人才培养质量不高。二是科研发展与社会需求有效对接不足，部分科研成果与社会需求脱节，部分科研成果不能转化为直接的生产力，造成资源的浪费。三是用先进文化引领地方发展的力度还不够，长期以来由于利用文化服务湖北省发展的意识不够，导致省属高校在文化引领、文化传承、文化创新，以及在推进湖北省文化的发展和传承方面的贡献度不够。

（二）投入不足，经费短缺导致省属高校发展缓慢

受地方财政收入限制，一直以来，湖北省属高校的办学财政性经费拨款不足，虽然近年来有所增长，但增长有限，与发展现实需求相比，仍存在很大缺口。在部属"211 工程"大学和"985 工程"大学建设中，政府对这些高校的生均拨款不仅高出省属高校 3～4 倍，还进行了数量可观的国家重点建设投入，而省属高校得到的财政拨款要少得多。整体来说，高等院校发展态势与其层次呈正相关，中央部属院校发展最好，省部共建院校次之，省属院校较差。[4]此外，校办产业创收微薄，教育捐赠有限。在投入不足的情况下，省属高校只能有选择、有针对性地建设少量特色学科，大部分学科只能望梅止渴，画饼充饥，陷入"巧妇难为无米之炊"的困境。

（三）人才流失，师资队伍建设面临巨大压力

相较于部属院校，省属院校的人才竞争逐渐进入白热化。省属高校尤其是非省会城市的省属高校，在师资队伍建设上正面临前所未有的困境。以医学学科为例，在全国医学院校都亟需临床医学专业背景的博士毕业生情况下，省属高校在引进博士时，仍会受到来自学校人事部门"第一学历"等门槛的各种审核。一方面，省属高校要面临新老交替和断层困扰；另一方面，省属高校还受到来自经济发达地区高校、重点院校对其稳定性的冲击。省属高校人才难以留住，存在高学历高水平的青年教师流失的现象，这对学科发展和学校发展都造成了一定的损失。

三、加快湖北省属高校建设发展的建议及对策

（一）控制规模，优化布局，提升质量

首先，必须进一步调整学科专业结构并加强特色专业建设。湖北省政府应整合资源，加大扶持，支持 2～3 所省属高校实现一流学科重点突破。湖北省属高校的学科设置应该根据自己的办学历

史和办学条件，突出办学特色，建设好特色学科，发展好特色专业；同时，科学地运用市场调节机制，合理调整和配置教育资源，大力发展与地方经济建设紧密结合的应用型专业，加强应用型学科专业建设，积极设置面向地方支柱产业、高新技术产业、服务业的应用型学科专业，为地方经济建设输送各类应用型人才。

（二）错位发展，差异培养，适应需求

省属高校建设要立足自身特点，形成与众不同的特色或优势，避开与强校相同的发展方向或发展路径，走自己的路，利用自身的优势条件去谋求发展新路。建议湖北省属高校分三个层次发展，避免教育资源浪费和专业发展内卷：第一层次为教学科研并重的大学，在培养高层次人才的同时，注重与湖北省经济社会发展密切关领域的重点科技研究和技术转化；第二层次为以教学为主的本科院校，主要培养湖北省经济社会发展所需要的应用型本科人才；第三层次为高职院校，主要培养湖北省经济社会发展需要的各类专门技术人才。重中之重是支持建设一批办学特色鲜明、具有示范引领作用的省属重点大学，打造一批服务湖北省战略性新兴产业和重点产业需求的优势特色专业集群，建强建优省属医学院校、师范院校和体音美等专业性院校。

（三）增加投入，加强指导，保障条件

建议湖北省根据专业建设需求逐步提高在校生人均教育经费拨款，为省属院校发展提供充足的经费保障。省委省政府应强制性要求高校所在地的地方政府履行共建责任，切实加强学校发展支持力度，落实配套建设经费和相关人才支持政策。省政府和地方政府应根据省属高校的实际情况，逐步增加基本建设投资，支持高校改善办学条件。地方政府应把增加省属地方高校教育投入作为落实"科教强省"战略的一项重要工作，保证对省属高校的教育财政拨款的增长高于同级财政经常性收入的增长。

（四）优化制度，创造环境，久久为功

首先，湖北省委省政府要做好高等教育发展的顶层设计，制订湖北省高等教育发展的中长期规划，一张蓝图干到底，科学持续发展，久久为功。其次，要研究制定更符合实际的人才引进制度，稳定制度，不搞一刀切，要扼制住当前不良的省内人才争夺状况，更要扼制住湖北省教育科技人才的外流状况。第三，要改进和完善学科带头人、学术带头人、优秀教师等高层次人才的选拔、培养、晋升、考核评价和监督机制，提高高校教师待遇，创造良好环境，做好人才后勤保障服务，搭建优质平台，为省属高校师资队伍可持续发展提供保障。

参考文献：

[1] 中共中央文献研究室.习近平关于社会主义社会建设论述摘编［M］.北京：中央文献出版社，2017.

[2] 中共中央文献编辑委员会.习近平著作选读（第二卷）［M］.北京：人民出版社，2023.

[3] 中共中央文献研究室.习近平关于科技创新论述摘编［M］.北京：中央文献出版社，2016.

[4] 王覃刚，张星星.湖北省高校教育投入与产出效率比较研究［J］.内蒙古科技与经济，2022（20）：52-61.

护理专业大学生的法律素养问题研究

张菊[1]

摘　要：随着法制中国的推进和法治社会的建设，必备的法律素养成为护理专业大学生立足社会的基本条件。提高护理专业大学生的法律素养，对大学生树立正确的价值观和推动护理学科及卫生事业的发展有极其重要的意义。笔者对护理专业大学生法律素养培养的重要性、现状和如何培养其法律素养进行了深入的剖析，希望以此促进护理专业大学生法律素养的提高，增强其毕业后的执业能力，培养适应社会发展要求的护理人才。

关键词：护理专业大学生；法律素养；法律知识

法律素养是一个人认识和运用法律的能力[1]。近年来，大学生伤害他人或被他人伤害的事件频频发生，究其原因主要是法律素养的缺失。护理职业活动与人的健康和生命直接相关，属于容易涉及法律领域的敏感职业[2]。随着患者及家属的法律意识和维权意识的不断增强，护患纠纷出现逐渐增多的态势，"伤医""杀医"等恶性事件也时有发生，其中一部分纠纷、事件是由护理实习生法律知识缺乏、法律意识淡薄和对法律缺乏敬畏所引起。而法律知识缺乏和法律意识淡薄就是法律素养缺失的表现。因此，在大学期间加强与提升护理专业大学生的法律素养显得尤其重要。

一、提升法律素养的必要性

党的十九大报告指出："全面依法治国是中国特色社会主义的本质要求和重要保障，坚持法治国家、法治政府、法治社会一体化建设，加大全民普法力度，建设社会主义法治文化，提高全民族法治素养和道德素质。"在这个背景下，高校教育需要在法制化的轨道上不断前进，大学生的法律素养也需要不断加强。护理人员是医疗护理工作中的重要主体，完成了大部分的卫生服务工作，他们不仅要具备扎实的专业理论知识和熟练的操作技能，更需要具备基本的法律知识、较强的法律意识和较高的法律素养。护理专业有其专业特殊性，护理专业大学生法律素养的高低直接影响其工作后从事护理服务的质量。提高护理专业大学生的法律素养，培养护理与法制结合、全面发展的护理专业大学生，有利于构建和谐的护患关系，也能促进护理事业的健康发展。因此，护理专业大学生在校期间除了学习护理专业知识，还应当培养符合时代发展需要的法律素养，要学会用法律保护患者及自身法律权益。

1　张菊，三峡大学第一临床医学院·宜昌市中心人民医院肿瘤科主管医师，硕士，研究方向为宫颈癌放疗的护理、护理教育。

二、现状

（一）护理专业教育对培养法律素养的重视程度不够

纵观护理专业大学生的成长过程可以发现，传统的护理专业教育多注重护理专业知识的灌输和操作能力的培养，各培养层级对法律相关知识的培训较少提及，在思想上没有足够重视法律知识的传输和进行法律素养的培养，从而阻碍了对学生法律思维的培养，导致护理专业在校学生对将来工作中面临的法律问题普遍认识不足。面临快速发展的医疗护理服务模式，护理专业人员的法律素养存在一定的滞后性。随着我国法治建设的不断完善和人民群众法治观念的不断增强，医患纠纷日益增多、投诉呈广泛性增加，传统的护理专业教育显然已无法适应社会的发展和社会对护理人员的要求。

（二）护理专业大学生缺乏对法律的信仰

在网络化发达的今天，互联网已经成为青少年开阔视野的第一信息来源，"90后"平均每日接触网络的时间长达4小时。网络的便捷和普及使得护理专业的大学生有充分的机会接触到各类信息，然而护理专业大学生的心理发展远不如身体发展的成熟，社会认知不够全面，对于网络上的各种信息缺乏正确的辨认，容易受到网络舆论的影响，从而造成一些认知上的偏差。在网络上，人人都可以发声，但是有些护生忽视了网络空间也存在法律边界这一问题。他们喜欢在网络上发布一些言论、视频、动态等，而部分学生的言论可能会触犯法律的边界而不自知，无意中传播、散布了一些不实谣言或言论，最终给个人、家人、学校等造成了不良影响甚至付出了惨重代价。有的学生成为护理人员之后，因为法律意识淡薄，触碰了法律的红线，甚至利用职务之便进行了一些违法犯罪活动，不仅毁了自己的前途、影响了家庭，还严重损害了医护人员的形象和地位，造成了无法挽回的后果。这些均由缺乏对法律的信仰所致。

（三）护理专业大学生法律知识相对欠缺

部分当代护理专业大学生缺乏最基本的法律知识。他们在大学的学习过程中，大多重视培养专业知识和兴趣喜好，对法律常识缺乏基本的认知，仅依靠学习《医疗事故处理条例》《护士条例》、思想政治课和老师平时上课时偶尔提到的一些纠纷处理知识来了解法律常识，往往起不到较好的效果。有的学生认为法律离自己很遥远，忽视了其重要性。

三、护理专业大学生法律素养的培养途径

（一）学校革新管理观念与方法，创建培养法律素养的环境

在依法治国的理念不断深入人心的大环境之下，高等学校应该充分利用法律法规和学校规章、制度、文件等在学校管理中的作用，为培养学生的法律素养营造良好的氛围。从思想上高度重视、深刻认识到"依法治校"的重要意义，在行动上严格执行国家有关的法律法规以及学校规范性文件，在学校日常的管理和教学工作中，做到"有法可依、有章可循"，让学生沉浸在依法办事的氛围中，为学生培养法律素养提供良好环境。学校还应从顶层设计上完善卫生法律教育课程，让护理专业大学生的法律教育有路可走。

（二）充分利用思想政治课培养法律素养

掌握基本法律知识是培养法律素养的前提。护理专业大学生既要学习法律知识，还要掌握法律原理。这两部分知识对于培养法律素养都很重要。目前，很多关于思想政治的课程都流于形式，没有发挥其应有的作用。因此，要从思想方面培养护理专业大学生的法律素养需从以下几方面进

行：①高校要把思想政治课的目标设定为提高大学生法律意识、培养法律素养这两个方面，构建系统、完整的法律知识课程，让学生有条件、有路径提升法律素养。②要有高水平的师资力量，加强护法结合的师资队伍建设。教师在上课时不但要讲清楚法律法规，还要让学生明白法律背后的精神和原理，做到尊重和敬畏法律。③改革教学方式，让学生由被动接受知识转变为积极主动地去学习，做到"学生为主体，教师起主导"，有效地将法律知识传授给学生，潜移默化地影响学生，让其认识到掌握法律知识、培养法律素养的重要性。④寻找切入点，结合时代发展和临床实际，在各门课程过程中引入课程思政元素，构建课程设计与思政元素相结合的课程思政体系，深入挖掘临床案例蕴含的思政点，不断扩充思政教学案例，理论结合实践，重视法律知识和原理的运用。教师在教学过程中，应多采用案例教学法、现场模拟法等，带领学生进入真实的法律场景，让学生参与进来，养成事事以法律为准绳的潜意识思维，正确认识护患双方的法律关系，亲身体验法律知识和原理的运用，感受实际工作中法律问题的发生机制及处理办法，做到依法护理、文明护理。

（三）鼓励学生积极参加法律实践活动，激发其学习热情

法学是一门应用性、实践性很强的学科，只有将法律知识用于具体实践，在处理法律问题的具体实践中才能养成一定的法律思维[3]。①将法律实践融入形式多样的校园活动，聘用法律专家教授进行专题讲座，增加法律宣传海报、网络普法宣传、广播站的法制栏目、法律社团活动等，提升学生的学习兴趣，让学生在良好的法律氛围中养成知法、守法的好习惯。②鼓励学生参与立法讨论，发表自己的意见和提出一些建议，学习并掌握一定的立法原理与技术。③依托学校建立稳定的实践教育基地，如法院、廉政教育基地，将理论知识和实践相结合、课内与课外相结合，激发学生的学习热情，提升学生的法律素养，重点培养学生分析、思考问题的能力，促进学生法律思维方式的形成。④行使法律监督权，宪法和法律赋予了公民进行合法监督的权利，包括对行政机关及其工作人员提出批评、建议、控告等。大学生可以通过合法行使这些权利，进行法律监督，感知法律功能，巩固所学知识。⑤参加法律讨论，互联网、新闻媒体和其他法律相关机构经常会组织一些有关法律问题的讨论，大学生可以参加此类讨论，通过实践感知和体验法律，树立法律素养，训练法律思维能力，培养以事实为依据、以法律为准绳、以法律程序为灵魂、以法理辨是非的法律思维方式和法律素养，以养成在工作中始终在法律框架下去行动的习惯。

（四）培育护理专业大学生网络法律素养

中国互联网络信息中心（CNNIC）第51次《中国互联网络发展状况统计报告》显示，截至2022年10月，我国手机网民规模为10.65亿，占总规模的99.8%，其中青少年和青年占比达52.5%。随着网络在人们的日常生活中扮演着越来越重要的角色，网络法律素养教育已成为热点问题。护理专业大学生网络法律素养是其认识和运用网络法律的能力。网络媒体以其海量性、极速性、互动性、渗透性等特点，深入大学生学习和生活的各个方面，悄然地改变着他们的思维模式、学习方式、生活习惯等。培育大学生的法律素养最主要的途径来自课堂，通过互联网培育法律素养已成为仅次于课堂学习的重要途径。因此，开展护理专业大学生的网络法律素养教育显得极其重要。

提升护理专业大学生网络法律素养应该从以下几方面入手：①树立大学生网络安全观：高校可创新尝试网络与法律的融合，在校园网、公众号等网络媒体上设立法律版块，针对当下出现的校园贷、网络诈骗等现象，引进新媒体中成熟的案例，对学生进行教育，提高学生分辨各种信息真伪、是否合法的能力；针对社会上、网络中的热点问题和大家比较关注的案件，通过学校的官方媒体及时回应、引入、推送专家的权威评论，树立学生知法、爱法、用法的网络安全观，筑牢

学校的网络防线。②构建网络教育共同体：新媒体技术的发展使得教学资源越来越丰富、教学方式越来越多样、课堂教学不断延展。教师可以充分利用这些音频、视频等将法律与新文化元素相结合，让枯燥的法律知识形象化，便于学生接受和吸收；高效将学习资源整合、聚集到学习平台，结合学生的个性偏好、使用习惯等，向学生推送其感兴趣的法律知识，实现法律教学的精准定制，让学生通过平台自主学习，提高大学生自我法律教育能力。③提升网络文化品位：逐步建立红色网站、思政天地、人生导航等网络模块，开展健康的网络活动，丰富和发展思想政治教育的内涵，加强网上法律教育的力度，形成线上和线下一起联动的机制进行文化育人，引导护理专业大学生合理地使用网络，提升网络文化品位。

（五）培养护理专业大学生的职业道德

法律与道德有着密切的联系，他们相辅相成、互为补充、相互渗透、逐渐融合。随着人们思想素质的提高，法律的道德化和道德法律化的趋势越来越明显。法律素养是道德素养的重要组成部分，因此，培养学生的职业道德对提升学生的法律素养有着不可或缺的作用。护理教育应综合教育教学知识和实践经验过程，高度重视学生的道德建设，不断提高学生的素质和人格魅力，帮助其树立崇高的专业素养和人文道德品质；同时，引导教师为护理学生树立潜移默化的教师人格魅力榜样[4]。培养学生职业道德的途径主要包括提高教师对职业道德的认识，增强护理学生的学识，引导学生深思熟虑，培养学生正确的人生观、价值观、职业观。老师是学生的一面镜子，只有老师拥有高尚的职业道德才能帮助学生养成正确的职业道德。博学是培养良好职业道德的前提，职业道德是博学、审问、慎思、明辨、笃行的体现。学生要学会深思熟虑，在工作中保持头脑冷静、缜密思考，为患者提供正确、合理的护理，是保障患者安全的必备能力。护理专业大学生需要明确自己的定位，具有救死扶伤的职业使命感和责任感、同理心和换位思考的能力，尽自己最大的努力缓解或去除患者痛苦，实现职业道德的自我超越。

（六）在护理实践中渗透法律教育

据以往研究表明，在校本科护生与实习本科护生对法律问题认知上的差异无统计学意义[5]，这表明在护理专业大学生实践学习过程中，教学医院、带教教师没有或很少对学生进行法律知识的教育。实习时，护理专业大学生的学习地点由校园转移到了临床。在临床工作中，学生有更多的机会接触到一些与法律相关的临床案例，此时是很好地培养护理专业大学生法律素养的机会。教学医院、临床带教教师应充分利用学生实践学习的时间和机会，将法律教育融入、渗透到带教计划中，现身说法，提升学生的法律素养。以问题为导向、以临床案例为导引、以真实情景为基础，适时地对学生普及法律知识，达到"盐溶于水"的教学效果，强化在校学习内容，便于学生理解和接受；同时，在学习过程中不断更新教师和学生的法律知识，掌握法律发展的脉搏，为自己的职业生涯保驾护航。

综上所述，护理专业大学生的法律素养急需提升，培养工作是当务之急。目前，护理专业大学生的法律素养培养主要存在重视程度不够、缺乏对法律的信仰、法律知识相对欠缺等问题，为护理专业大学生今后的执业过程埋下法律相关隐患，不利于学生以后的个人发展，也不利于护理学科的发展。因此，高校应改变观念和思想，充分利用网络平台，从职业道德的培养、护理实践的法律融入、提供培养法律素养的环境等方面，形成一套完备的法律教育体系，鼓励学生积极参与法律实践，激发其学习热情，提升学生的法律素养，培养复合型的护理人才。

参考文献：

[1] 王利军，李芳涵．提升高校学生法律素养路径探析［J］．科技风，2020（3）：195-196.

[2] 林锋．护理专业课程教学中渗透法律素养的应用研究——以漳州卫生职业学院为例［J］．太原城市职业技术学院学报，2018（11）：132-135.

[3] 周辉．试论当代大学生法律思维方式的培养［J］．法制与社会，2010（11）：227-228.

[4] 魏巍．临床护理文化在高职护理学生职业道德培养模式研究［J］．饮食科学，2019（2）：120.

[5] 杨姣，宋梦瑶．高职护理专业学生卫生法律素养提升的必要性及策略[J].湖北三峡职业技术学院学报，2021（2）：27-29.

共享文化符号融入高校思想政治教育工作路径研究

周晓明[1]

摘　要：以共享文化符号为载体开展思想政治教育工作是高校思想政治教育工作的新趋势。将共享文化符号融入高校思想政治教育，挖掘共享文化符号的思想政治教育价值，从中寻求思想政治教育工作的新思路和新方法，提升思想政治教育的亲和力与认同度，为高校思想政治教育工作注入新活力。

关键词：共享文化符号；高校；思想政治教育

　　共享文化符号是高校思想政治教育的一项重要资源，其与高校思想政治教育工作的结合具有双面性。从共享文化符号的角度来开展思想政治教育，有利于提升思政课的亲和力和实效性，增强思政课程认同度；在思想政治教育过程中运用文化符号，有利于挖掘学校自身的思想政治教育资源，丰富高校思想政治教育内容，创新高校思想政治教育方法和路径。二者有益结合，能实现课堂思政与课程思政的有效融合，让课堂思政教学与日常思政育人有益互动和双向破圈，切实提升高校思想政治教育的育人功效。

一、文化符号与共享文化符号

　　符号是事物表征与内涵的标志。文化符号实际上指代的是文化对象，且大多数情况下指代的都是物质的文化对象[1]。比如提到中国时，人们自然而然地会联想到故宫、长城、京剧等；提起美国时，人们就会想到好莱坞、百老汇以及华尔街等。文化符号具有承担中介物的表征作用。也就是说，像长城这样的文化符号能够作为一个中介物，加深人们对中国的理解。而文化符号之所以能够起到中介物的作用，是因为文化符号并不涉及具体的、直接的生产活动，而是包涵一定的丰富内涵特质。以筷子为例，若是筷子仅作为参与饮食活动的工具出现，那此时的筷子并不具备文化符号的功能，但当筷子脱离具体的饮食活动，不直接参与饮食活动，而是将其投入中华饮食文化背景下时，筷子就成了一个具象的文化符号，起到了阐释中华民族饮食文化和民族性格的作用。正如俄国文学家洛特曼多认为的那样，文化符号是人类思想的联系纽带，是人类集体的共同记忆[2]。文化符号也是一个承载民族文化的载体，能够清晰记录下一个民族的历史及其在发展过程中衍生出来的多种文化类型。

　　共享文化符号的提出是以新时代铸牢中华民族共同体意识为背景的。在漫长的历史演进中，中华民族形成了各民族共同接受并理解的一些符号、语言、传统等。这些文化符号既是中华各民族共同拥有的历史记忆，也是中华民族团结一致的精神纽带。几千年来，中华民族所形成的文化包含各民族生产生活的方方面面，各个民族间的文化也在发展过程中交相辉映、相互影响、不断

1　周晓明，三峡大学民族学院讲师。

融合,形成中华民族共有的精神家园。基于此,习近平总书记在全国民族团结进步表彰大会上强调,要树立和突出各民族共享的中华文化符号。

二、共享文化符号融入高校思想政治教育的意义

法国符号学家吉罗在他的著作《符号学概论》中写道:"符号具有六种功能,分别是指代、表意、情感、交流、美学以及元语言。"而作为校园文化生活运用最为广泛的共享文化符号,其功能同样如是。个体将社会动作的方式吸纳到自身的动作中,即借由扮演他人同时以他人角色的特点来指导实践,从而使自身习得所在共同体中的意义与规范[3]。以共享文化符号为载体开展思想政治教育,推动思想政治教育工作目的的实现,能很好地实现思想政治教育与校园生活、课堂教学的有益互动和相互促进。

(一)丰富课堂思想政治教育内容,实现思想政治理论课艺术性与思想性统一

荷兰心理学家吉尔特·霍夫斯泰德在其《文化之重》中将文化定义为"心智的集体程序",主要表现在价值观上。他认为文化是从内到外分层的洋葱式结构,其中最内层是价值观,最外层是符号。基于文化符号的高校思想政治教育来说,教育者和受教育者都是受到文化符号吸引并凝聚、团结在一起的共同体[4]。将各民族共享的中华文化符号纳入大学生日常思想政治教育,是对当下思想政治理论课程内容的极大丰富与拓展,是保障和强化思想政治理论课堂效果的有效手段,是促进社会大思政与校园思政教育有效融合的重要途径。以茶文化教学为例,茶是中华各族人民熟悉的生活物资,茶文化是中华民族共享的文化符号,几乎人人熟悉。将茶文化这一各民族共享的文化符号纳入大学生日常思政教育,从茶的发展历史到茶艺课的亲身体验再至茶文化精神的挖掘与传承,让学生在追寻茶文化的发展变迁史中学习中华民族的发展历史,在体验茶艺之美中加强劳动美育的熏陶教育,感受中华文化的魅力,领悟中华民族精神,从而提升思政课堂的活力,助力学生养成正确的人生观、价值观和世界观。

(二)拓展大学生日常思政育人路径,实现思想政治教育显性与隐形的统一

思想政治教育既要依靠抽象的逻辑思维来"证明真理",也需要依靠形式多样、生动活泼的外在形象来"显示真理"。基于文化符号的高校思想政治教育的另一基本理念认为,教育者与受教育者都是思想政治教育的主体,准确地说是"主体们",他们把教育资料作为共同客体,与教育资料构成"主体—客体"的关系[5]。以基于文化符号的高校思想政治教育来说,文化符号成了客体—教育资料,教育者与受教育者这一共同体与文化符号构成"主体—客体"的关系。利用共享中华文化符号开展大学生日常思想政治教育,在大学生思政课程中注入共享中华文化符号,依托符号互动原理,发挥符号的媒介作用,以共享中华文化符号为媒介和载体,从学生的兴趣爱好出发,将思想政治教育寓于大学生的日常课外活动,打破传统思想政治教育单一项目、单一力量、单一手段的传统局限,始于学生兴趣,满足学生期待,激发学生欲望,让学生在广泛参与互动中去体验和感知,更好地实现沉浸式思想政治教育教学,使思想政治教育因事而化,因时而进,因势而新,寓教于乐,习焉不察。让学生在享受文化的同时得到教育涵化,提高思想政治教育时效性,实现思想政治教育显性与隐形的有机统一。

(三)激活校园文化育人效能,实现中华优秀传统文化的传承性与创新性统一

近年来,习近平总书记多次提出:要推动中华优秀传统文化创造性转化、创新性发展。中华优秀传统文化是各民族优秀文化的集大成,是中华五千年文明和智慧的结晶,是中华民族集体记忆的体现[6],镌刻着中华民族的历史烙印,彰显着中华民族的形象。中华优秀传统文化的传承创新,

除了一代代人的心口相传，还离不开教育的系统教授。高校作为先进文化的制造场和传播场，弘扬和传播优秀的中华文化是其使命必然，其学理研究及实践体验为民族优秀文化的创新发展提供适宜的土壤和有力的支撑。以各民族共享的中华文化符号为载体，在校园文化建设及校园文化主题活动中把握各民族共享的中华文化符号这一核心主题，以校园文化的公开性、大众性、参与性以及现场感激活校园文化资源，不仅有利于中华优秀传统文化的传承创新，赋予这些传统文化新的时代价值，更有利于提升校园文化的育人价值功用，防止校园文化活动的泛化，降低校园文化的育人功能。

（四）助力铸牢中华民族共同体意识教育，实现思想政治教育政治性与民族性的统一

德国当代文化学者扬·阿斯曼在其《文化记忆》里指出："人们要想获得关于身份的认同必须依靠集体记忆，而集体记忆的产生不仅仅是一种神经系统的生物活动，更主要的是一种社会和文化现象。[7]"多民族共生共享的中华文化符号凝聚着中华民族多元文化内涵，体现着各民族交往交流交融的历程，承载着中华各民族的集体记忆，是中华民族共同的文化根脉。每一个共享中华文化符号都有其作为"符号"的本体内容，不仅能很好地呈现共享文化符号"原符号"的价值作用，更能发挥共享文化符号的向心力和凝聚力，唤起不同民族学生中华民族共同身份认同，增强民族自豪感，提升文化自信。如以民族传统节日、民族传统文化、民族优秀文体艺术等共享文化符号为载体，开展大学生日常思想政治主题教育实践，不仅促进了学生间的交流交往和交融，构筑了共有的精神家园，也强化了学生的"五个认同"教育，使铸牢中华民族共同体意识教育与大学生思想政治教育一脉相承、相得益彰。

三、共享文化符号融入高校思想政治教育工作的路径

共享文化符号融入高校思想政治教育工作，也就是将共享文化符号融入高校思想政治教育工作中，以共享文化符号为切入点开展高校思想政治教育工作[8]。即发挥共享文化符号在高校思想政治教育工作的纽带、媒介和载体的功用，将教育者和受教育者连接起来，在校园文化活动过程中开展思想政治教育，寓思想政治教育于文化活动，实现以文化人、以文育人，从而实现思想政治教育目的。

（一）共享文化符号与思想政治教育工作的实例分析

高校内具有较多的文化符号，如以校徽、校标、图书馆、档案馆、纪念馆（园）为代表的校园物质类共享文化符号，也有以校庆、开学典礼、毕业典礼、名人讲坛、学术论坛等文化内涵为主要表征的精神类文化符号。下面以校徽为例，对共享文化符号融入思想政治教育工作进行分析。

校徽集实物、意象与寓意于一体，在设计伊始就包含了较为深厚的精神内涵和文化底蕴，展现着高校的形象[9]。因此，可以说，高校的校徽是高校文化传统和办学理念的体现。高校的校徽有两种功能：一是象征功能。校徽具有徽章的意思，能够对学校的身份起认证作用，进而将高校区分开来。二是办学精神。校徽是人文精神艺术化的体现，能够反映高校对于科学和真理的态度。以北京大学的校徽为例，北京大学的校徽是由鲁迅先生设计的，篆体的"北大"二字上下排列，"北"字呈现出背对背的两个侧立的人像，"大"字呈现出正面站立的人像。北京大学的校徽既能够作为北京大学的象征，也充分展现出北京大学"以人为本"的办学理念。基于此，可将高校的校徽视作高校思想政治教育的教育资源，以校徽为载体开展思想政治教育工作。校徽思想政治教育功能的实现可以从以下几个方面入手。

第一，端正学生的思想态度，增强校徽的视觉效应。高校具有培育健全人格、树立高尚品德

的培养目标，而校徽作为高校办学理念及治学精神的体现，无疑能够在一定程度上端正学生的思想。基于此，高校思想政治教育工作者应切实利用好校徽这一教育资源，注重校徽理念的传递，确保高校学生能够清楚本校校徽的设计理念和象征意义。高校思想政治教育工作者可以将校徽印在书本或者绶带上，更好地进行校徽意义的传递。除此以外，思想政治教育工作者还可以将校徽悬挂或者刻印在校门上，以便学生能够时刻注意到校徽，并通过校徽进行自省。总而言之，高校思想政治教育工作者要增加校徽在高校内的出现频率，充分发挥校徽的指引作用，并最终将校徽象征意义内化为学生的精神追求。

第二，激励学生坚定理想信念，突出校徽在思政教育方面的作用。校徽具有体现高校办学理念的功能，因此，校徽能够在一定程度上指引高校人才培养的方向。与此同时，校徽往往具有较为丰富的意象和较为深远的象征意义，能够激励高校学生坚定自身的理想信念。以中国政法大学的校徽为例，中国政法大学的校徽以天平为构成主体，时刻激励着中国政法大学的学生要坚持公平、公正的理想信念[10]。基于此，高校的思想政治教育工作者要在开展工作的过程中，强化学生对于校徽理念的认同，帮助学生树立正确的理想信念，进而修正学生的品格。

第三，注重校徽的精神传承作用，对高校精神进行升华。精神是高校得以发展进步的关键所在，校徽作为展现高校精神的载体，能够为高校的师生提供一致的前进方向，将师生凝聚在一起。高校的治学之道并不依赖专业背景的建设和行政技巧的钻研，而在于精神的凝聚。这份精神是校徽中所蕴含的，正如南开大学的笃实和浙江大学的求是。基于此，高校思想政治教育工作者在开展工作时，要注意高校精神的升华和凝聚，利用好校徽这一教育资源。比如，在举办开学典礼的时候，思想政治教育工作者可将高校之精神宣讲给新生，从而为新生爱校教育打下坚实的基础，使其深入领会高校的精神并传承下去。

（二）重视校园共享文化符号资源的挖掘与利用

要将共享文化符号融入高校思想政治教育工作，首要任务是要树立共享文化符号育人意识，注重培育和挖掘校园里的共享文化符号资源，重视共享文化符号在校园里的育人价值。只有提高对共享文化符号育人价值的认知，才能将共享文化符号融入高校思想政治教育工作落到实处。

共享文化符号资源的挖掘可以从以下几个方面入手。

第一，从事高校思想政治教育工作的相关人员要具备运用共享文化符号开展思想政治教育工作的意识。共享文化符号既具有不均衡、不对称的特质，也具有统一的、同质的特质。因此，高校在开展思想政治教育工作时所采用的共享文化符号要具有相对统一的价值特性，不能与社会主义核心价值体系相背离，以利于社会主义核心价值观融入思想政治教育内容。

第二，从事高校思想政治教育工作的相关教师要具备符号教育意识，注重符号表征与内涵的结合，挖掘共享文化符号所具有的思想政治教育价值；激活共享文化符号的可视化和凝聚力在教育教化、感染熏陶、规范约束等方面的作用，并通过解读、传承、传递共享文化符号使其思想政治教育价值得以充分发挥；进而使共享文化符号成为高质量的思想政治教育资源。

第三，从事高校思想政治教育工作的相关人员要从高校的实际情况出发，挖掘、培育和构建具有时代特征、符合学校实情的校园共享文化符号。大学校园是文化的传播场与制造场，校园里的一草一木都是育人的工具与载体。要大力培育凝聚全体师生情感认同和心血智慧、深受师生认同和喜爱的校园共享文化符号，让其扎根师生血脉，成为学校精神文明的纽带。比如，可以根据学校的学科特色及学校发展史、建校历程等情况，培育、打造具有自身特色的显性校园文化标识，并就其内涵意义持续予以解读和推广，使其内涵精神根植师生心田，从而成为校园里的共享文化符号，让在校师生人人认同与铭记。除此以外，还可以在原来文化符号基础上进行符号意义的创新与发展，如开学典礼、毕业典礼等校园共享精神文化符号，可以根据社会需求将富有时代气息特征、符合青年学生特质的时代精神融入进去，丰富共享文化符号的内涵及意义，使其成为寄托全体师生情感的归依。

（三）共享文化符号融入高校思想政治教育工作践行渠道载体

第一，注重线下课程设计。课堂教学是育人的主渠道，但对思想政治教育来说仅有课堂教学是远远不够的。为提升思政育人实效，适当引入共享文化符号的内容，将共享文化符号与课堂思政教学内容相结合，改善传统思政课堂气氛，丰富思政课堂教学内容，不仅有利于破解当前思政课程困境，实现思政育人目标，也能为优秀文化的传承发展带来新的思考。

第二，注重共享文化符号的线上开发。随着大数据时代的到来，高校思想政治教育工作的开展逐渐开始借助丰富的互联网资源，采取线上与线下相结合的方式，引导教育者与受教育者共同建设思想政治教育工作的践行载体。线上与线下的相互结合使得高校思想政治教育工作者能够充分利用网络媒体的资源，促进共享文化符号与高校思想政治教育工作的深度融合。建立"线上＋线下"的思想政治教育平台，借助新媒体将思想政治教育的内涵进行可视化的展示，让学生在线下、在日常生活中能接受正向积极的思想政治教育，也有利于学生在线上对所学的要点、难点、热点问题进行重温与深化，进而促进思想政治教育教学内容自主高效的学习和巩固。

第三，注重共享文化符号的推广与传播。共享文化符号是凝聚群体情感认同的纽带，能够唤醒集体的记忆及身份认同。高校思想政治教育工作践行载体的增加，使得共享文化符号能够得到最大程度的传播，使其在思想政治教育领域充分发挥应有的教育作用和价值。

（四）营造共享文化符号融入高校思想政治教育的校园环境

共享文化符号融入思想政治教育的实质是让学生广泛参与文化互动，在享受文化的过程中接受教育，实现以文化人、提高思政育人的效果。基于此，日常工作中我们应多开展以共享文化符号为主题的各类学生活动，用好学生第二课堂这个阵地，把握学生活动这根主线，拓展思政育人平台和空间，为共享文化符号融入思想政治教育营造良好的环境。

第一，抓住线上育人新阵地。随着线上教育载体的进一步发展，社会逐渐出现了更加多元的文化思潮。这些各具特色的文化思潮在发展的过程中不断交锋，希望借助各类媒介扩大自己的阵营及权威。高校思想政治教育工作者可以以大数据为手段，以校园网为依托，将那些以共享文化符号为主题的育人活动或思政课程、故事（如校园十佳杰出青年、感动中国年度人物故事）发到网上，让学生随时观看、学习，借此打造回应社会需求、满足教育期待、适宜学生成长需要的育人新媒介，拓展育人空间及阵地，扩大育人阵地及影响力，引领学生构建正确的世界观、人生观和价值观。

第二，抓好活动育人新渠道。学生活动是培育和突出共享文化符号的重要形式，也是发挥共享文化符号育人价值的最佳阵地。校园学生活动种类和形式多样，但要把握共享文化符号这一主线，寓思想政治教育于文体活动，发挥其以文载道的功用。值得注意的是，要突出共享文化符号，切结因活动而活动，使活动流于活动和泛华。

第三，抓紧协同育人新方向。将共享文化符号理念融入高校思想政治教育工作，还要将社会、家庭及学校协同育人发展纳入思想政治教育内容，进而为高校思想政治教育工作提供协调的思想政治教育环境，促进思想政治教育工作目的的实现。

共享文化符号融入高校思想政治教育工作，既为高校的思想政治教育工作提供了更为开阔的实践思路，也使得高校思想政治教育工作的开展更具亲和力，更为关注学生、贴近学生。

四、结语

综上所述，高校具有较为丰富的文化符号资源，具备在思想政治教育工作中引入共享文化符号的条件。同时，共享文化符号理念的引入也为高校的思想政治教育工作带来了更多的可能性，注入了新的活力。基于此，笔者从共享文化符号与高校思想政治教育工作的结合、共享文化符号在高校思想政治教育工作中的实践方法这两个角度出发，对共享文化符号与高校思想政治教育工作的结合进行了探讨，以期发挥文化符号的价值，践行课程改革的理念，促进共享文化符号在高校思想政治教育中应用水平的提高。

参考文献：

[1] 张思慧.文化符号视角下高校思想政治教育的研究［J］.山西青年，2019（3）：164.

[2] 洛特曼，王坤.艺术文本的意义及其产生与确定［J］.文艺理论研究，1995（4）：72-78.

[3] 赵一非.乔治·赫伯特·米德的符号互动理论与芝加哥学派［D］.长春：吉林大学，2015.

[4] 徐周双.基于文化符号的高校思想政治教育研究［D］.杭州：浙江理工大学，2011.

[5] 王乐.高校文化符号的思想政治教育功能研究［D］.上海：上海师范大学，2022.

[6] 张渡承，董前程.高校思想政治理论课教学逻辑理路的优化刍探——学习《中共中央关于党的百年奋斗重大成就和历史经验的决议》［J］.成才之路，2023（12）：29-32.

[7] （德）扬·阿斯曼.文化记忆：早期高级文化中的文字、回忆和政治身份［M］.金寿福，黄晓晨，译.北京：北京大学出版社，2015.

[8] 蒲丽霞.高校思想政治理论课话语体系建设研究［D］.西安：陕西师范大学，2020.

[9] 曹俊萍.新时代红色文化资源提升高校思想政治教育质量研究［J］.河北能源职业技术学院学报，2022，22（1）：25-28.

[10] 吴福茹.校园文化建设促进大学生思想政治教育路径探究［J］.宿州学院学报，2022，37（2）：14-16，65.

新时代加强大学生劳动教育的路径研究

朱春妮[1]

摘　要：当今，劳动教育得到越来越多的重视，劳动教育被赋予新的内涵和使命。本文主要探究了劳动教育的几大重要性：从个人层面，能够促进大学生全面发展；从学校层面，能够帮助高校落实立德树人的根本任务；从国家层面，能够促进中华民族伟大复兴的中国梦实现。但是，当前大学生劳动教育还是存在许多问题，针对这些不足，笔者"对症下药"，有效提出加强大学生劳动教育的新途径。

关键词：新时代；大学生；劳动教育

党的十八大以来，党中央高度重视劳动教育，习近平总书记站在党和国家事业发展全局的高度，多次对劳动和劳动教育做出重要论述。在2018年的全国教育大会上，习近平总书记强调："要在学生中弘扬劳动精神，引导学生崇尚劳动、尊重劳动"[1]，同时要求把劳动教育纳入培养社会主义建设者和接班人的总体要求。2020年3月，中共中央、国务院印发《关于全面加强新时代大中小学劳动教育的意见》，指出劳动教育直接决定社会主义建设者和接班人的劳动精神面貌、劳动价值取向和劳动技能水平，并对新时代劳动教育做出了顶层设计和全面部署。当代大学生是民族复兴的时代新人，也是未来劳动的主力军，他们的劳动观念、劳动技能水平对整个社会的发展十分重要。所以，重视并加强大学生劳动教育是当前社会亟待解决的时代课题。

一、劳动教育的基本内涵和核心内容

（一）劳动教育的基本内涵

在提出新时代劳动教育的概念之前，要理清劳动教育的逻辑起点。首先，在马克思看来，劳动是人的本质，是人和动物的本质区别，劳动不仅是个人实现目的的手段，更是个人得以自我实现的存在方式。虽然马克思没有明确提出"劳动教育"这一概念，但是他的许多著作中都蕴含着这一思想，他在《共产党宣言》中提出了"把教育同物质生产结合起来"的观点，在《哥达纲领批判中》提出了"生产劳动和教育的早期结合是改造现代社会的最强有力的手段之一"。马克思看到劳动教育有利于提高当时的社会生产力，进而有利于改造现代社会，在那个年代，马克思就已经认识到劳动教育是十分重要的。

其次，要理清劳动教育在我国的发展历史。新中国成立70多年以来，在不同的发展阶段，党和国家根据具体国情提出了不同的劳动教育政策。在新中国成立初期，为恢复国民经济，解决人民群众温饱问题，劳动教育旨在促进工农业生产，为生产建设服务。当时的劳动教育更强调"体能"，绝大多数学生在完成义务教育后直接从事工农业生产。直到改革开放初期，我国现代化步

1　朱春妮，三峡大学马克思主义学院马克思主义基本原理硕士研究生。

伐加快，为适应现代化建设的需要，劳动教育主要是传授生产劳动中最常用的科学技术知识，提高人们的劳动技能水平，服务经济建设。20世纪90年代开始，劳动教育越来越受到重视，逐渐从一门学科过渡到一种实践，国家提出要培养德、智、体、美、劳全面发展的综合型人才。1997年国家教育委员会明确指出，要全面开展德育、智育、体育、美育和劳动教育。20世纪，劳动教育受到空前重视。2001年，国务院提出推进劳动教育一体化进程，学校鼓励学生参加社会实践活动，让他们在丰富多彩的实践活动中加强对劳动教育的理解，进而更加重视劳动。党的十八大以来，国家制定了更加完善的劳动教育实施体制，全面构建了体现时代特征的劳动教育体系。

当前，科学技术日新月异，社会劳动形态已经发生了深刻的变革，劳动教育的作用也越来越大，我们要精准把握新时代劳动教育的基本内涵——"劳动教育是国民教育体系的主要内容，是学生成长的必要途径，具有树德、增智、强体、育美的综合育人价值。"当前大学生劳动教育主要是指在系统的文化知识学习之外，高校通过有目的、有计划地组织学生参加各种劳动活动、开设劳动课程、开办创新创业活动等方式，让学生积极参与劳动实践，使学生在提高劳动技能水平的同时，树立正确的劳动价值观念，更加尊重劳动、热爱劳动，在实现人生价值的同时奉献社会。

（二）大学生劳动教育的核心内容

当前，劳动教育被赋予新的内涵，具体而言，劳动教育的核心内容有以下四个方面。

第一，要树立正确的劳动价值观。当前大学生劳动教育的首要任务就是要让大学生形成正确的劳动价值观，积极引导他们尊重劳动、崇尚劳动、尊敬各类劳动者。首先，大学生应该牢记所有劳动都是平等的，没有贵贱之分，社会和国家的发展需要各种各样的劳动，只有各种劳动分工合理、协调发展，才会促进中国特色社会主义事业的繁荣发展。其次，要引导大学生树立劳动最光荣的观念，人们当前的美好生活是一代代人通过劳动创造出来的，不要好逸恶劳、幻想暴富，要脚踏实地，通过辛勤劳动创造自己的幸福生活。

第二，要具有必备的劳动技能。热爱劳动不能只停留在口头上，必须落实在行动上。大学生要掌握最基本的劳动技能，如基本的生活自理能力、服务于人的工作能力，不管未来从事什么工作，都要具备能够给他人提供服务的各种能力，满足达到自我供给的基础条件。因此，一方面，高校要培养学生满足生存发展需要的基本劳动能力和专业劳动能力；另一方面，当前我国的产业结构正在转型升级中，这就要求劳动者要具备一定的创新创造能力，没有创新能力就没有竞争力，终究会被社会和时代所淘汰。

第三，要培育积极向上的劳动精神。新时代大学生劳动教育要培养大学生吃苦耐劳、不怕困难、无惧挑战、不达目的不放弃的奋斗精神。除此之外，要培育大学生精益求精、严谨细致、认真负责的工匠精神，在自己的工作岗位上肯钻研，做到干一行精一行；要培育大学生乐于付出，积极主动地承担社会责任，在为社会和国家的奉献中实现个人价值。

第四，要养成良好的劳动习惯和劳动品质。当前，大学生劳动教育应该采取多种有效途径，首先，让大学生形成自觉劳动的意识，在没有受到外界的强迫下也能积极主动地劳动，使他们在劳动中感到满意和充实，并在此基础上养成热爱和享受劳动的习惯。其次，要让大学生养成诚实守信的工作习惯，自觉遵守法律规定，脚踏实地地工作，切记不要产生不劳而获的错误思想。最后，要培养大学生形成勤奋、务实、肯干、专心致志、不懈努力的优良劳动品质。

二、新时代加强大学生劳动教育的意义

首先，新时代加强大学生劳动教育能够促进大学生全面发展。一方面，高校的各种基础设施比较健全，便于开展一些与劳动有关的课程或者实践活动，学校如果重视开展劳动教育活动，可以激发学生的劳动积极性，在课程或者劳动实践的过程中提高学生的劳动技能水平，丰富知识，开阔视野。"实践决定认识"，学生通过亲身实践，能够深化对劳动的看法，减少对劳动的偏见，帮助他们树立积极的劳动观念，进而促进优良的劳动习惯和品质的形成，促进德、智、体、美、劳全面发展，在日后的工作中更好地实现自身价值。同时，加强大学生劳动教育，可以让学生在实践中锻炼体魄，提高身体素质，在奋斗和挫折中磨炼出坚韧、不放弃的意志，从而形成更健全完善的人格，使自身得到全面的发展。

其次，新时代加强大学生劳动教育能帮助高校落实立德树人的根本任务。在中国，大学是系统地向学生传递丰富知识的地方，也是培育和践行社会主义核心价值观的场所。我国共有3 000多所高校，大学生人数飙升，每年毕业的大学生人数占新增劳动力的70%以上。各大高校能不能贯彻好立德树人的要求，关系到所有大学生的未来发展，也关系到党和国家的发展全局，关系到中华民族伟大复兴的事业。培育大学生养成正确的劳动价值观是学校德育工作的重要内容。同时，德育、智育、体育、美育和劳动教育之间相互关联、相辅相成，加强劳动教育对学校德育、智育、体育、美育有积极的作用。劳动教育能让大学生在实践中知道幸福生活的来之不易，更加珍惜美好生活。新时代，高校要强化大学生的劳动教育，让劳动教育的育人作用得到最大程度的体现，从而使劳动教育与德育、智育、体育、美育相互促进，促进大学生德、智、体、美、劳全面发展，创造属于自己的未来。

最后，新时代加强大学生劳动教育能够促进中华民族伟大复兴的中国梦实现。当前整个世界都处于大发展大变革的环境中，中国也在加快转型中，处于由制造业大国向制造业强国转变的关键阶段。这对我国劳动者的职业能力和职业素养提出了更高的要求，社会需要一批又一批认真严谨、精益求精的工人，为此需要培养并弘扬伟大的工匠精神，这在建设制造强国、实现民族伟大复兴方面有着重大的作用。因此，新时代必须进一步加强劳动教育，培育大学生专注认真、精益求精、卓越创新的劳动品质，大力传承并弘扬工匠精神和劳模精神，培养出一支有创造力的、有技术的、有知识的工人队伍。这样可以为中国的经济和社会发展提供强大的能量，为中国梦的实现增添更多的力量。

三、新时代大学生劳动教育存在的问题

当前，大学生劳动教育越来越受到重视，相比改革开放初期，我国劳动教育的现状有所好转，但是也面临着一些亟待解决的新情况、新问题。

首先，大学生的总体劳动认知水平有所欠缺，存在较大偏差。有的学生不会劳动，甚至连一些家务类的简单劳动也不会做；有的学生不喜欢劳动，不主动劳动；有的学生劳动能力不强，对于学校组织的集体劳动表现出不积极、不主动的态度，甚至产生抵触逃避情绪；有的学生不珍惜实践实训的机会，只是为了学分而应付差事；有的学生没有吃苦耐劳的精神，没有劳动光荣的高尚品质，认为劳动教育是他们在学校中的一种负担；有的学生对劳动的本质认识不全，将劳动分为高低贵贱，对部分劳动没有给予充分的尊重。如不及时纠正这种现象，会影响大学生综合能力的发展，也会影响社会和国家的未来。

其次，家庭中缺乏劳动教育。当代大学生的家长大多数是"60后""70后"，这个年代的人大多吃苦耐劳、勤俭持家，通过自身的努力过上了小康生活。但也因为他们吃过太多苦，体会过太多艰辛，所以不希望自己的孩子吃苦受累，从而对孩子百般呵护，给孩子打理好一切家务，只希望孩子把所有时间花到学习上，方便以后找一份"体面"的工作。不少家长对劳动的认知比较浅薄，甚至有一部分家长不够尊重社会基层劳动者和体力劳动者，这种行为会误导孩子形成不正确的劳动观念或者使孩子本来错误的劳动观更为严重。所以，应当着力解决这一现象，让家长正确认识劳动教育并大力支持劳动教育。

最后，部分高校对劳动教育育人价值重视不够。虽然大多数高校采取了卫生检查、实习实训等传统劳动教育活动，但是集体性劳动活动安排还是不够充足；专门进行劳动教育的教师数量不够；部分高校的劳动教育设置课程主要以理论知识为主，课程形式枯燥单一，没有吸引力，缺乏在实践中对学生劳动能力的培育，不能有效提高学生的劳动创新能力；一些高校缺乏专门进行劳动教育的场所，硬件设施不够齐全，物质保障不足，使得在大多数学生眼中，劳动教育课程是一门枯燥无味的"水课"，影响劳动教育的质量。

四、新时代加强大学生劳动教育的途径

劳动教育是一项长期而又复杂的工程，面对上面提到的一些问题和挑战，各部门应该"对症下药"，提供不同的解决方案，以确保大学生劳动教育取得良好效果。

第一，对学生而言，要树立正确的劳动观。在新时代的环境中，有些大学生劳动意识薄弱，他们对劳动的定义是模糊的。要想改善这种状况，必须转变他们的思想，提高他们积极劳动、主动劳动的意识，帮助他们认识到劳动的重要性和必要性。大学生要多参与学校组织的劳动实践活动，也要多参与一些家庭劳动，从小事做起，从最基础的事情做起，在一次次主动参与劳动的过程中提高劳动实践能力，在充实物质和精神财富的同时，感受劳动带给自己的幸福感，懂得哪怕再小的劳动成果背后，都凝结着很多劳动人民的辛勤汗水，这样才能从心底里尊重劳动人民。在劳动中，让自己的个性和认知能力都获得提升，从而让自己变成一名能够全面发展的高素质人才。

第二，社会要营造出好的劳动环境和就业氛围。首先，要营造尊重劳动的环境氛围。环境蕴含着无声的教育，高校应教导大学生尊重每一位劳动者的劳动果实，严厉打击好逸恶劳、好吃懒做等不良社会风气。"家庭是人生的第一所学校"，家长也要做好带头和榜样作用，鼓励引导孩子参与一些必要的劳动实践，养成良好的劳动习惯，配合社会力量，大力倡导劳动教育。社会要发挥好媒体宣传作用，大力宣传为国家或者某些行业做出重大贡献的事迹、时代劳模的奉献精神，还有一些普通人热爱劳动的事例，用榜样的力量促进劳动教育的发展。

第三，各大高校应该采取更加积极的态度和更完善、有效的措施。首先，要使劳动教育课程设置更加合理、丰富，在传统的理论课程的基础上设置更多实践课程，让更多学生能够直接感受劳动，同时课程设置应更具开放性和针对性，创新多模块的课程形态，如与创新实践课和专业实践课相结合。高校也应该针对不同的年级和专业设置不同的劳动课程内容和实践活动，制定一套合理有效的评价标准来检验劳动教育的实效。其次，学校应该多开展以专业知识为主、以日常生活为辅的劳动活动，将实践和劳动与学生的兴趣爱好有机地联系起来，结合学生的偏好，开展多种形式的校园劳动活动。学校还应该健全与劳动课程配套的劳动基地，创新劳动教育实践的方式和途径，加强与地方政府、企业的合作等，健全与劳动教育相关的基础设施建设，让学生有更好的劳动场所和实现自我价值的平台。最后，要实现劳动教育师资队伍的优化，培养一批专业的劳

动课程师资队伍，提高课程的专业化水平，正确引导学生进行劳动活动。

总之，大学生肩负着国家和民族的希望，对大学生进行劳动教育对学生个人、社会和国家的发展都十分重要，需要全社会共同努力、相互配合，培养出德、智、体、美、劳全面发展的高素质人才，为国家的发展注入源源不断的力量。

参考文献：

[1] 习近平.坚持中国特色社会主义教育发展道路 培养德智体美劳全面发展的社会主义建设者和接班人［J］.教育科学论坛，2018（30）：7-9.

高校工会保障教师权益的现实困境与优化路径 [1]

王重文 [2]　赵方娟　刘晶晶

摘　要：高校工会作为中国共产党领导下的职工组织，受到大众的广泛认可，且有《中华人民共和国工会法》保驾护航，具有明确的社会地位和法律地位。在社会生活中，理应肯定工会在高校工作中的必要性，以及其维系教师队伍稳定、营造良性劳资关系的价值属性。但是，由于工会自身的政治属性和局限性，工会在保障教师合法权益时面临着巨大挑战，本文着重强调工会在高校工作中的价值，并就高校工会在保障教师权益时面临的困境和解决路径进行探索研究。

关键词：高校工会；教师权益；路径探索；权益保障

一、高校工会保障教师权益的价值

高校工会在保障教师权益方面发挥着至关重要的作用。首先，我们必须肯定工会在高校工作中存在的必要性。其次，工会在高校工作中发挥着维系教师队伍稳定、巩固教育根基的作用。最后，高校作为事业单位，工会的存在有助于营造良性的劳资关系并化解矛盾冲突。因此，我们必须充分肯定高校工会在保障教师权益方面发挥的重大作用。

（一）肯定工会在高校工作中存在的必要性

一方面，高校作为事业单位，依据《中华人民共和国工会法》，有权享有组建和参加工会的权利，这是法律赋予人民的权利，是神圣不可侵犯的法定权利。另一方面，高校工会在维护教师权益，加强教师之间的沟通与协作中发挥重要作用。在实际工作中，教师由于存在知识盲区，并不知道如何维护自身的合法权益，如何积极争取福利待遇，如何参与学院活动。然而，作为一名合格的教育工作者，这些都是必备技能和成长的必经之路。因此，高校工会具有存在的必要性。

（二）维系教师队伍稳定，巩固教育根基

教师群体作为我国教育事业的主要建设者，为我国教育事业的发展贡献了不可磨灭的力量。高校工会本身的职能就是维护职工的合法权益，吸引教职工对学院进行建设，鼓励教师参与工会活动，建立民主管理的渠道。高校工会能够搭建起教师与高校之间的桥梁，使得教师有渠道、有途径去建言献策，成为教育事业的主人翁。高校工会对于促进教育事业长足稳定发展，把握教师的发展方向，了解教师内心的深层需求，维系教师队伍的稳定具有不可磨灭的作用，能够巩固我国教育事业发展的根基。

（三）营造良性劳资关系，化解矛盾冲突

新时代下，高校和教师之间构建了契约制下劳动关系依存和对立的基本主体，教师在利益分配上往往不占据主动地位，不可避免地存在一系列矛盾冲突。这种情况下，高校工会要积极协调

1　三峡大学 2023 年高教研究项目"协同育人视域下立法人才培养的实践与探索"（GJ2325）。

2　王重文，三峡大学法学与公共管理学院副教授、硕士生导师，博士，研究方向为教育法律与政策。

劳资关系，化解矛盾冲突。一方面，积极反映教师的正当诉求，维护教师的合法权益，做好跟教师群体的沟通工作，努力将各种矛盾化解在萌芽阶段。另一方面，积极发挥自身的建设作用，积极组织各类活动，吸引教师参加，丰富教师的生活，为协商劳资关系和矛盾冲突打下良好的沟通基础。

二、高校工会在保障教师权益时面临的困境

高校工会虽然在保障教师权益方面发挥着至关重要的作用，但由于其自身的局限性，其在当前工作中面临着些许困境。主要表现在：工会职能定位模糊，不便实行；工会自身管理不够规范完备；教师缺乏对工会的全面了解；相关法律和制度保障不够完善。

（一）工会职能定位模糊，不便实行

工会既是实现基本权利的途径，也是寻求团体的力量，还是维护职工权益的重要渠道。但在实际工作中，工会往往将其重心放在发放福利和搞团体活动上，而逐渐淡忘工会成立的初心是维护职工的合法权益，越来越偏离主要的工作方向，即维护职工的合法权益。[1]

工会的职能得不到正确发挥，偏离主要的发展方向。对于工会来说，组建面临难题，直接导致其职能定位模糊不当，加剧工会工作的实施难度；对于工会成员来说，职工诉求得不到回应，反而有各种流于形式的无关紧要的活动，让人身心俱疲，还要缴纳会费，占用休息时间，无疑会引发职工对工会的抵触情绪。这些行为往往会让工会开展核心工作时困难重重。

（二）工会自身管理不够规范完备

工会在管理机制、经费拨付中发展不完善。高校工会在中国共产党的领导下开展各项工作，缺乏相应的独立性，工会的核心领导成员大多兼任多种职位，存在时间和精力无法有效平衡多种工作的状态。工会的工作弹性大，没有硬性的指标考核要求，会弱化领导重视此项工作的态度，进而使工会领导无法将许多的时间和精力投入工会的工作。

在经费方面，主要依靠上级领导的批准和拨付，辅之以会费、罚款、经费再投资等方式。上级领导部门的拨付往往取决于领导的主观意愿。但是经费的实力决定了工会工作开展的成功程度，若上级领导不够重视，资金支持不到位，便会影响工会工作的正常运转。

（三）教师缺乏对工会的全面了解

教师对工会的认识存在模糊性和片面性。一方面，教师自愿参与工会，没有硬性指标，导致大家对工会作用的认同感偏低，认为工会是群众组织、附属团体，工会的职能不硬、权力不大，不能解决实际问题。这些使得教师对工会的认识越来越模糊，无法正确认识到工会的地位、职能和作用。

另一方面，工会和教师之间缺乏沟通，大多数教师不清楚工会的职能和作用，更有少部分教师不知道工会的存在。《中华人民共和国工会法》明确规定，工会具有维护职工合法权益、协调劳资关系、化解矛盾冲突、听取和反映职工的意见和要求等方面的职能。但在实行的过程中，工会的作用大多未能充分发挥。

（四）相关法律和制度保障不完善

《中华人民共和国工会法》最新的修改于 2022 年 1 月 1 日起施行，但是在此之前，只经过两次修订，缺乏完善的法律法规体系。只有呈现完备而详尽的法律法规作为支撑，才能切实保障和维护教职工的合法权益。但是，当前《中华人民共和国工会法》的规定过于笼统，缺乏详尽的解释和说明，既给权力机关增加了执法难度，也让职工的维权难度大大提高。

例如：《中华人民共和国工会法》中，关于职工的劳动权、报酬权、休息权均采用"有权参与""有权要求"，说明工会并没有决定权，只有建议权，这也就导致工会在维权时居于弱势地位，不具备实际可操作性。这些因素均导致工会在实际实施过程中难以发挥其应有的作用。

三、高校工会保障教师权益发展的新路径

高校工会虽然在保障教师权益方面存在着自身的局限性，但其正面导向作用也不可忽视。因此，要积极探索高校工会保障教师权益发展的新路径。包括但不局限于：重新定位工会职能；创设服务型工会；积极参与工会活动；完善相关法律法规。

（一）重新定位工会职能

重新定位高校工会的基本职能，将参与和教育作为高校工会工作的着力点。引导教师参与工会，通过合法的途径和渠道维护职工的权益，鼓励教师积极建言献策，进行民主管理和民主监督。积极发挥工会的教育功能，通过开展各种形式的思想政治活动和讲座来提高教师的思想政治素养和科学文化素养。[2]

一方面，高校工会要切实认识到当前工会工作存在的不足并进行反思，学习如何改进当前的工会现状。在改进工会现状之前，先进行调查和分析，找出问题之所在，了解工会成员的内心想法，有针对性地改进。另一方面，要根据当下的发展需求和现实情况来找到着力点。工会在维护教师合法权益方面缺乏强有力的制度保障和法律支持。因此，可以将着力点放在参与和教育上，为工会的长远发展奠定良好的群众基础和思想基础。

（二）创设服务型工会

高校工会领导要积极转变服务理念，结合学校和教职工的实际情况，坚持以职工谋福利为基础，其福利包括精神财富和物质财富。始终坚持工会成立的初心，反对形式主义和虚无主义，把教职工的利益放到首位，真正做到为教职工服务，让其获得精神的愉悦和物质的供给。

首先，要对工会的不良行为进行矫正，重塑工会在高校教师心目中的形象。始终把群众中的利益和呼声放在首位，认真仔细地回应工会成员的建议，并对于无法做到的诉求进行反馈说明。其次，对于有困难的教师，及时伸出援助之手，给予力所能及的帮助。最后，完善工会的服务体系建设，创新服务形式，真正建立具有精神内核、现实价值的工会服务体系，为职工提供精神依托和物质福利。

（三）积极参与工会活动

在重新定位工会职能、建设服务型工会的同时，要积极鼓励教师参与到工会生活中来。教师既要积极主动参与工会的活动，充分发挥主人翁的精神，参加工会组织的各种活动，为工会的发展和建设贡献力量，也要受工会的感召，积极建言献策，进行民主管理和民主监督，把工会建设得更好。同时，通过参与工会生活，更好地发展和完善自己，努力在集体和个人的统一中实现自身的价值。

其中，积极参与工会的活动，始终保持一份谦虚，并从中学习和成长。积极参与工会活动，既包括参与工会组织的感兴趣的活动，也包括工会组织的常规活动。积极参与工会组织的活动是每个成员的义务，对于其中感兴趣的活动，应尽全力参与并从中受益有所成长，对于常规活动，也要积极参与，表示出对工会工作的支持，这也是发挥主人翁精神的一个表现。

（四）完善相关法律法规

《中华人民共和国工会法》出台后，虽然对于工会的运作有一定的法律保障，但是由于其刚性不够，并不能真正维护职工的合法权益。究其原因主要是工会法的相关条文不够完善详细，不具有实际可操作性。只有完善相关法律法规，才能真正做到维护工会成员的合法权益。

首先，要对现有的法律体系进行完善和修订，对于相关规定进行扩充和调整，例如：对于采用"有权参与""有权要求"的规定，进行约束和解释说明，增加实际可操作性和现实性。其次，适当赋予工会决定权，让其在开展工作时拥有更多的话语权。最后，成立专门的教师维权部门，并且聘请专门的法律援助律师提供服务，加深维权在教师心中的重要程度。

参考文献：

[1] 王凌鸿. 高校工会参与民主管理的困境溯源与实践指向［J］. 山东工会论坛，2022，28（2）：25-37.

[2] 林成. 浅谈新形势下高校工会工作的创新与发展［J］. 办公室业务，2022（6）：126-127.

加强高校护理专业学生思政教育的思考

霍朝华[1]　兰芬芬　王媛媛

摘　要：高校护理专业学生未来将从事医护工作，承担着救死扶伤的职责，其职业道德如何关系到患者的生命健康及医院的声誉。因此，对其开展思政教育既是学校德育教育的重点和立德树人的根本，又是构建良好护患关系的基础。基于此，本文就加强高校护理专业学生思政教育的对策展开探讨，为护理专业学生职业道德水平的提升提供思路。

关键词：护理专业；思政教育；思路

三百六十行，每一行均有各自的职业道德。高校护理专业学生将来需要每天与患者打交道，容不得一丝一毫的差错，其职业道德教育更是高校教育的重中之重。尤其近年来医患纠纷事件发生率不断上升，造成医患关系紧张，人们不仅对医院的医疗技术水平有着较高的期望值，还对医护人员的服务态度、医德、医风有了更高的要求。因此，如何提高护理专业学生的思政教育水平是高校面临的重要任务，也是高校为培养敬业爱岗、德才兼备高素质护理人才理应承担的教育职责。笔者将分析高校护理专业学生加强思政教育的必要性，探讨提高其职业道德教育水平的对策。

一、加强高校护理专业学生思政教育的必要性

（一）对护理服务的质量产生直接影响

护理人员职业道德水平的优劣不仅折射出医院的医疗作风，还是对一所医院整体形象的体现。良好的职业道德有助于增强护理人员的工作责任心，规范护理操作，约束自身行为，从而提高护理服务的质量。因此，加强高校护理专业学生的思政教育尤为必要。这就要求护生明确自身的职业要求，既然选择了护理这一专业，就必须遵循其职业道德准则及规范，从进入高校的那一天起就应该意识到自己将来的职业性质以及所从事工作的特殊性。但当前部分学生存在职业认同感较低、责任意识不足的现象，学校应加以引导，重视其思政教育。高校可从理论和实践两方面来强化护生的职业道德意识：一方面，在学生在校学习期间，从课程设置、教学方式和手段等方面加强思政教育，强调职业道德的重要性，不仅对护理服务质量产生至关重要的影响，还影响学生个人的长远发展，关系到学生将来的职业生涯；另一方面，在护生实习阶段，护生正处于由理性到感性变化的关键时期，学校应把握这一时机，加强与实习护生的沟通交流，给予其职业实践方面的指导，使其通过实践树立积极的职业态度，形成正确的职业价值观，努力掌握护理技能，帮助他们实现职业角色的顺利过渡，提高护理服务质量。

1　霍朝华，三峡大学第一临床医院副主任护师，从事危重新生儿的抢救及新生儿的早期评估研究。

（二）对构建和谐护患关系产生重要影响

一所医院给患者留下的印象如何，不仅取决于医院的医疗设备等硬件配套设施以及医疗技术，还取决于医护人员的职业道德。但近年来，医患关系日益紧张，患者对治疗的期望值过高，护理人员在护理过程中若不注重对患者的护理态度以及自己的言行举止，极易导致患者对医护人员信任度的降低，为不良的护患关系埋下导火索。而良好的职业道德可为医院树立好的口碑，拉近护患之间的距离，提升医院形象，促进其良性发展。因此，护理人员的职业道德对护患关系和谐与否产生重要影响，而思政教育也是高校护理专业学生教育的重中之重，学生不仅要掌握娴熟的护理操作技能，更要具备良好的职业道德。学校应引导学生认识到医疗事业是神圣而崇高的，既然选择了护理专业就必须具备奉献精神。[1]生命一旦失去就不可重生，学校应教导学生立足于患者角度，用爱心、耐心、包容心去感化正处于病痛折磨中的患者，用亲和的态度、温暖的语言、得体的举止缓解护患矛盾，以赢得患者对医护人员的信赖，从而积极配合治疗及护理，实现职业道德教育在建立融洽和谐护患关系方面的价值。

二、加强高校护理专业学生职业道德教育的思路

（一）强化课程建设，全方位开展思政教育

课堂作为学生学习知识、接受教育的前沿阵地，需要高校充分利用课堂这一重要渠道，将思政教育融入课程教学，强化课程建设体系，从专业课程、思想政治教育课程、实践教学等多个方面全方位地开展思政教育。一方面，将专业课程与思政教育相结合，在专业课程的学习中渗透思政教育，让学生在学习专业知识的同时认识到护理专业技能的掌握首先应建立在具备良好职业道德的前提下，这样才能从患者角度出发，理解他们、帮助他们。例如，在为患者实施创口换药的操作时，不仅要按无菌操作的原则来进行消毒和处理，还要学会换位思考，保持动作的轻柔，避免因操作动作的不当增加患者疼痛，应尽自己所能最大限度地减轻患者的痛苦，做到技术上精益求精，个人道德修养令人尊敬。另一方面，对思想政治教育的课程内容进行补充，除教材内容外，增加护患沟通技巧及礼仪、护理心理学以及与护理专业相关的法律法规等方面的内容，使学生形成正确的价值取向，树立符合护理专业要求的职业价值观。同时，创新教学方法和形式，开展具实践性的课程，让学生在实践活动中不断强化职业道德意识。此外，还应重视学生的素质教育，通过理论与实践的结合来培养学生的观察能力、沟通能力、协调能力、应变能力等综合素质[2]。通过全方位思政教育的开展来提高护理专业学生的职业道德水平。

（二）灵活运用多种载体，丰富思政教育手段

要想提高护理专业学生思政教育水平，高校应灵活运用多种载体，通过丰富的教育手段来提高思政教育的效果。[3]具体说来，可从以下几方面进行：一是利用校园文化来扩大思政教育的影响深度和广度，组织丰富多彩、形式各异的校园活动，如开展以思政为主题的辩论赛、定期召开思政主题班会、邀请在护理岗位上获得殊荣的往届生到校进行思政育的现身讲座，同时借助校园网宣传和传播当地医疗机构爱岗敬业模范的先进事迹，推送有关医德医风建设的优秀文章等，让学生在校园文化中感受到医德教育无处不在，在浓厚的思政教育的氛围中受到熏陶，潜移默化地提升自身的医德及修养。二是将思政教育落实到学生的日常管理中，让学生从在校期间就开始向医德医风建设的要求靠拢，学会控制情绪和约束不理智行为，护理服务应建立在"一切以患者为中心"的基础上。三是强化集体主义的观念，学生的一言一行在学校体现的是一所学校的校风，不仅代表其个人；走上护理工作岗位后，其言行举止代表的则是医院的医风和形象。因此，应加

强对护生集体主义观念的教育，让他们意识到不能因为自身的言行不妥而影响整个集体的形象，认识到为集体增光增彩是每一个成员应具备的最基本的社会责任感，从而提高自身的思想觉悟，努力提升职业道德修养。四是建立学校和医院的合作机制，通过实习实践的过程，让护生更快地融入职业角色，并在与患者的近距离接触中去感受、体会、领悟如何与患者相处，如何赢得患者的支持和配合，深刻认识到护理服务的质量提高与和谐护患关系的建立离不开自身良好的职业道德修养，从而督促自己不断自我提升，严以律己，宽以待人。

综上所述，高校护理专业学生思政教育需要学校、家庭、社会等共同配合和作用，齐心协力，形成教育合力，实现其职业道德素养的提升。

参考文献：

[1] 杨海霞.关于加强高职院校护理专业学生职业道德教育的思考［J］.家庭医药，2019（3）：310–311.

[2] 周幺玲.分析高职院校护理专业加强学生职业道德教育［J］.轻纺工业与技术，2019，48（8）：141–142.

[3] 范丽红，王慧荣.高职护理专业学生职业道德教育的思考［J］.中外交流，2018（16）：78.

浅析"双减"背景下初中生课外阅读策略

李雨希[1]

摘　要：基于"双减"政策的推行，学生从繁重的课业任务中解脱出来，有了更多的课余时间，也从机械重复的被动学习转向主动学习，这给课外阅读的落实带来了契机。然而，如今鲜有关于"双减"背景下阅读策略的研究。对初中生进行分层引导、课内注重课文迁移、课外注意利用碎片化时间、设计学生感兴趣的阅读活动等策略都能提高学生的阅读效率，使课外阅读计划从空谈走向实现。

关键词：初中语文；课外阅读；双减政策

《义务教育语文课程标准（2022 年版）》要求学生多读书、读好书、读整本书。但对于现阶段的初中生来说，这一要求仍是不小的挑战。有四重问题亟待解决。一是能否多读？根据课标中优秀诗文优秀课内外读物的推荐，可以发现，有百余篇内容需要学生阅读，学生的课余时间却不足以支撑如此庞大的阅读量。二是能否读好？学生语文素养参差不齐，心智发育也处于不同阶段，对于同一本书，不同的学生会读出不同的效果；而同一个学生在不同阶段也需要读适合当下心境的书籍。三是能否读完？学生的课余时间过于碎片化，他们难以抽出时间进行连贯的阅读，时间一长或许出于倦怠就放弃阅读这本书了。四是能否读精？学生的阅读需要教师的引导，盲目阅读不仅不能达到预期的效果，还会增加学生的课余负担。如今随着"双减"政策的推行，教师践行"减负增效"的教学思想，通过削减学生的作业量，将课后时间还给学生进行自主学习。我认为"双减"不是一味地做减法，积极利用课外阅读填充学生的课余时间，不仅能引导学生自主学习、自主思考，还能培养学生对学习语文的兴趣。"双减"是推行学生进行课外阅读的时机，也是挑战，教师应该抓住机会，制定合适高效的策略，培养学生形成阅读习惯和阅读兴趣。

一、因材施教，分层制订阅读计划

对学生的教育讲究因材施教，要求根据学生的不同能力和志趣施行不同的教育。其实阅读也如此，根据学生发展的阶段性和不平衡性，每个学生在每个阶段都有适合阅读的书。让学生读到合适的书可以促进其阅读兴趣的发展，但是如果让学生阅读其难以理解或不感兴趣的书，可能会起到反作用，无法催生出其内在的驱动力。在《义务教育语文课程标准（2022 年版）》中，课内外读物的建议里囊括了多种书籍，包括童话、寓言、诗歌散文、长篇名著、科幻科普作品等十余类，如此之多，让人不知从何下手。除此之外，近年来对于"必读书目"这一词条也颇有争议，什么样的书才是必读的？为什么其他书就不必读？谁定义的"必读书目"？我认为首先要解决"让

1　李雨希，三峡大学文学与传媒学院学科教学（语文）硕士生。

学生读什么样的书"以及"什么时候读这些书"这两个问题。对于每个学生而言，能分别安排制订读书计划肯定再好不过，但是语文教师无暇顾及每个同学的课外阅读状况。

分层制订阅读计划更具科学性，也更加人性化，传统的"一刀切"式的教学模式已经不再适合如今的教学状况，教学方法也要随着教学现状的变化而变化。[1]在义务教育背景下，每个班都有基础好的学生和基础较薄弱的学生。如果以基础好的学生为基准制订读书计划，那么基础较薄弱的学生就会跟不上阅读进度，甚至可能出现厌读厌学的情况；如果以基础较薄弱的学生为基准制订阅读计划，基础好的学生就会被拖慢阅读进程，得不到更高效的发展。阅读对学生而言是比较有难度的环节，分层教学削弱了学生阅读的难度，提高了学生的积极性。因此，分层制订阅读计划是非常有必要的。教师应对班级学生进行合理的分组，提高学生的阅读参与度，在过程中根据出现的问题不断调整。

分层制定阅读清单，让学生根据自己的情况自由选择阅读，根据学生语言基础的强弱程度分为 A 层和 B 层，指导学生分层阅读。设计分层阅读清单要注意以下两点：一是从阅读分类来说，分层阅读并非只让学生阅读种类单一的书籍，如思辨能力强的学生不能只阅读说明性文本、科普科幻类作品，而是要将各种类型的文本综合起来设计，要兼顾说明性文本和叙事性文本，兼顾学生的个性与特长。二是在阅读内容的选择上，要分为选读和必读两部分。教材名著导读中要求阅读的书籍是必读书籍，每一层的学生都必须阅读；选读书籍可以参考新课标中课外阅读建议里给出的推荐书目，也可以选用后文中提到的课文迁移出的书目来设计阅读清单。此处以七年级上册为例，如表 1 所列。

表1　七年级上学期以及寒假期间阅读书目

	A 层	B 层
必读书籍	《西游记》	《西游记》
选读书籍	《朝花夕拾》 《海底两万里》 《钢铁是怎样炼成的》 《繁星》《春水》	《飞鸟集》 《伊索寓言》 《城南旧事》 《昆虫记》

其中，《西游记》是七年级上册名著导读的必读内容，《飞鸟集》《朝花夕拾》属于课堂迁移必读书目，《钢铁是怎样炼成的》等是义务教育推荐读物。将 A 层和 B 层分开制定读书任务，学生自主选择加入哪组，也可以选择另一组的书目替换阅读。制订五本书的阅读计划不代表只读五本书即可，五本只是一个最低限度，学生也可以选择自己感兴趣的书籍阅读。其实有些学生并非不爱阅读，只是不爱读相对严肃甚至有些晦涩难懂的内容。义务教育阶段的中小学生课外阅读时间"碎片化"现象严重，他们每天阅读的时间有限，可能只有半个小时到一个小时。这个时长对于课外阅读来说可能刚入佳境就要戛然而止了。断断续续的阅读可能会挫伤学生阅读的积极性，不连贯的阅读也难以发挥最大效用，但不能放弃这个"碎片化"时间，我认为可以适当地将学生的阅读任务也进行"碎片化"处理。在阅读书目的安排上可以每学期设置一本短篇文集、长短篇诗歌类型的文本，如《朝花夕拾》《繁星》。安排阅读任务时，周一至周四可以安排这些阅读时间短、方便中断阅读的内容，周末和假期则安排篇幅长、难中断的长篇书籍。

二、寓教于乐，鼓励阅读积累阅读分享

制定完阅读书目后，如何落实就成了重要任务。指导学生开始阅读要讲究"道而弗牵"，要

牵引学生而不是命令其阅读；指导学生学会阅读要讲究"开而弗达"，多鼓励学生自由解读，而不是指导学生以我们固定的思维去理解。每一个读者因其不同的思维和阅历都有不同的见解，会为不同的细节感动，所以我认为阅读的积累和分享是很重要的。在与他人的分享产生情绪情感上的共鸣时，那就是一次新的阅读，这其实是一件很浪漫又高效的事情。在"双减"背景下，语文教师也需要充分发挥学生的主观能动性，在课堂上营造出良好的氛围。教师设计一些阅读分享活动，寓教于乐，可以带动学生参与到阅读氛围中。比如，利用好每天课堂上的前5分钟，全班同学可以在这个时间里轮流分享自己近期的阅读感想。又如，讲讲自己最喜欢的一段内容、一首诗或一句话，分享自己与这段文字的共鸣。每周选出分享的内容中同学们最喜欢的一段，并奖励这位同学一本他/她喜欢的书，促进良性阅读。活动后期也可以让同学们分享自己阅读后有感而发的小创作，于期末整理一学期的分享创作内容，将其整理成册，供学生回味阅读。这不仅可以培养学生的人文气息和语文素养，也能充盈学生的精神世界，最重要的是使他们的阅读计划从"计划"变为"现实"，起到激励鞭策的作用。这类活动其实在很多课堂空隙中都能实施，如在《红楼梦》的名著导读中，教师可以引导学生阅读黛玉等人举办诗社的片段，然后在一周后举办飞花令活动，要求学生接龙记诵诗句，按主题背诵诗句，想必这一周的准备时间里，学生的诗词阅读量会激增。[2]

三、以点成线，注重课内阅读课外迁移

在"双减"环境下，学生的作业量和作业任务大幅削减，在课堂上，教师需要花费更多的时间确保学生是否掌握知识点。有些文章中提出了以下几种的阅读策略，如"向学校申请每月将一堂语文课换为阅读课""上课用半个小时引导学生阅读"。这些阅读策略的出发点是好的，然而在"双减"背景下，反复压缩课堂授课时间留出空余进行阅读，显然不如加大对课余时间的利用。[3]

例如：在教鲁迅的《藤野先生》时，可以将《故事新编》中的《奔月》一文作为引申阅读内容。课堂导读阶段可以用提问的手法引起学生的好奇心。"同学们都读过嫦娥奔月的神话故事吧？哪位同学知道这个故事的另一个版本呢？后羿射光了封豕长蛇、熊豹山鸡，山中没甚猎物，连累得嫦娥日日吃乌鸦炸酱面。后羿落得一个功绩被遗忘、弟子背叛、嫦娥吞药飞升的结局。其实这篇是其《故事新编》中的《奔月》一文，鲁迅先生为什么改写神话？为什么要设计这样的情节？故事中后羿、嫦娥、逢蒙都发生了什么故事？"这样新奇的情节足以引起学生的好奇心，让他们在课后找出这篇文章来阅读，比强制学生阅读的效果好得多。课后可以布置一篇阅读笔记，让学生读后填写表2。

表2　对比阅读自填表

题目	《奔月》	《藤野先生》
人物形象	逢蒙、嫦娥、后裔、老奶奶、侍女……	藤野先生、同学……
主题思想		
写作特色		
写作背景		

下一次课前可以花几分钟引导学生理解一下《奔月》这篇文章，回答上次课前提出的那几个问题。鲁迅之所以写这样一篇文章是因为三个原因。首先，深受他提携的一名叫高长虹的青年因为投稿问题与他分道扬镳，还写了许多批判鲁迅的文章，让鲁迅深感背叛；其次，因为结合当下时局，当一切尘埃落定后如后裔一样的先驱者该何去何从；最后，讽刺部分人的冷漠麻木，是非

善恶不分。这篇文章很适合作为《藤野先生》这篇文章的延伸阅读，不仅能引起学生对鲁迅作品的兴趣，也能促进他们更立体地理解鲁迅文章背后的精神和内涵，让他们对鲁迅的印象不仅仅停留在课文中。讲解完让学生对比一下自己的阅读笔记，看看是否理解到位了。让学生完成从《藤野先生》到《奔月》到《故事新编》的阅读迁移，以一个故事为点，连接教材成线，发散其他作品成面，课堂内外的互相迁移可以以网状覆盖住学生的阅读时间。不仅是鲁迅先生的作品，汪曾祺、蒲松龄的作品亦可供学生选择阅读，教师要做的就是"吊足学生胃口"，引其阅读就可。

语文是一门具有人文性与工具性的学科，阅读可以加强学生对语言文字的把握，可以培养学生的人文素养，可以丰富学生的经验与阅历，还能促进学生学习其他学科，从而产生知识的迁移。教师在培养学生阅读兴趣、促进学生阅读实践时，要注重策略的选择。如文中所述把握"双减"政策下的契机，综合推动学生逐步学会如何阅读，将课内外相结合，帮助学生更好地步入阅读的世界。

参考文献：

[1] 王春萍.发展思维 减负增效——初中语文"单元整合，群文阅读"策略的教学实践［J］.福建教育学院学报，2022，23（2）：57-59.

[2] 王丽荣.初中语文阅读教学中文本细读的有效应用策略分析［J］.华夏教师，2020（2）：33-34.

[3] 丁翔.培养核心素养 升华阅读教学——初中语文阅读教学策略研究［J］.语文教学通讯D刊（学术刊），2019（10）：57-59.

汉语阅读眼动模式阅读辅助研究

陈晶 [1]

摘　要：阅读的主要形式是默读，低水平默读过程中的不良习惯如停顿、回读，在自主练习过程中很难被克服，浏览、跳读的技能也很难得到训练。可采用视觉训练软件：提取较高水平阅读者的阅读眼动模式，以窗口方式叠加在文本上，对学习者的阅读眼动习惯进行辅助性控制，并训练其对关键信息提取的习惯和能力。这种软件设计需要首先对阅读文本进行分级，其次在这个级别文本的阅读者中，选择成绩好的阅读者，提取其眼动模式，作为学习者的辅助模式。

关键词：阅读辅助；眼动模式；阅读分级

一、阅读和阅读辅助及需求

语言教学中，阅读是极为重要的一部分，足量输入是输出的重要前提，没有阅读，进一步的口语和写作能力就是无本之木、无源之水。在语言教学的中高级阶段，高级词汇、语法的输入对阅读输入提出了更高的需求。让学生获得更高的阅读能力是语言教学的重要目标。

教师的任务之一，是在练习过程中尽量及时地为学生提供帮助，并对练习结果进行评价，提供反馈等支持。即时性过程支持是缓解学习过程中的焦虑，提高学习效果的重要方式。

但阅读的输入性质决定了其运作是一个黑箱过程。由于阅读有一定时长，教师不能即时发现学生学习过程中的问题，学习者在学习过程中会产生困惑，也不能获得即时性帮助，练习结果的评价反馈，也只能待练习全部做完，通过提问回答等方式于事后进行。

也就是说，与输出性的说话等练习相比，学生在练习过程中获得的帮助很少，得到的评价反馈的即时性也很弱，远远不能满足学生需求。

本项研究以为阅读练习提供过程即时性支持的辅助方式为目标。

本文的阅读，主要指默读形式。从阅读发展过程来看，朗读形式主要在初始阶段使用较多，阅读教学的终极指向是默读。默读从视觉出发，但仍具备语音形式，只是语音是内化的，阅读水平越高，语音内化程度越高。尤其在较为高级的阶段，接近默读形式的阅读辅助形式需求越大，即使在初级阶段，适当地进行默读训练并养成默读习惯，是很有必要的。

本文所说的阅读辅助，也正如前所述，希望能在学生默读练习过程中提供即时性的帮助和反馈支持，让学生用正确的视觉方式阅读，并辅以语音反馈，让学生即时评价、确认自己的行为正确与否，降低阅读焦虑。

1　陈晶，三峡大学文学与传媒学院副教授，硕士，研究方向为语言学及应用语言学。

二、目前已有的阅读辅助形式及不足

目前已有的阅读辅助，过程支持和结果反馈形式两种类型都存在。从过程支持的角度来说，辅助形式通常是语音性的，也有视觉性的；而结果反馈的辅助通常是事后发生的。

（一）阅读辅助的过程支持

1. 语音性的阅读辅助

其一是领读或者影子跟读。但领读效果不能引导出学生在学习后进行练习的积极状态，而是不用动脑筋的较为消极的状态，效果不尽如人意。

其二是听音频默读。这种方式可以要求学生不动嘴，眼睛尽量随着音频速度移动。其将默读状态的语音形式外化，能解决学生在快速默读中对不熟悉的内容语音调动不及时的问题，并且能控制学生停顿、回读等问题，是一种相对更合理的过程帮助。

但听读的缺陷也比较明显：音频的速度是朗读速度，其移动方式也是朗读方式。眼动实验研究表明，默读的眼动方式有很大的不同，最显著的一点就是默读的眼动方式是跳跃性的，并且朗读的眼动形式——小步幅前进，也是低水平默读的特征之一，用朗读的方式控制默读的眼动来训练默读技能，效果是不尽如人意的。

2. 视觉性的阅读辅助

视觉性的阅读辅助在电脑时代已经出现了，使用软件将电脑上的阅读文本中的部分词组或者句子、句群设置为高亮区分，这个高亮区域以一定速度移动，以控制阅读者的眼动，起到防止停顿和回读、控制阅读速度的作用，但使用不普及，而且很快从市场上消失了。

这种方式相对科学，缺陷也类似听读控制方式的问题，小步幅前进，并不是默读眼动方式。学龄前儿童的绘本阅读研究显示，即使阅读水平较低，儿童也会表现出选择阅读关注重点的能力。[1]这说明在低水平阶段，默读训练有其必要性，也是阅读训练的基础。

（二）阅读辅助的结果反馈

目前，阅读练习的结果反馈基本都是事后提问、答问，检测学生的阅读成效和问题所在。这种方式对于缓解过程焦虑没有意义，并且发现问题后，要解决问题，会经历同样的无支持的阅读过程，学生的焦虑仍然存在，下一次阅读的过程提高效果是有限的。

但听读方式可取的一点就是其辅助过程中的伴随语音，起到了对阅读的语音和语义进行即时反馈的作用。

三、眼动模式的阅读辅助形式概念

眼动模式的阅读辅助，基本形态是视觉形态的。眼动模式概念来自眼动实验。

（一）眼动研究和眼动模式概念

现代眼动研究是采用眼动仪捕捉实验对象的注视焦点的方式。实验对象注视呈现于电脑屏幕上的图像、界面或者文本，由头戴式仪器通过测量红外光相对于瞳孔的角膜反射位置的方式，对其眼动和凝视数据进行实时记录。这些数据经过软件处理，可以以叠加图像的方式直观呈现出来。

眼动模式是指对特定对象的注视时间、注视次数和扫描轨迹等指标综合起来的眼动特点。某个领域的高水平者，在注视过程中，注视范围更广，同时将注视点集中在关键区域，通过较少的注视次数获得更多的有效信息，眼动模式更简洁，能在复杂的视觉环境内更迅速地把握最有效的核心信息。

（二）基于眼动模式的阅读辅助形式

鉴于高水平注视者的高效率特征，本研究从视觉角度出发，设计阅读辅助，采用眼动模式的方式进行。

与学习者水平较为匹配的高水平阅读者的眼动模式，可以作为示范或者辅助工具。示范者的眼动模式可使用眼动仪录制，并经过后期加工，采用可视形式叠加到文本内容上，设计为这个阅读内容的阅读辅助软件。

这个阅读软件可呈示一定的阅读材料，并采用示范者的注视轨迹，对阅读关键内容和视线移动速度进行控制，引导学习者用更多注意资源对关键信息进行注意，并放心地跳过非重要信息，达到对阅读过程进行控制的目的，也对其把握有效信息的能力进行训练。

这种软件还可以叠加音频，对阅读内容进行一定程度的意义反馈，进一步降低阅读焦虑。

考虑到设计成本、增加软件普适性的问题，软件还可以增加控制区域移动速度的调适功能，采用诸如 0.7～1.5 倍速的配速控制功能。

四、眼动模式阅读辅助的问题

要制作出可供实用的眼动模式阅读辅助软件工具，其先决条件是精细的阅读文本分级以及在此基础上的读者水平能力分级。

基于克拉申的 $i+1$ 理论，默读训练应该采用略高于学习者水平的阅读内容和阅读方式，即采用略高于其阅读能力的阅读材料以及同属于这个能力阶段，但是默读能力（在阅读内容标准一致的情况下，主要是阅读速度指标）高于学习者的阅读者的眼动模式，作为阅读辅助软件的示范模式。

（一）可供参考的分级体系

有关阅读文本和读者能力分级，可以参考美国蓝思分级。

蓝思分级阅读测评体系（Lexile Framework for Reading）是美国 Metametircs 教育公司受美国国家卫生研究院（National Institute of Health）委托资助，组织了一批心理测量与专业英语教学队伍，历时 15 年研发出来的，对阅读文本难度进行分级，并在此基础上对读者阅读能力进行分级测评的系统。该系统设置了一系列检测因素，可以根据测评结果为读者推荐与其能力匹配的读物，或者测试读者指定读物的难度值，为读者选择的读物提供阅读参考。

目前，在美国，蓝思阅读测评体系是使用最广泛的阅读测评方式之一。使用机构遍布 50 个州，大约覆盖了美国学生人数的 50%。全球 450 家以上出版社、数千种期刊及 12 万本书采用了蓝思难度分级。

蓝思分级的基本理念就是，改变了阅读教学传统的以读者年龄或年级进行匹配的方式，而是将阅读训练的读物跟读者的阅读水平匹配。

蓝思分级系统的数据从 1 达到 2 000，分级的精细化程度对于眼动模式阅读辅助制作来说，实用性更强。

（二）汉语参考体系的不足

目前，国内外还没有使用较广的汉语文本分级和能力分级测试系统。21 世纪关于阅读文本难度影响因素的研究已经展开 [2]，尤其对难度评估公式或者说自动评估系统应该包含的要素进行了广泛探讨 [3]，但这些因素的效度实证研究还在进行之中 [4]。这部分研究完成之后，测试软件才能建立起来，在此基础上，还需要进行系统和平台搭建，方能实现文本分级测试和读者能力规模化测试，且规模越大，系统的适应性越好。

能普遍适用的眼动模式辅助系统，应该建立在普遍适用的文本分级和能力分级基础上。

首先，选用的文本需要根据情况设定难度值；其次，需要知道学习者的阅读能力值，虽然学生因为人数多，不一定都在文本难度覆盖的正常区间内，但教师需要根据学习者阅读能力值，设定集体练习的倍速区间，甚至需要在选定文本基础上，再设置简化版本和高级版本，以满足绝大多数学生的学习需求；最后，选定合适的学习者范本，也需要在文本预读基础上测定若干学生的学习成果，以决定眼动模式的范本来源。

五、现有条件下可行技术的设想

由于尚不具备可用的分级测试系统，目前可以做的是，设计出将提取到的眼动模式转换成叠加到文本上的软件，采用附带硬件，让教师可以以一定文本为基础，快速制作出班级水平较高的学生的眼动模板或者教师自己的眼动模板，在课内外进行一定文本的快速默读训练。

阅读辅助软件要能推广使用，可能需要使用平台。这个平台具有一定开放性：教师可以根据训练需求上传训练用的文本和录制的眼动模式，通过平台制作出有关内容的阅读辅助内容。

考虑到同一个班级的学生水平不同，上传文本也许需要简化版、普通版、高级版三个不同版本，分别预测出配套眼动模式，加上配速系统，基本可以满足同一个班级的训练需求。

学生在这个平台完成阅读训练任务。

六、有关朗读的说明

最后需要说明的是，朗读对于唤起语义有积极作用。有研究表明，语音意识对默读流畅性有影响：语音意识较弱的二年级学生在三年级阶段，相对阅读速度较慢。[5] 因此，在阅读训练的初级阶段或者某个既定文本阅读训练的最终阶段，采用朗读方式是有必要的。

参考文献：

[1]李林慧，周兢，刘宝根，等.3～6岁儿童图画书自主阅读的眼动控制研究［J］.中国特殊教育，2017（10）：90-98.

[2]张宁志.汉语教材语料难度的定量分析［J］.世界汉语教学，2000（3）：83-88.

[3]宋曜廷，陈茹玲，李宜宪，等.中文文本可读性探讨：指标选取、模型建立与效度检验［J］.中华心理学刊，2013（1）：75-106.

[4]吴思远，于东，江新.汉语文本可读性特征体系构建和效度验证［J］.世界汉语教学，2020（1）：81-97.

[5] Ashby, Dix H, Bontrager M, et al. Phonemic awareness contributes to text reading fluency: Evidence from eye movements ［J］. *School Psychology Review*, 2013（2），157-170.

第二部分

来华留学生学习现状的多个案调查与研究
——以教学模式为例[1]

周同燕[2]　靳玉霞

摘　要：随着来华留学生数量的逐年增加，来华留学生汉语教学模式的重要性日益凸显。笔者从教学模式五要素的角度考察 70 余年来的研究成果发现：受建构主义影响，来华留学生汉语教学模式历经以语言为中心、培养汉语听说读写技能为目标，以学习者中心、培养汉语交际能力为目标，以学习过程中心、跨文化交际能力为目标三个阶段，目前正朝着满足学习者多元化需求的目标迈进；通用型教学实施和分课型教学实施同步发展；师生双方、教学内容、教学手段是教学模式实现的条件保障；从 21 世纪教育发展的"六化"趋势和教学评价的"六化"标准来看，目前常用形成性评价和结果性评价相结合的评价方式对教学活动进行价值判断，尚未充分发挥教学评价在价值挖掘和价值提升方面的功能。这对改进后续的教学模式研究有重要借鉴意义。

关键词：教学模式；留学生；对外汉语；国际中文教育；构成要素

"来华留学生将成为我国高等教育国际化的重要标志"[1]，在深入推进、世界一流学科重大战略决策、加快建设教育强国的新时代，国际中文教育学界尤其要加强对来华留学生教育教学的探讨。其中，"（来华留学生）教学模式研究是重中之重"[2]，必须高度重视、系统研究。在此背景下，"来华留学生汉语教学模式的现有研究有何成败得失"成为亟待解决的重要课题。它不仅可以明确已有研究的成就与不足，还可以为今后来华留学生教学模式的理论研究和教学实践提供重要参照。

本文正是对这一现实需求的积极回应，将立足 20 世纪中期以来学界公开发表的以"来华留学生汉语教学模式"为主题的近 500 篇（部）代表性文献，以学界公认的教学模式五大构成要素为主线，对此前的研究成果进行系统梳理，进而在反观教学模式五要素之间相互关联、有机统一关系的基础上，深入盘点现有研究的价值以及未来研究要努力的方向。

一、理论基础：从结构主义到建构主义

面向来华留学生的汉语教学模式借鉴了认知结构学习理论、学生自主学习理论等多种理论。限于篇幅，此处仅简要介绍使用最普遍、广泛的建构主义相关理论。

自 20 世纪 90 年代以来，认知学习理论中的重要分支——建构主义理论（Constructivism）逐渐成为国外教育领域中的一种流行理论，并被广泛地运用于各学科的教学实践中。它目前已经发展为一个比较完善的理论系统，包括建构主义学习观、建构主义教学观、建构主义师生观等子系统。

1　湖北省哲学社会科学后期资助项目"来华留学生学习现状的多个案调查与研究"（2021244）的阶段性成果。

2　周同燕，三峡大学文学与传媒学院讲师，博士，研究方向为国际中文教育。

（一）学习者由被动接受到主动建构的学习观

建构主义学习是一个主动的建构过程，学习者不是被动地接受外在信息和知识，而是在一定情景即社会文化背景下，借助其他人（教师、学习伙伴）的帮助，利用必要的学习资料，通过意义建构的方式获得知识，从而变成了知识的构建和信息加工者[3]。

在建构主义学习论的指导下，对外汉语教学界提出了海外企业人员短期汉语教学模式[4]、建构语言学理论和建构教学论的对外汉语教学模式[5]，以及与此适配的脚手架教学法（Scaffolding Instruction）、锚定教学法（Anchored Instruction）、随机进入教学法（Random Access Instruction）等。

（二）教师由填鸭式灌输到组织启发的教学观

建构主义教学不再是传统的填鸭式教学，而是以学习者已有的学习和认知经验为基础来促成新知识内容的增加；教学也不再是传递知识，而是处理和转移知识。教学过程中，学习者为主体，教师则为主导，"教师应当充分发挥导向作用，努力调动学生的积极性，发挥教学组织者的作用"[6]。

以建构主义教学论为理论基础创设的教学模式在对外汉语教学中得到了广泛运用，如情景教学法、合作学习。

（三）从教师为中心到学生中心的师生关系观

传统教学模式中，教师是整个教学活动的权威和中心。而建构主义理论认为，学习就是学习者依靠自身已有的知识和经验来建构学习活动。因此，学生就是整个学习活动的中心，而且还是认知的主体，是构建知识的主角，而教师不再是知识的传递者，而是学生学习的辅助者、教学资源（如教材）的提供者、教学环境的设计者以及教学气氛的维持者。

对外汉语教学界积极将建构主义师生观用于教学实践，并总结出了一些行之有效的教学模式，既有集主体性、多元性、动态性和开放性四大特性于一身的个别化教学模式[7]，也有针对传统"分技能教学模式"的不足探索构建的新型教学模式——"听说＋读写"教学模式[8]，还有以任务为中心的体验式汉语课堂教学模式[9]、留学生预科汉语模块化教学模式[10]等。

二、教学目标：从语言为中心到学习过程为中心

国内对外汉语教学界至今没有将"教学目标分类学"这一术语用于教学实践并提出自己的目标体系[11]，但陆续有学者进行了理论研究和实践探索。从笔者搜集到的资料来看，程棠（1999）进行了总结和研究。他将 50 年里我国对对外汉语教学目的的认识的历史发展过程分为两个阶段：第一个阶段从 20 世纪 50 年代初到 70 年代后期，这一时期对外汉语教学目的主要是培养学生听、说、读、写的语言技能；第二个阶段从 20 世纪 70 年代末到世纪之交，提出并确立将培养学生的汉语交际能力作为对外汉语教学的目的。

结合学界内外的历史背景：1981 年，刘珣先生在《实用汉语课本》的前言中明确提出了"教材的主要目的是培养学生在实际生活中运用汉语进行交际的能力"[12]；库玛（1992）认为，现代外语教学法经历了以语言为中心、以学习者为中心、以学习过程为中心三个发展阶段；来华留学生的汉语教学也是如此。

基于上述考虑，笔者将来华留学生汉语教学目标的演变历程大致分为三个阶段：第一阶段为以语言为中心的汉语听说读写技能目标阶段，第二阶段为以学习者为中心的汉语交际能力目标阶段，第三阶段为以学习过程为中心的跨文化交际能力目标阶段。

（一）第一阶段（20 世纪 80 年代以前）

自 20 世纪 50 年代对外汉语教学起步至 20 世纪 80 年代中期成为一门独立学科期间，进修生是来华留学生的主体。他们在来华第一年"接受汉语预科教育，为后续进入中国各大学学习专业做准备"[13]，其主要教学目标是培养汉语听说读写技能、为后续的专业学习打下语言基础。李泉指出，20 世纪 80 至 90 年代，来华国际生的主体是进修生汉语教学，也是对外汉语教学的代表性类型，以全面提高汉语听说读写能力为主要教学目标[14]。

围绕汉语听说读写技能这一目标，这一阶段（"前 30 年"）的教学绝大部分时间采用的都是综合模式，亦即"复习—讲练—练习"的上课模式。此外，还有以小四门著称的补充课程：小四门具体所指因学制、阶段而变动不居，大致设有课外阅读课、大量阅读课、写作课、听力课、专题报告课等。

因这一阶段的综合模式和"综合 + 小四门"模式并没有完全达成"四会"和"全面要求"的教学目标，也没有做到"突出听读"和"听说领先"，以至于收到了"危机"状态下的差评：接收预备教育毕业生的兄弟院校反馈，学生的汉语水平不过关，上课相当困难；学生也以"罢课"相威胁，强烈要求学校提高汉语教学质量。这直接催发了 20 世纪 80 年代初期的汉语教学改革，由以知识讲授为主改为以语言能力训练为主，由全面要求改为突出听读，由综合模式改为综合 + 分技能模式，由第一阶段进入第二阶段。

（二）第二阶段（20 世纪 80 年代至 20 世纪末）

80 年代以后，学界在深刻反思对外汉语教学经验与教训后，对教学目标的认识发生了根本性的转变。例如，吕必松从对外汉语教学总体设计的角度指出对外汉语教学教的是汉语，目的是培养学生的汉语能力和用汉语进行交际的能力；程棠在《对外汉语教学——目的、原则、方法》中肯定了吕必松教授的观点；范开泰、姜丽萍、陈绂也表达了一致看法。以"培养学生的交际能力"作为教学目标基本成为人们的共识。

随着教学目标的转变，此阶段的教学模式具有明显的承上启下特征。

一方面，仍以语言为中心，将此前全面培养汉语技能的过高目标加以适度调整，出现了大量从语言本身出发、以汉语事实为立足点的各语言要素课教学模式，包括：

第一种，语法课教学模式，有以语法为纲的语块—构式模式、结构—功能—典型语境的三一语法教学模式、定式教学模式，以句型为纲的《基础汉语课本》式教学模式，以功能为纲的《汉语会话 301 句》式教学模式、结构—功能—文化三结合的《新实用汉语课本》式教学模式、展示—复习—练习—归纳的语法课堂教学模式、词汇—语法教学模式等。

第二种，词汇课教学模式，如词汇集中强化教学模式。

第三种，汉字课教学模式，曾经出现过先语后文 / 语文分开、语文并进 / 同步、语文分开集中识字、"认写分流 多认少写"、精读课框架内相对独立的汉字教学模式等。

另一方面，受当时广泛使用的交际法、任务法的共同影响，十分注重强调任务和用法：前者如以交际任务为基础的汉语短期教学新模式、基于任务的过程式口语教学新模式、基于任务教学法的过程写作教学模式；后者如用法主导的教学模式，初、中级听力课的理解后听模式。

这一阶段的教学模式来自实践、用于实践，因而具有较好的教学效果，能够很好地协调语言形式与交际功能的关系，能有效提高学习者的汉语交际能力，从而为下一阶段继续探索培养留学生跨文化交际能力为目标的教学模式打下了坚实基础。

（三）第三阶段（21 世纪以来）

21 世纪初，在汉语交际能力目标的基础上，顾英华提出了以跨文化交际为目的的汉语教学模式；郭风岚进一步指出对外汉语教学的总体目标应定位为培养将汉语作为第二语言的学习者的跨文化交际能力；崔永华也同样提出，将汉语作为第二语言教学，以培养汉语跨文化交际能力为目标，是当今人类社会发展对语言人才的需求，是二语教学法发展的必然。

值得注意的是，跨文化交际能力此时的关注点发生了根本性的改变：对学生的能力要求不再限于听、说、读、写等汉语技能，而是进一步深化为汉语综合能力。语感培养模式、"学伴用随"教学模式是其典型代表。其中，语感培养模式将语感作为语言能力的核心，强调超越语言理论知识和交际理论知识的自觉言语实践，以通过目的语交际活动习得语用规则，获得言语交际语感，达至自动化的言语熟巧。"学伴用随"教学模式则以四个影响语言学习的关键变量为核心理念：交际意图、互动协同、语境相伴、理解与产出相结合。此后，它还用于构建对外汉字教学、中级汉语口语教学、汉语二语写作"互动协同"促学、汉语二语量词教学、汉语词汇学习等。

三、教学实施：从通用课程到语言技能、要素类专业课程

围绕"汉语课堂教学有哪些主要环节"及"具体实施步骤如何"两个问题，学界在长期理论研讨和教学实验的基础上，总结出了一系列成果，大致可通过通用课程、语言技能类课程、语言要素类课程等三大类课程来管窥其教学实施。

（一）通用课程的教学实施

为了追求通用课程教学的适用性，这类教学模式的教学实施具有诸多共同特色，主要表现在设计理念、目标导向等方面。

先看以设计理念为特色的教学实施。

对外汉语教学模式的设计理念不拘一格，主要有①Seminar 理念，它在对外汉语教学中被归为"双讲—讨论"流程，具体包括教师讲授与讨论、布置任务、学生课外研习和教师课外指导、学生讲授与讨论四个主要步骤；②"任务—活动"型理念，它是对任务型教学和活动教学主要优势的综合运用，具体教学实施过程分为知识讲解—技能训练—情境体验—任务完成四大步；③翻转课堂理念，它在对外汉语教学界的教学实施过程包括创建教学视频、学生观看视频并在视频指导下学习、组织课堂活动。

再看以目标导向为特色的教学实施。

在不同教学目标的指引下，各教学模式有不同的教学实施与之相匹配。20 世纪 90 年代至 21 世纪初，对外汉语教学的总目标是培养学习者的汉语交际能力和跨文化交际能力。以此为基础，姜丽萍构建了一个分四步完成的教学实施程序：帮助学生建立合理的汉语知识体系，保证言语输出的准确性，达成一级目标；帮助学生尽快转变知识类型，保证言语输出的流利性，达成二级目标；教学过程情境化，保证言语输出的得体性，达成三级目标；课后作业任务化，保证言语输出的创造性，达成四级目标。她主张，语言教学中的交际能力是相对的、动态的、具体的概念，主要针对外语学习者或第二语言汉语学习者。教学中要一步一步逐级完成，直至达到最高目标[15]。

以"深接触"为目标，北京语言大学汉语速成学院暑期 AP 项目设置了课堂学习、专题讲座、社区活动、文化体验、实地考察、小组研究、专题报告等七个模块，按专题组块。它奉行"以学生为中心"，教师要通过搭支架提供帮助，协助学生进行合作学习和自主学习，从而圆满实现教学目标的操作程序设计范例。

依托自身丰富的网络多媒体教学资源，中央民族大学国际教育学院探索出了"长城汉语"教学模式，其教学实施分为讲练和复练两个板块：讲练课有复习提问—展示生词—讲练生词、语法点—自我检验等环节，复练课借助多媒体界面完成，有互动听说（整体理解—跟读模仿—录音比较）和技能演练（交际练习—词汇练习—语法练习—汉字练习—语音练习）两个主要步骤。

（二）语言技能类课程的教学实施

常规汉语听力、口语、视听说课的教学实施有两大共同点：

第一，大致遵循任务前—任务中—任务后，亦即教师课前准备—课堂教授—课后辅导、学生课前预习—课堂听课学习—课后反复预习的逻辑顺序。它不仅在对外汉语教学界，还在中国外语教学界，尤其是任务型教学法、产出导向法中应用广泛。

第二，采用先输入、后输出的步骤，根据情况将输入或输出作为重点。

汉语阅读、写作、综合课的操作程序则不拘一格：或自读—解惑—讨论，或录播—直播—分组互学，或写—评—写。可见，阅读、写作、综合课还没有形成比较趋同的操作程序，鉴于汉字教学、阅读方法、写作体裁的复杂性，我们还应加大研究力度，以促进阅读、写作、综合课教学效率和质量的提升。

有学者指出，目前业界采用最广的"综合 + 小四门"模式教学效率不高，相比之下，"听说一体""读写一体"教学模式有较大优势。

近年全球疫情防控形势下，汉语技能教学迅速、普遍采用线上教学以及"线上 + 线下"的教学模式。

（三）语言要素类课程的教学实施

语音教学的模式比较单纯，基本沿用赵元任在哈佛大学使用的操作程序：集中对声母、韵母、声调进行讲解和操练，随后再逐步深入，分散教轻声、儿化、变调等。词汇、语法、汉字课的操作程序则相对多样化：语法课大致遵循"展示—点拨讲解—练习—检测"的操作程序；通过词汇集中强化教学、词汇—汉字、词汇—阅读教学的二元互动突破词汇量的瓶颈；汉字教学可根据不同阶段选择以声为纲、以形为纲、以义为纲设置操作程序，或在"学伴用随"教学理念下围绕语境设置操作程序。文化课的教学实施程序最不具体，在世界文化多元化发展和世界需要了解中国、中华文化走出去的 21 世纪，这也是我们亟待加强研究的薄弱环节。

此外，学界还探讨了其他课型的教学模式，如当代中国话题课、汉语体验课。作为与传统、经典课型不同的课程，它们的操作程序也独具特色。

四、实现条件：从教师、学生到内容、手段

虽然不同层级、不同课型的课程所对应的教学模式不同，其实现条件也各不相同，但作为"促使教学模式发挥效力的各种条件"，学界研究涉及的类别大致在教师、学生、教学内容、手段等范围内。

（一）教师和学生

教学模式发挥效力是教师和学生双方密切配合、相互促进方能达至的最佳结果。这需要教师和学生双方共同努力。

对汉语教师而言，善于高效教学、合理引导学生是基本要求。当今时代，"善教"的教师必须具备国际化、现代化、智慧化的特质，创造条件引导、帮助学生高效学习。在信息、网络技术高度发达的 21 世纪，对外汉语教师首先要从根本上转变教育理念、教学思维，不能把自己局限

于传统的课堂教学模式中，而应该具有汉语国际化的志向。在此基础上，要尽早行动、大胆探索，从实践出发，与时代结合，积极探索更高效率的教学模式，一方面要尽量避免语法知识满堂灌以及枯燥乏味的教学风格，多引入立体化、现代化的教学手段，借助慕课、网络媒介和直播平台等手段的辅助，让汉语课堂生动有趣。同时，要发挥聪明才智，点亮汉语课堂，激活学生兴趣，既让汉语课堂所学实用，又将课堂内外衔接起来，通过课堂内外的互动保持学生对汉语言文化的持久兴趣。

对学生而言，首先应该确认自身对汉语言文化是否真正有兴趣。笔者曾在汉语教学实践中多次遇到这样的实例：虽然客观条件不利，但因学生个人对汉语言文化兴趣浓厚，其学习效果极好；反之，虽然客观条件优越，但因学生个人对汉语言文化缺乏兴趣，最终学无所成甚至中途退学。在此基础上，学生可努力寻求学校、教师的支持与协助，积极参加学校活动，自觉配合教师要求的学习进度，三方合作、共同形成汉语学习的合力，以早日达至汉语学习的最佳目标。

（二）教学内容

目前来看，大部分模式的教学内容都是从语法出发，而不是从学习者的兴趣出发。已有研究发现，学习者兴趣主题与教学内容有高度相关性，且对学习成效有重要影响：与教学内容相关的兴趣主题对学习成效具有显著的正面效应，而娱乐灌水类兴趣主题对学习成效具有显著的负面效应。这启示我们：在选定教学内容时，应从思想观念上抛弃"以语言为中心"，甚至"以语法为中心"的传统观念，真正做到"以学生为中心"，从而在教学设计过程中不仅考虑某项教学内容是否符合教学大纲要求，是否构成了一个完整的语法知识系统，是否与教师擅长的教学模式匹配等，还应考虑它是否适合学习者的需要，是不是学习者喜闻乐见的内容，即应特别关注教学内容的实用性和趣味性。

一方面，学生学习汉语的目的主要是掌握一种交际工具，所以教学内容的实用性是对外汉语教学价值的集中体现，也是有效教学的前提条件。另一方面，趣味性也是对外汉语教学界长期关注的话题。学界主要从教材编写、趣味性原则、课堂活动几个方面展开了讨论。目前已经取得的结论主要有：语言教材的趣味性分为产品趣味性和过程趣味性，亦即教材本身包含的趣味性和教材使用过程中的趣味性；趣味性原则是语料编写的辅助性原则；对教材的评估不能仅仅停留在针对性、实用性、科学性和趣味性上。同时要认识到，趣味性原则是与实用性、交际性、针对性等其他原则相伴相随的形式而存在的，须兼顾趣味性、语文性、口语性、生活性等，方可收到最佳效果。

教学内容的确定是一个系统工程，需要综合考虑多方面的因素，恰当取舍，以尽量做到实用性、趣味性、有效性的完美统一。

（三）教学手段

"教学手段"是一个外延广泛的概念，既包括教学方法、策略等实施路径，也包括教学时间和空间等硬环境，还包括管理机制、后勤服务等软环境。教学方法和策略解决"怎样教"的问题，要求教师从汉语和汉字的特点出发，要结合汉语和外国人学汉语的特点，不能生搬硬套现成的以印欧系语言为对象而设计出来的语言教学法，应充分考虑汉语语体、语篇的特点。

教学硬环境已经得到了持续改善、不断优化，能够在保障顺利开展显性课程教学活动的基础上，进一步助力隐性课程的开发以及显性课程和隐性课程的协调发展。这是20世纪中叶对外汉语教学起步以来取得的巨大成就。软环境方面，要想充分发挥高校对外汉语教学和管理人员的积极性，使人尽其责、人尽其能，就得改革教学模式创新与对外汉语教师职业发展等方面的各种矛盾和纠葛。简言之，要想创建优秀的对外汉语教学模式，首先需要改变的是管理机制。

需要指出的是，现有研究成果比较关注教学模式中的理论依据、教学目标和操作程序，已有研究多从理论基础和教学设计等方面讨论教学模式的优劣，而对实现条件、支撑系统等教学模式赖以存在的语言项目运行条件的讨论较少。主要表现在：专门研究教学模式实现条件的成果凤毛麟角，仅见郑艳群[16]、谷陵[17]。从笔者查阅的 500 余篇以对外汉语教学模式为主题的论著来看，将实现条件纳入教学模式的要素体系来验证的屈指可数。而实现条件是第二语言教学界，乃至于教育学界公认的教学模式的五大要素之一。严格意义上讲，要素不齐全的教学模式是不能用于教学实践中进行检验的。

五、教学评价：标准、方式与功能

从教学模式的构成要素来看，教学评价是五个组成成分之一，而且是必不可少的重要组成部分。评价标准、方式、功能构成了教学评价的主要内容。

（一）教学评价的标准

教学质量评价既要切合 21 世纪教育发展的现代化、集群化、区域化、本土化、媒体化、碎片化等时代趋势，又应遵循评价标准差异化、主体多元化、方式多样化、内容全面化、过程动态化、结果有益化等"六化"原则。理论上讲，唯有同时兼顾上述若干原则，才能构建科学实用的教学评价体系，并使之在教学中发挥应有的功能。

对外汉语教学界对教学评价这一因素的关注、研究不多。21 世纪初，有学者明确提出："一个完整的教学模式应该包含评价（方法和标准）在内的五个基本要素。"发展至今，现有的实证研究仅有：预科生汉语口语考试应遵循真实性、针对性、互动性、信息化和标准化的研究原则，采用网络面试的考试方式，提供个性化的诊断评价；切实可行的评价机制能为课堂教学的有效开展保驾护航，学习者比较认可形成性评价和终结性评价相结合的评价标准，并倾向于增加形成性评价的权重。

现有研究离教育发展的"六化"趋势和教学评价的"六化"原则有较大距离，应高度重视、加强研究，努力构建和完善适应来华留学生教学的评价体系。

（二）教学评价的方式

教学评价有不同的类别：根据评价的时间，分为即时评价、延时评价；根据评价的内容，分为形成性评价、结果性评价；根据评价主体与客体的相互关系，分为自评、互评；等等。对外汉语教学中，常见的是形成性评价和结果性评价。

形成性评价和结果性评价主要指学习过程评价和学习结果评价。学习过程评价和学习结果评价的比例则因不同课程、教师而异，常见将二者设为 6：4 的案例，如张红、管延增。其中，学习过程评价包括平时成绩＋学期论文，或出勤情况、课堂表现、参加活动的表现等；学习结果评价的内容有平时表现＋课程测验，或期末闭卷考试，或预习听写＋作业＋分组报告等。

对其他评价方式，对外汉语教学界研究有所涉及的是即时评价，它包括小组讨论、教师反馈和文本输入等方式。常出现于课堂教学过程中，主要是教师对学生的回答给予的口头评价。就连与之相对的延时评价，也尚未有相关研究成果问世。

（三）教学评价的功能

教学评价是学校对教学活动的价值进行判断、挖掘和提升的过程：以评判断定实际课堂教学是否达到教学计划中的教学目标、达到何种程度为基础，进而确定教学尚需改进之处，以挖掘其提升后有可能实现的价值，最终达至通过教学评价促使教学价值增值、提升的目的。

在对外汉语教学界，教学评价同样在判断、挖掘、提升汉语教学模式的价值方面发挥了重要作用。对曾经备受关注和热议的明德、普北模式，教学评价迅速发挥了价值判断功能，娄开阳、亓华、朱永平等学者密切关注，及时总结它的成功经验，以反思国内留学生汉语教学模式的不足。而复旦模式、南开模式则体现了教学评价的价值挖掘功能。复旦大学国际文化交流学院于 20 世纪 80 年代开始实践、探索，历经数十年总结出"细化级次、逐层递进、纵横配套"的对外汉语教学模式，并提炼出"四新"特点，在浓缩精要成分的同时，极大地提升了该教学模式的推广价值。以"教师系统性教，学生全方位学"为主要特色的南开模式，是组织管理、教学安排、教材整合、测试评估等方面共同作用产生巨大整体价值的典范。北京语言大学（简称北语）在发展不同教学类型的过程中，逐步开发出了汉语强化教学、汉语速成教学和汉语短期教学、汉语短期强化教学、现代汉语强化教学和特殊目的速成教学等教学模式，使北语模式成为由多个分模式构成的模式体系。

目前来看，最为常见的是教学评价对教学的价值判断功能，尚未充分发挥其在价值挖掘和价值提升方面的功能。

六、结语

笔者尝试聚焦 20 世纪 50 年代以来学界以对外汉语教学模式为主题的文献资料，在全面泛读的基础上系统梳理其中的主要成果，以学界普遍认可的理论基础、教学目标、教学实施、实现条件、教学评价等教学模式五要素为经，以来华留学生汉语教学实验、理论探索的成果为纬，在系统审视已有成果的基础上，总结出了现有研究的五大成就与不足：一是引进借鉴国外理论有余，应用汉语特色理论不足；二是教学目标与时俱进有余，提炼目标体系不足；三是课堂教学实施具体多样，广泛推广普遍运用不足；四是教师和硬环境支持有余，行政和软环境配合不足；五是教师教学效果单一化评价有余，教学各方的多元化评价不足。

客观地说，本文采用的从教学模式五大要素着手的行文方式在客观上具有"见微不知著"的弊端：既无法彰显教学模式各要素之间的有机关联，也未能站在教学论、课程论、大教育论等理论高度，或脑科学、元宇宙、人工智能等研究前沿，高屋建瓴地为未来的教学模式研究指引方向。这正是笔者将在后续研究中努力改进的。

若跳出教学模式五要素、从促进对外汉语教学研究和学科建设的角度来审视，就会发现，当前有关对外汉语教学模式的研究存在如下两大突出问题：

一是教学模式研究的前提条件，亦即"教学模式"相关概念的运用问题。在教育学、教学论等领域，"教学模式""教学方法""教学技巧"等是内涵和外延均有巨大差别的概念。

但对外汉语教学模式的研究成果显示，很多研究者并未对这些术语做明确、严格的区分。

综观国内 21 世纪以来的成果，与对外汉语教学有关的很多研究并非属于严格意义上"教学模式"的范畴。其中，一些在内容上属于对外汉语总体设计理念、课程设置方针、课堂教学技巧等不同层面的研究，却在未对"教学模式"这一术语做严格考究的情况下以"教学模式研究"来概括，造成了"教学模式"概念使用混乱、成果鱼龙混杂的局面。这不仅抹杀了广义语言教学方法论系统的层级性，还无意中拉开了理论研究与教学实践的距离，进而严重妨碍了相关理论成果在教学实践中发挥应有的指导作用。

20 世纪的情况与此迥然不同：那时学界诸多以"教学法"命名的研究成果，今天看来仍是我们学习的经典，如吴勇毅、徐子亮（1987），张朋朋（1992），任远（1994），杨惠元（1996），杨晓黎（1998），赵金铭（2007）。同时，我们也注意到，学界有大量以"构想（郭锦浮，1990）""设想（侯敏，1996）""思路（张朋朋，1999）""路子（吕必松，1989）""原则（周小兵，1999）""方法（周思源，1997）""框架（姜丽萍，2007）""策略""技巧"等标记的优秀成果，若套用当今的流行做法，似乎都应一律以"教学模式"来命名。语言学界的研究更是如此，从传统的语法翻译法到直接法、交际法等，这些兼具学理性和实用性的学术经典，也不约而同地以"教学法"命名。由此看来，标题使用"教学模式"抑或"教学法"，并非判定研究成果高下的重要标准。

两个不同阶段的对比十分鲜明，笔者在尽可能穷尽性地查阅、研读 20 世纪 50 年代以来对外汉语教学模式研究的 500 余篇文献之后深刻意识到：随着时代的发展进步和国内外教育、教学形势的急剧变化，对外汉语教学模式研究必须与时俱进、及时调整、扩大研究范围，这是大势所趋，本无可厚非，但若无底线地将它扩展到无所不包的程度，则既不利于理论层面科学研究的深入开展，也无法对教学实践层面的汉语教学起到真正的指导作用；相反，与时俱进的对外汉语专业发展最需要的，正是严格区分适用对象、课程专业、层次等级的教学技巧、教学法、教学模式等不同层面的研究，而非"教学模式"一锅煮的大杂烩式的研究。

此外，从学术研究日益精微的发展趋势来看，与其笼统地将不同层级的研究以貌似"顶天"的"模式"标记，不如分层级进行研究和区分，例如，以宏观"总体设计理念（模式）"、中观"课程设置方针（模式）"、微观"课堂教学技巧（模式）"等比较明确、具体的类属命名，以彰显教学模式的系统性、层级性，也可以避免教学一线的同行望"模式"生畏，使之真正"立地"，顺利应用于教学实践。

在严格区分"教学模式"含义的基础上，后续的教学模式研究还应对教学模式的基本要素引起足够的重视。马箭飞（2004）明确指出，一个完整的教学模式应该包括以下几个方面的要素：理论基础、教学目标、操作程序、实现条件、评价方法。但实际上，当前发表的以"教学模式"为标题的研究成果中，多数"教学模式"的五个要素并不齐全，或没有明确表述其要素的具体所指。此外，教学模式与特定的教学类型相适应，暗含特定的适用对象和条件。虽然"适用对象"并未位列教学模式五要素之中，但它也是教学模式的应有之义。在不限定适用对象的情况下研究教学模式，其具体性、实用性必定难以保证。在对外汉语教学模式研究这个复杂的系统工程中，目前的研究成果绝大部分集中在非学历教育和本科教育阶段，偶见零星的硕士研究生教学模式研究，博士研究生的教学模式研究尚未起步。

二是教学模式研究的理想追求，亦即理论目标问题。对外汉语教学模式有其独特性，既不能照搬教育学的一般理论，也不能套用其他语言的教学模式，而应探索适合汉语特色的理论基础，使对外汉语教学模式研究宏观上有据可依（理论性）、中观上有模可参（承接性）、微观上有例可鉴（实践性/操作性）。为此，仅仅译介国外的教育理论和教学模式是远远不够的，我们还应打破学科和专业壁垒，让国内外汉语教学教育同行多交流、探讨，如与国内语文教学、少数民族汉语教学的主题式教学模式，国内英语教学界的多模态教学模式，国外中文教学如美国明德模式、普林斯顿模式、杜克模式等比较研究，以取长补短、群策群力的方式共同推动对外汉语乃至汉语教学的提质增效。而这是一己之力难以做到的，有赖于学界同仁在未来研究中共同努力实现。

参考文献：

[1] 李泉 . 论专门用途汉语教学 ［J］. 语言文字应用，2011（3）：110–117.

[2] 刘颂浩 . 教学模式讨论和对外汉语教学学术环境建设 ［J］. 华文教学与研究，2016（1）：1–10.

[3] 陈琦，刘儒德 . 当代教育心理学 ［M］. 北京：北京师范大学出版社，2007.

[4] 毛悦 . 海外企业人员短期汉语教学模式研究 ［J］. 世界汉语教学，2010（1）：103–111.

[5] 李柏令 . 建构主义学习理论与对外汉语教学 ［J］. 云南师范大学学报，2003（4）：49–53.

[6] 武晓燕 . 试论建构主义理论对英语教学的启示 ［J］. 外语与外语教学，2006（2）：33–35.

[7] 刘枫 . "四位一体"的开放式对外汉语教学模式 ［J］. 课程教育研究，2013（31）：44–45.

[8] 刘文辉 . "听说＋读写"教学模式理论与实证研究 ［D］. 广州：暨南大学，2019.

[9] 陈作宏，田艳 . 探索以任务为中心的体验式对外汉语课堂教学模式 ［J］. 民族教育研究，2008（4）：93–98.

[10] 李向农，万莹 . 留学生预科汉语模块化教学模式的探索与实践 ［J］. 华中师范大学学报（人文社会科学版），2013（6）：176–181.

[11] 杨金成 . 试论对外汉语教学目标分类 ［J］. 汉语学习，2006（1）：56–59.

[12] 刘珣 . 实用汉语课本 ［M］. 北京：商务印书馆，1981.

[13] 崔希亮 . 汉语国际教育"三教"问题的核心与基础 ［J］. 世界汉语教学，2010（1）：73–81.

[14] 李泉，陈天琦 . 论新时代对外汉语教学的"大学科化"之路 ［J］. 语言文字应用，2020（2）：79–88.

[15] 姜丽萍 . "任务—活动"型汉语课堂教学模式的构建 ［J］. 语言教学与研究，2013（6）：1–8.

[16] 郑艳群，袁萍，赵笑笑 . 汉语语法翻转课堂教学模式的实施方案与实现条件 ［J］. 汉语应用语言学研究，2016：48–57.

[17] 谷陵 . 美国在华暑期汉语强化教学模式的实现条件探析——以 PIB、ACC 和 DSIC 为例 ［J］. 汉语国际传播研究，2017（1）：56–66，156.

基于协同理论的中学英语课程思政资源开发研究 [1]

陶秋月 [2]

摘　要：党的十八大以来，立德树人成了教育的根本任务，国家对思政课建设进行了不断深化和改革，提出了"课程思政"的教育理念。思政课不再局限于单一的学科教学中，而是融入各学科的教学和社会实践中。中学英语课程作为学生第二语言启蒙课程，既承担着培养学生英语学习兴趣的任务，又肩负着树立文化自信的重要使命。笔者基于协同理论，尝试探索中学英语课程与思政课协同育人的融合点，为培养学生的核心素养奠定基础。

关键词：课程思政；协同理论；中学英语；协同育人

"协同学"的词语概念最早出现在希腊文中，它被称作一门协调协作的学问。德国物理学家哈肯在 20 世纪 70 年代提出："看似无序的系统和环境背后都是由有序的子系统相互协调构成，通过各个子系统的相互作用、相互制约，使大系统呈现整体大于部分之和的效果。"[1] 中学英语课程作为一个复杂大系统，如何发挥各个子系统作用，实现 1 + 1 > 2 的效果成为众多学者关注的问题。2016 年，习近平总书记发表关于"课程思政"的重要讲话，指出"其他各门课都要守好一段渠、种好责任田，使各类课程与思想政治理论课同向同行，形成协同效应"[2]。因此，中学英语教师要转变思想，充分发挥协同作用，学会从"教书匠"走向"育人者"，既要在学科知识传递中发挥重要作用，又要在坚持育人为本中发挥重要作用。

一、中学英语课程与思政课协同育人的意义

（一）落实立德树人，实现全方位协同育人

2018 年，习近平总书记在北京大学师生座谈会上发表重要讲话，明确指出学校教育工作要真正做到以文化人、以德育人，要将立德树人落到实处。中学英语课程作为学生接触外国语言和文化的第一扇窗，如何利用好这扇窗，实现中学英语课程育人性和知识性的有机统一是至关重要的课题。中学英语课程不仅应该着重知识教学，更应该注重学生品德和素质方面的发展，让学生在潜移默化中实现自我成长和自我教育。基于协同理论，将中学英语与思政课教学资源相结合是培育时代新人的必要选择。目前，单一的思政课育人是远远不足够的，只有真正让各学科课程参与进来，不断挖掘和开发思政教育资源，并在日常的教育教学中进行实践，才能真正为现代课堂赋予更多深度和广度，发挥学科之间良好的协同效应。

（二）加强价值引领，树立正确三观

中学英语课程是义务教育阶段基础课程中的重要课程。随着全球化不断推进，英语的使用频

1　三峡大学 2023 年教学改革重点项目"思政道德与法治课程思政"阶段性成果。

2　陶秋月，三峡大学马克思主义学院硕士研究生，从事中小学教学工作。

率和范围也逐渐增多，英语交际成为现代学生必备的技能。然而，传统的中学英语课堂，仍旧将认读单词和句子作为主要的教学任务，课堂教学形式单一，缺乏实践性和创新性；学生的思维能力和自主创新能力明显发展不足。《义务教育英语新课程标准（2022 年版）》（以下简称《英语课程标准》）指出，英语教学要培养学生的核心素养，包括语言能力、文化意识、思维品质和学习能力等，培养学生正确的价值观。基于协同原理，将思政课育人资源融入中学英语课程教学，能更好地实现整体大于部分之和，在潜移默化中培养学生良好的思想道德素质、自律自强的优良品格和坚定的爱国主义信念。

（三）助力课堂转变，提升教学质量

中学英语课程和思政教育的共同开展能更好地发挥协同育人的优势作用，进一步提升中学英语教学质量，帮助完善中学英语课堂教学，让传统单一的认读和翻译课堂向更有深度、更有内容、更有活力的课堂转变，帮助培养学生的思辨能力和学习能力。中学英语课程与思政课育人协同并进，将有助于打破不同学科间的壁垒，突破教学上各个学科互不参与、互不相容的弊端，促进学生形成整体性和综合性的思维品质，提高解决实际问题的能力，弥补传统教学中学生创新意识和创造性不足的现状，提高学生的核心竞争力，更好地为社会建设输送人才。

二、中学英语课程与思政教育协同育人的契合性

（一）目标契合性

中学英语课程和思政课的教学目标由不同的子系统构成。《英语课程标准》指出，英语学科作为一门基础语言学科，体现着实践性和人文性的统一；英语学科要大力培养学生在语言能力、文化意识、思维品质和学习能力等方面的核心素养。以培养核心素养为主题的各个子系统教学目标要求学生具备的社会责任感、家国情怀和人类命运共同体的意识与《义务教育阶段思想品德课程标准》（以下简称《思想品德课程标准》）所要求培养的政治认同和责任意识子系统教学目标相契合。

培根铸魂、启智增慧是二者共同的价值追求。中学英语要求在教学中不断培养学生的核心素养能力，让学生形成推断、批判、分析和解决问题的思维品质素养，培养健全人格。因此，协同中学英语课程和思政课程资源是实现党和国家对教育基本要求的重要途径之一，也是实现立德树人、绘制学校育人蓝图的重要索引。

（二）内容契合性

中学英语课程与思想政治课程在教学内容方面一直紧密相连。《英语课程标准》明确划分了所要学习的三级主题内容要求，其中包括人与自我、人与社会和人与自然三大主题范畴。这三大主题范畴明确规定学生需要学习与掌握"生活与学习，做人与做事；社会服务与人际沟通、文化艺术、科学技术以及自然生态和环境保护"等方面的内容。这三大主题内容范畴与《思想政治课程标准》要求学生掌握"生命安全与健康教育、生态教育、信息技术素养和道德教育"的内容有明显的契合，这使得中学英语课程思政教学有相应融入基础。与此同时，《英语课程标准》中要求学生在文化知识方面了解不同国家文化的差异，并学会尊重和理解不同文化风俗和习惯，学会客观、理性地看待世界，坚定文化自信，树立家国情怀等内容与思政课所要求学生的掌握内容相一致。

三、中学英语课程思政教学现状分析

（一）协同育人意识不足，英语课程思政资源挖掘不够

首先，中学英语课程思政资源的开发离不开教师队伍的建设。统计显示，中学英语教师中研究生所占比例较少，仅有 6.47%，而本科生和专科生占绝大部分，教师整体素质有待进一步提升。中学英语教师挖掘课程思政资源的职业素养和协同育人的意识明显不足，还需要不断培养。其次，部分中学英语教师创新性意识不强，教学形式过于呆板，缺乏一定的趣味性和实践性，学生参与较少，教师较少挖掘英语语篇的思想性和教育性，对学生的深层启发不够。受传统教学观念影响，大部分中学英语教师仍认为提高学生英语成绩和分数是教学唯一任务。因此，教师会在教学中进行大量反复且无意义的机械训练，忽视对学生思想政治和道德品质的培养。

（二）协同教学实践不足，重知识、轻育人

目前，中学英语教学实践中更侧重对学生听、说、读、写能力的培养，中学英语课堂中思政育人实践很少，甚至几乎没有。特别是在"双减"政策和新课程标准的出台之后，中学英语学科教学课时占比减少，初中学生的自习课时数减少，教学时长缩短，但是相应的任务量没有变化，而质量要求却明显提升。因此，要在有限的时间里完成任务量和达到更高的质量标准，教师往往会相应地压缩课堂中育人实践的时间，更加注重对学生知识的传授。尤其是在初中阶段，因为面临升学考试的压力，中学英语教师更专注于英语学科的基础知识教学，跨学科育人实践不足，学生的积极性和主动性难以发挥。中学英语教师多以考试所要求的语法、阅读理解和选择题为讲解重点，中学英语课程结合思政课程资源协同育人的教学实践得不到满足。

（三）英语课程思政协同育人评价体系单一

协同理论认为，不同的系统之间相互作用、相互协调才能更好地实现整体大于部分的效果。目前在中学英语教学中，由于升学压力的影响，中学英语教学评价以应试考试为导向，对学生和学校的评价多以学业成绩和升学率为标准，评价内容单一。课堂教学中，多数为教师对学生实施评价，其中学生互评、社会评价等方式几乎没有，评价主体单一。评价方式上也多采取终结性评价和目标评价模式，较少注重发展性评价和过程性评价，导致学生的学习带有明显的"功利心"。在一些落后偏远地区，由于教育物质和师资的缺乏，英语学科的整体发展以及教育评价体系的建设理念都比较落后，英语课程思政难以有效推进。

四、基于协同理论的中学英语课程思政资源的开发路径

教师要充分利用学科教学的主阵地，充分使各学科课程和思政理论课同向而行，形成协同效应。因此，开发中学英语课程思政资源是教育发展的必然趋势，是培养有理想、有担当、有本领的时代新人的内在要求。中学英语教师在教学中要注重教学过程的育人性，学校要注重培养教师的思政素养，不断完善中学英语课程思政教育评价体系，为进一步提升中小学学生核心素养奠定基础。

（一）协同课程开发，善用资源开发"大思政课"

2022 年教育部印发的《全面推进"大思政课"建设的工作方案》明确提出了思政课要充分调动社会资源和力量，要打破学科间的壁垒，打造"大课堂"和"大平台"。善用协同理论，将中学英语课程与思政课育人教学相融合，在中学英语课堂教学中加入思政元素是新时代教育的新形势和新要求。例如，利用校园的文化建设和装饰建设，开设校内的劳动展示区，让学生参观校内

劳动展区后，运用自己所学的英语词汇和句型进行小组讨论，并进行个人展示，培养学生的口语能力、劳动观念和劳动意识。教师可以运用校内各种重大节日资源开发课程。例如，五四青年节是学生加入共青团后的重要节日，教师可以让学生通过英语写作的方式写下自己加入共青团的原因，在情境中培养学生的英语写作能力。教师还可以鼓励学生参与社区的志愿活动，并以"Volunteer Day"为主题进行班级分享讨论会，锻炼并培养学生的口语能力。

（二）协同课堂教学，开辟中学英语第二课堂

中学英语教师要学会挖掘教材内容中的思政教学资源，以润物细无声的方式使学生的品德和素养得到熏陶和培养。同时，发挥"活动育人"的优势作用，开辟英语教学的第二课堂，以第一课堂知识主导为主，以第二课堂活动主导为辅，进行英语双重教学，让英语的学习不局限于课内，还可延展到课外。

（三）协同评价体系，优化和完善中学英语课程思政评价体系

优化中学英语课程思政评价体系，改变传统的以"分数论英雄"的教育模式，坚持"以德为先，能力为重"。评价内容可多样化，学校不应该只把学生的学业成绩作为评价标准，可以将思政意识、情感意识、生活常识、政治意识等方面作为中学英语课程评价内容，以学生的英语学科知识掌握为显性评价，以思政核心素养形成为隐性评价，两种混合评价方式并行。除此之外，教师可以让多方主体参与到教学评价中，采取自我评价、小组互评和教师评价等方法。不同主体的评价不仅让学生对课程知识掌握得更加深刻，又于潜移默化中达到了育人目的。教师还可以采用过程评价和发展性评价方式，让学生收获学习和品德进步的同时，提升他们学习英语的兴趣，增强他们自我教育与发展的动力。

（四）协同师资建设，培养中学英语课程思政教师队伍

中学英语课程思政资源的开发离不开学校、国家和社会对教师队伍的建设和培养。学校需要树立每位教师的育人理念，让各学科教师参与到学生的育人环节中，强化中学英语学科教师的思政育人意识。首先，学校应协同各方主体，包括教育专家、政府、社会各界专业人员等，通过为教师提供专业培训、开设学术专业讲座、举办名师交流会等方式让教师得到成长和发展。其次，学校应开设线上学习课程和进修学习的渠道，为教师能力提升提供保障，建设学校特色的英语课程思政工作室，并将中学英语课程思政资源开发作为英语学科教研活动主题进行每周和每月交流，并不断总结英语课程思政实施的实践经验，寻找中学英语与思政课的融合点，在日常的教育教学中进行充分的落实。最后，学校应建立相应的教师评价机制，不再以学生分数作为评价教师工作好坏的标准，将思政育人理念融入教师的评价考核。

种树先培根，育人需铸魂。基于协同理论，单一的学科教学已难以满足当前国家和社会对培育时代新人的需求，学科间的融合发展和协调发展成为教育首选。中学英语课程需要不断整合课程中的思政资源，协同思政教育资源的各个子系统，适时地在知识教学的基础上进行品德教育和政治素养培养，帮助学生根植民族自信、培养爱国情怀，建立科学正确的世界观、人生观和价值观，为学生适应未来、适应社会奠定良好的基础。

参考文献：

[1]（德）赫尔曼·哈肯.协同学：大自然构成的奥秘［M］.凌复华，译.上海：上海译文出版社，2005.

[2] 习近平.习近平谈治国理政（第二卷）［M］.北京：外文出版社，2017.

基层应用型法治人才培养的策略研究

欧阳庆芳[1]　王儒雅

摘　要： 实施依法治国的"最后一公里"在基层。基层应用型法治人才存在着专业素质不高、实践能力不强、思想道德素质和奉献精神欠缺的问题，需要国家、各级各类学校、社会法治实务机构协同构建法治人才培养机制，以习近平法治思想为把手，融入社会主义核心价值观，以地方高校法学专业学生为主力军，实施"产教融合"教学模式，培养具有良好的法律职业素养和较强的法律实践能力的基层应用型法治人才。

关键词： 基层应用型法治人才；法治思想；法律实践能力

一、基层应用型法治人才现状

基层法治人才与人民群众的联系是最直接、最密切的，他们是最了解基层群众的社情、民意的，所以基层法治人才不仅应该具备法治人才的基本特质，如较高的专业素质和能力、过硬的政治素质，还应该具备从事基层法治实践工作的特有素质，即了解中国特殊的国情、社情和民情，熟悉中国基层社会的法治实践环境，知晓中国基层社会的风俗习惯，更必须有担当、有智慧[1]。

近几年来，在习近平法治思想的引导下，我国的法治人才培养在政治素质和专业素质和能力方面都得到了突飞猛进的发展。但我国目前最大的国情在农村，在基层，随着时代的进步，基层法治人才需要解决的法律事务日益复杂多变，矛盾也具有复杂性和多面性的特点，具体表现如下。

（一）基层法治人才实践能力不强、应用型知识不足

部分基层法治人才社会历练、实践经验不足，视野狭窄，对理论与实践的关系关注度不够，不能融会贯通地运用法律知识处理基层法治工作中的实际问题，更不能适应社会全面发展对法治人才的需要[2]。在法治人才队伍中，有不少人员未能通过司法考试，存在能力不足的问题。

（二）部分基层法治人才思想道德素质和奉献精神欠缺

法安天下，德润人心。法治人才是否具有高尚的道德情操，直接决定着法治的实际运行效果和社会的法治环境。以德立身、以德立威、以德服众、崇德向善是法治人才必备的素质[3]，基层法治人才也不例外。尽管如此，部分基层法治人才仍存在思想上的懈怠，缺乏深入基层、走进群众、服务群众的主动性；还有部分法治人才接受思想政治教育的主动性不强，缺乏对思政教育、理想和信念教育的正确认知。

（三）基层法治人才的法律专业素质不高

笔者对自己所在的山东省潍坊市公检法和执法机构人员进行了调查，发现除了法院、检察院外，其他执法机构的执法人员都不是法律专业出身。这些不具备专业法律素养的人员进入法治人才队伍，影响了队伍的整体素质，如图1所示。这些基层执法人员缺乏法律意识和法律思维，不

1　欧阳庆芳，三峡大学水利与环境学院党委书记、教授，研究方向为行政法学。

能很好地处理基层群众的问题需求。

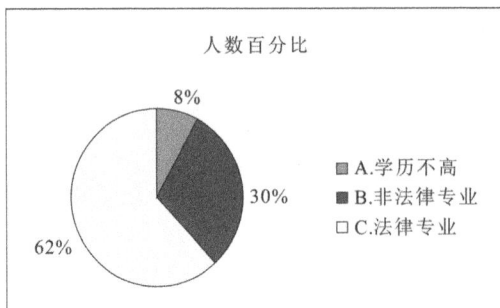

图1　山东省潍坊市法治人才专业情况调查

二、基层应用型法治人才培养存在的问题

推进依法治国，就要体现出法治的优势，必然要求有具备法律专业能力素质的优秀人才作为保障。因此，法治人才必须接受专业的教育、培训和学习，具有法律思维和法律意识。但在实践中，基层法治人才的培养存在以下问题。

（一）部分高校法律专业课程设置不合理，杂而不精，没有特色

大部分高校对法学专业课程设置都是"眉毛胡子一把抓"[4]，开设了所有的部门法学及与法学相关的课程，导致学生的专业课学习浮于表面，属于"蜻蜓点水"式的泛泛而学，不能形成系统的专业学习体系。

（二）法学专业教材内容具有滞后性，缺少新时代法治理念教育、法律职业伦理的系统教育

现在的法学专业教材在编写和教学实施过程中偏重西方法学理论，有时会对其理论内容不加以鉴别、批判。教材内容也偏重法学基础理论的讲授，而缺少新时代法治理念教育、法律职业伦理的系统教育。现有的法律教材往往落后于法律法规的颁布、修订，滞后于法治建设的发展。

（三）教师教学方式单一、落后，采用"满堂灌"，注重对理论知识的讲解，扼杀了学生的主动性

教师在课堂上拘泥于让学生记忆法律规则，僵化地认识问题，不能用鲜活的案例来加强对学生的理解、分析和融会贯通能力的培养。

（四）实践教学比重较小，学生的法治实践能力差是薄弱环节

基层法治人才必须是能够掌握扎实的法学理论并且能够灵活运用到生活中，从而解决实际法律问题的人才[5]，尤其需要具备较强的社会主义法治实践能力。但不少高校在培养学生的实践能力方面做得不到位。

三、基层应用型法治人才培养的策略

鉴于基层法治工作具有综合性和复杂性的特点，故基层法治人才的培养是一项需要持之以恒、坚持不懈的任务，需要国家、社会、学校、法律服务机构等共同努力。

（一）加快课程体系改革，突出时代性和特色，培养复合型人才

1. 创新课程设置，增加自己的地域特色、学校特色和时代性

针对法学专业人才培养，教育部确立了16门核心课程。部分高校仅围绕这些课程进行授课，

没有自己的创新特色，致使课程单一性、同质化倾向严重[6]。三峡大学发挥优势，突出创新课程，走出了一条特色化发展的道路，把课程分普通教育课、专业教育课、实践课程等。

2. 开设法学相关课程，为培养复合型基层法治人才打下基础

除法学专业课程之外，高校还应当增设学科交叉课程（会计、金融学等）、综合应用课程、传统文化、人文历史等课程，拓宽学生的知识面，丰富学生的跨专业知识，培养学生跨领域知识融通能力和实践能力，做到"它山之石可以攻玉"，从而在基层法治工作中游刃有余。

（二）及时补充更新教材内容，与时俱进，增加时代性内容

1. 以习近平法治思想为把手，更新各级各类学校尤其是高等院校的法学专业教材，增强时代感，用好课堂教学这个主渠道

笔者建议围绕教学与实践两大主题，对接法学基础理论前沿，准确把握中国特色社会主义法治理论最新成果，特别是习近平法治思想，加强教材体系改革，把习近平法治思想和社会主义核心价值观的内容融入教材，形成一批既遵循马克思主义思想又符合中国实际的中国特色社会主义法律体系课程，为提高法治人才的专业能力和运用能力打下良好的基础。

2. 对教材内容实行"扬弃"，补充新的法律法规内容

不少法律专业教材内容存在滞后性，已经不适应法治发展的要求了，需要补充新的内容。

（三）聚焦课堂教学，提高教师的专业水平

1. 教师要夯实法学功底，以过硬的专业素质为基层法治人才储备后备军

"半亩方塘一鉴开，为有源头活水来。"教师的专业素质非常重要。教师应采用灵活多样的教学方法，如启发式、案例式、讨论法、座谈法等教学方法，引导学生利用法律思维思考、分析、处理问题；通过对案例的讨论，有系统地把握理论知识，从而对各种各样的概念、内涵、表现形式有更为明确的认知[7]，将规则与规则的适用有机结合，形成整体全面的认识，从而形成"活的法律"。

2. 要注重实践环节教学，改变人才培养方式

法治人才的培养，无疑要用好课堂教学这个主渠道，但必须重视实践环节教学，如模拟法庭、法律诊所、法律谈判、法律调解、基层公共法律服务等体验式、操作式、交互式教学。运用新媒体新技术使法学教育活起来，推动法学教学的传统优势同信息技术高度融合，有助于增强时代感和吸引力，深刻改变人才培养方式。

（四）整合各方力量，建立完整的实践教学体制，打造自己的学校特色或地域特色

1. 加强与法治实务部门的协作，构建与法治实务部门的双向协同培养机制

立法机关、行政执法机关、审判机关、检察机关以及律所、企业法务部门等机构应参与法治人才培养，让这些部门成为法治人才培养的实践前沿，逐步建立这些法治实务部门接收法学学生实习、法学学生担任实习法官助理、检察官助理等制度，提高法学学生的理论联系实际的能力。

2. 引领法治实务机构专家进校园轮岗交流

推进高校与法治实务部门人员轮岗交流，引导党委部门、政府部门、法院、检察院、律师事务所、企业等实务部门等领导干部、业务骨干、先进典型上讲台，以案讲法，磨炼学生职业道德。

3. 实施"产教融合"模式，培养学生的法治实践能力，为基层法治人才的可持续发展提供不竭动力

地方高校法学专业要以培养学生法治实践能力为主线，建立本校的法治实践课程，加大实践教学比重，让学生切身感受法律实践工作，开阔学生视野。三峡大学在法学研究生培养上采取"产教融合"模式，并用多种方式积极共享社会教学资源，彰显法学专业的应用型特色，取得了很好的效果。三峡大学在研二就开始为期一年的"产教融合"模式，一方面在校外开辟实习实训基地，跟宜昌市的检察院、法院、司法局、律所、综合执法局等建立联合培训平台，为学生打造实践平台，巩固学生的理论基础并导入职业素养教育，让学生以实务操作者的立场去思考和处理问题，让学生在进入岗位前就具备基本的职业素养和一定的法律实践创新能力。

与此同时，三峡大学还举行了不同层次的辩论赛、学术论坛会、模拟法庭，邀请法律实务专家进校园讲课，造就了三峡大学的法律特色，成为人才培养过程中不可或缺的一环。

综上所述，基层应用型法治人才的培养是一个持续性的工程，需要国家立法部门宏观调控，更新法学专业课程体系，各类高校和社会多方力量协同配合、各司其职、各尽所能，培养具有良好的法律职业素养和较强的法律实践能力的基层应用型法治人才。

参考文献：

[1] 陈伟，王敏.地方高校法学专业实践课程改革探索——基于基层法治人才培养的思考［J］.豫章师范学院学报，2021，36（2）：68-71，76.

[2] 蒋传光，赵诗杨.习近平法治工作队伍建设理论及原创性贡献［J］.贵州社会科学，2022（12）：72-81.

[3] 江涛."人法兼资，而天下之治成"——谈新时代加强基层法治人才建设［J］.国际人才交流，2021（2）：13-15.

[4] 佀连涛，范建龙.习近平关于法治人才培养的重要论述研究［J］.山西省政法管理干部学院学报，2023，36（1）：1-5.

[5] 彭凯.德法兼修：新时代法治人才培养标准［J］.铁道警察学院学报，2021，31（6）：18-23.

[6] 苗连营，郎志恒.习近平法治思想关于法治人才培养的原创性理论贡献及其实践展开[J].中国大学教学，2022(8)：7-14.

[7] 刘国华，杨金虎.建设德才兼备的高素质法治工作队伍的思考［J］.黑龙江省政法管理干部学院学报，2021（5）：137-142.

公共管理硕士社会组织管理的课程设计与教学应用——基于 S 高校 MPA 体验式教学研究[1]

许龙飞[2]　刘灵珊

摘　要： 社会组织管理作为公共管理硕士的核心课程，具有理论与实践的双重特性，并为公共管理部门提供智力支持和服务咨询。当下，各高校开设的社会组织管理课程普遍遇到"填鸭式"的教学模式、"悬浮式"的教学内容、"单一式"的教学布局三大困境，亟须构建以"中国式现代化话语的叙事性导向、课内小组情景表演的沉浸式体验、课外实务空间实践的嵌入式反思、师生线上和线下深度互动的前沿化创新"为标准的教学指引。湖北省 S 高校以课程组建设为抓手，探索出"3+3"体验式教学模式，即以讲好"中国故事"为核心的思政案例化教学内容，以链接"线上、线下"为平台的双向讨论式教学形式，以重构"角色场景"为基础的情境化教学模式，以课外"基地＋机构＋社区"为载体的沉浸式教学路径，打造出适合 MPA 课程教学的设计蓝图和授课模式。

关键词： 社会组织管理；公共管理硕士；体验式

改革开放以来，社会力量的成长与经济快速增长、现代政府改革和转型一起构成了"中国奇迹"的主要内容。40 余年间，我国社会组织获得了跨越式发展，不但数量快速增长，而且功能日益完备、活动日益频繁。社会组织管理作为全国公共管理硕士（Master of Public Administration, MPA）教学的核心课程，面临着新时代制度环境和治理结构之变，对学生的专业素养和综合能力培养提出了较高要求。当下，如何把握社会组织管理课程的时代性、政治性、趣味性和专业性，促使其符合新时代的 MPA 教学育人要求，对优化高校社会组织管理课程的教学理论、教学设计、教学内容、教学方法以及提高综合教学效果和教学质量具有重要意义。

一、社会组织管理课程的教学现状

改革开放以来，社会组织的形成与发展是社会生活方面最引人瞩目的变化之一，种类繁多的社会组织构成了群体链接最显著的特点。课程始终坚持公益务实，强调通过社会组织实体机构为载体，以实务项目为内容培养学生团队合作能力、项目运营能力及创新创业能力，旨在培养富有志愿精神与使命感的基层社会治理人才。

（一）社会组织管理课程的教学背景

社会组织是我国社会主义现代化建设的重要力量，党中央、国务院历来高度重视社会组织工作。在改革开放后 40 余年的发展中，我国迎来了国家治理现代化转型的机遇期，社会主要矛盾也发生了深刻变化，人们对于公共事务的参与需求与参与条件改善明显。党的十八大后，我国提

1　三峡大学研究生教学改革一般项目（SDYJ202127）。

2　许龙飞，三峡大学法学与公共管理学院讲师，博士，研究方向为社会治理。

出"推进国家治理体系与治理能力现代化",揭开了我国进入公共治理时代的序幕,多元参与治理结构成为社会组织带来从未有过的利好消息,各领域社会组织逐年快速增长(如图1所示),其地位作用将被重新评价和更加重视。在近10年的发展中,我国社会组织成功走出一条具有中国特色的发展之路,其体现为"党建引领,法治护航,改革创新,理念转型"四大特点。[1]以党建为引领,广大地区围绕市域治理现代化与乡村振兴战略,以社会化、法治化、职能化、专业化为有效路径,推动社会组织积极参与社会治理的基础性工程,推进各行业协会商会的深度改革,着力发展枢纽型社会组织与社区社会组织,走出一条具有地方特色的社会组织高质量发展之路,为社会组织管理人才培养体系提供了现实基础。

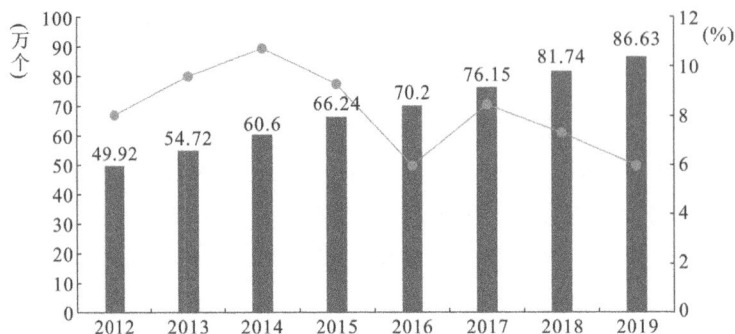

图1 2012～2019年中国社会组织数量增长情况

截至2022年底,全国共有223所招收MPA的院校,其中60%的学校为"双一流"或者"211"及以上院校。根据MPA教指委的要求,核心课程共有13门,其中社会组织管理可由各培养院校选择开设,教指委建议最低学分为2分。在课程教授上,社会组织管理的核心课程原则上至少配备两名专职教师,组成核心课程团队,有条件的院校可根据情况增设该课程的行业导师,即兼职教师队伍。该课程主要服务面向社区、区县社会组织孵化基地、基金会、社会服务机构、社会团体等组织。课程专业对口的具体岗位包括社会组织项目官员、社会组织项目筹资官员、社会组织新媒体运营官、社会组织督导、社会组织中心主任、社会组织项目总监及社会组织秘书长等。目前,全国指定的MPA社会组织管理教材有《社会管理概论》《非营利组织管理》《社会组织管理概论》《社会组织管理》,后者最为有名,且受到各高校教师的广泛采用。人文社科领域除了社会学、政治学对于社会组织有重点研究外,专业型社会组织期刊有《中国社会组织》和《中国社会组织研究》。此外,MPA主要参考《中国行政管理》《公共行政评论》《管理世界》《行政论坛》等权威期刊。

(二)社会组织管理课程的教学内容与方法

实际教学中,社会组织管理课程的教学内容紧紧围绕"性质—制度—实践—文化"进行课程的多维度建构和系统性讲述,是具有层次分类和知识关联的。在组织性质层面,对于社会组织的定义、分类、功能与发展有导入型的介绍,主要是明确中国社会组织的发展历程与定义特征,授课教师主要通过"官民"二重性来讲述我国社会组织的区别。在组织制度层面,授课教师围绕社会组织的政策与管理体制、社会组织法人治理、社会组织战略管理、社会组织领导力与人力资源管理、社会组织财务与税务管理等制度规章展开。在组织实践层面,授课教师围绕社会组织与社会创新、社会组织政策参与、社会组织项目管理、社会组织绩效管理、社会组织问责展开。在文化层面,授课教师围绕社会组织党建工作、信息化时代下社会组织发展、全球化视野下社会组织发展三个层面构建。四个维度的内容建构能够使课程由表及里、由浅入深地提升课程教学质量。

MPA社会组织管理课程的教学目的决定了授课教师需要采取理论与实践相结合的方法进行教

学，在社会组织性质和社会组织制度方面的讲解上，授课教师普遍侧重对国内外理论的延展与讲述，通过中国特色社会主义建设理论与组织学理论的结合，概括我国社会组织形成中的特殊性质与制度体系。而在社会组织实践与社会组织文化方面的讲解上，授课教师侧重对实践经验的总结与归纳，通过目前各行各业的社会组织实践案例讲解，概括我国社会组织发展中的实操方法和转型特点。此外，如何培养学生的公益创新意识对于 MPA 教学提出了更高要求。在高度信息化的当下去激发学生的公益心和创造力，让社会组织所体现出的公共性和利他性得以显现，使社会组织管理的典型案例得以模仿和超越，需要大胆鼓励学生进行思维风暴和实地调研，更需要教学场景的多层次转换。在此过程中，授课教师较多通过个案展示、小组讨论和实地参观的方法，在实例体验中完成教学。

二、社会组织管理课程的教学困境

社会组织管理课程具有较强的理论性与实践性，理论性主要表现为其涉及多学科领域的知识背景和组织学的基础知识，实践性则主要体现在其具有实务管理的多领域、对象分类的多层次和策略技术的多形式，对于教师的教学方法提出了更高的要求。在实际教学中，如何较好处理该课程理论性与实践性的关系、国外经验和国情状况的关系，是上好该课程的关键所在。以湖北省 S 高校为例，课程团队组在多年的 MPA 教学中总结经验、提炼模式，但在前期也面临上述双重张力下教学方面的各种困境，具体变现为以下几方面。

（一）课程要求的结构张力，易致"填鸭式"的教学模式

面对 MPA 教学切合新时代公共事业管理需求，社会组织管理的教学本身面临着三重结构困境，导致"填鸭式"教学模式在高校普遍存在。其一，课程内容的"广"和 MPA 教学的"专"之间的矛盾。其课程的理论知识面涵盖广泛，超过了 MPA 教学的课时安排和既定框架，对于授课教师和听课学生来说都是较大的考验。其二，课程内容的"杂"和 MPA 教学的"精"之间的矛盾。在以往教学中，该课程大多以介绍社会组织政策和社会组织史脉为主，深度上无法满足 MPA 教学对于培养学生专业能力的基本要求。其三，教授课程内容的"旧"和 MPA 教学的"新"之间的矛盾。由于社会组织管理具有较强的时政导向，但该领域书籍编撰具有滞后性、陈旧性，没有较快吸收该领域新的法规和管理办法，从而无法跟上相关实务部门中的新模式、新方法。总之，受传统的、单一的讲授型教学受到课时和课制的限制，授课教师普遍以"蜻蜓点水"的方式刻板地完成"填鸭式"的应讲尽讲，造成教授的内容繁杂、学生兴趣不大、教学效果并不显著。

（二）课程特色的国情需求，易致"悬浮式"的教学内容

面对 MPA 教学切合新时代中国国情的需求，处理社会组织教学的特殊与普遍难题的偏差，导致社会组织管理中具体教学内容面临着"悬浮式"难题，即教学内容与现实出现主观偏差与系统偏差。第一，案例选择方面的"悬浮"。目前，MPA 课堂较多选择讲授旧案例、旧经验，尤其较多地方高校授课者无法与时俱进地分析相关前沿话题，从而选择陈旧、指导意义不大的案例，无法与前沿学术研究进行对话与接轨。第二，理论分析方面的"悬浮"。部分授课教师较为关注"悬浮"在中国国情之外的西方社会组织构建的阐释上，侧重讲授西方社会组织管理理论的普适性，较少作为旁观者进行合理分析，"舶来主义"式的授课既没有讲清楚中国社会组织生成的社会文化和制度基础，也没有讲清楚具有地域操作性的管理模式和地方做法。第三，实务操作方面的"悬浮"。受限于教学时间和精力，部分授课教师长期注重对专业课程的体系建设和理论建设，追求知识上的"绝对主义"、形式上的"完美主义"和 PPT 制作的"技术主义"，而较少参与地

方社会组织实践或长期调研的实地经验，对不同类型、领域和行业的社会组织没有形成深刻的认识和理解。他们以"照本宣科"的方式完成既有书本上的知识讲解，脱离了实际变化，完全呈现"悬浮式"的教学状态。

（三）课程的实务性导向，易致"单一式"的教学布局

面对 MPA 教学专业的特色教学对象，其需要专业理论性和实务性的高度结合，从而指导教学对象的日常工作，然而囿于 MPA 教学中固定的教学空间和教学时间，社会组织管理课程安排呈现出单一式布局，具体表现为三个方面。第一，知识点讲授后案例分析的滞后布局。在每章节知识要点的串讲过程中，授课教师侧重对知识点进行阐释，并辅之以现实案例的机械式衔接，即"先理论后实务"的套路式做法并没有形成较好的互动衔接，后续会造成学生的理解脱节。第二，对于日常社会组织纵向管理的解读单薄。主要涉及社会组织外围政策和法律法规的变化，一些授课教师重点讲授组织内部资源和结构的生成，而现实中缺少进行社会组织的外部环境分析和人文知识拓展。第三，课后作业布置与安排较为随意，并没有指导 MPA 学生深入社会实践活动中进行系统性学习和师生互动，作业布置缺少对学生能力的提升和思维的延展。因此，以"循规守矩"的方式完成课程的整体布局和授课流程，会降低 MPA 的实际教学效果。

三、社会组织管理的体验式教学实践模式建构

新时代是社会组织发展的黄金时代，社会组织管理课程大有可为，也必有所为。针对上述教学中出现的普遍问题，体验式教学着眼于教学的实践性特征、主体性特征和场景性特征，促进学生通过课堂和课外的场景模拟和实践还原、理论性思辨与实务性指导，将 MPA 中社会组织管理的理论和知识内化并合理利用，以期形成良性的课程教学闭环体系。

（一）中国式现代化话语的叙事性导向

坚持以党的思想为引导，推动公共管理专业的创新发展，通过公共管理的学科定位与知识增长服务国家发展战略，始终是中国公共管理学科的"底色"。立足基本国情，服务中国式现代化，高质量的 MPA 教育需要兼顾科学方法与价值塑造。叙事化教学的核心是通过故事的讲述和应用营造一个平和温馨、情绪饱满的教学空间，增强教学的具体性和吸引力。其中，不同的学科具有不同的故事体系，部分抽象的人文社科领域表现更甚。故事是进入任何理论、思想和道德中心的基本途径，也是建构沉浸式体验的方式。在具体实践中，授课教师需以"中国故事""热点故事""身边故事""典型故事"等为叙事载体，通过对叙事视角的选取、叙事价值的导育、叙事文本的编辑、叙事主体的建构和叙事方式的创新，讲好中国社会组织发展的历史、社会组织党建工作重点、社会组织的外部政策演变等故事。一方面，以生动鲜活的故事叙事的手法，帮助学生建立理论共识、政治共识和价值共识。在师生的对话中共同挖掘故事的教育价值，强化课堂教学的叙事性。依托历史叙事讲好中国社会组织发展的特点，依托生活叙事讲好周边社会组织的管理现状，依托生命叙事讲好自己所体验社会组织的沉浸感受。另一方面，专业话语表达要以微观建构宏观的方法论为理论基础和指导，话语方式应由原有的国家宏大叙事向微小日常的微观叙事转换，贴近大学生实际生活，聚焦个体经验，以小见大，使理论体系内化于心，实现课程"启智润心"的教育效果。[2]

（二）课内小组情景表演的沉浸式体验

情境教学法是一种以帮助学生在所营造情境中获得知识、培养能力与激发情感的教学方式，其核心是教师需有目的、有计划地构建具有情绪色彩、生动具体的课堂场景。其中小组情境式教学的形式较为灵活、效果更为显著，主要通过课堂小组的规制划分进行情境还原与呈现。在社会

组织管理教学中，具有情境的角色扮演和流程再现的沉浸式体验，尤其是以下三个环节需要重点设计。第一，通过社会组织内各部门人物的角色扮演，包括业务部、财务部、人力资源部、办公室、培训部等部门的职责权限和业务熟知，达到不同类型社会组织各部门的协同管理和发展创新。第二，通过政府购买社会组织的服务环节再现，还原社会组织的政策参与和项目管理的具体流程，具体可以通过结构化招标竞标、项目宣传和后期评估等重点环节进行小组角色扮演和人物互动，凸显社会组织参与竞标的流程化和标准化程序。第三，通过社会组织的内部动员和成员管理环节，模拟组织成长的技巧应用和组织方式，可聚焦社会组织志愿者的培训、宣传以及社会组织的人力资源管理的领导力培养来实现角色习得。总之，以上重点环节的情境设计和角色扮演，对于理论性和实务性的结合具有较强的现实意义。

（三）课外实务空间实践的嵌入式反思

区别于 MPA 的其他课程，在社会组织管理的课外教学中，要以三个实践平台的建设为抓手，打造 MPA 社会组织管理的教学实践基地，拓展提升校外实践教学经验，从而构建课堂、校园与社会多空间格局的嵌入式基地体验教学模式。具体而言，一是充分利用在职 MPA 的学生资源和职业优势，通过发挥其所在关联的党政事业部门，可分组给大家介绍其关联领域的社会组织发展与政策支持情况，如对于民政口的 MPA 学生，可重点对服务型社会组织进行剖析阐释；对于政法口的 MPA 学生，可重点对治理型社会组织进行分析理解；对教育口的 MPA 学生，可重点对教师职业协会组织进行分析阐释，发挥不同职业领域的政策支持优势，探索不同类型社会组织可持续化发展之道。二是借助地方枢纽型社会组织平台，以活动项目为抓手，在实践中学习社会组织的战略管理与人力资源管理，如直接引导学生作为志愿者参与枢纽型社会组织的日常工作，负责处理部门任务，深度了解枢纽型社会组织的孵化培育和志愿者的管理项目。三是充分利用地方社区治理资源，组织学生代表赴各个社区观摩、调研访谈和组织交流等，引导学生带着理论问题去感受基层社会组织的发展历程，如针对当下基层社会治理出现的新问题和新挑战，重点对于社区社会组织的服务供给和治理功能进行系统考察和理性分析。

（四）师生线上、线下深度互动的前沿化创新

以建构主义的学习理论为指导，从学生的角度引导其从自身经验和认知结构出发，借助现代数字化设备建构对新事物的新认知和新意义。第一，贯彻"以学生为中心"的教学理念，鼓励师生通过探讨交流、小组探究、争鸣与辩论等方式探究问题，引导学生主动参与体验知识的理解过程。在此，无论是线上还是线下，教师都要注重情境互动和趣味引导，才能真正抓住学生的兴趣点。第二，贯彻"以问题为导向"的教学理念，打破常规教师"填鸭式"的教学方式和方法，以社会组织管理中的核心问题为引导，辅之以社会舆论热点，激发学生沿着中国式现代化治理的发展脉络，为社会组织管理提供切实可行的"中国方案"。例如在一些互动教学环节，围绕"淄博烧烤""内卷时代""社区养老"等社会热词，注重社会组织力量的有机嵌入与可行性分析。第三，创新"以案例带理论"的教学理念，突破传统"理论带案例"的固定化思维模式，围绕身边和热点案例，展开师生互动探索式教学，从而从案例的各个要素中进行规律性认识和理论构建。

四、S 高校体验式课堂"3+3"社会组织管理的路径探索

在 S 高校 MPA 教学中，教师充分融汇上述指导性思想，以学生为中心，围绕环境的深度体验感和场景的全面沉浸感，打造了"3+3"教学模式（图2），具体概括为以课堂内外为界点，课内三种体验场景、课外三个体验基地，适配共享、融会贯通地建构课程的实践路径。

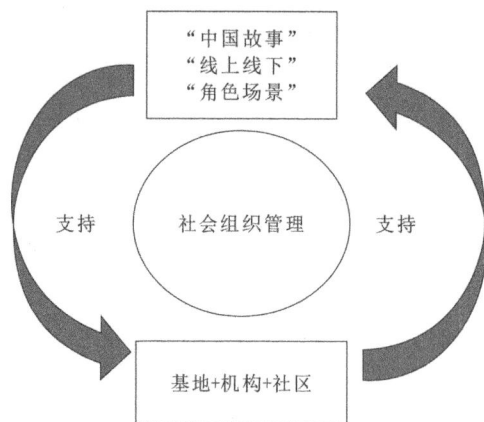

图2 "3+3"社会组织管理体验式教学

（一）以讲好"中国故事"为核心的思政案例化体验

在MPA社会组织管理课程的教学中，S高校构建了各章节的叙事体系与各知识点的叙事片段，授课教师通过鲜活故事的讲述引导学生进入理论、思想和道德的理解范畴。在具体教学中，S高校课程组针对社会组织的定义、分类和发展，社会组织党建工作和社会组织政策参与三章节，重点构建了讲好"中国故事"的案例叙事体系，如通过汶川地震后中国红十字会的发展历程来讲述中国社会组织发展中遇到的"官民二重性"，深度剖析了该协会的性质与功能，从而讲清楚我国社会组织与国外社会组织的定义区别。在党建引领的当下，通过讲述目前社会组织"党建＋服务""党建＋治理""党建＋公益"的地方实践模式来凸显党建激发社会组织活力与发展的重要意义。此外，我国社会组织作为连接政府和社会的中间机构，是传达民众利益与需求的重要载体。在讲述"如何提高基层治理效率"时，以湖北全省开展的"共同缔造"为例，充分说明发挥基层（社区）社会组织参与的必要性和可行性。总之，向学生深刻阐释"马克思主义为什么行""中国共产党为什么能""中国特色社会主义为什么好"这三个问题，让学生能够以小见大、以微见著，聚焦现实社会，实现高校思政与课堂融合后"启智润心"的教育效果。[3]

（二）以用好"线上、线下"平台为导向的辅助式体验

目前混合式教学模式使得教学互动在"线下"与"线上"两个空间同步开展，教学方式从"远程"到"近程"的超时空压缩，教学资源在"校内"与"校外"不同教学单位跨域交互。在技术主义流行的当下，S高校课程组在引导学生加入中国大学慕课学习的基础上，搜集整理了较多主流网络平台资源，分门别类地进行数字课程补充建设，整合优质教育链接，服务课程的前期预习与后期拓展。例如，在社会组织与社会创新的教学章节中，对于"社会企业"的概念介绍结合了网上"上海屋里厢社区服务中心""欣耕工坊""上海悦苗残疾人寄养园""彼得·德鲁克管理学院"四个代表性案例进行讲授，其中较多背景资料和案例实情学生可通过线上进行搜集查阅，加深了学生理解和认识"社会企业"的广度。而针对"线上课堂"无法具体深入的社会组织骨干培育，则利用"线下课堂"进行面对面的互动交流，以开展线下实地演示的方式完成补充。此外，可借助数字化演播和虚拟仿真实验室等现代数字课堂进行展演。

（三）以重构"角色场景"为手段的交互式体验

情景教学法是指在教学过程中，教师有目的地引入或创设特定场景或氛围，从而引起学生一定的情感体验，进而帮助学生达到在情境中获取知识、培养能力与激发情感的一种教学方式。[4]"角色场景"作为现实组织场景中的仿真再现和模拟体验发挥着重要作用，如"社会组织领导力""志

愿者骨干培育""社会组织的人才招聘与甄选"等涉及组织人物特质时，都以课堂小组分工的形式进行角色扮演和场景重构，让学生身临其境，进行角色互换和策略习得，小组外其他同学能够较好地感受现场并进行自我扮演。授课教师可根据课程目标进行演后点评和流程指导，有效提升社会组织实务操作的内容吸引力、理论说服力和思想感召力。教师可通过创设社会组织成立时的运行情景（地点、人数、资源和目标），重点聚焦人才场景的情景描绘和现场组织选人的体验场景完成师生知识交互和价值认同。

（四）以课外"基地＋机构＋社区"为载体的沉浸式体验

校外实践教学基地建设是培养高素质、强能力、应用型人才的重要载体，是充分利用社会资源并丰富学生实践内容的必要渠道。社会组织管理课程不仅需要课堂上的理论学习和知识习得，更需要实务中沉浸式体验的工作方法和技巧。S 高校课程组以三个教学基地建设为抓手，着力打造 S 高校 MPA 学生社会组织管理的实践教学基地，拓展了原有单一的课堂教学模式，构建了"以民政单位社会组织管理口为阵地的实践教学基地、以城市社会工作组织为核心的实践教学机构、以全国基层治理优秀试点地为榜样的教学社区"的三位一体的打造沉浸式体验模式。例如，可提前安排 MPA 学生进入社会工作组织或枢纽型社会组织，从而掌握对社会组织的项目评估和服务策划；安排 MPA 学生在周末或假期深入了解和学习周边社区"五社联动 共同缔造"中优秀的治理经验，从而较好地把握社会组织参与基层治理的规律性认识；安排 MPA 学生进入学院合作教学基地，如乡村振兴明星村、社会主义核心价值观教育基地，将社会组织的课程内容生动、立体地展现给学生，实现从教材体系到观念体系再到信仰体系的转变。

五、结语

在当代中国治理转型的历史进程中，社会组织承担了越来越重要的使命与功能，不仅是多层次公共服务体系的重要组成部分，也是共建共治共享社会治理制度的重要一环，还是社会自我协调机制的重要载体。社会组织管理在其双重属性下，面临着教学和实践的系列难题和内在张力，S 高校对其"3+3"的体验式教学进行探索，全周期打造"案例课程、案例调研、案例竞赛"试点，全链条进行"MPA 学生、学术型硕士、本科生"贯通，全覆盖开展"课程设计、案例工坊、实践基地"建设。其核心在于理论与实务的有机衔接，将"公共性"价值观融入知识传授和能力培养，实现课堂思政和知识体系的有机统一，完成中国式现代化课程教育的特色阐述。

参考文献：

[1] 王冰洁 . 成功走出一条具有中国特色的社会组织发展之路——我国社会组织发展十年回归［N］. 中国社会报，2022-9-16（7）.

[2] 刘颖洁 . 沉浸式体验下高校思想政治理论课程 "1+3+5" 教学模式建构与实践路径［J］. 高教学刊，2022（28）：174-175.

[3] 张雨暄 . 案例分析在本科生 "非营利组织管理" 课程教学中的设计与应用［J］. 新乡学院学报，2022（5）：68-69.

[4] 喻发胜，张玥 . 沉浸式传播：感官共振、形象还原与在场参与［J］. 南昌大学学报（人文社会科学版），2020（4）：96-103.

面向新工科的智能制造工程专业实践体系初探 [1]

吴刚 [2]　李立军　董元发　刘强

摘　要：智能制造工程专业是面向国家"新工科"教育发展战略而新设立的专业，具有多学科交叉融合、强实践性以及与行业结合紧密等特点。笔者在对当前智能制造企业与高校人才培养脱节进行分析的基础上，对智能制造工程专业人才培养体系进行了初步的探索，并以此为基础构建智能制造工程实践基地，最后基于实践基地的相关硬件设备，有针对性地开设相关验证性与综合性实验课程，借此为培养高质量的智能制造专业化人才培养形成有效支撑。

关键词：智能制造；新工科；人才培养；实践体系

随着社会的发展和科技的进步，以互联网为基础的人工智能、物联网和云计算，让传统的制造业产生了深刻的变革，基于智能制造的数字化车间、无人工厂已经在许多大型企业和高精端产品上得以实现。发展智能制造不仅是国家的重大战略需求，也是未来制造业的必然发展趋势 [1]。习近平总书记在党的十九大报告中强调，加快建设制造强国，加快发展先进制造业，要推进中国制造向中国创造转变，中国速度向中国质量转变，制造大国向制造强国转变 [2]。为此，各高校纷纷开设智能制造工程专业。

一、当前智能制造工程专业实践体系的不足

为了紧跟装备制造产业由传统制造向智能制造转型发展的趋势，教育部于 2017 年批准同济大学等四所高校首批开设智能制造工程专业 [3]。到目前为止，已有 264 所高校开设智能制造工程专业。三峡大学在智能制造工程专业的建设过程中发现：虽然智能制造工程专业立足"新工科"培养理念，但兄弟院校的专业实践体系普遍存在以下几方面的不足 [4]。

（一）专业培养体系重理论、轻实践

分析国内多所高校的培养体系可知，重理论、轻实践的现象依旧明显：由于智能制造工程专业的学科交叉性，学生需要学习其他专业的相关课程，导致培养方案理论教学课程数量增多，直接降低了该专业中实践教学环节的时长。

（二）缺乏成熟的实践体系

智能制造工程是 2018 年才开始招生的新专业，专业培养方案如何定位、课程体系如何设置、实践教学环节如何开展，尚未有成熟的经验可供借鉴，各高校尚处于探索阶段。此外，由于开设智能制造工程专业的高校层次不同，各高校拟定的人才培养方案定位区别明显，没有成熟的实践

1　2022 年湖北高校省级教学改革研究项目"面向新工科的智能制造工程专业课程体系探索与研究"（2022244），2022 年三峡大学教学改革项目重点项目"基于 GF 智能制造创新基地的智能制造工程专业教学体系探索与实践"（J2022010）。

2　吴刚，三峡大学副教授，博士，研究方向为智能制造、摩擦学设计。

体系可参考借鉴。

（三）实践体系规划不足

当前众多高校都在提升实践教学条件方面付出了努力：一方面，加大投入力度，极大地改善硬件设施条件；另一方面，持续提升实训师资的综合能力。由于智能制造工程专业的实践教学体系具有整体性强的特点，需要系统地进行规划设计，对实践教学内容进行简单"拼接"的方式往往会导致实践教学效果事倍功半，造成实践教学设备的浪费。

（四）实践教学中知识跨度大，学生容易产生惧怕心理

少数职业技术学院初步搭建了智能制造工厂模拟产线，但在实践教学中需要综合运用多种专业知识与技能，若学生对某个技术没掌握好，便可能影响整个实验效果，容易挫伤学生的积极性。

基于上述原因，笔者拟针对现有智能制造工程专业的课程体系进行探索，拓展学生的专业基础知识，提高学生的实践能力与创新意识，以期进一步契合新工科的培养理念。

二、智能制造工程专业实践体系优化

当前国家大力推进新工科建设，新工科建设是面向工程教育的深度改革，而工程教育的一个本质特征就是实践。智能制造工程新工科专业融合了"机器人""大数据""人工智能"和"互联网+"等要素，具有多学科交叉复合、与工程实际联系紧密等特征[5]。因此，实践教学是支撑智能制造人才培养的重要环节，直接决定培养目标的有效达成度。但过多强调培养学生的动手实践能力，必然会与职业教育的培养模式雷同，不符合大学的办学宗旨和专业的人才培养目标。为适应社会发展对大学生专业知识及技能的要求，我们需要首先构建面向新工科的智能制造工程培养计划，围绕培养计划中关键课程的实践需求，构建智能制造工程实践基地产线，最后以此基地相关硬件为基础，开设多门验证性和综合性实践课程，以有效支撑智能制造工程专业培养目标的达成，提升人才培养质量，适应行业对智能制造人才需求。据此规划，本项目拟从以下三步进行展开。

（一）智能制造创新基地建设

智能制造工程是面向新工科的强实践性专业，因此，需要有完善的实践教学环节来对课程体系进行支撑。高校需要依据智能制造工程专业的就业对象为导向，以实际工业级智能制造过程为核心来构建智能制造工程实践基地，形成一个完整的企业级信息化体系。在软件配置方面，智能制造工程实践基地应当采用企业智能制造领域所广泛应用的软件系统，如用于数字化设计的ScanTo3D、用于制造的ESPRIT软件、数字孪生仿真系统；在硬件配置方面，应该组建基于工业六轴关节机器人的柔性智能自动化产线，具有生产管理系统软件、自动上下料机器人系统、快速旋转型物料库、工件物料识别系统、视觉定位系统等相关硬件与功能，在加工能力与过程等方面完全符合企业产品生产所需要的硬件条件；在信息化方面，配置工业互联协同制造MES，面向生产全过程实现信息的高效传输、智能排产与大规模调度，处理能力满足工业级需求；同时，智能制造基地还应当设置有人工智能工业视觉检测平台，对生产的全流程进行智能化管理，也符合现阶段智能制造的发展趋势。

为更好地提高智能制造工程专业的教学效果，三峡大学机械与动力学院拟借助中瑞智能制造合作项目，学习瑞士等经济发达国家先进装备制造技术和经验，构建GF智能制造创新基地，开展高层次应用型人才、技术技能型人才培养模式的研究与实践。基于智能制造工程实践基地，三峡大学在实践教学内容方面，以典型机械产品为生产对象，设计多个实践课程并分散在大一至大四的课程中，让学生依次完成该产品的设计、性能分析、工艺规划、加工制造、智能管理、物流服务的产品全生命周期管理。由于所有实践环节围绕同一具体机械零部件产品，所以该实践体系具有清晰的逻辑关系及高度关联性，实现了实践内容的全流程贯通，让学生能通过实践课程的锻炼，印证理论教学环节中所学的理论知识。

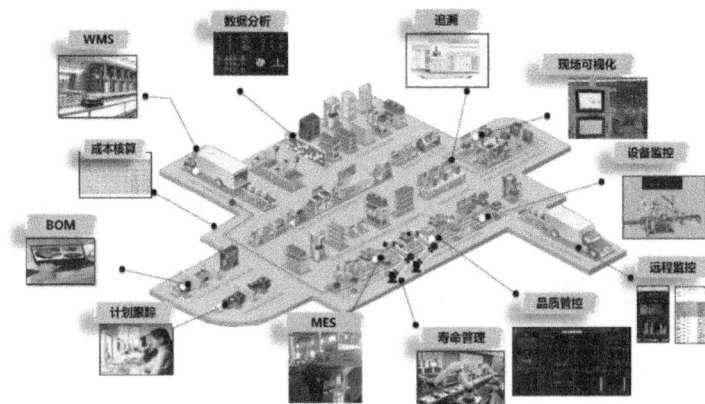

图 1　智能制造创新基地功能

（二）智能制造创新基地的实践课程开发

机械加工生产流程复杂，具有高速度、高精度等特点。传统的教学模式和教学手段比较单一，学生难以靠近生产线深入了解生产过程，不能进行生产操作深入学习，无法进行研究和仿真验证，不利于全面认识和解决实际可能遇到的工程问题。

为此，在前述智能制造创新基地实施基础上，笔者拟以本科院校新工科建设需求为目标，将基地建设与智能制造工程专业关键课程体系相结合，专项设计多个综合性实验课程，形成 GF 智能制造实训综合平台，如表 1 所示。该项目以具体某一零件为对象，参照现代化工业体系，建立"设计—制造—装配—运维"的流程生产线。该生产线基本涵盖了机械零部件生产的主要流程，可以完成各个环节的生产操作和工艺模拟，同时通过网络信息技术将设备信息、工艺信息、物料信息等有效融合，实现互联互通。

表 1　基于智能制造创新基地的实践课程

实践课程	依托硬件	受益课程
机械制造技术实训	五轴加工中心机床、高速精密加工中心、火花机	制造执行系统技术及应用、智能制造装备及系统、数控技术与装备、数控加工实训
智能装备设计综合实训	产线（机械手、导轨、软件、物料库）	制造执行系统技术及应用、智能运维与健康管理、智能制造装备及系统、机器人技术及应用、嵌入式控制技术、工业网络技术与应用、生产系统建模与仿真、PLC 原理及应用、单片机原理及应用
数控技术综合实训	多轴 CAM 编程仿真及后处理	智能产品设计、数控技术与装备
人工智能视觉检测实验	人工智能工业视觉检测平台	机器视觉、人工智能技术及应用
智能产线课程设计	工业互联协同制造 MES	嵌入式控制技术、智能传感与测试技术、工业网络技术与应用、产品创新设计与 3D 打印
数字孪生综合实验	数字孪生仿真系统	工业网络技术与应用、虚拟仪器技术

学生通过各单项实验课程的锻炼，进一步掌握机械加工工艺流程与工艺结果的相关性，深挖工程应用和基础理论创新研发潜力，提高实践能力，激发创新思维。结合工业互联协同制造 MES 系统，学生能进行企业资源计划管理模拟、生产制造执行管理模拟、生产过程控制模拟、生产装备操作模拟等多维度、全方位的实践活动，形成工程实践性强、综合性强、创新性强、研究性强的实践课程体系，提升自己的工程实践能力、工程设计能力和创新能力。

（三）智能制造工程专业实践教学体系优化

实验教学体系依托智能制造工程专业实践创新平台，紧紧围绕专业培养目标，缩减原有专业基础课程中传统的演示型、验证型实验，引入课程中关于新知识、新技术的虚拟仿真实验；合并相关专业核心课程的课程设计与生产实习等，组成综合型实验；增设学科前沿课程的虚拟仿真实验，与智能制造工程专业实践创新平台相辅相成，形成虚实结合的应用创新型实验实训项目，构建"基础型—综合型—应用创新型"层层递进的智能制造工程专业实验教学体系，以促进应用型高校学生的知识水平和实践能力的不断提升。

1. 基础型实验

基础型实验所涉及的课程多是机械、电子等方向的专业基础课程，当前所开设实验大多重理论、轻操作，演示型、验证型实验居多，且内容更新不足。为满足智能制造工程这一新兴产业对技术技能型人才的培养要求，应缩减原有的实验项目，同时针对新知识、新技术、新应用增加虚拟仿真实验。一方面，虚拟仿真实验教学可远程共享，不受时间、空间限制，方便线上实验教学模式的变革（虚拟仿真实验搭建初期成本虽高，但后期使用维护费用较低）；另一方面，智能制造工程专业本身就是虚拟（数字）和现实（物理）的交互体，更适合虚拟仿真，如单片机仿真实验、金工实训实验、机械手控制系统实验等验证性基础实验。

2. 综合型实验

在综合型实验中，将原有的课程设计、专业实习等按照知识体系框架、岗位所需技能的指标点进行整合，组成模块化的综合实验项目。比如，数控技术课程设计一般安排在该门课程结束后，理论教学与实践验证分布在不同学期，且知识呈碎片化，缺少综合型的系统训练。同时，课程设计还是传统简单零件进行数控加工，缺少更新，对学生的锻炼不够。

基于上述不足，结合智能制造创新基地的硬件，教师应将工业互联协同制造 MES 与多轴 CAM 编程仿真及后处理模块相结合，让学生经历智能设计、智能制造及智能监测的全周期训练。此外，可以构建试题库，将原有的常规题目匹配给基础比较薄弱的学生使用；而实践能力较强、有一定的实践经验的学生可以自拟题目，从而实现多层次的实验教学，满足个性化的培养要求。改革后的综合型实验项目，解决了原有实验内容碎片化、融合度不高、创新性不足、实验过程程式化、过程应用性不强、个性化不够等方面的问题。

3. 应用创新型实验

以国家级、省级、校级、院（系）四层次的智能制造研究课题（横向／纵向）和竞赛项目为载体，包括各层次的教师科研项目、创新／创业项目、学科竞赛项目等，以实践报告、学术论文、专利申报、参赛作品（软／硬件系统）为成果的实践教学模式，充分发挥学生的能动性，旨在培养智能制造产业急需的高素质的创新型人才。以智能制造科研项目为依托，提高学生理论与实际相结合的工程实践能力和创新能力，重在提高学生智能制造系统规划、分析、设计、评价、优化等方面的理论水平以及系统级的智能制造模型建立和算法设计的实施与研究能力。围绕智能制造技术体系各个层次设立创新／创业训练项目，以项目为载体，以解决问题为目的，让学生在项目驱动下进行主动学习和实践，为学生提供从构思、设计、实施到运作等全过程的工程能力训练，提高学生解决实际工程问题的能力和项目管理能力。学科竞赛侧重培养学生智能制造产品设计、智能制造方法和技术应用、软硬件系统集成的设计开发和应用能力，通过与国内外不同类型高校的学生同台竞技和交流，有效激发他们的创造热情，引导他们树立创新观念，提高他们分析问题和解决问题的能力。

三、结语

为了契合我国实行的"中国制造 2025"计划，高校应该在教学过程中大力推进智能制造工程专业，促进我国制造业迈向全球价值链中高端。为此，在探讨智能制造工程专业人才培养体系过程中，除了在教学资源、实践平台、教学方法、教学内容、培养机制和课程体系中强化网络化、数字化、智能化的教学理念，还应该构建面向新工科的智能制造工程专业实践体系，开设多门验证性、综合性课程，构建基础性实验、综合性实验及创新性实验的多层次实验教学体系，以此促进学生对智能制造的理解，培养学生的实践能力，最终形成以人才创新能力培养为导向的多学科交叉融合培养方案。

参考文献：

[1] 刘云. 智能制造工程本科专业的专业课程设置方案初探［J］. 湖北师范大学学报（自然科学版），2022，42（1）：102–107.

[2] 周斌，卢红，郑银环，等. 面向新工科人才培养的智能制造工程专业实践教学体系建设与研究［J］. 科技视界，2021（34）：49–52.

[3] 任斌. 浅谈新工科背景下智能制造工程专业建设研究［J］. 大学，2021（41）：134–136.

[4] 乔晋崴，许崇海，刘娜，等. 智能制造工程专业建设思考与对策研究——以齐鲁工业大学为例［J］. 中国教育技术装备，2021（18）：8–11.

[5] 殷磊磊，许有熊，曹锦江，等. 应用型本科智能制造工程专业实践教学体系研究［J］. 中国现代教育装备，2022（23）：139–141.

"一带一路"背景下来华留学本科生
水电站建筑物课程教学改革研究[1]

刘刚[2]　王煜　向巧利

摘　要： "一带一路"沿线国家迫切需要大量的水利工程类技术人才，我国"一带一路"倡议的实施进一步促进了来华留学本科生（以下简称"来华留学生"）规模的不断扩大。然而，传统的水利专业类课程教学由于存在缺少专业化沟通、缩减教学内容、忽略教学过程监管等问题，致使来华留学生水利专业核心课程教学难以满足水利工程专业技术性人才的需求，不足以履行"一带一路"背景下新的使命与职责。笔者以三峡大学特色专业水利工程中的水电站建筑物教学实践为例，分析"一带一路"背景下来华留学生水利类专业核心课程教学存在的问题及原因，研究水利类专业核心课程教学改革与发展的对策与办法，以期进一步提高华留学生水利类专业核心课程的教学质量，从而助力于培养"一带一路"发展需要的高精尖水利工程类技术人才。

关键词： "一带一路"；来华留学；水利专业；教学改革

共建"一带一路"的国家迫切需要水利水电工程建设专业人才。随着我国"一带一路"倡议的持续推进以及来华留学政策的逐渐完善，越来越多共建"一带一路"国家的学生选择到我国留学。据统计，截至 2019 年，来自共建"一带一路"国家的来华留学生数量已超过 30 万人，占来华留学生总数的 54%，规模相对比较庞大[1]。水利工程是三峡大学的特色专业与优势专业，三峡大学水利工程专业自 2014 年开始招收留学生，已连续招收 9 届留学生，来华留学生生源主要集中在共建"一带一路"国家，如塔吉克斯坦、孟加拉国、乍得，招生数量逐年上升[2]。笔者以三峡大学水利工程专业核心课程水电站建筑物为例，分析来华留学生水利类专业核心课程存在的问题及原因，提出教学改革实践的对策与办法，以期提高水利专业核心课程的教学质量。

一、水电站建筑物课程的教学现状及问题

水利工程是一门专业性很强、涉及面很广的工程学科，需要系统教授数学、力学、结构、地质等多门学科的专业知识。水电站建筑物是水利工程类专业的基础必修课程，具有知识点多、技术更新快、工程实践强、应用广泛的特点。目前，水电站建筑物课程教学存在的问题主要集中在以下几方面。

（一）缺乏专业化背景下的有效教学沟通

三峡大学来华留学生招生制度实行申请制，申请条件相对宽泛。来华留学生进校后第一年集

1　三峡大学 2023 年课程思政教学改革研究与实践类专题项目"水电站建筑物（含水力机械）"（K2023030）；教育部产学合作协同育人项目"'一带一路'背景下水电站建筑物课程教学体系改革研究"（230712012607261）。
2　刘刚，三峡大学水利与环境学院水电工程系教工党支部书记，博士，从事水气两相流方面的理论及数值方法研究。

中学习汉语，以提升汉语交流与理解水平，第二年系统学习专业课知识，但是由于语言存在差异，导致水电站建筑物教学缺乏专业化背景下的有效教学沟通。其一，中文版专业性教材知识点众多、推论公式步骤长、不同章节之间联系紧密，留学生在数学计算、物理力学方面的基础较为薄弱，来华留学生深入学习与理解书本知识存在较大困难，导致课程教材内容的输出与学生知识点的输入缺乏专业性的有效沟通。其二，来华留学生的中文水平限于日常简单交流，任课教师的英语水平则限于对课件内容的简单输出，师生之间的理解、交流能力有限，导致师生交流专业知识时存在较大困难。

（二）缺乏有效的过程监督与管理机制

专业知识的教与学不是相互对立的，而是相互依存、和谐共生的。而三峡大学现有的教学监管体系侧重于任课教师，对留学生的监管相对放松，这导致水电站建筑物的教学缺乏有效的过程监管。其一，由于存在文化差异，留学生上课迟到、缺席的情况时有发生，学院对此没有针对性的约束管理机制与考核机制，严重影响了课程教学的进度安排与知识的传授。其二，现有的监督管理体系关注的焦点在于学期末试卷的分数高低，忽略了平时课堂与实验教学的出勤，忽略了教学活动中的过程监管。

（三）缺乏科学性与合理性的教学内容

"一带一路"来华留学生的成长环境、从小接受的教育方式与国内学生不同，他们的思维模式和认知方式与我国学生也明显不同。在课堂上，他们比我国学生更加积极、自信，遇到任何问题都会主动地提出来与老师探讨，乐于表达和分享自己的观点与疑问。尽管"一带一路"来华留学生在课堂上积极主动，但由于他们对专业知识的认知方式与我国学生差异较大，他们在课堂上对专业知识的提取和掌握能力远不及我国学生，导致任课老师只能对课程的教学内容进行删减或对部分内容进行简单讲解，使得教学内容的连续性和系统性受到干扰。"一带一路"来华留学生的自律性也不如我国学生，课堂管理的难度较大，他们学习的动力不足，很少于课后主动学习，这也严重限制了他们对专业知识的学习和掌握。

（四）缺乏对中国传统文化的传播

"一带一路"倡议下来华留学生的定位应该是：做两国文化传播、产业交流的使者[3]。留学生教育的一个重要职能就是传播中国文化，然而，由于留学生日常接触较多的专业课老师在上课过程中往往只注重对知识本身的教授，而忽略了文化传播的重要性，往往导致毕业之后的留学生对中国文化、中国的价值观没有很强的认同感。这与我们倡导的"一带一路"的初衷是相背离的。

因此，在这一时期如何提升来华留学生水利核心课程教学质量，从而更好地服务"一带一路"倡议的实施，是我国普通高校来华留学生水利核心课程教学改革与发展的一个重要问题。

二、水电站建筑物课程教学改革的重点与难点

"一带一路"来华留学生水电站建筑物课程要求使用全英文授课的方式，其教学目标、教学原则、教学内容、教学模式以及课程评价体系与中国学生有着明显的不同[4]。其中，教学目标的设定需要结合来华留学生的特点以及"一带一路"背景下水利类专业教育的目的与任务，注重以文育人，突出大国特色，融入课程思政，充分体现"育人为本、以人为本"的教育目标，推动水利工程专业国际化发展。教学原则主要依据教学目标设定，直接影响教学活动的质量和效率，考虑到"一带一路"倡议下的来华留学生在语言、文化、个性、学习能力等方面的差异性，教学原则也应适应留学生的特点，做到顺应时代发展、与时俱进，做到教育性、发展性、真实性以及互

动性兼备。教学内容是实现教学目标的主要媒介，教学活动的设计、实施、评价均围绕教学内容展开。目前，来华留学生水电站建筑物课程的教学内容大多由我国学生的课件翻译改编而来，教学内容零散复杂、套路单一陈旧、学习难度较大，知识体系的构建不适用于留学本科生，知识的丰富性难以体现。传统的教学模式侧重老师的讲解，忽略了学生的学习任务，由于课堂时间有限，学生很难就老师布置的学习任务进行充分的互动交流。来华留学生在学习方面有一定的语言、文化障碍，致使其在有限的时间内无法与老师进行充分的沟通交流，自主学习的时间被大大压缩，师生之间的互动空间较为局限。传统的教学评价体系偏重考试成绩，忽视了留学生的学习过程以及对所学知识的综合运用能力。这些局限性导致部分留学生平时基本不参与课堂教学，而到了期末考试前期"缠着"老师"划重点"。

三、来华留学生水电站建筑物课程教学改革的思考

针对来华留学生水电站建筑物课程教学在教学目标、原则、内容、模式以及评价体系中存在的问题，课程改革的总体思路如图 1 所示。

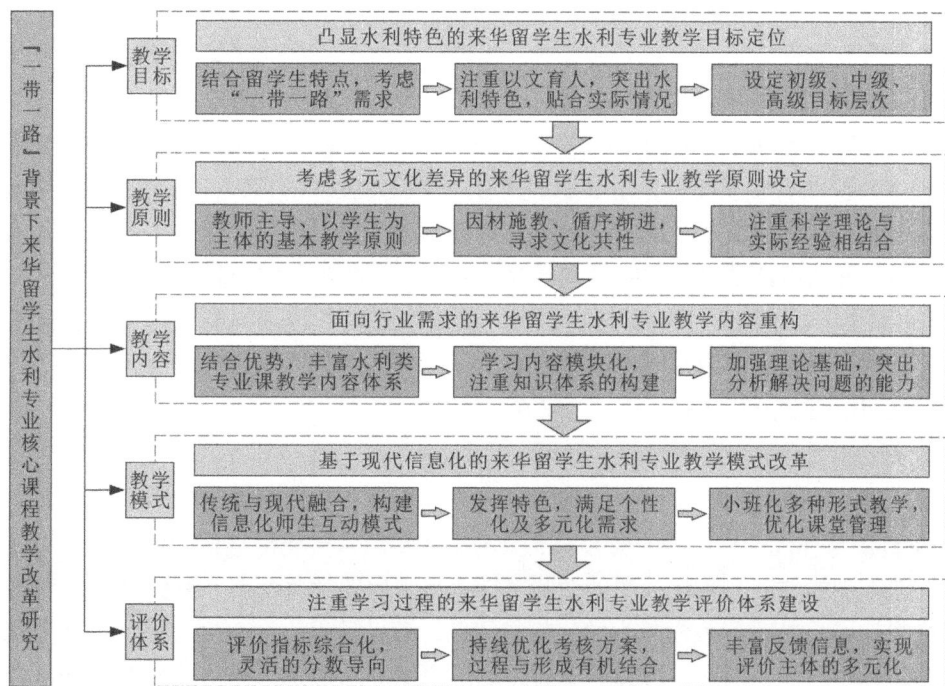

图 1　技术路线

（一）凸显水利特色的教学目标定位

来华留学生水电站建筑物的教学目标设定的层级有四个：第一层级是理论知识的掌握层面，要求来华留学生能够掌握水电站建筑物的基本功能、类型、结构特点、机电设备选型的基本理论、方法及原则；第二层级是对知识的应用方面，要求来华留学生能够根据所学知识，针对具体的问题，在考虑设备安全、经济效益、地形条件等因素下进行水电站枢纽的规划与设计；第三层级是实践层面，要求来华留学生能够考虑实际运行环境，解决水电站建筑物在实际、施工、运行中遇到的复杂工程问题，能够撰写相关的设计文件及所采取的工程措施；第四层级是科学研究层面，要求来华留学生能够对工程实践中遇到的问题开展科学研究，并能够撰写相关的学术论文，与同行进行交流。

（二）考虑多元文化的教学原则设定

来华留学生水利工程专业核心课程水电站建筑物的教学原则主要包含以下几方面：① 基于教师主导、以学生为主体的原则，教师仍然是教学活动的主体，教学活动的顺利展开与教师自身的学术水平、语言能力、实践经验等因素密不可分。同时需要意识到学生是教学活动的主体，要发挥主体的主观能动性，调动其积极性，达到教学效果的最优状态。② 因材施教、循序渐进的原则。该课程种类繁多、知识点覆盖面较广，涉及力学、数学等多学科体系，教师在教学过程中需要根据留学生的个体差异，有针对性地、分阶段地达到设定的教学目标，不能对所有学生统一要求，不能忽视不同留学生的差异性。此外，教学过程应该考虑到知识体系的系统性和逻辑性，知识的传授应做到由易到难、由浅入深、由简到繁。③ 尊重文化差异、包容文化特色的原则。留学生与中国教师之间的文化差异是客观存在的，而来华留学生大多年龄较小，面对完全陌生的环境及文化的差异，他们可能会产生心理上的不适应，导致面对"严厉"的老师时存在心理上的防御机制。教师在教学过程中要包容不同文化之间的碰撞、互相尊重、互相理解，努力寻求不同文化中的共性部分，营造和谐温馨的教学环境。

（三）面向行业需求的教学内容重构

我国水利水电建设事业在国际上具有突出优势，建造了一系列"国之重器"以及享誉世界的伟大工程，在水利专业教学方面具有丰富的理论基础及工程案例。水电站建筑物是在总结多年来水电站设计、建造、运行等经验的基础上形成的一门优势学科。其课程教学内容的改革主要从以下几方面展开：① 结合学校优势，丰富水利类专业课程的教学内容，将不同的知识点有机地串联起来，以点带面，逐渐形成完善的知识体系。② 针对来华留学生的特点和学习需求将学习内容模块化，厘清各部分知识体系之间的联系和区别，针对不同的学习内容建立相应的学习模块，能够让留学生利用碎片化时间对学校内容进行温习，尽快掌握知识要点。③ 围绕水利工程建设、运营的需求，保证教学课时，加强基础理论知识的学习，将理论与实践有机结合起来，突出培养留学生分析、解决问题的能力和素养。

（四）基于多元信息化的教学模式改革

"一带一路"背景下来华留学生水利工程专业核心课程教学模式的改革主要从以下几方面展开：① 注重传统与现代教育手段的融合，充分利用翻转课堂构建信息化师生互动模式，通过增强师生之间交流互动的空间与频次，帮助教师掌握每个学生的学习状态，有针对性地调整教学内容与教学进度[5]。② 发挥现代教学技术的优势与特色，满足学生的个性化发展及多元化需求，将枯燥的专业知识通过图像、动画、视频等方式生动形象地展示出来，让留学生在学习时更加轻松。③ 利用小班化优势开展多种形式的教学，通过多感官直接参与课堂内容的学习，化抽象为具体，缩短学生认识事物的过程，提高第一课堂的学习效率，同时优化课堂管理，提高课堂积极性。④ 加强培养留学生的自学能力，提供多样化的外部刺激和丰富的参与机会，帮助留学生主动学习训练，实现课内课外互补。

（五）注重学习过程的教学评价体系建设

水电站建筑物的课程评价体系改革应注意以下几个方面：① 注重学习过程，采用更加灵活的分数导向，将评价指标综合化，持续优化课程考核方案，合理设置平时成绩的考核方式以及分配平时成绩在考核体系中的占比，实现过程性评价和形成性评价的有机结合。② 丰富留学生的反馈信息，实现师生互评、学生自评互评等评价主体的多元化，全面、客观地反映留学生的学习状态和教学状况，进行针对性的改进。

四、结语

在我国政府的不懈推动下，"一带一路"提供了深受欢迎的国际合作平台，将为我国发展打开新的机遇之窗。共建"一带一路"的国家迫切需要大力发展其基建行业，亟须大量具备专业技能的工程技术人才。因此，提升来华留学生水利专业核心课程的教学水平，对培养具有国际视野的水利类专业人才，帮助来华留学生从"知华"到"友华""爱华"的转变，为我国中资企业输送大量的具有当地背景的熟悉中国文化氛围的人才，具有十分重要的现实意义。

参考文献：

[1] 高洁，陶学宗，徐最，等."一带一路"背景下海事类留学生专业重点课程教学改革研究［J］.教育教学论坛，2020（7）：139–140.

[2] 费学宁，李光昱，周建国.建筑类工科院校留学生基础课程教学改革研究——以大学物理为例［J］.天津市教科院学报，2018（3）：22–25.

[3] 刘心，张子迎，苏丽.留学生教育理念与教学改革研究［J］.教育教学论坛，2012（44）：47–48.

[4] 李延文，汪五一.PBL教学模式在留学生教学中的应用研究［J］.安徽工业大学学报（社会科学版），2018，35（1）：93–94.

[5] 张培，许龙，沈茜."一带一路"背景下留学生翻转课堂教学改革研究［J］.沧州师范学院学报，2021，37（3）：124–128.

基于 OBE 教育理念的水工建筑物课程教学改革与探索 [1]

薛松 [2]　童富果

摘　要：水工建筑物是水利水电工程专业的核心应用型专业课程，在专业认证的背景下，基于 OBE（成果导向教育）理念分析了水工建筑物课程内容安排、培养目标、教学方法、考核方式、课程思政等方面存在的不足。结合水利水电工程专业学情及行业发展的特点，以提高学生工程素养及工程应用能力为核心，针对性地提出了水工建筑物课程教学改革的策略。

关键词：水利水电专业；水工建筑物；OBE 理念；教学改革

为保障高校工程教育的质量，同时与国际工程教育接轨，2006 年教育部启动工程教育专业认证工作，直指工程教育强国建设中的教育理念、标准、模式、评价等核心问题，全面深化工程教育改革。成果导向教育（简称 OBE）是工程教育认证的一个核心理念，于 1981 年由 Spady 等人提出，现已成为美国、英国、加拿大等国家教育改革的主流理念。传统教育理念以教师教为中心，以授课内容为目标；而 OBE 教育理念是以学生为本，其关注的是学生在学习后具备了何种能力 [1]。工程教育教学改革的出发点和归宿是全面提升学生工程应用能力，基于 OBE 理念的教学改革对于提高专业人才工程能力具有积极促进作用，在国内的教育改革得到了广泛的关注。

水工建筑物是水利水电工程专业的核心主干专业课程。学习该课程需要学生具备力学、数学、材料学、工程管理等专业基础；同时要求学生能够将已学知识用于水利、水电及相关工程领域的规划、设计、施工、管理。该课程综合性强、内容丰富、实践性强，在水利水电工程人才应用能力培养方面起着核心支撑作用。在课堂实践中，一方面，该课程涉及知识面广、应用性强，导致学习难度大；另一方面，学生普遍缺乏工程思维和经验。总体而言，在传统"填鸭式"教学模式下，学生能力培养效果不佳 [2]。因此，针对现阶段水工建筑物教学中存在的普遍性问题，基于 OBE 教学理念，对教学内容、教学目标、教学方法、考核方式的改革成为保障课程教学质量的重中之重。

一、水工建筑物课程教学的现状

（一）内容多而学时少

以三峡大学水利水电工程专业为例，水工建筑物课程共 56 个学时，其中 52 学时为课堂教学，4 个学时为实验教学。从教师角度看，在有限的学时内教师需讲授完重力坝、拱坝、土石坝、闸门、岸边溢洪道、水工隧洞、渠首及渠系建筑物、建筑物设计及管理等 12 章内容。由于内容多且杂，为完成既定教学任务，教师通常会有意识地控制课堂进度，普遍形成了以知识点为中心的"满堂灌"授课方式，难以对课程内容进行深入、延展性教学，更没有时间与学生就实际工程问题开展启发

1　三峡大学教研项目"基于工程设计能力培养的水工建筑物课程教学方法改革与实践研究"（J2023083）。

2　薛松，三峡大学水利与环境学院水电工程系副主任、讲师、博士，从事水利水电工程教学研究。

式探讨并培养其工程应用能力。

从学生角度看，受个人经历与视野的限制，学生更关注知识点本身，普遍不了解该门课程是以培养工程应用能力为目标。当教师开展以知识点为中心的教学时，学生会误以为该课程和以往基础课程相似，属于记忆型课程，而非应用型课程。由于课程涉及建筑物众多、知识点繁杂且教师授课节奏快，学生普遍存在听不懂课程，记不住、吃不透知识点，不会解决实际问题等。这些现实问题严重地打击了学生学习的积极性，不利于学生工程应用能力的发展。

（二）理论与实践脱节

水工建筑物课程开课时，要求学生已掌握理论力学、材料力学、结构力学、工程材料、工程测量、土力学、工程地质、水力学、水工钢筋混凝土结构、工程水文学、水资源规划与利用等基础课程。然而，这些理论课程如何与水工建筑物这一应用型课程对接并支撑其教学仍缺乏深入探索，是导致水利水电工程专业学生培养中普遍存在理论与实践脱节的关键原因。具体而言，讲授基础理论课程的教师多数不具备水利水电工程专业背景，在前期基础课程学习中，学生很少能够接触与水工建筑物有关的案例。例如，在重力坝应力计算过程中，计算所用公式由材料力学中偏心受压公式推导而来，而在材料力学课程教学中，偏心受压问题普遍以房屋结构举例。因此，学生在修习完基础理论课程后普遍存在疑问，即所学知识如何与专业相联系、所学如何化为所用。基础课程讲授理论而不涉及专业应用，专业课程讲应用而简化了理论，这种教学体系上的脱节，导致学生在课堂上的学习效率不高，学生综合利用各学科知识点解决问题的能力得不到锻炼。

为锻炼学生理论与实践相结合的能力，水工建筑物课程教学体系包含三个模块：课堂教学、实验教学、课程设计。从任务设计上看，课堂教学偏重理论且主要针对工程设计的原理和方法，实验教学关注学生对设计理论中关键问题的感知与把握，课程设计强化学生对于所学理论知识的综合性应用，进而解决实际问题。教师通过理论学习、仿真实验、工程实践相互的配合，实现学生工程应用能力的培养。然而，目前三个教学模块普遍为独立教学，难以高效发挥不同模块间相辅相成的作用。例如，课程设计通常安排在课堂教学任务完成之后，时间上的分隔剥夺了学生对理论知识现学现用的机会，导致学生对设计理论和方法理解不足、记忆不深、应用不强的现实局面。

（三）陈旧的教学内容与快速发展的工程技术

科技的飞速发展使得新理论、新方法、新技术、新工艺不断应用于实际工程，而教材内容存在滞后性，难以反映学科的前沿知识、工程建设现状等。在筑坝技术方面，胶结砂砾石筑坝（胶结坝）、堆石混凝土筑坝等方法和坝型得到了大量实践和推广，使水工建筑物结构设计变得更加多样化和高效；而现有的水工建筑物教材没有涵盖这些新的筑坝方法和结构。在分析方法方面，数值模拟技术（如有限元分析法）在水工建筑物行为和性能分析中的应用越来越广泛，显著提高了设计的质量和效率，且该方法已被纳入工程设计规范；而传统教材内容仍以简化手工计算为主，缺乏对这些技术的介绍和应用。在设计实践方面，三维可视化设计、建筑信息模型（BIM）在水工建筑物设计中逐渐得以普及，这些技术实现了信息的共享、协同设计，提高了设计的效率和准确性。而在课程设计教学实践中，采用的仍为传统的 CAD 平面绘图，鲜有应用新技术。教材内容与技术发展步调不匹配，导致学生对行业发展存在认识与现状脱节、设计理念落后等问题。

从教学环节的角度看，教师是掌控教学内容的主体，教师学识水平决定了知识传递的新颖性与前沿性。目前，三峡大学水利工程学科教师应聘的基本要求是博士，其优势是具备扎实的理论功底，能够将教学内容讲透彻；但大多数教师刚毕业，缺乏工程实践经验，他们在教学时往往照本宣科，无法将行业发展趋势、前沿知识和技术传递给学生。教师课堂教学与项目实践相结合的意识不足也是造成教学内容陈旧的重要因素。工科教师普遍承接工程项目，开展工程问题实践研究，但有的教师缺乏从项目中提炼实践经验反哺教学的意识。这部分教师虽然具备丰富的实践经验，但缺乏知识梳理和传授技巧。如何提高教师自身实践经验、强化教师产学研一体化的意识，进而支撑高水平教学有待深入探讨与实践。

（四）考核方式单一

针对应用型课程，制定合理并行之有效的考核方式对于发展学生工程思维，锻炼学生综合分析问题、解决工程问题能力至关重要。期末考试仍是现阶段课程考核的主要手段，也是考查学生知识点掌握的有效手段，但这种考核方式更适用于理论课程考核。对于综合性和应用性较强的课程而言，这种单一的考核方式远不能全面反映学生实践能力培养的效果。对于学生而言，依据期末考试成绩来评价学习效果传递了一种不良的信号，即该课程是以对知识点的掌握而非工程能力的培养为重点，导致学生学习表现出会背、会考、不会用的现象。

（五）重知识而轻思政

水利类专业旨在培养德才兼备的应用型工程技术人才，学生不仅需要具备扎实的专业知识和职业技能，更需要具备良好的工匠精神、道德情操和职业操守[3]。在水工建筑物这门课程以往的教学过程中，任课教师向学生传授更多的是专业知识和技能，并没有深入地挖掘与该课程相关的思政元素，从而未能实现思政教育与专业课的有机融合，难以在潜移默化中助力学生的全面发展。在课程设计实践中，思政教育缺失引发的连锁反应尤为突出，在工程设计阶段，学生由于责任意识的缺乏，设计不考虑实际、不参考规范、不符合逻辑的情形比比皆是；在工程制图阶段，制图无规范、图与设计书不对应等问题普遍存在。这些现象都体现了学生工程素养不足且缺乏工程行事的红线意识。

二、基于 OBE 理念的教学改革措施

OBE 理念是一种以成果产出为导向的教育理念。因此，在课程教学中，教师应采取反向设计方式，围绕学生能力培养，设计教学内容、教学目标、教学方法、评价方式、思政方式。

（一）课程教学内容调整

水工建筑物种类繁多，学习该课程后，不能要求学生掌握每一种建筑物的设计计算方法，教学内容的选择上要结合学校特点、专业定位、行业需求、服务地域、技术发展等因素综合确定，做到重点突出、兼顾一般。例如，从服务地域上看，沿海地区地势平缓，水网发达、水闸分布广泛地区，地方高校在课程教学时可侧重土石坝、水闸等章节内容；而西南地区水能资源丰富、落差大，水工建筑物多以高坝大库发电为主，课程教学可侧重三大坝型。

教师应从专业教学体系中全面考虑教学任务划分，对水工建筑物的教学内容进行减负并专注于对学生工程应用能力的培养。具体而言，水工建筑物的分类、优缺点、适用条件等相关叙述转移至水利工程概论课程中讲解，转化为引导低年级学生接触水工专业的通识课；大坝泄水、消能等环节涉及的理论及现象应在水力学课程中讲解；土石坝的边坡稳定分析应该在土力学课程里讲解；通过专业基础课与专业课的精准衔接，避免重复教学，提高教学及学生学习效率。同时，腾出学时系统讲授水工挡水建筑物、泄水建筑物的设计理论和方法，提高课程的教学水平。

（二）围绕应用能力培养设置课程教学目标

从成果产出的角度看，卓越工程人才的培养要始终紧扣"基础理论—工程应用—能力培养"这一主线，让人才培养的目标落实到能力培养上。对于理论课程教学要从理论中来到应用中去，即对基础课与专业课的教学内容进行调整，将应用型课程中涉及理论的部分安排到前置基础课程

中学习。对于理论课而言，具有专业特有的工程背景，可帮助学生理解所学与所用之间的联系，激发学生的学习兴趣；同时基于应用目的讲授理论课，能够更好地促进学生对于理论知识的掌握和知识点的应用，做到能举专业案例、会做理论分析、会量化计算，为解决工程问题奠定良好的理论基础。

对于应用型课程教学，要从工程应用出发，培养学生的工程思维与工程能力。水工建筑物的设计，是地形、地质、施工、枢纽布置、运行条件、经济等因素综合平衡的结果，本身并不存在逻辑上的对与错。工程应用能否做好取决于学生对各种因素能否综合、合理地把握，也就是学生的工程思维和能力。在具体培养方面，教室应以工程项目实例为载体，以项目设计逻辑为教学主线，通过对项目的细化、分解将其落实到平时的课堂教学任务中，做到有目的地教学和学习。

（三）丰富教学手段

积极引入多媒体手段，做到具象化教学。针对水工建筑物及地形三维空间结构复杂，要求学生具有较强的空间想象力，在教学手段方面，要充分利用图片、动画、教学模型等工具，化抽象为具体，给予学生具象化的认知，帮助其接受、理解、消化教学内容。针对学生不主动、不擅长思考分析工程问题的现象，在授课形式方面，可根据教学需要尝试翻转课堂，促进教师与学生角色转变，使教师从讲授者变为学生学习的启发者，使学生从旁听者变成水利工程设计项目的"决策者"，强化学生的主体意识，锻炼其工程思维。

积极引入行业资源，努力做到校企培养不脱节。将行业主流的设计与计算软件用于结构计算、稳定计算、水力计算等教学环节，一方面促进学生对于工程设计手段的了解，另一方面通过计算软件的可视化能力帮助学生理解水工建筑物荷载作用下的受力和变形特点。积极邀请行业专家参与专业课堂教学，通过行业专家对水工设计流程及案例的讲解，提升学生工程视野，了解学校学习和工程实践的异同，帮助学生树立工程自信；同时帮助学生了解行业趋势、行业需求、行业要求，促使学生思考个人能力与社会需求的差距，激发其学习动力，实现校企协同育人。

（四）成绩评定指标多元化

克服唯考试论的片面评价导向，构建多因素加权的综合性评价体系。工程应用能力培养是一个长期性过程，不是短时间内突击记忆能够产生效果的，因此，过程性考核是成绩评定的关键性参考。在考核中既要体现对知识点的活学活用，又要体现对复杂问题的综合分析与解决能力。综合性评价应以教学大纲规定的课程的期望知识与能力培养目标为依据，建立能力指标与知识点的对应关系，同时依托课程设计综合性考查学生的能力培养效果。具体而言，可以将最终考核成绩划分为两大块：期末考试成绩占 50%，主要考核学生对知识点的掌握情况；平时成绩占 50%，主要考核学生的工程应用能力。平时成绩又可细分为出勤占 20%、课堂在线习题占 30%、课后专项设计占 50%；课堂在线习题主要针对知识点，通过雨课堂等手段在线发布，考查学生活学活用的能力；课后专项设计主要针对工程应用，通过发布工程设计任务考查学生综合解决问题的能力。

（五）思政教育提升工程素养

工程应用型课程思政不同于一般理论课思政教育，教师应将专业课程与国家命运紧密联系在一起，培养学生的爱国热情和奉献精神，引导学生坚定理想信念，打好专业基础，使其能够在专业岗位上报效祖国。每一座水利工程都是大国重器，其产生的社会经济效益巨大，失事的后果也十分严重。作为一名专业教师，课堂教学有必要弘扬"忠诚、干净、担当，科学、求实、创新"的新时代水利精神，从而达到教书育人、立德树人的目的。此外，工程界普遍实行工程责任终身制，教师可通过安全生产责任事故的案例警醒学生。工程规范是工程师的行事指南，通过思想上的教育引导学生在工程应用中严格遵守工程规范,进而在教学中提升学生的工程素养。

三、结语

笔者在工程教育专业认证的背景下,基于OBE教育理念,针对水工建筑物这一应用型课程,分析了其在工程能力培养方面存在的普遍性问题,并从优化教学内容、丰富教学手段、合理化考核评价方式以及思政育人五个方面探讨了基于工程能力培养的课程教学改革的思路与方法。通过对课程内容瘦身,使课程教学更加聚焦于工程应用;通过明晰专业体系课程衔接,凸显应用型课程能力培养的导向;通过引入先进工具并对接行业单位,实现教学手段与理念的与时俱进;通过优化考核评价体系,驱动学生学习理念转变;通过发掘工程背景的思政育人材料,促进学生规范工程行为提升工程素养;通过对课程体系化的改进和完善,促使学生工程应用能力的培养,为日后步入工作阶段打下扎实的基础,同时为社会输送高质量水利类应用型人才。

参考文献:

[1] 蔡龙,何勇毅.基于OBE教育理念的土木工程专业人才培养模式的探索与实践[J].科技风,2022(21):35-37.

[2] 邹爽.水工建筑物教学模式改革探索[J].教育教学论坛,2018(14):140-141.

[3] 黄小华.水工建筑物课程思政路径探析[J].杨凌职业技术学院学报,2022,21(2):63,65,89.

新文科背景下社会保障学线下课堂改革
研究与实践 [1]

易覃秋子 [2]

摘　要： 针对学生学习内驱力不足、教学实施不够灵活、课程评价体系单一的问题，社会保障学以新文科坚持价值引领、守正创新为指导，在合作教学理论指导下，从教学内容、教学方法、教学评价三方面开展线下课堂改革。一是设计理论联系实际的教学内容，并注重课程思政；二是实施 BOPPPS 教学模式，灵活教学实施过程；三是建立多元化教学评价体系，以评促学。课程在期末学生教学评教当中获得 97 分，表示学生对该课的学习情况满意，该课教学改革取得了显著成效。
关键词： 社会保障学；线下课堂改革；BOPPPS 教学模式；合作教学理论

2020 年 11 月 3 日，教育部在山东威海组织召开新文科建设工作会议，发布了《新文科建设宣言》，提出在新文科建设上要紧抓专业优化、课程提质和模式创新。因此，在高校文科教学中迫切需要改革旧课程，构建适应新时代人才培养要求的课程新体系。

社会保障学为公共管理专业主干课程之一，主要介绍社会保障基本理论和知识，是一门综合性的应用科学，具有综合性、多功能性以及理论与实践紧密结合的特点。当前我国民生问题引起了政府和民间的高度关注，社会保障已成为我国经济和社会转型的关键问题之一，社会保障、社会政策等领域既成为政府工作的重点，也成为学术界研究的热点，故社会保障因其学科性质显得尤为重要，加强本课程建设也是现实的需要。但是，目前高校对社会保障学课程的教学相对缺少知识传授的趣味性。因此，在新文科建设的背景下，需要对社会保障学课程提质，改革教学方式，进而有利于培养适合时代发展的社会保障专业人才。

一、社会保障学线下教学中的痛点问题

笔者通过调研了解了相关学科学生的学习需求及存在问题。调查对象为三峡大学公共管理专业学生，共发放问卷 92 份，回收有效问卷 50 份，回收率 76.1%，有效回答率 100%。通过学情调研和前期教学评价反馈了解到，该课程整体教学存在三大问题，即学生学习内驱力不足、教学实施不够灵活、课程评价体系单一。

（一）学生学习内驱力不足

学习内驱力是学习的根本动力。大学生的学习内驱力可以理解为学生为了满足某种需要，从内心渴望学习的积极性 [1]。但是从本次调研结果看，如图 1 所示，在学习过程中约 40% 的学生表现出"没兴趣，为考试而学"，约 26% 的学生表现出"课后不积极，消极对待学习资料和作业"

1　2022 年三峡大学高教研究项目（GJ2224）。

2　易覃秋子，三峡大学法学与公共管理学院讲师，研究方向为老年人健康与保障。

等。以上数据表明学生学习内驱力存在明显不足。

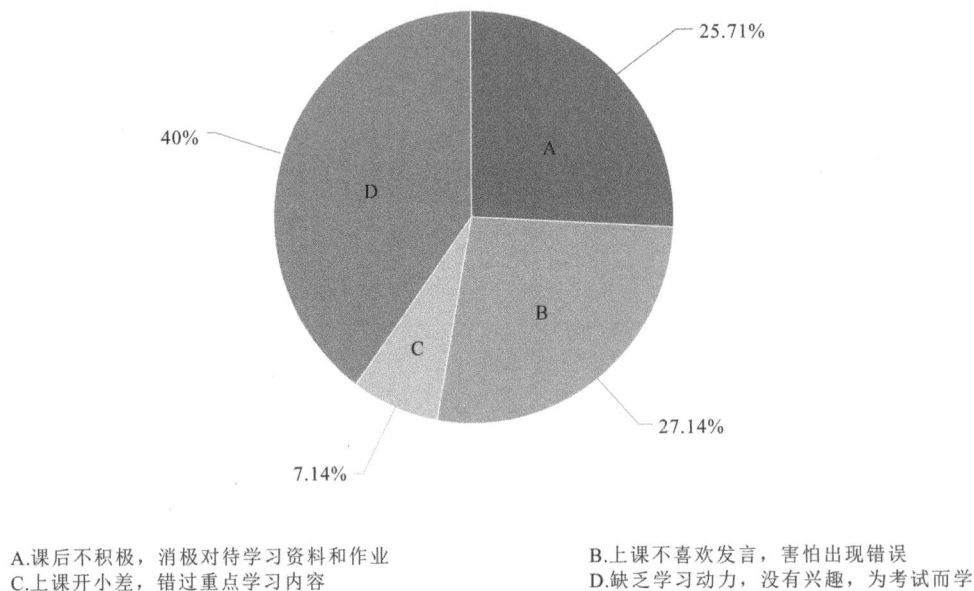

A.课后不积极，消极对待学习资料和作业　　　　　B.上课不喜欢发言，害怕出现错误
C.上课开小差，错过重点学习内容　　　　　　　　D.缺乏学习动力，没有兴趣，为考试而学

图1　学生学习的主要问题

（二）教学实施不够灵活

灵活多变的课程实施方式是助推课程合理化的重要途径之一。目前，高校教师中普遍存在"重科研、轻教学"的情况，在以往社会保障学教学中亦不例外。社会保障学在实施教学创新改革之前，主要以"填鸭式"讲授为主，教学实施相对枯燥、笼统，极易造成学生注意力的分散。虽然教师在教学实施过程中根据课程章节内容安排适当融入了专题讨论和多媒体展示，但大部分教学活动依旧采用口述的方式，难以激发学生的学习兴趣，没有很好地体现以学生为中心的教学理念。

由学情调查亦可知，如图2所示，关于学生认真听讲的状态，约36%的学生能维持30分钟，约37%的学生能维持20分钟。这说明教师需要通过灵活多变的教学方法，让学生在其听课状态饱满的时长范围内充分掌握知识点。另外，在提问学生更偏好哪种学习方式时，虽然大部分学生（约76%）选择"以老师课堂讲解为主"，但是仍有约43%的学生希望开展合作教学。这些数据侧面反映出学生对丰富教学实施方式的希望，如图3所示。

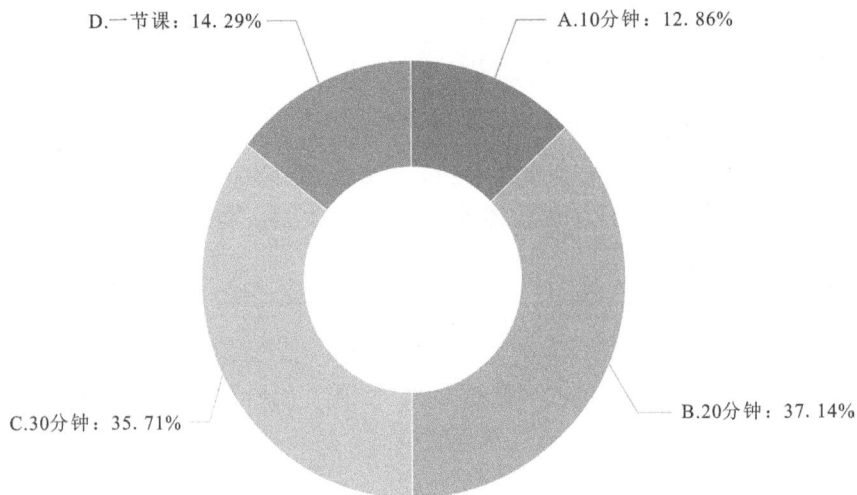

图2　学生认真听讲的时长

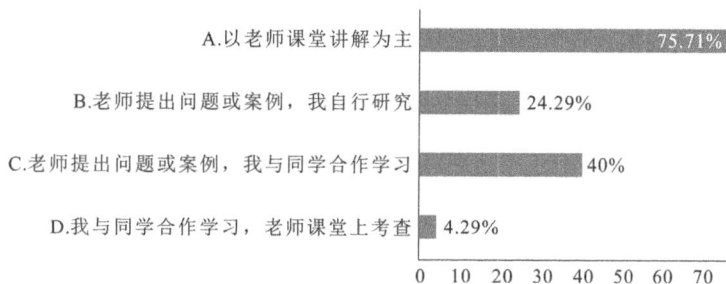

图 3　学生偏好的学习方式

（三）课程评价体系单一

教学评价可直观判断教师的授课质量和学生的知识掌握情况，是有效推进课程改革的重要手段之一。社会保障学在实施教学创新改革之前，采用三七分的评价方式，即学生的课程成绩由平时成绩和期末成绩构成，其中平时成绩占 30%，期末成绩占 70%。此种评价体系的内容较为局限，突出期末成绩占比，易使学生产生"平时不学习，期末考试突击复习应对"的倾向。

另外，课程评价主体单一。课程评价以教师单向为主，缺乏学生之间的互动评价，不利于学生提高学习积极性，评价结果亦可能缺乏科学性。

二、课程创新理念

该课程以合作教学理论为指导进行创新改革。合作教学理论是 20 世纪 70 年代以阿莫纳什维利为代表人物的一种教学理论。该理论提倡教师在教学过程中应充分做到师生合作，重视学生的学习兴趣、学习能力的培养以及个性的健康发展，从而促进学生的内在学习动机的发展[2]。该理论在强调学生获得理论知识方面的学习的同时，注重教学的情意功能，要求教学活动能够获得学生的认可、满足学生的学业获得感和成就感等心理需求[3]。笔者认为，合作教学理论的运用可以使社会保障学课程的教学更加灵活。

在合作教学理论的指导下，教师按每个学生的实际水平让学生自由组成若干小组，各组学生共同研究和探讨教师根据教学大纲设置的课堂活动。教师通过观察和即时反馈的方式及时给予学生指导和评价，旨在使学生变被动学习为主动学习，自然而然地形成一种积极主动的学习氛围。

三、教学改革创新措施

该课依据管理学科教育元命题当中"怎样培养人、培养得怎样"的出发点，以新文科建设中"守正创新，交叉融合"为指导，在合作教学理论为的指导下，从教学痛点问题出发，在教学内容、教学方法、教学评价三个方面开展教学创新。

（一）教学内容

社会保障学是一门研究社会保障实践活动及其发展规律的学科。该课在课程内容设计上按照课程体系结构划分为两大板块，即基础理论板块（12 课时）和制度实践板块（20 课时）。其中，制度实践板块又细分为社会福利、社会救助、社会保险和其他保障四方面，每方面加入经典案例分析、视频鉴赏等，在增加趣味性的同时，注重理论与实践的连接。

坚持讲中国经验与中国方案，将"坚持以人民为中心""四个自信""社会主义核心价值观"等课程思政元素嵌入教学内容，实现显性思政和隐性思政相结合，培养学生社会参与和服务意识，提高学生的文化自信和民族自豪感。如讲授"社会保障的功能"时,通过向学生推送由清华大学社会治理与发展研究院和中国教育电视台联合出品的系列纪录片《中国社会保障纪实》的第一集《民生福祉》,向学生展示我国社会保障制度帮助普通家庭化解了生存危机、改写生活命运、提高生活质量的故事,使学生深刻体会我国社会保障改革带来的幸福感,增强制度自信。

(二)教学方法

为解决教学实施不够灵活的问题,该课采用了 BOPPPS 教学模式设计教学实施流程。BOPPPS 教学模式将课堂教学过程划分为六个步骤,分别为导入(Bridge-in)、学习目的(Learning Objective)、前测(Pre-assessment)、参与式学习(Participatory Learning)、后测(Post-assessment)以及总结(Summary)。六个步骤的英文首字母缩写整合简称为 BOPPPS。BOPPPS 教学模式六个步骤构成一个有效、完整的课堂教学闭环,强调教师和学生的多元互动,体现以学生为中心的思想,具有很强的可操作性[4]。大量的实践教学表明,BOPPPS 教学模式是一个"有效果、有效率、有效益"的教学模式[5]。在 BOPPPS 教学模式的设计下,本课程的具体教学实施如下:

1. 导入环节

该环节的目的在于激发学生的学习兴趣。教师在课程教学过程中,通过引入新闻报道、经验故事、简短文字等方式让学生进入学生状态,对将要进行的知识点学习有浅显的了解。

2. 学习目标环节

此环节将围绕教学大纲所设立的课程体系以及课程内容,从理论知识目标、能力达成目标、思想政治目标三个层次入手,确立有针对性的学习目标。

3. 前测环节

该环节拟通过智能化教学平台长江雨课堂制作习题(选择题、判断题等),让学生在未接受系统学习之前作答,使学生对本节课知识点有大致的了解,同时帮助授课教师了解学生对知识点的既有掌握程度,明晰具体课程讲授过程中需要重点讲授的知识点内容。

4. 参与式学习环节

该环节是整个教学过程的关键环节。教师可通过两种方式开展:第一,实施翻转课堂,以小组为单位,采用"师生角色互换"的趣味形式,让学生提前自学,并在课堂上扮演老师的角色,展示自己对课程内容的学习情况并接受答疑,教师最后有针对性地对重点内容进行梳理。第二,采用"老师讲授+提问互动+小组课题研讨+老师答疑"的方式。参与式教学环节力求教学形式多样化,增强学习趣味性,培养学生自主思考、自主学习的动力,同时注重教学内容安排,实现显性思政和隐性思政的有机结合。

5. 后测环节

后测将采用与前测一样的习题,通过前后测对应来把握学生是否真正掌握了知识点、是否达到学习目标。同时让学生自我反思前测阶段出现答题错误的原因,进而加深对知识点的理解。

6. 总结环节

概括讲述知识点内容的同时布置课后作业,让学生持续巩固既学知识点。

(三)教学评价

针对教学评价体系单一问题,课程构建了"评价内容多元化+评价主体多元化+评价方式多元化"的综合评价体系,如图4所示。

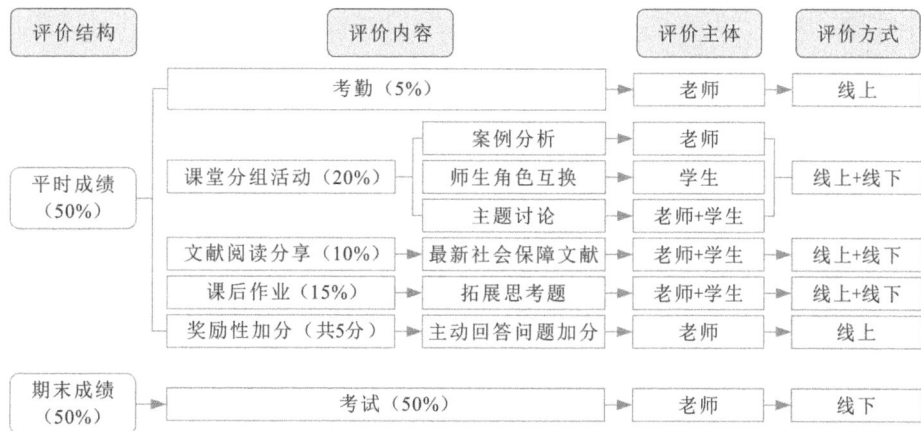

图4　教学评价体系

1. 评价内容：过程＋结果

该课改变以往三七分的评价结构，采用平时成绩和期末考试五五分的架构，注重对学生学习过程的评价，改变以往仅通过考勤一锤定音的方式。首先，在平时成绩评价内容上，根据学生意向，将平时成绩的考核分为"考勤（5%）""小组活动（20%）""课后作业（15%）""文献阅读（10%）"以及"奖励性加分（课堂主动回答问题加1分，且积分达到5分者有机会就课程内容为其他同学出题）"五部分，以保证课堂教学内容评价的多元化和灵活性。特设奖励性加分方式，目的在于进一步激发学生的学习内驱力，使学生在课堂上真正动起来。

2. 评价主体：教师＋学生

合作教学理论提倡教师在教学过程中与学生之间的师生合作。因此，为避免传统考核方式中教师决断的片面性问题，在合作教学理论的指导下，该课的教学评价采用"老师点评＋学生互评"的方式展开，并根据不同的评价内容为其设置不同的权重占比，从而使课程成绩更加合理，在保证科学的同时，通过评价体系的多元化激励学生的学习内驱力。

3. 评价方式：线上＋线下

随着网络信息化手段的发展，雨课堂、学习通等智慧学习平台和信息化教育手段逐渐深入高校教学课堂。使用智能化教学手段能将师生、生生的互动情况融入教学评价，实时记录学生的课程学习情况，并通过赋予适当的权重，评价学生的整体表现，以便计入学生的最后考核成绩。相对线下教学方式，线上教学更具便利性、丰富性和新颖性。因此，社会保障学课程在评价方式、线上教学中引入雨课堂智慧教学平台，通过平台的多项功能实现课堂教学内容以及课后练习的教师点评和生生互评，通过"线上＋线下"的多元化的评价方式助推教学评价的全面性和真实性。

四、教学改革成效

（一）学生学习内驱力明显改善

通过课程结束时期对学生的小范围调查可知，约77%的学生表示愿意参与各种形式的小组活动，近67%的学生表示愿意通过慕课等网络视频教学资源继续巩固知识点。以上数据表明：经由教学创新改革之后，学生的学习内驱力有所改善，愿意且能学以致用。

另外，美国教育心理学家奥苏伯尔提出，学生的学习内驱力中包含认知内驱力、自我提高内驱力和附属内驱力三大方面。其中，附属内驱力即个体为了获得长者的赞许和同伴的接纳而表现出来的把事情搞好的一种需要 [6]。该课在课程体系评价中将学生作为评价主体，通过"老师点评＋学生互评"的方式让学生在学习中获得赞许和肯定，从而激发学生学习的附属内驱力。

（二）BOPPPS 教学模式优化了教学实施过程

通过贯彻 BOPPPS 教学模式，让学生在课堂上动起来，改变了以往"填鸭式"的授课方式。在询问学生"课堂上老师最吸引你的地方是什么"时，许多学生给予了"老师上课很有趣""不生搬硬套""会提出很多问题让我们自己思考"等回答，证明课程改革中使用的 BOPPPS 教学模式受到学生的广泛认可。另外，教学巡视组督导亦对师生间的互动及教学氛围的活跃表示赞许。

（三）课程评价体系日渐完善

五五分教学评价进一步加强了对学生学习过程的控制，有效改变了学生在期末考试前期突击复习的方式，增强了学生学习的积极性。另外，将学生作为评价主体加入课程体系评价的方式使学生感受到自己是主角，从而更加投入学习，亦能使得评价结果更有科学性。

五、结语

当前我国民生问题引起了政府和人们的高度关注，社会保障已成为我国经济和社会转型的关键问题之一，社会保障、社会政策等领域既成为政府工作的重点，也成了学术界研究的热点，故社会保障因其学科性质显得尤为重要。但是，目前社会保障学的教授多侧重知识的单向传输，教学方式相对单一，缺少知识传授的趣味性。据此，在教学实践中，应该通过调整"合理化教学内容、构建趣味化教学过程、完善多元化教学评价"的方式提高教学质量，做到以学生为中心，进而培养适合时代发展的社会保障专业人才。

参考文献：

[1] 任小玲 . 西部高校大学生学习内驱力影响因素的探析 [J] . 亚太教育，2015（33）：243-244.

[2] 李艳丽 . 合作教学理论的尝试与思考 [J] . 天津师范大学学报（基础教育版），2002（4）：20-22.

[3] 蒋山花，蔡文钦，杨钊 . 基于合作教学理论的行政管理专业教学模式创新 [J] . 煤炭高等教育，2013，31（3）：119-121.

[4] 徐福江 . 高校应用 BOPPPS 教学模式的问题与对策 [J] . 宿州教育学院学报，2022，25（5）：34-38.

[5] 张建勋，朱琳 . 基于 BOPPPS 模型的有效课堂教学设计 [J] . 职业技术教育，2016，37（11）：25-28.

[6] 张文 . 略论增强学习内驱力 [J] . 辽宁教育研究，2005（12）：63-64.

研究生数字图像处理课程产教融合
教学体系探究[1]

曾祥云[2]　肖焱山　曾曙光

摘　要： 随着数字信息时代的进步，数字图像已成为许多信息分析、存储和传播的主要媒介之一。云计算、大数据和数字孪生等技术快速发展，使基于数字图像的非结构化数据分析、图像处理、机器视觉等领域逐渐成为科研和生产高地。高校、科研机构和高新企业逐渐加强相关领域的人才培养和引进。笔者聚焦研究生数字图像处理课程理论和实践，探索改革创新思路，融合项目课堂建设，拓展学生创新思维，为培养高质量的复合型人才奠定坚实的基础。

关键词： 数字图像处理；研究生培养；教学改革；产教融合

视觉是人类感知世界的重要方式，而图像作为视觉的基础具有重要作用[1]。随着计算机科学、物联网技术、大数据和云计算技术的迅速发展，信息以数字图像为主要载体之一，并应用于信息的获取、语义的表达和数据的传输。在科学研究和工业应用领域，图像分析处理技术和方法是重要支撑。例如，在影像医学、监控安防、公共安全、交通管理、军事测绘、天文遥感、航空航天和人工智能等领域，数字图像处理技术取得了长足发展并获得显著成果。

数字图像处理技术是诸多科研单位和教育机构的重要探究方向之一，是相关专业毕业生业务能力提升和个人竞争力加强的关键内容之一[2]。此外，高校、科研院所、高新技术企业在数字图像处理的软硬件开发和研究方面投入大量资源，大量的岗位空缺给相关专业的学生提供了更多提升和深造的机会。当前，严密的数学推导是数字图像处理算法和模型的基础，烦琐的公式推导和证明导致教学进度迟缓，直接影响教学效果。此外，数字图像处理领域近年来快速发展，尖端研究成果和技术落地并推广应用，相对落后的教学方法和应用案例使学生产生教学与现实社会脱节的感觉，极大地降低了学生的学习兴趣和热情。建立有效的数字图像处理技术储备和研究基础，是相关专业学生未来发展的必要支撑，因此，引领研究生研究学习该课程的基础知识和实践工具十分必要。

高等院校、科研机构、高新技术企业等越来越重视以数字图像处理为核心课程的专业应用人才培养，数字图像处理课程逐渐成为本科和研究生阶段的必修课之一[3]。笔者从研究生数字图像处理课程的核心建设和教学方案研究出发，针对研究生阶段的知识教育和技能应用特点，主要从理论教育、实践应用和产学结合的角度探讨了该课程传统教学的不足之处。本研究对该课程的教学内容、教学方法、应用实践和技能培养等方面进行了一些教学改革的探索，以期为提升高等院

1　三峡大学 2023 年校级教学改革研究项目"校所协同科教融合人才培养研究与实践——以数字图像处理课程为例"（三峡大教〔2023〕31 号）。

2　曾祥云，三峡大学讲师，博士，研究方向为模式识别、天文技术与方法、时域天文学。

校研究生数字图像处理课程教育质量提供一定的参考和启示。

一、数字图像处理课程改革讨论

（一）课堂教学改革讨论

数字图像处理作为研究生阶段的学习课程，涉及较深和较广的理论知识，其中严格的数学推导和描述是众多图像处理算法的技术基础。教师应在课堂教学中采用适当的方法引导学生梳理和回顾所学的数学知识，避免冗余的数学推导，提高学生的学习兴趣，加快学习进程。例如，在图像滤波和图像编码的应用中，频域变换操作中的傅里叶变换、离散余弦变换、小波变换等是十分有效而经典的算法；加强学生对相关矩阵理论的温习和理解，能有效促进学生对图像相关算法的理解和改进，深化学生对成熟算法的理解，同时提高学生的自主创新能力。

此外，应有效融合科研院所项目任务，形成独特的课堂教学项目案例，渗透科学研究前沿，有效提升学生的学习热情，从而提升其专业素养和技能基础。项目与课堂融合整体实施方案如图1所示。

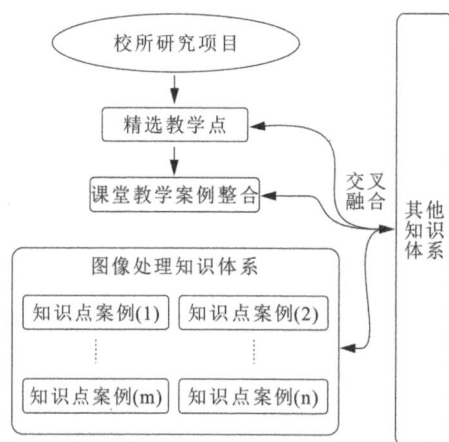

图1　校所联合产教融合项目与课堂整合整体方案

（二）实践教学改革讨论

数字图像处理在实践教学过程中，以仿真软件演示为主，是部分高校及研究所中本科、研究生类似课程的通用教学模式。实验内容包括图像代数及位置运算、灰度变换、直方图处理、空域和频域增强、图像分割、图像彩色变换分析等。它通过对数字图像处理知识点的梳理，明晰其中的逻辑，层层深入学习各类图像的处理方法，是实践教学体系的基本模式。然而，针对特定的任务要求，如暗弱图像增强，由于不同方法之间的联系较小，因此很难形成统一的数字图像处理思路。由此可见，串联数字图像处理课程中广泛的知识点，并探索知识主线，让学生形成统一的数字图像处理知识体系，是亟待解决的核心问题。

二、产教融合引领课堂教学研究

为了满足数字图像处理课程的特性，教学过程需要兼顾理论性和实践性。教师在授课过程中不仅要传授图像处理的数学基础和数学模型，还要强调学生利用计算机进行仿真和代码验证，并按照教学进度及时完成实验内容。教师在教学中需要充分掌握课程特性，准确定位课程，提高教学效率，开拓新环境和新模式下的教学方法。

研究团队采用了产学融合的教学思路。通过补充最新工业和研究领域的需求来完善教学重点，采用教学与实践以及科研进程同步的教学模式。研究致力于培养研究生的能力，注重提高他们发现热点、解决问题和实践应用的能力。教学进程中，教师应鼓励学生主动参与科研项目，旨在加强学生与教师之间的互动，促进基础知识和前沿成果的碰撞和反馈，提高教学质量和研究生培养质量，提升他们的研究能力和科学素养。详见以下两个典型的教学案例。

案例1：分子云核人工证认平台开发。该平台由国家自然科学基金联合重点基金支持，由三峡大学天文与空间科学研究中心的科研团队与中国科学院紫金山天文台联合申请并获批。平台针对项目中天文望远镜巡天实测的银河画卷数据，采用众多图像处理技术进行处理，如中值滤波、小波变换、维纳滤波、梯度优化、边缘提取、投影变换，然后采用计算机软件编程技术，实现处理后图像的软件展示，供用户进行海量分子云核的认证工作，并为后续的深度学习方法提供可靠的训练学习样本。教师在教学过程中，首先介绍项目来源、项目意义、实验目的等。其次，在教师团队的指导下，开展相关知识点的讲解，有意指出这些数字图像处理方法的基本作用。然后，将学生分成几组，分别开展基于相关数据的算法实现，并对比不同组的学生采用的不同方法，完成实验目的最后的效果。最后，再次讲解不同方法在实际项目中的现实效果差异，从而加深学生对知识点的理解。

案例2：基于分布式控制的多天文终端观测系统。时域天文学是天体物理的研究热点之一，为研究宇宙中的时变现象提供全新的研究空间。现代计算机和工业技术的发展以及观测系统机械化和智能化的实现，促进了实测天文学的快速发展。针对多终端探测器观测系统，实现多设备终端的同步观测尤为重要。该项目采用计算机编程实现界面开发，融合数字图像处理技术，如拉伸变换、图像压缩、灰度变换，实现天文观测图像的实时展示、传输和存储，方便天文研究人员快速开展实测工作，提高工作效率。教师在教学过程中，首先讲解项目的背景、意义和实验目的，明确教学中心问题。其次，将学生分成几组，指定不同组的学生采用不同的方法进行实验。然后，对比不同组学生的实验结果。最后，对不同实验结果进行讲解，加深学生对不同数字图像处理算法的理解。

三、结语

数字图像处理核心课程开展创新和综合研究建设，对进一步提高本学科优势、引导学生创新发展、提升学生文化素质、业务能力及核心竞争力具有重要意义。开展产教融合教学模式建设，将校所研究项目与教学实践有机结合，建立具有引导性和创新性的研究生核心课程，可夯实学生的知识基础，扩展学生的应用能力，激发学生的创新思维能力。

参考文献：

[1] 张俊超."数字图像处理"边缘检测教学案例设计［J］.电气电子教学学报，2022，44（3）：4.

[2] 赵洁，廖文静，陈昊，等.基于Python的数字图像处理课程教学演示系统设计［J］.中央民族大学学报：自然科学版，2021，30（1）：7.

[3] 周骛，徐日辛，董祥瑞.数字图像处理与流场测量课程教学案例设计［J］.佳木斯教育学院学报，2021，37（2）：57–58.

新农科建设背景下环境生态工程课程改革初探 [1]

岳琳艳 [2] 李萌 胥焘 夏栋 刘立明

摘 要： 新农科建设背景下如何利用专业课程促进农林人才培养，提升他们服务国家重大战略需求和区域经济社会发展能力，是高校人才培养的新挑战。笔者以环境生态工程课程改革为例，在教学过程中引入 OBE 教育理念，对标新农科人才培养目标，以地方需求为导向，优化教学内容。坚持以学生为中心，融合"BOPPPS+PAD+ 翻转课堂"多种教学模式组织教学，形成"评价 — 反馈 — 改进"的持续改进教学模式，深化教学改革，积极推进新农科专业课程建设。

关键词： 新农科；环境生态工程；OBE 教育理念；BOPPPS+PAD+ 翻转课堂；课程改革

《新农科人才培养引导性专业指南》指出新农科专业建设要对接国家重大战略需求，人才培养与国家产业链、创新链、人才链深度融合、有机衔接，服务农业农村现代化进程中的新产业新业态。因此，新农科建设对高校人才培养提出了新要求，如何充分利用专业课程有效促进创新型应用人才的培养，是高校教师面临的挑战之一。

环境生态工程是新农科建设引导性专业 —— 生态修复学的核心课程，其理念是人类在面临着难以解决的资源与环境等严重问题的背景下提出的，是一门与人类、生物生存、现代工业发展和城市建设息息相关的前沿学科，满足了现代社会经济发展和生态环境协调发展的迫切需要 [1]。目前，已有许多高校将环境生态工程设置为生态学等相关专业的专业核心课程。然而，长久以来，各高校生态学专业的课程设置往往以理论课程为主，学生在学习过程中存在缺乏主动思考、不参与或很少参与教学过程、被动接受知识、死记硬背应付考试的情况，导致学生对相关知识的掌握浮于表面，不能很好地形成知识内化并应用于生产实践，缺乏创新能力。

因此，笔者以环境生态工程课程为例，在教学过程中引入 OBE（Outcome-Based Education）教育理念，在教学中以学生为中心，以成果为导向，持续改进教学过程，采用多元化教学模式，以逆向思维进行教学设计，注重学生创新力、实践力的培养和生态价值观的树立，积极推进新农科专业课程建设。同时，以湖北省及宜昌市环保行业人才需求为导向设置教学重点和社会实践活动，使课程内容满足融入地方生态文明建设所需职业岗位对知识的要求，在培养人才的同时充分发挥高校服务地方的社会服务功能。

一、以新农科建设为纲领，深化教学改革

（一）以新农科建设为基础，重组教学团队

2019 年 6 月 28 日，原教育部高等教育司司长吴岩在新农科建设新闻发布会上指出："新农业、

---

1 "新农科建设背景下 OBE 教育理念在教学过程中的探索与实践——以环境生态工程课程教学为例"（GJ2327）。

2 岳琳艳，三峡大学生物与制药学院讲师，博士，研究方向为全球变化生态学。

新乡村、新农民、新生态是新农科建设的核心任务，新农科建设将把服务脱贫攻坚、乡村振兴、生态文明和美丽中国建设作为高等农林教育的新使命，推进农科与理、工、文学科的深度交叉融合。"因此，高校在新农科建设的过程中必须注重多学科交叉融合，如"农＋林""农＋工""农＋理""农＋林＋工＋理"等多种学科组合，充分发挥各学科优势，培养全能型人才。环境生态工程是一门新兴的交叉学科，是在环境工程和生态工程基础上与其他学科相互渗透交叉形成的，根据生态学原理、采用工程学手段治理修复生态环境的生态工学。鉴于此，我们在环境生态工程课程改革中首先对教学团队进行优化，除传统生态学专业教师外，还纳入了化工、水利工程和环境工程等专业教师，重构知识结构，拓展课程知识体系。教学团队成员背景知识涵盖植物、动物、微生物、生态学、化学、工程学等多领域，融合工、农、理等多学科知识，保障教学目标的顺利达成，如表1所列。

表1 环境生态工程课程教学团队人员组成

教学团队成员	工作单位	研究领域	承担课程任务
岳琳艳	三峡大学生物与制药学院	全球变化生态学	教学、课程体系建设
李萌	三峡大学生物与制药学院	污染生态学	教学、课程体系建设
胥焘	三峡大学生物与制药学院	污染生态学	教学实践
夏栋	三峡大学水利与环境学院	边坡生态防护	教学实践
刘立明	三峡大学材料与化工学院	环境化学	教学实践探索

（二）对标新农科人才培养需求，明确教学目标

新农科生态修复学面向国家"碳达峰、碳中和"重大战略需求，围绕服务国家生态文明建设和美丽中国建设，培养能够在农业、林草、湿地、环境、生态等生态环境修复领域从事研究、规划设计、开发、管理工作的复合型人才。基于此，教师在教学体系构建及教学过程中，应积极对标新农科人才培养需求，结合课程内容设置各章节教学重点与课外知识拓展点，户外现场教学与实践涉及污染水体治理、边坡生态防护、土壤侵蚀治理、植被生态恢复等内容。在强调生态学原理在生态修复中的重要指导意义的同时，注重对学生实践能力的培养，使学生不仅懂理论、知原理，更懂设计、会操作；不仅拥有发现问题的能力，更有解决问题的技术、预防问题的远见和改进技术的实力。

教学目标体现在知识目标、能力目标和素质目标三个维度，要求学生在熟悉课程内容、掌握环境生态工程设计技能和运行管理能力之余，牢固树立生态价值观、培养生态美学、践行"绿色发展"理念，最终实现"德才兼备、具有家国情怀、高素质、强能力、应用型"的人才培养目标与教学目标，服务国家重大战略需求。

（三）以地方需求为导向，优化教学内容

充分利用自身优势与资源服务社会、服务地方是高校的基本职能之一。宜昌市是长江大保护的先锋城市，也是一座重要的化工城市，长江水体治理与生态环境保护一直是宜昌市生态文明建设的重中之重。因此，在新农科建设及高校服务地方的双重需求下，对环境生态工程课程体系及教学内容进行有针对性的优化是十分必要的，也是切实实现面向国家战略与地方发展需求培养创新应用型人才的重要基础。我们在课程建设中以湖北省及宜昌市环保行业就业需求为导向，将环境生态工程课程内容与野外实践与生态文明建设和长江大保护紧密连接，课程内容涵盖环境生态工程基本原理、湿地环境生态工程、水环境生态工程、生物质处理及利用工程、大气环境生态工

程等。根据宜昌市环保行业人才需求，我们将湿地环境生态工程、水环境生态工程等设置为该课程的重点内容，增加野外现场教学与实践环节，使人才培养契合地方需求，与区域产业链、创新链、人才链深度融合、有机衔接。

（四）契合新农科建设指导思想，合理设置课程思政

2016 年 12 月，习近平总书记在全国高校思想政治工作会议中强调："要坚持把立德树人作为中心环节，把思想政治工作贯穿教育教学全过程，实现全程育人、全方位育人"[2] "要用好课堂教学这个主渠道，思想政治理论课要坚持在改进中加强，提升思想政治教育亲和力和针对性，满足学生成长发展需求和期待，其他各门课都要守好一段渠、种好责任田，使各类课程与思想政治理论课同向同行，形成协同效应"[3]。课程思政是思想政治教育的本质要求，是对高校思政课程的强化与创新，有益于突破高校思想政治教育存在的"教育孤岛"困境，有效改变思政教育与专业教学"两张皮"的现象[4]。

2018 年 4 月 24 日，习近平总书记在湖北宜昌考察时强调，要坚持把修复长江生态环境摆在推动长江经济带发展工作的重要位置，共抓大保护，不搞大开发。党的二十大会议也提出要推动绿色发展，促进人与自然和谐共生。这些都是与环境生态工程课程以及生态学专业切实相关的思政要素。但是，课程思政不是思政课程，思政元素的融入要春风化雨、润物无声，具体表现为：在教学过程中，结合经典案例、社会及科研热点等多种方式将思政元素与专业课程有机融合。例如，在环境生态工程开课之初，引入环境生态工程的理念时，可以从我国近年来的多次极端天气事件入手，如 2023 年湖北宜昌多地的暴雨冰雹，引导学生思考背后的原因，意识到生态环境保护的重要性和迫切性，深刻理解"尊重自然、顺应自然、保护自然是全面建设社会主义现代化国家的内在要求"。在湿地环境生态工程、水环境生态工程等章节，结合宜昌市沙河公园黑臭水体治理工程、磨基山森林公园植物护坡工程、宜昌"化工围江"到"江豚逐浪"的转变等实例，提升学生专业及课程认同感，将理论知识内化于心，同时了解其应用状况，增强学生的生态文明建设参与感和使命感，提升学生服务国家重大战略需求和区域经济社会发展能力。

二、贯彻 OBE 教育理念，多元化教学模式

（一）贯彻 OBE 教育理念，以逆向思维进行教学设计

OBE 教育理念是 20 世纪 90 年代由美国学者 William G. Spady 提出的。该理念主张以成果、目标为导向来组织、实施和评价教学过程，强调教学过程中以学生为中心，以成果为导向，在评价中持续改进，从而提高教学质量，达到教学目标[5]。环境生态工程是一门实用性课程，对学生的理论知识与实践技能的掌握具有较高要求，运用 OBE 教育理念，可以高效地进行该课程的教学设计与实施。教师在教学过程中应始终坚持学生中心、成果导向、持续改进[6]。

1. 学生中心

该课程主要面向生态学专业学生开展。三峡大学选择熟知生态学专业培养方案、课程结构、学生基本情况的生态学专业教师作为该课程的负责人，深入分析学生学情，了解前导课程知识框架和学习情况，掌握学生学习能力和学习特点，结合地方产业特色和人才培养目标优化教学内容、选择教学模式。

2. 成果导向

以湖北省及宜昌市生态文明建设产业体系的行业需求为导向，重点讲解与水体生态系统相关的内容，同时增加野外现场教学和实践课程，积极与当地环保行业企事业单位沟通交流，使课程

内容满足融入地方生态文明建设所需职业岗位对知识的要求。在教学过程中，根据人才培养需求和不同的教学内容设置相应的目标导向，明确学习方向，提高学习的积极性。例如，理论部分：要求学生熟记相关理论、掌握环境生态工程设计流程与指导思想，掌握相关行业标准及查询途径，学会分析一个项目的优缺点等；实践部分：了解一个环境生态工程各组成部分的作用、掌握设计一个简单环境生态工程项目的技能等。

3. 持续改进

通过课后作业情况、长江雨课堂报告、学生课堂表现、社会调研等多方面信息的反馈及时进行教学评价，积极调整教学方案，在整个教学过程中形成"评价—反馈—改进"的教学闭环，不断提高教学质量，达到教学目标。

（二）"BOPPPS＋PAD＋翻转课堂"多种教学模式组织教学

课堂是教学活动的主要场所，课堂质量决定了教学质量的高低。受网络发展和疫情防控期间授课方式改变的影响，高校学生获取知识的渠道和学习方式越来越多元化。在多样性、趣味性、及时性和可视化方面，传统的授课方式和书本知识无法与网络相比[7]。因此，我校教师在教学过程中不再单一地采用"教师主动讲、学生被动听"的传统教学模式，而是糅合"BOPPPS＋PAD＋翻转课堂"多种教学模式组织教学，保证教学质量。

BOPPPS教学模式是以建构主义和交际法为理论依据推出的以学生为中心的教学模式。该模式将教学过程划分为六个步骤：导入、学习目标、前测、参与式学习、后测、总结。其中，参与式学习是主体部分。在该部分，我们将引入PAD教学模式和翻转课堂，调动学生学习的积极性，提升学生的课堂参与度，集中学生的课堂注意力，并根据教学目标和人才培养目标设置教学内容，选择教学模式，进行及时合理的教学评价，如图1所示。

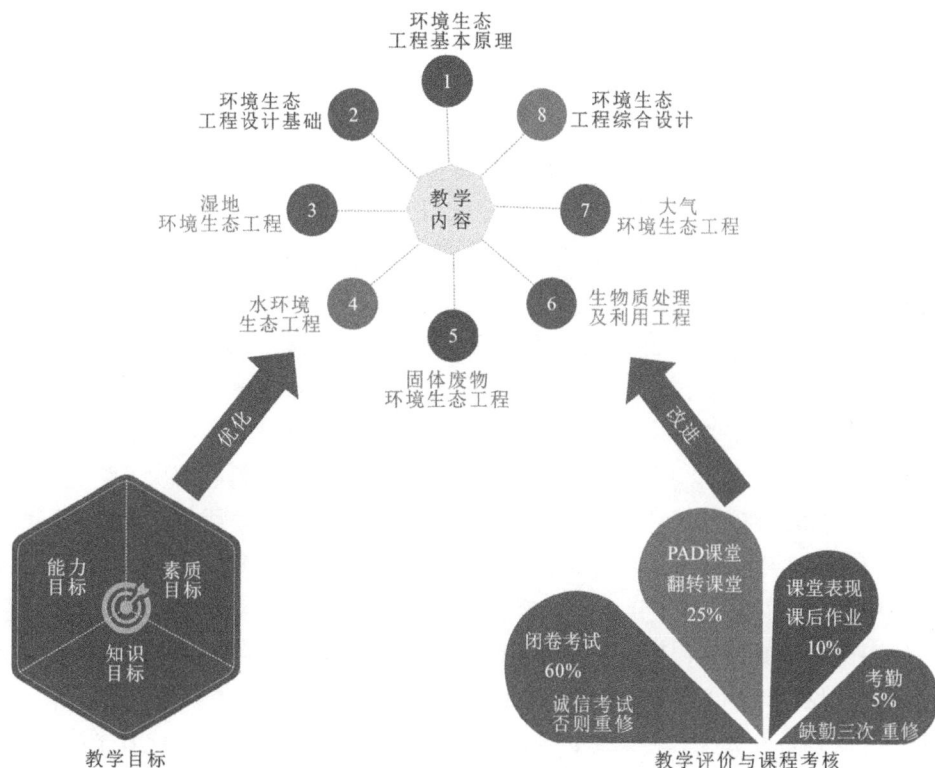

图1 环境生态工程课程体系

1. 导入

该环节至关重要，旨在导入本节课的教学内容，最大限度地激发学生的学习兴趣，吸引学生的注意力。这就要求导入环节设置的兴趣点是与学生自身、学习内容和社会热点三者密切相关的话题。导入方法包括温故导入、情境导入及视频导入。例如，教师在讲授湿地环境生态系统污染物处理时采用视频导入：播放央视新闻报道的长江流域宜昌段"江豚逐浪"片段，提出问题"影响长江流域宜昌段江豚种群的水体污染物有哪些？"请学生尝试回答"如何处理这些污染物？""不同类型污染物的处理方式是否一样？"进而引导出本节课的教学内容——"湿地对不同污染物的去除机理"。

2. 学习目标

该环节旨在明确教学目的，使学生明确知识的用途，促进知识转变为能力。在教学过程中，教师应将每章节教学目标对标新农科建设人才培养目标、生态学专业培养方案和宜昌市生态文明建设产业需求，并尽量细化到每个要求掌握的知识点，使教学目标的完成可定性、定量评估。例如，"学生能够依据生态学原理进行植物群落构建和管护"这一培养方案中的毕业要求对应第三章湿地环境生态系统人工湿地设计中的植物选择。以宜昌市沙河公园黑臭水体治理工程中植物选择为例，提出"植物选择应该遵循什么原则？""现有植物搭配是否可以进一步改良？"通过这些与实例相关的问题对标本章节教学目标——熟练掌握人工湿地设计各环节。

3. 前测

在该环节，通过长江雨课堂发布任务或者上节课课后作业了解学生对待学内容的相关知识储备，进而有针对性地调整教学内容，组织教学活动。该环节不仅有助于教师了解学情，还可以使学生将新旧知识很好地联系在一起。例如，课前通过雨课堂发布"水生植物可以分为哪几类？""你认为在人工湿地建设时应该采用哪类水生植物？为什么？"通过这些问题掌握学生对水生植物的了解情况，便于开展湿地环境生态系统中湿地植物选择的讲解。

4. 参与式学习

该环节是整个教学过程的核心环节，旨在通过提高学生参与度，激发学生的学习兴趣，让学生变被动学习为主动学习。在该环节中，教师应引入 PAD 教学模式和翻转课堂教学模式，使学生全员、全过程参与教学。PAD 教学模式是 2014 年复旦大学张学新教授提出的，张教授结合传统教学模式与讨论式课堂各自的优势提出了对分课堂，又称 PAD 课堂。该教学模式将教学分为三个过程，即讲授（Presentation）、内化吸收（Assimilation）和讨论（Discussion），并将教学过程中一半的课堂时间分配给学生讨论，极大地提高了学生的课堂参与度，有效增强了学生学习的主动性。同时，在教学过程中教师应设置翻转课堂，学生通过课下自主学习和资料查阅，分组或独立制作相关课件，然后在课堂上分享，在专业教师的指导下进行分析、解决、讨论、辩论等深层的学习活动[8]。例如，在湿地环境生态工程章节设置 PAD 课堂，教师在完成知识讲解之后让学生于课下查找资料，了解宜昌市运河公园设计了哪些类型的人工湿地、分别种植了什么植被、这些植被有什么作用。下次课让学生自由结伴或者随机分组（5 人一组）进行小组讨论。讨论结束后，每组派代表发表讨论主要结果，其他组员补充回答教师或者其他小组的提问，确保学生全员参与。教师应针对不同意见，鼓励学生展开辩论，活跃课堂气氛，调动学生学习的积极性。此外，整个教学过程中还将设置 1～2 次翻转课堂，要求学生查阅资料，调研宜昌市或者全国有名环境生态工程项目，根据课上所学内容从项目实施前的背景调查到项目实施过程中的厂址选择、参数设计及后续运行管理对项目进行透彻的分析，学生分组或单独汇报结果，教师从 PPT 制作、PPT 内容、汇报表现等多方面进行评价，同时进行生生互评。通过改变课堂教学的主导角色，促使学生主动参与教学。

5. 后测

教师通过随堂提问、雨课堂发布练习题、课后作业及PAD课堂讨论和反转课堂汇报等一系列过程，了解学生对知识的掌握和应用情况，检验教学效果，分析学生的学习特点，为后续教学方法的调整、教学内容的优化及教学目标的设置及时提供参考。例如，在湿地环境生态工程人工湿地设计小节布置关于人工湿地设计关键参数的计算题，了解学生对知识的灵活运用能力，同时锻炼学生查阅环境生态工程相关行业标准的能力。

6. 总结

教师应在每节课结束时进行课堂小节，在每章教学完成后及时进行整章知识点的梳理和归纳总结，根据章节重点内容布置课后作业，要求学生提交思维导图，呼应和强化教学目标。同时，抛出新的问题，以进行后续教学内容的预告。例如，教师在第三章湿地环境生态工程讲解结束后提出问题"湿地环境生态工程是否可以应用于大型水体生态修复？"，为下一章节水环境生态系统的讲解做准备。

7. 教学评价与课程考核

在整个教学过程中，教师将根据教学目标，聚焦教学成果，针对每一个教学环节进行及时的教学评价，促进每个学生熟练掌握所学内容，不再单一依靠卷面成绩对学习成果进行评价，持续改革和优化评价方法，健全评价机制，构建合理的教学评价体系。结课后学生成绩由"期末考试卷面成绩+PAD课堂/翻转课堂+课堂表现+课后作业+考勤"几部分组成，其中，卷面成绩占60%，试题类型包括选择题、名词解释、简单题、案例分析题和计算题，主要考查学生对课程知识的掌握及运用情况；PAD课堂和翻转课堂成绩占25%，主要考核指标包括学生课堂参与度、课下学习情况、各种学习资料的运用情况、PPT制作及讲解能力等；课堂表现和课后作业成绩占10%，主要考核指标包括学生对知识的掌握情况、作业的正确率、随堂讨论的表现等；考勤成绩占5%。

三、结语

新农科建设背景下专业课程的改革是一项艰巨的、持续的系统工程，不仅包括专业课程本身的教学改革，更与高校新农科专业的设置、地方产业体系的人才需求等密切相关。在课程改革过程中，三峡大学将始终坚持以学生为中心，依托专业培养方案，对标新农科建设人才培养目标，以地方需求为导向持续深化教学的改革创新，构建既能为学生毕业从事相关工作及科研提供良好的基础，又能满足国家战略需求的产学研一体化课程体系，推进新农科专业建设，提升人才服务国家生态文明建设和美丽中国建设的能力。

参考文献：

[1] 朱端卫. 环境生态工程［M］. 北京：化学工业出版社，2017.

[2] 习近平. 习近平谈治国理政（第二卷）［M］. 北京：外文出版社，2017.

[3] 习近平. 习近平谈治国理政（第二卷）［M］. 北京：外文出版社，2017.

[4] 赵静静. 课程思政的研究现状及未来研究方向展望［J］. 西部素质教育，2019，5（14）：24–25，35.

[5] 章义, 严双艳. 成果导向教育理念下职业本科教学质量评价机制研究 [J]. 教育与职业, 2023 (7): 98-101.

[6] 赵鑫, 刘孟婕, 魏琴. 新农科建设背景下植物生理学 OBE+BOPPPS 教学模式课程改革探索 [J]. 智慧农业导刊, 2023, 3 (08): 133-136.

[7] 张学新. 对分课堂: 大学课堂教学改革的新探索 [J]. 复旦教育论坛, 2014, 12 (5): 5-10.

[8] 于笑艳, 翟佳滨. 对分课堂与翻转课堂教学模式对比研究 [J]. 中国教育技术装备, 2023 (16): 134-136.

学科融合视野下地方高校美育课程实践探索 [1]

陈海燕 [2]

摘　要： 美育课程是大学教育的一个重要组成部分，它的目标是培养学生的审美观念和审美能力，以提高他们的综合素质。通过学习美育课程，参与艺术活动和实践，学生可以了解不同艺术形式和风格，学习欣赏和评价艺术作品的能力，提升表达能力和沟通能力。笔者通过对地方高校美育课程实践教学的现状、问题及对策进行研究，以期为地方高校美育课程实践教学的改革与发展提供参考。

关键词： 学科融合；地方高校；美育课程

教育部在《关于切实加强新时代高等学校美育工作的意见》中明确提出，高校美育工作应与德育、智育、体育和劳动教育相融合，并与各学科专业教学、社会实践和创新创业教育相结合，以促进美育在高等教育中的重要性和影响力的提升。这一美育纲要为高校美育工作的细致化提供了指导方向。

从已有的文献资料中可以发现，国内外对于高校美育工作的研究主要集中在以下几个方面：首先，强调美育在教育中的重要性，提出美育是培养学生审美情趣、塑造美好心灵、提升精神境界的重要途径。其次，提倡多元融合，构建美育体系，将美育贯穿教育全过程，注重与各学科专业的交叉融合。再次，关注美育的实践性和应用性，强调通过社会实践、创新创业等活动让学生感受和体验美的魅力。

在地方高校美育课程建设方面，已有研究主要集中在课程设置、教学内容和教学方法的改革上。然而，对于如何将地方高校美育课程建设与应用相结合的研究却较为缺乏。这直接影响了高校素质拓展课程的教学质量，也难以适应高等教育改革发展的新形势。因此，地方高校美育课程建设如何顺应时代特点、解决自身存在的问题，是教育工作者需要积极思考的问题。

一、地方高校开设公共美育通识课程的重要性

公共美育通识课程作为高校面向所有大学生开设的非专业性选修课，其选修课程包括音乐鉴赏、美术鉴赏、影视鉴赏、舞蹈鉴赏、书法鉴赏、戏曲鉴赏等，主要培养大学生基本的科学素养、人文素养、艺术素养、身心素养和道德素养等。通识课作为高校实施通识教育、培养综合型人才的重要载体，是高等教育的重要组成部分。美育对大学生的"全方位素养"有着极其重要的积极作用，美育课程的着力点在于展现完美人格，持续提升大学生的审美素养，以美立德、以美启智、

1　三峡大学 2023 年高教研究项目"学科交叉融合的地方高校美育课程建设与应用研究"（GJ2330），2023 年研究生课程建设项目"聆听心声：走近大师与经典"（案例教学）（SDKC202316）。

2　陈海燕，三峡大学艺术学院音乐系副教授，研究方向为音乐教育、音乐人类学。

以美健体、以美促劳、培养身心和谐发展的高素质应用型人才。[1]

根据教育部印发的《关于切实加强新时代高等学校美育工作的意见》，高校应以通识美育课程和人文素质课为载体，通过协调多学科多门类的教学实施，将人文美育的思想贯穿素质拓展课程的教学过程中，提升所有学生的人文素养和审美能力。这样的美育教学有助于进一步提高学校公共选修课程的教学质量和人文美育教学体系的建立，也有利于提升学生的艺术修养，值得审美教育、美感教育、美育实践等类型项目的借鉴和采纳。

二、地方高校美育课程实践教学的现状与问题

（一）现状分析

目前，三峡大学普遍开设了涵盖音乐鉴赏、美术鉴赏、影视鉴赏、书法鉴赏等通识选修课的美育课程体系。然而，这些课程在具体的教学过程中仍存在以下问题：其一，由于这些课程多为选修性质，学生往往缺乏对这些美育课程的重视，选课人数时常不足，或存在为应付考试而学习的现象。其二，教学方法缺乏创新，未能有效地激发学生的学习兴趣。其三，各美育课程之间缺乏学科交叉的融合性，导致在实践和应用环节上缺乏必要的联系。其四，教学内容与现实需求存在脱节现象，未能充分发挥美育课程在培养学生综合素质方面的作用。

（二）问题探讨

导致上述问题的原因主要有以下几点：

1. 教学管理层面

缺乏对美育课程的重视和支持，未能建立完善的教学管理制度和评估机制。同时，教学资源分配不均，导致优质师资力量不足。

2. 教师层面

教师缺乏对美育课程的研究和创新意识，教学方法单一陈旧；同时缺乏对当地文化特色的了解和研究，难以发挥地方高校的优势。

3. 学生层面

学生对美育课程的重要性认识不足，缺乏学习的积极性和主动性；同时由于学业压力和其他因素影响，学生难以投入足够的时间和精力学习美育课程。

为了改善这一现状，我们应该重视艺术教育的地位和作用，加强公共艺术课程的建设，提高教学质量。同时，我们还应该丰富公共艺术教育课程体系，增加限定性选修课程，如艺术实践类、艺术史论类、艺术批评类。通过这些措施，我们能够更好地满足学生的需求，提高他们的学习兴趣和参与度。此外，我们还应加强教师队伍建设，提高教学质量监控水平，完善教务管理机制等措施来保障教学质量的提升。

三、地方高校美育课程实践教学的对策

2019 年开设的聆听心声：走近大师与经典是一门面向高校非艺术类研究生的美育通识类公共选修课程。该课程具有三方面特点：其一，赏析性。课程以欣赏为基础，包含大量的音频、视频、图片等视觉、听觉资料，力求给学生带来一场真正意义上的中国传统艺术文化和西方经典艺术文化的饕餮盛宴；其二，专业性与通识性。课程注重逻辑性教学，力求系统、科学、全面地梳理中国优秀传统艺术，结合民族音乐学理论，形成专业性与通识性相结合的课程体系；其三，创新性。

课程注重创新性，不仅是对我国传统音乐作品进行鉴赏，也兼顾中外歌剧作品、中国民歌、民族器乐赏析，学生学习该课程后，能够更进一步关注中外经典艺术文化的过去、现状并思考未来发展方向。

该课程以欣赏中国优秀传统艺术为基础，以特色课程分类讲座的模式进行分主题教学。依托学院已开设的艺术类通识课程资源，进一步增强对大学生基础理论知识、技术能力、整体素养等多方面的培养，借助"情景体验＋课题体验＋项目体验＋职业体验"的多元教学方式，由浅入深地培养大学生良好的专业知识、综合素养。具体包括以下四个方面。

（一）挖掘音乐课程资源，扩充通识课程种类，优化课程

随着国内外短视频、优质网络课程的涌现，授课教师应充分整合和利用学校、政府、社会和行业提供的教学资源，共享优质教学资源，让学生真正学有所积、学有所用，为艺术类通识课程提供丰富的可供选择的课程。

（二）转变教学内容，突破校内课堂教学结构，增强教学引力

授课教师应采用"专题讲座、分组学习"方式，设置与音乐课程内容结合的不同板块课程，并于课后鼓励学生根据兴趣自主报名选择，按照专题划分成小组，建立小组学习群；同时，应依据学生的兴趣爱好及需求量，设立带有地方民俗文化特点的专题讲座，适时聘请地方区域民俗文化的代表人和非遗产文化传承人讲学，举办"地方特色微专业"。

（三）注重课堂教学活动与社团艺术实践活动衔接融合

授课教师应在课堂教学中设置音乐感悟与音乐表演展示环节，让学生自主设计活动流程，参与组织，充分展示学生的感悟与艺术表演才华，鼓励学生发现生活的美好。教师还应带学生到博物馆参观，观看当地的一些展览，聆听当地的音乐会，观看舞蹈演出，并适度讨论和分析，让学生在当代艺术的文化氛围中体悟传奇艺术的韵味。

（四）鼓励交叉合作，打造一流教学团队，共享优质资源

授课教师应依据自身擅长的学科背景展开混合式教学，采取多样化的学习方式，大力倡导不同专业的教师互相沟通交流，让来自不同院校、不同专业的学生直接参与并获得更大范围内的知识拓展，产出一批具有浓厚的人文精神和人文情怀的学生。

四、学科交叉融合下美育课程实践教学的思考

从该课程的选课人数和班级来看，该课长期受学生欢迎。主课——聆听心声，通过中外经典音乐作品的对比鉴赏，让学生掌握音乐美学的基本原理，提高对音乐艺术的感知力与审美鉴赏力，建构中西方音乐历史发展的框架，了解中西方不同历史时期、不同流派的音乐风格，并能结合中国传统音乐文化进行对比性的反思，树立文化自信，提升音乐品位，从而增强大学生对中华优秀传统文化的认同感和自信心。辅课——歌剧表演、中华民族器乐名作赏析、中国民歌则通过不定期的专家专题讲座的形式展开。

学生借助认识和学习优秀传统文化的思想内涵，对中华优秀传统文化内化于心、外化于行，在课堂中学习中华传统文化，在生活中运用优秀传统文化。让学生沿着意向（通过媒介）—感受（亲身体验）—认知（了解民俗风情）—理解（核心文化价值观）路径，逐步形成"艺术基础知识＋基本技能＋艺术审美体验"的教学模式，着力提升学生的文化理解、审美感知、艺术表现、创意实践等核心素养，提升大学生道德文化素养，引导大学生形成正确三观，真正做到"三全"育人。

笔者认为，地方高等院校应从以下几方面展开美育课程教学实践探索。

（一）制订完善的美育通识课程整体规划

以三峡大学为例，在最初面向全校开设的公共素质拓展选修课的基础上，整合并完善这一类美育通识课程资源，充分利用大学现有的一些优秀艺术类专业、优秀团队作为美育课程先导，展开教学实践活动，对众多优质的艺术类通识课程资源给予科学合理的调配和共享，竭力寻求美育教育的均衡。

同时结合地方高校特点，运用地方艺术特色，利用线上云课堂资源，培养具有实践能力和创新精神的复合型人才。

（二）打造美育通识课程专业团队，探索教育改革路径

在"引进来"的同时，对于每一所高校来说，更重要的是结合本校教学资源，打造一支专业的美育团队，建设真正适合本校学生使用且能推广的、能彰显本校特色的美育通识课程，这是构建学科交叉融合的美育通识课程教学改革的关键所在。

以三峡大学为例，三峡大学美育通识课程的各个专业负责人多为来自艺术学院的教师，他们由于学科背景不同，传授的知识点可以相互补充、相得益彰，激发各自的灵感，形成有地方特色的艺术类通识课程团队，探索出一条能够促进高校通识课程教学改革的新路径。

（三）实施混合式教学，进行翻转课堂

高校学生中不乏自控力差者，他们大多无法达到学习要求。因此，教师应借助学科交叉融合下的美育教学改革，对学生的学习过程进行适当的干预，即进行混合式教学。推行学生先课外线上课堂学习，接着安排一定学时的见面讨论、分享课，再依照学生的具体掌握情况扩展补充一定的教学内容，学生的最终成绩可由云课堂学习、见面讨论与分享表现、教师补充教学内容测试等三方面进行综合评分，从而保证课堂学习的有效性，更好地实施因材施教。

授课教师利用跨媒介的艺术表现手法，将传统美学思想渗透到美育课程的培养体系中，使美育与数字技术、人工智能音乐教学相结合，与德育、智育、体育和劳动教育相融合，提升学生审美素养和创新创业能力。[2] 同时，整合了现有公共文化课程教学资源，提升了以美育为主题的跨学科教育教学质量和跨媒介艺术创作水平，彰显了数字媒体艺术的音乐情趣，形成跨媒介艺术审美的基本构架。

授课教师为学生提供多样的教学资源（通常是教学视频），充分利用线上、线下课堂学习模式，学生通过信息技术的辅助在课外自主学习，完成知识传授，继而在课堂内通过师生、生生之间沟通交流、合作讨论、解惑答疑、深层次思考辨析，完成知识的内化，培养学生的高阶思维和多种能力，将新型教学模式和传统教学模式完美融合。

五、结语

学科交叉融合视野下的美育课程实践教学研究，是线上、线下美育课堂内容、方式方法、课程管理系统综合发展与融合的产物。授课教师应根据学生需求和地方特色，优化美育课程实践教学课程设置，提高课程的多样性和针对性，加大对美育课程实践教学资源的投入，丰富实践教学资源，满足学生的实践需求。教师还应采用多元化的教学方法，如项目教学、情景教学，提高美育课程实践教学的创新性和互动性。这些方式的改变对于解决当前地方高校美育课程的困惑，利用艺术所拥有的跨媒介创造和传播中华美育的人文内涵，为多学科深度融合构建高校美育课程体系提供了可能。同时，对于解决当前美育通识课开设总量不足、教学条件有限、优质师资不足、教学质量监控缺位、教务管理难等问题，具有一定的参考价值。

参考文献：

[1] 赵伶俐，文琪. 以审美素养发展为目标的美育评价［J］. 湖南师范大学教育科学学报，2021（3）：22-29.

[2] 翟启兵，李钰敏. 新时代高校艺术通识课程改革研究［J］. 艺术大观，2020（13）：86-87.

单片机原理及应用课程与创新创业教育的融合探索 [1]

何慧灵 [2]　罗志会　曾曙光　曾祥云

摘　要： 在双创背景下，高等教育越来越重视对学生创新创业能力的培养。从高校课堂出发，以单片机原理及应用课程的强应用性和实践性与创新思维融合，分析本专业课程现状问题，从教学内容、教学模式、实验实践方法和考核方式等方面进行改革，把创新创业教育贯穿整个课程，激发学生学习的积极性，鼓励学生积极参与各类专业学科竞赛和创新创业大赛。教学改革实施后，教学质量和学生的创新能力得到提高，实现了课程的专创融合目标。

关键字： 创新创业；课程改革；专创融合；单片机

为支撑创新驱动发展应对科技革命和产业变革，教育部积极推进新工科建设。高校作为新工科人才培养的主体，要求培养出实践能力强、创新能力强的高素质复合型新工科人才。单片机原理及应用作为一门实践性强、应用性高的专业课程，其主要内容是利用单片机实现各种控制和处理任务，在工业控制、智能家居、医疗设备、机器人控制及物联网等领域的应用均涉及核心技术，因此，对培养工科人才的科技创新及创业有着十分重要的作用。本课程组依托三峡大学双创学院专创融合教育教学改革的契机，利用单片机课程的电子控制这一广泛应用基础，将创新创业思想与课程相结合[1]，培养学生的综合应用能力、创新意识和创业能力。

一、单片机原理及应用课程现状分析

（一）实践创新能力培养不足

课程教学模式由课堂理论教学、课内实验、课程设计三部分构成，理论学时为 32 课程，实践学时为 24 时课内实验 +2 周课程设计。传统课程教学以知识点为核心，以讲授为主展开教学。实验教学多以验证性、基础性实验为主，学生往往只需完成规定功能，没有自主设计的机会，创新性培养更是匮乏。课程设计虽然有一定的设计自由度，但碍于学生对基本理论知识的掌握程度有限，也没有很好地发挥创新意识，他们的工程实践能力和创新能力没有得到很好的锻炼。

（二）教学方式不能激发创新意识

传统的课堂教学模式以"灌输式"讲授为主，学生被动接受。在对课程没有认知的时候，学生不了解课程，学习的积极性很难被调动起来，更别提创新能力的锻炼、创业意识的培养。实验实践的开展是学生按题目要求进行的，目的性不强导致学生不愿意查阅资料、思考问题，因此，难以培养学生独立思考、实践创新的能力。

1　三峡大学 2021 年创新创业课程改革研究项目专创融合类一般项目（Z202114）。

2　何慧灵，三峡大学副教授，博士，研究方向为光纤光栅传感技术。

（三）考核方式不能反映创新能力的培养过程

51 单片机是经典的单片机结构，以此为基础能够很快进入其他高级单片机的学习，因此还是目前高校单片机的主讲机型，但是其功能已跟不上需求。目前，课程考核采用的是"以期末考试为主，平时为辅"的方式评价学习质量，局限于对知识进行考察，不利于培养学生的能力和素质。

二、单片机原理及应用课程与创新创业融合的方案设计

（一）结合单片机开发应用，深化改革课程内容

在调整单片机基础知识点的顺序、体现工作原理的逻辑性的基础上，一方面加深对基础知识点的理解考察，另一方面联系日常生活应用，增加实用实例的分析设计，体现工作原理的逻辑性，使得知识的深度有所加强。比如，介绍中断系统时，把工作原理与看病过程相联系；介绍定时器时，把工作原理与秒表相联系。除原有的秒表四个模块（外设控制、中断控制、定时 / 计数）外，授课教师可在相应章节中加入其他案例，引导学生理解其工作机制，通过小组讨论和课堂点评的方式让学生既能理解和掌握简单应用，又能对各个机制的综合应用有整体把握。授课教师还可在加深应用的同时，引入一些创新、创业理念，引导学生将所学课本知识与实际单片机系统和产品进行联系，拓展眼界，激发学生的创新意识。

授课教师可改革课堂实验内容，根据学生的基础，把每个实验项目分成基础、进阶、挑战三档，便于学生根据个人情况选择完成。基础实验仅考查学生对单片机基础功能的掌握，进阶实验可加入功能扩展，挑战实验是对实际案例的综合设计，引导学生根据实际应用完善功能。通过三档实验的完成，培养学生的实践能力和创新意识。对实验结果不再简单检查是否达到设计功能及效果，而是增加对设计和实现过程的随机抽查，让学生自省实验过程，锻炼学生的综合思维。

课程设计的题目是从生活小用品出发，基本题目是现有产品的提升加上灵活命题（由学生提出设计题目），让学生自主选择设计项目，给学生创新空间。在 51 单片机的基础上，学生可自主选择由 51 单片机还是由现有的新型单片机完成。从题目设想、目标确定、功能分析、芯片及器件选型、软硬件设计、产品调试等产品开发过程全方位培养学生的创新创业意识。

（二）结合创新创业案例，改进教学方法，激发创新创业意识

教师应在教学中将在线课程与课堂教学有机融合，充分利用前者学习自主、资源丰富的优势和后者学习过程可控、互动直接的特点，采用案例导入、体验式问题解决等多模式教学流程，以提升教学效果，采用丰富的反馈方式，通过课程平台进行公告发布、论坛讨论、在线答疑。课前通过线上课堂及小组学习的方法，让学生针对问题有目的地进行线上学习。在此基础上，课堂中把对各个知识点的讲解及考察控制在 10 ~ 15 分钟，随后引入问题讨论，通过互动了解学生对知识点的掌握，调整课堂进度；再引入实际案例设计，通过小组讨论、合作学习，随堂对设计思路及方案进行点评，使学生能够及时得到自己学习情况的反馈，便于学生自行调整学习方法和进度。同时根据课程内容，以单片机工作机制或设计过程的反思为出发点，提炼课程思政点，结合单片机课程特点，以严谨的科研作风为重点进行课堂思政教育，增强学生辩证唯物世界观。

（三）以赛促学，以赛促创，提升创新创业能力

第一阶段，根据课程应用性强的特点[2]，积极引导学生参与各种专业学科竞赛、创新创业竞赛。课堂中，收集往届电子类、创新创业类竞赛的参赛作品，建立"专创融合"基础案例库，并在课程中引入往届竞赛的项目题目，分模块加入单片机基础机制的讲解，作为中阶应用在课堂中进行设计和讨论。比如，物理实验竞赛中关于重力加速度的测量，学生在已有光纤光栅应力传感测量

模块的基础上，设计测量重力加速度的方案，并在此基础上通过单片机完成了数据的采集、分析和显示。该项目被划分为定时采集、串口通信两个相关模块分别加入课堂小案例的讨论。第二阶段，成立兴趣小组，让感兴趣的学生参与项目，进行与课程相关的进阶学习和设计，熟悉产品开发流程，培养技术研发的能力。基于光纤光栅传感模块，引导学生对它进行二次开发，把传感数据应用到不同领域，同时采用单片机进行整体的系统设计。第三阶段，按组自由发挥，结合实际工程的问题，提出设计创意，一方面培养学生的创新创业精神，另一方面为后续的双创实践提供创意点和发展方向。通过"课程内容融合—项目分解与设计—实验实践练习—专业学科竞赛 / 创新创业竞赛"实现专业课程与创新创业的融合。

（四）调整考核方式，加强过程考核，以反映应用和创新能力

科学的考核方式有利于提高学生学习的积极性。改变单一期末考试的考核方式，偏重学习过程的考核有利于在课堂和课外学习过程中培养和提升学生的能力。平时成绩利用学习通 App 操作方便和雨课堂与 PPT 结合紧密的优点分别对教学活动进行记录。线下由教师和小组长给出翻转课堂学生的表现情况、实验实践的设计和完成情况。从线上、线下两个平台对课前、课中、课后实现课程考核具体化、精细化，使学生的综合应用能力、实践能力和创新创业能力在考核新体系中得以体现。

三、课程与创新创业融合的教学成果

在学校教务管理系统中教学质量评价得到学生的认可，学生推荐率 100%。学期末进行的问卷调查显示，87.3% 的学生反映混合式教学方法是有效果的或很有效果。近三年，共 30 余人在全国大学生物理实验创新竞赛、全国光电设计大赛、iCAN 国际创新创业大赛、"西门子杯"中国智能制造挑战赛等各类省级或国家级竞赛中获奖。

四、结语

该课程结合专业特点，通过融入创新创业教育，形成"线上基础—线下案例—拓展创新"的教学新模式，形成"两线—两平台"的交叉互补课程考核新体系。以学生为中心，开展启发式、讨论式的翻转课堂，通过案例及项目的分模块完成培养学生的创新意识，与"互联网 +""挑战杯""智能制造"等竞赛结合，紧密锻炼和培养学生的创新创业能力，为服务地方经济建设培养高素质人才。

参考文献：

[1] 杨海军，赵世星 . 创新创业与专业课程融合之路［J］. 创新创业理论研究与实践，2021（17）：108-110.

[2] 冯洋 . 新工科背景下学科竞赛驱动的单片机课程实践创新教学模式探索［J］. 学科探索，2023（5）：52-54.

行政法学一流课程建设的理论与实践 [1]

曾鹏 [2]

摘　要：课程建设是人才培养的基本单元，是推动学科进步的关键要素，也是培养师生关系的直接纽带。一流课程建设是推动高校学科发展、提高教学质量和人才培养质量、建设高等教育强国的重要举措。一流课程建设既要注重课程本身深刻的思想性，又要培育其丰富的学术性，还要实现其学科服务的实践价值，应是思想性、学术性和实践性的高度统一。传统学科建设一般具有学术建设的单向性，对于课程本身的重视度往往不够，我国法学专业中的行政法学科建设也是如此。传统行政法学科教学定位无法充分体现法学素质教育理念，对行政实践能力重视不足，难以实现行政理论与行政实践的深度融合。加强行政法学一流课程建设，就要准确认知行政法教学目的，积极转变教学理念，推动素质教育发展，强化长效课程建设机制，全力提升行政法教学质量。除此之外，学校要进一步提高服务意识，让学科建设对接国家和地区建设的战略需求，同时具有国际视野，强化学科合作交流，提升行政法学科的国际化合作水平。

关键词：行政法学；一流课程建设；学术性；思想性；实践性

党的二十大报告指出，法治政府建设是全面依法治国的重点任务和主体工程。在建设社会主义法治国家、推进法治政府建设的进程中，坚决落实依法行政、规范政府行为的重要性日益凸显。按照依法治国的要求，政府的行政活动必须在法治的轨道内运行，而规范政府行为正是行政法学课程的主要内容之一。进一步提升行政法学在法学学科中的重要性，逐步改进教学方法，提高教学质量，培养社会主义法治建设的高级专门人才，是现代行政法学课建设的重要历史使命。

一、一流课程建设应是思想性、学术性与实践性的有机统一

课程是教学过程中的基本要素，是人才教育的重要载体，它是指学校按照一定的教育目的所建构的各学科和各种教育、教学活动的系统。[1]课程建设与专业教育是人的认知活动的表现，有学者将人的认知活动解读为"记忆、理解、应用、分析、评价和创造"。课程作为教育教学最基本的细胞和连接师生最直接的载体，是培养高级专门人才最活跃的因素，是推动学生进行高层次认知活动最直接的"落脚点"。认识课程建设的重要性，关系到教育质量的提升，是教育成功的关键。

（一）一流课程建设应具备深刻的思想性

课程的思想性就是要坚持正确的政治方向，树立正确的育人目标，坚守立德树人之根本，不

1　三峡大学教研项目"行政法一流课程建设改革与实践"（J2022083）、研究生课程建设培育项目"行政法与行政诉讼原理与实务"（SDKC202213）的共同研究成果。

2　曾鹏，三峡大学法学与公共管理学院副教授，研究方向为宪法学与行政法学。

仅要授人以鱼，更要授人以渔。课程是育人的重要载体，通过课程建设贯彻以习近平建设社会主义法治国家指导思想的法学教育理念，推进法治政府建设和依法行政，创建和谐文明的社会环境，切实保障公民、法人和其他组织的合法权益，是当代行政法学基本的指导思想。

另外，以学生发展为导向是现代教育的重要理念。现代高等教育课程建设的价值就在于引导高等教育"以学生为中心"，将专业教育从基础阶段上升到高级阶段，从单纯的知识传达提升到能独立、深入分析专业知识背后存在的价值和意义，解读制度建构的基本理念和发展走向，锻炼学生分析问题和解决问题的能力。提升高等教育专业课程品质就是要"以学生为中心"，引导学生通过高级别的专业认知，建设既具有思想性又具有学术性的高水平课程，打造自己的课程品牌，提高专业教育质量。

（二）一流课程建设要具有丰富的学术性

作为高等教育教学的基本依据，高校课程一方面是知识传播的媒体，另一方面是知识生产、创新的胚芽，涉及人的、教育的、发展的各个方面。[2]因此，学术性是一流课程建设的关键要素。高等教育与其他教育阶段课程建设最主要的区别在于：高等教育课程建设要融入更多的学术性因素，而不仅仅是专业知识的传授。打破课程建设中的困局，建设具备一定特色的学科，关键要实现思想性和学术性的有机统一。

有学者将学术性分为教学学术和学科学术两个方面。教学的学术性主要是通过教师的专业教育活动培养学生学习、思考和实践等方面的能力，成为知识能力素质的有机融合体，能够培养学生解决复杂问题的综合能力和高级思维。学科学术就是以学科和行业发展为向导，培养具有适应社会和行业发展的高等级专门人才。从微观层面而言，每个专业都有自己的人才培养目标。要完成这些人才培养目标，就要合理设置相应课程，通过课程建设逐步完善课程体系，从而形成良好的专业教育体系。

（三）一流课程建设要紧跟时代步伐，体现学科的实践价值

科学的根本价值在于直面社会现实，有针对性地分析问题、解决问题，从而推动社会的进步。学术的价值不是取决于学术自身的名词术语，而是取决于它对国家和世界的服务。[3]课程建设在于通过建立优质课程来逐步搭建校级、省级、国家级的一流课程结构体系，从而推动学科的发展。在一流课程建设的过程中，必须紧跟时代步伐，直面应对社会现实需求，在学术性和思想性指导的基础上，促成课程类型的建构，推动课程资源的优化，推进教学方法和管理手段的深刻变革，提高课程建设人才培养的社会功效，着力培养学生应对现代社会复杂问题的能力，提高推动社会进步的高级思维，全面提升人才培养质量。

高等学校的课程建设，一方面是提升高校知识传播的质量，另一方面是提升学科在解决社会实践问题、推动社会进步中的功能。各级政府部门及高校、科研机构斥巨资推动一流学科建设，绝非仅仅肇始于学科自身发展之需要，而是根植于国家和社会长足发展的现实需求。因此，紧跟时代步伐，聚焦国家和经济社会发展，有针对性地服务国家和经济社会发展，既是一流学科建设的重要历史使命，也是一流学科建设的根本价值追求。

（四）思想性、学术性和实践性的有机统一是一流课程建设的基本要义

课程是教师和学生之间不可或缺的纽带，是实现教育目的、培养高素质人才的基本保障。高等教育的课程既是知识传播的基本媒介，也是促进社会生产、推动人类进步的"胚芽"。课程建设的思想性，是把握正确的政治方向，使课程建设能够自然融入不可或缺的政治因素。法学类课程的思想性就是保持各类法学课程以社会主义法治建设为导向，培养具有现代法治精神和法治理

念、为社会主义法治建设服务的高等级专门人才。课程的学术性就是要在课程的讲授中，将该学科的深层次理论及基础知识传授给学生，启发学生钻研该学课的前沿思想，把握其发展动向。实践性就是要以国家和社会需求为导向，为社会发展培养高素质专业人才。

思想性是课程的思想指针，不能有失之毫厘的偏向；学术性是课程的专业根基，是挖掘深层次理论、搭建良好制度框架的基础；实践性是指将学科建设融入实践，推动社会发展，是学科建设的根本目的。紧跟政治时代的步伐，正确树立行政法学的教学理念，合理设计课程体系，革新教学模式，在教学过程中体现更多的政治元素和学术价值，才能实现行政法课程思想性、学术性和实践性的完美统一，也才能实现一流课程建设的基本价值目标。

二、传统行政法课程建设尚未实现思想性、学术性与实践性的有机统一

相较于其他部门法学，行政法课程具有体系复杂、内容繁多、实体与程序交织于一体等明显特征。推动行政法学课程建设，探究适合行政法课程自身特色的教学理念和教学模式尤其重要。高校作为行政法教学和行政法治思想传播的主战场，要找准传统行政法课程中存在的主要问题，将行政法课程改革作为一项系统工程，契合国家治理体系和治理能力现代化精神，紧跟社会主义法学教育理念，推动社会主义法治国家建设。传统行政法学课程建设难以适应现代高等法治教育理念，主要体现在以下三个方面。

（一）传统行政法教学定位尚未充分体现法学素质教育理念

传统高等教育人才培养模式主要是"教师输出知识—学生接纳知识—完成各项考试考核—撰写毕业论文、答辩"。对于法学教育而言，这样的培养模式主要还是应试型的人才培养模式，学生的法律思维能力和法律素养考核往往只是走了过场，导致学生毕业后难以很快运用法律知识解决现实问题。尤其近年来我国加大对法律职业资格考试的改革力度，大多数学生将学习的重心放在准备法律职业资格考试和应对各项课程考试考核上，使得法律专业教育基本成了一种应试教育。传统行政法学教学方法比较单一。这种教学定位只是应试背景下行政法律知识的单向度传授，忽略了学生接受知识的过程和深度，无法让学生深刻领悟行政法理念的精髓，难以深刻认识行政法律制度设计和改革的深层次问题。

改革传统行政法学教学理念，是高水平传授行政法知识的关键。尽管多年来学界一直比较关注行政法教学理念的革新和教学方法的改革，但总体看来，目前的教学方法依然较为传统，缺乏特色的教学模式。目前的行政法学教学仍然以基础知识的"灌输"为主，辅之以形式化的行政法案例教学，这种教学模式难以有效培养学生分析问题和解决问题的行政实务能力。这就使得在行政法教学实践中，一方面没有让学生充分领悟晦涩的行政法理论知识，另一方面学生也没有充分的时间来加强行政实务能力的锻炼。

（二）传统行政法课程设计难以实现理论与实践的深度融合

行政法学是一门理论性（思想性和学术性）和实践性都非常强的学科，其知识结构的复杂度和知识点的繁杂性大大超出其他部门法学，学生的知识接受程度一般不太理想，改革传统行政法学教学理念势在必行。相对于其他部门法，学生普遍反映行政法学知识内容较为晦涩，理论性很强，难以充分吸收课堂内容。行政法学涵盖行政权力的配置、行政权力的行使、对行政权力的监管及公民权利救济等繁杂内容，涉及政府的行政责任和公民的权利保障，既包含行政实体的内容，又涉及行政程序的规制，内容极其丰富、体系极为庞杂，对初学者而言较为困难。

行政法律基本知识涉及内容宽泛，但各学校课时安排一般比较紧凑，难以让学生对知识点理

解透彻。而且行政法带有较强的政治属性，很多行政法律现象无法仅从法律的角度来剖析。学生行政法律思维的培养是一个长期的过程。例如，对于行政主体的认知上，到底哪些机构能以行政主体身份履行法定职责，难以形成一个系统认识。法律法规及规章授权组织作为行政主体的一种，到底要以什么形式授权才叫授权，学界尚有争论。实践中虽然没有得到法律明确授权，但实际上履行了行政法律职能，这样的组织需不需要承担行政责任，也存在争议。为了解决这些比较晦涩的问题，教师在教学过程中应当从基本的行政法理论入手，结合现实中的一些行政现象进行分析，从理论到实践、从现象到本质来剖析行政法律问题，从而培养学生形成自己的行政法律思维。

（三）传统行政法教学对学生实务能力培养不足，学生的行政法治服务功能欠缺

长期以来，行政法教学实践中往往以课堂教学为主，忽视行政法治实践，培养出来的人才难以尽快进入职业角色。由于受"泛政治化"的影响，我国法律学科一直以政治学科的教育理念为指导，形成了"政法不分""政法一体"的教育观念和思想方式。[4]正因如此，传统的政治教学思维在法学教育中体现得过于浓厚，尤其对于行政法学这门理论性较强、同政治学有深度融合的法学学科，更多的是注重在课堂教学中对理论知识的传授，往往容易与行政实践脱节。这种偏重理论基础的教学模式，导致了较为明显的教学短板，即学生的法律思维并不强，无法将法律知识与毕业后的实际工作结合起来。[5]

近年来，法学教育越来越重视理论与实践的结合。在行政法教学中，任课教师往往会从理论到实践来开展拓展性教学，但学生在接受行政法学专业知识方面较为乏力，主要体现在如下方面。

第一，行政法学的相对抽象性使得学生普遍认为行政法学知识难以理解透彻。学生对于行政主体的存在形式、行政机关的组织架构、机构职能及运作流程难以深度了解。虽然教师自我感受讲授的专业知识并不难，但对于刚开始接触行政法课程的学生而言往往比较晦涩难懂。问题虽然很"具体"，但学生总会觉得很"抽象"，难以深入了解政府权力存在的合法性基础、行政权力的运作流程及行政自由裁量权的把握尺度。学生习惯运用民法学、刑法学及诉讼法学中的规范分析方法来分析问题，但当发现行政法还充斥着大量不同层级的法律规范和政策时，往往难以建立起学好行政法课程的信心。

第二，行政法体系繁杂、内容繁多，但课时安排并不充分。这主要是因行政法是以民法和民事诉讼法为基础的，行政诉讼本来就由民事诉讼衍生而来，故大多高校的课时安排并不充分。但是行政法律规范丰富，学生在课堂学习之余难以有充足的时间去通读不同层级、不同类型的行政法律规范，为了应付考试，往往只以老师课堂教学内容为主进行。这容易导致学生行政法律知识储备不足，难以建构系统的行政法律知识体系，无法形成缜密的行政法律思维，对于后期的行政法实践课程会产生很大影响：在实践课程中只能了解行政机关行政事务操作的表面，而难以根据实际情况来找出最佳行政方案，也无法用严谨的法律逻辑思维站在律师和法官的角度来分析和处理行政争议。

三、全面推进行政法学一流课程建设的基本思路

全面推进一流课程建设，必须明晰一流课程建设目标，在总结传统课程建设经验的基础上凝练课程特色，打造课堂建设改革范例，搭建理念转变、团队建设与课堂教学改革行动方案，形成自己的人才培养特色，提高人才培养质量。

（一）准确认知行政法教学目的，积极转变教学理念，推动素质教育发展

推进依法治国、建设社会主义法治国家离不开法学专业教育的跟进，行政法学的发展会直接

影响依法治国和依法行政的进程。推动行政法学课程建设,就是要转变行政法教学理念,准确认知行政法学课程的教学目的,既要注重行政法律知识的积累,又要注重行政法律知识的创新。一方面,应当以培养具有高水平、强能力的行政执法人员、司法审查人员和行政法律服务人员为标准,将行政理论与行政实践相结合,注重培养学生深入行政实践和解决行政实际问题的能力。在课堂设计方面,可以考虑法律实践类课程的设置,如行政情景模拟实践、行政文书写作及行政复议和行政审判活动,以此增强学生对行政法课程的热爱,毕业后能很快上手与行政法律相关的工作。另一方面,在行政法课堂注重建立平等的师生关系,加强师生之间的沟通与交流,鼓励学生分析晦涩难懂的行政法基础理论、深刻解读现实中复杂的行政法律现象,使学生化被动为主动,激发学生学习行政法的热情,使之真正成为课堂学习的主体,全面推动法学专业学生素质教育的发展。

(二)强化长效课程建设机制,全力提升行政法教学质量

为保障行政法学教学效果,学校需要强化长效课程建设机制,发挥学生的主体学习功能,全力提升行政法教学质量。

第一,强化长效课程建设机制,确立一流课程建设的持久性。在推进一流课程建设的过程中,必须明确课程建设实施细则,强化过程管理。推动行政法学一流课程建设,就要把专业发展和人才培养深度融入一流课程建设的过程,做到相互促进、协调发展。一方面,学校教务部门应秉持OBE管理理念,加强对一流课程建设的全程跟踪,积极反馈课程建设中存在的问题并及时改进。另一方面,学校要组织建设一流课程建设团队并成立专家指导组,随时开展过程指导和专项检查。学校应秉承人才是第一资源的理念,大力引进高水平行政法学科人才;坚持实施以人才强学科的战略,紧紧围绕精准引才、重点培养、收入调配等手段,着力打好人才引进、培养、服务、使用"组合拳",努力夯实人才根基,推进行政法一流学科建设;加强团队建设,利用行政法课程老中青三代的优势,整合教学资源,提升教学团队整体教研水平,发挥行政法学在学院的优势课程地位。

第二,借鉴国外优秀课程改革经验,加大行政法课程实践教学改革。首先是德国的"鉴定式"案例教学方式,其结构是"设问—定义—涵摄—结论",在形式上与解数学方程式有异曲同工之处,意在培养专业化的行政法务人才。其次,与德国的专业化教育模式不同,美国采用"通识化教育"模式。美国行政法学教育注重培养学生的行政实践能力,在教育方式上多采用"诊所式教学法",教师带领学生作为一个团体参加行政案例的整个过程,这样培养出来的学生能很快进入行政法治实践,为社会提供更好的公共行政服务。英国的大学十分重视学术研究,在行政法教学过程中特别强调培养学生行政思维的独特性和创造力,并实时锻炼学生解决行政问题的动手能力。这样培养出来的学生不仅关注行政法律制度建设本身,还能够从深层次解读行政法律思维,成为推动法治政府建设的生力军。学习几个国家行政法学教学的先进经验,发挥自身特长,建设一流学课,是我们应长期坚守的课程建设思路。

第三,积极丰富行政法学教学形式,拓展行政法学教学方法。一是通过各种教学形式拓展学生的行政法视野,突出行政法的适用性和应用性。三峡大学法学与公共管理学院常年聘请具有高学历和高理论水平的校外实务专家进校开展行政法知识讲座,促进理论与实践相结合。二是法律实务课程的开展,行政模拟法庭就是很重要的实训课程之一。通过分组开展模拟行政开庭,锻炼学生处理行政争议的实践能力。三是综合运用网络平台和多媒体等现代化教学手段,努力提高教学质量。网上教学资源的共享与多媒体教学手段的运用,能让学生享受课堂以外的教学资源,丰富课堂模式,提升学习兴趣。四是拓展教学形式,丰富教学活动。如组织学生到政府部门、司法机关和法律服务部门开展认知实习,通过接触行政法治实践来提高学生学习行政法的热情,加深对该课程的客观认知。五是积极改革课堂教学方法,鼓励授课教师在行政法课堂中多以启发式、

讨论式教学模式开展教学活动，激发学生学习热情，积极配合教师实现教学互动、教学相长。

第四，拓展行政法课堂教学内涵，积极发挥学生在专业课学习中的主体性作用。我国行政法学教学长期以来注重传统法学理论教学的重要性，在教学过程中偏重对行政法基本框架的介绍，与行政实践相结合的不多。近些年来，行政法学界越来越注重行政法学理论教学与行政法治实践相结合，在教学改革方面做出了诸多有益探索，如中国政法大学关注行政法"教义学"教学改革，西南政法大学 MOOC 线上行政法学课程建设改革，中南财经政法大学尝试德国鉴定式行政案例研习教学。其主要趋势是教材选择多样化和全面化，探索我国传统"灌输式"及美国"案例式"之间的"折中式"教学方法，注重教学实践活动的多渠道和多方位改革，推动行政法学教学评估方式多样化，提升学生的行政实践能力。

（三）进一步对接国家和地区建设需求，提升行政法学服务功能和国际合作水平

教育、科技、人才是建设社会主义现代化国家的战略性支撑。社会服务是高等院校的四大功能之一，学科建设应在社会服务中有所作为。我国处于社会转型期，许多社会问题需要学术服务给予积极回应。但以往学科建设中以学术兴趣为驱动的建设模式很难为国家和地区战略提供智力支撑。科研活动基本上为教师个人学术兴趣所驱动，主动对接国家和地方发展战略的能力还较弱。

深入贯彻落实党的二十大精神，必须牢牢锚定法治政府建设的目标任务，用更高的标准、更大的力度扎实推进依法行政，加快建设法治政府。在推动法治政府建设进程中，行政法学毫无疑问承担了重要的学科任务。行政法学学科建设也必须锚定国家的这一战略性任务，担当重要历史使命。地方院校的学科也要为地方的政治稳定和经济社会发展做出重要贡献，行政法学学科要紧紧利用自己的学科优势，为地方法治政府建设贡献力量。

现代社会是信息社会，只有加强合作交流，才能推动共同进步。将学科建设置于国际经济一体化和对外开放的社会大背景下，通过加强与国内外著名高校合作交流，引进先进的教育理念、办学模式和人才培养范式，拓展专业发展资源，培养具有国家化视野的专业人才，是现代高等教育的必由之路。

行政法学课建设要不断整合国内外行政法学最新研究成果，学习国外先进的行政法治理念，创新法治思维，加强互动和交流，力求教学内容更先进、更科学、更能引领新时代政府行为新理念。应严格按照《中华人民共和国中外合作办学条例》精神，不断强化合作办学在学科和专业建设中的重要性，加强与国外合作高校和研究机构的联系，探索合作的新模式，开拓合作办学的新领域。首先，加强与国外高校及研究机构的深度合作。推进行政法学一流课程建设，必须放眼世界拓展法学专业发展资源，借鉴先进办学理念及人才培养模式，培养具有国际化视野的行政法律人才。其次，深度推进行政法教师团队的访学活动，选派优秀学科带头人和学术骨干到世界知名大学或科研机构访学，拓展行政法学国际学术视野，紧跟行政法学术前沿。最后，加强国际学术交流，开展国际合作研究。推动一流课程建设，就要努力搭建具有一定影响力的国际学术交流平台，要利用大坝的国际影响力，吸引国内外高层次人才加盟，要通过举办高水平学术交流会议等形式打造国际学术交流平台，形成国际学术交流品牌。

四、结语

行政法学课程建设是关涉行政法学理论与实践、内容与形式、实体与程序、法律方法与法律思维的系统工程。提升教师的知识背景和学术视野、打造高素质教学团队、与时俱进地改革教学理念、激发学生的学习兴趣，都是推动课程建设的关键要素。在推进行政法一流课程建设的过程中，

教师要特别重视行政法学学科体系的复杂性，注重教学的实践性，把行政法学知识与相关学科知识相结合，不断更新教学思维，认识到教学内容的争点，注重授课对象的不足，针对学校、学科建设和生源的特点，选择更为合适的课程教学模式。另外，教师还要认识到行政法学面临的实际问题是不断追求自我的课程，教学过程中会不断出现需要解决与研讨的新问题、新课题。因此，加强与相关实务部门的沟通和交流格外重要。要争取聘请部分具有高学历、强能力的实务部门专业人士通过多种形式参与到课程建设中来，使行政法学改变传统理念中一板一眼的部门法学形象，增加教师的教学兴趣和学生的学习兴趣，以推动行政法课程建设。

参考文献：

[1] 潘懋元，王伟廉. 高等教育学［M］. 福州：福建教育出版社，1995.

[2] 薛天祥 . 高等教育学［M］. 桂林：广西师范大学出版社，2001.

[3] （美）欧内斯特·L. 博耶. 关于美国教育改革的演讲［M］. 涂艳国，方彤，译. 北京：教育科学出版社，

2002.

[4] 尤春媛 . 法学教育改革背景下的行政法教学改革［J］. 江苏社会科学，2008（6）：165–169.

[5] 刘凌 . 法律思维视域下的高校行政法教学［J］. 法制博览，2022（6）：160–162.

"翻转课堂 +读书会"教学模式在《红楼梦》研究选修课中的应用研究 [1]

顾瑞雪 [2]

摘　要："翻转课堂 + 读书会"通过调整课堂结构的方式，将教学主体置换为学生，激发学生的学习兴趣和积极性。将"翻转课堂 + 读书会"教学模式引入红楼梦课堂，可以部分地实现对《红楼梦》文本的精读，达成深度学习的目标；同时能提高学生语言表达和组织课堂等多方面的能力。如何克服翻转教学中的"断章"理解和"只见树木不见森林"的不足，尚待进一步实践探讨。

关键词：《红楼梦》研究；"翻转课堂 + 读书会"；应用；反思

阅读和赏鉴《红楼梦》是当今绝大多数高校的一门常设选修课。如何使这门课的教学真正达到增强大学生文学素养、提高文学鉴赏能力的目的，是授课教师面临的一大难题。传统的《红楼梦》选修课一般由授课教师主讲，学生倾听；或进行一些简单的互动，如偶尔提问、分角色朗读，教学过程和形式大致如此。选修这门课的学生往往逾百，一起坐在偌大的教室里，授课教师能够关注到的学生有限，90 分钟的课堂往往成为授课教师的独角戏。大部分学生在开始阶段还能聚精会神听讲；20 分钟或半小时后，仅有不超过 20% 的学生能够认真听讲并参与互动，而相当数量的学生精神涣散，开始玩手机、刷视频或做其他作业。这样一来，《红楼梦》课堂教学达成度只能覆盖 20% ～ 30% 的学生，再加上能够读完全本《红楼梦》的学生较少，教学效果很难令人满意，课堂教学模式改革势在必行。笔者讲授该选修课多年，既采用过传统的授课方式组织教学，也采取过"翻转课堂 + 读书会"的模式进行教学，相较而言，"翻转课堂 + 读书会"形式更能激发学生的学习兴趣，调动他们的课堂参与感。以下就对三峡大学公选课《红楼梦》研究"翻转课堂 + 读书会"教学模式加以阐述。

一、关于"翻转课堂 + 读书会"

"翻转课堂"（Flipped Class Model）最早由美国教师 Maureenlage、Glenn Platt 和 Michael Treglia 在论文 "Inverting the Classroom: A Gateway to Creating an Inclusive Learning Environment" 中提出。做法是让学生先在课前或课外观看教师的视频讲解，自主学习，教师不占用课堂时间讲授知识，课堂成为师生、生生答疑解惑、合作探究、共同完成学业的互动场所。互联网的迅速发展和普及，给这一模式走向更广阔的领域提供了可能，学生无须单纯依赖授课教师讲授，可以通过互联网查找并使用优质的教育资源达到学习上的自主和自觉；课堂上，教师与学生的角色发生了置换，学生主导课堂，授课教师更多的责任在于解答学生的问题并引导学生运用相关知识。很

1　三峡大学"双创"教育改革研究专创融合类一般项目（Z202113）。
2　顾瑞雪，三峡大学文学与传媒学院讲师，博士，研究方向为明清文学、科举与文学。

明显，这种教学模式的优点在于能够极大地激发学生学习的积极性和自主性。[1]这一独特优势引起了国内教育研究者的关注和重视，在现代信息技术教育比较发达的省市，翻转课堂已进入理论和实践并行操作的阶段，部分地改变传统课堂教学"不可逆性"，促进了教育效能的更优化。

"读书会"则是以读书汇报的形式让学生成为学习的主体。学生成为教学的主导者组织教学，并以个人展示的方式引导课堂内学生形成积极和富有创新性的思考，从而解决阅读与赏鉴中的问题。将"翻转课堂"和"读书会"相结合，可以更有效地实现"翻转课堂"的教学目标。

二、"翻转课堂＋读书会"模式在红楼梦课堂中的应用

将"翻转课堂＋读书会"教学模式应用于红楼梦课堂，课堂人数不能多，一般以20人左右为宜。教室最好选用桌椅可移动的多功能活动室，学生呈扇形或半圆形就座，展示者就站在距讲台极近的"圆心"处，这样左右瞻顾，可以关注到每个学生，也容易使每个学生都专心听讲，讲与听的效果都能达到最好。一学期12次课，每次课都有新的主题，展示者为2～3个学生，教师和其他学生一起点评、讨论，实现对《红楼梦》的经典品鉴。

教学步骤如下：学生提前学习，在通读整部《红楼梦》著作的基础上，利用互联网查找或观看与所讲主题相关的网络视频、文章，然后备课，制作课件，准备登台主讲。教师与学生进行角色互换，教学主体实现翻转，使学生成为真正的学习主体；变"教而后学"为"学而后教"，教学过程实现翻转，培养学生学习的自主性和积极性；充分利用互联网及教师提供的视频、课件等可重复学习的路径，实现教学方法的翻转，使学生养成在网络时代主动学习的能力；每个学生都要精讲分享自己的理解和心得，既锻炼了学生的表达能力，又在一定程度上提高了他们的自信心，可谓一举多得。[2]每个学期班里都会有3～5位甚至更多《红楼梦》爱好者，他们不仅阅读《红楼梦》小说、看由小说改编的影视作品，而且所有关于《红楼梦》的视频、戏曲、文化节目等他们都会主动找来看。这类主动学习者是选修班中的佼佼者，无论采取何种教学方式，他们都是课堂中最出色的一批，成为带动其他学生积极研读的优秀引路人。

《红楼梦》的解读和品鉴有多种方式，可以采取主题式，如《红楼梦》中的建筑、美食、茶、养生、中医、季节、服饰、人物形象；也可以采取精读文本的形式，更深入地品鉴经典的思想、语言以及叙述之美。以精读文本为例，笔者的教学课堂设计如下。

1. 选择准备精读的篇章，推荐学生阅读并收看相关文本、论文、论著和视频

以小说情节的重要性及塑造人物的原则为标准，着眼于"整本书阅读"的理念，让学生欣赏并领略一个完整的悲剧故事，选取一些重要的篇目，如第5、8、13、17、18、19、27、31、45、63、97回，学生分组后认定要负责的内容，提前在课下进行充分准备。从学生选定的篇目来看，80%的学生选取了前40回的内容，20%的学生选取了后80回中的"栊翠庵品茶""抄检大观园""黛玉焚稿"三个章节，由此可以看出学生对小说前半部分内容较为熟悉。

关于《红楼梦》的研究成果汗牛充栋，教师应择其善者推荐给学生，这也是教学中一项重要内容。红学研究评点派、索隐派和考证派三大流派是考察《红楼梦》研究的重要学术流派。

2. 分组上台展示，分享对文本的理解和心得

选修班中学生共30人，分成10组，每3人一组，分别展示对《红楼梦》10个章回的理解。

选课学生对这种登台当"老师"的授课方式表现出应有的兴奋，毕竟有的学生从来没有过这种体验。每个小组的3位成员在正式讲授前会进行集体备课，分派任务，各尽其职，尽量不发生内容上的重复和交叉。一般情况下，1人负责概括该回故事情节，然后逐段有侧重地进行讲解；1

人主要就人物形象（等）进行深入挖掘；1 人将视角延展至前后章节或整部书，指出该章节在整个故事情节中的重要地位和作用。

3. 教师和学生共同点评、讨论

这一环节由教师和学生共同点评展示者的优点和缺点，各自提出具有探索性、开创性的问题。全班同学参与讨论，各抒己见，在论析与争辩中解决问题，达到对课堂内容的充分理解和吸收。

4. 撰写课堂日志，提出重要问题，启发学生继续深入思考

以精读第 74 回为例。这一回的故事具有十分强大的张力，它涉及多层关系、多种状态，且以抄检前、中、后各人的不同反应，体现了贾府人物的世故人情，预示着贾府的衰败已成定局。笔者就主讲学生没能讲透或未涉及的重要问题设计以下思考题：

①贾府"三春"的性格形成，都有哪些因素？

②凤姐当金项圈，体现了荣国府怎样的生存现实？

③迎春、惜春形象在此丰富饱满，意义何在？

④能够接受王夫人的人设吗？为什么？

将这些问题发在班级 QQ 群里，学生可以在群内自由发表看法，弥补课堂上思考与讨论的不足。

三、"翻转课堂 + 读书会"教学模式应用的实践成效

"翻转课堂 + 读书会"课堂教学模式对选课学生来说颇具挑战性，角色转换的压力使学生不能马虎从事，必须提前认真准备才行。[3] 无论学生在讲台上是激情澎湃，还是羞怯腼腆，这都是他们难忘的一次上课经历，一些学生因此克服了怯场的毛病而变得自信大方。

从对《红楼梦》主旨及其人物形象的分析来看，学生大致能够比较准确地理解并把握小说的主旨，并没有发生大的偏离。

传统课堂中，教师和学生各司其"职"：教师担任"教"的主体，学生担任"学"的主体；授课主动权往往掌握在教师手中，而听讲和接受知识的学生则体现出相对的被动性。学生能够"听明白"与能够"讲清楚"，这事实上是接受过程中两个不同的层面。当学生既能够通过图书馆、互联网等手段查找资料主动学习，也能够有条理地将自己的想法和理解向别人讲清楚，这才算是真正"吃透了"知识要点，领悟所学知识的主旨和精髓。翻转课堂让学生变成老师，这种方式切实检验了他们的理解力与认知水平，真正达到了深层学习的目的。

四、结语

作为一种创新教学模式，翻转课堂并非无可指摘。比如它要求教学班的规模不能大，若人数过多容易流于形式而无法实现教学目标；它要求学生须具备一定的自觉性与自主学习的能力，基础较差、自主学习能力不够的学生很难适应这一模式；它要求学生具有团队协作的能力、归纳整理的能力以及听、说、读、写等方面的能力；一次课只有 90 分钟，教师很难将某一章节的问题完全讲透，由此会造成故事情节或人物形象分析的"断章""残义"的情形；有些问题放在班级QQ 群中讨论，往往会使一些不够自觉的学生开小差，影响和干扰其他学生正在进行的研讨活动；便利的互联网虽然对教师课前制作视频课件、实施教学互动有很大帮助，但如何筛选有用材料、有效把控学生的课堂表现，给翻转课堂的教师和学生提出了新要求 [4]……简言之，任何一种教学模式都有利有弊，教育者所能做到的是扬长避短。

南京大学苗怀明教授以读书会的形式带领学生精读细读《红楼梦》，在高校教学界成为佳话。

苗教授精读《红楼梦》的形式是丰富多样的：改编、表演、考试、提问、辩论、补写、续写……选修班采用小班教学，在全校范围内选定了不足 20 位真正的《红楼梦》爱好者进行研修，教学效果之精良可想而知。选修课结束时，每个学生都满载而归。这种精品教学的方式和精神值得我们提倡借鉴并加以推广。

概言之，像《红楼梦》这样的文学艺术经典，教师必须调动起学生研读的积极性和自主性，才能真正实现增强大学生文学鉴赏力和提高人文素养的教学目的。在这方面，"翻转课堂 +读书会"的教学模式提供了一种不可多得的尝试方式。

参考文献：

[1] 祝智庭.智慧教育新发展：从翻转课堂到智慧课堂及智慧学习空间［J］.开放教育研究，2016（1）：18–26.

[2] 胡畔.促进深度学习的翻转课堂教学模式构建与实践［J］.佛山科学技术学院学报（社会科学版），2022（3）（总第 40 卷）：85–91.

[3] 李大博，张景业.高等院校通识教育选修课"翻转课堂"教学模式的建构策略——以《红楼梦》研读课为例［J］.湖北成人教育学院学报，2022（1）：40–45.

[4] 朱越.《红楼梦》整本书阅读教学研究［D］.南京：南京师范大学，2020.

基于 OBE 教育理念的研究生英语口语教学模式初探[1]

陈琴[2]

摘　要： 在国家化发展的大背景下，作为国家高端人才的研究生的学术口语交流能力培养变得尤为重要。为了改善三峡大学研究生读写领先、听说落后的学习现状，笔者尝试基于 OBE 教育理念建立一种新型以"学习产出为导向"的教学模式，通过把"5 分钟科研英语演讲视频"设置为学习产出对教学活动进行反向设计，使用个性化的教学策略和学生为主体的探究性课堂来促成预期学习产出，以此改善三峡大学研究生的口语水平和应用能力。

关键词： 研究生英语口语；OBE；学习产出；5MRP

　　为了适应时代发展的需求并响应国家对研究生培养的要求，三峡大学在 2016 年对研究生英语教学进行了全面改革，旨在逐步转变教学重心，从以通识英语教学为主转向以专业英语、学术英语教学和跨文化素养培养并重的教学模式。经过几年的实践，学校研究生学术英语读写水平以及学术英语素养有了显著提升，但学生听说能力的发展却相对滞后。学术英语口语在语言难度和认知复杂度方面远远超过日常英语。对于本不擅长听说的研究生来说，学术英语的听与说是一项极具挑战性的任务。这在一定程度上挫伤了基础较弱的研究生英语学习的热情和信心，从而影响了学术英语口语的教学效果。鉴于此，笔者以 OBE 教育理念为指导，开展了一学期的教学改革尝试，探索新型研究生英语口语教学模式，尝试解决学生口语学习中的难点、痛点，从而提高学生的实际口语水平和运用能力。

一、OBE 理念指导研究生口语教学的现实意义

　　OBE（Outcome-Based Education）教育理念，又称为成果导向教育、能力导向教育、目标导向教育或需求导向教育。它最早由美国学者斯派蒂于 1981 年提出，理念基础是所有学生都成功，所倡导的是一种以结果导向进行反向设计教学体系的教育模式。自提出以来，该模式很快被传至美国、英国、加拿大等发达国家，成为全球工程教育改革的主流理念。2013 年 6 月我国签约《华盛顿协议》，OBE 成为我国工程教育认证的核心理念之一。OBE 对工程教育改革的影响之深，应用之广，学界有目共睹。近两年，一些高校教师也开始挖掘 OBE 理念指导英语教学的潜力，并开展了一些相关研究和实践。在 2021 年出版的第五期《学位与研究生教育》里，淳柳等人介绍了中国石油大学（华东）在 OBE 指导下，围绕"双一流"建设开展的一系列研究生学术英语教学改革与探索。他们发现引入 OBE 教学模式，不仅有利于加强对研究生学术英语学习的需求分析，还能更好地体现教学内容与教学目标之间的逻辑对应关系[1]。聂勇伟在其写作教学改革研

1　2023 年三峡大学研究生教学改革研究培育重点项目"新工科"背景下三峡大学研究生公共英语课程设置及教学模式（SDYJ202310）。

2　陈琴，三峡大学外国语学院讲师，硕士，研究方向为心理语言学及应用语言学。

究中指出，OBE 对中国高等英语教育改革和应用型人才培养具有促进作用[2]。虽然英语口语教学效果需要以学生的口语产出为评价对象，但遗憾的是，当前从 OBE 理念的角度开展相应的改革和实践却十分有限。

英语口语教学成效主要以学生的语言输出能力为检测标准，高度注重产出及结果，以成果为导向的 OBE 教学理念无疑和这一教学目标十分契合。首先，OBE 强调清楚聚焦，课程设计和教学要清楚聚焦最终的学习成果。最终的学习成果即教师的教学目标和学生的学习目标。明确的学习目标能够帮助教师和学生清楚地知道需要达到的口语能力水平，从而使教学过程更加有序、有效。学生可以根据目标设定自己的学习计划，并在学习过程中不断检验自己是否达到了预期的目标。其次，OBE 鼓励提高期待。教师应该提高对学生学习的期待，制定具有挑战性的执行标准，以鼓励学生深度学习，促进更成功的学习[3]。对于听力、口语能力薄弱的研究生来说，学术口语有着较高的认知挑战和语言难度，但这并不意味着达成预期的学习成果不可实现。研究生在认知能力、知识水平、学习方法方面有着比较大的优势，如果给予他们足够的时间、资源和帮助，他们定能实现有难度的学习产出。此外，OBE 提倡反向设计。课程与教学设计从最终学习成果（顶峰成果）反向设计，以确定所有迈向高峰成果的教学的适切性。反向设计使所有的教学活动、学习任务聚焦于最重要和最核心的成果，能够使教学落到实处，切实帮助学生提高口语表达水平。

综上所述，利用 OBE 理念指导研究生英语口语的教学设计、搭建适合研究生英语口语学习的课堂模式，对于提升研究生英语口语教学质量、提升研究生英语口语能力、达成研究生能力培养目标有着十分现实的意义。

二、OBE 理念指导下的研究生英语口语教学模式实践

OBE 教学模式紧密围绕预期学习产出展开，课题组在建构研究生英语口语教学模式参照阿查亚提出的四个环节：定义学习产出、实现学习产出、评估学习产出和使用学习产出。

（一）制定清晰具体的教学目标，定义学习产出

学习产出是 OBE 理念的核心，它既是学习终点又是学习起点。学习产出的界定对于 OBE 教学模式的成效起着决定性的作用，要想获得理想的教学效果，教师首先要制定一个符合现实需求、清晰具体且操作性强的学习产出目标。

2005 年召开的全国高等院校研究生外语教学研究会指出，研究生外语教学"应通过各种方式和渠道，提高研究生的英语应用能力，特别是要提高研究生在本专业和相关专业领域的口语和文字交流能力"。2017 年开展的"双一流"建设旨在提升我国高等教育的综合实力和国际竞争力，最终实现"高等教育强国"的战略发展目标。为了在国际学术圈享有话语权，研究生的英语口语和文字交流能力的培养变得十分具有战略性。为响应国家的号召和时代发展的要求，三峡大学研究生公共英语自 2016 开始推行改革，展开分模式、分层次教学。分模式是就教学内容而言，分为必修模块和选修模块。前者以通识英语为主，以学术英语（EAP）为辅；后者以学术英语为主，以专门用途英语为辅。必修模块设置了 16 课时的学术英语口语学习，旨在"满足学生出国继续专业学习的需要、使用英语进行科研和学术交流的需要，和在实际工作中使用英语进行有效沟通和交流的需要"。选修模块主要针对基础比较好的六级考试成绩达 426 以上，或雅思总分 6.5 以上的学生。截至目前，改革已经推行了 6 年，但在研究生口语能力形成上却收效甚微。为了更准确地找出问题的症结所在，我们对 2022 级 4 个专硕班和 3 个学硕班的学生展开了学习需求调查。调查结果（表 1、表 2、表 3）显示，虽然学生对于英语口语有着比较浓厚的兴趣，但对研究生阶

段的口语学习目标不清楚，用英语进行科研和学术交流存在比较普遍的畏难情绪。

表1　研究生能力提高需求分析调查

项目	听说能力	读写能力	翻译能力	专业英语能力	其他	合计
人数	70	58	8	29	1	166
占比	42%	35%	5%	17.5%	0.5%	100%

表2　研究生学习目标明确性调查

项目	清楚	不清楚	合计
人数	52	114	166
占比	31%	69%	100%

表3　英语学术交流和演讲的难度感知调查

项目	很难	较难	难度适中	较简单	简单
人数	48	75	38	5	0
占比	29%	45%	23%	3%	0%

鉴于国家对于研究生英语应用能力培养的要求和三峡大学研究生实际的学情，基于 OBE 理念的指导，课题组将口语教学的目标设定为完成"5 分钟英语科研英语演讲"视频。参考我国大学生 5 分钟英语科研演讲比赛的标准，要求学生用易于理解的英语、在 5 分钟内向没有专业背景的听众介绍一项与自己专业相关或跨专业（包括专业科普类）的课题项目或论文。5 分钟的迷你演讲具有一个完整的学术演讲所具备的一切要素和特点，是高度结构化的、范畴化的学习范本，从学习的角度来说也更符合学生的实际水平。由于该比赛已经举行了 6 届，官网上有大量的获奖视频可供学习；除此以外，国外举行多年的 3MT（Three Minutes' Thesis，3 分钟论文演讲比赛）也提供了绝佳的学习范例。将研究生口语教学的目标设置为完成一个"5 分钟科研英语演讲"（5MRP）视频不仅能紧扣国家教育大纲关于学生学术交流能力培养的要求，又兼具操作性强和实践性强的优点。

（二）多措并举，协同实现学习产出

1. 优化教学内容

三峡大学目前听说教学使用的教材是外语教学与研究社出版的《研究生英语听说教程》下册。该教材以训练研究生实际应用能力和提高人文素养为主，内容多聚焦于不同生活场景的交际活动，涉及学术交流的内容不多。结合教学大纲和学校教改的要求及学生实际的需求，我们需要对教材内容进行筛选，选择 Unit 11 的 How to express yourself in conference? 为教学重点，以 3MT 历年冠军演讲视频为主要学习材料，并以个别优秀的 5MRP 获奖视频和部分 TED 演讲为辅。16 个课时的教学分别安排如下：①学术演讲的结构要素与语言风格（How to structure your lecture? What language style to use?），2 课时；②如何引入你的演讲主题（How to open your speech?），4 课时；③如何简单清晰地介绍研究方法和研究过程（How to illustrate your methodology?），4 课时；④如何阐释研究结果和意义（How to explain the significance your research?），4课时；⑤如何收尾（How to conclude your speech?），2 课时。教学内容是紧密围绕学习产出，即 5 分钟科研英语演讲设置的，每一个教学任务的设定和最后的学习产出都有着直接密切的联系。

2. 确定教学策略

确定好学习内容后,教师要进一步思考成功实现学习产出要执行的有效教学策略。OBE 教育理念的核心是将学生置于绝对的主体地位,强调"所有学生均能学习成功",即每一个学生在教学任务完成时都应该实现相应的学习产出[4]。学生有着很大的主体差异性,首先是不同专业学生的知识结构的差异,其次是不同学生的语言基础之间有着比较大的分化,要想实现相同的学习产出的成功,教师必须竭尽所能针对每个学生的特点提供针对性的支持和帮助。课程安排以及教学时间和教学方法要更加具有灵活性,使学生可以通过教师的多元化教学满足自身个性化的需求[5]。

为了实现"所有学生均能学习成功",笔者根据学生的能力分层实行同质性和异质性小组合作学习。首先是同质性分组能力分层。把学习产出细化为四个具体的任务——收集资料、制作 PPT、准备稿、演讲,分别对应的是学生的学术阅读能力、信息整合能力、写作能力和口语能力。要求学生根据自己的实际能力选择相对来说最薄弱的一项任务,然后根据该选择将班内学生分成 A 组、B 组、C 组、D 组。在后期教学过程中,根据学生的同质性分组情况进行分层教学和分层任务布置。其次是异质性分组。在全班公布从《国际科学》上筛选的内容新颖、语言简单的 10 篇英语论文标题,让学生根据自己的兴趣选择一篇作为演讲内容,每篇论文各组限选一人。选择相同任务的学生成为一个小组,因此每小组得以配备 A、B、C、D 大组学生各一名,使组员之间在完成小组任务时实现生生互学、取长补短。

3. 创新教学模式

OBE 教育理念强调,学生是学习的主角,所有教学活动必须围绕学生展开。教学设计过程中,首先要强调学生在教学中的中心地位,充分体现"以人为本"的教学理念;其次,要强调知识、能力、素质三维度教学目标以及"全面发展"的教学理念;最后,要强调教与学密切结合,课内与课外密切结合。鉴于以上这些特点,课题组从课前、课中和课后三个方面搭建教学模式,具体操作如下。

课前:通过雨课堂建立班级学习群,完成学情调查、同质性和异质性分组工作。群内发布课程教学大纲和计划,课程学习要求和考核方式方法,3MT、5MRP 及 TED 等视频学习资料,小组任务等信息。要求学生在课前观看教学视频,通过完成课前练习来检验知识的掌握程度;同时将学习过程中发现的疑难问题发布到班级群,以便教师掌握研究生的线上学习情况,确定线下课堂教学内容。课中:在课堂学习中,教师先对学生在观看教学视频过程中遇到的疑难问题进行集中讲解,接着组织学生分组进行课堂活动。为了促进知识的内化和吸收,课堂活动设计要紧贴课前自主学习的内容,采用观看视频回答问题、模仿视频对话、听音辨音、听力练习、复述、小组比赛等多种活动,使口语课堂既生动有趣,能够激发研究生大胆"开口说"的热情,又能培养他们合作学习和交际的能力,真正达到提高研究生口语表达和交际能力的目的。课后:根据每节课具体的教学内容和目标布置小组项目式作业,主要形式为演讲视频制作,长度为 1 ~ 3 分钟。要求小组成员之间取长补短分配任务、相互合作完成任务。视频完成后上传到网络学习群,学生相互投票打分,以此作为作业评分的重要依据。

(三)评估学习产出

OBE 理念侧重学生最终取得的学习成果,强调对学生进行考核时要引入多元化的考核,考试分数不能作为评价学生的唯一标准,甚至要尽量减少考试分数的比重,增加学生平时表现及能力展现所占比重。学生运用所学知识来发现问题、分析问题、解决问题是 OBE 理念所关注的核心。

在 OBE 理念的指导下,笔者将学术口语课程的考核主要分为分层作业、课堂表现、小组作业和期末作业四个部分,分别占比 20%、20%、20% 和 40%。分层作业主要根据学生的薄弱环节布置针对性的听说任务，不同组学生所分配的任务不一样，但最终的学习目标是一样的，即在课程结束时每个学生习得的各种能力能够保障预期学习产出的成功实现。课堂表现主要根据学生在课堂发言的积极度、发言的质量以及课堂任务完成度来评定。小组表现的评分取决于分配给每个小组的项目式作业完成度和各小组课堂小组讨论、小组汇报和小组竞赛的表现；期末作业即"学习产出"的实现，取决于5分钟英语科研视频所完成的质量，由教师打分（60%）、同伴互评（30%）和自我评价（10%）三部分决定。形成性评价（60%）的比重鼓励了学生在实际学习中做到全程参与，提高了学生的积极主动性，强调达成学习成果的内涵和个人的学习进步，不强调学生之间的比较。教师评价、同伴互评和学生自评组成的多元化评价标准能够保证评价的客观公正，有利于学生相互学习，促进了学生知识的深度内化。

（四）使用学习产出

使用学习产出指的是学习成果的实际运用，学生在工作岗位运用课程知识的情况。OBE教育的最终目的是希望学生在社会实践中把在学校学到的技能发挥出来，完成工作岗位的实际需求。使用学习产出这一步对于其他学科来说可能要等到学生真正走入社会才能发挥作用、检测实效，但对于参加学术交流就是其学习阶段常规活动的研究生来说，他们掌握了用英语介绍科学研究的技能之后，就能直接报名参加国际性的学术会议，不但可以拓宽国际视野，给他们的研究带来新的思路，同时可以宣传自己的研究。除此以外，还可以对课程学习的成果进行筛选，对于完全符合5分钟科研英语演讲大赛要求的优质视频作品进行推荐。该比赛不仅可以提高学生的自信心，也有助于提升学校在国内一流高校中的存在感和竞争力。

三、基于OBE教育理念的研究生口语教学实践成效

OBE指导下的研究生口语教学目标清晰具体、实践性强、实用性大，而个性化的教学策略，学生为主体的教学模式以及多元化的评价体系能够充分保障教学目标（即学习产出）的成功实现，最大限度地实现其所倡导的"人人都成功"的教学成效。经过为期两个学期的实践，OBE口语教学模式展现了良好的教学成效，主要体现为以下三个方面。①学生学习兴趣和自信明显提高。对于学术口语，三峡大学研究生普遍存在畏难情绪，认为内容晦涩抽象、词汇难度大，从而削弱他们的学习兴趣，影响了他们的学习信心。OBE指导下的口语教学模式首先通过实用性强、难度不大的学习目标降低他们的畏难情绪，又通过时新的语言学习视频材料、个性化的教学策略、小组合作探究性学习的教学模式帮助他们达成学习目标。学习的成功体验有效地降低了他们的畏难情绪，促进了学习自信的建立，而自信的建立进一步激发了学生的学习热情，增强了他们学习的内驱力。②学生国际化学术素养初步养成。通过学习优秀的学术演讲视频，学生逐渐掌握了国际学术规范，对于科学研究的步骤有了更清楚、更深刻的认知；科研演讲视频的准备，需要学生查阅大量的文献，收集相关资料，根据不同话题的主题和特色对资料进行分类、处理和加工，从而提高学生阅读英语文献的水平，增强其逻辑思辨能力。③口语水平和语言应用能力显著进步。经过16课时的学习，学生掌握了学术口语的风格，完成了相关词汇和表达范式的积累，学会了演讲框架的搭设、内容的设计，语言知识于水平得到提高。另外，教学效果几乎做到OBE理念所提倡的"人人都成功"，因为每个学生都成功实现了学习产出，即完成一个5分钟的演讲视频。视频的完成有助于锻炼学生信息筛选与整合、小组探究合作、讲稿撰写以及演讲等方面的能力，提升了学生的语言运用能力，为他们日后跻身国际学术圈打下了良好的基础。

由此可见，OBE指导下的研究生口语模式教学能够实现教学目标和教学设计的严格逻辑对标，

保障有效的学习产出，但它对教师有着非常高的要求，对学生也具有一定的挑战性。教师需要投入较多的精力和心血研究烦琐的教学目标分解、一体化课程设计和教学方法选择，动态地评估学生发展水平，并根据学习产出评估反馈信息及时开展个性化学生辅导；而自主性探究性学习需要学生具有较高的自律性和较强的学习动机，否则小组合作学习也会出现任务分配不均，部分能力较强的学生包揽大部分任务，而少部分学习主动性不强的学生能力得不到相应的锻炼的情况，最终导致强者更强、弱者更弱的局面。因此，如何将个性化教学落到实处，规避小组合作学习带来的相应问题，还有待学界进一步研究探索和解决。

参考文献：

[1] 淳柳，郭月琴，王艳 . "双一流"背景下基于 OBE 的研究生学术英语教学模式改革与实践——以中国石油大学（华东）为例［J］. 学位与研究生教育，2021（5）：42–47.

[2] 聂勇伟 . OBE 理念下高校英语写作混合式教学方法改革探究［J］. 齐鲁师范学院学报，2023（8）：32–36.

[3] 李志义，朱泓，刘志军，等. 用成果导向教育理念引导高等工程教育教学改革[J]. 高等工程教育研究，2014，（2）：29–34.

[4] 姜波 . OBE：以结果为基础的教育［J］. 外国教育研究，2004，30（3）：35–37.

[5] 周洪波，周平 . 基于 OBE 理念的高校教学模式改革研究［J］. 中国成人教育，2018（4）：94–98.

浅析相声"四技"在中级汉语听说课教学中的应用

覃阳[1]　宋若云

摘　要：相声是中国传统文化的一部分，在教学工作中，将相声应用到国际中文教育听说课堂，能有效提高教学效率。学生不仅可以掌握语言基础知识，提高听说能力、锻炼交际能力，还能对中国文化有了更深的了解。中级阶段学生具备了一定的语言基础知识和交际能力，理解句子和语篇的能力都较强，将相声中"说学逗唱"四项基本技能应用于中级听说课，从说话、模仿、逗乐、演唱四个方面入手，为国际中文教育中级汉语听说课提出具体可行的方法。

关键词：相声；中级汉语听说课教学；应用

美国保尔·兰金的研究表明，人们的交际活动 75% 是通过听说活动完成的，其中听占 45%，说占 30%，听和说是人类交际活动中最主要的形式，是语言交流的核心。[1]汉语听说课作为国际中文教育的核心课程，承担了训练学生听力和口语两项技能的任务，在学生汉语学习尤其是初级和中级阶段的学习中占有十分重要的地位。[2]初级汉语听说课以汉语语音声韵调的发音、音节的具体感知及音变为主要教学目标。中级汉语听说课在汉语发音的准确度上强调汉语语音语调的准确性训练，让学生了解汉语语音语调在言语表达中的意义。相声是中国民间的一种传统说唱曲艺，其四大表演艺术手段是说、学、逗、唱，以短小精悍、风趣幽默的语言叙述故事，塑造人物，表达思想感情，反映社会生活。[3]不少学者将相声有效地运用于基础教育领域，从相声艺术与课堂教学，相声在语文、数学、物理、生物、化学等学科中的应用等角度进行了讨论。他们认为，相声应用于教学在促进学生理解知识点、提高课堂效率、改善课堂氛围等方面效果显著。[4]近年来，也有学者将相声应用到国际中文教育领域，这些研究主要集中在相声对汉语口语教学和文化教学的价值意义。笔者认为，相声作为一种经典的汉语口语表达艺术形式，在跨文化交际过程中不仅具有极高的文化意义，其形式和内容对汉语听说课教学有着不可低估的应用价值。

一、相声在国际中文教育听说课教学中的应用价值

（一）有利于学生口语能力的提升

相声录音可供学生模仿、记忆。提高听的能力需要听后模仿，提高说的能力也需要听后模仿，大量的听后模仿是提高听说能力的必由之路。相声演员普通话标准，相声文本注意措辞，好的相声语言极具艺术性，是很好的口语模仿素材。无论单口相声、对口相声还是群口相声，互动性都很强，故事所涉及的话题也是中国人在日常生活中常使用的。听后模仿是一种把感觉记忆转入短时记忆的能力，不断地听后模仿就可以完成从感觉记忆到短时记忆再到长时记忆的转化。学生在听完相声模仿的过程中，能将相声文本中的对话信息储存在大脑中，既增强了语言知识储备量，

1　覃阳，三峡大学汉语国际教育专业硕士在读，研究方向为汉语作为第二语言教学。

又提高了开口率。

相声的表现形式是口语式的,通过口头表达来讲故事,使用相声的文本来教汉语,弥补了当今教材的语言普遍太过书面的情况。成语教学一直是国际中文教育教学中的难点,掌握成语的意思不代表会应用。如外国学生在课堂说:"我不朝秦暮楚。"虽然表达的意思准确,但忽略了书面语和口语的区别,语言表达也不够地道。

（二）有利于学生听力能力的提升

听力理解包含语符解码和思想意图推理两部分,在字词听辨和字词句理解的基础上,对说话人思想意图进行推断是听力理解的关键。[5]在听力理解时,高语境的会话能够帮助学生更好地推断谈话内容,对文本进行理解。大多数相声表演时长在20分钟内,不仅要将故事叙述清楚,还要埋下"包袱"、制造笑料。这样仔细打磨过的文本故事性强,语境完整,便于听者联系上下文来理解文本意思。相声演员在表演时,会将多种模态的表现手法结合起来叙述内容,滑稽的肢体语言、夸张的面部表情、丰富的语气词、形象的拟声词,增强了故事的生动性和趣味性。辅助多种形式,学生在观看相声表演时能够更快地掌握文本内容。相声录音不仅能作为口语模仿的素材,还可以作为听力的素材。现在大部分听力教材配套录音语速慢、发音标准、无杂音干扰,和生活中交际时的听力不一样,相声的对话更具真实性和交际性。

同时,随着互联网的普及,多媒体在学习中应用范围越来越广,教师不仅可以在课上截取相声片段来教学,还可以将相声录音作为语言材料供学生在课后学习,培养学生听的语感。

（三）有利于学生跨文化交际能力的提升

来我国学习汉语的外国学习者,由于新奇产生的"蜜月期"会随着越来越深的文化接触而消失,进入文化休克期,从而产生孤独、思乡的情绪,更有甚者,会抵触对中文的学习。语言学习是文化的一部分,外国留学生要想学好中文、适应在中国的生活,必须掌握语言里包含的文化因素,因为这些文化因素包括中国人的民族观念、民族心理、思维方式、生活习惯以及中国基本的国情。要想融入一个集体,先要在思想上产生认同。相声作为中国传统文化的一部分,包含中国文化的方方面面,与日常交际所涉及的主题息息相关,充满了中国老百姓的生活哲学,作为学习素材具有很强的实用性。[6]

除了电视相声,相声也会在小剧场里进行线下演出,坐在小剧场里和汉语母语者一起看演出,也有助于外国学生更好地融入我国的生活。

（四）有利于学生汉语学习兴趣的提升

国际中文教育教学将编排、表演相声纳入教学活动,能潜移默化地提升学生的思维方式、听说能力和小组合作能力,使汉语学习变得更加连贯、生动、活泼。对于部分有余力的学生,还可以通过练习绕口令、贯口等活动进一步提升其口语能力,丰富课堂活动。同时,国际中文教育教师在教学工作中,可以借鉴相声表演中组织包袱的手段,如先褒后贬、故弄玄虚、自相矛盾、刨根问底、一语双关,将其应用于课堂组织中,在教学中激发学生的求知欲,引起学生的兴趣,促进讨论。[7]

二、相声"四技"在中级汉语听说课教学中的应用

"说学逗唱"是相声的四项基本技能,"说"是相声的基础,要求说话速度能快能慢,吐字清晰,包括说笑话、打灯谜和绕口令等;"学"是模仿说话、扮演不同角色等;"逗"是指制造笑料,抓哏逗趣,贯穿表演的始终;"唱"指唱太平歌词、戏曲小调等。"说学逗唱"四门功课可以从

说话、模仿、逗乐、演唱四个方面入手，应用于中级汉语听说课教学之中。[8]

（一）"说"在中级汉语听说课中的应用

相声的四大基本功之一就是"说"，包括吟诗、对对联、猜谜语、解字意、绕口令、反正话、颠倒话、歇后语、俏皮话、短笑话、趣闻轶事。相声作为一门舞台表演艺术，"说"的语音语调具有很强的夸张性，这种夸大的语音语调会对母语为非汉语的学生的听力产生强烈的冲击。汉语听说课对语音语调的训练，在不同的教学阶段有不同的侧重点。初级阶段以声韵调的准确性为主，中级阶段强调表达重音、停顿、语气语调的正确自然性，培养学生应用声音技巧准确地表达一定的思想感情。相声灵活夸张的语音语调，既能让学生掌握准确的语音语调技能，又能打破单纯的声韵调、音节、语句训练的枯燥感，增加学生在各种类型"说"的过程中的趣味性。

在进行国际中文教育语音教学时，教师可以借助相声里的"说"来训练学生发音的准确性。以绕口令为例，对学生进行针对性的发音练习，如李红印在研究中发现，泰国学生对卷舌音"zh、ch、sh、r"的学习有困难。[9]在语音口语练习中，教师可以有针对性地找一些训练卷舌音的绕口令，如《四和十》《小三登山》，来对卷舌音的发音进行强化训练。

数来宝是相声的基本功之一，原本是艺人沿街说唱，通过夸赞商家经营的商品招揽客人，内容大多即兴编词、灵活性强。在相声表演中的数来宝，是指"商家"刻意刁难，变换不同的买卖，让"艺人"编造各行各当推销商品的唱词。在相声中这种灵活创作的形式可以适当地应用于听说课语言点的操练环节，教师要尽可能多地创设情境，让学生能够对语言点进行规则练习，连贯、成段地输出。

（二）"学"在中级汉语听说课中的应用

语言学习一般会经历四个阶段：模仿阶段、理解阶段、记忆阶段和活用阶段。学生在刚接触一种语言时，首先模仿它的发音，然后将音义对应起来，再通过各种活动的操练达到理解、记忆和活用的效果。[10]相声的"学"是以模仿的形式为主的一种表演内容，运用在汉语听说课教学中，不仅是一种标准的语言模仿示范，更为学生的听说训练提供了具体的言语情境。

情景教学在语言习得中应用广泛，迈克尔·葛里高说："情景是表达语言特征的，这些特征与语义表达有着高度潜在的关系。"将"听""说"结合起来融入情景教学，这种将真实感、适当背景和正常语速结合下进行的教学，是单项的口语课、听力课所不具备的，它弥补了现在国际中文教育教学中"听""说"训练分开的最大不足。[11]中级阶段的学生具备了一定的语言基础知识和交际能力，理解句子和语篇的能力都较强，具有更好的环境感受能力和理解能力，所以对这个阶段的学生应用情景教学法更具优势。[12]

相声是通过语言来描述一个场景、一个故事。在听说课教学中，情景能辅助学生理解对话意思，帮助学生更好地理解对话中的重读、弱读、连读、语流音变、断句、谐音等语言知识。学生对具有完整情景的相声片段进行模仿发声，对情景中的对话进行角色扮演，通过听后说的手段来完成教学目标。相声《爱情传奇》里有一句："我们俩是发小，从小便认识，现在大变样。"通过对句子里重音和断句的处理，让对话有了言外之意，制造笑料。对语音的利用，是相声制造包袱的主要形式之一。将相声文本带入课堂，让学生边模仿说边理解意思，能够提高学生的语音感知度。

（三）"逗"在中级汉语听说课中的应用

抽象的生词、熟语和典故等是词语教学中的难点，不同语言词语的使用范围和搭配关系展现了不同民族特点的语义和逻辑事理，各民族有各自约定俗成的习惯用法。教师在进行这些词语教学时，很难在学生的母语中找到与之相对应的词语来解释。汉语中的谦辞、敬语也是具有特定文化内涵的，这些内容学生即使借助工具书也很难理解。相声中大量使用成语、谚语 诗词、歌赋以及名言、名句的形式或内容，经过艺术加工，来形成"包袱"，制造笑料。[13] 如马季在《成语新篇》中大量使用形象生动的成语，对成语的本义和曲解之意产生了诙谐的效果，具有别样的趣味。以相声文本作为听说课的材料，学生通过对相声中表达的故事整体把握，来掌握这些晦涩的熟语，可以避免学生产生畏难心理。[14]

汉语听说课教学中利用相声的"逗"可以活跃课堂，增加趣味性，从而调动学生的积极性。除了对学习教材的改编，让教学内容具有趣味性之外，教师的语言风格也可以借鉴相声演员叙事的风格，在教学语言上设计巧思，借鉴相声中"抖包袱"的手段，在教学中激发学生的求知欲，引起学生的兴趣，提高课堂活跃度。此外，编排相声、表演相声也是很好的课堂活动，既能丰富活动课的内容，也能让学生在表演中、娱乐中锻炼听力和口语，提高交际能力。

（四）"唱"在中级汉语听说课中的应用

汉语语言具有音乐美，各种文学形式都与音乐密切相关。先秦时期，诗舞乐本是一体，汉乐府收集的各地民歌、唐诗、宋词、元曲以及明清时期的戏剧，都可以通过吟唱的形式来传播。通过音乐来教学历史悠久，我国古代就有使用《三字经》《百家姓》《千字文》为孩童启蒙，这种歌谣节奏轻快、韵律性强，朗朗上口，方便记忆。在英语教学中，童谣教学也很常见，利用"唱"的形式来进行教学，教育意义极大。在国际汉语教育听说课教学中，我们可以活用"唱"的形式，如唱流行歌曲、唱诗词、唱民间小调，教师可以选定旋律，将课堂内容唱出来。

国际中文教育教师也可以在课堂中增加"唱"的形式。在课堂活动中教学生唱歌，不仅能够提高学生学习汉语的兴趣，也有助于学生通过歌词学习语音，能有效地改善"洋腔洋调"的问题；通过同一个旋律替换不同的内容来吟唱，可以扩充学生的词汇量；歌词中包含大量常用句型和语法点，将歌词选作典型例句，配合旋律辅助学生记忆，能帮助学生掌握语法知识。除此之外，对外汉语教师还可以将具有音乐性的诗歌、词曲作为课堂知识的补充内容让学生于课下了解，这样有利于提高学生的文学素养，丰富其中国传统文化知识。

三、结语

将相声"四技"应用于中级汉语听说课教学，能够提高学生的学习效率，锻炼他们的交际能力，增强其学习兴趣，对学生的第二语言发展具有促进作用。目前，专门的相声国际中文教育听说课教材少，缺乏充分的理论研究，实践经验也不足，还处于摸索阶段。相声的内容有雅有俗，很多相声内容不宜被搬到国际中文教育课堂上，教师在选取文本时，既要符合相声的审美标准，还要具备当代思想文化特色，相声的内容要汲取中国传统文化精华，适当融入现实生活中的素材。要想将现有的相声文本和教学大纲结合起来，教师不仅要有灵活的创新能力、丰富的文化内涵，还需要普通话标准、课堂表演能力强。

参考文献：

[1] 胡秀春.对外汉语听说课的课堂教学环节［J］.首都师范大学学报（社会科学版），2013（S1）：89-93.

[2] 常悦."互联网+"背景下对外汉语听说课堂教学研究［J］.国际公关，2020（6）：115-117.

[3] 刘昭鸾.浅谈戏剧、曲艺在幼儿语言教育中的运用［J］.南方论刊，2002（9）：42.

[4] 李晓兵.电视相声节目在对外汉语中高级口语教学中的运用［D］.武汉：华中师范大学，2021.

[5] 胡觉明. 听力理解中的意图推理 [J]. 外语与外语教学, 2004（4）: 22-23, 31.

[6] 莫赛. 对外汉语初级阶段文化因素导入研究 [J]. 广西民族大学学报（哲学社会科学版）, 2009, 31（S1）: 122-124.

[7] 戴莉莎, 王绍舫. 浅谈将中国传统相声艺术融于汉语国际教学 [J]. 文学教育（下）, 2019（6）: 105.

[8] 肖静芳. 相声四技"说学逗唱"在汉语口语教学中的尝试 [D]. 西安: 陕西师范大学, 2019.

[9] 李红印. 泰国学生汉语学习的语音偏误 [J]. 世界汉语教学, 1995（2）: 66-71.

[10] 范彩霞. 对外汉语教学中的课堂活动 [D]. 哈尔滨: 黑龙江大学, 2011.

[11] 沈履伟. 视听说课的设计构想 [J]. 天津外国语学院学报, 1998（1）: 44-47.

[12] 孟爽. 基于情景教学法的对外汉语中级口语教学模式探讨 [J]. 文教资料, 2010（12）: 57-59.

[13] 李捷. 模因论视域中的言语幽默 [J]. 外语学刊, 2008（1）: 74-78.

[14] 张弓长. 浅议熟语在相声艺术中的运用 [J]. 渭南师专学报, 1998（3）: 42-45, 56.

浅析国际中文教育口语课提问的输入功能

刘传清[1]　张源

摘　要：提问作为教育教学不可或缺的重要手段，历来受到教育界专家学者和一线教师的高度重视。一堂课的开讲、新旧过渡、内容展示、分析归纳、主题讨论等教学活动都离不开课堂提问。在国际中文教育口语教学中，提问可以贯穿课堂教学整个过程。无论是讲授环节还是口语训练，除了完成其常规的设置疑问、启发思考、激起趣味、检验效果、引导互动等教学组织功能外，作为最重要的语言输入，提问具有不可替代的语感浸化作用和语言输出的激化作用。笔者认为国际中文教育口语课堂的提问不仅是一种教学手段，还对有效引导语言输出和创设真实的语言交际境具有不可或缺的作用。

关键词：口语课；提问；输入功能

提问和回答是人们进行语言交流的基础，也是语言课上最基本的训练方式。第二语言教师作为语言技能教学的实施者，发挥着举足轻重的作用。刘晓雨（2000）认为，教师在教学中的作用是为学生"搭梯子"，引导学生自己爬。而提问就是"搭梯子"的一个非常重要的手段。优秀的提问能够引导学生去探索知识，提升他们的思维，培养他们善于思考的习惯和能力。提问也是联系师生思想活动的纽带，是实现教学反馈的重要方式。通过提问，教师可以与学生形成互动，检验教学效果，适时调整教学内容和方法，有效实现教学目标。

近年来，国际中文教育领域有不少专家学者深入探讨了"提问"对汉语作为第二语言教学的价值意义。周小兵认为："提问是师生之间、学生与学生之间课堂互动的主要形式，是一种重要的教学技能。良好的课堂提问可以加强师生之间的交流，激发学生的学习兴趣，调控进程。"[1]杨惠元指出："提问和答疑都是教师课堂教学中重要的教学行为，也是课堂教学顺利进行和取得良好教学效果的关键性因素。"[2]李珠和姜丽萍认为："提问，还有一层意思，指学生在学习中有不懂的问题向教师提问，希望教师解答。"[3]他们从学生的角度分析了提问在汉语作为第二语言课堂教学中的作用。

笔者认为，提问是一门综合性的教学语言艺术，具有设疑、激趣、引思的作用，是教学中最常用、最有效的手段，在国际中文课堂教学活动中发挥着极其重要的作用。在汉语口语教学过程中，提问不仅承担着引导、激发学生进行口语训练和思维训练的重要功能，还作为一种语言输入的内容和方式，直接为学生的语言输出提供了具体的正确示范和对话语境。也就是说，对外汉语口语课堂教学的提问，不仅是一种教学手段，更是一种语言的输入。因而，汉语口语课堂教学过程中的提问设计，除了具有常规的设置疑问、启发思考、激起趣味、检验效果、引导互动等功能外，更要重视其作为语言的重要输入功能。

1　刘传清，三峡大学文学与传媒学院教授，研究方向为现代汉语、语言学及应用语言学。

一、提问是汉语口语课可理解性输入的重要内容

20 世纪 80 年代初，克拉申在其著作中曾多次提及"输入假说"。在他看来，"可理解的输入"对学习者的第二语言习得起着至关重要的作用。所谓的"可理解性"是指，在教学过程中，教师所输入的内容要控制在学生可理解的范围内，同时要为学生提供略高于所教授学生的语言知识，即"$i+1$"原则，"i"表示学生当前的语言程度，"1"表示该阶段与下一个阶段的差距。教师的提问作为一种语言输入，也要遵循这一原则。也就是说，教师提问的语言既要与学生的语言水平相适应，又要保证足够的输入量。以往的二语教学过程中，许多教师单纯地将提问理解为一种设疑、启发、检测的组织教学手段，常常忽略提问语言的可理解输入性。提问语言或者词语超纲，语句过于复杂，会影响学生对提问内容的接受性。对外汉语口语教学的目的是讲解汉语知识，创设对话情境，让学生在听解基础上，主动积极地运用汉语进行交际。在口语教学的各个环节中，提问都有着极其重要的语言输入功能。因而，汉语口语课堂的提问设计需要教师高度重视提问语的可理解性。提问语既要与教学内容有效融入，由浅入深，从易到难，环环相扣，引导学生对所讲解的知识有足够清晰的了解，又要依据学生已掌握的语言材料创设真实的话语情境，激发学生主动表达。

汉语口语课的提问设计要充分体现语言知识系统。口语课堂教学目标是在语音、词汇、语法讲练的基础上，让学生理解汉语的字词句，并将这些语言材料记忆储存，进入语言思维层面，成为思维的工具，最终以目的语有声语言来准确自如地表达自己的思想情感。学生对目的语的语感形成主要来自教师课堂上的语言表达。而课堂提问比起陈述性的讲授语更能激发学生的思维主动性。因此，口语课的提问内容需要充分呈现课文的字词句，如《汉语口语速成》入门篇第 11 课办公楼在教学楼北边的提问设计：

（学生已经学习了方位词和一些建筑词）

教师问：你们认识这些楼吗？（教师用手指着学校的建筑图）

学生答：教学楼、办公楼、图书馆、宿舍。

教师问：办公楼在教学楼的哪边？

学生答：北边。

教师问：图书馆在办公楼的哪边？

学生答：西边。

教师问：那你们的宿舍在哪里？

学生答：在图书馆南边。

教师将课文按顺序分解成一个个句子，设计出形式不同的问题，再寻找不同的学生回答，使他们能够完整地说出句子。接着，对已经学过但没有在课文中出现的某些方位词再次提出问题，然后让学生看图复述课文，帮助学生巩固掌握知识点。在以课文内容为依据进行提问的时候，教师要注意问题的层层递进，一个问题紧接着一个问题，这样可以让学生对课文内容有更深入的了解。最后，教师要求学生按一定的顺序描述，从而使学生对课文内容有全面的了解。

二、提问是汉语口语课引导输出的重要手段

国际中文教育口语课教学的最终目的是培养学生运用汉语有效输出的主动性和正确性。斯温通过调查加拿大第二语言法语沉浸式教学中的学生输出情况，提出了语言输出假说。他认为，

对于学习者来说，如果仅仅只是在可理解的输入层面上下功夫，就不能保证取得第二语言习得的成功。[4]因为第二语言的习得也是一个不断输出的过程。这就要求学习者不仅要有足够量的可理解的输入，还要有足够量的有效输出。而提问是引导、激发学习者运用目的语主动、有效输出的重要手段。口语课是训练学生口语表达能力的重要技能课，在国际中文教学中历来受到专家学者的高度重视。但在汉语口语训练过程中，学生常常难开口、不知道如何开口，造成口语课堂的冷场。这就需要教师依据一定的教学目标，选择合适的内容和方式，引导学生顺利地完成语言输出。真实的口语交际是在不断循环的问答过程中完成的。汉语口语课堂的提问是作为一种语言输入的"问"，其最直接的结果是引导学生语言输出的"答"。因而，设计汉语口语教学的提问时，我们不仅要重视提问输入的可理解性，还要保证可以引导学生目的语的有效输出。

首先，口语课要依据教学内容的不同有针对性地设计提问。例如，在词语理解和表达环节，教师可以采用以下提问方式。

1. 特殊疑问句（用"什么""哪里""哪个""谁"等疑问词引出所教授词语，让学生回答）

例如：

教师问1：你想买什么？（衣服）

教师问2：你想去哪里买？（商场）

教师问3：你和谁一起去？（朋友）

教师问4：你们怎么去？（坐公共汽车）

2. 是非问（是非问是完整提出一个问句，让学生回答"是"和"不是"）

这类问句在汉语口语教学中多以完整的单句呈现，除了判断学生对所讲授知识是否理解，更主要的意义在于培养学生的汉语语音、词汇、语法到语用的整体语感。因而，在口语句式教学中用是非问来提问，意不在问，而在语句整体感知。

例如：

问1：你们把作业交了吗？

问2：还有同学没把作业交给我吧？

问3：你们把昨天的生词记住了吗？

问4：你们没把昨天的生词忘了吧？

通过这样的是非问，强化学生对把字句的肯定形式和否定形式的整体记忆。

3. 选择问（给出多个选项，让学生做出选择）

这种提问方式让学生具有选择权，能最大限度地激发学生开口的积极性，可运用于语言训练的各个层面，是口语课教学中引导学生语言输出最有效的方式之一。

例如：

问1：你要红色的还是白色的？（词语训练）

问2：是"苹果被我吃掉了"还是"苹果把我吃掉了"？（句式训练）

问3：遇见老师要说"老师，你好！"还是"老师，您好！"（语用训练）

此外，国际中文教育口语课教学还可以根据学生的实际汉语水平，采用不同的提问方式来提升教学效果。

（1）整体问

在多数学生对所讲授知识基本理解的情况下，对全体学生提问能有效提升学生的表达参与率。因为集体回答会克服部分学生的开口恐惧心理，也能起到一定的表达训练效果。

（2）个别问

口语训练中，那些场独立型学习者常常难以开口。教师可有针对性地提出问题，让这类学生参与对话，还可以针对汉语水平相对低的学生提出一些较浅显的问题，以有效提升学生的自信。

提问作为引导学生语言输出的主要方式，教师在提问时要注重将提问的内容与学生的日常生活情况相联系，使学生对这些语言材料在言语交际中的实用价值有更清晰的认识，增强口语训练的主动性，从而实现口语的有效性输出。

三、提问可以创设真实的口语交际情境

口语教学的最终目的是培养学生的目的语交际技能，通过教学训练，使学生在真实的目的语环境中能正确自如地进行言语交际。"互动"一词最早源于社会心理学，后被引进到语言教学的研究中，并被广泛运用。1983 年朗提出"互动假说"，他认为："互动的目的在于进行意义的协商"；而里弗斯对"互动"做了更为广义的界定，他指出："只有当学生的注意力都集中在真实信息的传递和接受时，才可以达到对一门语言的熟练使用（在重要的环境中包含着听说双方都感兴趣的信息）。"强调了互动语言的真实情境性。

如前文所述，口语课教学中的提问作为重要的语言输入，需要重视输入内容的可理解性，引导学生语言输出的目标性，但其最终的目的还在于通过目的语输入和输出的互动，来提升学生的言语交际能力。依据里弗斯理论，口语课的提问既要为学生提供真实的言语交际范例，又要努力创设真实的言语交际情境，激发学生在问答互动中掌握正确的言语交际技能。真实的语言互动情境能够让口语课变得生动有趣，也能激发学习者的学习兴趣，从而促进汉语输出和内化的有效性。陈雯琦认为："提问应结合学习者的个人因素，并结合学生的实际生活"，这样才能做到"因材施问。"[5] 在国际中文口语课堂中，提问要因人而异，教师应关注学生的性格特征、文化背景等，创设适合学生的情境，让他们进行互动练习。

例如：

问 1：你们家乡有什么著名的小吃呢？（请学生简单介绍各自国家的美食）

问 2：你们来中国后最喜欢吃的中国小吃是什么？（请学生介绍最喜欢的中国美食）

问 3：你们国家有跟中国一样的小吃吗？（请学生比较自己国家与中国的美食）

教师根据"家乡的名胜古迹和小吃"这个话题，让学生互相介绍，由此在学生中间展开交流讨论，让每个学生积极地参与到课堂练习中。在这段互动中，学生能借此联想起自己国家的情况，激发自身的学习兴趣，使得汉语输出、内化变得有效。

教师要根据教学目标提问，合理地将课堂教学内容有效地向课外真实的交际情景延伸，实施与教学要求相符合的互动，同时激发学生将所学知识运用于日常交际实践的兴趣。

教师通过与学生的问答互动，帮助学生构建正确的语言输入、输出模式，为学生言语交际能力的提升打好坚实的基础。

四、结语

提问作为国际中文课堂教学活动中的一种综合性教学语言艺术，是实现"教"与"学"和谐互动的重要纽带，发挥着极其重要的作用。尤其是在汉语口语教学过程中，提问不仅承担着引导、激发学生进行口语训练和思维训练的重要功能，还作为一种语言输入的内容和方式，直接为学生的语言输出提供了具体的正确示范和对话语境。也就是说，对外汉语口语课堂教学的提问，不仅

是一种教学手段，更是一种语言输入。因而，教师在设计汉语口语课堂教学过程中的提问时，要更为重视其作为语言输入的重要功能。

参考文献：

[1] 周小兵. 对外汉语教学入门 [M]. 广州：中山大学出版社，2004.

[2] 杨惠元. 课堂教学理论与实践 [M]. 北京：北京语言大学出版社，2007.

[3] 李珠，姜丽萍. 怎样教外国人汉语 [M]. 北京：北京语言大学出版社，2008.

[4] 杨晓萌. 任务型教学理论在初级汉语短期教材中的应用情况 [D]. 苏州：苏州大学，2015.

[5] 陈雯琦. 对外汉语初级口语课堂"因材施问"研究 [D]. 广东：中山大学，2012.

第三部分

生态学专业课程思政"三引领一体化"教学育人体系的构建与实践[1]

李晓玲[2]　陈国华　吕坤　王传华　杨昌英

摘　要： 生态学专业的授课过程中缺乏对课程所蕴含的思政资源的挖掘及理想、信念教育的转化。因此，如何构建生态学专业课程思政"三引领一体化"教学育人体系，是重要研究内容。首先，优化课程思政目标体系，渗透立德树人教育理念；其次，进行生态文明教育、生命共同体系统观念及可持续发展理念在生态学专业课程思政中的"三引领"的渗入；再者，进行生态类课程"一体化"践行生态文明内涵；最后，实施本科生导师制全面保障课程思政教育。

关键词： 生态学专业；课程思政；教学育人体系

课程思政是指高校所有课程都要发挥思想政治教育作用，所有人员都要承担育人的责任。当前，高校思想政治教育存在着"独立前行"的困境，思政课程与其他课程呈现相互分离的情况。课程思政是新时代高等教育改革的重要举措。如何将思政元素植入专业课程教学全过程，是专业课程思政建设急需解决的问题。[1]

习近平总书记在全国高校思想政治工作会议上强调了各门课程都要"守好一段渠，种好责任田"，使各类课程与思想政治理论课同向同行，形成协同育人效应。在生态学授课过程中，结合当前的重大生态环境问题和三峡区域独特的生态环境状况，推进习近平生态文明思想进教材、进课堂、进头脑，对学生进行生态文明教育，是生态学专业课程思政建设的独特优势所在。党的二十大报告指出，大自然是人类赖以生存发展的基本条件。尊重自然、顺应自然、保护自然，是体现习近平生态文明思想的内在要求；要牢固树立和践行"绿水青山就是金山银山"的理念，站在人与自然和谐共生的高度谋划发展。

三峡大学生态学专业围绕贯彻落实立德树人根本任务，挖掘各种思政元素与各类课程协调联动，紧密结合三峡区域生态环境治理与保护问题，落实"长江大保护"国家战略，助力长江流域生态环境综合治理，将"生态文明价值引领、生命共同体系统观念引领、生态可持续发展导向引领"有机融入生态学各类课程，构建生态学专业课程思政"三引领一体化"教学育人体系，探索生态学专业课程与思政课同向同行的协同育人机制，培养学生成为爱岗敬业、道德高尚的社会主义生态学事业接班人。

1　2020 年湖北高校省级教学研究项目"生态学专业课程思政'三引领一体化'教学育人体系的构建与实践"（2020387）。
2　李晓玲，三峡大学生物与制药学院教授，博士，从事生态学教学及科研工作。

一、生态学课程教学中开展课程思政的重要意义

（一）结合国家战略和三峡区域生态特点，阐述生态文明建设的重大意义

中央将"生态文明建设"和"长江大保护"纳入国家战略，三峡区域生态环境独特。课程思政的设计必须紧跟国家战略，结合三峡区域特色，对课程内容进行更新，实现课程内容学术性与育人目标价值性的统一。

（二）贯彻习近平新时代中国特色社会主义思想，提升学生的认知能力和实践能力

在教学中将习近平新时代中国特色社会主义思想蕴含的世界观、方法论传递给学生，提升学生的认知能力，加强实验训练，提高学生的实践能力。

（三）构建课程思政"三引领一体化"教学育人体系，从单课程育人转向全课程育人

挖掘课程思政教育亮点，将思想政治教育融入专业知识，构建生态学课程思政"三引领一体化"教学育人体系。

二、如何构建生态学专业课程思政"三引领一体化"教学育人体系，培养学生成为爱岗敬业、道德高尚的生态文明建设事业接班人

（一）优化课程思政目标体系，渗透立德树人教育理念

生态学专业围绕贯彻落实立德树人根本任务，以"爱知行信"协同育人理念引领，对通识课程、专业课程、实习实践各类课程进行梳理，优化课程思政目标体系，渗透立德树人教育理念。课程思政目标可分解为通识目标和专业目标，同时将生态文明思想教育目标融入通识目标和专业目标，即生态文明价值、生命共同体系统观念、生态可持续发展理念全课程、全员、全方位融入。从生态学专业具有较强实践性课程的本质出发，着重促进学生建立正确的价值观、和谐的生态观，激发学生爱国主义情怀和民族自豪感，提升学生的人文素养、道德水平和与人为善、与自然和谐相处的理念；培养学生实事求是、治学严谨的科学态度；强化学生自主学习和终身学习的意识；提升学生的科学素养，帮助学生树立科学的职业价值观和形成良好的职业道德，培养学生分析问题和解决问题的能力，提高学生能力和素养，从而更好地完成培养中国特色社会主义"美丽中国"事业合格建设者和可靠接班人的重要使命。

通过课程思政的建设，反向带动精品课程、网络在线课程建设，提高教学团队专业素养和理论素养，达成与思政课程 "同向同行、协同育人" 的合力，实现知识传授、能力培养与价值引领三位一体总体目标。生态学专业课程思政目标体系构建如图 1 所示。

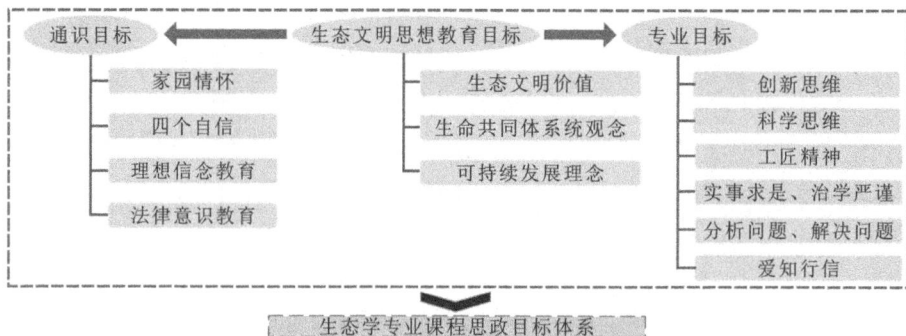

图 1　生态学专业课程思政目标体系构建

（二）生态文明教育、生命共同体系统观念及可持续发展理念在生态学专业课程思政中的"三引领"的渗入

开展生态学课程思政只有以生态文明教育为引领，才能真正起到提高国民生态意识、普及生态教育的思想政治教育任务。通过生态学理论型课程的学习，可促进学生完善知识体系，夯实理论基础，由浅入深地理解生态文明内涵。三峡大学生态学专业本科生理论型课程主要包括通识核心课、专业基础课、专业核心课和专业拓展课等理论课程。理论型生态类课程以生态学为核心，包括普通生态学、土壤学、环境监测、环境评价和环境生态工程等课程。教师可使用阶梯化的理论型生态学课程教学方式，首先，在生态学中明晰习近平生态文明思想、山水林田湖草沙生命共同体、可持续发展等概念及内涵，初步形成生态环保意识；其次，结合三峡区域独特的生态环境，讲解土壤、水、光、热等环境因子与生态系统植物、动物、微生物的关系，形成生态环境要素的系统观、整体观；最后，通过对"水十条""土十条"等法律法规的解读，使学生逐步树立生态环保、节能减排、绿色生产、清洁利用的生态文明价值观，成为践行"绿水青山就是金山银山"和"长江大保护"重要思想的实践者。

（三）生态类课程"一体化"践行生态文明内涵

除了理论课程外，三峡大学生态学本科生还通过科学研究训练和实践系列课程践行生态文明内涵。科学研究训练主要包括生命科学导论、科学研究训练、大学生综合创新实验与各类学科竞赛及毕业论文（设计）；实践系列课程主要包括暑期社会实践、动植物野外实习、认识实习及创业实践等。教师在开展这些"一体化"的科研训练课程和实践实习课程的过程中，应注重教育和引导学生弘扬服务国家、服务社会、服务人民的精神，融入习近平生态文明思想、山水林田湖草沙生命共同体及生态可持续发展理念，不断提高学生对当前资源和环境问题的理解和认识。在具体的课程实施过程中，如何将生态环境保护意识融入各个课程、各个环节的教学过程是当务之急。习近平生态文明思想教育、山水林田湖草沙生命共同体系统观以及可持续发展观无疑起到了非常好的价值引领作用。

实践实习课程主要包括暑期社会实践、动植物野外实习、认识实习、工程基础训练及创业实践等。习近平总书记强调，要高度重视课程思政的实践性，把思政小课堂同社会大课堂结合起来，在理论和实践的结合中，教育引导学生把人生抱负落实到脚踏实地的实际行动中，把学习奋斗的具体目标同民族复兴的伟大目标结合起来，立鸿鹄志，做奋斗者。教师应坚持向实践学习、向人民群众学习，精心设计每次实践课的主题和内容，提高学生对生态文明理论、生态文明研究的认识和理解；利用暑期指导学生开展社会实践，学生跟随教师深入林区、深入矿区、深入工厂、深入农村、深入生态环境脆弱区域如三峡库区，进一步加强学生的动手能力与实践水平，进一步增强学生的山水林田湖草生命共同体意识、生态文明价值观以及可持续发展观，激发学生热爱自然、保护环境的热忱，帮助学生建立关爱生命、关爱人类共同家园的生态意识，引导学生扎根中国大地，了解国情、民情、社情，在实践中增长智慧才干，在艰苦奋斗中锤炼意志品质。

（四）实施本科生导师制全面保障课程思政

三峡大学生态学专业立足自身优势和特色，从进校开始配备本科生导师，从"品德、知识、能力、综合"四个维度进行培养，以期获得优秀的道德品质、丰富的知识背景、深入的专业知识、独立的思维能力、良好的交流能力和持久的学习动力等六个方面的素养与能力，充分保障生态学课程思政建设的顺利实施。本科生导师始终贯穿教书育人的各个环节，与专业负责人、辅导员以及各管理部门联动，全面提升育人质量。加强学生的个性化指导，构建学生个性化服务与发展空

间,激发学生潜能,融入习近平生态文明思想和理念,培育学生成为践行"绿水青山就是金山银山"和"长江大保护"重要思想的实践者,如图2所示。

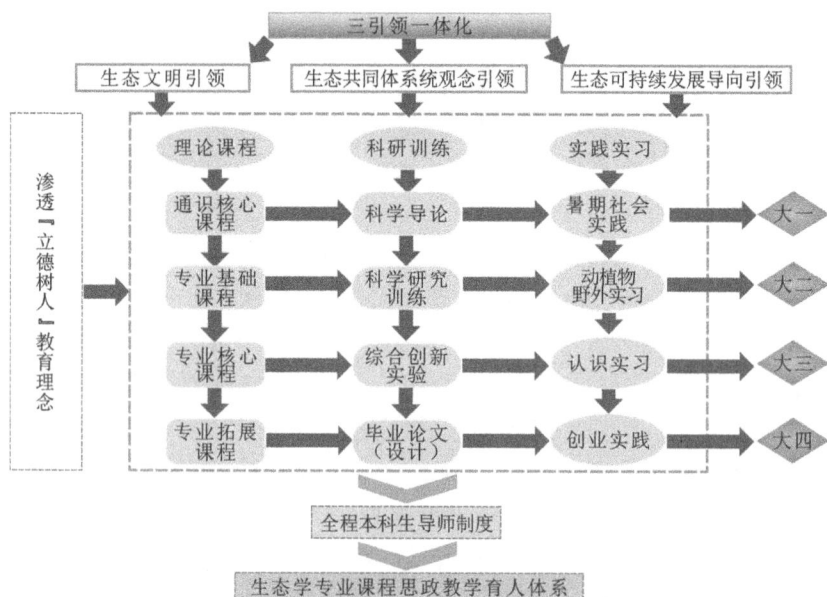

图2 "三引领一体化"生态学专业课程思政教学育人体系

三、"三引领一体化"生态学专业所取得的成绩

通过在大一、大二、大三及大四阶段开展科研训练和实践实习课程,引导大学生参加全国"互联网+"大学生创新创业大赛、全国挑战杯创业大赛、全国大学生生命科学联赛、全国大学生生命科学创新创业大赛以及全国大学生制药工程设计大赛等竞赛,极大地激发了大学生创新创业热情,释放出"青年+创新创业"的无穷力量。以赛促学,培养双创新锐力量;以赛促教,推动双创教育改革再深化;以赛促创,为双创高质量发展注入新动能。通过创新创业大赛培养了一大批有理想、有本领、有担当的源源不断的青春力量,在创新创业中增长智慧才干,大大激发了大学生的学习兴趣和创新创业活力。创新创业教育培养了大学生敢闯会创的可贵素质,一定程度上实现了新时期大学生素质教育的新突破,为当代大学生绽放自我、展现风采、服务国家提供了新平台。生态学专业的大学生参加各级大赛,近三年获得全国一、二、三等奖近50项,省级奖项近50项。特别是"三生"专业的大学生创办了宜昌生药堂生物科技有限公司,团队参加"青年红色筑梦之旅"活动,走进革命老区、农村地区、城乡社区,传承红色基因,了解国情民情,接受思想洗礼,助力乡村振兴和精准扶贫。团队获得三峡大学2018年度十佳创新创业团队、2018年湖北省大学生志愿者暑期文化科技卫生"三下乡"社会实践活动优秀团队、2018年"挑战杯"省铜奖、2019年度十大杰出青年(团队)、2019年至2022年"互联网+"大学生创新创业大赛湖北赛区银奖、2020年第五届全国大学生生命科学创新创业大赛国家级二等奖、2022年第七届全国大学生生命科学创新创业大赛国家级三等奖。2023年生态学专业考研录取率56.7%,就业率90%以上,取得了丰硕成果,培养了高素质毕业生。

参考文献：

[1] 李晓玲，王传华，杨进. 地方高校"三生"专业人才培养模式存在的问题及对策. 教育理论与实践研究（第十九辑）［M］. 武汉：武汉出版社，2020.

以五个维度视角阐释分子病理学的思政元素

王艳华[1]　曾德贤　黄益玲　鲁华　尤程程

摘　要：病理学纷繁复杂的基本原理和知识中蕴含着丰富的课程思政元素。在教学实践中不断挖掘探索病理学中的思政元素，从爱国主义、科学精神、辩证思维、人文情怀和社会责任等维度寻找病理学教学中的思政元素，不仅利于知识传导，也利于升华学生的价值情感。

关键词：病理学；思政元素；分子；维度

　　病理学是研究疾病的病因、发病机制、病理变化、结局和转归的医学基础学科。病理学也成了医学相关专业的核心课程，是连接基础与临床的桥梁学科，更是培养高校学生树立最基本临床思维的主要课程[1]。病理学的学习目的是通过对上述内容的了解来认识和掌握疾病本质和发生发展的规律，为疾病的诊治和预防提供理论基础[2]。作为临床医学的重要学科，病理学在临床医学实践中为许多疾病的诊断和治疗提供了重要依据。病理学纷繁复杂的基本原理和知识中蕴含着丰富的课程思政元素。教师应在教学实践中不断挖掘、探索病理学中的思政元素，从爱国主义、科学精神、辩证思维、人文情怀和社会责任等维度寻找病理学教学中的思政元素，不仅利于知识传导，更好地提升学生的专业技能及思想素养，也利于升华学生的价值情感。

一、讲解重大病理，在知识传导中讲出爱国主义，培育学生高尚的爱国精神

　　讲述病毒病理变化，选取重要病毒讲解，培育学生爱国精神。结核病是严重危害人民健康的重大传染病，是我国当前面临的重大公共卫生问题之一[3]。党和政府高度重视结核病的防治工作，建立了"党政主导、部门协作、动员社会、全民参与"的机制，不断完善防治政策，健全防治体系，加大财政投入，深入开展健康促进，不断强化重点地区、重点人群防治工作，结核病防治工作稳步推进。"十三五"期间，全国结核病发病率从每10万人中65例降至58例。同时，全国共发现和治疗370万结核病患者，治疗成功率保持在90%以上，避免了近千万人感染，为全社会挽回了4 000多亿元的损失。通过讲述这些，让学生在掌握结核病知识的同时，感知党和国家高度重视和健全结核病的防治体系，激发学生的爱国主义情怀。

　　讲述重要知识，选取著名科学家的爱国事迹，激发学生的爱国情怀。重要知识的讲解，往往牵涉常见疾病、多发疾病和重症疾病的诊断。在病理学中，动脉粥样硬化的复合病变血栓形成是一个重要知识点[4]。在讲动脉粥样硬化的复合病变血栓形成的时候，教师可联系我国著名病理学家、教育家徐诵明的事迹，他翻译的中文名词"血栓"至今为人们熟知使用，由此激发学生爱国情怀。动脉粥样硬化是动脉硬化中最常见且重要的类型。动脉粥样硬化复合病变血栓是在动脉粥样硬化的基础上形成的。徐诵明14岁时就说出了"驱除鞑虏，恢复中华"的励志话语。1914年，

1　王艳华，三峡大学基础医学院副教授、硕士生导师，博士，从事病理教学与生物医用材料相关研究工作。

徐诵明以优异的成绩考入日本九州帝国大学医学部。当时，大多数人都选择学内科、外科，为的是学成后可以开诊所，衣食无忧。徐诵明却觉得，一定要搞清楚病的原理。于是他选择了学病理。对他来说，病理学并不枯燥，"只要学进去，趣味很多"。徐诵明学成回国后报效祖国，成为我国当时唯一的病理学教授，创建了中国第一个病理教研室。当时，病理学在教学中一直没有相应的中文教材，徐诵明将日本著名病理学家木村哲二博士的《病理学》（上下册）翻译成中文出版，成为中国病理学的开山鼻祖和奠基人。在封建思想和传统风俗的压力下，徐诵明积极推行尸体解剖教学和研究，"那时想给死人做病理，人家家里是不干的"，但他克服重重阻力积累尸体标本，以供教学和研究之用。

二、引入科学家事迹，在知识传导中讲出科学家的孜孜以求，培育学生的刻苦钻研精神

病理学的发展涵盖器官病理学、细胞病理学、超微病理学、分子病理学乃至数字病理学，这些分支的病理学取得的每一个重大进展，均饱含着许多医学科学家、物理科学家、化学科学家的孜孜以求。教师通过讲述病理学发展过程，列举多个科学家在病理学发展史上的感人事迹和重大贡献，鼓励学生以科学前辈的专业素养和高尚品格为榜样，以此来培养学生攻坚克难、积极进取的精神。

现代病理学家胡正祥、徐诵明、梁伯强、谷镜研、侯宝璋、林振纲、秦光煜、江晴芬、李佩林、吴在东、杨述祖、杨简、刘永、武忠弼、杨光华等为我国病理学的学科建设、人才培养呕心沥血，艰苦创业，功勋卓著。他们从无到有地编著了具有我国特色的病理学教科书和参考书，使病理学教学有所依据和更加规范化，确立了病理学在临床医学的地位。

比如，教师讲解尸体解剖病理时，可给学生讲梁伯强的故事。梁伯强是著名病理学家和医学教育家，也是中国病理学研究先驱者和奠基人之一[5]。病理学最主要的基础研究工作就是进行尸体解剖，而中国传统文化视尸体解剖为大逆不道，因此尸体解剖成为病理学研究中的难点之一。一般而言，对这项工作来讲，具有一定数量的尸源尤为关键。为了获得尸源，梁伯强竭力游说已故患者家属捐献遗体，他还带头签名死后捐献遗体，甚至在研究所解剖室门前挂了一个牌子——"谁愿把尸体贡献给科学，功德无量"。对于无名尸体，梁伯强随到随解，利用各种机会和场合宣传尸体解剖的科学意义。梁伯强在中山大学工作期间，每年都要完成150余例的尸解和500多例的活体组织检验。梁伯强所创建的病理学规范化和制度化建设，被称为"梁伯强格式"，无论是各种管理制度，还是尸体解剖程序和记录，都对当时乃至以后中国医学界产生了广泛而深远的影响。

又如，讲解凋亡时，以中国在凋亡研究领域做出极大贡献的两位科学家王晓东和施一公为例。王晓东发现了线粒体参与凋亡途径的作用及信号通路。施一公系统地研究了细胞凋亡的发生和调控机制。他们的科学精神值得大家学习。

三、运用事物普遍联系观点，在知识传导中讲出医学辩证思维，培育学生的辩证思想

教师应在病理学授课中融入事物普遍联系的观点及事物发展的观点，引导学生在病理学学习过程中，利用辩证思维对病情的具体情况及变化进行探究。介绍病理学概念时，教师应结合病理学学科特点，融入辩证思维教育，强调学生辩证思维能力的自我培养，融入事物普遍联系的观点

及事物发展的观点，引导学生在病理学学习过程中，利用辩证思维对病情的具体情况及变化进行研究。由于各器官在功能、代谢和形态结构上不同，其病因、发病机制、病变特点以及相关临床表现和采取的防治措施等各有不同，构成了每一种疾病的特殊规律。

在讲解"适应""损伤"概念时，教师可向学生讲述事物普遍联系的观点以及事物发展的观点，引导学生利用辩证思维理解"适应"和"损伤"的转归。

一种炎症往往有明显的局部表现，也可能引起某个器官的病变或全身性反应，会影响其他器官的功能，引起发热、中性粒细胞增加等全身性反应。因此，在讲解炎症时，应从理论知识入手，讲解炎症导致的局部红、肿、热、痛和功能障碍等变化。这些变化会导致机体出现发热、白细胞改变、心率加快和血压升高等全身反应。授课中，教师要引导学生逐步体会整体和局部是辩证统一的，既要树立全局观念，立足整体，又要重视局部作用，积极处理控制局部病变，掌握系统优化的方法，减少全身反应。同时，向学生强调在诊断疾病时要综合考虑疾病的局部表现和全身性反应，减少误诊和漏诊。

在讲述动脉粥样硬化——冠心病、心肌梗死的成因和病理变化时，教师可运用唯物辩证法的事物之间是普遍存在联系的进行说明。5 分钟内，全球将有 555 个人离开这个世界，其中有 1/3 的人死于心血管疾病。当镰刀型红细胞病的发现者 James Herrick 第一次定义心肌梗死的症状时，他应该不会想到，100 多年后这种疾病会成为人类的头号杀手。赫里克定义了心肌梗死之后，病理学家很快发现，心肌梗死患者的血管内壁存在一坨坨黏黏的、稠稠的，像粥一样的黄色脂质堆积，并将其描述为动脉粥样硬化斑块。这种看起来很恶心的物质是很多心脏病发作的始作俑者。1910 年，德国化学家 Adolf Windaus 发现，存在粥样硬化斑块的主动脉中的胆固醇，比正常主动脉中的胆固醇含量高出 25 倍。紧接着，1913 年，俄国病理学家 Nikolaj Anitschkow 做了一项动物实验，即对兔子进行高胆固醇喂养，结果导致兔子患有严重的动脉粥样硬化。科学家们通过"事物之间是普遍联系"的观点发现了心血管疾病的病因及病理变化特点。加州大学伯克利分校的物理学家 John Goffman 在 1955 年研究观察到患者体内只有低密度脂蛋白水平有较大升高，而高密度脂蛋白水平却很低。美国得克萨斯大学西南医学中心的 Joseph L. Goldstein 和 Michael S. Brown 两位科学家于 1972 年开始研究胆固醇在体内的代谢调控机制，数年之后，他们终于从生物学角度阐明了胆固醇的代谢转运机制，并因此荣获 1985 年的诺贝尔医学奖[6]。所以，我们要从科学家的研究发现中运用"事物之间是普遍联系"的观点不断地探究这些科学问题，找到问题的答案，然后不断地发现科学研究中新的有关密切联系的问题去钻研。

四、基于合格医生应具备的重要素质要求，在知识传导中讲出"大爱""仁慈"，培育学生的人文情怀

医学是特殊的学科，融自然科学与人文科学于一身[7]。医学院校是培育生命健康使者的摇篮，除要教会学生深厚的专业知识、治疗救助技能外，还要培养他们具有"大爱""仁慈"的人文情怀。人文情怀是合格医生应该具备的重要素质。我们要通过课堂教育积极培育医学生的人文情怀。

教师在介绍病理学研究方法时会提到尸检、标本观察、动物实验等方法，应向学生强调：要对尸体、标本保持尊重，要对实验动物抱有敬意、怜悯之心。以此培养学生的医德水平，提高学生在以后的诊疗过程中"大爱""仁慈"的人文精神素养。

在讲述血液循环障碍病变基础时，其中许多疾病都是临床常见病和多发病，尤其是近年发病率和死亡率极高的心梗和脑梗等，严重威胁着人们的身心健康，干扰着人们正常的工作生活次序。

而当前，有效控制和治愈此类疾病的途径较为有限，且发病机制尚未完全明了，需要学生继续探究。教师需要在课堂上强调：作为未来的生命科学工作者或医生，学生将面对患者，应当具有渊博的理论知识和儒雅的人文情怀。要让学生感悟到，健康所系、性命相托的医德精神和宽厚仁爱、和蔼可亲的人文关怀、人文情怀是合格医生应该具备的重要素质。

教师在讲述肾病内容时，可以结合国内外名人事迹介绍肾病患者的临床表现，引导学生将人文精神融入临床实践。

五、为了促进医学生自我价值的实现，在知识传导中讲出医德规范，培育学生的社会责任感

社会责任感，是一个人的世界观、人生观、价值观在社会中的具体体现，是一种高级而复杂的道德情感[8]。社会责任感是良好医德品性的坚强基础和支撑点。医学生社会责任感的培育内容源于医德规范。培育就是教育引导学生正确认知社会所赋予的责任，产生情感认同以及形成积极践履的行为习惯。比如，在讲述典型结核结节的病理改变时，首先分析病灶中央的干酪样坏死，以及周围吞噬了结核分枝杆菌的类上皮细胞和朗汉斯多核巨细胞，还有外围聚集的淋巴细胞和成纤维细胞的形成原因和形态特征。接着引导学生提炼知识点：典型结核结节从内到外分别是干酪样坏死（干）、类上皮细胞（类）、朗汉斯多核巨细胞（多）、淋巴细胞（淋）、成纤维细胞（纤）。然后引导学生将内容转化为记忆口诀，干类多淋纤，谐音是"干累多领先"；号召学生勇于奉献，吃得苦中苦，方为人上人。讲解愈合方式时，医生对伤口的缝针手法与处理非常重要，处理不好会对患者的伤口造成二次伤害。教师应教导学生将来要严格遵守手术规则，按照无菌原则操作，以患者为中心，牢记医生的职业操守。讲解愈合方式时，通过医生对伤口的缝针手法与处理引申出医生的职业操守。它的宗旨是全心全意为人民服务，救死扶伤，实行革命的人道主义。具体内容如下：①忠于社会主义医疗事业，热爱本职工作，处处关心患者的疾苦，把"维护人民的生命，增进人民的健康，同疾病作斗争"作为自己崇高的职责；②认真钻研医务技术，对技术精益求精，勇于攻克疑难病症，积极进行革新创造，不断开拓医学新领域；③对工作极端负责任，一视同仁，时刻想到患者的痛苦和安危，养成严谨细致的医疗作风，平等待人，不收礼，不"走后门"；④服务细致，谨慎周到，一丝不苟，诊断准确无误，勇敢果断，敢于负责；⑤保守患者病情"秘密"，举止文雅，端庄可亲，不利用工作之便侵害患者权利。

参考文献：

[1] 沈晓燕.高职病理学线上教学模式探索及实施后启发［J］.卫生职业教育，2021，39（24）：77-79.

[2] 胡永斌，周建华，商利，等.临床病理诊断创新创业教育培训的探索与实践［J］.创新创业理论研究与实践，2022，5（11）：112-114.

[3] 高静韬，刘宇红.2021年世界卫生组织全球结核病报告要点解读［J］.河北医科大学学报，2022，43（7）：745-749.

[4] 史张，刘崎，滕忠照，等.动脉粥样硬化成像技术的应用进展［J］.放射学实践，2022，37（5）：638-643.

[5] 董郡.中国著名病理学家——梁伯强教授［J］.中华病理学杂志，1992（2）：65-66.

[6] 雅德.两位胆固醇研究者获1985年诺贝尔医学奖［J］.国外医学情报，1985（24）：418-419.

[7] 马润涵，兰咏梅.蓓蕾展丰盈——从医学史课程学习中体会中医学人文精神［J］.中国医学人文，2021，7（12）：

64–65.

[8] 葛立斌,钱立贤.论中华优秀传统文化教育与当代大学生人文底蕴的养成[J].长春师范大学学报,2021,40(5):
134–137.

中医专业研究生针灸推拿学进展课程思政教学的改革探索[1]

罗亚男[2]　徐荣华　李若冰　蔡三金　杨松柏

摘　要：课程思政作为新时代高校立德树人的新模式，亟需融入中医专业硕士研究生培养。笔者以中医学专业研究生核心课程针灸推拿学进展为载体，围绕课程目标、课程内容和课程特色教育，从深入挖掘思政元素、丰富教学方法、提升教师思政水平、强化教育动力等路径开展课程思政教育实践，以期为中医临床专业研究生的思政建设提供参考。

关键词：针灸推拿；课程思政；研究生教育

课程思政是新形势下高校思想政治教育改革工作的探索，其宗旨是坚持立德树人，把思想政治教育贯穿人才培养全过程，培养德、智、体、美全面发展的社会主义建设者和接班人[1]。当代医学研究生即将步入社会，成为救死扶伤的中坚力量。研究生学习阶段是他们实现三观塑造、学会适应当今社会发展的重要时期[2]。针灸推拿专业课程作为课程思想教育的良好载体，如何将思政元素有机融入其中，潜移默化地为学生树立正确的政治理念，对祖国的健康事业建设起着至关重要的作用。

针灸推拿是祖国医学重要的独特技术，具有丰富的中医药文化和中华传统文化内涵。作为中医学专业研究生的核心课程，针灸推拿学进展是一门以针灸推拿学理论为基础，借助现代科学技术方法，研究针灸推拿作用特点、疗效规律，以及针灸推拿的应用思维特点的学科。该课程是连接针灸推拿理论和临床应用的重要桥梁学科，蕴含着大量的课程思政元素[3]，在开展课程思政教学改革方面具有独特的优势。

一、 针灸推拿相关课程思政教学改革研究现状

党的十八大以来，在立德树人教育理念指导下，我国高校思政课建设略有成效。以"针灸推拿＋课程思政"为主题词在中国知网检索发现，近四年针灸推拿相关课程思政教育研究总体呈上升趋势（图1），表明针灸推拿相关课程思政教育已成为我国中医药学者研究的重要对象。

1　湖北省教育厅项目资助课题（2014238）；三峡大学校级教研项目（K2022006）。
2　罗亚男，三峡大学健康医学院副教授，博士，从事针灸相关临床及教学工作。

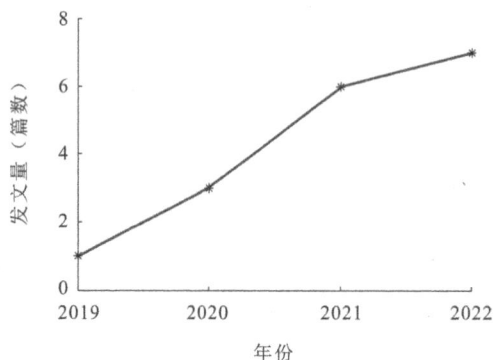

图1 以"针灸推拿＋课程思政"为主题词检索的论文发表趋势

贵州中医药大学的张二伟等人[4]从锻炼教师队伍、丰富教学内容、改进教学方式、整合教学平台等方面探索针灸推拿专业课程思政路径，以提高新时代大学生的专业素质与综合素质培养；安徽中医药大学的蔡荣林等人[5]将针灸学课程中蕴含的中国传统文化和医德医风等思想政治元素充分融入教学环节，以提高课堂教学效果；上海中医药大学的郭光昕等人[6]从课程思政应用于推拿功法学教学的必要性、思路策略和具体措施等方面，从多个角度探讨了课程思政应用于推拿功法学中的举措，以提高学生的思想道德素质，实现全面育人、立德树人的要求；江西中医药大学的卢论斌等人[7]充分挖掘《针灸推拿学专业导论》中的中国传统思政元素，探索中医院校课程思政建设对新生的影响，以期达到思政教育、人文教育和中医药专业教育目标。

目前，从针灸推拿相关课程思政教学改革的研究现状来看，高等院校教育教学工作者大多以本科生为研究对象，而对专业硕士研究生课程思政教学的研究相对较少。因此，笔者就如何开展中医专业研究生课程思政改革进行探索，以核心课程针灸推拿学进展为例进行剖析，为研究生课程思政建设提供参考。

二、探索针灸推拿学进展课程思政的有效路径

针灸推拿学进展作为中医学硕士研究生的核心课程，不仅比本科课程覆盖面更广、专业性更强，而且涉及的专业领域也更广、更深。因此，在保证学科知识性不减的同时，如何挖掘、融入、教学，成为当代专业院校教师面临的一大挑战。在针灸推拿学进展的教学实践中，笔者结合实际情况，主要从以下几个方面对课程思政的教学改革进行了探索。

（一）深入挖掘思政元素

根据各章节具体内容及针灸推拿专业特点，整体规划思政课课程目标，调整和创新思政课课程体系，以培育社会主义核心价值观为统领，培养大学生的理想信念[8]。

1. 探索针灸推拿传统文化与研究生思政教育的融合点

从"治神守气""治病求本""三因制宜"等原则出发，深刻体现中华民族的认知方式和价值取向；通过"辨证施治"的理念和"同病异治""异病同治"的独特方法论，帮助学生树立中华民族传统文化自信、建立中医诊疗思维。

2. 挖掘针灸推拿现代科研工作中蕴含的思政元素

了解针灸推拿临床研究的国际发展动态，增强学生的专业自信和文化自信，激发学生对针灸推拿科学研究的兴趣；熟悉近年来国内外发表的高水平针灸推拿临床研究论文选题，强调针灸推拿的传承和创新的重要性，加强培养学生的科研创新思维；学习近年来国内外发表的高水平相关

论文的方案设计，注重学科交叉和学术体系创新，积极引导和鼓励学生树立创新发展的思路和与时俱进的观念，培养学生将传统针灸与现代科学技术相结合的创新意识；引导学生认识和学习老一辈科学家献身现代针灸的创新研究和奉献精神；向学生展示近年来我国针灸研领域研究的进展和标志性成果，激发学生探索和推动我国针灸事业发展的精神。

3. 在临床教学中提炼思政元素

从针灸推拿医案引入，将古今中外的医者仁心、至精至善的医术融入教学情境，弘扬"德技双馨，患者至上"的高尚医德；通过专业知识、职业素养、临床应用与时代要求相结合[9]，在临床教学中展现过硬的专业技术和积极的敬业精神。通过仿师承教，边学边做，学习针灸推拿技能，培养学生的工匠精神，促进职业认同，内化职业道德，间接提升专业知识与技能水平[10]。

（二）丰富教学方法

通过文献分析教学法、临床实践观察法、访谈研究法、影视文学作品鉴赏、案例库教学等多种教学模型相结合，推进课程思政的开展。通过文献分析教学法，让学生在文献学习中汲取古今哲学思想以及"医者仁心""大医精诚"的思想；在实际工作和临床实践观察中培养学生的工匠精神和职业道德。在访谈中，让学生了解中医针灸推拿名家的临床经验和工作过程中渗透的医德医风，达到"寓思于教"的效果。在相关影视文学作品赏析中，以其动态、形象、逼真的特点，将影视作品和教学课件有机结合，激发学生的学习热情，潜移默化地培养学生严谨求实的科学态度和仁爱奉献的医者精神。在案例库教学法中，有效引导学生多维度、立体化地掌握专业知识，同时以真实性、启发性、互动性参与到政治学习的课程中，强化了政治教育的功能。

（三）提升教师思政素质

教师作为思政教学的主力军，必须提高个人素质，培养思政教学能力，才能更深入地推进课程思政建设，成为学生的引路人。教师要加强对课程思政教学大纲、专业期刊和书籍的研究，涉猎与思政理论相关的历史、哲学等课程，充分发挥教师的主观能动性，提高自身的思想认知度和道德修养。同时，针灸推拿学进展蕴含着丰富的中华文化，教师应从中深入挖掘思政元素，将人文精神与医学知识融入教学资源，以达到丰富课程内容的目的。此外，学校各职能部门应积极设计和组织开展思政培训交流课、各级思政教学竞赛、思政专题教研项目、思政教学案例评选交流等活动，逐步提升教师的思政素质，使课程思政融入针灸推拿学进展教学，逐步提升教师的课程思政业务素养。

（四）强化教育动力

首先，高校应积极完善教师考核相关管理制度，要求教师认真开展课程思政教育，完成教研室安排的课程思政教育任务，引导和提高教师开展课程思政的积极性；在各类考核中，将课程思政水平和成果纳入考核体系，激发教师开展课程思政教育的主动性和积极性[11]。其次，教师应设计合理的课程方案，规划学生每学期的课程完成目标，通过平衡思政课程在每学期的分布，对学生进行多维度的课程教学评价、学习效果评价，将正确的价值观渗透到整个教学过程中，全面提升学生的思想政治素养[12]。再者，通过网络宣传以及调研会，将思政元素渗入学生生活的方方面面。此外，学校应加强领导部门之间的互动，多角度、多维度、多层次地提升课程思政的教学活力。

三、结语

课程思政在我国研究生教育中的实施与发展尚处于起步阶段。笔者从挖掘思政元素、丰富教学方法、提高教师素质、强化教育动力等方面入手，希望将技能训练、医德医风、文化传承、社会责任等人才培养潜移默化地结合起来，探索课程思政在中医专业研究生教育中的新角度、新路径。

参考文献：

[1] 郝燕，张梁，黄康柏.中医类课程思政教育案例库建设［J］.教育教学论坛，2021（29）：21-24.

[2] 马红，朱嘉卉，翟佳丽，等.疫情下来华医学留学生针灸推拿学课程思政教育策略［J］.中国中医药现代远程教育，2022，20（11）：173-175.

[3] 刘明军，陈邵涛，仲崇文，等.针灸推拿学专业课程思政案例库建设与实践探索［J］.光明中医，2022，37（15）：2837-2839.

[4] 张二伟，吴高鑫，司原成，等.针灸推拿专业课程思政体系建设思考［J］.湖南中医杂志.2020，36（11）：120-122.

[5] 蔡荣林，胡玲，余情，等.针灸类课程思政元素意蕴及实施路径探析［J］.中国针灸.2021，41（1）：99-102.

[6] 郭光昕，姚斐，安光辉，等.课程思政视域下推拿功法学教学改革探索［J］.中医药管理杂志，2022，30（10）：19-21.

[7] 卢论斌，熊俊.针灸推拿学专业导论课程思政建设与实践研究进展［J］.卫生职业教育，2022，40（3）：16-17.

[8] 王立仁，白和明.关于大中小学思想政治理论课课程内容一体化建设的构想［J］.思想理论教育，2019（11）：11-16.

[9] 王卫芳.机械制图课程的思政建设浅谈［J］.课程教育研究，2019（35）：253.

[10] 林波.工匠精神融入医学生教育的价值与路径［J］.延安大学学报（医学科学版），2020，18（3）：107-112.

[11] 张俊，李屹旭.课程思政推进中存在的问题及解决策略——以测绘工程专业为例［J］.教育教学论坛，2022（27）：173-176.

[12] 宿桂艳，谭有模.课程思政在大学英语教学中的问题及解决策略［J］.现代商贸工业，2022，43（4）：176-178.

医学免疫学课程思政的建设与实践

吴红艳[1]　宋银宏　韩莉

摘　要： 医学教育要着力培养学生"敬佑生命、救死扶伤、甘于奉献、大爱无疆"的医者精神。笔者从思政元素挖掘、教学设计、课程思政效果与评价等方面介绍了三峡大学基础医学院医学免疫学课程思政教学的实践过程。调查结果显示，82.5%的学生对课程思政教育持肯定态度，其中，超过80%的学生认为在医学免疫学教学过程中融入课程思政可提高人文素养，培养学生治病救人的奉献精神。可见，在医学免疫学课堂教学过程中，课程思政的实践得到了学生的认可。

关键词： 医学免疫学；课程思政；立德树人

2016年12月7日至8日全国高校思想政治工作会议在北京召开。会上习近平总书记强调，高校思想政治工作关系高校培养什么样的人、如何培养人以及为谁培养人这些根本问题。要坚持把立德树人作为中心环节，把思想政治工作贯穿教育教学全过程，实现全程育人、全方位育人，努力开创我国高等教育事业发展新局面[1]。

2020年，教育部印发了《高等学校课程思政建设指导纲要》（以下简称《纲要》），全面推进高校课程思政建设。《纲要》明确了课程思政建设的总体目标和重点内容。《纲要》提出，课程思政建设要在所有高校、所有学科专业全面推进，围绕全面提高人才培养能力这一核心点，围绕政治认同、家国情怀、文化素养、法治意识、道德修养等方面优化课程思政内容供给，提升教师开展课程思政建设的意识和能力，系统进行中国特色社会主义和中国梦教育、社会主义核心价值观教育、法治教育、劳动教育、心理健康教育、中华优秀传统文化教育，坚定学生理想信念，切实提升立德树人的成效；树立对国家、对民族的责任感，把个人成才与当代青年的历史使命和我国现阶段的奋斗目标紧密联系起来；作为医学专业课程，要在课程教学中注重加强医德医风教育，着力培养学生"敬佑生命、救死扶伤、甘于奉献、大爱无疆"的医者精神，注重加强医者仁心教育，在培养精湛医术的同时，教育引导学生始终把人民群众生命安全和身体健康放在首位，尊重患者，善于沟通，提升综合素养和人文修养，提升依法应对重大突发公共卫生事件的能力，做党和人民信赖的好医生。

2021年11月24日，高校教师课程思政教学能力培训班开班式在北京举行，时任教育部高等教育司司长吴岩做了《全面推进高校课程思政高质量建设》的报告，再次对《纲要》进行深入解读，提出要通过抓分类、抓示范、抓队伍、抓培训、抓资源、抓机制，将课程思政推向高质量。在这种全方位提倡思政教育的背景下，如何在医学免疫学课程中进行课程思政，成为医学免疫学教学的重要问题。

1　吴红艳，三峡大学基础医学院副教授，博士，研究方向为肿瘤免疫。

一、医学免疫学课程开展课程思政的重要性

医学免疫学是医学专业基础课,涉及临床医学、影像学、预防医学、护理学等多个医学类专业。该课程是连接基础与临床的桥梁学科,更是培养医学生树立最基本临床思维的主要课程。医学免疫学纷繁复杂的基本概念、基本现象及机制中蕴含着丰富的课程思政元素。免疫学最大的特点就是概念抽象、理论深奥,但逻辑性和实用性非常强。医学生在对疾病进行认识和判断时,必须坚持实事求是、求真务实的态度,对免疫学的理论知识进行融会贯通和追溯根源,提升以科学的思维掌握免疫学理论知识的能力。将思政教学内容与免疫学课程教学进行有机结合,将思政贯穿于免疫学课程教学,可以更好地提高学生的专业技能及思想素养,帮助学生树立正确的人生观、世界观和价值观;同时培养临床思维、探究精神,培养学生文化自信、民族自豪感,厚植行业情怀和家国情怀,提高疾病预防与健康教育、独立思考与大胆质疑、人际沟通与团队合作等方面的综合素质[2]。

二、医学免疫学课程思政建设

为深入推进课程思政,构建全员、全程、全方位育人格局,将各类专业课程与思想政治理论课同向同行,形成协同效应。教师推进课程思政,要在挖掘课程所蕴含的思政元素的基础上,对课程内容进行重新认识和重构再造,将所发掘的思政元素有机融入课程教学,实现所讲授课程在思想政治教育和知识体系教育上的有机统一,达到立德树人的根本教学目的。

基于以上课程建设思路,该课程组首先对医学免疫学课程大纲进行了修订,每章增设思政目标,整理了医学免疫学各章节包含的思政元素,如表1和表2所列,确保在每个章节都能找到知识点,用于课程思政。

表1 理论教学内容思政元素

教学内容	思政素材	思政元素
免疫学绪论	人痘苗预防天花:早于西方一个世纪	民族自信
	中国免疫学奠基人——汤飞凡、谢少文、余贺等报效祖国的事迹	民族自信、爱国主义
	1980年WHO宣布天花病毒被消灭	科学精神、创新精神、责任意识、使命意识
免疫器官和组织	胸腺的发现	科学精神、创新精神
抗原	红细胞血型抗原被发现的故事	科学研究的创新性、科学思维的严谨性
抗体	新冠感染康复者捐献血浆	服务社会的责任担当意识
补体	补体的发现获诺贝尔生理或医学奖	科学精神、人文素养
细胞因子	细胞因子风暴	科学精神、人文素养(适度原则,过犹不及)
白细胞分化抗原和黏附分子	T、B细胞活化过程中需要一系列CD分子及黏附分子共同发挥作用	合作意识、协同作用
主要组织相容性抗原	主要组织相容性复合体和亲子鉴定、器官移植的关系	责任意识、医德医风、医学伦理、法治意识
淋巴细胞	不同亚群的T淋巴细胞的特点及功能	各司其职、爱岗敬业、相互协调、团结协作
抗原提呈细胞	树突状细胞之父——拉尔夫·斯坦曼	科学精神和态度
适应性免疫应答	免疫细胞、免疫分子的相互作用	大局意识、团结协作

教学内容	思政素材	思政元素
固有免疫	中国免疫学家——田志刚教授在NK细胞研究上的卓越贡献	科学精神、探索精神、创新精神
免疫调节与耐受	正向调节、负向调节、自己与非己抗原	辩证：发展、变化，对立统一（世界观教育）
超敏反应	比较生理性免疫应答与超敏反应的主要区别，谈谈启发	辩证：适度，不极端（人生观教育）
自身免疫病	调节性T细胞是如何被发现的？其发现过程体现了怎样的科研精神？	科研精神、探索精神、创新精神
免疫缺陷病	AIDS的防治，既是医学问题又是社会问题，对此我们可以做些什么？	人文关爱、医德医风、医学伦理（隐私、人格）
肿瘤免疫	2018年诺贝尔生理学或医学奖的获奖启示	科学精神、探索精神、创新精神
移植免疫	器官移植，中华骨髓库	医学伦理，社会责任感
免疫学防治	顾方舟教授亲身试验脊髓灰质炎疫苗，研制糖丸	临危受命，无私奉献

表2　实验教学内容思政元素

教学内容	思政育人素材	思政育人目标
临床案例分析	病史、检查结果分析	人道主义精神、珍视生命，关爱患者、医学伦理（隐私、人格、知情权）、沟通交流能力、医德医风、整体意识、严谨性、辩证观
	诊断及治疗方案设计	整体意识、发散思维、医德医风、人文关怀
动物模型制备	动物在科研中的应用	珍视生命、职业道德、规范使用实验动物
实验设计	以检测某一广告产品是否有免疫增强作用为例，讲解实验设计的思路	终身学习能力、科研精神、创新精神、责任意识、医德仁心
实验操作	分组完成系列实验	严谨的科研态度、规范的实验操作技能、实事求是的科研态度、团队的合作精神、生物生化安全意识、环境保护意识
团队学习小组展示	自学、制作幻灯片并上讲台讲解	终身学习能力、辩证观、分析解决问题能力、沟通交流能力、团队的合作精神、责任意识、担当意识、自信
报告撰写	根据实验结果撰写报告	科学观、终身学习能力、分析解决问题能力

三、课程思政课堂实践

围绕课程思政目标，医学免疫学课程有机融合课程思政，以"免疫预防"一章为例进行具体介绍。

（一）教学目标

1. 知识目标

能正确理解疫苗的概念和作用机制，知晓疫苗的临床应用，构建整体知识框架。

2. 能力目标

①通过互动、讨论等方式，培养学生的逻辑推理和分析归纳能力；

②通过提问、互动、讨论等方式，培养学生自主思考和批判性思维能力；

③通过介绍疫苗最新研究进展，鼓励学生探究新知，培养学生的探究能力和创新能力。

3. 素养目标

①培养胸怀祖国、服务人民的爱国精神；

②培养勇攀高峰、敢为人先的创新精神；

③培养追求真理、严谨治学的求实精神；

④培养淡泊名利、潜心研究的奉献精神。

（二）教学设计

1. 教学内容

What：什么是疫苗？介绍疫苗的概念。

Why：疫苗为什么可以保护人体？介绍疫苗的种类及作用机制。

How：我们应该怎样应用疫苗？介绍疫苗的接种、计划免疫。

2. 教学重难点

重点一：灭活疫苗与减毒活疫苗。

突出方法：这部分内容和前面学习的基础免疫学内容密切相关，教师在讲述过程中应多回顾前期内容，帮助学生"温故而知新"；同时在讲述过程中穿插提问互动，启发学生自主思考，便于理解记忆。

重点二：计划免疫。

突出方法：结合我国计划免疫的发展及现状，讲述计划免疫及其取得的成就。

难点一：核酸疫苗的作用机制。

分析：一段核酸或一个环状质粒为什么能成为疫苗？它们进入机体后怎样让人体细胞自己生产抗原，并刺激机体产生对该抗原的免疫应答，从而使接种者获得相应的免疫保护？

对策：以新冠疫苗为例，结合生物化学、细胞生物学和基础免疫学知识，阐述 mRNA 疫苗或 DNA 疫苗导入人体细胞后，让人体细胞自己生产新冠病毒 S 蛋白，从而引发持续而有效的免疫应答的过程。

难点二：为什么结合疫苗比多糖疫苗免疫效果更佳？

分析：多糖疫苗源于细菌组分，为什么在使用上有局限性、需要加上一些大分子蛋白呢？

对策：以肺炎球菌疫苗为例，结合前期知识，采用形象的比喻帮助学生理解记忆。多糖疫苗是细菌的荚膜多糖，属于 TI 抗原，激活免疫系统产生抗体的效力弱，难以让免疫系统记住；结合疫苗则是把小分子多糖结合在大分子蛋白质上，属于 TD 抗原，这对机体的刺激效力强，而且让免疫系统印象深刻。

（三）思政融合

1. 课堂导入

在人类历史中，什么疾病夺走的生命最多？什么方法挽救的生命最多？教师通过提问引出学习内容，吸引学生注意力，思考疫苗对人类健康的重要意义。

2. 介绍疫苗的萌芽——从人痘苗到牛痘苗

利用图片和视频介绍人类早期的疫苗，接种疫苗后，人类彻底消灭了天花，由此再次强调疫苗的重要性。

引入思政素材：我国是最早使用疫苗预防传染病的国家。人痘接种法比琴纳的牛痘接种法早了100多年。

思政元素：深植家国情怀，培养文化认同，增强民族自信。

3. 介绍疫苗的种类——灭活疫苗

以我国自主研发的新冠灭活疫苗为例，讲述灭活疫苗的作用机制及制备过程。2020 年 12 月 31 日，我国的新冠灭活疫苗附条件上市。2021 年 5 月 7 日，国药集团新冠疫苗被列入世界卫生组织紧急使用清单。2021 年 5 月 26 日，国药新冠灭活疫苗发布全球首个Ⅲ期临床试验结果，其保护效力在 70% 以上。

思政元素：弘扬民族精神，增强民族自信心。

4. 介绍疫苗的种类——减毒活疫苗

以顾方舟教授研制的糖丸为例，讲述减毒活疫苗的作用机制。"糖丸爷爷"顾教授为了拯救全中国千千万万的儿童，无怨无悔地献身公共卫生事业。

思政元素：培养淡泊名利、潜心研究的奉献精神 [3]。

5. 介绍疫苗的种类——重组载体疫苗

以新冠重组腺病毒载体疫苗为例，介绍其制备过程及作用机制。介绍陈薇院士率先开发的新冠重组腺病毒载体疫苗。陈薇院士曾在 2003 年非典抗疫中立下功勋，2014 年赴非抗击埃博拉，是《战狼 2》中陈博士的原型。

思政元素：培养救死扶伤、大爱无疆的医者精神 [4]。

6. 疫苗的应用

讲述疫苗接种的原则、对象及接种途径。介绍疫苗上市前均需经过动物试验和Ⅲ期临床试验，对疫苗的安全性和有效性进行全面评价。我们要铭记为人类贡献出健康和生命的实验动物，同时要感谢参与临床试验的志愿者。

思政元素：培养敬佑生命、无私奉献的医者精神。

（四）课堂讨论

教师引导学生讨论以下问题：

①接种疫苗对人类健康及社会发展意义重大，试述我国计划免疫工作的开展及重要意义。

②为什么有的疫苗需要每年接种，有的疫苗只用接种一次？

③为什么有些传染病如艾滋病至今还没有研制出有效的疫苗？

四、课程思政效果与评价

课程组通过问卷对三峡大学 2022 级学习医学免疫学的 280 名学生进行课程思政教学效果调查。结果显示，82.5%（231/280）的学生对课程思政教育持肯定态度（图 1），其中，84.64% 的学生认为在医学免疫学教学过程中融入课程思政可以提高人文素养；75.71% 的学生认为可以促进创新性思维；85.36% 的学生认为可以培养治病救人的奉献精神；62.5% 的学生认为可以培养爱国精神；56.79% 的学生认为可以增强民族自信（图 2）。

选项	小计	比例
非常喜欢	134	47.86%
比较喜欢	97	34.64%
一般	41	14.64%
不太喜欢	6	2.14%
不喜欢	2	0.71%
本题有效填写人次	280	

图 1　课程思政教学效果问卷调查 1

选项	小计	比例	
提高人文素养	237		84.64%
促进创新性思维	212		75.71%
培养治病救人的奉献精神	239		85.36%
培养爱国精神	175		62.5%
增强民族自信	159		56.79%
本题有效填写人次	280		

图 2　课程思政教学效果问卷调查 2

五、结语

医学生的品德培养关乎医德医风，因此，教师在传授知识的同时，应运用一定方法推动思政教育与专业教育有机结合，引导学生求真、求实、求新、求善。课程思政教育并非一蹴而就，它需要长期坚持，不断完善。该课程团队还需在今后的教学实践过程中继续深挖思政元素，将"立德树人、教书育人"牢记于心，贯之于行。

参考文献：

[1] 习近平. 在全国高校思想政治工作会议上强调：把思想政治工作贯穿教育教学全过程　开创我国高等教育事业发展新局面［N］. 人民日报，2016-12-09（1）.

[2] 王宁 . "思政元素"融入医学免疫学课程教学的实践研究［J］. 中国免疫学杂志，2023，39（2）：399-403.

[3] 陈佳阳 . 顾方舟的免疫学贡献及其对核心素养的教育价值［J］. 生物学教学，2020，45（8）：77-78.

[4] 朱金平，张振威，李玉银 . 陈薇战疫的"生死时速"［J］. 解放军健康，2021（5）：4-9.

基于柯氏模型的急危重症护理学
课程思政教学设计与应用
——以机械通气为例[1]

刘琼[2]　刘静兰　郭庆　姚青

摘　要： 笔者从急危重症护理学课程思政教学改革入手，以机械通气为例，采用柯氏模型进行教学设计与实施，提升教学质量，提高学生的综合能力。

关键词： 柯氏模型；课程思政；急危重护理学；机械通气

近年来，高校大学生的思政教育工作受到的重视程度越来越高，立德树人的中心地位被进一步加强。在这个背景下，如何根据课程特点挖掘思政元素，结合学情特点及时代特征，融入思政育人元素，逐步提升护生职业能力、综合素养及人文情怀，是护理专业课程思政教学的研究重点[1]。急危重症护理学作为护理专业核心课程，重在培养护生急救意识、急救思维和综合急救能力，其综合性、实践性强，在护理专业思政育人体系中占重要位置。柯氏模型为课程思政教学设计提供框架，从反应层、学习层、行为层、结果层四个层面充分评估"教与学"成效，以知识点为切入点，以案例为载体，将思政元素有机融入课程，引导学生进行"协作式、探究式、问题式"学习，从而提高教学质量，最终实现立德树人的育人目标，符合新形势下的护理教学要求。笔者以机械通气为例，基于柯氏模型，探索思政元素融入教学的实施路径。

一、教学设计

（一）思政主题

机械通气是借助呼吸机控制或改变自主呼吸运动的一种呼吸支持方式，是危重症患者重要的生命支持手段。新冠感染导致部分患者出现不同程度呼吸窘迫综合征和严重感染，自主呼吸难以保障血氧含量，引发呼吸泵衰竭等严重并发症。《新型冠状病毒感染诊疗方案（试行第十版）》中明确，针对重症、危重症患者，机械通气是重要的诊疗方式，可以避免呼吸系统和重要器官衰竭，实施为其他治疗手段争取时间，降低病死率。面对呼吸衰竭的患者，救护者要有快速反应的意识、扎实的急救技能以及勇于施救的大爱精神。因此，培养学生"知救护、会救护"的职业意识和能力以及"敢救护"的仁爱精神和担当意识，是该章节内容的核心所在。

教师应依据《高等学校课程思政教学指导纲要》《国家职业教育改革实施方案》进行思政育人主题设计，在注重"道"与"术"的融合的同时，将最新专家共识、指南、团体标准融入知识点。

1　湖北高校省级教学研究项目（2021255）；三峡大学 2021 年教学研究项目（J2021055）。

2　刘琼，三峡大学第一临床医学院·宜昌市中心人民医院重症医学科—病区副主任护师。

在机械通气核心内容的基础上，引入党和政府始终贯彻习近平总书记"把人民群众生命安全和身体健康放在第一位"的社会主义核心价值观，将《新型冠状病毒肺炎病人机械通气护理管理专家共识》与教材内容进行整合，融合三峡大学健康医学院护理专业（以下简称我校）毕业生、宜昌市中心人民医院重症医学科护士唐光明驰援武汉金银潭医院事迹、《全球呼吸机"一机难求"，中国制造突破瓶颈、逆势突围》中国迈瑞医疗事迹，整合形成主题为"社会责任、职业道德、工匠精神、科技兴国"的课程思政教学设计。

（二）教材选用

1. 教材

张波、桂莉主编，人民卫生出版社出版的第4版《急危重症护理学》教材。

2. 指南与共识

《新型冠状病毒肺炎病人机械通气护理管理专家共识》《气道净化护理团体标准》《成人有创机械通气气道内吸引技术操作团体标准》《人工气道声门下吸引护理操作标准》等。

（三）学情分析

课程思政下的学情分析除包含学生的知识、能力基础、个性和认知特点外，还须重点关注学生的思政素养。处于第四学年第二学期的全日制护理本科护生，已学过医学及护理基础知识，初步具备病情评估和救护相关知识技能；经过临床见习，其专业思想已相对稳固，能通过文献查阅和思维导图绘制施救方案，但准确判断病情、灵活处理和对症救治的能力仍有待提高；在思政素养上，他们有一定的自我管理能力和团队合作精神，但现场应急应变能力有待加强，职业意识、责任担当、家国情怀意识有待增强。

（四）教学目标

基于思政教育主题、人才培养方案、课程标准和护士岗位能力标准，确定教学目标。①知识目标：能准确复述机械通气的原理、适应证和禁忌证；②能力目标：能快速评估机械通气指证、安装呼吸机管路、设置参数、精准护理和撤机配合；③素养目标：培养快速反应、沉着应变、团结协作的职业素养；培养以人为本、敬畏生命的职业道德和专业价值观；培养家国情怀和救死扶伤的大爱精神；培养刻苦钻研、精益求精、敬业奉献的工匠精神和科学精神。

（五）教学资源

思政教育资源是促进专业课程思政教学实现专业知识、技能培养、价值引领、人格塑造的统一。教师除应注重对信息化教学平台、信息资源、实践资源的开发外，还应注重对思政育人资源的挖掘。以机械通气中的主角"呼吸机"为线，引出中外救治新冠患者政策，折射出以人为本的社会主义核心价值观。以唐光明为代表的医护人员驰援武汉事迹为导入点，将其对机械通气患者的护理案例贯穿教学过程；以迈瑞医疗为代表的中国企业突破瓶颈、逆势突围的事迹作为课堂拓展思政资源。此外，利用超星学习通教学平台、3D视频、习题库、思政育人综合案例、合作医院仿真实训中心等资源为课程思政教学实施打下基础。基于柯氏模型，形成不同阶段下的思政学习任务评价表，对教学效果进行评价和反馈。

（六）教学策略

以"社会责任、职业道德、工匠精神、科技兴国"的课程思政主题为引领，基于柯氏模型框架设计、实施和评价教学效果，以一例重症新冠危重症患者的救治及护理为主线，组织学生构建"工作坊"式协作学习小组，引导其在各种学习资源的支持下，开展自主探究及小组合作学习，逐步探索机械通气的实施步骤，完成学习任务，让思政元素自然融入专业课堂，内化于心、外化为行。

二、课程思政教学实施路径

（一）课前探究：反应层

1. 学生自学评价

课前教师发放学习任务和思政案例，学生于课前依托线上平台资源，进行自主探究，完成三个任务：①观看视频《新冠重症病人保命的呼吸机是如何工作的》，了解呼吸机的历史、机械通气目的和原理（知识点），提出疑问；②完成机械通气基础知识课前测试；③对教学内容、方法和方式及学习需求进行问卷调查。教师根据学生课前学习动态进行督促和对疑问点进行答疑，根据课前测试效果明确教学重点、难点。

2. 思政设计评价

通过集中备课和试讲，教学组对该章节内容的知识点、思政点、思政元素进行交互偶联式评价，任课教师根据小组评价优化课程思政设计，再完善反应层和学习层评估内容。

（二）课中学习：学习层

1. 情景导入

新冠疫情初期，相关的医疗器械和耗材出现了严重短缺的局面。除了医用口罩、防护服之外，呼吸机成为最短缺的医疗物资之一。通过图片及相关数据，展示呼吸机紧缺下各国的治疗现状。

2. 思政导向（思政融入）

意大利不再为60岁以上的新冠患者提供呼吸机，西班牙不再为65岁以上的老年人提供呼吸机，美国一台呼吸机两人同时使用是否存在交叉感染的风险？相比之下，我国始终贯彻习近平总书记"把人民群众生命安全和身体健康放在第一位，坚决遏制疫情蔓延势头"的方针，短时间内建成火神山、雷神山医院、方舱医院，调派全国医务人员、各行业精兵强将和医疗物资驰援湖北，做到了新冠感染患者的应收尽收、应治尽治，提高了新冠感染的收治率和治愈率，充分体现了中国共产党和政府始终把人民利益放在第一位的初心和决心，诠释了以人为本的社会主义核心价值观。

3. 案例导学

提出问题——呼吸机这么紧缺吗？如何正确评估适应证、禁忌证和治疗指征，在保证抢救的基础上，合理利用医疗资源？通过四个不同等级的新冠感染案例，让学生思考并讨论哪个案例需要机械通气、用有创还是无创的模式。

4. 引领导悟（思政深化）

抗击新冠病毒感染的队伍中有一群人，他们用生命担当使命，勇敢地站在抗疫斗争的最前线……教师引出唐光明驰援武汉金银潭医院事迹，引导学生树立正确的专业价值观和职业道德，以照顾好患者为己任，尽心尽责，爱岗敬业，佑护生命；并以唐光明护理机械通气患者的案例为主线，将《新型冠状病毒肺炎病人机械通气护理管理专家共识》等专家共识、指南、护理团体标准与教材内容进行整合，通过实操、提问、重点和难点知识讲解、总结和补充，使学生完成呼吸机的准备、参数设置、护理要点及并发症的预防、呼吸机撤离等知识点的学习。

5. 评价导达

①知识点掌握程度：教师通过学习平台发布在线测试，检测学生的理论掌握情况；②教学活动参与程度：学生在提问和讨论中的专业表现和情感抒发；通过以上评价，了解知识目标达成程度。

（三）课中学习：行为层

1. 情景模拟

分三组进行实训，学生随机抽取案例，通过标准化患者（SP）、角色扮演进行分组操作，增强学生的体验感。操作结束后，教师分别让"护""患"双方反馈体验、感受，"护"感受到紧张的抢救氛围及操作过程中的不足，"患"认识到患者的疾苦、心理、需求等，通过教师的引导，实现爱伤观念及人文关怀的升华（思政渗透）。

2. 任务驱动，以赛促评

结合案例，以呼吸机的安装和参数设置为考点，每组推出一名学生代表进行考核并计时，使学生在比赛中体验"时间就是生命，责任重于泰山"职业使命，培养学生沟通协作和团队合作精神（思政渗透），同时评价学生的应急能力、评判性思维以及能力目标是否达成。

（四）课后拓展：成果层

1. 思政升华

战胜疫病离不开科技支撑，在此次抗击疫情中，科研院所、高校、企业等充分贯彻习近平总书记《在中央政治局常委会会议研究应对新型冠状病毒肺炎疫情工作时的讲话》精神，注重科研攻关和临床、防控实践相结合，与疫情赛跑。在科技的攻关助力下，不论是溯源、预防、诊断，还是救治、控制、决策，都取得了阶段性胜利，实现了疫情的"可诊、可治、可防"，展示了工匠精神下的中国速度，也体现了国家富强形势下的科学技术现代化。要求学生课后观看视频《全球呼吸机"一机难求"，中国制造突破瓶颈、逆势突围》，写观后感，产生思政共情。

2. 效果评价

①观后感在线互评（师生评、生生评）、点赞；②与机械通气护理相关指南、共识、团体标准的检索和学习参与度；③教学满意度调查；④课程思政评价；⑤课堂教学出勤率。

三、效果与讨论

课程思政属于学科德育部分，和对知识、技能的学习一样，要依据"以学定教"的基本原理开展教学设计，即需要经过认知层面的认同、感情层面的内化以及行为方面的转变，这与柯氏评估模型的四个层面不谋而合。柯氏模型由美国 Kirkpatrick 提出，是全球操作最强、应用最广泛的工具，是培训评估领域的经典，已形成较为完善的体系，在医疗界和教育界得到了广泛的应用。其将评价效果分为四个层次，反应层旨在评估学生自学效果和对教学思政设计评价，学习层旨在评估学生通过教学对知识和技能的学习掌握程度，行为层旨在评估学生对知识的运用程度，结果层旨在评估教学创造的效益和教学满意度。这种层次分明的划分主要参考行为学研究 [2]，指导教师准确把握教学的深度和广度，使教学评价更加准确地反映人才培养要求。

对教学而言，缺乏有效的评价方法就无法评价教学和思政的效果，不仅要在"教与学"中将知识点精准融入思政点，精准选择融入手段，更要精准评估思政效果，达到知识点与思政元素相互融入、深化、渗透和升华，"于无声处听惊雷，于无色处见繁花"。该课以"社会责任、职业道德、工匠精神、科技兴国"思政元素为引领，以柯氏评估模型为视角，架构教学设计，通过反应层、学习层、行为层和成果层四个递进的层次强化思政因素，使学生在课程学习中的态度和成绩都有明显的提升。其中，教学需求调查、课前思政因素评价、线上任务点学习、课堂教学活动参与度、出勤率达 100%，教学满意度 99.68%，课程思政评价 94±3.22 分，学生综合成绩平均分 85.97±5.61 分，效果显著，值得推广。

急危重症护理学是护理领域最有生命力、覆盖面最广、实践性最强的专业课程之一，其专业性质决定了学生需要具备巨大的潜能，从而投入高强度、高速度、高效率的学习。如何应用柯氏评估模型更好地评价思政育人的效果，是笔者今后探索的重点。

参考文献：

[1] 郭鹤，李卫娇.基础护理学课程思政教学设计与应用：以临终关怀为例［J］.科教文汇，2021（18）：121-123.

[2] 尚星辰，林征，谢晓峰，等.基于柯氏模型的护士规范化培训治疗指标体系的构建［J］.护理研究，2019，19（2）：107-111.

基于课程思政视角下医用生物化学
实验课程建设的探索和感悟

杨建林[1]　刘晓雯　吕亚丰　李志红

摘　要： 课程思政是当前高校育人的新理念和新模式，以专业课为载体，以培养全面发展的人才为目标，让专业知识承载更多的社会责任和价值引领作用。笔者在医用生物化学实验课中开展了课程思政建设的探索，通过加强教师学习，提高课程思政能力，实现教学合理改革，挖掘课程思政案例和育人潜移默化，促进课程思政效果来实现"课程承载思政，思政寓于课程"育人理念。本文介绍了笔者在此过程中的一些经验和感悟，为深入"三全"育人综合改革和增强医用生物化学实验课程思政的育人效果提供借鉴和参考。

关键词： 课程思政；医用生物化学实验；课程建设；"三全"育人

2020 年教育部印发的《高等学校课程思政建设指导纲要》（以下简称《纲要》）旨在把思想政治教育贯穿人才培养体系并全面推进高校课程思政建设，发挥好每门课程的育人作用，同时提高高校人才的培养质量。《纲要》指出，全面推进课程思政建设，就是要寓价值观引导于知识传授和能力培养之中，帮助学生塑造正确的世界观、人生观、价值观，这是人才培养的应有之义，更是必备内容。这就要求高校教师在课堂教学这个高校教书育人的主战场，以专业课程为载体，充分挖掘蕴含在专业知识中的思政元素，实现专业课与思政的有机融合，将思政教育渗透、贯穿教书育人的全过程，在潜移默化中使思想政治理论渗透于专业知识学习中，让学生从专业知识中去感悟理想信念，实现专业课程与思政课程同向同行，构建全程两者协同育人的新理念，从而实现价值塑造、知识传授和能力培养三者融为一体的立德树人教育体系，培养德、智、体、美、劳全面发展的社会主义建设者和接班人[1]。

医用生物化学是三峡大学基础医学院和健康医学院临床医学、影像医学、中医、护理、药学等专业学生必修的专业基础课程，医用生物化学实验教学是其重要组成部分。在"课程门门讲思政、教师人人皆育人"的大思政格局下，笔者结合医用生物化学实验教学的特点，进行了医用生物化学实验课程思政建设。通过思政教育的引导和支持，为专业知识教学注入新的活力和内容，不但提高了学生的学习兴趣和学习效果，还全面培养了学生的综合素质能力和思想道德品质。现将探索和感悟整理如下。

一、教师加强学习，提高课程思政能力

教师是课堂教学和思政教育的主导，无论是在专业授课内容中合理融入思政的课程安排与设

1　杨建林，三峡大学基础医学院肿瘤微环境与免疫治疗湖北省重点实验室副教授，从事生物化学与分子生物学教学及抗肿瘤分子生物学相关研究。

计，还是课堂上教学过程和教学环节的具体实施，都需要教师全面掌握把控。因此，提高教师的思政教育能力水平是实现思政教育目标的重要保障[2]。在这个环节中，笔者利用当下便利的网络信息资源分散学习，同时加强集体交流讨论学习，努力提高教师课程思政的水平能力。一方面，加强思想政治理论学习，如中国共产党简史、党的二十大报告、习近平新时代中国特色社会主义思想学习纲要和关于教育的重要论述，持续提高自身的思想政治觉悟和思想政治素质。另一方面，加强思政教育理论学习，了解思政教育的基本理论和方法，掌握思政教育的实施策略和技巧。同时通过在系部内模拟课堂的集体讨论、集体备课、课前试讲以及课后的经验交流和反思等实践活动，增加教师的思政教育实践经验，提高思政教育实践能力。此外，教师持续进行专业学习，增强自身专业能力也至关重要。学生在课堂学习过程中容易对专业造诣高、有科研成果支持的教师产生钦佩和崇敬之情，从而更容易信服其传递的德育内容并产生认同感。因此，专业教师想要获得更好的思政教育效果，就必须在其专业领域刻苦钻研、探索提升，熟悉其专业科学发展前沿，具备一定的科学研究水平，这样才能在专业课教学中实现知识、能力与价值塑造有机结合，并获得更好的教书育人成效。

二、教学合理改革，挖掘课程思政案例

通过实验操作和实验结果观察分析，让学生从感性的角度加深对医用生物化学理论知识的理解和认识，同时掌握医学生物化学的基本实验技能是医用生物化学实验课程的教学目的。但目前医用生物化学实验课往往由于实验内容单一、实验方法陈旧、课程内容与临床联系不紧密等问题，对医学生的吸引力不强，学生学习兴趣不高。因此，首先要提高该课程对学生的吸引力，才能有效开展思政教育。笔者对医用生物化学实验课进行合理教育教学改革，包括使用启发式教学、反转课堂式教学、病案引入式教学等，有效提高了学生的兴趣。同时在教学过程中不断挖掘思政教育案例，合理融入课堂教学，使学生能够认真听、仔细想、用心体会，在教授专业知识的同时育人育心、立德树人。

（一）启发式教学

教师可在医用生物化学实验课中运用启发式教学，一步一步"循循善诱"，以问题为导向，设置任务情境，让学生以解决某个现实问题为目标讨论"为什么要解决这个问题（发现问题）？""如何解决问题（分析问题）？""在解决问题的过程中怎么分析、怎么设计、怎么验证（设计实验）？"让学生深入领悟科学研究的一般规律和探索过程，培养学生严谨敏捷的科学思维，逐步学会探究实验的方法。通过学生设计实验，将实验内容相对简单的验证性实验转变为设计探索性实验，更好地训练学生的科学思维能力，培育学生探索未知、敢于挑战、勇于质疑的科学创新精神。

（二）翻转课堂式教学

传统的医用生物化学实验课大多以教师讲解为主，学生听完讲解后，照葫芦画瓢进行操作，学习效果不理想。为此，教师应使用翻转课堂进行教学，以学生为课堂主要实施者。在课前，提前将课程内容发给学生，学生以小组为单位，通过三峡大学网站求索学堂和全国大学生MOOC等网络教学资源进行相关知识内容的学习，并制作约10分钟的PPT。课堂上以师生讨论交流为主要方式，学生汇报学习成果，讨论学习过程中的问题和思考，教师在适当的时候进行引导和补充讲解，并在实验结束后对得到的结果进行总结分析。这样的教学方式改革，实现了师生间的角色互换，有助于体现学生的课堂主体性，提高了学生学习的自觉性、主动性和课堂参与积极性。在浓厚学习兴趣的助推下，学生学习动力充足，改变了教条接受课堂知识的状态，促使医学生将

课堂知识主动内化为手中医学工具。翻转课堂赋予了学生学习和探究知识的主动权，更好地培养了学生合作探究和解决问题的能力，同时训练了学生团队合作、语言组织和表达、有效利用现有资源解决问题的能力和严谨细致、求真务实的科学精神。

（三）病案引入式教学

医学生的梦想是做一名医术高超的医生，用自己精湛的医术治病救人。医用生物化学实验课作为医学基础课，有时不能有效吸引学生的注意力。为此，笔者紧密联系医用生物化学实验课的教学内容，使用了临床病案引入式教学方法，以疾病为切入点，以相应生化临床检测指标为导向，引出医用生物化学知识与临床的密切关系，从医用生物化学知识角度分析疾病临床表现与疾病诊断检测指标，并由此及彼联系多种疾病，培养学生应用医用生物化学基础知识解决临床实际问题的能力，最后通过实验操作、结果分析进一步验证了理论知识。这样的病案引入式教学方法极大地提高了医学生对医用生物化学实验课的兴趣度和关注度。在这种情况下，再加入恰当的思政案例，引导学生关注医学伦理和职业道德，培养他们的职业素养和社会责任感，塑造医学生高尚的医德情操往往会取得事半功倍的效果。但鉴于医用生物化学实验课是安排在 2 年级上学期进行，学生刚接触医学专业基础课，缺乏相关医学知识，所以，教师应合理选择学生有一定了解的病案，引导学生将关注点放在医用生物化学实验相关内容上。以乙型肝炎为案例，当患者出现巩膜黄染、饮食不佳等症状并被怀疑患病毒性肝炎时，学生知道可以通过乙肝两对半检测确定乙型肝炎病毒感染。教师可提出问题"如何简单快捷的确定肝脏细胞损伤的程度？""临床诊断治疗的过程中如何判断肝细胞受损的变化？"由此引出利用肝脏细胞损伤释放细胞中 ALT 和 AST 酶类进入血液循环，检测血清中相关酶活性可作为诊断指标。同时进一步引导学生，根据所学医用生物化学相关知识，讨论"还可以对机体哪些脏器损伤进行类似的检测？"使学生能够以此类推，在临床中脏器发生病变时，可以根据相应脏器细胞损伤释放特殊酶类进入血液循环，使得血清中相应酶活性明显增高作为疾病的辅助诊断，如血清淀粉酶升高是胰腺细胞损伤的急性胰腺炎诊断主要指标，乳酸脱氢酶、肌酸激酶、肌酸同工酶等心肌酶升高是心肌细胞损伤的重要指标。教师引入这样的病案使学生了解到医用生物化学与临床紧密相连，从而增强学生的学习兴趣，使学生能够根据所学医用生物化学实验知识进行活学活用。此时引导学生思考和讨论如何进行酶活性的检测这个具体的实验课操作内容，往往能够极大地增强学生学习的主动性和积极性。教师在联系肝炎病例时，可适当介绍我国常见肝炎的种类和现状，提醒学生疫苗注射是防止病毒性肝炎传播的最有效方式，合理用药可以避免药物性肝炎的发生，健康饮食则有效减少酒精性肝炎患者。用这样的方式潜移默化地引导学生关注生命健康，养成良好的生活习惯以及合理用药的职业道德。

（四）学生成绩评价机制改革

原有的评价体系仅包括考勤、实验报告及期末操作考核三个方面，不能有效体现学生德育教育的成效。因此，笔者修订了课程评价机制，不但要考查学生对课堂知识和技能的掌握情况，还要考查学生的学习态度、独立思考、发现问题解决问题等创新能力在内的综合素质。修订后的评价体系包括预习报告、考勤、翻转课堂 PPT 讲解、课堂讨论表现、课堂学习结束后思考和反思、实验报告、平时操作表现和期末考核，更加全面地体现了学生的整体情况。通过这样的改革，促使学生从内心改变单调被动学习的方式，激发学生自主学习的愿望，培养了学生团结协作、善于沟通等综合素养，进而使课程思政教育在学习过程中切实可行。

三、育人潜移默化，促进课程思政效果

大学生是成年人，理解能力强且具有一定的认知能力和分析能力，如果教师生硬地将德育内

容和思政道理直接灌输给大学生会收效甚微。课程思政的根本任务是在传授知识、培养能力的课程教学中，润物无声地进行价值引领和学生的心灵塑造[3]。①实验操作前，应要求学生严格遵守实验室安全条例和规范。此时可以培养学生以礼为核心的社会公德，教育学生要自觉遵守各项纪律和规定，自觉维护和谐社会，不为自己一时的方便而破坏规则、影响他人。②学生在医用生物化学实验过程中会接触到医学样本、多种药品和试剂，涉及实验废弃物处理。教师应要求学生合理处理废弃试剂，避免环境污染，培养学生的环保意识，引导他们从自身做起、从身边的小事做起，培育医学生需要有良好社会责任心；还可以通过介绍日本福岛核污染水处理现状等国际时事，激发学生强烈的爱国主义和强国意识。③在具体实验操作中，教师应引导学生关注实验细节，在实验实施过程中胆大心细、谨慎操作，从而培养医学生严谨求实的科学态度和认真负责的工匠精神。④实验结束后，应教育学生尊重事实、实事求是地记录实验过程和实验结果。如果实验结果与预期不符，教师应引导学生进行反思，科学分析实验过程中可能出现的问题和合理补救方法。坚决杜绝伪造、修改实验数据和抄袭实验报告的行为，以培养学生的诚信精神和责任意识。鼓励学生发挥创造性和实践能力，发扬科学精神，积极探索和研发新的技术和工具，解决实际问题，为人类的健康事业做出贡献。⑤教师的言传身教发挥着重要的作用，如认真对待教学、严谨对待知识、关注实验细节、严格批评错误、关心爱护学生，无不体现着教师的爱国、敬业、诚信、友善等个人品格和职业道德。这样的身教也是课堂育人的重要组成部分，切实有效地培养了学生树立社会主义核心价值观。

四、结语

课程思政是习近平新时代中国特色社会主义的教育理念，是新型育人模式下教育教学理念的发展与演化，也是高等教育医学本科生人才培养的责任和义务[4]。我国自古以来就有"未学医先学德"的说法，新时代的高等医学教育更要将育人放在首位，以"为党育人，为国育才"为导向，通过课程思政建设实现课堂教学教书育人的堡垒功能。三峡大学教师通过对医用生物化学实验教学的课程思政建设，结合医学基础课的性质和特点，挖掘、提炼爱国主义、品德修养、社会责任、职业道德等思想政治教育资源，利用多元化的教学手段，实现专业知识与价值引领有机结合在一起，构建了医用生物化学实验课程与思政课程同向同行的育人格局。在此过程中，显著提高了学生对专业知识学习的积极性与主动性，增加了学生对专业的了解与认同，激发了学生学习的兴趣，有效提升了学生的思政教育效果，培养学生树立了坚定的理想信念，增强了学生的爱国主义情怀，培养了社会主义核心价值观，提升了医学生的职业道德意识和社会责任感，在一定程度上实现了立德树人的教育理念。

参考文献：

[1] 张正光，张晓花，王淑梅.课程思政的理念辨误、原则要求与实践探究［J］.大学教育科学，2020（6）：52-57.

[2] 刘承功.抓住全面提升高校教师课程思政建设意识和能力的关键点［J］.思想理论教育，2020（10）：10-15.

[3] 许祥云，王佳佳.高校课程思政综合评价指标体系构建——基于 CIPP 评价模式的理论框架［J］.高校教育管理，2022，16（1）：47-60.

[4] 张大良.课程思政：新时期立德树人的根本遵循［J］.中国高教研究，2021（1）：5-9.

药学专业教学融入课程思政的探索与思考[1]

周志勇[2]　胡鸣芯　邓改改　柳蔚　曾建红

摘　要：在一流本科课程建设背景下，笔者契合立德树人的新时代教学目标，开展融入课程思政理念的药学专业课程教学，探索药学课程思政教学体系的构建和实施。方法：在传统授课内容的基础上融入课程思政内容，并设立课程思政目标和考核机制。结果与结论：药学教研组通过对思政课程的不断探索和改进，已取得不错效果。药学专业课程思政不仅有助于提高学生对理论知识的兴趣和品德素养，也为开展以课程思政为理念的药学专业教学改革提供思路。

关键词：药学；课程思政；探索；思考

　　课程思政旨在挖掘专业课程中所蕴含的思政元素，并在各项课程中引导学生去思考，实现思政与专业教育的结合[1]。药学专业教育的最终目的是培养适合我国社会主义现代化建设需要的德、智、体全面发展的，具有从事医药科学技术、管理工作理论知识和实际能力的药学人才[2]。药学人才的知识结构包括自然科学知识、药学专业知识和人文社会科学知识。知识不等于能力，能力通常是指运用知识解决实际问题的本领。学会怎样做人、怎样做事、怎样与人相处，是学生必须掌握的生存能力。随着社会的高速发展，药学人才不仅需要扎实的专业知识和较强的能力，还要有较高的人才素质。思想政治素质是最基本的人才素质。因此，教师在传授课程知识时，应与思想政治工作结合起来。

　　思想政治工作主要包括帮助学生树立理想信念、价值理念和道德观念。习近平总书记在全国政协医药卫生界教育界联组会上指出："'大课思政'我们要善用之，一定要跟现实结合起来。上思政课不能拿文件宣读，没有生命、干巴巴的。"[3]课程思政与我国古代"师也者，教之以事而喻诸德也"的育人观念是一脉相承的。在课程思政背景下，为实现德育目标，药学专业课程教师应从授课目的、教学方法、教学内容、考核目标等方面着手，在专业知识教学过程中融入思政教学。

一、药学专业开展课程思政的重要性

　　药学专业发展到今天已成为一个庞大的科学体系，包含药理学、药剂学、药物分析、药物化学、生药学、天然药物化学和制药工程等学科。我国针对药学专业人才的高等教育培养要求，坚持知识、能力、素质协调发展的原则。药学专业教学要求多元化，蕴含丰富的哲学思想和政治元素。从这个角度看，药学专业课程和思政工作看似相隔万里，实则"心意相通"，在教学中开展思政课程

1　三峡大学 2021 年高教研究项目（GJ2130）。

2　周志勇，三峡大学健康医学院药学系副教授，博士，研究方向为高脂饮食所致脂代谢综合征的分子机制及天然产物的改善作用。

具有充分的必要性。药学专业课程不仅能为学生提供基础知识和基本技能，还能为培养学生形成正确的价值观、养成高尚的职业道德奠定基础[4]。因此，在药学专业教学中引入课程思政是大势所趋[5]。

二、药学专业课程思政体系设计

将思政教育贯穿药学专业整个教学过程，通过串联专业知识与社会生活中的思想和价值，从而达到专业课程知识点与思政元素有机结合，最后汇集成一个完整的知识价值体系。课程思政的植入点主要是提高学生的思政素养，培养高素质药学人才，实现教书和育人的有机统一。经过药学教研组的讨论，初步方案为挖掘专业课程中各学科所包含的课程思政点，从而形成思政微课，并构建药学专业课程思政教学体系的主体框架。

（一）课程思政的德育目标

1. 基本培养目标

学生应掌握药学专业的基础理论知识、技能，达到高等学校医药本科专业规定的业务要求，具备大学生应有的文化修养；基本具备独立自学、独立思考和从事本专业业务工作的实践能力。热爱祖国，拥护中国共产党，走社会主义道路，努力学习马克思主义；热爱医药事业，有为人民医药事业献身的精神；遵纪守法，艰苦求实，具有良好的思想品质和职业道德。掌握一定的体育和军事基本知识，养成良好的体育锻炼和卫生习惯；身心健康，能够履行建设祖国和保卫祖国的神圣义务。

2. 过程与方法目标

首先，教师应帮助学生确立积极向上的人生观和社会主义的价值观，培养学生运用历史唯物主义与辩证唯物主义的基本观点分析问题、观察问题。同时，在思想政治素质上要求学生拥护中国共产党的领导和社会主义制度，遵守宪法，自觉、积极、热情、主动地投身到社会主义现代化建设的伟大社会实践之中，实现自我价值。为契合新时代要求，教师还应重视培养学生的现代思想观念。

其次，教师应利用多媒体教学，结合科学研究中的实际举例以及研究操作过程中经验总结，培养学生发现问题、分析问题、解决问题的能力。采用多模式、多手段结合，将翻转课堂、"线上＋线下"混合式教学、特色案例教学等模式融入课堂，隐性地融入思政元素，以充分发挥课堂的专业及德育育人功能。同时，应当转变传统的"理论灌输"模式，采用更加积极的"师生双向互动"模式，使得课堂更加生动多样，更加融为一体。为使理论教学更加生动有趣、拓展学生眼界，教师还可以将一些典型的科学案例与知识点有机融合，引导学生关注思政内容。这样不仅可以提高课堂氛围，还可以让学生自然而然地关注教师的思政引领，从而达到良好的教育效果。

3. 药学人才培养目标

教师应培养学生知识、能力和思想政治全方位发展，指导学生具备扎实的多学科基础、熟练的专业知识、较强的能力和较高的素质，使学生深刻理解并坚持以人民为中心的发展思想，牢固树立"大卫生、大健康"理念，坚持预防为主、防治结合的原则；深刻理解健康中国战略的重大决策部署，能够从全局观进行科学分析；树立为人民健康服务的意识，形成服务人民群众、报效祖国的决心。

（二）课程思政的教学内容

1. 培养有担当的时代新人

2020年一场突如其来的新冠疫情，医务工作者以白衣为甲，逆流而上，在打赢疫情防控阻击战中发挥了不可替代的作用。医药卫生体系也经受住了考验，为维护人民生命安全和身体健康和恢复社会经济做出了重要贡献。当代大学生作为新时代的新青年，要有天下兴亡匹夫有责的担当精神，讲求奉献，实干进取。教师应培养学生实践第一，知行合一，求真务实，有为善为，勇于面对实际中的各种挫折考验，在实践中增长才干，在奋斗中砥砺意志品质。新时代下的大学生，要树立崇高的品德，加强道德修养，注重道德实践，做担当民族复兴重任的时代新人。

2. 药德与药法教育

药德与药法教育是药学战线社会主义精神文明建设的一个重要环节，是高等药学院校德育的一个重要组成部分，也是思想政治教育与专业教育的一个重要结合点。它对于帮助大学生树立正确的人生理想，培养高尚的道德情操，促进大学生全面发展具有重要意义，对于药学事业的振兴必将产生深远的影响。

教师通过介绍中国和世界药学史，使学生认识了药学事业在人类发展史上的巨大作用，认识我国医药学在世界药学发展史上的重要地位和作用，增强了民族自豪感和职业荣誉感；通过介绍我国药学事业发展概况及同世界先进水平的差距，明确当代药学工作者的历史任务，树立振兴我国药学事业的职业责任感和使命感；通过介绍我国古代优良的药德传统和药学界当代先进人物的事迹，使学生受到高尚道德情操的熏陶，明确药学工作者品德修养的规范和目标；通过对药品管理法规的讲解，对制造、销售假药、劣药以谋取非法暴利以及误投毒药致人死命等渎职行为的揭露和批判，使学生理解了"药关人命，质量第一"的深刻道理，激发学生对医药界违法犯罪行为和各种不正之风的义愤。

3. 培养学生的创新思维

为了满足社会对药学人才的高标准需求，培养具有"科学基础全面，专业技术扎实，敢于创新，综合素质高，发展潜力大，能适应现代医学快速发展"等优点的复合型创新药学人才，已成为当前药学高等教育教学改革的一个亟待解决的问题。教师应利用翻转课堂、学讨式和角色互换等教学模式，培养学生以问题为导向的思维及创新意识，使学生具备自主学习和终身学习能力、团队合作精神和大局概念，提高学生思考、沟通和组织的能力。

4. 生命安全教育

敬畏生命是医药学必须具备的素养之一，其本质就是关爱生命。在动物实验课上，教师应强调善待实验动物，采取有效的关爱措施，怀着敬畏的态度，遵循"3R"（Reduction、Replacement和Refinement）原则，保障实验动物的福利权利，避免不必要的伤害，触发学生对生命的敬畏及对实验动物的感恩之心，使学生在工作后能更加懂得尊重患者的生命[6]。在学习胆碱酯酶药章节时，教师应引入有机磷农药轻生的案例，呼吁大家珍爱生命等[7]，并通过适时地渗透和引导，让学生能从多维度思考生命的意义。

（三）课程思政的考核机制

传统课程考核侧重对学生知识的考核，缺少对其情感态度和价值观的考核。教研组决定：借助相关课程思政题目、辩论赛、课程论文和翻转课堂等进行灵活考核，并计入学生总成绩。最终目的是培养专业知识扎实、专业技能过硬、政治思想达标的高质量人才[8]。

三、课程思政教学探索中的反思

（一）提高专业教师的思想政治理论水平

课程思政是新时代教师教书育人职责的深化和拓展。教师要从教授知识的"教书匠"转变成塑造学生品行的"大先生"，这对教师思政的意识、能力以及素养提出了新的要求。为进一步提高专业课教师的政治理论水平，要求专业课教师不仅要有丰富的理论知识和扎实的基本功，还要具备与时俱进的教学理念，更重要的是具备较高的"育德"意识和能力。教师在传授专业知识的同时，能潜移默化、润物细无声地进行思政教育，而不是干瘪地说教和进行思想教育，这是专业课教师要思考和提高的地方。

（二）创新课程思政教学方法

新冠疫情下，我们确确实实体会了一把新型学习模式——网课。很多教师借助网络资源构建了网络学习共同体，通过"线上＋线下"的授课方式让学生加深对课程的理解[9]。如通过播放纪录片《林巧稚：一生只做一件事》，让学生充分感受我国第一位女院士秉承着"看病不看人，爱人如爱己"的原则，将毕生心血用在医学上的事迹，让学生受到心灵震撼，提高职业自豪感。教师应围绕培养方案、教学目标以及思政目标，深入挖掘人物事迹、社会热点、典型事件等蕴含的家国情怀，不断优化教学方法，采用情境教学、案例教学、混合教学、自主学习等教学方式，不断提高学生学习课程思政的积极性。此外，课程思政不能硬性地塞入过多的思政道理，以免让学生感到"疲劳"。思政元素不宜过多过杂，以免喧宾夺主，应多寻找德育元素的"触点"与"融点"，让课程思政成为人才培养的价值引领。

（三）强化课程思政实施及保障

搭建完善的课程思政教学体系，需要"五位一体"的工作模式，即教师、学生、辅导员、课堂教学、社会资源五个方面互相融合协调的课程思政建设模式；共同凝练出课程可以承载的价值观，即探索、求真、责任。根据课程思政建设要求，药学教研组对教学目的、教学内容、教学大纲进行重新梳理，将课程思政融入教学内容；同时，将思政教育纳入考核范围，以检验课程思政的教学效果。从教师、教研室、系部、学校四个层面工作体系出发，建立实施课程思政的保障体系；学校作为顶层设计者，进行宏观指导，为课程思政明确方向，指明途径。系部细化学校监督管理的具体举措，帮助基层教研室顺利完成课程思政教学内容的深入挖掘。教研室通过集体备课等方式，集思广益，创建课程思政案例库，提升培养方案，完善教学大纲。

四、结语

药学专业课程思政的实践有助于提高学生对理论知识的学习兴趣，培养学生的专业能力和职业素养，同时为开展以课程思政为理念的药学专业课堂教学改革提供思路。课程团队教师始终铭记教书育人的神圣使命，积极推动校内外教学建设，不断推进课程教学方法、教学手段的改革，进一步凝练课程教学内容，以期培养更多具有家国情怀、服务意识、勇于担当，满怀爱国情、强国志、报国心的专业人才。未来会有一大批优秀毕业生深深扎根于医药服务岗位，用实际行动践行药学行业社会主义核心价值观，实现"以文化人"的效果。

参考文献：

[1] 周阳. 探析课程思政发挥课堂育人主渠道作用的实践路径［J］. 科教文汇（下旬刊），2021（1）：52-53.

[2] 邹小琴，宓郑成，杨玉芳.创新型高素质药学人才培养模式探索［J］.教育教学论坛，2022，No.602（51）：93-96.

[3] 习近平.把思想政治工作贯穿教育教学全过程 开创我国高等教育事业发展新局面［N］.人民日报，2016-12-09（1）.

[4] 曹荭蕾.师者，教之以事而喻诸德也——读潘懋元先生《高等教育学讲座》之感受［J］.山东高等教育，2019，7（1）：85-88.

[5] 易霞，马利伟，云彩红，等.课程思政在药学专业生物化学课程中的融入式设计与实践［J］.生命的化学，2022，42（11）：2095-2101.

[6] 邹敏，李琳.药理学课程中融入思政元素的探索与实践［J］.广东化工，2020，47（11）：249-250.

[7] 王秋静，张明，靳英丽."三全育人"背景下药理学实验课程思政教育探索［J］.教育教学论坛，2021（25）：173-176.

[8] 赵忠山，赵天琪，候垚，等.大数据背景下一流本科课程建设路径研究［J］.大陆桥视野，2021（3）：110-111.

[9] 缪子梅.网络课程对我国大学生学习方式的影响——基于对某高校在校学生的调查［J］.中国高教研究，2014（11）：94-98.

急诊与灾难医学的课程思政资源建设 [1]

钱民 [2]　　谢芬高　　文航华

摘　要： 笔者分析急诊与灾难医学的课程思政资源建设的现状和问题，按照明确课程思政目标、挖掘思政元素、选取思政资源以及融合思政资源与课程内容四个步骤进行课程思政资源建设，提出课程思政资源库的建设、应用与维护的方法。

关键词： 急诊与灾难医学；课程思政；课程资源

课程思政是指学校所有学科和课程都要承担起德育的职责，发挥所有课程的育人功能。课程思政使各类课程与思政课同向同行，形成协同效应。2020 年 5 月，教育部印发的《高等学校课程思政建设指导纲要》强调，要深入挖掘各类课程和教学方式中蕴含的思想政治教育资源，所有高校、所有教师、所有课程都要承担好育人责任。医学类专业课程要在课程教学中注重加强医德医风教育，着力培养学生"敬佑生命、救死扶伤、甘于奉献、大爱无疆"的医者精神，注重加强医者仁心教育。在培养精湛医术的同时，教育引导学生始终把人民群众生命安全和身体健康放在首位，尊重患者，善于沟通，提升综合素养和人文修养，提升依法应对重大突发公共卫生事件的能力，做党和人民信赖的好医生。充分挖掘和梳理专业课程中思想政治教育元素和资源，是医学专业高校教师开展课程思政教育的前提和基础。笔者就急诊与灾难医学的课程思政资源建设进行探讨，以期提升教师的课程思政教学能力和思政育人效果。

一、急诊与灾难医学的课程思政资源建设的现状和问题

急诊与灾难医学是一门临床医学专业课程，包括院前急救、院内急诊、急危重症监护、现场急救、创伤急救、急病救治、心肺复苏、中毒、理化及环境因素损伤等章节。急诊、急救相关的理论和技能皆包含在其学科范畴中。该课程富含敬佑生命、科学精神、职业精神、职业道德、职业规范、职业行为、专业认同等思政元素，但是在推进思政育人过程中也出现了一些问题：①医学生对课程思政的认识有待进一步提高 [1]；②课程的资源库建设尚无统一流程标准，有些教师"心有余而力不足"，苦于没有好的专业素材；③有些教师对要达到何种教学目标缺乏清晰的认识，未能普遍形成课程思政实践的积极性与自觉性；④课程所用的思政素材同质化，片面强调思想性而轻专业性，将思政和专业教学内容强行拼接，导致思政教育与专业教育"两张皮"，没有实现专业课程与思政课程同向同行；⑤现有资源库质量高低不一，实践效果不确定，如较为成熟的、普适的《人民课程思政教育资源库》《高校课程思政资源数据库》《新华思政全国高校课程思政教学资源服务平台》，有急诊与灾难医学课程的某些章节的思政资源，但不具备专业特殊性。就

1　三峡大学 2022 年课程思政教学改革研究与实践类专题一般项目（K2022026）。

2　钱民，三峡大学第一临床医学院·宜昌市中心人民医院急诊医学科主任医师，硕士，研究方向为急危重症医学。

课程培养目标与全部课程内容的结合而言，专业教师不可将这些资源库拿来就用，否则会导致思政内容脱离专业内容，影响课程思政的效果。

二、急诊与灾难医学的课程思政资源建设的流程

为解决普适的课程思政资源库不具备急诊与灾难医学课程专业性的问题，课程思政资源需要由专业教师挖掘、选取和融合。研究显示[2]，医学专业的课程思政资源库建设流程由明确课程思政目标、挖掘课程思政元素、选取思政资源以及融合思政资源与课程内容四个环节组成。

（一）明确课程思政目标

课程思政的目标可从宏观、中观、微观三个层面进行解读[3]。宏观目标是培养家国情怀，培养合格社会主义建设者与接班人，在课程教学中让学生接受党和国家意识、理想信念、四个自信、社会主义核心价值观、民族精神和时代精神、宪法法治、中华优秀文化等精神的熏陶。中观目标是落实立德树人的根本任务，包括①道德情操：道德（个人、家庭、社会、职业），奉献，守法，正义等；②人格和人文素养：情感、仁爱、自尊、生命观、品味、性格、健康等；③智力：观察、想象、思考、判断、推理、逻辑、思维等，培养学生的道德品格。微观目标是建设以思政课程为主，辅以专业课程的课程思政系统，包括①专业伦理：职业精神、职业道德、职业规范、职业行为、专业认同等；②专业精神：求真务实、开拓进取、钻研、毅力、勤奋、视野、学术诚信、唯物史观、认识论和方法论、批判性思维、创新精神等。

急诊与灾难医学作为一门临床医学专业课程，其课程思政三个目标交互融合。课程教学在三个目标层面同时注重医者精神、医德医风、精湛医术、综合素养与人文素养以及依法应对重大突发公共卫生事件能力等方面的教育，最终实现专业课程与思政课程同向同行，培养学生的个人品行修养。

（二）挖掘课程思政元素

挖掘课程思政元素是建设思政资源库的前提，是后续选取思政资源的基础。课程思政建设所面临的困境之一是教师未能从专业课程中很好地挖掘思政元素，生搬硬凑，以至于思政元素与教学内容脱节。由此可以反映出挖掘思政元素的重点不是将思想政治教育的理论知识、价值理念及精神追求等强行嵌入专业课程，而是依据专业课程的内容找到适用的思想政治教育角度。只有真正找到最契合课程内容的思政元素，教师才能在课程教学中将思想政治教育内容与专业知识技能教育内容有机融合，才能在教授专业知识的同时引领学生思考和领会课程思政传达的精神，落实立德树人的目标。

急诊与灾难医学的专业知识内容中蕴含丰富的思政元素。教师可在课前预习、课堂讲授、课后复习环节融入思政元素。教师可采用幻灯片、多媒体、参观体验、课堂讨论、实验操作、模拟急诊就医患者等方式将思政元素融入教学，尽可能地让思政元素可观察、可评估，思政育人后让学生有获得感。

（三）选取思政资源

选取思政资源是建设资源库的中心环节。思政资源是在课程的思政元素基础上选取的能够使教师在备课过程中直接结合课程内容的思政内容。急诊与灾难医学蕴含丰富的思政资源，如急诊医护人员敬业奉献的事迹、重大公共卫生事件的应急救援、典型病例、与思政元素有关的科学故事、中医急诊的经典成就、行业领军人物事迹、法律法规及新闻时事、最新急诊医学进展、文献资料。资源的选取标准要兼顾内容和形式，内容强调正能量，既能联系时政和社会热点，又能结合课程

知识；形式大体分成文本、图片、视频、体验等，目标多样化、可操作性强、接受度高。笔者在思政资源的选取上进行了归纳，总结如下。

1. 书本资源与书外资源

书本资源指《急诊与灾难医学》中的知识；书外资源指急诊与灾难医学方面最新的知识，主要参考《中华急诊医学》《中华危重病急救医学杂志》《中国急救医学》等重点专业期刊，主要培养学生求真务实、钻研进取、拓宽视野、精益求精的科学精神，树立诚信和创新精神。例如心肺复苏章节，通过展示一例长达3小时的体外膜肺心肺复苏（ECPR）患者的成功救治，讲授国际最新的ECPR的研究成果：ECPR最适合可以被电复律的心律失常（如室颤）患者。课堂讲授中，列举了2022年湖北省微循环学会重症专委会学术会议的超长时程ECPR的研讨专场，仅在湖北省，就有多例超过1小时的成功ECPR，患者没有遗留神经学后遗症，完满回归社会。这样的一批ECPR成功病例，颠覆了原先的抢救30分钟无效就可以宣布死亡的标准，从而培养学生的批判性思维和深入研究为何超长时程ECPR的神经功能未损伤的创新精神。

2. 校内资源与校外资源

校内资源有宜昌市中心人民医院西陵院区院史馆、伍家院区院史长廊，校外资源有宜昌市急救指挥中心。组织学生参观医院院史馆、院史长廊和宜昌市急救指挥中心，了解医院及急救中心在急诊与灾难救治领域的作用，并书写观后感，培养学生的职业神圣感和职业崇高感，从而树立为人民服务的职业精神、职业道德和爱岗奉献的精神。

3. 线上资源和线下资源

线上资源指互联网上与急危重症医学相关的资源，如中国大学MOOC（慕课）优质在线课程学习平台、国家智慧教育公共服务平台、终身教育平台、学堂在线、超星尔雅。在课前预习和课后复习环节，学有余力或者有探究精神的学生，可结合线上资源对急诊与灾难医学的章节进行更为深入的学习。线下资源指通过分享在湖北省、宜昌市的抗击新冠疫情中救治成功的危重症病例，展现急诊医学在疫情初期肆虐时的预警、救治作用和急诊专业人员的敬业与奉献精神，从而让学生领悟中华民族展现出来的"生命至上、举国同心、舍生忘死、尊重科学、命运与共"的伟大抗疫精神。课后复习题部分则让学生分析思考，急诊与灾难医学在可能发生的下一次重大公共卫生突发事件中的应对措施。将线上资源和线下资源有机结合起来，树立学生的四个自信、民族精神和时代精神。

4. 名家资源与名医资源

名家资源指国内著名的急危重症医学领域的专家教授，如北京协和医院的杜斌教授。尽管抗生素和抗微生物药物层出不穷，但感染性休克的死亡率仍然在30%左右，感染性休克的监测与治疗是世界性难题。杜斌教授在全身性感染和感染性休克的监测治疗方面研究成果丰硕，作为第一位参与国际拯救脓毒症运动（SSC）《脓毒症与脓毒症休克指南》制定的中国专家，他为感染性休克的监测治疗做出了中国贡献。名医资源指宜昌市本地的优秀专家，如三峡大学人民医院享受国务院政府特殊津贴的专家余旻。她在多次重大公共卫生突发事件中勇于担当、无私奉献，严密观察、细心施治，保护了人民群众的生命和健康。通过名家资源与名医资源的挖掘，树立学生的思考创新和生命至上的观念，进一步树立"榜样就在身边，吾辈当自强"的奋斗精神。

5. 历史资源与时事资源

历史资源中不乏中医急救的资源，如心肺复苏术的历史上，最早的心肺复苏术出现在中国汉代。东汉名医张仲景（约145—208年）在《金匮要略》中提出："救自缢死徐徐抱解，不得截绳，上下安被卧之。一人以脚踏其两肩,手少挽其发,常弦弦勿纵之;一人以手按据胸上,数动之;一人摩捋臂胫屈伸之,若已僵,但渐渐强屈之,并按其腹。如此一炊顷,气从口出,呼吸眼开,而犹引按莫置,亦勿苦劳之。"这是迄今世界上最早的关于胸外心脏按压抢救的详细记载,其时间早于西方 1 000 多年。这种历史资源的挖掘和引入,可以培养学生的文化自信和科学精神。时事资源主要是指急诊与灾难医学有关的时事新闻。在课程的绪论章节中,笔者讲授了中国救援队在 2023 年 2 月 6 日凌晨至下午的 9 小时内在土耳其南部双源大地震中开展国际救援的案例。地震的威力约等于 130 颗原子弹持续爆炸了 43 秒,造成震中大片楼房坍塌,整座城市成为一片废墟。中国迅速派出了中国救援队与中国香港特区救援队的联合编组,以及中国社会救援力量蓝天救援队近 500 人。抵达灾区后,中国救援队伍连续在土耳其马拉蒂亚、阿德亚曼、卡赫拉曼马拉什三地奋战,累计搜索建筑物 380 幢,约 18 万平方米,救出 20 多名幸存者。中国救援队伍于 2 月下旬回国。笔者进行课堂教学时距地震发生日仅 21 天,用图片与数据显示了灾难面前中国救援队伍发扬国际人道主义和大爱无疆的精神。该时事资源的新鲜度高、影响力大、思政性强,学生听课聚精会神,触动非常大,对课堂教学的评教效果也非常好。

(四)融合思政资源与课程内容

融合思政资源与课程内容是建设资源库的关键步骤,也是解决思政教育与专业教育脱节问题的关键。教师在备课过程中,需要根据课程内容思考如何巧妙地将选取好的思政资源隐性融入课程内容,即将思政教育之"盐"融入专业教育之"汤"。

在急诊与灾难医学的教学中,融合课程内容与思政资源过程必须注意以下几点:①教研室的教师必须坚持急诊与灾难医学的专业知识为主、思政内容为辅的原则,谨记思政内容不可喧宾夺主,不能将专业课程变成思政课程;②课程开课之前进行集体备课,对课前预习、课堂讲授、课后复习、课外作业、实验课程、课外参观的思政元素进行汇报、梳理和整合,避免思政资源与课程内容的强行融合、重复应用;③需要考虑急诊与灾难医学的专业课课时与思政内容时长的问题。作为思政资源在课堂上展示的视频的时长要恰当,超过 5 分钟以上的视频、音频资料会造成学生视觉、听觉疲劳和学习效果下降;④急诊与灾难医学是一门临床课程,进入临床课程学习阶段的学生非常渴望将理论应用到实际中。教师要精选临床病例,在课堂上应用启发式教学、模拟式教学和情景教学,避免"灌输式"教学,从而发挥全课程育人的作用。

三、资源库的使用与更新

急诊与灾难医学蕴含的丰富思政资源可建成资源库,按照思政元素的特点进行标签、选取使用与更新。思政素材保留好文字、图片、视频、音频等要素。除急诊医学灾难医学课程外,还可供相关课程如急危重症医学进展、急危重症护理学、公众急救常识与现代急救技能等多门课程选取应用。不同课程、不同专业教师之间的课程思政资源可以共享,从而避免学生对思政教育因资源反复使用而产生厌倦感。教师可以通过使用、比赛、研究、评价等形式持续更新资源库,确保课程思政资源库的可持续发展与高质量发展。

综上所述,急诊与灾难医学蕴含丰富的思政元素,教师可通过明确课程思政目标、挖掘课程思政元素、选取思政资源和融合思政资源与课程内容四个环节建成思政资源库,以期达到"三全"育人的目标。

参考文献：

[1] 钱民，万鹏，王鹏．课程思政在急危重症医学教学中的探索与实践［J］．教育理论与实践研究，2022（21）：272–277.

[2] 缪坷，高文静，秦雪英．课程思政资源库建设相关研究现状［J］．医学教育管理，2023（2）：173–178，190.

[3] 侯勇，钱锦．课程思政研究的现状、评价与创新［J］．江苏大学学报（社会科学版），2021（6）：66–67.

课程思政在妇产科学临床教学中的探索与实践 [1]

李秀华 [2]　李冬梅

摘　要： 医学教育要不断强化医学生职业道德教育，发挥课程思政的潜移默化作用，加强诚信教育，培养医学生"大医精诚"精神。妇产科学是临床教学的重要课程之一，是课程思政融合教书育人的重要载体。笔者在临床教学过程中载入思想政治元素，培养学生在认知、情感和行为等方面产生积极向上的价值导向；从课程设置、教学大纲书写、带教教师培训、教学评价等多个维度进行课程思政的教学实践，借助医学教学平台，将课程思政与临床教学紧密结合；激发医学生的社会责任感，实现知识传授、能力培养、思想教育的相互渗透与有效统一，探究妇产科学新进展，为健康中国培养专业素养与责任感兼备的现代医学人才。

关键词： 课程思政；妇产科学；临床教学

课程思政是指在专业课程教学过程中融入思想政治元素，培养学生在认知、情感和行为等方面产生积极向上的价值导向，是高等院校人才培养的核心。临床专业课程教学在推动大学课程思政方向发挥了重要作用，不断强化医学生的职业素养教育和诚信科研、救死扶伤的大爱精神。将专业课程与课程思政结合，做到"春风化雨、润物无声"的教学效果。在妇产科学临床教学的探索与实践中，笔者不断挖掘妇产科学课程中的思想政治教育资源和榜样作用，并以实际案例结合临床教学，在传授专业知识的过程中，对医学生融入课程思政元素，实现价值塑造、能力培养、知识传授"三位一体"教学目标。

在新时代下，医护人员勇于担当、甘于奉献是当今时代的楷模与英雄。广大医务工作者始终把人民群众的生命和健康放在第一位，不辱使命，冲锋在前，体现了中国高等医学院校课程思政建设的重要意义与价值。妇产科学是所有医学专业人才培养过程中的必修专业课，三峡大学始终把"医者仁心"作为临床医学教学的宗旨，把妇产科学的教学大纲课程作为载体，将临床教学与课程思政有机结合，把妇产科学方面的知识围绕学习目标整合于案例分析中，以"案例分析、问题驱动、自主探究"为原则，以临床胜任力为导向，构建学习共同体。

一、妇产科学课程思政的必要性

我国的医学教育事业正全方面大力发展，培养品学兼优型的创新实用型人才是医学教育的重要任务。2020 年 9 月，国务院发布的关于《加快医学教育创新发展的指导意见》，明确指出要"强化医学生职业素养教育，加强医学伦理、科研诚信教育，发挥课程思政作用，着力培养医学生救死扶伤精神"。医学院校应该高度重视课程思政教育的重要作用，积极地将专业课堂知识和课程

1　三峡大学 2023 年"课程思政"专项项目（GJ2334）。

2　李秀华，三峡大学第二临床医学院副教授、硕士生导师，研究方向为遗传与免疫。

思政有效地融合，实现立德树人。国家的发展战略是"全民健康"，尤其是新的时代下，更要求医学院校为祖国和人民培养"又红又专"的医学人才，将思政教育贯穿于医学教育各个课程之中，实现"三全"育人医学人才。

妇产科学是针对女性生殖系统和与妊娠、胎儿有关的生理和病理特点，研究妇女保健和疾病的临床专业课程。该课程任务是使学生掌握妇科和产科的常见病、多发病的病因、临床表现、诊断和治疗方法以及妇女保健和计划生育的诊疗技术。在教学中，教师要始终按照三基（基本理论、基本知识和基本技能）和三严（严肃态度、严格要求和严密的方法）的要求，培养学生的自学能力，使学生掌握该学科的基础理论、基本知识和基本技能，为今后从事临床医疗工作、保证妇女儿童健康服务以及医学科学研究奠定基础。在国家的三孩政策下，妇产科的高危重症孕产妇数量增加，而高龄及妊娠并发症的孕产妇带来的分娩风险对应增加。教师对临床医学生的培养，不仅体现为在课堂上进行基础性的讲座，更体现为在课堂上培养医学生树立正确科学的医学职业价值观。教师应以"人文关怀"为出发点，以患者为中心，以追求"真善美"为主要特征，注重情感体验，追求医学的人性化服务，不仅要治疗疾病，还要注意患者及家属的人文关怀，要求学生心中有爱，医者仁心，将来做一个有温度、有情怀的医学者。

二、课程思政的实施方法

目前，高等医学院校的课程思政一般以课堂讲授为主，对于妇产科学的临床教学中涉及的思政内容，教师可采用多种教学方法和手段，利用先进的网络与有效载体实施。教师应将社会主义价值导向与医学知识传授、临床技能培养相结合，培养医学生的社会主义核心价值观，使课程思政中的人文教育与价值导向落到实处。

（一）课程设置

课程设置是指设立课程门类、规定课程类型、安排课程顺序和分配课程学时，并规定课程学习内容、学习要求和学习目标[1]。笔者在课程设置过程中，改变以往的课程教育内容，将国家最近出台的各项相关政策，如与妇产科息息相关的国家"三孩政策"，加入课程内容，与临床医学教学课程相互贯通，以顺应时代发展趋势、转变教育理念，以学生发展为中心，以学生学习为中心，以学习效果为中心，培养新型实用型医学人才；同时，通过翻转课堂培养学生利用现代信息技术获取知识、自主学习和终身学习的能力。将妇产科学新进展、新前沿等作为优先课程内容安排，拓展学生全球视野和跨学科知识，引导批判思维、科学精神，激发其社会责任感。建立临床案例库，让学生学习临床上常见的各种疾病的案例，努力提高自身的诊疗水平，将影响孕产妇死亡的各种风险降低，让三孩分娩更加安全，真正实现"母亲安全，儿童优先"，让全民健康落到实处，让他们在学业结束后，能够成为一名合格的临床医生。

教学模式改变是课程思政教学创新的出路，而信息化的高速发展将先进的思维理念与生动的现实案例相结合[2]，教学过程以教师为中心，学生只是被动地接受知识，很难参与到教学过程中，严重影响了学生的创造性思维和主动发现问题和解决问题的能力。笔者以讲好中国故事为契机，不断挖掘思政元素，通过妇产科大师的成长道路、经历等感染学生，实现知识传授与价值引导的无缝衔接，引导学生分析典型案例，让他们的心理与情感产生共鸣，呈现积极的科学思维与向上的价值观。

（二）教学大纲书写

笔者参照妇产科学课程大纲及临床执业医师资格考试的相关热点案例，选择与教学内容紧密相关的、典型和真实的案例，书写教学大纲。通过基础理论与临床病案结合，整合多方面思政元素资料，构建临床思政案例库。在案例库的应用中，通过翻转课堂推行"线上自学＋线下探究式学习"，将临床案例库教学法与思政教学原则结合，在乐学、善学、学好等过程中实现"以学生的发展为中心"；在案例库的管理中，笔者也将不断地补充完善和更新思政教学案例，以扩大教学知识点的覆盖面，同时提高思政案例的可选择性。比如，教师在讲授前置胎盘章节时，课前，以云班课和微信群作为学生课前学习的工具，教师通过上述学习工具发布前置胎盘的学习视频，让学生"看、思、悟、谈"，并要求学生提前观看纪录片《生门》第9集前置胎盘的精彩抢救片段，从而为课堂内教学活动做好铺垫，埋下伏笔，既能提高学生的学习兴趣，又有利于教师及时并随时关注学生的学习状况，根据学生反馈修改教学计划。课堂上，结合视频进行理论知识讲解，整合思政元素。患者常急诊入院，病情危急，引入"以患者为中心，生命至上，救死扶伤，无私奉献，大爱无疆"。前置胎盘剖宫产手术导致致命的大出血，甚至威胁产妇的生命健康，引入"生命不易、尊重生命、感恩母爱"。病情常可由无明显症状体征突然发展为大出血休克，危及母婴生命安全，引入"战战兢兢，如履薄冰，如临深渊"的执业操守。尊重患者意愿，充分体现人文关怀，不仅要治病，更要关注照顾患者心理。手术难度大，时间长，出血多，止血困难，容易损伤周边盆腔脏器，如膀胱、输尿管、直肠，需多学科合作救治。因此，应与团队合作，更好地保母婴安全，进而上升到一个国家、一个民族，只有精诚团结，才能屹立于世界民族之林，才能谋求进步和发展。分析胎盘植入的高危因素：多次人工流产手术、多次剖宫产手术、多次子宫受伤受损的病史。展开性教育，让学生树立正确的恋爱观、性爱观、婚姻观、家庭观、人生观。女学生更要自尊自信、自律自强，保护好自己的身体、自己的子宫。新时代的医学生要刻苦钻研专业技术，学到救护生命的真本领，在生死攸关时能和武汉大学中南医院李家福教授一样，勇敢地承担起"健康所系，生命相托"的神圣使命。根据学生讨论结果导入专业知识讲授，并通过动画、教学软件互动等多种信息教学化手段，完成课堂内教学。课后，通过雨课堂观看剖宫产手术视频，实现教育信息化，教师与学生作为学习共同体，借助教学运载软件实时数据采集、交互式学习平台搭建。线上、线下学习相结合，弥补了课堂内学时的不足，让学生听得进、记得住、悟得出、用得着，力求在医学价值引领和知识传授的基础上，与思想政治理论课同向同行，形成协同效应，实现"价值塑造、能力培养、知识传授"三位一体的要求，树立正确的职业价值观，尊重生命体现人道主义和平等博爱的专业精神。

（三）师资队伍思政培训

教师的思想政治状况对学生具有很强的启发性，要以立德树人的要求作为教师的教育理念。妇产科学专业教师"以德立身、以德立学、以德施教"[3]，树立"教书育人"的教育理念，率先在医学院妇产科教研室创建课程思政教学小组，采取为年轻教师配备高年资知名专家与教授做导师、选送教研室骨干教师到国际一流临床医学高等院校与临床医院研修学习、参加国际妇产科学医学会议等措施培养国际化高水平师资；推荐以中国医学中心为依托的综合教学平台，为实施思政教学创新教学模式，为培养学生的临床实践能力、创新研究能力和服务社会能力奠定基础。临床教师在教学大纲的要求下，根据教学内容引入典型案例，以"案例分析、问题驱动、自主探究"为原则，以"胜任力"为导向，以"思政培养"为学习单元内容，构建学习共同体，以新医科新理念强化医学生培养，新融合互学师生共成长。通过全体教研室集体备课、教学讨论、教学示范等形式，对妇产科临床教师的授课内容中的课程思政进行面对面的讨论，相互交流，不断地重构教学内容。按照课程大纲要求，结合妇产科学重点、难点内容，整合临床的主诉、现病史、既往史、临床检验等多学科知识，设计、加工成为案例库内典型案例，紧跟学术前沿、兼顾前后期内容衔接，注重基础知识，启迪思政教育，夯实医学人文，拓展创新思维[4]。

（四）教学评价

将思政学习行为和学习成果作为形成性评价的重要依据，结果反馈并及时进行课程思政教学调整，让教学评价数据控制教学质量，形成开放式、全程学习评价机制。第一阶段平时成绩占比50%～60%，其中，思政方面主要以文献阅读、案例讨论中自评、互评、教师评价为综合考核项目。第二阶段为期末考试，闭卷笔试占比为40%～50%，以执业医师的要求进行相应的理论及试验操作考核。

1. 实践效果

实践效果评价主要源于课程参与度、问卷星的调查、学生成绩、临床教师认可度、专业支撑以及辐射作用。2020年疫情以来，三峡大学采用线上授课的方式对学生线上课程思政教学效果认同度进行了调查。结果表明，学生对妇产科学线上整体教学效果认同度较高，特别是"教书与育人相结合，体现课程、课堂思政""善于启发式、互动式等教学方式""注重双向交流，课后复习、思辨参与率高，师生互动效果好"等方面学生反映较好；没有因为突发疫情使学生的学习环境发生剧变，没有引发以往支持个体发展的多样性生态系统和社会活动模式的改变，也没有由此导致线上学习的有效性的内涵和范围"窄化"，更没有因为教师信息技术素养的不同，而出现教学结果不一定与教学设计一致的结局。

2. 课程思政效果

聚焦解决问题，将散、杂的知识进行串联，通过课堂前、后检测掌握知识，通过参与式学习、应用新知、融会贯通解决问题，解决学习中的重点、难点。教师对医学生的妇产科学成绩进行量化分析，对平时成绩优秀率、课程考试平均分进行了统计学分析。结果表明，采用课程思政案例教学法比以往理论教授时的平时成绩的优秀率高，在统计学上有差距，但理论考试的数据显示没有显著性差别。

3. 远期效果评价

教师从多学科整合知识进行教学创新，使改革过程更加科学和规范，医学生的临床知识得到明显提高，支撑临床医学专业认证、一流专业申报。

三、结语

教师通过课程思政实现了妇产科学案例教学法，改革了妇产科学的培养模式，改善了妇产科学的教学方法，充实了妇产科学的教学内容。教师不仅使学生掌握了妇产科学相关的临床疾病的知识，还提高了医学生的思想道德水平、政治觉悟、道德品质。教师通过内容丰富、通俗易懂、由简入难的思政案例库教学，提高了学生自主学习能力和临床问题分析能力，引导学生始终把人民群众的生命安全和全民健康放在首位，能在国家最需要的时候，主动请缨、以身涉险，完成祖国交给他们的光荣任务，用实际行动践行医生的神圣使命。

参考文献：

[1]李刚、刘红霞、方毅，等.口腔医学教材——课程思政融合育人的探索与实践［J］.四川大学学报（医学版），2023，54（2）：328-333.

[2]唐日照.大数据及云计算支持下的高校教学模式变化［J］.吉林省教育学院学报，2018，34（7）：88-90.

[3]李青霞，林寒梅，黄巍，等.高校妇产科学课程思政建设的探讨［J］.广西中医药大学学报，2018，21（4）：142-144.

[4]李晓宇，宋文，卢芳，等.案例库教学在留学生消化内科实习中的应用［J］.中国继续医学教育，2021（13）：21-24.

课程思政在急危重症实践教学中的运用探讨[1]

王芳[2]　刘静　唐芳荔

摘　要：课程是课程思政的载体，课程专业知识离不开课程思政的内化。将思想政治教育的理论知识、价值理念以及精神追求融入专业课程教学，是高等院校培养高素质护理专业人才的重要举措，有利于学生树立正确的人生价值观，实现以立德树人为根本任务的课程思政建设理念。文章主要以急危重症护理学课程中护理急救技术的实验课教学为例。

关键词：课程思政；急危重症；实践教学

急危重症护理学是护理专业的一门实践性较强的主干学科，实验教学是该课程教学中不可或缺的教学环节。合理的实验课教学设计不仅可以提升学生的学习兴趣，还可以提高学生整体学习效果，在实验课上融入课程思政元素，有助于培养高素质护理人才[1]，促进学生全面发展。

党的十八大以来，党中央高度重视教育和思想政治工作，习近平总书记提出要利用好课堂教学这个渠道，将高校各类课程教学与思想政治协同起来。课程思政建设就是将思想政治教育的理论知识、价值理念以及精神追求融入教学过程，引导学生树立正确的人生价值观[2]。

该研究主要通过阐述急危重症护理学急救技术实验课程思政建设的必要性与意义，提出护理急救技术实验课程开展和实现课程思政教学的途径和方法。

一、急危重症护理学急救技术实验课程思政建设的必要性与意义

（一）国家政策引领，顺应时代发展

随着我国经济的快速发展，人民生活水平和医疗卫生水平不断提高，国家越来越重视高校护理专业人才的培养。急救技术作为急危重症护理学课程非常重要的实验板块，在急救实验课中开展以立德树人为根本任务的课程思政建设，正是新时代党、国家和社会对护理人员综合素养培养要求的体现，是在党和国家政策引领下的大势所趋。同时，结合新时代发展需求，把思想政治教育、道德行为规范、正确价值观念融入急救技术实验课程教学，加强对护理专业学生的职业道德教育，对促进社会的和谐发展、国家的卫生事业发展、护理人员身心健康的维护有着重要意义[3]。

（二）护理服务需求，社会发展需要

护理行业对社会发展的作用日益显著，社会对护理人员在护理技术、医德医风、服务质量等综合素养有了新的要求。只有不断提高护理教学水平，从教育源头入手，落实以立德树人为根本任务的课程思政建设，注重护理专业学生的德、智、体、美、劳全面发展，才能培养适应社会发

1　三峡大学附属人民医院 2022 年课程思政一般项目"急危重症护理学"（J-SZ2022004）；三峡大学附属人民医院 2022 年课程思政一般项目"以急危重症护理学为示范的护理专业课程融入课程思政的方法改革与研究"（J-JY2022003）。

2　王芳，三峡大学第一临床医学院急诊科主管护师。

展需要的高质量护理人才[4]。护理专业急救技术实验课程思政建设，是社会发展背景下对护理专业教学的需要，对为现代社会提供过硬专业技术能力和优秀品格兼并的急救护理人员具有重要意义。

（三）培养职业道德，强化学习效果

由于护理行业的特殊性，护理工作需要护士具备较高的人文修养水平，建立健全的人格，富有爱心、耐心、信心、责任心、同理心，从而在一定程度上减轻患者紧张、焦虑的情绪，缓解患者因疾病带来的心理压力，促进护患之间的交流沟通，形成良好的护患关系。因此，对护生人文素养的培养也是护理专业教学中十分重要的一项内容。护理工作中，急救护理对护士综合素质的要求更加严格，其中就包括人文素养。因此，急救技术实验教学中，教师需要更加重视培养护生敬畏生命、救死扶伤、无私奉献、慎独精神的高尚品德和爱伤观念、协作观念。

此外，急救护理的职业认同感和创新思维会直接影响护生的学习和以后的工作，所以，职业认同感和创新思维的培养是护理专业急救技术实验课程中必不可少的教学内容。

二、护理急救技术实验课实现课程思政教学的方法

（一）完善课程思政体系，营造思政教育氛围

1. 建立急救技术实验课教学的督导体系

实验课堂教学质量影响着学校人才培养质量。有效建立课堂教学质量督导和评价体系，是保障培养高质量专业人才的一大关键因素[5]。护理专业急危重症护理学课程的急救技术实验板块的教学质量也影响着学校护理人才培养的质量。因此，学校应当建立有效的急救护理技术实验课教学督导体系。一方面，学校要制定急危重症护理学的急救技术实验课堂教学规范，让教师明确急救技术实验课中思政育人教学的重要性和评价点；另一方面，学校要加强对教师教学时融入思政元素的考查，重视思政育人的效果，建立适宜的听课、巡课、评课制度，并及时评价课程思政建设，与上课教师反馈评价和考查结果，最终建立起一套适合护理急救技术实验课的有效的教学督导和评价体系。

2. 构建思政元素融入急救技术实验教学的评价机制

构建将思政元素融入实验课上的评价机制，加大关注学生在操作中的思想和行为，并将实验课教师参与推进课程思政建设成效纳入考核，对实验教学思政育人的顺利开展可以起到很好的促进作用[6]。大多数急救技术实验教学中多注重技术的传授，一定程度上忽视了思想政治教育。而护理工作中遇到需要实施急救技术的情况时，通常需要实施者保持冷静的头脑、清晰的思路、过硬的心理素质和良好的职业道德素养等。目前，很多学校对学生急救技术的考核主要放在技能操作的步骤和规范上，并没有把操作急救技术应该兼具的这些人文素养考虑到实验考核评价内。因此，教师在教学中应把技术操作兼备的人文素养方面进行归纳总结，融入课中；在考核时加入思政方面的内容和要求，开放师生互评的平台，建立有效的急救技术实验课程德育评价机制。

（二）强化教师课程思政认识，提升课程思政能力

1. 加强师资队伍建设，开展教师思政培训

急救技术实验课较少开展课程思政教育的原因也包括部分高校存在着护理专任实验教师数量不足，课程的实验教学由理论教师兼任的现象，导致教师开展课程思政教育的精力不足[7]。对此，校外引进急救技术教学师资或邀请合作医院急诊科、ICU的临床医护教师为学生授课是一种很好的解决方式。同时，学校要立足急危重症护理学急救技术的课程特点，开展任课教师课程思政方面的培训，一是要让实验课教师意识到自己也是思政教育的主体，在急救技术实验教学中，不应

只重视操作技能的传授，还要多关注学生的思想状况和价值取向；二是鼓励教师主动提高自身综合素养，真正做到"学高为师，身正为范"，在生活中和课堂上用自己的言行去带动学生；三是要培养和引导教师积极挖掘急救技术实验课程中潜在的育人元素，学会将这些元素灵活地在操作课上融入技能教学。

2. 搭建课程思政平台，拓宽思政学习渠道

学校建立思政课与其他专业学科教学间的紧密合作和有效互补机制，可以为课程思政建设提供重要保障[8]。承担急危重症护理学急救技术实验课的教师可能缺乏挖掘专业知识思政元素、专业课融合思政元素的能力，且缺乏对马克思主义原理的深层次理解和熟练掌握。在院校内成立护理专业教师与思政课教师的多学科合作机制，做到与时俱进、资源共享，在线上、线下构建相互交流合作的平台，是拓宽实验课教师思政学习渠道的有效方法。

（三）改进教学内容和方式，增强学生的学习兴趣

1. 更新实验课程设计内容，充分融合思政元素

实验技能课是思政元素最大的承载体，急救技能操作的每一个环节都渗透着思政元素[9]。思政元素也应当随着社会和时代的发展及时更新和完善。研究表明，将真实、有趣的案例融入教学，有利于增强学生学习的主动性，提高学生的学习兴趣[10]，特别是引用一些富有正能量的社会热点话题的案例。例如，将一名急诊科护士不惧危险主动护理新冠病毒感染患者的案例设定到人工气道建立的实验教学情境中去，既有利于提高学生上课的关注度，激发其学习兴趣，又可以培养学生的爱国主义情怀、奉献精神、团队协作精神及新时代医护人员的责任担当精神。

2. 灵活实验课程教学方式，增强学生的学习兴趣

现有研究显示，护理专业实验教学出现了许多比传统实验教学效果更佳的新的教学方式。采用"线上+线下"混合式教学方式进行心肺复苏教学。教师可采用线上视频展示操作过程，引导护生提前熟悉操作方法和注意要点，缩减现场展示和理论讲解时间，为思政教育提供条件；线下采用案例结合情景演练的方式，有利于让学生从殷切期望亲人平安的家属角色中体会医护人员敬畏生命、救死扶伤的职业精神，从医护的角色中感受医护工作者崇高的职业使命感，从整个心肺复苏实施过程中体会医护人员团结协作的精神。教师可从技能练习中不断鼓励学生去发现问题、解决问题，让学生感受新时代护理工作者敢于突破自我、追求创新、精益求精、锲而不舍的奋斗精神。另外，将一些其他新型教学方式，包括视频反馈教学、任务驱动教学、虚拟仿真实训教学等灵活运用于急救技术授课中，对激发学生的创新意识和学习兴趣，提升学生的技能学习效果，使其树立正确的世界观、人生观、价值观具有积极作用。

三、结语

综上所述，在课程思政建设政策的引领下，将思政教育融入急危重症护理学急救技术实验教学，是时代发展的需要，符合社会对护理服务的需求。完善急救技术实验课程思政教学体系，提升教师课程思政能力，改进教学内容和方式，有利于激发学生学习兴趣，增强教学效果，培养德才兼备的高素质护理人才[11]。

总之，教师在护理急救技术实验课教学中贯穿思政教育，对于帮助学生明确学习目的、增强职业责任感、激发学习兴趣、启发创新思维、强化学习效果具有重要的意义。

参考文献：

[1] 邓丽莹．急救案例结合工作坊教学模式在急危重症护理实践教学中的应用［J］．卫生职业教育，2021，39（19）：122-124.

[2] 王亚心，杨巧菊，杜江艳．中医理论与中医文化"课程思政"的实践探索［J］．中华护理教育，2020，17（7）：630-633.

[3] 顾颜，杨陆．新时代高校护理学专业课程教学中的职业道德教育研究［J］．文化创新比较研究，2020，4（17）：66-68.

[4] 袁新怡，高杨，王廷华，等．新时代医学院校构建思政教育体系创新研究［J］．中国中医药现代远程教育，2022，20（2）：186-188.

[5] 李航．高职院校提升课堂教学质量的策略探究［J］．武汉船舶职业技术学院学报，2021，20（1）：42-44.

[6] 刘柏森，王刚，赵莉莉．高校课程思政的理论探源与教育实践［J］．哈尔滨学院学报，2022，43（1）：133-136.

[7] 王春梅，杨阿应．能力本位视角下民办高校护理专业实验室建设探析［J］．现代商贸工业，2019，40（25）：74.

[8] 葛珊．构建高校"课程思政"整体工作体系——新形势下教师党支部主体责任及实现路径［J］．湖北开放职业学院学报，2022，35（1）：64-66.

[9] 陈小燕．中职"急救护理技术"实施"课程思政"刍探［J］．成才之路，2021（22）：136-138.

[10] 何春燕，陈云，余峰，等．有效案例教学与主动学习能力的培养［J］．基础医学教育，2021，23（3）：167-169.

[11] 何旭，周香德，林珍．急危重症护理学急救技术实验教学中的课程思政价值与运用探讨［J］．大学，2022（18）：113-116.

黄帝内经课程思政育人之人与天地

郭煜晖¹　相润泽　张长城

摘　要：《黄帝内经》以"天人合一"作为其医学理论的基础，蕴含着丰富的中国传统自然哲学思想，认为"人以天地之气生，四时之法成"。人源于天地，人的生命活动是天地四时阴阳之气变化而产生的自然现象，人体生理、病理变化与天地阴阳变化密切相关。从认识人体的起始角度，重视人与自然社会环境的相互联系，必须坚持"绿水青山就是金山银山"的理念，才能促进人与天地自然的和谐共生。

关键词：《黄帝内经》；人与天地；思政

一、人是天地之气运动变化发展的产物

人作为自然界的生命体，与其他的世界万物一样都是天地之气交感而生，顺应自然是保障生命的根本。《素问·宝命全形论》曰："夫人生于地，悬命于天，天地合气，命之曰人。人能应四时者，天地为之父母。"

（一）人本于天地

人与天地相应，天有阴阳，人有十二经络；天有寒暑，人有虚实。人的生理功能均是"在天为气，在地成形，形气相感而化生万物"运动变化所产生。天在上属阳，地在下属阴，天地之气能够上下，即为"合气"。天有寒来暑往，地有生长收藏，天地合气以生万物。《素问·阴阳应象大论》言："天气通于肺，地气通于嗌，风气通于肝，雷气通于心，谷气通于脾，雨气通于肾。六经为川，肠胃为海，九窍为水注之气。""天人合一"思想不仅肯定人是天地自然的产物，而且强调"以天地万物为一体"。他们把整个自然界看作一个统一的生命系统，主张尊重自然界的一切生命的价值，爱护一切动物、植物和自然产物^[1]。孔子主张"君赐生，必畜之"（《论语·乡党》）。孟子不仅"爱物"，且提出："不违农时，谷不可胜食也，数罟不入洿池，鱼鳖不可胜食也，斧斤以时入山林，材木不可胜也。"（《孟子·梁惠王上》）荀子认为："圣王之制也，草木荣华滋硕之时，则斧斤不入山林，不夭其生，不绝其长也。"古代不止孟子和荀子重视生态资源保护，在《礼记·王制》中有更为全面的阐述："田不以礼，曰暴天物。天子不合围，诸侯不掩群……獭祭鱼，然后虞人入泽梁。豺祭兽，然后田猎。鸠化为鹰，然后设罻罗。草木零落，然后入山林。"万物的化生产生于天地阴阳，人需要顺应四时的变化，知道十二节阴阳多少的规律，此为人们长寿的根本。

（二）人与天地阴阳的一致性

人体可以借助天地万物气机变化来调节自身气机，从而达到治病强身的作用。中医人讲"天"非头顶上的天，而是"天行健"，春生、夏长、秋收、冬藏的四时变化。古人能比较接受的观点是"地"是一个广阔、方形的东西，现代人一般认为是我们脚底下的土地，包括地下的矿、河流、

---

¹ 郭煜晖，三峡大学健康医学院副教授、硕士生导师，从事中医基础理论及其应用研究。

地面的植物等，是可以持续发展的自然生态。顺应"苍天之气"的清净，人就健康；逆之则人体阴阳气机逆乱，九窍失养，卫气不合。

时任浙江省委书记的习近平同志在浙江余村考察时就提出了坚持"绿水青山就是金山银山"的理念。党的十九届五中全会提出，要求坚持"绿水青山就是金山银山"理念，推动绿色发展，促进人与自然和谐共生。草木植成，国之富也。良好生态本身蕴含着经济社会价值。"绿水青山就是金山银山"不仅是重要的发展理念，也是推进现代化建设的重大原则。可持续意味着生态环境，相当于"绿水青山"；发展意味着经济社会发展，等同于"金山银山"。正如《灵枢·本神》曰："天之在我者德也，地之在我者气也，德流气薄而生者也。"人和天地之气息息相关，人能法于阴阳，顺四时而适寒暑，与天地同纪，才能生生不息地化生生机，人类得以繁衍生存。

二、人与天地相应

古代思想家认为，天地万物相互作用、相互影响，而非孤立存在，且在相互作用与影响下产生新的变化。不仅重视作为生命个体的人这一整体，也要注重自然、社会等因素对人的影响，不止于从人本身来防治疾病，更要从自然、社会等方面来防治疾病，既要保持人自身的和谐，也要保持人与自然的和谐，使人能在社会当中、在自然中健康愉快地生活，达到"天人合一"[2]。《素问·疏五过论》明确提出"圣人之治病也，必知天地阴阳，四时经纪，五脏六腑，雌雄表里"。疾病的产生与四时气候和人体五脏六腑阴阳之气的变化密不可分。同样，在治疗疾病的过程中，也应重视四时气候和人体阴阳的变化。

（一）人身之气与四时相应

人身之气与四时相应。在不同的季节，气的分布特点也不一样，如"春气在经脉，夏气在孙络，长夏在肌肉，秋气在皮肤，冬气在骨髓中"。"天地四时不相保，与道相失，则未央绝灭。唯圣人从之故身无奇病，万物不失，生气不竭。"（《素问·四气调神大论》）

（二）人身之气与昼夜变化相应

人身之气与昼夜变化相应，白天以阳气为主，卫气在白天行于阳二十五度，阳气的变化规律是平旦产生，日中隆盛，日西亏虚，气门已闭，应顺从这个阳气变化的规律。在日西阳气闭拒以后，不宜进行运动锻炼，尤其不宜进行激烈的运动，要远离外界的清湿邪气。晚上以阴气为主，卫气在夜晚行于阴二十五度，要避免在晚上服用过于阳燥的药物。就诊时要求"诊法常以平旦"，也有这个原因，都体现了顺应一天之内人身阴阳气血的变化规律。养生必须顺应四时气候，调节身体阴阳[3]。即《灵枢·本神》所言："故智者之养生也，必顺四时而适寒暑，和喜怒而安居处，节阴阳而调刚柔。如是，则僻邪不至，长生久视。"

（三）天地是万物的根本

大自然是人类赖以生存发展的基本条件。"天地与我并生，而万物与我为一""万物各得其和以生，各得其养以成"等蕴含着天人合一、道法自然的朴素理念，蕴藏着解决我们面临的难题的重要启示。

习近平总书记指出"自然是生命之母，人与自然是生命共同体"[4]，并在全国生态环境保护大会上强调："把建设美丽中国摆在强国建设、民族复兴的突出位置，推动城乡人居环境明显改善、美丽中国建设取得显著成效，以高品质生态环境支撑高质量发展，加快推进人与自然和谐共生的现代化。"[5]面对生态危机与环境挑战，我国秉持"绿水青山就是金山银山""良好生态环境是最普惠的民生福祉"等绿色发展理念，从人与自然生命共同体的高度出发，坚持用系统论的工作方法解决生态文明建设面临的难题。我国明确把生态环境保护摆在更加突出的位置，牢固树立和践行"绿水青山就是金山银山"的理念，坚持可持续发展和绿色发展。孙思邈在《千金方·论诊候》言："上医医国，中医医人，下医医病。"所以，欲根本医治人生，必先优化我们的生存环境。我们生活在自然界中，一切活动都离不开自然界的光、热、水分、土壤和空气。四时应有不同的诊治方法，以顺其自然，达到天人一体，阴阳调和。

三、人与天地之气和调是健康的基石

一是，天通五气，寒、暑、燥、湿、风为五气，说的是自然界的气候。二是，万物皆有四气五味，四气指寒、热、温、凉，说的是事物的阴阳属性。三是，《素问·阴阳应象大论》中的"雨出地气"说的是雨从天而降，但出自地气（因为地气上为云，云在大气中变化下落为雨，言天地阴阳之间的交感转化）；"浊阴走五脏"是指向外升发、向内沉降的清浊升降理论，如中药里味薄的桂枝是走肌表发散的，味厚的肉桂是走五脏，温肾助阳，治疗腰膝冷痛等脏寒证。党的二十大报告指出，"中国式现代化是人与自然和谐共生的现代化"。绿化是协调人与自然关系的重要环节，我国新时代生态文明建设战略任务的总基调是推动绿色发展，促进人与自然和谐共生。我们要进一步提高对绿化事业的认识，把建设人与自然和谐现代化的基本方略和指导思想代代相传，给子孙后代留下山清水秀的美丽生存环境。

党的二十大报告指出，"中国式现代化是人与自然和谐共生的现代化"。绿化是协调人与自然关系的重要环节，我国新时代生态文明建设战略任务的总基调是推动绿色发展，促进人与自然和谐共生。我们要进一步提高对绿化事业的认识，把建设人与自然和谐现代化的基本方略和指导思想代代相传，给子孙后代留下山清水秀的美丽生存环境。

四、结语

《黄帝内经》构建的是一种生态医学体系，将人的健康和生存环境紧密关联，人的生命过程受天地自然的影响。古时的环境意识包含了许多生态学的思想和知识，认为生物离不开环境、生物的群居性、生物之间的关系；尤其是对于生态学的季节节律更有深刻的、具体的把握。特别是在强化人类与环境共存亡的生存策略中，可以培养和塑造人们良好的道德风尚，树立人类珍视生存环境的责任意识。

参考文献：

[1] 汪逸岚，王彤.《黄帝内经》"天人相应"理论中的中医哲学内涵［J］.中医学报，2020，35（269）：2101-2105.

[2] 霍磊，林永青，张婷婷，等.课程思政视角下内经选读教学的探索与实践［J］.中医药管理杂志，2021（6）：21-22.

[3] 钱会南，禄颖，翟双庆，等.内经课程思政元素梳理挖掘与运用举隅［J］.中国医药导报，2022，19（10）：64-67.

[4] 中共中央文献编辑委员会.习近平著作选读（第二卷）［M］.北京：人民出版社，2023.

[5] 习近平在全国生态环境保护大会上强调全面推进美丽中国建设加快推进人与自然和谐共生的现代化［N］.人民日报，2023-07-19（1）.

混合式教学模式下基础护理学课程思政的设计与实践

杨舒[1]　董路　杨蓉

摘　要：文章旨在探讨混合式教学模式下基础护理学课程思政的设计与实践方法，并评价教学成效。方法：以 2016 级和 2018 级护理本科生为研究对象，在实施"线上 + 线下"混合教学的基础护理学课程中开展课程思政。课程思政的设计与实践主要环节：设置课程思政目标；从知识点、社会热点问题、价值观三个层面挖掘专业课程内生思政元素（政治认同、家国情怀、道德素养、文化素养、法治素养、职业素养）；构建思政案例库；通过案例教学法、影视片段导入教学法、陶冶式教学法、情境模拟教学法、小组讨论法进行课程与思政的融合；在线上视频中融入思政内容，在线下采用"每课一案"的形式进行思政。通过学习投入度、关怀能力、护士专业态度和学生成绩对教学效果进行评价。结果表明：教学后，实验组学生的学习投入、关怀能力、专业态度和学习成绩均高于对照组（$P < 0.05$），学生认可此种教学模式。结论：基础护理学课程思政取得了较好成效，实现了专业知识和课程思政的同向同行作用，促进了知识传授和价值引领的有效统一。

关键词：基础护理学；课程思政；混合式教学

基础护理学是从概念、程序和实践的角度出发介绍护理学专业的基础理论、基本知识和基本技能，是临床护理学和各专科护理学的基础，为学生养成护理职业素质、专业价值观奠定了基础。2020 年教育部关于印发《高等学校课程思政建设指导纲要》的通知指出，将思政元素分层融入专业教育课程，结合不同课程特点、思维方法和价值理念，深入挖掘课程思政元素，有机融入课程教学，达到润物无声的育人效果。现有的基础护理学专业课程思政设计主要采用"以教师为中心"的传统理论授课，其思政内容体现形式单一，导致学生无自主思考时间，学生的学习积极性、课程参与度不高，且课堂思政效果缺乏适时反馈[1]。以学生为中心，将课程思政有机融入线上学习和线下翻转课堂的混合式教学模式，或将能更好地发挥课程育人的功能。鉴于此，该研究在基础护理学混合式教学基础上进行课程思政设计和实施，并进行课程思政的适时评价，取得较好的成效。

一、研究对象

选取三峡大学 2016 级和 2018 级护理本科生为研究对象，2016 级为对照组，2018 级为实验组。所有参加教学改革的学生均对该研究知情同意且自愿参加。对照组男生 3 人，女生 24 人，年龄（18.98 ± 0.86）岁，实验组男生 3 人，女生 14 人，年龄（20.18 ± 0.90）岁。两组学生一般资料及学习成绩情况差异无统计学意义（$P > 0.05$），所有授课教师均相同。

1　杨舒，三峡大学附属仁和医院主管护师，硕士，从事外科护理、护理教育。

二、课程思政的设计与实施

基础护理学是护理专业本科生必修课，采用"线上＋线下"的混合式教学模式。

（一）课程思政设计

1. 思政教学目标的制定

将课程思政融入理论课程，培养学生的服务意识，树立正确的人生观和价值观，将个人价值和社会价值有机融合，形成积极的职业态度。以胜任力为导向，构建生生、师生学习共同体，提高学生自主学习能力。

2. 思政元素的挖掘

按照课程大纲要求，结合课程内容、教师自身经历、社会事件、医院案例等深刻挖掘相关思政元素，找准专业内容与思政元素最佳结合点，编制基础护理学课程思政大纲和临床案例，将基础护理学课程思政的内蕴扩展为医学历史、爱国情怀、科学精神、人文思想、哲学原理、中华文化、审美素养、伦理道德、评判思维、大健康观十大元素。厚理论，融入爱国主义教育；硬技术，融入职业素养教育；善关怀，融入生命关怀教育；强胜任，融入科学创新思维。

3. 课程内容与思政元素的融合

课程负责人汇报思政目标、知识点与思政案例融入的思路、呈现方式，组织专家进行讨论，将专家建议进行汇总。最终构建了课程与思政有机融合的课程思政案例库，包括每章1～2个案例，共18个思政案例素材（古今典型案例、新闻故事、护理管理科研成果等）。课程团队采用案例教学法、影视片段导入教学法、陶冶式教学法、情境模拟教学法、小组讨论法及体验式教学法，将思政元素融入线上视频、线下翻转课堂，形成了该课程的课程与思政融合方案，如表1所列。

表1 基础护理学课程与思政融合方案

思政元素	专业知识	所属章节	形式
医学历史	我国护理发展史	绪论	案例融合
爱国情怀	2020年中国在控制新冠疫情方面的伟大成就	医院感染的预防与控制	热点分享
科学精神	听诊器的发明	生命体征的观察与护理	案例融合
人文思想	护理的起源	绪论	视频融合
哲学原理	护理诊断排序中现象与本质的关系	护理程序	案例融合
中华文化	抗击传染病诗歌《送瘟神》	医院感染的预防与控制	经典诵读
审美素养	无菌技术的操作审美和形象审美	医院感染的预防与控制	情景体验
伦理道德	南丁格尔的故事（关怀是护理的本质）	绪论	专题嵌入
评判思维	不同体位血压变化	生命体征的观察与护理	情景体验
大健康观	健康的内涵	健康与疾病	文字感想

（二）课程思政实施

1. 课前线上学习

教师通过线上雨课堂的教学平台下发学习任务，学生完成线上视频学习、视频后习题等。线上课程思政主要通过介绍我国护理管理者的卓越贡献、经典管理故事、影视短片等形式将思政元素融入线上视频，学生通过信息网络平台进行知识点的预习和前沿知识的扩充，如此，可以调动学生的自主学习能力，弥补课堂教学的不足。

2. 课中线下课堂

通过案例为中心教学法（CBL）、案例式教学、小组讨论、对分课堂、读书指导法等多种教学方法，可以进行独立思考、独立作业、小组讨论和全班交流，在整个过程中提高学生的沟通交流能力、人文关怀能力，调动学生学习主动性，帮助学生树立正确的职业态度，构建生生、师生、师师学习共同体，在课程思政引领的过程中实现"造就具有家国情怀的高素质护理人才"。

3. 课后线上答疑

教师课后通过微信群、QQ 群、雨课堂等教学平台发布课后作业和在线测试，学生课后在平台上进行完成学习，还可以通过大学慕课观看国家精品课程，复习、巩固所学知识点，进行知识点的梳理。

（三）教学效果评价

实验组为课程思政"线上 + 线下"混合式教学方法，对照组为线下教学方法。实践效果评价主要源于学习投入度、关怀能力、护士专业态度和学生成绩。学习投入量表采用由李西营和黄荣[2]于 2010 年翻译修订的国外 Schaufeli 的学习投入量表（Utrecht Work Engagement Scale-Student, UWES-S）测量护生的学习投入度。问卷的 Cronbach's α 系数为 0.815 ～ 0.919，量表的相关系数在 0.856 ～ 0.902 之间，具有较好的信度和效度。采用黄戈冰编制的护理人文关怀能力量表进行调查[3]，该量表 Cronbach's α 系数为 0.904，重测信度为 0.824，内容效度为 0.960。护理学生专业态度量表由 Arthur 编制，分半信度为 0.86，有良好的内部一致性及内容效度。

（四）资料分析方法

问卷结果采用 SPSS 25.0 进行录入分析，采用人数、百分比进行描述。得分用均数、标准差描述，组间比较采用两独立样本 t 检验。

三、结果

（一）两组护生学习投入量表得分

实验组得分高于刘照组（$P < 0.05$）。

表 2　两组护生学习投入量表得分比较（$\bar{x} \pm s$，分）

项目	实验组	对照组	t 值	P 值
学习态度	6.99 ± 0.12	6.54 ± 0.88	1.982	0.041
学习动力	15.01 ± 0.32	14.23 ± 0.95	2.350	0.020
学习热情	18.94 ± 0.21	18.22 ± 0.89	1.979	0.049
学习专注度	11.87 ± 0.43	11.12 ± 0.78	2.368	0.017
学习投入	11.48 ± 0.23	10.74 ± 0.61	2.832	0.004

（二）两组护生关怀能力评价认同得分

实验组得分高于对照组（$P < 0.05$）。

表 3　两组护生关怀能力评价认同得分比较（$\bar{x} \pm s$，分）

维度	实验组	对照组	t 值	P 值
灌输信念和希望	23.18 ± 3.56	22.01 ± 3.14	2.469	0.014
健康教育	19.78 ± 3.61	18.23 ± 3.79	2.98	0.003

维度	实验组	对照组	t 值	P 值
人道利他价值观	20.14 ± 4.56	21.18 ± 5.91	1.40	0.162
科学解决健康问题	12.13 ± 2.96	12.87 ± 2.80	1.82	0.702
协助满足基本需求	9.57 ± 2.06	8.67 ± 3.25	2.02	0.044
提供良好环境	10.67 ± 3.78	9.56 ± 3.94	2.05	0.041
促进情感交流	15.78 ± 5.07	14.36 ± 5.13	1.98	0.049
帮助解决困难	9.68 ± 3.57	8.64 ± 3.53	2.16	0.031
总分	121.36 ± 28.61	113.60 ± 26.73	1.92	0.048

（三） 两组护生专业态度量表得分

实验组得分高于对照组（$P < 0.05$）。

表 4 两组护生专业态度得分比较（$\bar{x} \pm s$，分）

维度	实验组	对照组	t 值	P 值
学习兴趣	3.21 ± 0.97	2.93 ± 1.01	2.001	0.046
学习体验	3.13 ± 1.25	2.82 ± 0.91	2.028	0.044
学习习惯	3.38 ± 1.41	2.87 ± 1.36	2.587	0.010
专业认知	3.11 ± 1.26	2.77 ± 1.16	1.988	0.047
总分	30.46 ± 7.61	28.21 ± 8.45	1.999	0.048

（四）两组护生成绩得分

实验组得分高于对照组（$P < 0.05$）。

表 5 两组护生成绩得分比较（$\bar{x} \pm s$，分）

项目	实验组	对照组	t 值	P 值
平时成绩	93.34 ± 0.14	88.12 ± 0.94	2.141	0.016
期末成绩	85.42 ± 0.23	80.12 ± 0.87	2.028	0.024

四、讨论

（一）混合式教学提高了学生的积极性、参与度

护理专业学生的自主学习能力，即运用学习策略和客观人力、物力资源，高质量地获取和掌握护理服务所需要的知识与技能的能力[4]。医学科学技术和网络信息化的飞速发展、知识更新、护士专科化发展以及患者日益增长的健康需求对学生的学习能力提出了更高的要求。研究结果显示，实验组在教学后学习投入度、职业态度评分各维度的得分均高于对照组。该研究所依托的平台雨课堂能够采集学生所有的学习行为数据，教师可实时掌握学生的课前预习活动情况和课后复习情况，跟踪其答题状况，通过推送通知等方式提醒学生在规定时间内完成任务，从一定程度上提高了学生的计划和实施能力。

使用雨课堂进行课堂授课时，教师需创建虚拟班级，学生打开微信扫描二维码方可进入课堂，形式新颖有趣，吸引了学生的注意力。教师不定时发布限时随堂测试，给学生造成一定的压力并

促使其专注。

（二）学生对雨课堂及混合式教学的评价较高

在混合式教学模式中，学生课余自主在线学习时间增多，教师在课堂上有更多的时间用于答疑讨论、开展小组讨论学习。课堂讨论为学生提供了学习思路与方法。开展小组分工合作学习，进行讨论，教师由授课者变为讨论的引导者，引导学生积极进行思考和探索，这一过程促进了学生对知识的独立思考、转化与运用。该研究与其他研究者[5]基于翻转课堂和慕课的混合式教学应用于护理教学中的研究结果一致，认为混合式教学有助于提升学生基础知识的掌握情况，提高其自主学习、合作探讨的程度，有助于其对知识的整合和精细加工。

混合式教学提供的在线学习平台，打破了时间和空间的限制，促使学生随时随地利用碎片化时间学习；集中了在线学习资源丰富和面对面实时互动、引导学生深度思考的双重优势[6]。

当代大学生应紧跟时代潮流，充分接触新鲜事物。混合式教学授课过程中，教师能够开启弹幕功能，促使学生并行讨论，活跃课堂气氛，师生之间互动激辩、思想碰撞、价值重塑，极大地吸引了学生的学习兴趣。基于雨课堂的混合式教学在我院基础护理学教学中应用良好，能够结合传统教学与在线教育的双重优势，丰富教学内容，提高教学效果。

（三）教学经验总结及建议

基于雨课堂的混合式教学取得较好效果，使得教学管理过程更加科学规范，教师的教研能力得以提升，有力支撑了护理学专业的认证、双一流专业的申报。本教学团队近三年来承担护理学专业基础护理学、护理研究、护理管理学、外科护理学等课程共 200 余学时的教学任务，具有较丰富的教学经验，开展过 PBL 等教学模式改革，于 2018 年获得湖北省高等学校教学成果奖三等奖、三峡大学第九届教学成果奖一等奖、三等奖；2021 年指导的学生获得第十届大学生医学技术技能大赛护理学专业赛道华中华南区赛一等奖、全国三等奖。同时，这种教学方法改革推广应用于本院新护士培训、护生培训中，均取得较好的培训效果。

但今后应用时需要注意以下几个方面。①学校应在教室及图书馆、宿舍等学生学习场所安装相应的网络设备和在线学习设备，使学生有稳定的网络学习环境，能够充分利用在线学习资源。②课堂限时测试题以及课堂案例讨论问题的选择一定要具有代表性，以能够检验学生的学习效果以及引发学生的深度思考为准。③教师应于课前进行精心设计，选择丰富多样、实用的在线学习资源与学生分享。④基础护理学是理论与实践紧密结合的护理学专业基础课，为使学生打好基础，建议今后在实践课上进行尝试探索，以取得更好的效果。

五、结语

混合模式教学提高了学生的学习兴趣和课堂参与度，提高了教学效果和学生的自主学习能力。"线上＋线下"混合式教学模式能够适应教育信息化和现代化发展的趋势，有助于培养学生的主动学习能力，取得了较好的教学效果。在今后的教学工作中，教师应坚持以教学为中心，以提高教学质量为目标，进一步加强与深化课程建设，持续推进线上课程建设和线下翻转课堂教学改革。同时，宣传和推广国家级一流课程建设经验，推动护理专业教育理念更新和教学模式变革。

参考文献：

[1] 王洁，姚伟妍.妇产科护理课程思政元素的挖掘与应用研究［J］.卫生职业教育，2021，39（23）：26-28.

[2] 李西营，黄荣.大学生学习投入量表（UWES-S）的修订报告［J］.心理研究，2010（1）：84-88.

[3] 罗彩凤，徐剑鸥，吕妃，等.护理本科生情域能力连续性干预的探索与实践［J］.护士进修杂志，2019，34（14）：1317-1320

[4] 姜安丽，林毅.护理专业本科生自主学习能力的概念和构成研究［J］.中华护理杂志，2005，40（2）：52-54.

[5] 陈素贞，周家梅，江智霞，等.混合式学习理念在翻转课堂教学中的应用研究［J］.护理研究，2017，31（2B）：608-610.

[6] 张其亮，王爱春.基于"翻转课堂"的新型混合式教学模式研究［J］.现代教育技术，2014，24（4）：27-32.

工程认证背景下机械原理课程思政
教学改革与探索 [1]

倪高翔 [2]　李响　杨蔚华　何孔德　李垚

摘　要： 在工程认证背景下，课程思政建设是落实立德树人根本任务的关键环节。笔者以机械原理课程为思政建设对象，指出了目前高校教师在机械原理授课和考核过程中的突出问题，从教学设计改革、思政元素挖掘和思政效果评价与持续改进三个方面对机械原理课程进行思政教学改革，帮助提高教师教学科研能力和人才培养质量，对机械原理思政建设具有一定的指导意义。

关键词： 工程认证；机械原理；课程思政；教学改革；考核评价

中国工程教育专业认证协会印发的《工程教育认证通用标准解读及使用指南（2020版，试行）》中首次明确提出：“专业课程体系应紧密围绕立德树人根本任务，将思政课程与课程思政有机结合，实现全员全程全方位育人。”将德育工作放在专业课程体系建设的首要位置，是指导高校各工科专业开展认证工作的基本指南。

课程思政的理念源于习近平总书记在2016年12月全国高校思想政治工作会议上的讲话。习近平总书记在会议上指出：“要坚持把立德树人作为中心环节，把思想政治工作贯穿教育教学全过程，实现全程育人、全方位育人，努力开创我国高等教育事业发展新局面。”[1]2019年3月18日，习近平总书记在学校思想政治理论课教师座谈会上提出：“要坚持显性教育和隐形教育相统一，挖掘其他课程和教学方式中蕴含的思想政治教育资源，实现全员全程全方位育人。”[2]2022年4月25日，习近平总书记在中国人民大学考察强调：“要坚持党的领导，坚持马克思主义指导地位，坚持为党和人民事业服务，落实立德树人根本任务，传承红色基因，扎根中国大地办大学，走出一条建设中国特色、世界一流大学的新路。”[3]

高校教师要坚持以习近平新时代中国特色社会主义思想为指导，把课程思政建设作为落实立德树人根本任务的关键环节，解决好培养什么人、怎样培养人、为谁培养人的根本问题，坚持知识传授与价值引领相结合。

机械原理课程为机械大类的一门专业基础课，也是机械设计制造及其自动化专业工程教育认证的核心支撑课程。该课程内容主要包括机构学和机械动力学的基本理论、常用机构（连杆机构、凸轮机构、齿轮机构等）的基本知识和设计方法。作为一门连接理论性课程和工程实践的专业基础课程，在培养学生认识、分析和解决机械工程领域的复杂工程问题的同时，挖掘课程中涵盖的

1　教育部高等教育司产学合作协同育人项目“基于VR教学云平台的机械原理课程仿真实验教学系统研究”（202102292023）；三峡大学“课程思政”专题项目——机械原理（K2022023）；三峡大学“课程思政”专题项目——机械设计（K2023001）；人工智能背景下智能制造专业机械相关课程的教学改革与实践（J2023042）。

2　倪高翔，三峡大学机械与动力学院讲师、硕士生导师、博士，研究方向为机械设计制造及其自动化。

思政元素[4]，有助于培养学生的社会责任感和使命感；在讲授专业知识的同时，向学生开展工匠精神、理想信念等方面的思政教育，可以帮助学生树立正确的世界观、人生观和价值观[5]。

一、课程思政建设中的突出问题

当前高校教师在机械原理授课和考核过程中，主要存在以下三个方面的问题。

（一） 授课方式及内容缺乏创新

由于机械原理课程内容较多，但学时有限，教师为了完成教学任务，采用的授课方式基本是"教师讲授、学生听课"的方式，教师与学生之间缺少互动[6]，不能将行业内经典的工程案例引入教学。部分机械原理授课教师用的是多年前的课件，没有根据授课效果的好坏以及科技的发展对其进行创新和修订。目前我国科学技术取得了飞速发展，研发了极地破冰船、国产大飞机、海上大型风力机、核潜艇、大型门式起重机、回转式塔吊机等大国重器[7]。教师在授课时应以这些机械装备为例，向学生介绍其中涵盖的基本机构及工作原理，组织学生在课堂上交流讨论，这样不仅可以增强学生对机械原理课程的兴趣与学习积极性，还可以培养他们的爱国主义情怀和工匠精神。

（二） 思政元素融入不足

虽然课程思政的紧迫性得到了很多高校的共识，高校也在着力推动课程思政建设，但部分教师仍然认为自身承担的是专业知识的教学任务。对于机械原理课程而言，授课内容较多但学时不足，教师认为没有过多的时间再进行思政教育，因此疲于应付课程思政建设。由于对课程思政建设的意义理解不够深入，很多教师没有将思政元素与专业知识有机融合在一起。主要表现在专业知识讲授与思政内容相互独立，没有形成有机整体；部分教师选择的思政内容与专业知识的联系过于牵强，学生很难理解和感知，学生不仅对思政内容接纳程度低，专业知识也没有学好。

（三） 思政效果难以评价

在机械原理专业知识的授课中融入思政元素已成为授课教师的共识，但如何对课程思政实施效果进行考核评价缺少系统的研究和实践。机械原理课程的知识点众多，在专业知识中融入的思政元素内容较广泛，思政元素的融入途径也多样化。在评价思政效果时，对什么内容进行考核、如何确定考核标准等问题还没有统一的认识，在一定程度上限制了机械原理课程思政效果的评价。

二、课程思政教学改革

习近平总书记在学校思想政治理论课教师座谈会上强调，要"坚持显性教育和隐性教育相统一，构建大思政格局，挖掘其他课程和教学方式中蕴含的思想政治教育资源，实现全员全程全方位育人"[8]。机械原理课程思政教学改革主要有教学设计改革、思政元素挖掘和思政效果考核评价三个方面。

（一） 基于 OBE 理念的教学设计改革

成果导向教育（Outcome-Based Education, OBE）是一种以学生的学习成果为导向的教育理念，强调"学生学到了什么和是否成功远比怎样学习和什么时候学习重要"[9]。在机械原理授课中，教师要围绕机械原理课程特色与教学目标设计教学活动，以学生为中心，将理论知识、思政元素与实际工程案例相结合，让学生在学习理论知识、运用理论知识的同时，提升思想境界。因此，教师要不断加强学习，多关注本学科的发展动态，针对教学活动进行教研教改研究；积极从事科学研究，了解国家重大需求与地方经济发展需求，使自己的思想和眼界更开阔，能够在教学过程中自如地引入新案例、应用新理念和新方法。

以讲授曲柄摇杆机构的极位夹角、传动角和死点为例，教师可以向学生展示曲柄摇杆机构的工程案例，如牛头刨床进给机构、雷达调整机构。让学生以小组为单位讨论"生活中还有哪些曲柄摇杆机构的应用"，讨论结束后请几个学生谈谈讨论结果，在描述应用实例的同时，指出极位夹角、最小传动角以及死点分别出现在什么时刻。最后，教师讲述克服"死点"的方法，并将其与人生挫折相联系，让学生理解人生也会遇到许多"死点"，引入讨论话题"如何面对人生的死点（挫折），是退避不前还是迎难而上"。在学习专业知识的同时，让学生理解"唯有砥砺前行，人生之路终将越走越宽"，培养学生良好的人生观。课后要让学生好好复习曲柄摇杆机构的重要知识点，下节课以雨课堂随机点名的形式，请几个学生在黑板上画出极位夹角、最小传动角以及死点的位置，发挥学生的主观能动性，确保学生能够完全学会相关知识点，达到教学目标。

（二）思政元素挖掘与融入点

首先，绪论作为机械原理课程第一次课的内容，授课效果将直接影响学生的学习兴趣与积极性。教师在授课时可以将中国制造与中国创造融入其中，在讲授培养学生创新设计能力时，引入"中国制造 2025"规划，即创新驱动。强调"中国制造"要向"中国创造"转变，从我国的产品或装备，以往采用的引进、仿造、改进讲起，引入中美贸易战、中兴"芯片"被卡脖子的案例。让学生了解我国在很多关键技术领域与国外技术的差距，激发学生学习强国的热情，培养学生的社会责任感和使命感。

再次，将社会约束融入机构自由度的讲授。在机构自由度的计算公式推导过程中，分析构件自由度与约束的关系，由"机械中机构自由度"引出"社会中人的自由度"，探讨大学生的自由与约束的关系，引出思政主题"自由、民主与法治的关系"，加强学生的法律意识和自律观念。

其次，将大国重器融入凸轮机构的讲授。在讲凸轮机构的应用场合时，介绍凸轮机构在"大国重器"中的应用，如国产航母、C919；介绍舰艇柴油机配气凸轮、航母拦阻系统凸轮阀和飞机起落架回中凸轮机构。激发学生的爱国热情，树立学生的家国情怀。

④将个人与团队的关系、工匠精神融入齿轮机构、轮系的讲授。在讲解齿轮啮合过程时，将"齿轮一般都是成对使用，相互啮合实现传动"的知识点与"个人与团队的关系"联系起来；将齿轮加工精度、轮系在精密机械手表中的应用与工匠精神结合起来；将轮系的分路传动实现特定功能与"个人与团队的关系"联系起来；介绍复兴号动车上的工匠精神；培养学生的团队意识、协作精神；让学生体会工匠精神的实质，培养学生攻坚克难、无私奉献的精神。

（三）课程思政实施效果考核评价

评估学习产出是 OBE 教育模式中十分重要的环节，传统的机械原理课程评价方式分为三个部分：平时成绩、实验成绩和期末成绩。平时成绩主要以考勤和平时作业为主，可以融入 OBE 的教学理念，以学生学习效果为评价标准，让学生能够真正地学到知识并运用。教师可以全国大学生机械创新设计大赛为契机[10]，鼓励学生以团队形式报名参赛，针对大赛题目进行创新设计，利用三维建模软件（SolidWorks、Pro/E 等）对机构进行建模，并通过仿真软件（ADAMS、ANSYS 等）对机构进行简单的运动学分析[11]。将这部分内容作为创新大作业，加到平时成绩考核中，培养学生的创新思维与团队协作能力[12]。

授课结束之后进行课程目标达成度主观问卷调查。教师在制作主观调查问卷时，应该建立"题目—知识点—课程目标—毕业要求指标点"的映射关系，一个课程目标由多个题目对应，每个题目按学生的认知程度分为四个等级，每个等级对应不同的分值，方便计算单个课程目标的达成值。除了考查知识点的掌握情况外，还可以增加几个思政效果评价的题目，考查思政元素融入的效果，方便持续改进。如在问卷中向学生提问："你所了解的我国重大装备中用到哪些基本机构（如连杆机构、凸轮机构、齿轮机构等，需要指出具体位置以及机构实现的功能）？""你所了解的机械产品中有哪些体现了工匠精神？"

精确构建学生个人成才与课程思政建设成效的关联性。教师作为课程的传授者，课程的教育核心是学生，学生学习的外在驱动力是教师，因此，课程建设成效绝不是一张试卷能够体现的。通过健全考核评价体系，体现评价人文性和多元性，制定科学评价指标，充分反映学生的学习成效，最后通过优化评价内容实现过程评价和结果评价相结合，如图1所示。

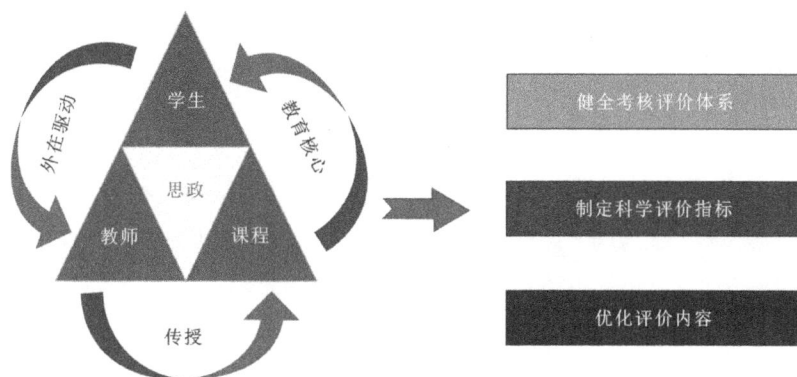

图1 课程思政建设成效考核机制

三、预期成效

在工程教育认证背景下，对机械原理课程进行思政改革，有助于提高教师教学科研能力和人才培养质量。

课程思政既是一种教育理念，也是一种思维方法[13]。教师层面：随着科学技术的飞速发展，机械原理相关的知识在不断更新和增加，为了将思政元素融入专业知识的讲授，教师需要不断学习先进的教学方法和理念，了解国家重大需求以及高端机械装备的发展动态，在课堂上引入新内容、新领域、新科学问题等。在课程思政教学的过程中，教师可以增加理论自信，转变育人观念，能够把习近平新时代中国特色社会主义思想与专业知识相结合，在教学实践中传递给学生。根据专业特点、课程性质深入挖掘、提炼课程的德育元素和价值资源，将社会主义核心价值观和职业道德贯穿课程教学过程，实现"课程门门有德育、教师人人讲育人"的课程思政局面。通过以学生为中心的OBE教学理念，提高学生学习内驱力，增加学生在学习过程中的主动性和积极性。教师将思政元素有机融入课程教学过程，强化思想教育和价值引领，可以让学生在课程教学过程中得到精神上的滋养和启示，增强其道德意识和社会责任感，树立正确的世界观、人生观和价值观，从而提高人才培养质量。

四、结语

文章针对工程教育认证背景下机械原理课程思政进行了教学设计与探索，分析了目前机械原理思政建设的突出问题。以学生为中心，以落实立德树人为根本任务，笔者从课程思政教学设计改革、思政元素挖掘和思政效果评价与持续改进三个方面进行了探索研究，以期为机械原理课程思政建设提供一些思路，对提高人才培养质量及实现"三全"育人具有重要意义。

参考文献：

[1] 习近平.习近平谈治国理政（第二卷）［M］.北京：外文出版社，2017.

[2] 习近平.习近平谈治国理政（第三卷）［M］.北京：外文出版社，2020.

[3] 习近平.高举中国特色社会主义伟大旗帜为全面建设社会主义现代化国家而团结奋斗［N］.人民日报，2022-10-26（1）.

[4] 张毅，刘洪斌，钱韦吉，等.新工科背景下机械原理课程思政教学模式探索［J］.中国教育技术装备，2022（4），91-93.

[5] 申屠留芳，胡琼，李旭辉，等.课程思政背景下机械原理课程智慧教学模式研究[J].中国现代教育装备，2023(5)：100-102.

[6] 赵荣荣.以学生为中心的机械原理课程教学改革［J］.汽车实用技术，2022，47（11）：149-153.

[7] 郭士锐，李晓磊，崔英浩，等.课程思政视域下机械类一流本科课程建设探索［J］.产业与科技论坛，2022，21（23）：155-158.

[8] 冯刚，彭庆红，余双好，等.新时代高校思想政治教育学原理［M］.北京：人民出版社，2021.

[9] 乔小溪，李艳琳，邱丽芳.基于OBE的项目导向式教学模式在机械原理课程教学中的应用［J］.中国冶金教育，2022（3）：34-36，40.

[10] 田亚平，朱喜锋，李爱姣，等.新工科背景下的机械原理一流课程建设探索［J］.机械设计，2022，39（S2）：27-30.

[11] 彭飞，方芳，刘丹，等.新工科背景下机械原理课程教学模式探索与实践［J］.中国现代教育装备，2022（3）：82-84.

[12] 王爽，江星星，张晓萍，等.基于项目驱动的机械原理课程改革与实践［J］.造纸装备及材料，2022，51（9）：238-240.

[13] 陈海玉，徐福卫.理工科类专业课程如何实现"课程思政"的思考［J］.教育教学论坛，2019（31）：221-222.

依托"互联网＋课程思政"超声影像学多元化 教学模式改革及探索

吴齐英[1]　胡兵　李霏霰

摘　要： 超声影像学是声学、医学、电子工程技术相结合的学科，伴随"互联网＋"数字化信息时代来临，不少高等医学院校开展了"互联网＋课程思政"教学模式。笔者将课程思政融入超声影像学教学，通过优化教学内容，利用翻转课堂、TBL、PBL 教学模式，建立 PACS 系统及模拟人超声虚拟教学培训系统等多元化方法，提高学生积极性，提升学生临床思维、创新及实践操作能力，将学生培养成具有全面素质、德才兼备的卓越医学人才。

关键词： 超声影像学；互联网；课程思政；多元化教学

医学教育是高等教育的重要组成部分，作为医学影像学专业的核心课程，超声影像学是一门以图像为基础、实践性强的学科。目前，超声新技术如超声造影、超声机器人、超声靶向药物治疗、介入超声的广泛应用，推动了超声医学的迅速发展。超声已从单独影像到影像和治疗并重，这也对超声影像学教学的质量提出了更高的要求。该课程为综合性学科，涉及多门学科、多个领域，教学时间紧、内容多，和临床联系密切。目前该课程存在课时设置不足、教学内容较陈旧、重点不突出、学生被动接受知识、缺乏实践动手操作机会等问题。针对上述问题，笔者在互联网基础上进行课程改革，通过优化教学内容，利用翻转课堂、TBL、PBL 超声教学模式，建立 PACS 系统及模拟人超声虚拟教学培训系统等新教学方法，提高学生学习的兴趣性和积极性，提升学生的临床思维和超声实践操作能力，并将思政课程融入超声影像学课程，使人文精神与科学精神有机融合，培养具有"仁心仁德、家国情怀"的优秀超声医学人才。目前，三峡大学在超声影像教学中采取了以下几方面的改革与创新，从而顺应当今学科发展和人才培养新形势的要求。

一、"互联网＋"背景

（一）"互联网＋"的内涵

李克强于 2015 年召开的十二届全国人大三次会议上率先提出"互联网＋"（Internet Plus）议题，此后"互联网＋"升华到国家规划范畴，并在各个行业蓬勃发展，不仅增进传统行业与信息化产业的深度融合，也为医学教育的发展及改革提供了新的机遇和挑战，对我国医学人才培养及医学事业进步具有深远的战略价值。在政府、高校、医院等职能部门多层次、多角度、多方案推动下，整合各类优势资源，探索"互联网＋"时代下教育新模式是广大教育工作者的使命和责任。传统的超声影像学教学模式较为陈旧单一，且信息更新滞后，急需与时俱进的教育体系。如何根

1　吴齐英，三峡大学附属仁和医院副主任医师，研究方向为超声影像学。

据现有超声影像学专业特点，培养新形势下复合型人才，以顺应时代发展的需求，是深化教学改革、提高教学质量的关键[1]。

（二）"互联网+"超声影像学教学的特点

三峡大学积极搭建医学教育平台，提供丰富多样的教学资源。超声影像学教研室从教学实践角度出发，结合专业的学科特色，提供便捷、多元、灵活、全新的教学手段和模式，探索满足多元化、个体化"教"与"学"的需求；充分使用医疗大数据来推动"互联网+"医学教育前进，建立"数字化、网络化、终身化、个体化"的医学教育模式，使学生时时可学、处处能学、人人皆学；借助"互联网+"改进教育教学方式，通过对创业人才的培养，进行合理的课程改革，拓宽创新知识的普及，加强专业知识的固化，深化教学改革，从而使得教育不受时空限制[2]。

通过对超声影像学课程模式和教学管理进行改革，将传统教学和现代网络自学相结合，既发挥教师言传身教的引导作用，又实现学生主动学习的核心作用，在互联网技术辅助下，汲取课堂教学和网络在线教学的优势，多方面促进教学，进而提高学习效果[3]。

二、课程思政

课程思政指以构建全员、全程、全课程育人格局的形式将各类所学的专业与思想政治理论课同向同行，形成协同效应。它以德施教，注重对学生的世界观、人生观和价值观的教育，传承和创新中华优秀传统文化，引导当代学生树立正确的国家观、民族观、历史观、文化观，培养医学生的仁心仁德及家国情怀。

将思政课程融入超声影像学课程，体现对生命的尊重意识、对科学的追求精神、对医学的奉献精神、对患者的关怀精神，将人文精神与科学精神有机融合，塑造医学生医者仁心的素养和德能兼修的能力，构建具有医学特色的思政课程教育模式，提升思政教育的针对性。

三、多元化教学方法及手段

（一）优化课程目标、学时分配，精选教学素材

学生在学习基础医学和临床医学理论知识的基础上，掌握超声影像学的基本理论、扫查技术和影像方法，掌握临床常见疾病的超声影像与鉴别影像；教师注重学生基本技能、临床思维能力、科研创新能力的培养，以期培养出具有超声学科临床、教学及科研能力的创新应用型医学影像学人才。

超声医学同医学影像技术的发展一样，日新月异，但很多新的内容在教材中未更新。教师应根据各学校的特点，选择合适的教材，有条件的可以采用自编教材或者讲义的方式，在实践教学中，注重将理论融入其中，先理论后实践，当堂将理论转化为实践。通过调查发现，多数学生认为超声影像学较为抽象，难以系统地掌握，实践操作机会少。教师应结合超声影像教学的特点，以器官系统为中心，突出教学重点，合理分配有限的学时；在课程理论和实践学时分配上，应尽量保证1：1或更高比例，增加实践学时，让学生有更多动手的机会。

（二）改变教学模式，以"教"促"学"

传统讲述式教学法使理论教学模式枯燥乏味，教学实践表明，在超声影像学教学中改变传统教学模式，综合运用多元化教学法，可充分发挥学生的主体作用，在培养具备岗位胜任力的高素质卓越医学影像人才中取得了良好教学效果。

1. 翻转课堂教学模式

"翻转课堂"这一理念最早由美国迈阿密大学教授拉赫等人在 2000 年提出。2007 年，美国科罗拉多州两位高中化学教师伯格曼与萨姆开始尝试使用翻转课堂（Flipped Classroom, FC）的教学模式，这标志着翻转课堂从理论走向实践。与传统授课模式不同，翻转课堂是指通过利用现代化信息技术，预先录制超声影像学授课视频取代传统的课堂知识讲授，并上传到网络教学平台，学生利用课外时间自主观看学习，然后利用课堂时间进行讨论，集中解决学生在观看视频时所产生的困惑和疑问，从而实现知识内化的一种教学形态[4]。

超声影像学教学特点是以影像图像教学为主，其主要内容是对各种检查图像结果进行识别，需要面对大量的影像资料。超声影像专业的学生不仅要学习掌握影像方面的知识，还要熟练掌握教材中列举的常见病和多发病。传统的教学方式包括粉黑板、幻灯片，这无法方便快捷地表达出图像特点，且传统的超声影像学教学在投影图像清晰度、教学图像资料的制作和保存等方面存在诸多困难，学生普遍反映教学过程枯燥、抽象，很难取得良好的教学效果。

翻转课堂是重新调整课堂内外的时间，以学生为核心。由课前学生预习、课中教师讲解、课后作业转变为课前学生通过网络平台观看教师上传的微课，进行自主学习；课中学生通过思考讨论，并在课堂上提出自己的问题和理解，教师引导学生进一步学习理解；课后再进行有针对性的拓展。

翻转课堂通过线上课堂实现在线提问、讨论，借助更完善的体系、清晰的图文、生动的教学模式，体现出文本资料结合图片、动画、动静态视频等媒体在表现上的优势。将其应用于超声影像理论教学中，开辟出一种新的教学模式，更符合现代超声影像学教学的发展需求。在理论教学中有效利用多媒体的表现形式，能够更清楚地教授很多复杂的解剖结构、病变的超声影像特征等，提高学生学习积极性，满足学生的需要和促成他们的个性化学习，培养学生自主学习及探究能力，发展学生的高阶思维能力。

2. PBL 教学法

PBL（Problem-Based Learning），也称以问题为导向的教学方法，是一套设计学习情境的完整方法，PBL 强调以学生的主动学习为主，以教师为导向的启发式教育，将培养学生的能力作为教学目标，真正做到"授人以鱼，不如授人以渔"，从"满堂灌"转变为学生的"自主化"，从"填鸭式"转变为"引导式"，从"被动式"转变为"主动式"。

PBL 教学法的精髓在于发挥问题对学习过程的指导作用，调动学生的主动性和积极性。超声影像学有别于其他临床学科，它抽象难理解，是以图像为基本要素引导学生进行自主学习的。在理论课上，教师讲授各种疾病的超声影像学表现，课后给出几个病例，包括患者的临床症状、体征和相关实验室检查结果以及相应的影像学资料（X 线片、CT、MRI、B 超、ECT、PET-CT 等），在查阅大量文献和备课的基础上，有针对性地提出问题，让学生课后自行查阅资料和相关文献，分组讨论总结，做书面形式如 PPT 的汇报。然后，在见习课上让学生展示精心准备的问题答案，可以口头交流或 PPT 交流，也可在课后建立微信群进行交流探讨。同时，提出自己的疑问，特别是针对一些模糊、有争议的问题，在课堂上集体讨论，教师进一步提供大量与该影像相关的其他病例图像，让学生体会"同病异影、异病同影"，学会该疾病的鉴别影像。最后，教师系统地复习该疾病，从临床、病理、生理、病生、影像学、内、外、妇、儿等学科进行归纳总结，对该病的治疗和预后进一步了解掌握，给出相关疾病的不典型超声影像学表现，最终回到影像学的灵魂"图像"[5]。

3. TBL 教学法

TBL 是以团队为基础的教学，一种有助于促进学习者团队协作精神，它增强团队责任感、加强团队交流，医学教育正需要培养具有协作精神的医师来共同挽救患者的生命。TBL 教学先由学生自主学习和团队讨论，然后由多个团队共同讨论，最后由教师指导。TBL 教学允许师生比例达1∶200，更好地适应了我国医学院校扩招后师资不足的现状。

TBL 教学法给予了学生充分的思维空间和时间。超声影像学需要学生善于分析，要合理提出影像学图像及疾病分析的影像与鉴别影像，要学会举一反三、触类旁通；多媒体、电脑技术的广泛应用给予了超声影像学学科极大的便利，促进了教学方式的发展，学生可以查阅电脑、网站、文献书籍等进行相关问题解答；TBL 教学模式既不影响授课效果，又节省了教育资源；激励学生学习兴趣，有效提高教学质量。TBL 教学模式中，组内成员通过互相学习、取长补短，协作完成问题或图像分析影像及鉴别影像，培养了团队意识。TBL 教学法改变了以往的教学观念，强调以学生为主体的教学思想，提倡以学生团队为主，激发学生兴趣及提升团队协作解决问题的能力。

（三）教学手段

1. 模拟人超声虚拟教学系统教学

超声影像学是一门实践性很强的学科，超声图像的获取与影像医生的熟练程度及操作技巧有着密切的关系，但由于目前患者量大，且医患关系紧张，学生很难有动手操作的机会。模拟人超声虚拟教学系统以超声影像学大纲为基础，将传统的教学培训方法与临床真实案例相结合，设计出与腹部、心脏、小器官、妇产科、血管、超声介入等正常机体及异常病例模块相关的教学培训课程。它自带大量完全贴合临床的常见疾病，使学生在反复操作后能熟练掌握超声基本技能。

2. 建立完整 PACS 系统

PACS 系统将包含典型病例的超声声像图资料库（包括静态图像和动态图像）作为超声影像教学与考核资料库，资料库中的典型病例按照教材理论课的内容进行系统编排，能提高学生的主观能动性，有利于提高学生超声影像读图能力，为培养优秀的临床医学生打下坚实的基础。

四、结语

超声影像学是一门以图像为基础、操作性强的学科，教师需要在互联网基础上不断改进教学模式，注重理论与实践相结合的多元化教学，提高学生临床思维和操作技能培训，培养学生的创新精神，并将课程思政融入教学，加强人文素养及职业道德培养，培养具有"仁心仁德、家国情怀"及临床思维和创新能力的高素质医学影像专业人才。

参考文献：

[1] 钟武宁，康巍，阳君，等."互联网＋"背景下医学影像学教育改革探索［J］.中国继续医学教育，2018，10（12）：7.

[2] 吴旻瑜，刘欢，任友群."互联网＋"校园：高校智慧校园建设的新阶段［J］.远程教育杂志，2015（4）：8–13.

[3] 黄明剑，潘朝锌，何新兵，等.PBL+CBL 教学法结合互联网平台在 PCI 诊疗教学中的应用探讨［J］.中国继续医学教育，2017，9（3）：9–11.

[4] 戴慧，郝光宇，陈蒙，等.基于翻转课堂的医学影像学教学实践研究［J］.考试周刊，2017（84）：2–3.

[5] 陈爱萍，赵宇，施海彬，等.PBL 教学法在医学影像学见习教学中的探索［J］.教育教学论坛，2018，10（43）：152.

5E 结合案例库教学模式在护理专业思政
教学中的可行性分析
——以妇产科护理学为例[1]

姚瑶[2]　杨怀洁　李林

摘　要：医学院校护理专业课程思政在医学本科生思政教学中具有极其重要的地位。但在该专业的教学中，常出现专业知识点与思政内容连接不紧密、思政元素切入生硬等现象。笔者以妇产科护理学为例，通过建立案例库，在为教师提供与专业相契合的思政内容的基础上，运用 5E 模式在课堂教学中对思政元素进行升华，形成 5E 模式与案例库相结合的综合教学方法，从而实现专业教育和思政教育的有机统一，为后续开展专业课程的课堂思政提供参考。

关键词：护理专业；妇产科护理学；5E 模式；案例库；思政教育

2020 年 12 月 7 日至 8 日，习近平总书记出席全国高校思想政治工作会议并发表重要讲话。他强调，高校思想政治工作关系高校培养什么样的人、如何培养人以及为谁培养人这个根本问题。要坚持把立德树人作为中心环节，把思想政治工作贯穿教育教学全过程，实现全程育人、全方位育人，努力开创我国高等教育事业发展新局面。同时《"健康中国 2030"规划纲要》指出要"加强医疗服务人文关怀，构建和谐医患关系"[1]，并对医务人员的道德品质和价值观念提出了新的要求。医学教育是医学人才培养的重要途径，医乃仁术，无德不立。面对现代医学教育的发展、医学模式的改变和医患关系紧张的现状，培育"五术"医学人才，厚植"健康中国"理念，是医学院校落实立德树人的根本任务。因此，许多医学院校把致力于专业课中的课程思政教育作为教学改革的主要内容之一。它们根据不同学科专业的特色和优势，制定育人目标，挖掘专业知识体系中所蕴含的思想价值和精神内涵[2]，积极开展课程思政教学实践和相关研究，从而实现"三全"育人的总体方针。

女性作为现代社会文明进步和发展的重要群体，她们的身心健康直接影响整个家庭乃至全社会的健康水平，是实现健康中国战略目标的重要组成部分[3]。妇产科护理学在医学领域中的地位日益凸显。只有培养出更多具有全面素质的妇产科护理人才，才能提高妇产科护理服务的质量和水平，有力推动妇产科护理事业的发展，从而全面保障妇女身心健康。妇产科护理学也只有通过专业与思政教育的充分融合，才能实现人才素质的全面培养。但妇产科的专业性质决定了护理人员面对的患者具有病情变化快、病情紧急、风险大的特点，护理人员承受的压力大、责任大。课

1　三峡大学 2023 年"课程思政"教学改革研究与实践类专题项目（K2023012）；三峡大学附属人民医院 2022 年"课程思政"专题立项项目（J-SZ2022002）；2022 年三峡大学医学院研究生教育质量工程课程建设项目及课程思政建设项目（医行字【2022】11 号）。

2　姚瑶，三峡大学第一临床医院副主任护师，从事妇产科护理管理及教学。

堂教育中如何使学生充分认识、敢于接受，并学会从容面对，化压力为动力，就需要课堂思政的有效融入。通过前期在护理教学中不断地探索和研究，笔者发现在妇产科护理专业课程中仍然存在诸多问题，需要进一步改进教学方法。

一、妇产科护理学课程思政教育的痛点问题

在课堂思政教育提出的近 10 年里，不少妇产科专业领域的专家和学者进行了实践探索，挖掘出大量思政元素运用于课堂，如林巧稚、宋鸿钊、郎景和；一些对妇产科发展有深远影响的著作得以出版，如《经效产宝》《妇人大全良方》《傅青主女科》，但学生学习效果仍然不显著。相反，在面对激发母爱、体会分娩不易、倡导人文关怀的分娩过程学习中，留给学生的印象是可怕、血腥，甚至有的学生对分娩产生了心理阴影。反思妇产科护理学课程思政教育痛点问题，一是在实施思想政治教育的过程中，忽视了专业课的教学特点和教育规律。医学课程与其他专业课程不同，需要在大量基础知识积累下形成医学思维，再将思维与实践相结合，检验并提高知识的理解及应用。课堂教学中，倘若在没有形成知识体系前提下硬行加入整体观认识，很难达到思政效果。二是将思政错误理解为讲故事、拓展知识，增强课堂吸引力，忽略了思政课自身教学内容的意识形态性。思想政治教育的意识形态功能具有灌输性与渗透性、批判性与建设性、继承性与发展性，一些教师没有经过思想政治课程教学培训，只是简单地将思政内容以知识点形式或故事形式在课堂上呈现，忽略了其意识形态功能的特征，使学生不能参悟思政元素的内涵。思政课堂只是加入了拓展知识，根本达不到思政效果。要解决以上问题，教师应在传授专业知识的同时兼顾思想政治教育的意识形态；但在有限的课堂时间内，教师在讲授繁杂的专业知识点时运用何种方法使思想政治教育融会贯通，是我们亟待研究解决的问题。

二、PBL 教学模式在妇产科护理学思政教学中潜在的问题

近几年教学改革的不断深入，使得多种教学模式在课堂上得以开展，其中使用最多的是 PBL 教学模式。与传统教学法不同，它强调以学生的主动学习为主，在临床案例中探寻知识，通过学生对案例的理解，发现问题，协作讨论寻找答案[4]，从而改变教师讲、学生听的学习方式，使课堂氛围轻松、学生参与度高。课堂上学生可以畅所欲言地表达自己的观点，在与同学交换信息的同时，既提高了自我分析、解决问题的能力，又提高了评判性思维能力。PBL 教学对提高教学质量和学生的综合素质具有明显作用。然而，随着越来越多的运用，PBL 教学在我国教学实践中的一些问题也逐渐凸显出来。

其一：PBL 教学使用临床案例，对于在校学生相对较复杂，学生需要有大量时间去查阅资料、收集答案，集中讨论找出问题，才能在课堂中分享问题的解决方法，导致一个问题有时需要多个课时解决，远远超出传统教学所需时间，也容易偏离教学大纲。

其二：PBL 教学法采取的是学生自己发现问题、解决问题的方式，虽然有教师的指导，但教师参与过多或打断学生自主讨论次数过多，会干扰学生的思维和发言的积极性。学生更关注的是病例中的临床知识的运用，导致思政渗入不足，思政元素也就无法贯穿整个教学过程。而教师的引导介入又会影响学生讨论的连贯性，仍然没有解决思政课堂与专业知识相融合的问题，无法同时达到专业知识与思政课堂双赢的目标。

其三：PBL 教学直接以案例切入，弱化了基础知识学习。以临床病例为指导，需要找到隐藏在问题背后的理论知识作为支撑，但学生在基础性专科知识掌握不足情况下，提出的问题往往不

能切入核心，这必定会打破教学过程的知识体系，导致基础知识掌握不牢固。PBL 是通过解决问题来学习，但解决问题不是目的，"问题"应该建立在"知识"的载体之上。只有在深入学习基础知识的前提下，才能提高解决问题的能力。此外，还需要教师的循循善诱，如此，才能让学生充分理解并认可，最终达到精神素质层面的提升。

由此可见，PBL 教学虽是一种符合教学改革的先进教学模式，但如果不能解决"耗时"、基础知识不扎实的弊端问题，会极大影响其教学精髓的体现。只有多种教学模式相结合才能够扬长避短，更好地完成教学目标。在众多的教学模式尝试中，笔者把案例库与 5E 模式相结合，取得了一定成效，为思政融入专业知识课堂提供了一种新的思路。

三、5E 教学模式在妇产科护理学思政教学中的优势和可行性

5E 教学模式是 BSCS 根据阿特金学习环进行改进从而提出的一种能用于各个领域的课程的教学程序，能有效调动学生学习积极性，共分为引入、探究、解释、迁移、评价五个环节，故又被称为 5E 学习环。

与传统教学中教师常用的 PBL 不同，5E 教学法强调的是情境引出问题，从而引发学生认知上的冲突，接着引导学生自主学习，教师负责指导和提供帮助，着重于建立新概念的知识体系，强调学生自主构建的探究理念，将知识输入环节置于问题总结部分，调整课堂结构，充分发挥学生的课堂主体作用。五个环节在教学中环环相扣，起到促进、融合、升华的作用。

第一环节引入（Engagement）作为 5E 教学模式的导入环节，旨在引发学生的兴趣。在开始该环节前，教师需要提前确定思政元素，设定问题情景，这些问题可以是一些简单的生活想象，也可以是学生关注的热点问题，使学生愿意针对教师提出的情景深度思考和分析，引发学生固有知识与新知识之间的碰撞，进而提升学生的求知欲，为后面的学习打下基础。

第二环节探究（Exploration）是 5E 教学模式的基础环节，在此阶段，教师应提前做好准备工作，如所探究问题的知识背景、生活常识以及解决问题的途径。然后，根据上一环节所引发的认知碰撞进一步提出需要学生探究的问题，引导学生主动参与课堂，学会主动思考。教师需要在这个过程中观察学生在学习内容上是否有偏差。

第三环节解释（Explanation）是 5E 教学模式中的关键环节。首先，学生对探究问题的过程及得到的结果进行总结和归纳，并尝试用自己的语言对其进行阐述，形成自己的知识框架。教师可采取指定小组代表发言或学生自主发言的形式；然后，引导学生对各种解释展开讨论；最后，教师明确地给出科学化的解释和概念，使新概念变得明确和可理解。

第四环节迁移（Elaboration）属于 5E 教学模式的内化环节，是指学生获得新概念后，在教师的引导和设问下，在把握概念的同时，尝试利用这些概念进行适当的拓展和延伸来解决新的现象或问题，或者与其他学科概念建立联系。值得关注的是，教师设计问题情景时，既要兼顾拓展性和挑战性的特点，又要确保在学生能力范围内完成。

第五环节评价（Evaluation）是一个比较特殊和重要的环节。它贯穿教学过程的所有环节，可以在任何时刻进行。评价的形式、内容是多样的，既可以对教学效果、过程进行评价，也可以对学生的知识掌握情况、学习习惯进行评价。采取多元化评价模式，更注重过程性评价，便于培养学生的核心素养，确保教学活动朝着有意义的方向发展。

5E 教学模式强调以学生活动为中心，引导学生主动探索实践。妇产科护理学课程要求学生树立"大健康"观念，尊重护理对象，保护其隐私，注重预防和人文关怀。护士在面对突发、不可

预见性的病情以及涉及母胎生命的护理操作时，要有综合的临床护理能力和良好的职业素养，要有健康中国的整体观，不仅重视个体身体健康，更重视包括精神、心理、社会、环境等方面的全面健康，强化疾病预防和人文关怀的重要性。在这个过程中，学生需要拥有分析问题、探究问题的能力。同时，5E 教学模式的迁移环节锻炼了学生的逻辑分析能力，在自主寻找答案，吸收内化知识的同时，培养了学生独立思考问题的能力。整个过程依托学生的自主学习能力，始终以学生的活动为中心 [5]。

四、5E 结合案例库在妇产科护理学思政教学中的实施方案

结合案例库采用 5E 模式实施课堂教学，下面以妇产科护理学第五章节分娩期妇女的护理的两个教学课时为例，介绍拟实施的教学方法。

首先，在护理专业三年级选择一个班级，教学内容选用安力彬主编的《妇产科护理学》第 7 版。第一节课，教师向学生公布该学期的教学大纲（教学内容、课时分配、考核方式等），并强调课堂互动在平时成绩中的重要性。按照学生自愿和教师微调的方式，将学生分为 5～6 人的教学小组。同时，要求每个学生使用雨课堂，辅助日常的教学活动。教师应在前一节课后布置下一节课的预习任务。例如，影响分娩的四大因素是什么？各产程的护理要点是什么？查询 2022 年我国出生人口数量与往年的区别。课堂上先让一个学生将查询到的结果进行分享，引导大家讨论出生人口的减少对国家建设发展的影响以及导致人口减少的因素有哪些，从而使学生从国家层面认识理解现在生育政策的调整；再让学生谈谈对分娩的认识，对分娩概念进行归纳、提炼；最后，教师讲授正确概念。分娩影响因素在前期预习的基础上让学生自行讲解归纳知识点，教师给予评价。在产程护理的学习中，教师从各产程产妇的需要进行引入，根据第一产程的主要表现为疼痛，引导学生分析、归纳专科护理措施并了解缓解疼痛的方法，引入无痛分娩及陪伴分娩等人文关怀的必要性。第二产程减少分娩并发症、保障母婴安全是主要目标，学生讨论后分享应该掌握及提高的专业能力。第三产程，教师讲解胎盘娩出的观察要点及影响因素，学生讨论哪些影响因素是我们可以通过生殖健康管理减少的。教师应利用好 90 分钟的课程，将 5E 模式多次反复地应用，在专业知识点上挖掘思政元素，使学生理解我国的生育政策及目前的人口现状，树立正确的生育观。各产程的护理从产妇的需要出发，引导学生掌握护理人员应该具有的专业素质和人文素养，了解产科的发展趋势，并从中认识到良好的生活习惯和生殖健康对母婴安全至关重要。学生通过自学、讨论、教师讲授的方式学习基础知识。每项思政内容都是学生自己归纳总结，提炼领悟，很好地解决思政"两张皮"问题。

思政案例库在教学过程中已经广泛建立，大量的思政元素已得到凝练和挖掘，但没有很好地融入方法，使案例库成为故事集或拓展知识点。只有将案例库与好的教学模式相融合，才能发挥其强大的作用。5E 模式在思政教学中的应用离不开案例库的支持，好的引入对思政的融入至关重要。在解释和迁移环节也需要有计划，所以，案例库能让教师把控教学方向，拥有优质的思政素材，最终将思政元素融入专业知识课堂。

整体而言，上述方案符合 5E 模式实践与探索的理念。但在具体实施过程中，教师要充分考虑学生的个体差异及知识储备，灵活安排讨论方式。教师可使用雨课堂于课前发布预习内容，并在课后发表讨论意见等，从而可在 5E 模式下灵活运用教学资源。

五、结语

课堂思政从传统的讲授法到 PBL 教学方法的使用，都没有很好地解决专业知识与思政元素融合的实际问题，学生感受生硬且无真实体验感。5E 结合案例库教学模式更适应我国教学现状和学生素质要求，其主要的教学流程也更易被师生接受。为进一步明确 5E 教学模式在护理专业教学中的实践路径及效果，教师有必要开展更多的教学实践，促进课堂思政教学的多样化，提升护理人才培养的质量，促进医学教育的发展。

参考文献：

[1] 潘梅竹，朱静芬，杨永彬 . "健康中国"背景下医学生课程思政育人探索 [J] . 卫生职业教育，2022，40（6）：22-24.

[2] 赵博伦，霍苗 . 护理专业课程思政教学实践的现状 [J] . 中华护理教育，2023，20（3）：368-371.

[3] 罗宏志 . 《中国妇女发展纲要》妇女健康目标演进：充分的责任感 [J] . 生殖医学杂志，2021，30（12）：1549-1550.

[4] 王艳波，吉秀家，李芳 . 循证护理结合 PBL 教学法在妇产科护理教学中的应用效果 [J] . 护理实践与研究，2022，19（24）：3783-3786.

[5] 古军 . 基于 5E 教学模式的"传染病及其预防"教学设计 [J] . 生物学教学，2021，46（6）：3335.

"互联网+"背景下护理礼仪与人际沟通的课程思政教学实践[1]

李晶晶[2]　余良欢　郭华丽　宋宏源

摘　要：互联网已成为教育教学的重要组成部分，课程思政亦为当前研究的重要话题，因此，笔者在"互联网+"背景下对护理礼仪与人际沟通的课程思政教学进行了实践探讨。笔者运用文献资料法、逻辑分析等方法，分析目前"互联网+"背景下的教育教学现状和护理礼仪与人际沟通课程与课程思政融合的问题，并提出：重视课程目标，加强师资队伍建设；合理利用互联网教学资源，赋能教学质量提升；构建全过程思政课程评价体系和考核机制。

关键词："互联网+"；护理礼仪与人际沟通；课程思政；教学；实践

《高等学校课程思政建设指导纲要》（以下简称《纲要》）提出了新时代高校思政教育的总体要求和基本原则，即让所有高校、所有教师、所有课程都承担好育人责任，使各类课程与思政课程同向同行，将显性教育和隐性教育相统一，形成协同效应，帮助学生塑造正确的三观意识[1]。在大数据智能技术的推动下，智能思政成为人工智能时代思想政治教育创新发展的新形态[2]，为高校思政教育提供了新的平台和手段。高校应积极探索创新教育教学模式，利用互联网资源及教育服务平台，逐步形成网络化教育新模式，扩大优质教育资源覆盖面，促进教学质量不断提升。

护理礼仪与人际沟通课程是一门融合护理礼仪、护理人际沟通和护理美学的交叉学科，是护理类专业学生必修的职业素养课程。该课程对接医院临床护理岗位素质标准与职业规范，剖析护理岗位人文素质需求，构建了"课岗融通"的医学人文素养知识体系，是理论与实践相结合的综合性课程，具有强烈的操作性和应用性，富含丰富的思政教学内容。一些传统的教学方法无法保证教学的有效性和高效性，在课程教学内容、教学方法、课程考核等方面需要进行创新、变革，以提高教学综合质量。因此，在"互联网+"背景下对护理礼仪与人际沟通课程进行思政建设和改革探索是非常必要的一种创新的教学方式。

一、"互联网+"背景下的教育教学研究现状

随着时代的快速发展，"互联网+"在教育教学领域的运用已成为必要的教育工具，引起了部分学者的关注和研究。"互联网+教学"不仅可以提高学生的课堂参与度和动手操作能力，还可以提升教学质量和效果。通过合理配置网络教学资源，有效推进"互联网+"背景下生态教学

1　"基于'互联网+教学''智能+教学'新形态的护理教师教学创新能力培养模式研究"（GJ2339）；三峡大学附属人民医院 2022 年"课程思政"专题立项项目"护理礼仪与人际沟通"（J-SZ2022007）；三峡大学附属人民医院 2022 年"课程思政"专题立项项目"立德树人视域下护理学研究课程思政建设探索"（J-SZ2022006）。

2　李晶晶，三峡大学第一临床医学院主管护师，从事护理管理、外科护理。

的可持续发展[3]，采取线下教学结合"互联网+"的混合式教学模式，可以提高学生对专业课程的认知能力和积极的学习态度。"线上+线下"混合式教学是高校教学发展的一大趋势。护理礼仪与人际沟通课程的教学应充分利用线上与线下相结合的模式，提高教学质量和效果，促进学生的专业发展，同时嵌入大量的课程思政元素，培养护理专业学生温暖而爱的人文情怀。

二、护理礼仪与人际沟通与课程思政融合存在的问题

课程思政是新时代高校思政教育的重要内容和载体，它要求高校教师在各类课程中融入思想政治教育的理念和方法，培养学生的社会责任感、创新精神和实践能力，形成协同育人的效果[4]。然而，目前高校课程思政建设还存在一些不足，尤其是在医学基础类课程和临床教学中，课程思政的广度和深度不够，难以达到预期的目标和效果。护理礼仪与人际沟通课程是一门结合岗位实践的医学人文课程，旨在培养护理人员的职业品质、职业思想和职业精神，为临床培养"德技兼修"的高素质护理人才。该课程具有丰富的思政教学内容，但在开展课程思政教学的过程中也面临着一些亟待解决的问题。

（一）提高师资团队对课程思政的重视程度

护理类专业教学不仅要注重学生的专业知识与操作技能，更要关注学生人文素质的培养[5]。目前，学校在建设课程思政方面的工作力度不够，未成立相关的监管部门，缺少各科课程思政教学的相关培训，导致教师在实际工作中缺乏思政教育理念，未能将思政元素融入课堂。护理礼仪与人际沟通课程蕴含了丰富的思政元素，能够直观地给予学生深刻的思政教育，但需要教师有意识地发掘和利用这些思政元素，提高对课程思政的重视程度。

（二）加强课程创新及思政元素设计实践

护理礼仪与人际沟通课程主要讲述职业形象与职业行为、岗位礼仪规范及护理工作中的人际沟通三大板块内容，如果采用传统的讲授方式，容易使学生感到枯燥乏味，缺乏积极的学习态度。因此，教师应在教学过程中加强课程创新，运用多种形式的教学法，如案例分析、角色扮演、小组讨论、情景模拟，激发学生的学习兴趣和参与度。同时，教师应在每个章节中深入剖析和挖掘思政元素，将其与护理实践相结合，使学生能够从中感受到思政教育的价值和意义。

（三）完善考核机制及评价体系

护理礼仪与人际沟通课程不仅要求学生掌握理论知识，还要求学生具备实际操作能力和职业素养。因此，单纯以理论考试为主的考核方式是不够全面和科学的，需要完善考核机制及评价体系。一方面，教师可以采用多种形式的考核方式，如平时作业、小组项目、实践报告、口头答辩，综合评价学生；另一方面，教师可以建立一个以学生为主体、以教师为辅导、以同行为参考的互动评价体系，让学生自我评价、互相评价和接受教师评价，从而提高学生对自身职业道德和职业素养的认识和改进。

三、"互联网 +"背景下的护理礼仪与人际沟通课程思政教学路径

以 2022 年使用的《护理礼仪与人际沟通》教材为例，在各章节渗入课程思政的育人目标，并结合"互联网 +"背景下的网络教学构建学科的融合发展（如表 1 所列），为课程思政路径构建提供可行方案。

结合目标及实施方案，为应对"互联网 +"背景下的课程思政路径构建，笔者提出了以下几点路径。

（一）明确课程目标，提升师资队伍素质

护理礼仪与人际沟通课程是一门强化"立德树人"的育人课程，它要求教师在教学内容中结合岗位实践，全面融入临床医务人员的职业品质、职业思想和职业精神，以医学人文的课程思政的责任感，为临床培养"德技兼修"的高素质护理人才。为了实现这一目标，教师需要在原有教学目标的基础上进行深入研究和讨论，首先，围绕职业形象与职业行为、岗位礼仪规范及人际沟通三大板块内容，深入挖掘与课程思政相关的元素，将其渗透至教育教学全过程，形成护理礼仪与人际沟通课程专属的思政课程人才培养方案。其次，提升教师的思政课程融合能力。护理礼仪教研室应该认真解析护理礼仪与人际沟通课程的思政教育内涵、目标、实施过程等方面的专业知识，通过集体备课、示范课、互动交流等方式让教师领悟课程思政的教学操作过程以及对学生的重要性，从而提高对学生进行的思政教育的工作质量，使护理礼仪与人际沟通课程成为一门有温度、有仁爱的课程。再次，注重课程思政教学过程的监督和评价。通过课堂教学，让学生感受、了解课程思政的责任感，进一步明确学习护理礼仪与人际沟通课程的重要性，从而提升自身修养及思想境界。同时，建立有效的监督和评价机制，定期对教师的课程思政教学进行检查和反馈，及时发现和解决存在的问题和困难。

（二）充分利用互联网教学资源，提高教学质量和效果

互联网教学融合是课堂教学的重要补充和延伸，能够为护理礼仪与人际沟通课程的教学提供丰富的资源和平台。为了有效地利用互联网教学资源，需要做到以下几点。首先，正确认识互联网教学的优势和作用。互联网能够快速地获取先进的教育经验、丰富的教学内容和开阔的教学视野，能够提高教学质量和效率，所以，要充分利用互联网的教学资源。其次，改革教学模式，创新教学方法。课程思政是新时代高校课程发展的一大趋势，传统的教学方法已不能满足新时代的教育需求，互联网线上教学能够与线下教学相结合，形成混合式教学模式，所以，教师不应局限于老、旧的教学方法，要多运用创新模式的教学方法，增加学生的兴趣和参与度，如运用程序APP、雨课堂、QQ群、微信群等方式，让教师和学生共同交流，深入学习护理礼仪专业知识。再次，拓展教学资源，丰富知识体系。教师应结合爱课程（中国大学MOOC）、智慧职教MOOC学院上线的护理礼仪与人际沟通开放课程，精心打造新形态一体化课程，理论与实践充分融合。该开放课程涵盖了护理礼仪与人际沟通课程的全部内容，配有视频讲解、案例分析、在线测试等多种形式的教学资源，能够为护理礼仪与人际沟通课程的教学提供有力的支撑和补充。

（三）构建全过程思政课程评价体系和考核机制

课程考核是课程思政教学的重要环节，它应该注重学生实践能力和学习过程的评价，既有线上考核又有线下考核，并且采取多元化的评价方法，构建全面的全过程考核评价体系。该课程考核分为形成性考核和终结性考试两种方式。总评成绩按照百分制由平时成绩（20%）+实践考核（30%）+课程考试成绩（50%）组成。其中，平时成绩源于学生出勤、课堂互动、案例分析、场景模拟、课堂展示演练、课后实践练习等，主要考核学生对每节课知识点的理解和掌握程度、临床思维、科学精神、医学人文、职业素养、行业情怀和民族自豪以及人际沟通能力与团队合作

表 1 "互联网＋"背景下的护理礼仪及人际沟通课程思政融合育人目标及方案

章节	授课要点	思政映射与融入点	授课形式与教学方法	预期教学成效
第一章	礼仪及护理礼仪，代表人物孔子及儒家思想"仁义礼智信"引导护生树立正确的人生观和价值观	插入南丁格尔事迹，讲授儒家思想，体现人性、平等、自由	案例教学情景教学理论讲授	感悟礼仪的内涵，体会礼仪的重要意义，提升职业素养
第二章	护理礼仪实践中微笑的力量，培养护理人员医者仁心的精神	播放护士服饰的历史变迁及燕尾帽的秘密视频，对新冠感染防护服解析，抗议英雄事迹，体现关爱生命、尊重生命及职业素养内涵	视频教学案例教学理论讲授	强化学生对仪表礼仪知识及不同举止礼仪要求的理解与掌握，加强自我修养，展现行业规范的职业形象
第三章	护士礼仪与护士职业形象，代表的不仅是个人形象，更是一个护理团队的形象，乃至医院的形象	导入获得"南丁格尔"奖优秀护理工作者的先进事迹，展现良好的职业形象	案例教学理论讲授小组讨论线上学习线下实训	认识护士的角色，培养良好的职业心理、崇高的职业道德和良好的职业能力
第四章	护理工作相关的日常礼仪，体现白衣天使的美，给患者带来温暖	播放《公主日记》《窈窕绅士》，名人效应：如周恩来总理的外交小故事，习近平总书记出席会议体现交际礼仪的典型视频；展示自我介绍礼仪及角色扮演等，抗疫战场上的"礼仪"行为讨论	案例教学视频教学理论讲授情景演练线上学习线下实训	塑造良好的个人形象，增强职业认同感，弘扬真诚、信仰、忠诚、自律的美德，引导学生平等、善良、奉献、尊重的护理职业观，树立崇高的职业价值观
第五章	人际关系，小到大的日常与人交往，第一印象十分重要，古往今来，很多外交家，周恩来总理在首因效应做得非常出色，维护国家利益和尊严	讲授《三国演义》中孙权与庞统的小故事，进行角色扮演；模拟面试场景、礼仪情景剧展示	案例教学理论讲授情景演练线上学习线下实训	训练学生正确的辩证思维方式，提高分析、解决问题和创新能力，有效地协调和处理人际冲突，建立良好的人际关系
第六、七章	人际沟通	导入晏子使楚和周恩来总理外交故事，学习这两个案例，了解人际沟通方式方法	案例教学理论讲授线上学习线下实训	坚定道德信念、廉洁奉公、勇于探索、精益求精的职业素养，增强学生国家自豪感与自信感
第八章	护患关系	插入《急诊科医生》小片段视频，《对白》第四季中白岩松谈医患关系片段。	视频教学理论讲授角色扮演	掌握护患关系常见问题及处理防范，促进护患关系良好发展
第九章	护患沟通中通过孟子的名言"天时不如地利，地利不如人和"引出"和谐"这一社会主义核心价值观，切入主题	引入疫情防控期间小故事：《舱里的志愿者》，讲述一位一线护士打开一位不愿意与他人沟通的患者心扉的故事	案例教学理论讲授头脑风暴角色扮演小组讨论	通过案例，将护患沟通的"听、说、动"贯穿其中，提高学生的沟通能力，在临床中有利于健康教育促进及营造和谐的健康服务氛围
第十、十一章	沟通技巧加强道德修养，树立全心全意为人民服务精神，提升服务水平	播放电影：《再生之旅》《心灵病房》等，进行讲评；案例讨论：护士病情沟通不谨慎，引起护患冲突、危重患者家属情绪激动、儿童不配合注射、如何接待入院患者、患者不交住院费等；角色扮演：特定情境下的护患沟通	案例教学理论讲授头脑风暴角色扮演小组讨论线上学习线下实训	锻炼语言与非语言沟通能力，掌握护患沟通技巧，建立良好的人际关系；培养设身处地为患者着想的意识；培养学生具备仁术仁心，树立高尚的职业道德修养

续表

章节	授课要点	思政映射与融入点	授课形式与教学方法	预期教学成效
第十二章	护理工作中与特殊患者的沟通，奥运冠军桑兰故事，体现爱国精神	引入疫情防控期间隔离病房故事，体现关爱生命、友善	案例教学 理论讲授 头脑风暴 角色扮演 线上学习 线下实训	培养学生应对特殊患者分析问题解决问题能力，掌握特殊患者心理特征，巧妙运用沟通技能与患者建立和发展良好的护患关系，促进健康，守护健康，树立为护理和人类健康事业奋斗的社会责任感

精神。实践考核包括案例场景模拟分析和实验操作展示考核。案例场景模拟分析主要考核学生对临床人际关系问题的分析能力和冲突处理能力。实验操作展示考核内容为已学习的护理礼仪的操作技术，学生随机抽取 1～2 项护理礼仪的基础操作技术进行操作考核。期末考试由教师出题，包括选择题、填空题、简答题和综合实践应用题等，考核学生在护理礼仪和人际沟通方面的基本知识和技能。全过程的考核方式融入了思政教育和评价的内容，不要求学生死记硬背，更多的是让学生把人文素养教育内化到自己的实际行动中。

参考文献：

[1] 曹锡山，赵圣文.关于医学院校"课程思政"建设的几点思考［J］.中国卫生事业管理，2021，38（5）：379-381.

[2] 崔建西，白显良.智能思政：思想政治教育创新发展的新形态［J］.思想理论教育，2021（10）：83-88.

[3] 李群."互联网＋英语教学"生态化模式构建研究［J］.红河学院学报，2021，19（5）：119-121.

[4] 刘佳莉，刘丽萍，赵庆华.课程思政在护理教学中的应用现状［J］.护理志，2023，38（4）：19-22.

[5] 李圆圆，王鸣慧，张珣，等.思政元素融入"护理礼仪与人际沟通"课程的混合式教学实践探索［J］.广东职业技术教育与研究，2022（2）：131，133，150.

医学微生物学教学中课程思政的探索与实践[1]

周永芹[2]　汪露　邹黎黎　韩莉　宋银宏

摘　要：医学微生物学是医学生的专业基础核心课程，也是一门与人类健康密切相关并快速发展的课程。在医学微生物学课程教学中实施课程思政，有助于培养学生的社会责任感、职业道德观以及社会主义核心价值观。笔者从课程团队教师思政能力提升、思政元素挖掘、思政育人方式实践以及思政经验总结等方面进行了积极探索，旨在实现课程知识传授和价值引领的统一，并为相关课程的思政建设和研究提供有益参考。

关键词：医学微生物学；课程思政；思政案例；立德树人

医学微生物学是医学生的一门专业基础必修课，主要研究与人类疾病有关的病原微生物的形态结构、遗传变异等生物学特性、致病性及其与宿主间的感染和抗感染免疫的机理、特异性诊断和防治原则等，以达到控制和消灭感染性疾病及与之有关的免疫病理损伤，保障和提高人类的健康水平；其理论性和实践性均较强。课程涉及知识面广，与医学与药学、材料学、化学、农学和生物学等诸多学科相关联，也是其他医学课程如药理学、病理学、预防医学、传染病学课程的前序课程。因此，在医学专业教学体系中具有承上启下的重要地位。然而，由于其具有学习对象微小、肉眼不可见（需要借助显微镜）、概念抽象且种类和成员多、所致疾病广且危害大、临床表现多样且致病机制复杂等烦冗的知识特点，学习者不易深度学习，内化知识较困难，容易产生畏难心理。因此，课程教学改革势在必行。

2020 年，教育部等八部门联合印发了《关于加快构建高校思想政治工作体系的意见》，明确提到构建高校思想政治工作体系并全面推进所有学科课程思政建设。因此，课程思政成为当前课程教学改革的一种新理念、新模式，其本质是以专业课程承载思政，思政寓于专业课程。具体而言，就是将思政教育渗透到所有教书育人环节，形成"全员育人、全程育人、全方位育人"的"三全"育人氛围，最终实现立德树人。

医学微生物学课程的内容与人类健康和日常生活关系密切，具有社会热点多、学科发展迅速、教学素材丰富等特点，且素材中蕴含大量尊重生命、关爱健康、科学思辨和严谨认真等价值理念，也因此具备课程思政的良好载体[1]。基于此，为有效响应习近平新时代中国特色社会主义对高校专业教师提出的新要求，如"其他各门课都要守好一段渠"[2]"使各类课程与思想政治理论课同向同行，形成协同效应"[3]，同时解决该课程面临的教学痛点，提高教学质量，增强学生的综合能力，课程团队应在积极学习现代教育教学新理论、新技术的基础上，探索医学微生物学教学中的课程思政改革研究。

1　湖北省本科高校教学研究项目（2023251）；三峡大学教学改革研究项目（J2023011）；三峡大学研究生课程建设培育项目（SDKC202310）。

2　周永芹，三峡大学基础医学院生物病原与免疫学系副教授，博士，研究方向为益生菌与自身免疫病。

一、教育者先受教育，提升育人能力

教师不仅是专业知识的传授者，更是思政教育的承担者。因此，专业课教师应转变传统观念，树立课程思政理念，充分发挥思政教育积极性和主动性。

一门课程的思政教学任务，仅靠个别教师的力量是不够的，需要一支强有力的教学团队支持。按照习近平总书记提出的"政治要强、情怀要深、思维要新、视野要广、自律要严、人格要正"[4]六个方面的要求，团队教师应积极参加教育部、各省、各高校举办的课程思政教育专题培训班，自学相关资料，参加各类教学竞赛，加强同行间的交流，提升个人思政意识、素养和能力，成长为先进思想文化的传播者、共产党执政的坚定支持者；还应坚持学习、领悟习近平新时代中国特色社会主义思想及关于教育的重要论述、党的二十大精神；关注国计民生和国内外大事，将正确的世界观、人生观、价值观和家国情怀传递给学生，实现立德树人的根本要务。

此外，教师的言传身教本身就是一种思政教育，正所谓"树人先立德、育人先育己"。教师在不断提升自身道德修养的同时，要做到"知行合一"，用自己的实际行动潜移默化地影响学生。比如，准备好每一份教案、上好每一堂课、认真批改每一份作业、耐心对待每一个学生，用认真负责的态度、严谨规范的教风、强烈的责任心感染学生，以身示范地影响学生的人生观和价值观。在专业上，坚持夯实专业基础，拓宽专业视野，助力课程思政教学工作顺利开展。

二、梳理、剖析思政案例及元素

医学微生物学课程内容与人类健康和日常生活关系密切，许多知识点具有德育价值。人类与感染性疾病的斗争史贯穿学科发展史，期间涌现了许多微生物学家，展现了丰富的科学精神和人文精神，思政教育素材丰富[5]。

在微生物学的历史发展进程中，无论是基础研究方面还是社会服务方面，均存在不少颇具思政教育意义的杰出代表和典型事例。教师应从我国科学家为社会主义发展做贡献的实际事例着手，培养学生"敬佑生命、救死扶伤、甘于奉献和大爱无疆"的医者精神，从感染性疾病防控中的中国贡献及中华儿女成就，特别是中医药抗疫中的作用，培养学生的政治认同、家国情怀、时代责任心和历史使命感，以此激励学生勇于奋斗，把个人的理想追求融入国家和民族的事业，把远大抱负落实到实际行动中。

教学团队通过定期开展教研活动，集体备课、各抒己见，针对思政案例的挖掘、资料收集、教学方法和教学手段的选用等方面展开热烈讨论。每位教师的专业背景、研究方向和认知水平均不相同，对相同的课程内容有其独到的见解，因此，可发掘出不同的思政教育元素。教师团队通过搜集、整理相关材料，厘清思政元素与专业内容之间的关系，以及各思政元素之间的关系，筛选出适合该专业学生的思政教育案例，汇编成课程思政案例库，并与每个章节中相关知识点的教学内容进行有机结合，使思政教育能更好地渗透到专业知识教育体系中。教师团队通过关注时事和专业前沿动态，持续更新、完善案例库建设。基于思政案例进行教学，可以更好地实现"春风化雨、润物无声"的育人效果。与此同时，结合教师的不同研究方向和教学特点，安排各自擅长领域的相应章节教学任务，形成独具特色的团队合作。凝聚团队集体智慧，实现资源共享、经验交流、取长补短、共同成长，提高团队的整体教学水平。分组教学、教师团队互相协作的授课模式也为培养学生的团队意识做出了示范和表率。

三、完善教学设计，探索教学方法

在积累思政案例基础上，思考案例切入点。团队牢记"为党育人、为国育才"使命，积极探索专业知识，有机融入课程思政，开展"以学生为中心，立德树人"的教学实践。

（一）拟定德育目标

结合课程知识目标，拟定课程思政的价值观目标：以人民为中心，以健康为根本，实现健康中国的思想和担当。将专业知识融入课程思政，涵养家国情怀，守护医者仁心。团队拟定的课程德育目标包括但不限于如下三个方面：①培养学生树立"敬佑生命、救死扶伤、甘于奉献、大爱无疆"的医者精神，牢记"健康所系，性命相托"的医学生誓言，充分保护患者隐私，恪守医德的仁心仁术职业道德。② 培养严谨求实、勇攀科学高峰的钻研精神。③分享我国积极开展医疗援助非洲的大国担当事迹，感受社会主义制度的优越性，树立制度自信、文化自信，增强民族自豪感。

（二）明确思政案例融入的知识点

课程作为价值引领与人格塑造的载体，既要注重对原有知识内容的优化，又要补充交叉学科内容，将思政案例写入课件、教案，如基于基因组大数据的生物信息技术在肠道菌群分子分型中的应用、纳米材料作为新型抗菌材料的研发等新知拓展。兼顾好经典生物学分类主线和新型器官系统主线的知识体系平衡，重构课程内容；注重基础理论与临床案例、前沿进展、社会热点相融合，知识传授与价值引领相融合。

（三）专业知识柔性引入课程思政，统一知识传授与价值引领

立足医学微生物学课程内容，注重思政教育的广度、深度和温度，寻找恰当的切入点，让思政教育与专业教学巧妙融合，做到自然、流畅、不突兀，实现"春风化雨、润物无声"的育人效果。

首先，根据授课知识内容选取合适的思政案例。团队通过聚焦投身医学微生物学学科发展的名人典故、疫苗研发及疫苗安全社会热点等实例，提炼成医学微生学独有的思政案例，开展案例教学。针对案例，采用翻转课堂的形式，引导学生进行讨论，以培养学生的"仁心仁术"和爱国情怀。

其次，找准思政内容与专业知识的契合点。思政元素与知识点需要有机融合，如同溶盐如水，隐性融入课堂。教师应以学生关注的或身边的现实问题为切入点，以恰当的方式自然过渡到思政案例。通过案例情境介绍，引导学生分析、讨论案例，"润物细无声"地渗透或点睛健康中国纲要和社会主义核心价值观。结合多种授课方法，如故事讲述、主题讨论、视频播放、情景模拟、翻转课堂，让学生在轻松活跃的氛围中完成知识学习和价值引领。可适当考虑不同的或者反面案例，有时候此类案例可能更容易触动学生的情感。如在讲白喉、破伤风等章节时，可结合2018年假疫苗事件，假设学生是疫苗生产车间的工作人员，用雨课堂"随机点名"功能选取学生谈自己的看法和感受。最后，教师一定要点明：此事件不是因为专业知识缺乏出现的产品质量问题，而是由企业管理规范和工作人员的意识形态出了问题而引发的全国范围的食品药品信任危机，引导学生牢记"生命只有一次，容不得半点马虎"。疫苗事关生命健康，质量安全容不得半点瑕疵，不能有一丝侥幸。真实案例使学生融情于景，畅所欲言式发言、探究式讨论等学习形式更能促使学生深入思考，从而产生共鸣：正确的意识形态与扎实的专业知识同等重要，引导学生树立正确的职业观、道德观和社会责任感，在潜移默化中完成知识传递和价值引领的统一，落实课程立德树人的教学目标。

四、结语

在课程教学中融入思政教育，有助于培养医学生正确的世界观、人生观和价值观，为推进"健康中国"建设、提高人民健康水平提供人才支持。医学微生物学是进行立德树人的重要阵地，开展课程思政是实现立德树人的必由之路，也是贯彻习近平总书记在全国高校思想政治工作会议上讲话精神的必然措施。

教学团队在医学微生物学课程的思政元素挖掘、教学设计等方面进行了积极探索，并收获了一定经验。开展课程思政建设是一项系统性工作，需要高校教师长期的实践和摸索，甚至奋斗终身。未来，团队在以下几个方面有待持续改进工作：① 进一步充实、完善思政案例库。时代在发展，思政案例库要与时俱进，不断引入新素材。例如，进一步收集、完善在处理卫生突发事件中涌现的感人故事，提炼其中迎难而上、舍己为人的高尚情操和团队协作精神，引起学生共鸣，增强其职业认同感、民族自豪感。②优化思政元素的切入点和切入方式。此为课程思政实践中的重点和难点，直接影响育人效果。专业知识环环相扣，不适当地切入不仅会打断思路、显得唐突，还容易导致思政目的过于明显，适得其反。因此，授课教师应不断思考，选择合适案例及恰当的切入点。③制定合理化思政教育评价体系。探究评价维度并制定相应量表，以客观、准确、合理评估课程思政实施效果。

参考文献：

[1] 李玉，齐威，王凤华，等."微世界，大情怀"：浅谈微生物学课程思政教学设计与改革［J］.微生物学通报，2022，49（4）：1434-1444.

[2] 习近平.习近平谈治国理政（第二卷）［M］.北京：外文出版社，2017.

[3] 习近平.习近平谈治国理政（第二卷）［M］.北京：外文出版社，2017.

[4] 习近平.习近平谈治国理政（第三卷）［M］.北京：外文出版社，2020.

[5] 赵有玺，孙少倩，龚平，等."微生物学"教学中课程思政的探索和实践［J］.生命的化学，2021，41（12）：2747-2753.

"SPOC +课程思政"在老年护理学教学中的研究设计[1]

张文俐[2]   姚克铖   韩亚霖

摘　要：我国已进入老龄化，对于老年护理的需求逐渐变大。对于护理工作者来说，老年人基础病多、依从性差，护理人员需要耐心引导、仔细观察，这对护理工作者提出了专业知识上的需求和心理及人文关怀上的要求。对于教学而言，较传统的 MOOC 教学而言，SPOC 模式的教学范围更小，可以更加方便地针对每个学生的学习需要，提高学生的学习效率。"SPOC+ 课程思政"的结合不仅可以让学生学习各个方面的知识，还更加着重思想层面的引导。如何将新的教学模式融入老年护理学的教学，总结出适合当下学生的教案，是文章阐述的内容。

关键词：SPOC；课程思政；老年护理学；教学教案

习近平总书记在全国高校思想政治工作会议上指出："要用好课堂教学这个主渠道……提升思想政治教育亲和力和针对性……使各类课程与思想政治理论课同向同行，形成协同效应。"[1]近年来，湖北省高等教育越来越重视思政教育，把专业课程教育、综合素质教育和思想政治教育融为一体，形成特色鲜明的三位一体高校思政教育课程体系[2]。所谓"课程思政"，是指在不同专业的学科课程中渗透思想政治教育因素，使其具备一定的思政课程教育功能，带有一定的德育教学目标[3]。同时，SPOC 教学模式逐渐进入大众视野，它采用更加小众的教学，让学生可以有针对性地进行学习。SPOC 教学可以同时具备限制性准入条件，根据学生的知识基础及学习能力进行分层教育，让学生对学习更加得心应手。老年护理学的教学既要重视知识能力，更要注重医德教育，从而培养出既有医术又有医德的护理工作者。

一、教学模式的选择：SPOC 教学模式

（一）概念

SPOC 模式为限制性教学，教学范围更小，可以进行针对性教学。在学习形式上，不仅可以利用网上视频进行自学，还可以通过线下教学进行答疑解惑。教师可以整合多种学习形式，从而适合各类学生学习。

1　湖北三峡大学 2022 年高教研究项目（GJ2233）；三峡大学 2023 年课程思政教学改革研究与实践类专题项目（K2023027）；三峡大学人民医院 2021 年教学研究项目（J-JY2021002）；三峡大学人民医院 2021 年课程思政专题项目（J-SZ2021006）。

2　张文俐，三峡大学中心人民医院老年科主任护师、硕士生导师。

（二）学校层面

从学校层面来说，所需要的教育成本更低，可将精力集中在教学上，使学校更加注重本土教育。

（三）师生层面

从师生层面来说，教学资源更加集中，学生可以更轻松地找到适合自己的学习视频，也可以根据自我学习的流程看到适合自己学习进度的视频。同时，可以学习成效为导向，进行相关学习计划的制订，更具个性化。这种方式不仅可以提升学生的自我学习能力，增加自学效果，还可以提升学生自我思考的能力。

（四）其他

学习资源的制作也很简单，教师可以录制相关课前预习的教学视频供学生观看，制订课前学习的计划，课中随机提问，课后复习习题，解读重难点等[4]。

二、 设计护理教学程序

（一）思政教学的目的

教师教书育人，除了教授学生专业知识，使学生具备专业技术才能外，还要向学生提供正确的价值引导，使学生树立正确的价值观与世界观。在老年护理课程中，教师需要以生命教育为切入点，倡导敬畏生命、关爱老人的思想观点，将中华民族传承了几千年的孝道文化及生命教育悄无声息地贯穿到教学内容和教学设计当中，使学生在思维认识中建立起"关爱老人就是尊重生命和热爱生命"的思想观点，营造"尊老、敬老、爱老"的良好社会氛围，体现社会主义的优越性，这是人类文明进步的重要象征[5]。

（二）课程思政的素材选择

教师根据人民卫生出版社出版的《老年护理学》第四版的教学大纲要求，结合老年护理学各章节的知识点，选取与之对应的思想教育案例，引导学生树立正确的价值取向，并在此基础上设计教学方案。教师利用SPOC布置课前学习内容，在提供素材的基础上，让学生主动围绕相关主题拓展相关学习内容，进而加深对学习内容及课程思政主题内容的理解。

（三）教学流程设计

首先，该课程于大三下学期开设，理论课12课时，实验课4课时，应选择具有教学经验的中青年护理教师承担教学改革任务。

其次，课程教学前，对教师和学生进行培训，包括SPOC教学理念、课件制作方法、案例编写原则、课堂教学流程与掌控等。

再次，"SPOC+课程思政"教学模式流程为：课前学生登录教学平台课堂观看视频→课上小组分组结合思政进行案例讨论→教师随机抽取小组回答问题→教师结合回答情况进行讲解，并引导学生思政思考或讨论→教师总结该堂课知识点→采用问卷星进行随堂小测、学生通过扫描二维码进行答题→教师根据测验结果进行点评→要求学生课后做笔记并上交→评价最终学习成效，如图1所示。

最后，课程结束后，收集相关资料进行分析和总结，发现问题后不断进行设计优化，发表相关研究报告及论文，在学术期刊上进行推广交流。

（四）教案设计

从理论、操作、实践三个方面进行教案设计，如表1、表2、表3所列。

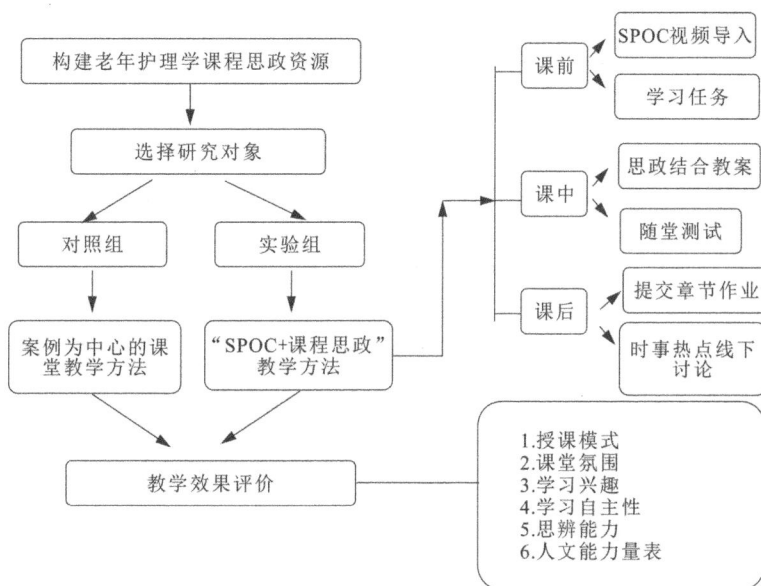

图1 "SPOC+ 课程思政"在老年护理学教学中的流程

表1 理论教学

教学周次	授课要点	思政映射与融入点	授课形式与教学方法	预期教学成效
1	当下老年发展现况	责任担当	"SPOC+课程思政"	对于老龄化越来越严重的社会现状，当代年轻人应该找准定位，担起自己的责任
2	老年护理的发展情况	顺应社会发展	"SPOC+课程思政"	在社会发展的过程在，只有与时俱进，不断顺应社会发展需要，才能生活下去
3	老年人的健康评估	要有全局观念，不能片面看待问题	"SPOC+课程思政"	老年人基础疾病多，在评估老年人的身体状况时，应该全面评估，就像平常思考问题应从全局观念思考，而不是片面理解
4	老年人的健康保健与养老照顾	针对不同的对象采用不同的解决方式	"SPOC+课程思政"	所有问题不能一概而论，应具体问题具体分析
5	老年人的心理卫生和精神护理	重新对健康进行定义	"SPOC+课程思政"	健康不仅指身体健康，还指心理及社会适应等方面
6	老年人的日常生活护理	细节决定成败	"SPOC+课程思政"	很多事情都是在日常生活中显现出来的，要注重抓住细节
7	老年人的安全用药及护理	蝴蝶效应	"SPOC+课程思政"	老年人用药不同于其他人，他们的基础病多、连锁反应多，要注意蝴蝶效应
8	老年人的常见健康问题与护理	老吾老以及人之老	"SPOC+课程思政"	所有事情都有主要方面和次要方面，每一方面都有主要矛盾和次要矛盾；医者仁心，由己及人，对老年人要更细心，要有耐心、责任心
9	老年人的常见疾病与护理	引申拳王阿里的励志故事，映射人类在层层压力下激发惊人的潜力和生命力	"SPOC+课程思政"	通过对帕金森、抑郁症等疾病的认识，帮助学生树立正确的人生观、价值观
10	老年人的临终护理	树立正确的生死观	"SPOC+课程思政"	教会学生树立正确的生死观
11	老年人的虐待问题与老年人的权益	树立正确的价值观	"SPOC+课程思政"	社会上虐待老人的事件时有发生，学生应树立正确的价值观

表 2 操作教学

教学周次	授课要点	思政映射与融入点	授课形式与教学方法	思政教学目标
1	老年患者沟通技巧	有效沟通	角色扮演、模拟仿真、情景模式	树立学生正确的价值观,尊老、敬老、爱老
2	功能障碍辅助用具的使用	提高老年人的生活质量	视频教学、角色扮演、模拟仿真	耐心、细致、用心服务的意识和职业道德
3	老年患者吞咽障碍	保障营养摄入	视频教学、角色扮演、模拟仿真	培养学生的人文关怀能力
4	老年患者排泄护理	保护老年患者隐私	视频教学、角色扮演、模拟仿真	培养学生的人文关怀能力以及理解、包容、尊重的职业情感
5	失能患者穿脱衣服	个人空间保护	视频教学、角色扮演、模拟仿真	培养学生的"热爱养老服务工作,献身一线"的职业大爱情怀
6	失能患者摆放良	肢体舒适	视频教学、角色扮演、模拟仿真	培养学生的以人为本的人文精神

表 3 社会实践教学

教学月次	授课要点	思政映射与融入点	授课形式与教学方法	思政教学目标
1	肺康复	结合钟南山教授提出的肺康复的重要性	现场操作、体验学习教学法	提高老年人的生活质量
2	老年人的健康评估	通过对老年人身体、心理、社会适应能力的评估,提出个性化的护理方案	体验学习教学法	培养严谨认真的工作态度,将专业知识技能与职业素养进行融合
3	老年人的临终护理	结合宗教、文化对死亡进行诠释,注意老年人临终关怀的心理问题,提升老年人生命最后阶段的生活质量	体验学习教学法	将生命的伟大意义根植于学生的认知中,学会敬畏生命
4	老年人的权益保障	知悉护理过程中所涉及的法律法规,依法行医,具有法治思维,教会老年人保护自己,谨防金融诈骗	体验学习教学法	知法、懂法、用法,弘扬法治精神

三、 教学体系构建

(一)重构教学内容

精心筛选和组织教学内容,突出老年护理学专业的教学特点。本着"实用为主,够用为度,应用为本"的原则,针对护理本科生的特点,在不增加教学投入的同时进行教学内容和课程思政目标重构,对社会实践性、实用性强的内容进行扩充或自建,有效整合学习资源,使课程体系更为精炼完整。

(二)更新教学理念

该研究教学理念突出"以教师为主导,以学生发展为中心"理念,因材施教,体现为:注重学习效果,不断改革创新,落脚学生发展,体现社会价值;打破传统的"满堂灌""沉默教学"的方法,将课程思政理念贯穿教学始终,注重价值引领和人格塑造;在课堂教学中置入前沿知识,训练学生解决问题的能力和申辩思维能力,突出课程的高阶性、创新性及挑战度。

(三)创新教学方法

按照"线上+线下"模式进行教学组织,线上学习时间占20%～50%。建设"SPOC+课程思政",以老年护理学为研究科目,建设11个章节的学习视频,供学生课前预习。在每个章节映射课程思政元素，把正确的社会主义核心价值观、国家观、民族观、历史观、文化观、宗教观、职业观、成才观等融入每个学生和每位教师的骨子里。安排学生独立化学习与合作学习，强化课堂教学，实现师生互动、生生互动，加强研究型、项目式学习。

（四）完善教学评价体系建设

老年护理学本科教学需要采用"线上＋线下"混合式多元化评价模式，体现对学生的过程评价，注重学习效果评价。制定完善的评价机制，如期末考试占50%，平时成绩占30%（线上学习10%＋课题随测10%＋积极互动10%），操作实践占20%。在此基础上，把课程思政考试分值融入考试成绩，且不低于总分值的30%。在对教师的课程管理和效果评价中，结合教学状态、教学内容、教学方法、教学效果，有机融入政治教育元素，引入相关热点新闻，用科学可测量的多元化考核评价，如问卷星、访谈、考核等形式进行教学反馈，以提高教学质量。

四、 教学效果评价

（一）教师教学效果评价及育人评价

首先，在每堂课后，对于学生进行问卷调查，做出课堂评价，之后，在学生期末综合成绩基础之上考察教师的教学能力。

其次，在未来的教学实践中能不断探索和创新，以逐渐形成和完善适合大学新型理论和方法，使临床教学更趋科学化、专业化、效益化。

再次，能帮助学生树立正确的世界观、人生观以及以维护和促进人类健康为己任的专业价值观，科学谋划个人职业生涯，培养和提升学生的终身学习能力。教师在教学和临床工作中以身作则，树立良好的职业道德，规范自己的言行举止，树立正确的政治信仰、理想信念、价值取向、社会责任感。

最后，培养团队协作精神，激发教师的爱国情怀，使其发扬勇于担当、无私奉献的精神以及履行救死扶伤的职责使命。

（二）学生学习成效评价及育人评价

首先，研究者使用人文关怀能力量表（CAI），由 Nkongho 在 1990 年研制，主要是测量一个人与他人交往时所表现的关怀能力。CAI 的理论框架来自 Mayeroff 的 8 个关怀重要成分：认识、交替节奏、耐心、诚实、信任、谦逊、希望和勇气。CAI 是一份自评量表，为 Likert 7 点分级，最初由 80 个条目组成，通过对 543 名对象的测量并进行因素分析，最后确定了关怀的 3 个因素：认识（Knowing，含 14 个条目）、勇气（Courage，含 13 个条目）和耐心（Patience，含 10 个条目）。这与 Mayeroff 的理论一致，经过不断优化，最终量表为 37 个条目。量表的各因素的 Cronbach's α 为 $0.71 \sim 0.84$，重测信度 $r = 0.64 \sim 0.80$。根据 Liket 的 7 点分级，量表各条目回答选项均对应 7 个代码值（7 ＝非常同意，6 ＝比较同意，5 ＝同意，4 ＝不确定，3 ＝不同意，2 ＝比较不同意，1 ＝非常不同意），反向条目反向计分。得分越高，说明其人文关怀品质越好，由护生自己进行评价得出分值，再将实验组与对照组的分值进行比较，得出相关结论[6]。

其次，让学生认可思政教育融入老年护理学的专业课堂教学，对思政教育内容的专业课堂充满兴趣，达到知识传授与价值引领的双重作用，将政治认同、家国情怀、文化素养、道德素养有机结合。

再次，让学生在学习专业知识的同时，懂得珍惜生命、敬畏生命、不轻言放弃生命的意义，倡导尊敬老人、关爱老人的思想观点，以专业知识为载体，引导学生正确处理人际交往关系，形成良性互动，避免造成身心伤害，促进健康成长。

最后，引导学生树立正确的世界观、人生观和价值观，营造"尊老、敬老、爱老"的良好社会氛围，体现社会主义优越性，坚定社会主义和共产主义信念，坚定中国特色社会主义道路自信、理论自信、制度自信和文化自信，增强使命担当，争做社会主义合格建设者和接班人。

五、 讨论

（一）人口老龄化背景下学习老年护理学的重要性

目前我国老龄化程度日趋严峻，60 岁及 65 岁以上人口分别占总人口比重的 17.3% 和 11.4%，已远远高于联合国提出的老龄化国家标准（当一个国家和地区 60 岁及以上老年人口比例超过 10%，或者 65 岁以上老年人口占总人数的 7%，则意味着这个国家或地区进入老龄化社会）。老年护理学重点研究了老年人的健康问题和健康需求，是一门对老年人实施整体护理的重要护理课程。它所面对的护理对象是全体老年人，通过良好的生活照料和具有人文情怀的精神慰藉使老人安享晚年。随着人类预期寿命的普遍延长，人口老龄化问题越来越突出，我国步入人口老龄化社会已有 20 年的时间，但是始终处于"未富先老"的状态，使得社会亟需专业化老年护理人才。因此，老年护理学课程的重要性日渐凸显，而目前该课程具有内容多学时少、重理论轻实践、重科学技术教育轻人文主义教育的问题，使得大多数学生对老年护理工作存在认识上的误区、思想上的偏差，对尊老、爱老的职业认同感不强，极大程度上影响了学生对该门课程的热情。

（二）老年护理学教学革新的必要性

关于 SPOC 教学模式，课前，把当堂需要学习的相关知识制成学习视频，其中便包括当堂知识的大致内容、重难点、学习要点、学习任务以及学习目标，让学生提前观看预习。除此之外，学生还可以自行在网上寻找相关学习资源，提前学习。课堂上，先检测学生的自学情况，查看学生的学习效果，可以采用互相提问等方式进行检测，然后让学生对在自学当中的疑难点进行提问，教师可对当中的重难点进行解答，之后学生可以分组进行讨论学习，并且完成当堂的检测考试，尽量不占用课后时间，最后发挥相互讨论学习的优势，各小组之间讨论学习，查缺补漏，完善之前学习中的不足；课后，教师和学生可通过互联网平台进行交流，总结这节课的学习成果，最后以小组汇报的形式对课堂知识进行总结汇报。

关于课程思政的教学，在未来相当一段时间内，很难填补老年护理需求的空白，护理人才的培养、培训是一项长期而艰巨的历史任务，也是一个巨大的人才需求市场。教师应充分利用老年护理课程的思想政治因素，弘扬民族美德，给予老年人安全且舒适的晚年生活。教师在教学设计中植入形式丰富多样的课程，有助于提升老年护理学课程的教学活动效果，提高学生学习的乐趣，进一步促进我国养老服务有助于事业的发展[7]。

（三）老年护理学教学的长期性

该研究结果显示，老年护理学融入课程思政，有助于提高学生对课堂的兴趣爱好程度，提高对知识的理解掌握程度和对教师的满意度，提高学生人文关怀能力，学生的期末总成绩更加优异。课程思政应以立德树人为根本任务[8]，当前老年护理学专业的课程思政改革还处于初步阶段，还未形成完善的制度体系，教师应转变课程思政的理念，及时补充课程思政教育资源，运用好课堂教学这条主渠道，将思政理念贯穿课堂，培养并激发学生的家国情怀、责任感和尊老、爱老、敬老的道德规范，为国家培养专业型、技能型、应用型老年护理人才，从而应对国家人口老年龄化发展。

参考文献:

[1] 周一峰.高职护理专业课程思政教育路径探讨［J］.卫生职业教育,2017,23（35）:61-62.

[2] 蓝花红,张捷,陈炜,等.老年护理专业课思政教学方式及效果浅析［J］.卫生职业教育,2018,13（36）:99-100.

[3] 张颖.高职院校实施"思政课程"到"课程思政"的教育路径探讨［J］.教育教学论坛,2019（27）:251.

[4] 贺斌,曹阳.SPOC:基于MOOC的教学流程创新［J］.中国电化教育,2015（3）:22-29.

[5] 赵梦媛.基于"课程思政"的教学模式改革与实践——以老年护理学课程为例［J］.卫生职业教育,2020（2）:47-48.

[6] 罗秋梅,刘学,岑洁霞.基于SPOC"线上+线下"混合教学模式提高护生人文关怀能力培养的应用研究［J］.大众科技,2021,23（4）:121-124.

[7] 张敏.基于课程思政元素融入教学模式改革的思考——以"老年护理学"课程为例［J］.就业与保障,2021（2）:133-135.

[8] 高云,周英,苏茜.护理心理学课程思政教学方案的设计与实施［J］.中华护理教育,2022,19（3）:214-218.

课程思政融入神经病专业课程的改革探析[1]

课程思政融入神经病专业课程的改革探析[1]

周威[2]　李超

摘　要：神经病学是临床医学专业的重要课程之一，兼具自然科学和人文科学的双重属性。传统教学模式以教师课堂讲授为主，学生常感到抽象和枯燥乏味。笔者分析思政融入专业课程的重要性，剖析了课程思政与专业教学相融合存在的若干问题，探讨了思政与专业课相融合的途径及成果评价体系，为培养"又红又专"的卫生人才提供了参考思路。

关键字：神经病学；课程思政；人才培养

2016 年 12 月，习近平总书记在全国高校思想政治工作会议上指出："要坚持把立德树人作为中心环节，把思想政治工作贯穿教育教学全过程，实现全程育人、全方位育人。"[1] 在此背景下，深入挖掘神经病学专业课程中的思政元素，探寻思政教育与专业知识教育结合点，贯穿专业教育全过程，建立思政教育成果评价体系，是当前课程思政教育改革的一个重要目标。基于神经病学学科特点，笔者阐述思政元素融入专业课教学途径，实现思想政治与专业知识教育的有机融合。

一、神经病学特点

神经病学是研究神经系统和骨骼肌的一门临床医学二级学科。神经病学具有内容抽象、逻辑性强、知识复杂、病种繁杂的特点，涉及神经解剖、神经生理、神经病理等，其病因包括血管、免疫、感染、外伤、肿瘤、变性、遗传、营养和代谢障碍等。另外，其他系统疾病可有神经系统表现，神经系统疾病亦可引起其他系统的功能障碍。因此，学习神经系统疾病时要有整体观念，结合全身情况综合分析，对人体多系统总体把握要求高。神经系统疾病诊断需要查明病变部位和病变性质，即定位诊断和定性诊断，这是其他学科没有的一个特点。总之，神经病学是一门非常有挑战性的学科，诊断及治疗对专业知识水平要求高、学习难度大。

二、课程思政在神经学教学中的重要性

神经病学是临床医学专业重要课程之一，兼具自然科学和人文科学的双重属性。神经科患者多数年龄大，很多患者残疾程度重，存在严重的交流障碍，伴有焦虑抑郁的患者占有较大的比重。这就要求一个合格的神经科医师不仅要有过硬的专业素质、较高的综合治疗能力，还要有高尚的职业品格、更多的人文关怀、更加耐心有效的医患沟通技巧。神经病患者的特殊性，对神经科医生的培养提出了不同于普通临床医师的更高要求。思想政治教育与神经病学相结合的工作目前仍

1　2021 年度三峡大学人民医院（现医院合并后为三峡大学第一临床医学院西陵院区）课程思政专项（J-SZ2021004）。

2　周威，三峡大学第一临床医学院神经内科主治医师，研究方向为神经病学。

处于起步阶段，方式方法均不够丰富有效，教师应增加政治认同、家国情怀、法治精神、国家安全等方面的思政教育工作。

三、神经病学教学现状

目前，三峡大学神经病学的教育仍以传统教学模式为主，即教师在课堂上讲授，学生被动听课；以专业知识和技能教学为主，思想政治教学涉及很少；重视专业知识传授，忽视人文相关教学；重视课本知识教学，忽视医学生政治立场、职业品格、职业法规等方面的培养。虽然学校拥有大量优秀的思政教师，但单纯的思想政治课程以理论教学为主，割裂了理论与实际的联系，教学过程枯燥无味，学生学习积极性低，教学成效不大。而且，思政教师缺乏医学相关背景，对医学教育的特殊性往往无法把握，对在医学背景下开展政治教育较为茫然。医学专业教师往往专注于专业知识的教学，缺乏思政教育的思想和相关教学经验，容易导致医学专业教学和思政教育相脱节。学生感到专业知识乏味，学习动力不足，对"为什么学习""为了谁而学习""学好了有什么用"等问题缺乏思考。故在传统教学模式下培养的学生存在专业知识基础不够扎实、医患沟通能力低下、对于法律法规不能有效遵守、思想觉悟低、无法为社会主义医疗事业更好地添砖加瓦等问题。

对前期神经病学教学工作进行分析，我们发现目前主要存在以下几个方面的问题：①对加强医学生思政水平培养的重视度不够、认识不足。在全球化信息时代，中西文化碰撞和社会经济转型的背景下，学生的社会阅历少，思想不够成熟，世界观、人生观和价值观存在许多错误和片面的地方，在以后的从医生涯中会无形中对患者及家属产生负面影响，不利于国家的稳定、社会的安宁、人民的幸福。然而，在神经病学教学中，很多教学工作者对这些情况认识不够，重视程度不够，思想上麻痹大意，教育出的医学生思想政治觉悟不高。②一些教师缺乏课程思政的经验，还停留在传统教育的方式和认识上。他们对于专业知识的教育更加得心应手，但面对思政教育会觉得困难重重、无从下手，相关教学手段有限且固化、僵硬，内容贫乏，造成专业知识教育与思政教育割裂。③重视理论教学，轻视实践和结合。教学集中在理论上，一味地传授书上的观点，采用枯燥的理论说教模式。目前，医疗环境复杂、医患矛盾突出，但医学生的培养未能与实际相结合，造成医学生在解决实际问题时缺乏知识储备及手段，惊慌失措，进退失据。

四、课程思政在神经病学教学中实现的途径和方法

（一）提高神经病学教师的思想政治理论水平

培养专业素质过硬、思想有保障的医学生，教师是关键。神经病学教师既要承担专业知识的传授，又要担负教书育人的职责。只有不断提升神经病学教师的思想政治理论水平，才能更好地培养新时代合格的医生。面对一岗双责，教师在加强专业水平提高的同时要不断提高思想政治水平，紧跟时代和社会的进步。在教学过程中，教师应始终把握课程思政的总目标，即"培养什么人，怎样培养人，为谁培养人"。为了提高思政教师的思想水平，我们可以在神经病学教师上岗前对其进行思想政治培训，教学中定期对其进行理论教学，集中学习最新社会主义理论和党中央精神；也可以聘请思想政治专业的教师授课，共同探讨神经病学教学如何潜移默化地提高医学生的思政水平；还可以组织社会实践，包括参观学习红色示范基地、观看红色纪录片等，从而强化思想认识。只有先提高教师的神经病学的思想政治水平，才能在潜移默化中让学生具有较高的思政觉悟和水平。

（二）加强团队建设

成立神经病学课程思政教学队伍，团结协作，砥砺前行，共同提高思政教学水平。团队以神

经病学教研室教师为主体，可以吸纳思想政治专业教师、宣传部门人员等，从各自岗位角度出发，交流育人经验，共同打磨神经病学教学课件，群策群力，优化课程思政与神经病学专业教学内容的深度融合。在科室层面，教学主任带领教学骨干、党员教师集中学习优秀教学课件，在专业教学中穿插课程思政理念，提高教学中思政课程教学水平，提升思政教学成果。

（三）多模式进行教学

开展多模式教育，多维度提高教学效果。传统教学模式以教师为中心、方式单一枯燥，时间利用效果低下，自由度差。神经病学教学、思政教学可以采用线上与线下结合、课上与课下结合、理论与社会实践结合、校内与校外结合的多模式方式，在教学中潜移默化地进行思政教育，减少学生的抵触情绪，提升教学效果。

（四）政策支持

好的教学成效离不开政策的支持。大学和医院应有支持专业教学中提高课程思政水平的相关政策，积极组织教师学习新时代思政教育，学习优秀思政课程视频，定期在学校及教研室层面进行思政课程教学竞赛活动，给予优秀者适当的精神或物质奖励，在评优评先及职称晋升方面优先选择。

五、神经病学思政元素挖掘

挖掘优秀的思政元素和素材是神经病学教学中提高思政水平的基础，也是成功的关键。挖掘神经病学的思政元素可以从以下方面着手：①挖掘神经病学学科特色。定位和定性神经病学诊断过程的特色，与其他学科存在较大的不同，它需要较高和严谨的逻辑推理能力。将严谨的逻辑思维方式融入教学，潜移默化地提高医学生的逻辑思维能力，培养学生严谨务实、实事求是的科研精神，为将来医学生相关工作打下良好基础。②挖掘我国神经病学家的先进事迹。以顾方舟攻坚脊髓灰质炎为例，介绍顾方舟攻坚克难的精彩故事，培养学生无私奉献和艰苦创业的精神，建立民族自尊心和自豪感，树立为民族远大理想奋斗的责任感。③挖掘世界医学前辈和神经病患者的先进事迹。以帕金森病患者拳王阿里为例，展现他自强不息、积极与疾病斗争的精神，培养医学生迎艰克难的积极人生态度，为其以后从医生涯树立坚定的人生信念 [2]。④挖掘神经病学治疗中国家政策层面的相关思政元素。如脑血管病属于高发病率、高致残性疾病，我国针对性提出慢性病门诊等政策，减轻相关患者及家庭经济负担。可由此进一步引申到国家医保政策层面，即国家为了减轻百姓就医困难，出台了相关政策，培养广大医学生对祖国的认同感和幸福感。⑤从特殊疾病的诊治中挖掘思政元素。以急性大血管闭塞性脑梗死机械取栓支架在中美贸易战所受影响为例，讲述生物医药等安全的重要性，培养广大医学生的国家安全观，培养从平民角度出发，保护祖国的安全。⑥建立共享思政素材库，并不断完善和丰富，举例见表1所列。

表1　神经病学教学内容与课程思政素材与思政主题的对应举例

教学内容	思政素材	思政主题
神经系统总论	以新冠感染神经系统表现为切入点，描述疫情防控期间医生的责任和担当	爱国主义、制度自信、敬佑生命
神经解剖	定位定性诊断	唯物主义、批判性思维

教学内容	思政素材	思政主题
脑血管疾病	以脑卒中为切入点，描述脑血管病残疾患者和医养结合新的医改政策以及慢性疾病防治的政策	制度自信、人文教育
运动障碍疾病	描述帕金森病患者拳王阿里的体育生涯和人生奋斗	体育竞技精神、积极人生态度
癫痫	从癫痫的临床表现及预后入手，描述患者所遭受的身体疼痛和家庭负担	人文教育
脊髓疾病	介绍脊髓疾病危害，引入顾方舟为中国脊髓灰质炎所做的贡献	奉献精神、创新精神、工匠精神
颅内感染和头痛	因中枢感染治疗周期长导致费用高，介绍我国医疗保障体系	制度自信
神经变性病	引入2021年人民英雄国家荣誉称号获得者、武汉金银潭医院张定宇院长的先进事迹	家国情怀、职业素养、责任担当
肌肉疾病	引入进行性肌营养不良患者轮椅学霸张济凡的先进事例，讲述"不认命"的励志故事	自强不息的人生态度

六、建立课程思政评价体系

以学生为中心，以成果为导向，构建课程思政教学评价体系、教师课程思政胜任能力评价体系、课程思政育人评价体系。

（一）神经病学课程思政教学评价体系

神经病学课程是课程思政的基本载体，课程思政是神经病学教学的一种重要目标。从教学目标、教学内容、教学方法及教学效果等角度出发进行评价。①教学目标的评价：考核课程大纲、教学大纲、教案等教学材料中是否包含课程思政目标。②思政教学内容评价：教学内容中是否包含思政主题，如敬佑生命、医者仁心、家国情怀、科学素养、人文关怀等主题。③思政教学方法评价：考核神经病学课堂及课堂外教学各环节（课堂教学、病例讨论、小组讨论、临床见习等）与思政元素是否有机结合，且方法是否恰当。不同教师阅历不同，不拘泥于统一标准，关键在于思政是否有机融入专业课程。避免思政内容机械植入，显得突兀，难以引起共鸣。

（二）教师课程思政胜任能力评价体系

《纲要》明确指出，全面推进课程思政建设，教师是关键。可从以下方面建立对教师的思政胜任能力评价[3]。①内容维度上，考察教师是否注重提炼神经病学教学中的思政元素。②时间维度上，考察教师是否善于把握思政教育的时机，即结合当下国家大事、时事、政策等。③空间维度上，考察教师是否善于发现教育场景，找准育人角度。④关系维度上，考察教师是否注重建立师生情感认同以及培养学生对思政教育的接受度。⑤技术维度上，考察教师是否能够把握知识传授与课程思政的高度融合。⑥考察专业教师是否注重提升自身的育人能力和育人意识。

（三）课程思政育人评价体系

可通过学生评价、同行教师评价和自我评价，三位一体评价课程思政教学育人效果[4]。

1. 学生评价

学生评价是对教师教学效果的评估手段，是对教师教学最直接的反馈。①通过问卷星等进行网络评价，此种方式可行性高且简便。可采用课前、课后问卷调查方式进行，节省人力和时间，结果易量化。其缺点是问卷设计要求全面和内容片面。②座谈会反馈。师生座谈会参加人员包括教学办、课程负责人、教学秘书、授课教师和学生代表。座谈会可以弥补网络评价的内容片面。

2. 同行评价

同行教师有丰富的专业教学知识和一定的教学经验,角度不一样,对课程效果的看法也不一样。可从不同的专业角度,结合具体教学内容和环境,进行合理和准确的反馈。同行教师在评价时,会学习他人长处,通过相互学习促进评价双方共同进步。

3. 自我评价

教师对自己的教学内容最了解,可通过自我反省做出有效评价。这就要求教师能正视自己在教学中存在的不足,借鉴别人经验并不断完善自我,使思想政治元素更好地融入神经病学专业课。

七、结语

新形势下,高等医学教育不仅旨在培养学生的专业能力,还承载立德树人的要求。将思政教育有机融于神经病学专业课程中,要坚持用习近平新时代中国特色社会主义思想铸魂育人。通过分析学科特点,找准存在的问题,深入挖掘思政元素,构建课程思政和专业课教育培养体系,建立课程思政融入神经病学专业课评价体系,多管齐下,从而贯彻和落实课程思政的思想,将学生培养成专业素质和思想政治素质兼备的优秀医学人才。

参考文献:

[1] 习近平在全国高校思想政治工作会议上强调:把思想政治工作贯穿教育教学全过程 开创我国高等教育事业发展新局面[J].教育文化论坛,2016,8(6):144.

[2] 王晓丹,纪勇.帕金森病 200 年史话[J].中国现代神经疾病杂志,2017,17(1):5-8.

[3] 沈燕琼,梁惠梅.英语专业课程思政建设评价指标体系构建[J].淮南职业技术学院学报,2022,22(6):48-50.

[4] 龚红霞,苏韫,刘永琦,等.课程思政教学体系在医学基础课中的构建与评价——以"医学微生物学"为例[J].教育教学论坛,2022,555(4):164-167.

电力系统继电保护课程思政教学实践

赵辛欣[1]

摘　要： 在高等工科教育的教学过程中引入思政元素，可以将专业课程的学习和立德树人结合起来。笔者以电气工程及其自动化专业的专业主干课程电力系统继电保护中的圆特性阻抗继电器为例，分析了如何在授课过程中引入思政元素进行教学设计，对课程思政的教学进行了探索和实践。
关键词： 圆特性阻抗继电器；距离保护；电力系统继电保护；课程思政一；课程基本情况

一、课程思政教学整体设计思路

电力系统继电保护介绍了电力系统重要的自动装置之一——继电保护装置构成和基本原理。当电力系统中任一元件发生故障或不正常运行状态时，继电保护装置可准确判断故障位置并动作于断路器跳闸或发出信号，力争让电力系统其他无故障部分继续安全运行。[1]继电保护装置动作于断路器跳闸改变电力系统的结构，可以隔离故障设备，它不仅速度快且改变系统结构是其区别于其他自动装置的重要特点。该课程结合继电保护课程内容上的特点从职业精神、辩证思维、科技创新等三个方面实施课程思政教学。

电力系统对继电保护装置的"四性"（可靠性、选择性、速动性和灵敏性）要求，需要学生有良好的职业素养，在未来的工作中努力保障电力系统的安全运行。

继电保护装置的设计过程中常常会遇到不同的辩证矛盾，需要运用辩证法的思维方式，合理处理矛盾，尽可能提升继电保护装置的技术性能。

科学技术的进步是推动人类历史前进的重要力量，通过介绍我国继电保护的发展和在国际上的水平，帮助学生建立"四个自信"，鼓励学生为我国未来继电保护的发展奋发努力。

二、课程思政教学方法及手段

电力系统继电保护课程于本科第6学期开设。在该学期，电气工程及其自动化专业本科生需要同时学习多门必修的专业核心课程，对于本科初学者而言，课程内容很抽象、难度高，需要理解和计算的内容多且复杂。教师在授课过程中可采用以下教学方法，如表1所列。

表1　课程教学法和实施

方法 / 手段	具体实施要点
讲授法	理论联系实际

1　赵辛欣，三峡大学电气与新能源学院讲师，硕士，研究方向为电力系统继电保护。

方法／手段	具体实施要点
演示法	展示电磁型继电器
随堂测试	巩固教学效果，作为考核依据
作业和讨论	结合电力系统中使用的主流继电保护装置，完成作业和讨论

笔者结合电力系统继电保护课程的内容特点，针对课程思政教学的总体思路，将课程思政的切入点、课程思政资源进行整理，如表2所列。

表2　课程思政切入点、方式和资源

课程思政	切入点、方式和资源
职业精神	切入点：各电气设备的保护对继电保护"四性"的要求； 方式：讨论在设计不同类型保护原理中"四性"需要考虑的不同影响因素； 资源：发电厂、变电所从事继电保护相关工作需要完成的日常工作，将未来在工作中需要完成的主要任务和教材的保护配置结合，讨论在完成工作任务的知识要点和注意事项
辩证思维	切入点：安全性和信赖性的矛盾、速动性和选择性的矛盾、继电器不同性能的矛盾等； 方式：理论联系实际，将不同类型电力网络、不同电力网络的发展阶段、继电器的不同使用场合进行对比分析； 资源：结合我国《继电保护和安全自动装置技术规程》GB14295-2以及主流继电保护装置说明书，探讨处理矛盾的最优方法
科技创新	切入点：继电保护发展简史、各章节介绍的不同类型的继电保护装置； 方式：讲授 资源：介绍继电保护发展简史和代表性设备、我国继电保护在国际上处于领先水平、微机保护装置研发的过程等

三、课程思政教学实施过程

教学内容：阻抗继电器及其动作区域；圆特性阻抗继电器的动作特性和动作方程；阻抗继电器的性能及其应用。

教学重点：圆特性阻抗继电器的动作特性和动作方程；阻抗继电器的性能及其应用。

学时：1学时。

教学内容设计如下。

（一）电力系统单线图和保护的阻抗复平面的识图方法，阻抗继电器的动作区域

阻抗继电器通过获取故障回路上的电压和电流计算得到的测量阻抗在没有误差因素影响的情况下，与线路单位长度的电抗值成正比，同时与刻线路的长度成正比。这样阻抗继电器通过比较测量阻抗和被保护线路阻抗的数值，就可以得知故障是否在保护范围内。

在电力系统中表示故障位置和保护范围用单线图（图1）清晰明了，但需要从数学上分析一个复数形式的测量阻抗，则需要将测量阻抗画在阻抗复平面上表示。

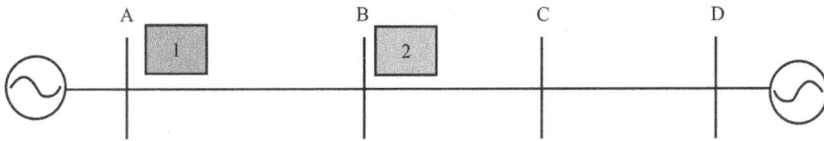

图1 电力系统单线图

为了将数学分析和确故障位置结合起来，需要将单线图逆时针旋转线路阻抗角画在阻抗复平面上，所研究的保护装置的保护安装处即坐标原点（图2）。为了便于在数学上分析，应将阻抗复平面坐标轴逆时针旋转线路阻抗角对应的角度，让实轴位于水平位置（图3）。

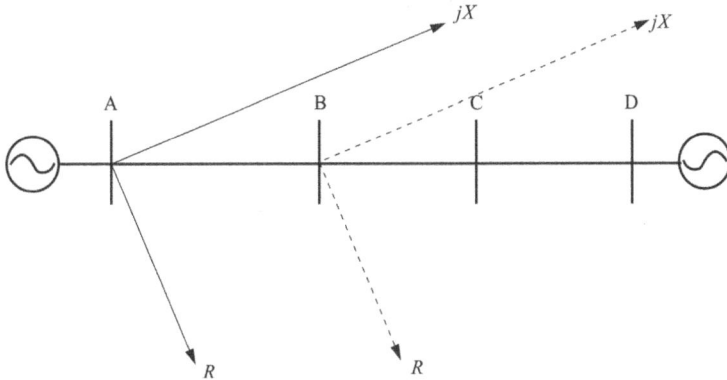

图2 单线图和阻抗复平面

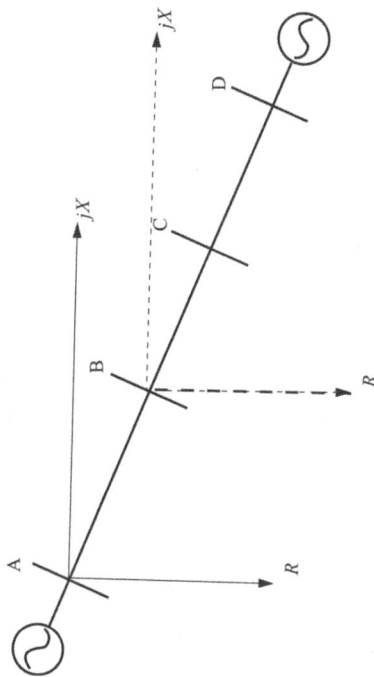

图3 旋转后的单线图和阻抗复平面

当继电器测量得到的测量阻抗落在阻抗复平面上的某个区域时，判为保护范围内部故障，给出动作信号，这个区域称为阻抗继电器的动作区域。

理想情况下，阻抗继电器的动作区域应为线路阻抗角上的一条线段（图4中矩形阴影部分），但在实际电力系统中由于多种因素的影响，一般在实际使用中需要将阻抗继电器的动作区域设置为一个区域（图4中虚线圆包围的区域），以保证即使有误差因素的影响，保护装置也不会拒动。常见的动作区域的形状有圆形、多边形等。

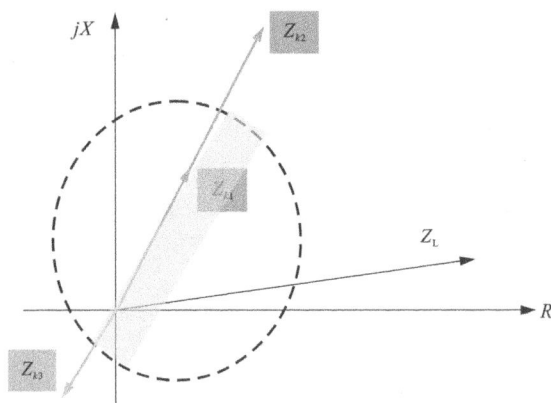

图4 阻抗继电器动作区域对比

　　将单线图和阻抗复平面结合起来，便于在阻抗继电器动作方程中实现将数学知识用于电力系统专业工程问题解决方案的比较与综合，支撑指标点1.4。

　　在实际电力系统发生短路故障时，继电保护装置感受到的故障位置会受到运行方式、过渡电阻、测量误差等因素的影响。在设计继电保护装置时，需要经过无数次的测试，保证区内任何故障都能准确动作，区外任何故障都不动作；在安装调试继电保护装置时，需要可靠接线，避免错误接线、虚接线的情况，安装完成后还需要对每个保护功能进行测试并做断路器联动测试，以确认安装无误；在日常维护工作中，如果出现缺陷，应及时消缺，以保障整个电力系统的安全稳定运行。设计、安装调试和日常维护是电气工程及其自动化专业学生未来可能从事的工作。在解决未来工作中复杂的工程问题时，学生不仅要有扎实的基础知识，并将理论联系实际，还要具备良好的职业素养，以及实事求是、精益求精、吃苦耐劳和坚韧不拔的工匠精神。

　　动作区域的不同形状代表了阻抗继电器设计中的多种方案，在实际工程问题中，工程师需要根据实际情况的不同要求选择不同类型的阻抗继电器，以发挥其最优性能，满足电力系统不同元件运行的需要。支撑指标点2.3：能认识到解决电力系统工程问题有多种方案可选择。

　　继电保护装置的发展经历了电磁型、晶体管型、集成电路型和微机型四个发展阶段。阻抗继电器的不同形状出现的时间先后顺序恰好与继电保护装置发展的不同阶段对应，有很强的历史感。例如，最基本的圆特性阻抗继电器是电磁型继电保护装置时代的代表。在电子技术和计算机技术并不是很发达的年代，电磁型的继电器实现电压形式的比较来对比两个参数的幅值是最容易实现的。由于当时科技水平的限制，为了解决实际电力系统中不同保护的需要，只能通过圆特性阻抗继电器来衍生。例如，将一簇圆特性阻抗继电器偏转不同的角度，来识别系统振荡状态。后来，随着科技的发展和计算机技术的成熟，阻抗继电器可以内置成为计算机存储器中的一段程序，用复杂数学方程表达的阻抗继电器也很容易实现，阻抗继电器的动作特性得以更加丰富，也具有更好的工作性能。

　　科学技术的进步是推动继电保护装置发展的重要力量，给电力系统的生产方式带来了深刻的变革。未来继电保护的发展必将紧跟科技创新的步伐，推动科学技术不断创新发展是发展社会主义事业的必然要求。

（二）圆特性阻抗继电器的动作方程

圆特性阻抗继电器的动作方程需要用数学方法在阻抗复平面上确定动作区域。动作方程有绝对值比较和相位比较形式。首先，用深入浅出的方式通过最基础的两种数学表达方式来表示圆，它们恰好分别可以作为绝对值比较和相位比较形式的数学依据。

①圆内和圆周上任意点到圆心的距离不大于半径（绝对值比较）；

② 90° 圆周角对应的弦是圆的直径（相位比较）。

以一个普通圆的数学方程的表达形式，推导出所有圆特性阻抗继电器绝对值比较形式和相位比较形式的动作方程的通用表达式，如下：

$|Z_m - Z_0| \leq R$（绝对值比较）；$-90° \leq \arg \dfrac{Z_1 - Z_m}{Z_m - Z_2} \leq 90°$（相位比较）。

上述两式中，Z_m 为圆面或圆周上的任一测量阻抗，也就是保护装置测量得到的阻抗，Z_0 为圆心对应的阻抗，Z_1 和 Z_2 为圆的直径与圆周两个交点对应的阻抗，R 为半径的长度（表3）。

由此指出确定圆特性阻抗继电器的关键是找到圆心的位置、圆的半径和直径与圆周的两个交点。

首先，通过课堂设疑的方式让学生按照已经推导得到的通用表达式，练习写出偏移圆特性、方向圆特性、全阻抗圆特性和上抛圆特性阻抗继电器（图5）的动作方程，引导学生主动掌握课程重要知识点。

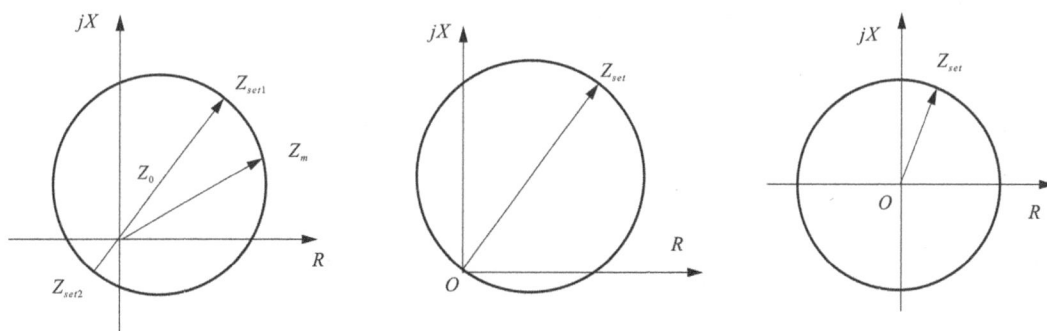

图5　不同的圆特性阻抗继电器及参数（课堂设疑）

表3　课堂设疑——圆特性阻抗继电器的动作方程参数

圆特性阻抗继电器	圆心阻抗 Z_0	半径	直径阻抗 Z_1	直径阻抗 Z_2
偏移圆				
方向圆				
全阻抗圆				
上抛圆				

然后，介绍这三种阻抗继电器的相关参数设置，如最灵敏角、偏移率等概念，并通过雨课堂

进行随堂测试（图6），巩固学习效果。

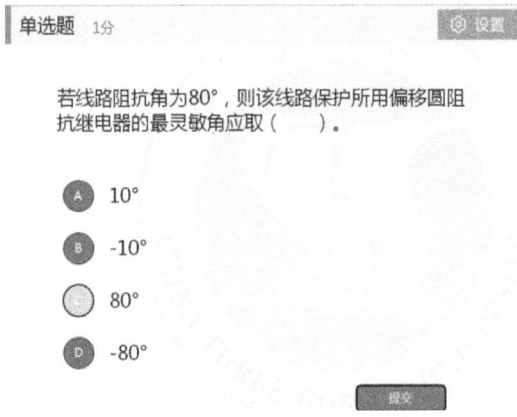

图6　雨课堂随堂测试题

这部分内容利用了具体的数学模型去描述实际的工程问题，不同的圆特性阻抗继电器预示着复杂工程问题的多种表达方式和解决方式。支撑指标点 1.4 和 2.3。

这部分内容为教学的重点，教师增加了互动环节，提升了课堂教学效果。

（三）阻抗继电器的性能及其应用

首先，利用图解的方式（图7）分析衡量阻抗继电器性能的四个主要指标。

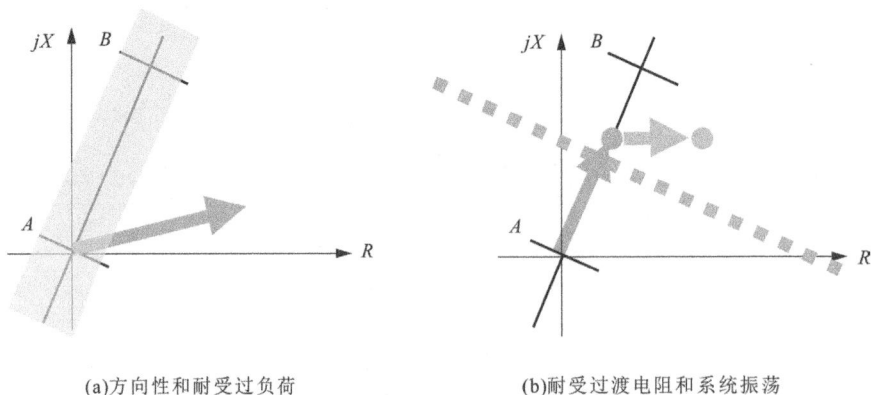

(a)方向性和耐受过负荷　　　　(b)耐受过渡电阻和系统振荡

图7　衡量阻抗继电器性能的四个指标图解

然后，得到四个主要指标的评价标准，如表4所列。

表4　评价阻抗继电器性能的四个指标

评价指标	评价标准
方向性	是否包含第三象限阻抗
耐受过负荷能力	实轴 +R 方向包含面积越小越好
耐受过渡电阻能力	实轴 +R 方向包含面积越大越好
是否受系统振荡影响	是否包含测量阻抗末端轨迹、长度

将已得到的评价阻抗继电器性能的指标，用于衡量已经得到动作方程的、不同圆特性阻抗继电器的特点，结合工程实际，得出它们分别适用于距离 I、II 或 III 段阻抗继电器。

接下来，将圆特性阻抗继电器的应用方式推广，得到不同性能的阻抗继电器。如图8所示的苹果型阻抗继电器有良好的耐受过渡电阻的能力，橄榄型阻抗继电器有良好的躲负荷能力，图9特性圆的偏转可以用于判断是否出现系统振荡。

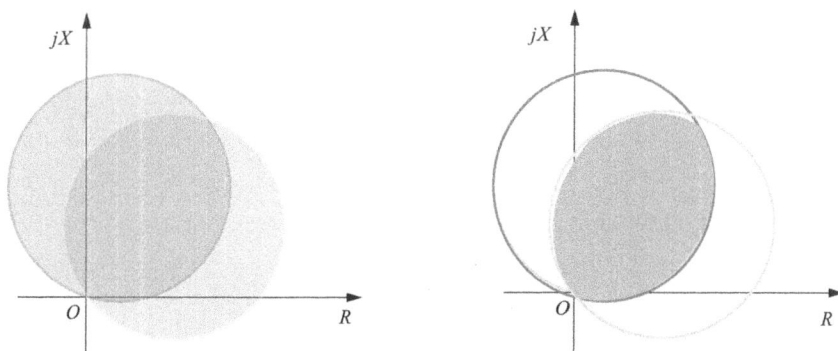

图 8　苹果型和橄榄型阻抗继电器

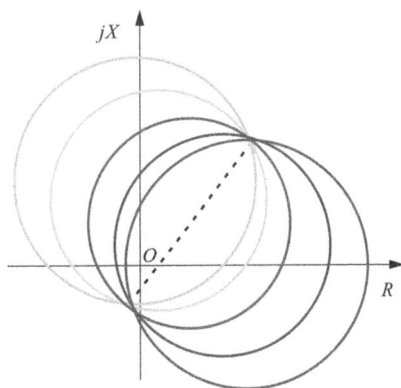

图 9　特性圆的偏转

从评价阻抗继电器性能的四个评价标准可以看出，耐受过负荷的能力和耐受过渡电阻的能力有着完全相反的评价指标，是阻抗继电器性能中固有的对立统一关系，也可以看作一对矛盾，这两个性能（矛盾的两个对立面）既相互对立又相互依存。

这要求在设计阻抗继电器时运用辩证法的思维方式，根据实际电力系统运行的需要，合理地处理这对矛盾，力求阻抗继电器有更好的性能指标。处理这样的矛盾并不容易，从对比苹果型和橄榄型的阻抗继电器可发现，当我们采用电磁型的保护装置时，想让这两个性能达到最优几乎是不可能的，提高耐受过负荷的能力，必然降低耐受过渡电阻的能力，反之亦然。

随着科学技术的发展，采用微机保护时，将这两个性能都优化的复合特性就很容易实现了。在微机保护中，可以通过程序将阻抗继电器的动作区域设置 $\alpha 1$、$\alpha 2$ 和 $\alpha 3$ 角度的倾斜（图 10），同时提高阻抗继电器耐受过负荷和耐受过渡电阻的能力，这样就很好地处理了阻抗继电器设计过程中的矛盾（对立统一），也推动了科技的发展。

最后，介绍复合特性的阻抗继电器。该阻抗继电器的动作特性综合考虑了多个性能指标的特点。微机保护装置通过调用存储器中的程序来实现阻抗继电器的功能，复合特性的阻抗继电器动作区域边界的数学方程比较复杂，而利用微机保护实现时，可以通过编程实现，这也是微机保护相对传统保护的一大优势。

微机保护装置是目前我国电力系统的主流保护装置。自 1984 年杨奇逊院士研制出我国第一套微机保护装置以来，我国微机保护装置在世界上一直处于领先水平，我国电力系统中使用的微机保护装置几乎全部实现了国产化，南瑞继保、北京四方、国电南自、许继、深圳南瑞等国内有名的微机保护企业有着很好的发展前景。电气专业的毕业生有广阔的发展空间，应苦练专业技术，为我国的继电保护发展添砖加瓦。

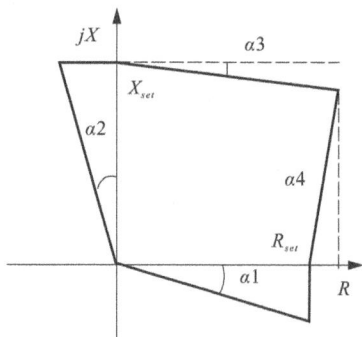

图 10　复合特性的阻抗继电器

从单个圆特性阻抗继电器到特性的复合，再到复合特性的多边形阻抗继电器，它们的发展过程均加入了针对电力系统的特定需求，越来越充分地考虑了阻抗继电器在使用过程中可能遇到的问题。如果学生未来从事继电保护相关研究时，应该重视电力系统的新发展趋势，在研究中体现创新意识，支撑指标点 3.2。

（四）课后作业

查阅南瑞继保 PCS-931GM（M）超高压线路成套保护装置技术和使用说明书第三部分软件工作原理中关于阻抗继电器的内容，举例并分析说明该保护装置所采用的保护原理相对于教材上对应的保护原理有什么改进。

四、课程思政教学效果

融入课程思政后，不仅培养了学生科学的思维方式和职业素养，也让课堂更加生动有趣。学生普遍反映课堂学习的过程更加轻松、高效。

五、课程思政教学反思

电力系统继电保护课程的知识结构，决定了在开展课程思政教学过程中，适合使用辩证法的思维方式培养学生科学的思维方式，同时我国继电保护装置的发展过程和现有成就更易让学生产生职业自豪感。教师在授课过程中，应注重用图形化的方式讲解知识，从而让学生形象地理解相应的复杂工程问题。

在后续的教学实施过程中，教师应同时从专业知识的讲解和课程思政元素的挖掘两方面继续努力。

参考文献：

[1] 张保会，尹项根 . 电力系统继电保护［M］. 北京：中国电力出版社，2010.

课程思政融入妇产科护理学"线上＋线下"混合式教学研究[1]

贺筠[2]　魏晶晶　兰玉婷

摘　要：构建融入课程思政的妇产科护理学"线上＋线下"混合式教学模式，探讨其应用效果。选取三峡大学健康医学院 2017 级 4401 班与 2019 级 4401 班两个班级的 69 名学生为研究对象，按照入学顺序以自然班级为单位分为对照组（$n=35$）和观察组（$n=34$）。对照组采用传统教学模式，观察组开展融入课程思政的"线上＋线下"混合式教学模式，课程结束后，对两组学生进行成绩考核，并且采用自主学习能力评价量表及学生满意度进行效果评价。课程结束后，观察组的理论成绩（88.79±5.07）、操作考核成绩（92.76±2.62）及总成绩（91.38±3.19）高于对照组的理论成绩（84.97±4.76）、操作考核成绩（90.97±3.19）及总成绩（88.61±2.90），差异有统计学意义（$P < 0.05$）；观察组自主学习能力在自我管理能力、信息能力和学习合作能力维度、总得分方面优于对照组（$P < 0.05$）；观察组学生满意度高。课程思政融入妇产科护理学"线上＋线下"混合式教学有助于提高教学质量，提高学生自主学习能力，学生满意度高。

关键词：课程思政；妇产科护理学；混合式教学

妇产科护理学作为护理学专业核心课程，旨在研究女性生殖系统生理和病理变化并提供相应身心护理[1]，是护理学科的重要组成部分。教育部 2019 年 10 月颁布的《关于一流本科课程建设的实施意见》明确指出了建设"一流课程"的总体要求、建设内容、组织管理等指导性的意见，要突出以学生为中心的教学设计，体现"两性一度"。妇产科护理学内容多，传统教学方法以教师课堂讲授为主，学生被动听课，一定程度上限制了其学习的积极性、创造性，不利于学生批判思维能力的培养[2]，也不利于一流课程的建设。三峡大学第二临床医学院妇产科护理学教研室在前期"PBL+CBL"双轨教学模式改革的基础上，依托长江雨课堂教学平台，构建了课程思政融入妇产科护理学混合式教学课程体系，开展了"线上＋线下"混合式教学实践，并对实施效果进行了评价，现总结如下。

一、研究对象

选取三峡大学健康医学院 2017 级 4401 班与 2019 级 4401 班两个班级，69 名学生为研究对象，按照入学顺序以自然班级为单位分为两组，2017 级 4401 班为对照组（$n=35$），2019 级 4401 班为观察组（$n=34$）。对照组男生 3 名，女生 32 名，年龄 21~23 岁，平均年龄（21.05±0.23）；观察组男生 4 名，女生 30 名，年龄 21~23 岁，平均年龄（21.02±0.20）。两组学生的一般资料对比

1　三峡大学 2021 年课程思政专题项目（K2021029）。

2　贺筠，三峡大学第二临床医学院主任护师，研究方向为妇产科护理。

分析后无差异（$P > 0.05$），具有可比性。两组学生均为国家高考统招录取四年制护理本科。

二、研究方法

采用教材为安利彬、陆虹主编的《妇产科护理学》。

（一）研究内容

1. 教学环节

依托长江雨课堂教学平台，以 BOPPPS 教学模式为基础，丰富教学环节，分别从课前预习、导入、学习目标、前测、参与式学习、后测、总结方面逐层优化，并加入线上讨论、答疑等环节，构建"线上 + 线下"混合式教学体系。

2. 课程思政

在教学的同时，融入课程思政，以提升思想品德和人文素养，敬畏生命，热爱医学，加强社会责任感，塑造正确的价值观。

（二）教学设计与实践

妇产科护理学为护理专业本科生的专业必修核心课程，共 48 课时，其中理论讲授 24 课时，实验 20 课时。理论课按照 BOPPPS 教学模式开展，持续沿用"CBL+PBL"双轨教学课堂，同时融入课程思政内容，强调师生之间的互动和教学反馈；实验课开展沉浸式课堂，选择情景实训、案例教学、实物示教、观看录像、仿真训练、小组讨论、自学互助等教学方法，鼓励学生全方位参与、沉浸式体验，充分体现以学生为中心的教学理念。

现以"第四章 妊娠期妇女的护理"为例，以 BOPPPS 教学模式介绍理论课教学过程。

1. 课前预习

在上课前 2～3 天，将课前预习资料通长江雨课堂发布到班级，引导学生自主学习。课前预习内容包括但不限于教师自制课件、中国大学 MOOC 国家精品课程视频资源、医学科普链接、相关指南及专家共识等。学生将预习中遇到的问题记录下来，参与课堂提问及讨论。

2. 导入（Bridge-in）

教师利用导入环节帮助学生了解将要学习课程的内容，激发学生的学习兴趣，让学生积极主动配合教师进入学习状态。课堂开始展示几个与妇产科有关的甲骨文字，让学生猜一猜，通过"女、母、娩、乳、育"等文字的演变，让学生感受到中国造字文化的精髓，提升文化自信。

3. 学习目标（Objective）

学习目标的制定必须是具体明确的叙述，是客观或者可以衡量的，根据教学大纲设计知识、能力、思政教育三维教学目标，阐明重难点。该章节，学生的学习目标包括以下几个方面。一是知识层面：①掌握妊娠生理、胎产式、胎先露、胎方位、围产医学的定义；②掌握胎儿附属物的结构；③掌握早中晚期妊娠诊断的依据。二是能力层面：①掌握产前检查的方法；②运用所学知识为孕妇制订整个孕期健康教育计划；③掌握预产期的推算，判断先兆临产；④运用所学知识，引导临产妇缓解不适感。三是价值层面：①理解女性在孕期各阶段身体、心理的变化，体会孕妇的不易；②孕期健康教育，帮助孕妇及其家庭做好分娩前准备，促进母婴健康。

4. 前测（Pre-assessment）

通过课前预习及前测了解学生已有的基础和学习能力，教师据此调整进度和深度，明确从何教起，以及如何体现以学生为中心。该章节前测内容主要包括三个部分：①女性生殖内生殖器解剖位置；②受精、卵受精输送与发育、着床、蜕膜形成的概念，③对于胎产式、胎先露、胎方位、围生期等概念的理解。

前测是在上课前三天通过长江雨课堂平台发布，设置完成的时限，教师可动态掌握学生预习完成的情况以及前测正确率、"不懂"的占比率，并据此合理、灵活地调整授课内容。

5. 参与式学习（Participatory Leaning）

课堂中教师鼓励学生积极参与教学活动，通过分组讨论、停顿思考、情景模拟、体验式教学增强课堂氛围和教学效果，并根据前测信息及时调整教学设计，并实施于课堂即时评价，如小测验、互动区提问、抢答、随机点名回答。

"妊娠期妇女的护理"章节中共设计了三种参与式环节：① 3D视频：精子的旅行（受精—着床—胚胎发育—宫内生长—婴儿出生），5分钟的视频，学生在观看过程中，全程集中注意力，课堂气氛非常活跃，提高了学习兴趣；②小组讨论：在讲到"蜕膜的形成"内容时，抛出新闻——新生儿出生时手握避孕环。对该专业知识不了解的人会相信该新闻，觉得是趣谈，但真正学了妊娠后子宫内膜的变化和解剖后，学生能够利用所学知识理性分析问题，从而培养学生的思辨能力及知识转化能力；③参与式体验：胎儿发育和妊娠期母体变化环节，教师展示"教具"——不同种类、不同大小和重量的水果、气球、软枕等，让学生将数据与实物相对应，更能够直观地了解胎儿发育的过程变化；通过扮演孕妇做站、立、蹲、起等动作，让学生感受孕妇身体的变化，同时体会怀孕的不易。

6. 后测（Post-assessment）

后测的目的是评估教学效果，帮助教师了解学生对所学内容的掌握情况。对于实记型内容，可采用选择、判断、填空等客观题；对于理解型内容，可采用简答、思维导图、线上讨论等方式。还可以将课前预习出错率较高的题再次给学生做，以巩固知识点。

课后讨论：通过学习平台发布与授课内容相关的话题，本堂课结束后的讨论话题是"女性在怀孕之后，会有哪些变化？（身体、心理、家庭、社会环境……）结合所学知识、生活经验、影视作品等展开讨论，也可以抛出你对此阶段的困惑和疑问。"

7. 总结（Summary）

在课后总结过程中，教师应帮助学生反思并整合学习的内容，对学生之间的讨论交流进行点评，并对学生的努力和学习状态给予充分肯定，有利于学生保持良好的状态，更好地投入后续的学习互动中。

8. 以艾宾浩斯遗忘曲线规律夯实理论知识

根据注明的艾宾浩斯遗忘曲线理论，将实记型基础知识点按照"巩固节点"线上推送，让学生利用碎片化时间记忆，不会占用学生太多时间和精力，学生反响较好。

9. 教学过程中，融入课程思政

妇产科护理实践常涉及护理对象的隐私，护士要尊重患者，保护其隐私，加强人文关怀，应具备较强的同理心和情绪感知能力。经过深度挖掘，笔者从医学人文、社会热点、辩证思维、政策法规等多方面提炼思政元素，有机融入课堂。具体课程思政教学方案见表1所列。

（三）教学效果评价

1. 学生成绩评价

对学生采用形成性、系统性、多元化评价方式，从知识、技能、综合素养全方位考核。学生成绩由平时成绩（30%）、期末理论考试成绩（50%）、实验操作成绩（20%）组成。其中，平时成绩包括：①知识评价：课后习题、阶段性测验；②综合素养评价：PBL课堂表现、话题讨论、人文关怀、专业素养等。期末理论考试采用闭卷电脑机考形式，试卷由妇产科护理学教研室编制；实验操作成绩操作考试采用统一的操作评分细则进行考核。

表1　妇产科护理学课程思政实施方案

对应章节	知识点	思政目标	思政素材	课程思政点	教学方法
第一章	妇产科学发展护理学发展	职业情感人文素养	万婴之母——林巧稚高尚的职业道德、爱国情怀	妇产科医学泰斗德高望重、医术高超、热爱医疗事业，是我们学习的榜样	影视片段导入教学法
			提灯女神——南丁格尔	南丁格尔精神体现了人文关怀	
第三章	盆腔检查	人文素养	妇产科郎景和院士说："医生给患者开出的第一道处方是关爱；查诊过程中要注意人文关怀，天冷的时候我们不要直接用冰凉的手接触患者身体，可以搓搓手暖手"	在与患者做检查的时候，充分体现人文关怀	情景模拟体验式教学
第四章	妊娠期管理	政治认同	《中华人民共和国母婴保健法》、出生缺陷防治及免费新生儿筛查	让学生深刻理解我国对母婴健康的高度关注，体现以人为本的执政理念	政策法规解读
第五章	分娩期女性的护理	家国情怀社会责任	中国妇幼健康事业发展报告	了解目前国家的剖宫产率，国家提倡自然分娩，以及自然分娩对产妇、婴儿、社会等方面的好处	政策法规解读启发式教学法
第六章	产褥期护理	职业素养评判性思维	"中国式"坐月子传统陋习	与学生一起讨论坐月子传统陋习，培养学生的评判性思维、尊重科学、循证护理理念	同伴引导讨论分享
第七章	高危妊娠的评估	政治认同责任使命关注民生	孕产妇"五色管理"、孕产妇死亡评审制度、脱贫攻坚战	让学生了解国家为了保障母婴健康所的举措，让学生感受到国家实现全面脱贫的决心，政策法规充分体现社会主义制度的优越性；深刻理解中国共产党人民至上的情怀，让青年人梳理敬畏生命、敬畏规则的人生观	政策法规解读启发式教学法
第八章	早产	责任使命博爱仁心关注民生	世界早产儿日：为倡导人们更多关注早产儿的生存与发展，采取有效行动，降低早产导致的疾病与死亡风险，2012年由世界卫生组织呼吁，将每年11月17日设为世界早产儿日	国家卫生健康委妇幼司在2016年将"有爱，有未来"设立为世界早产儿日中文永恒主题，旨在呼吁全社会关爱早产儿及其家庭，提高早产儿生命质量，促进母婴健康	影视片段导入教学法
第九章	胎儿窘迫前置胎盘	职业素养救死扶伤的责任使命	纪录片《生门》故事：生死时速——孕妇中央型前置胎盘、双胎、重症糖尿病，保大还是保小，费用超出预算，铁汉柔情，泪洒病房；医生、护士、病友、家人、朋友捐款救助	敬畏生命，不轻言放弃生命，医疗团队有专业度、有温度、有态度	影视片段导入教学法

对应章节	知识点	思政目标	思政素材	课程思政点	教学方法
第十章	妊娠合并病毒性肝炎	政治认同 责任使命	乙型肝炎病毒母婴传播预防指南、新生儿免费接种联合疫苗	该举措充分体现了国家的大健康战略	陶冶式教学（热点分析、反思讨论）
第十一章	异常分娩	职业素养 救死扶伤的责任使命	宜昌新闻：救护车成临时产房 孕妇顺利产下龙凤胎	医护团队快速反应，对产妇和婴儿进行处理，因为救治及时，产妇和婴儿均健康平安	陶冶式教学（热点分析、反思讨论）
第十二章	产后出血	职业素养 救死扶伤的责任使命	纪录片《生门》故事：产妇产后遭遇血崩，全体医护人员开始了一场惊心动魄的子宫保卫战	让学生对产后出血有更加直观的了解，在护理工作中，对产妇病情变化的观察和快速处置尤为重要；培养学生的责任感与职业素养	影视片段导入教学法
第十三章	产后抑郁	博爱仁心 关注民生	产后抑郁导致的悲剧（热点新闻）爱丁堡产后抑郁量表	与学生一起讨论产褥期妇女心理上的变化及护理观察要点	陶冶式教学（热点分析、反思讨论）
第十四章	子宫颈炎症	作风正直 职业素养	莆田系机构对妇科疾病的过度医疗行为、朋友圈及电商平台三无"私护"产品的野广告泛滥……	让学生懂得识别莆田系机构，对不正当过度治疗和微商私护产品售卖乱象说不	陶冶式教学（热点分析、反思讨论）
第十四章	性传播疾病	责任使命 性教育	性传播疾病、艾滋女生日记	对学生展开性教育，让学生认识到洁身自爱、自尊自强的重要性，树立正确的恋爱观、性爱观、人生观，不歧视艾滋病人	陶冶式教学（热点分析、反思讨论）
第十五章	绝经综合征	感恩之心	母亲节——5月的第二个星期日	敬重母亲，弘扬母爱的母亲节，让学生关怀自己的母亲，了解母亲在更年期的一些症状，并列出生活中护理的要点	同伴引导讨论分享
第十六章	妊娠滋养细胞肿瘤	科学精神 探索创新 严谨求学	宋鸿钊院士及其团队的事迹	让学生了解中国的医疗团队在现代医学领域对全世界做出的伟大贡献，以及宋鸿钊及其团队潜心研究、不畏艰难、医者仁心的事迹鼓舞着我们	陶冶式教学（案例分享、反思讨论）
第十七章	宫颈癌	政治认同 社会责任	宫颈癌筛查、HPV疫苗、新冠疫苗免费接种	从两癌筛查引入HPV疫苗，同时引出新冠感染疫苗的研制，以及全民免费接种疫苗，从而用事实证明生命权是最高的"人权"，为中国点赞	政策法规解读 启发式教学法

对应章节	知识点	思政目标	思政素材	课程思政点	教学方法
第十八章	手术患者的护理	心怀敬畏人文素养	介绍妇产科专家——郎景和院士，及其著作和经典文学作品	医学与人文：真善美是做人的追求，医学体现了健康之美、生命之美、至善之美、仁爱之美，医务工作者要敬畏生命、敬畏患者、敬畏医学、敬畏自然，要警惕过度诊断和过度治疗，警惕技术进步与人文理念的疏离	陶冶式教学（案例分享、反思讨论）
第十九章	妇女保健	政治认同责任使命关注民生	《女职工劳动保护规定》	让学生了解国家为了维护女职工的合法权益，减少和解决女职工在劳动和工作中因生理特点造成的特殊困难，保护其健康，以利于社会主义现代化建设而制定的此规定	政策法规解读启发式教学法
第二十章	辅助生育技术	心怀敬畏作风正直	"代孕"风波其中涉及的法制与伦理	讨论关于"代孕"的法律及道德问题，让学生理解医学问题的社会性、法律及道德层面的问题，拓宽学生的视野、开阔思路，并树立正确的三观	陶冶式教学（案例分享、反思讨论）
		责任使命关注民生	计划生育、独生子女政策，导致高龄失独群体的出现	因为高龄失独，生育能力下降，无法正常妊娠，只能通过辅助生殖技术，通过医学助孕，达到再生育的目的	陶冶式教学（案例分享、反思讨论）
第二十一章	人工流产	责任使命关注民生	人工流产相关数据：中国每年记录在案的人流手术至少1 300万例；在这些流产女性中，半年内重复流产（约占45%）、多次人工流产（约占55.9%）、流产人群日益低龄化（25岁以下的约占50%，最小人流发生年龄为13岁）成为高危流产的前3位	对学生进行性教育，指导学生正确处理男女关系，形成良性交往，具备自我保护的能力，以健康、负责、科学的态度对待爱情、婚姻、新生命及生活	陶冶式教学（案例分享、反思讨论）
		责任使命关注民生	"十四五"生育政策的新变化、《人口与计划生育法》	关注中国人口老龄化、持续走低的生育率等问题	政策法规解读启发式教学法
	计划生育政策	责任使命关注民生	国家放开二孩、三孩政策	因为人口下降，国家鼓励生育，而很多年轻女性因为缺乏相关的性知识，没有保护好自己，导致过度人流或错误地使用流产方式，从而导致生育力的减退和丧失；让学生了解到，作为医务人员，他们有责任和义务对周围群众进行宣传和科普，帮助人们树立正确的认识，更好地保护自己	政策法规解读启发式教学法

2. 自主学习能力

采用姜安丽和林毅[3]编制的护理专业大学生自主学习能力测评量表进行评价。该量表包括 28 个条目，由自我管理能力、信息能力和学习合作能力组成，采用 Likert 5 级评分法，"完全不符合"到"完全符合"一次计 1～5 分，得分范围为 28～140 分，分值越高说明自主学习能力越强。该量表 Cronbach's α 系数为 0.86，具有较好的内容效度和结构效度。教师于开课前和结课后以"不记名"形式发放问卷，问卷有效回收率为 100%。

3. 教学满意度

学期末，教研室针对该课程对学生进行了满意度调查，内容涉及课程总体满意度、激发学习兴趣、课堂氛围、师生关系、提升学习效果及综合能力等方面，评价包括"非常不满意""不满意""一般""满意""非常满意"5 个选项。最后为课程结束后的感悟（主观题）。

（四）统计方法

采用 SPSS 22.0 统计学软件对资料进行数据分析，计量资料采用均数 ± 标准差（$\bar{x} \pm s$）表示，组间比较采用两独立样本 t 检验，教学前后学生自主学习能力得分比较采用配对样本 t 检验，以 $P < 0.05$ 为差异有统计学意义，计数资料采用频数及百分比表示。

三、结果

（一）学生成绩评价

比较两组学生成绩，观察组学生的理论成绩、操作成绩和总成绩均优于对照组（$P < 0.05$），平时成绩两组比较差异无统计学意义（$P > 0.05$），如表 2 所列。

（二）教学前后自主学习能力得分比较

将观察组学生在课程思政融入"线上+线下"混合式教学模式前后的自我管理能力得分、信息能力得分、学习合作能力得分及总得分进行比较，出现：观察组学生的自我管理能力得分、信息能力得分、学习合作能力得分及自主学习能力总得分分别为（38.32±3.77）分、（45.74±3.46）分、（21.85±5.37）分、（105±6.63）分，高于实施前各项得分〔（34.91±3.10）分、（43.15±3.39）分、（17.91±5.28）分、（95.97±6.10）分〕（$P < 0.05$），且均优于对照组实施后各项得分〔（34.89±4.92）分、（43.80±2.85）分、（18.80±5.86）分、（97.49±8.99）分〕（$P < 0.05$）差异有统计学意义（$P < 0.05$），如表 3 所列。

表 2 两组学生成绩比较（$\bar{x} \pm s$，分）

组别	人数	平时成绩	理论成绩	操作成绩	总成绩
观察组	34	94.76±3.08	88.79±5.07	92.76±2.62	91.38±3.19
对照组	35	94.17±3.42	84.97±4.76	90.97±3.19	88.61±2.90
t		0.757	3.232	2.546	3.776
P		0.451	0.002	0.013	0.000

表3　两组不同教学方法实施前后学生自主学习能力比较（$\bar{x} \pm s$，分）

组别	时间	自我管理能力	信息能力	学习合作能力	总分
观察组	实施前	34.91±3.10	43.15±3.39	17.91±5.28	95.97±6.10
	实施后	38.32±3.77	45.74±3.46	21.85±5.37	105±6.63
	t	-4.421	-2.964	-4.234	-8.092
	P	0.000	0.006	0.000	0.000
对照组	实施前	33.34±5.67	42.63±3.46	19.66±4.83	95.63±11.11
	实施后	34.89±4.92	43.80±2.85	18.80±5.86	97.49±8.99
	t	-2.080	-1.754	3.688	0.128
	P	0.056	0.088	0.056	0.066
两组实施前比较	t	1.420	0.628	-1.434	0.158
	P	0.160	0.532	0.156	0.875
两组实施后比较	t	3.252	2.541	2.255	3.940
	P	0.002	0.013	0.027	0.000

（三）教学满意度

课程思政融入妇产科护理学"线上＋线下"混合式教学模式实施后，对于课程总体满意度，47.06%的学生表示非常满意，44.12%的学生表示满意，8.82%的学生表示一般；对于激发学习兴趣的评价，41.18%的学生表示非常满意，50.00%的学生表示满意，8.82%的学生表示一般；对于课堂氛围的评价，44.12%的学生非常满意，44.12%的学生满意，11.76%的学生表示一般；对于师生关系方面评价，52.94%的学生表示非常满意，35.29%的学生表示满意，11.76%的学生表示一般；对于提升学习效果及综合能力方面评价，44.12%的学生表示非常满意，47.06%的学生表示满意，8.82%的学生表示一般。以上结果表明，学生对于课程思政融入妇产科护理学"线上＋线下"混合式教学模式效果较为肯定。详见表4所列。

表4　观察组学生对课程思政融入妇产科护理学混合式教学模式的评价（$n = 34$）

项目	非常满意	满意	一般	不满意	非常不满意
课程总体满意度	18（52.94）	14（41.18）	2（5.88）	0（0.00）	0（0.00）
激发学习兴趣	14（41.18）	17（50.00）	3（8.82）	0（0.00）	0（0.00）
课堂氛围	15（44.12）	15（44.12）	4（11.76）	0（0.00）	0（0.00）
师生关系	18（52.94）	12（35.29）	4（11.76）	0（0.00）	0（0.00）
提升学习效果及综合能力	15（44.12）	16（47.06）	3（8.82）	0（0.00）	0（0.00）

四、讨论

（一）思政融入混合式教学，提高了教学效果

学习成绩是体现与反映学习效果和教学质量的重要指标之一。该研究结果显示，观察组理论、操作考试成绩高于对照组（$P < 0.05$），期末总成绩高于对照组（$P < 0.05$）。思政融入混合式

教学模式提高了学生的成绩，分析其原因，可能与混合式教学模式可充分发挥在线自主学习和线下面对面教学的优势有关[4]。线上教学平台可使师生互动性增强，同时以艾宾浩斯遗忘曲线理论为指导的知识点推送：建设知识点试题库，线上投放，让学生不断巩固所学内容，对知识点的掌握更加牢固。线下教学可融入小组讨论、案例分析、情景模拟、观看视频等多种教学方式，增加教学的趣味性，学生课堂参与感强。线上预习—线下教学—线上巩固混合式教学过程中，以专业知识为载体，融入课程思政，将课程思政融入线上、线下，能给学生留下充足的思考时间，打破了课堂教学时间和空间的局限[5]，有效地拓展了课堂，突破了传统教学的壁垒，提升了学习效果。

（二）思政融入混合式教学，激发了学生自主学习的动力

研究结果显示，观察组学生在实行课程思政融入"线上+线下"混合式教学模式后，自主学习能力总分及各维度得分均高于实施前，差异有统计学意义（$P < 0.05$）。说明思政融入混合式教学能激发学生自主学习的动力，这与杨亚宁[6]等人的研究结果一致。分析其原因，可能与新的教学模式能激发学生自主学习意识有关[7]，基于 BOPPPS 教学模式的应用让教师和学生在教学活动中逐渐形成了主动学习的习惯和默契；同时，开展小组合作性参与式学习，让组内学员发挥了小组的督促机制，增强了自律性，提高了学生自我管理能力、信息获取能力和学习合作能力等综合素质。

（三）思政融入混合式教学，学生的满意度高

该研究教学满意度调查结果显示，94.12%的学生表示对课程满意，在激发学习兴趣、课堂氛围、师生关系、提升学习效果及综合能力等方面的评价都非常高，说明学生认为思政融入混合式教学模式非常好，与国内研究结果[8]一致。分析其原因，可能与打破传统教学模式有关，教学理念从以教师为中心向以学生为中心转变，思政融入"线上+线下"混合式教学模式让学生的满意度高。

参考文献：

[1]陈爱香，秦志萍.混合式教学模式用于妇产科护理学课程的实践效果研究［J］.护理研究，2019，33（6）：1023-1028.

[2]邱萍萍，胡蓉芳，林晓云，等.叙事教学在本科妇产科护理学课程中的应用［J］.中华护理教育，2019，16（2）：114-118.

[3]姜安丽，林毅.护理专业本科生自主学习能力的概念和构成研究［J］.中华护理杂志，2005（2）：52-54.

[4]彭宇，沙丽艳，董建俐，等.基于SPOC的混合式教学在护理专业教学中应用效果的系统评价［J］.中华护理教育，2021，18（5）：446-451.

[5]李津，张婧珺，杨磊，等.护理学导论"线上+线下"混合式"金课"建设［J］.中华护理教育，2021，18（9）：773-776.

[6]杨亚宁，朱萍，廖碧珍，等.基于慕课的混合式教学在妇产科护理学课程中的应用［J］.中华医学教育探索杂志，2017，16（9）：886-891.

[7]张云，谭素敏，梁欣蕾，等.妇产科护理学"线上+线下"混合式"金课"建设和实践［J］.卫生职业教育，2023，41（8）：78-81.

[8]张瑞花.混合式教学在妇产科护理教学中的实践研究［J］.卫生职业教育，2020，38（10）：112-114.

第四部分

肾脏临床病理讨论在临床医学内科学
规培生教学中的体会 [1]

朱平 [2]　谢莉　谢宗兰　张明华　李丽华　宋志霞　杨林　贾中尉

摘　要： 肾脏病理是肾脏病学的基础，但其内容繁多、概念抽象，不易被学生掌握。在临床规范化培训学生教学实践中开展肾脏临床病理讨论，可强化临床住院医师规范化培训学生对肾脏病理理论知识的理解，深化和巩固教学效果，提高学生融会贯通相关学科知识的能力，及时更新自身专业知识结构。目前，肾脏临床病理讨论仍以临床带教教师为主导，学生缺乏积极主动性。今后，应将以问题为基础的学习法和以成果为导向的学习法相结合，精选病例，科学提问，归纳总结，从而提高临床病理讨论在临床医学内科学中的教学效果。

关键词： 临床病理讨论；住院医师规范化培训；肾脏病理；内科学

临床病理讨论（Clinicopathological Conference, CPC）始于 20 世纪初的美国哈佛大学医学院，最初由单一临床医生病例教学发展而来，是指临床医生和病理医师共同参加研讨教学，对疑难病或有学术价值的尸检病例的临床表现及其病理检查结果进行综合分析、讨论，以明确临床诊断与病理诊断是否相符、治疗措施是否合适、诊疗错误造成的后果是否涉及医务人员的责任，分析患者死亡的原因和机制等。其目的在于汲取诊治经验教训，提高诊治水平，促进医学诊疗科研及教育事业的发展。

在临床教学中引入 CPC，有利于住院医师规范化培训学生掌握诊断疾病和治疗疾病的要点，巩固加深对已学理论知识的理解，提高应用能力和临床思维能力。住院医师规范化培训学生参与 CPC，是培养学生独立思考问题、分析问题、解决问题的好方法，要求学生综合运用所学知识，分析、理解临床实际问题，从病理角度做出诊断性的结论，同时从临床角度为病理的改变提高疾病病理生理过程的科学演变，为学生养成良好的、正确的临床思维方法打下基础。

一、临床病理讨论是联系临床与病理的桥梁

病理学是研究疾病的发生发展规律、阐明疾病本质的一门基础医学学科，对临床医学生来说，病理学是基础医学与临床医学的连接纽带。肾脏病理学具有概念繁多、内容抽象的特点，是内科学规培生培养的难点 [1]。此外，不同的肾脏疾病可能有相似的病理表现，所谓"异病同形"，或在同一疾病有不同的病理表现，所谓"同病异形"，这就要求内科学规培生要将肾脏病理与病史、临床表现、其他辅助检查结果结合起来，形成正确诊断 [2]。传统授课教学缺乏病理与临床的联系，缺乏横向思维，不利于学生对肾脏病理知识的理解和掌握，难以达到理想的教学效果。而肾脏临

1　三峡大学 2020 年高教研究项目（GJ2017）。

2　朱平，三峡大学第一临床医学院副教授，博士，研究方向为教学方法创新。

床病理讨论能增强学生对肾脏病的理解和认识,增加肾内科带教的效果。因此,有必要在肾脏病理教学过程中引入更有效的教学方法,更好地让规培生有效掌握肾脏病理知识和肾脏病临床特点。

二、肾脏病理在肾脏病临床学习中的意义

肾脏病理学是肾脏疾病诊断、治疗、评估预后以及相关科学研究的基石[3]。1944 年,瑞典Alwsll 医生首次成功地对非肿瘤肾脏病患者实施了经皮肾穿刺活检术。随后,肾穿刺的方法和流程不断得到改进和优化,免疫病理、分子生物学和电镜技术的蓬勃发展和引入肾活检病理检查,极大地提高了人类对肾脏疾病的认识。目前,肾活检已成为临床上常规的检查手段,肾脏病理则成为公认的肾脏疾病诊断"金标准"。因此,掌握肾脏病理学诊断对提高肾脏内科医师水平具有至关重要的作用。

三、肾脏病理是内科学规培生带教的难点

在内科学规培生临床带教过程中,肾脏病理因专业性强、分类烦琐、概念抽象而常让学生望而却步,传统的教学模式往往无法使学生全面深入地掌握相关知识,纵使为应试而强迫记忆,随着时间的推移常很快遗忘,更无从谈论在临床轮转工作中熟练运用。随着肾脏疾病的发病率越来越高,发病趋向年轻化,熟练掌握肾脏病理无疑是住院医师规范化培训的重要一环。

肾脏病理学是肾脏疾病诊断、治疗、评估预后以及相关科学研究的基石,已成为公认的肾脏疾病诊断"金标准"。但肾脏病理学是一门临床实践性很强的学科,其概念繁多、内容抽象,与临床诊治过程密切相关,因此授课难度及学生学习难度极大[4]。传统以授课为基础的教学方法(Lecture-Based Learning, LBL)缺乏病理与临床的联系,缺乏横向思维,不利于学生对肾脏病理知识的理解和掌握,难以达到理想的教学效果。

近年来,临床病理讨论在病理学教学中得到广泛应用,有的在理论教学中利用临床病例及其问题引入新的知识点,有的在一个系统疾病讲解完之后导入病例进行综合分析,有的采用辩论式、汇报式等方法进行临床病理讨论。有研究表明,在病理学教学中引入临床病理讨论,有助于学生把病理基础知识和临床实践紧密结合,为培养学生正确的临床思维打下良好基础。黎昌强等人的研究表明,临床病理讨论联合基于问题学习(Problem-Based Learning, PBL)教学模式,可以提高学生的学习兴趣,调动学生的主观能动性和积极性,有助于培养学生的临床思维能力。临床病理讨论以其独特的优势,在病理学教学中应用得越来越广泛。

四、临床病理讨论在临床带教中的注意事项

临床病理讨论这种教学方式能提高学生对枯燥肾脏病理的学习兴趣,增强其对病理与临床现象的理解,对提高学习肾脏病理的效果显著[5]。以下为笔者开展肾脏临床病理讨论的教学模式,提高学生理解和掌握肾脏病理及临床知识的几点体会。

(一)优选案例

选择教学案例是案例教学法的基础,目的是通过案例加深学生对肾脏病理学习中重点和难点的理解,并能利用所学理论知识进行横向联系,融会贯通,使学生的诊断思维由局部向整体扩展,提高学生分析和解决问题的能力。好的教学案例需要满足以下三要素:切合主题、难易适度、生动典型。教师根据授课计划选择相应主题,并根据主题寻找典型病例。教学案例要有一定的难度

和拓展空间，如此可激发学生的兴趣，深入学习。但教学案例不是临床疑难病例讨论，不宜难度过大，毕竟讨论对象是刚入临床的规培生。好的教学案例来自有代表性的临床实例，有助于学生将所学知识融入真实的医疗环境，掌握和体会应用所学理论知识治疗疾病的过程。

（二）课前引导

案例教学法要求学生具备一定的理论基础。肾脏病理的教学对象主要为临床规培生。尽管他们在大学时期学过大体的病理知识，但肾脏病理专业性很强，他们掌握的肾脏病理知识仍较薄弱。只有掌握了肾脏病理理论知识，才能充分开展案例教学。因此，在案例教学前，教师需对相关知识进行系统性的讲解和复习。

教师根据病例有针对性地设计一些问题，能够激发学生讨论的积极性，符合学生的求知欲；鼓励学生运用所学知识和通过查阅资料进行病例分析，在探究的过程中找到理论和实际的结合点，充分调动学生主动探究解决问题的积极性，从而理解知识的真正含义。同时，让学生围绕问题，以小组为单位准备 PPT，以便在讨论课上陈述自己的观点，这样既锻炼了学生分析和解决问题的能力，又培养了学生团结协作的精神。

（三）科学提问

案例教学较为耗时。教师除需要收集案例临床资料、准备肾脏病理图片、制作多媒体课件、准备拓展学习资料等外，还需要预测学生思路与观点、可能提出的问题，制订周密的引导计划。因此，教师需要精选代表性案例，重点培养学生综合运用所学专业知识的能力，从而达到举一反三的效果。

在教学实践中，参加讨论课的学生由于临床经验和功底不足，对一些基本临床现象的认识与理解会出现偏差，这往往造成学生在讨论中出现争论的问题非常多，既包括病理诊断、临床病理联系方面的关键问题，也会有很多因背景知识不足引发的"低级"问题。如果教师在讨论中不注意科学地设计问题并合理引导，学生在讨论中往往会在某些"低级"问题上浪费过多的时间，而使真正有价值的科学问题得不到充分的思考与讨论。所以，教师要巧设问题，引导学生讨论教学大纲中的知识点，而不"跑题"，达到良好的教学效果。

（四）总结提高

教师要及时收集学生对临床病理讨论教学的反馈意见，填写教学效果评价表，总结经验和发现不足，以期进一步改进。例如，选取的案例是否恰当、是否符合学生的认知水平，如何能更好地调动学生参与讨论的积极性。同时，鼓励学生多找一些典型病例进行分析，锻炼其分析和解决问题的能力。这样有利于引导学生早期了解临床知识，认识到学习病理学的重要性。

教师通过上述方法，使临床规培生对学习肾脏病更有信心，不再为肾脏病理难学、难记、难用而苦恼，学习积极性也得到了极大的提高。规培生在短暂的规培期间，能理解和掌握肾病课常见病、多发病的临床及病理表现，为加深对这些疾病的理解和认识打下基础，为临床思维打下基础。肾脏病理和临床思维的结合，为他们整体临床水平的提到提供了保障。

传统的医学教学模式以教师讲授为中心、学生被动接受，学科界限分明，不利于学生全面思维和创新能力的培养。因此，如何训练和加强医学生主动学习的能力和技能培养成了现代医学教育需要解决的首要问题。1969 年，Barrows 创立了 PBL 教学法。它以问题为基础，以学生为主体，以小组讨论的形式在辅导教师的参与下，围绕某一医学专题或具体病例的诊治等问题进行研究和学习。PBL 教育理念与临床实习教学相结合后，发展成为一种全新的教学模式，即以病例为基础的学习（Case-Based Learning, CBL）。CBL 教学法的核心是"以病例为先导，以问题为基础，以学生为主体，以教师为主导"的小组讨论式教学。它具有以器官和系统为模块，以基础和临床相结合的特点。它不仅具有 PBL 教学法的优点，又符合医学教育的特点，在医学课程的学习和实践环节，对培养学生主动学习能力和实践技能方面具有明显的优势。CBL 教学模式已在欧美国家许多学校使用。一项来自加州大学洛杉矶分校和戴维斯分校的研究表明，CBL 教学法更受学生和教师青睐，而且 CBL 的引导式探究优于 PBL 的开放式探究。

在 CPC 实际问题的解决中，每个学生都积极参与病例讨论中相关问题假设提出、资料收集、假设验证及归纳总结等多个环节，以病案为起点，在解决问题的过程中，学生选择性地、自主性地学习相关学科的理论知识，搭建自己的知识框架，促进对知识的理解和应用。课后的信息反馈也提示，大部分学生愿意接受且非常喜欢 CBL 教学法，认为这种教学法一方面充分调动了他们的学习主观能动性。在实际问题的解决过程中，他们将知识应用与知识获得相结合，学以致用。知识是解决问题的工具和手段，因问题不同而有差异，因而他们的自主学习学能力、分析及解决问题能力随着获取知识并应用知识解决问题的过程而得到发展。另一方面，CBL 教学法激起他们学习病理学及相关学科的兴趣和激情，做到将病理学与内科学、外科学、诊断学、病理生理学、组织学、生理学等相关学科知识融会贯通，从而能应用病理知识解释临床患者症状和体征，在此基础上，通过教师的提炼与概括，形成更加明确、系统的知识体系。通过 CBL 教学，学生的沟通交流能力得到了明显提高，他们的团队合作能力及利用信息资源能力等综合素质亦得到了明显提高。

在临床教学中开展肾脏 CPC 对临床医学生临床思维培养的意义：①有助于调动学生的主观能动性，提高他们对肾脏病学的学习兴趣；②有助于培养学生的临床思维和分析、解决问题的能力；③有助于提高学生的医德素质和责任感。

将 CPC 与 CBL 相结合，应用于临床肾脏病教学，能明显提高学生的学习主动性，提高他们的临床思维能力及职业素养，使其充分应用病理学知识分析和解决临床问题，理论联系实际，有利于培养高素质实用性人才。

参考文献：

[1] 刘铭，王玻玮，马遇庆，等.PBL 教学法在肾脏病理教学中的体会［J］.课程教育研究，2015（13）：235-36.

[2] 郑颖，吕杨，张雪光，等.案例教学法在肾脏病理教学中的应用［J］.中国中西医结合肾病杂志，2015（5）：438-39.

[3] 金华，王亿平，张磊，等.病例教学法在肾脏病理教学中的应用效果分析［J］.中国高等医学教育，2020（7）：102-103.

[4] 王汉民，许国双，孙世仁，等.重视肾脏临床病理讨论提高专科医师培养质量［J］.医学教育探索，2007（5）：462-63.

[5] 王白燕.临床病理讨论教学模式在病理学教学中的应用及效果［J］.卫生职业教育，2019（3）：58-59.

对分课堂结合病例教学法在传染病学教学中的应用 [1]

刘强 [2]　刘龙　王旻昕　冯芳　陈鹏　梦捷　叶丰　谭宏祜　田玉凤　周晓琳

摘　要：传统传染病教学现面临知识量大、更新较快、课时缩减的矛盾。对分课堂结合病例教学是结合传统讲授、病例引导和讨论的混合教学模式，能有效提高学生学习的主动性，锻炼学生的思辨思维，促进学生团队协作能力，是当前教学改革的新方向。笔者拟探讨其在传染病教学中的应用。研究发现，同传统教学方式相比，新教学模式可有效提升学生的考试成绩和及格率，有助于提高学生学习的主动性和积极性，创造性地激发学生的思辨能力，提高课堂效率等。

关键词：高等教育；传染病学；对分课堂；病例教学；教学模式

　　传染病学是临床医学教学的重要课程之一，它研究传染病在人体内发生、发展、传播、预防、诊断和治疗规律，是培养医学人才不可或缺的部分，具有很强的实践性和社会性。21世纪以来，新发传染病不断被发现，经典传染病发病率急剧下降，给传染病学的教学带来了巨大的挑战 [1]。一方面，经典传染病由于受到环境、社会、地域、人民保健意识和卫生习惯的提高等因素的影响，发病率呈逐年下降态势，有的病种（如天花、麻风）成为少见或罕见病。另一方面，新发传染病（如新冠病毒病、猴痘）不断涌现，新的传染病检测和治疗方法不断推陈出新，课本知识严重滞后，跟临床实际存在较大差距。此外，传染病学教学面临知识点繁多、教学课时缩减的矛盾，在有限课时内无法做到覆盖所有传染病章节，更无法深入讲解课程，造成学生学不完、学不深、学不透、收益少，教师觉得讲得累、效果差、难以达到教学目标。因此，传染病学迫切需要通过创新教学法来提升教学质量。

　　传统教学法授课，以教师为主体，学生被动听课，难以激发学生的兴趣和求知欲，思维、自我学习能力得不到提高，更不利于学生创新、沟通及团队合作能力的培养。对分课堂（Presentation-Assimilation-Discussion Mode, PAD）是一种新型教学模式 [2]，形式上把课堂时间一分为二，一部分是以教师为主体的"讲授"，另一部分是以学生为主体的"讨论"。在讲授和讨论之间引入一个"内化"环节，让学生先对讲授内容进行吸收，然后再参与讨论。对分是讲授与讨论的有机整合，不是简单的讲授加讨论。大量对照研究表明，对分课堂能够显著提升学生的考试成绩，能够锤炼学生创新思维、辩证思维、团队协作、沟通交流等的核心素养 [3]。而病例教学（Case-Based Study, CBS）是以病例为引导的教学方法，是通过临床病例启发学生思考、运用课堂所学及所查阅资料对相关问题进行讨论，能够引导学生将所学应用于临床实践 [4]。将对分课堂和CBS相结合是笔者正在尝试的新的教学方法，具体指，先由教师讲授基本知识梗概及重点、难

1　三峡大学教研项目"基于移动终端的'对分课堂'在传染病学教学中的探索与实践"（J2019048）。

2　刘强，三峡大学第一临床医学院副教授，博士，研究方向为感染性疾病。

点知识，再通过临床案例提出问题，学生通过教师将知识内化后围绕临床案例的问题进行讨论和交流分享，最后由教师总结。该教学法的目的是在有限的课时数内对重点传染病进行讲解讨论，帮助学生掌握传染病的自学方法，提升学生对传染病学的兴趣和求知欲以及如何将理论知识运用于临床实际，从而以点带面、举一反三地帮助学生掌握传染病学的相关知识，提升教师的教学效率，提高课程教学质量。

一、研究对象与实验方法

（一）研究对象

选取 2021 至 2022 学年临床医学专业和影像专业本科学生共计 217 人。

（二）实验方法

传染病教学内容的一半章节采用对分教学结合 CBS 教学法，另一半章节采用传统教学法。对分教学结合 CBS 教学法的过程如下：①教师在课堂上讲授基本知识梗概；②展示课程相关临床病例，围绕病例诊断、鉴别诊断、检查及治疗方式提出问题；③学生对课堂基本知识及相关资料内化吸收后，对病例进行独立思考分析和查阅资料；④学生经过独立思考和查阅资料后，对问题答案进行归纳、总结，通过小组讨论和组间讨论与其他同学互补知识；⑤教师总结讨论结果，评价学生的讨论情况，针对难点再次讲解。

对分课堂结合 CBS 教学章节和传统教学章节由相同教师授课，采用不同的教学法，但各教学法的章节课时数相同。课程结束后采用同一试卷进行期末考试，期末考试试卷中对分课堂结合 CBS 教学法章节题目与传统教学法相关题目出自同一题库，难度、类型控制在同一水平。主观题由同一教师阅卷评分。分数统计汇总由两名非课题组成员独立收集完成。考试成绩按照百分制进行校正，采用 SPSS 23.0 进行统计分析，分数差异采用 t 检验。

课程全部结束后，给全部学生发放调查问卷，分别从教学内容、自主学习、启发思维、团队合作等方面进行评价，分为是、否和不清楚三个选项。共发放不记名电子问卷 217 份，回收有效问卷 201 份，有效回收率 92.6%，失访率满足实验要求。

二、结果

对分课堂结合 CBS 教学章节成绩比传统教学章节成绩好，且差异具有统计学意义（$P < 0.05$）（表1）。对分课堂结合 CBS 教学章节成绩比传统教学章节成绩及格率高。调查问卷结果（表2）表明，71.1% 的学生更喜欢对分课堂结合 CBS 教学模式；92% 的学生认为新教学方式具有吸引力，激发了学习兴趣；93.5% 的学生认为新教学方式有助于开拓思维；87.1% 的学生认为新教学法有助于鼓励自主学习；91.0% 的学生认对分课堂有助于形成团队合作精神。

表 1 学生卷面成绩对比

组别	平均成绩（$n = 217$）	及格率
传统教学法	65.7±8.1**	82.5%
对分课堂结合 CBS 教学法	70.3±9.5	89.4%

** $P < 0.01$ 对分课堂结合 CBS 教学法同传统教学法学生卷面成绩呈显著性差异。

表2　学生对传染病学采用对分课堂结合案例教学模式的评价

调查问题	是	否	不清楚
是否更喜欢对分课堂结合案例教学模式	71.1%	10.9%	18.0%
是否有助于提高学生对传染病的学习兴趣和积极性	92.0%	0.8%	7.2%
是否有助于启发引导、促进思维	93.5%	2.0%	4.5%
是否有助于鼓励自主学习	87.1%	2.5%	10.4%
是否有助于团队合作	91.0%	1.5%	7.5%

三、讨论

（一）新教学法的优势

1. 有助于加强学生自主学习能力

应用对分教学结合 CBS 教学模式，能够培养学生自主学习的能力。传染病学知识面广、知识点多、内容更新快，学生学习起来有些困难。新的教学方法借助临床病例，有利于引导学生从临床实际中寻找疾病学习的难点和重点，提高学生自主学习的能力和积极性。在授课过程中，既有教师讲授知识梗概和基本内容，又有以学生为主体的引导式教学，将机械记忆转化为学生有意识的探索和发现知识，增强了学生自主发现问题、分析问题和解决问题的能力。例如，在感染性发热的诊断思维中，教师先系统介绍感染性发热的定义、病原学、流行病学和实验室检查等。然后引出一个以"发热、咽痛1周"为主诉的临床实际案例，提出若干临床实际问题：患者考虑感染性发热还是非感染性发热？是何种病原体感染？需要补充哪些检查才能明确诊断？如何治疗和预防？学生通过教师提供的发热待查临床诊治流程，思考进一步检查项目，教师则依据学生需要反馈的检查结果，引导学生思考讨论。这种模式可有效帮助学生自主地将知识内化并实际应用，总结这类疾病的诊治流程思路。因此，这种教学模式能够增强学生对前沿知识的探索和学习，有助于学生更新课本知识，掌握课本之外的知识和技能，养成自觉将知识更新迭代和独立思考的习惯。

2. 有助于提升学生临床思维和创新能力

教师应用对分教学和 CBS 教学模式，采用案例提出问题，依照诊断、鉴别诊断、补充检查、防治的临床思维顺序，引导学生熟悉临床诊治思路。此教学方法可以将医学基础知识同疾病联系起来，将基础和临床知识通过案例进行整合，引导学生探究问题、收集资料、解决问题，使得学生在有限时间内学到问题背后的基础和临床知识。另外，新的教学法有利于学生将不同学科知识通过病例整合，将孤立的各学科知识点联系起来，形成系统性的思维，避免了传统教学法讲授知识割裂知识体系的弊端。例如，在流行性出血热中，患者出现少尿，引出问题：尿是如何生成的？少尿的原因有哪些？案例中患者出现了急性肾损伤，引出问题：急性肾损伤的原因和机制是什么？急性肾损伤的透析指征是什么？出血热疾病除了汉坦病毒导致的肾综合征出血热，还有哪些病原体导致的出血热？教师采用新的教学法，通过一个案例，结合基础和临床知识，更好地帮助学生提升临床思维和创新能力；还拓展了埃博拉出血热、新型布尼亚病毒感染、登革热等疾病的鉴别诊断知识。新的教学法有助于锻炼学生的创新能力，案例教学中的课后问题相对开放，学生可自由探索，这在一定程度上培养了学生的创新能力。

3. 有助于增加学生团队协作能力

课堂讨论采取分组合作形式，各组成员轮流担任组长，组间讨论由组长收集统一全组意见后汇报。在临床中，复杂疑难疾病需要进行多学科协作，课堂讨论时间有限，学生往往需要分工合作，各自承担一部分任务，才能有效完成任务，从而有效模拟临床工作中多学科讨论的场景。在此过程中，小组成员受共同目标指引，取长补短，通过讨论逐步建立起相互尊重、相互信任、相互理解和互相学习的良性竞争关系。

4. 有助于提高教学效率

传染病学内容繁多，第九版有十章，涉及 60 余种疾病，且每种传染病有各自的病原学、流行病学、发病机制、病理生理、临床表现、实验室检查、影像学检查、诊断、治疗方式、预防及预后特点。而课时大幅压缩，对课堂教学效率要求极高。教师采用传统教学方式几乎不可能详细讲解所有病种，造成学生对传染病学的难点、重点掌握得不牢固。在新的教学法中，教师简单讲授课程梗概后，以病例引出重点、难点问题，让学生进行组内和组间讨论，最后，教师将难点和学生反馈的未掌握的知识点进行重点讲解，有助于提高效率、节约课堂时间。同时，教师通过讨论让学生体会自主探索和研究的过程，促进学生独立思考，充分发挥学生自学能力和创新意识。新教学法不仅让学生学习了传染病的知识点，更有助于实现"学会"向"会学"的转化，提升了学生的学习能力，有助于化解传染病学内容繁杂，而课时数相对不足的矛盾。

5. 有助于提升总结归纳和表达能力

随着患者法律意识和获取信息能力的加强，临床工作对医护人员归纳总结和表达能力提出了更高要求。为此，教师在课程最后引入了各组学生汇报展示的环节，学生组内轮流进行汇报展示。在此过程中，教师要树立学生"参与无错"的思想，多用激励性语言鼓励学生，发挥榜样示范作用；同时，将展示计入平时成绩，真正调动学生的能动性，从而提升学生归纳总结和语言表达能力。临床上，教师需经常就患者疾病，同患方和同事进行沟通，国内外一些医学院校设有行医学的实践课程，通过临床案例模拟同患者、家属、同事沟通的场景，锻炼医学生的临床沟通能力。

6. 有助于提升教师综合能力，实现教学相长

新教学法对教师提出了更高要求，需要教师具有丰富的临床经验，能够透彻理解案例涉及的知识点及衍生知识体系，能够把握案例问题涉及的基础理论和前沿动态，具有较强的组织和引导能力，能够正确启发学生思考。教师需要查阅大量资料，在教学中深化对专业知识的理解，有助于教师自身能力的提升。同时，在实际教学中，我们发现一些学生提出的新看法为教师的临床研究提供了新的思路，实现了教学相长。

（二）新教学方式的不足和反思

虽然对分教学结合 CBS 教学具有以上诸多优点，但在具体实施过程中仍存在以下问题和不足。

1. 学生学习能力、知识储备参差不齐，合理分组难度大

分组是根据学生实际情况，从智力、成绩、态度、情感等方面综合考量，将学生分为 A、B、C 三个层次，A 层是综合考量较好的学生，B 层是综合考量居中的学生，C 层是综合考量较差的学生。分组应遵循学生自愿的原则，力求各组分层均衡，应避免跨层分（组中只有 A、C 层级学生）。但在实际操作中，传染病学专业教师仅负责一个学期的课程，难以全面掌握学生情况，分组很难合理，导致部分组参与讨论热情不够，甚至不愿意参与讨论。因此，专业课教学前，班主任应提前合理分组。此外，分组时应注意各组人员相对固定才能取得较好的效果。

2. 小组合作讨论需要长期培养，短期难以形成效果

新教学法讨论环节需要学生高度参与才能获得效果，但由于学生长期接受传统教学法，短期内不能很好地适应新的教学法，讨论参与度不够，教学效果不理想。有些学生存在惰性思维，不

愿自学课程和查阅资料，认为使用新的教学法是在浪费时间，不如传统教学被动接受来得方便，不愿从被动学习者转变为主动学习者。这些观念是长期接受传统教学带来的，不可能短期内通过单一课程改革就一蹴而就。因此，要实现学生素养发生质的提升，教学法改革仍路长且阻。

　　总之，推行对分教学结合 CBS 教学模式有助于培养高素质的医学人才，也将是我国医学教育的发展方向之一[5]。要实现对分课堂结合 CBS 教学法，不仅需要教师精心备课，提高病例和问题质量，加强教学水平，还需要学生理解并配合新的教学法。只有双向奔赴的努力才能提升学生对传染病学的学习积极性，提高自学能力、临床思维能力、团队协作能力、总结沟通能力和创新能力，才能化解教学任务重而课时相对不足的矛盾，才能更好地适应新时代社会对医学生的素养要求。

参考文献：

[1] 韩维玮 . 传染病学教学的现状分析及其对策［J］. 抗感染药学，2018（12）：2204-2206.

[2] 张学新 . 对分课堂：大学课堂教学改革的新探索［J］. 复旦教育论坛，2014（5）：5-10.

[3] 王海泉 . 基于对分课堂的创新型人才培养模式研究［J］. 中原工学院学报，2022（1）：73-76.

[4] 韩婧 . CBS 教学法在临床思维训练中的应用［J］. 时代教育，2018（13）：141.

[5] 王敏杰 . 案例教学法对分课堂及临床案例库的建设［J］. 教育教学论坛，2019（25）：193-194.

"线上＋线下"混合式教学模式在本科护理专业医学免疫学教学中的探索[1]

晁金[2]　宋银宏　吴红艳　邹黎黎　韩莉　王磊

摘　要：笔者对三峡大学 2021 级和 2022 级护理专业学生医学免疫学课程进行"线上＋线下"混合式教学改革，比较了干预前后学生的课程考核成绩，并对干预后学生进行了调查问卷。结果表明，混合式教学有助于提升护理生的学习成绩，加强了师生沟通，改善了护理专业学生的学习方式，学生接受度较高；实验课程的设置促进学生对基础知识的理解和运用。相对于传统教学，"线上＋线下"混合式教学模式在护理专业医学免疫学的教学中具有明显优势。

关键词：护理专业；医学免疫学；"线上＋线下"混合式教学；教学方法；自主学习能力

医学免疫学是医学领域中一门重要的基础性、前沿性和支柱性学科，其理论体系较完整，技术体系极具应用价值[1]。该课程基本概念较多、内容抽象[2]，且前后知识点穿插、联系紧密，学生对相关知识点较难理解。因此，如何唤醒学生的学习热情，进而培养其创新能力，是免疫学教学中一个必须面对的棘手环节[3]。针对这一问题，高校纷纷开展多种教学改革，以提高教学质量。其中，"线上＋线下"混合式教学成为主流授课改革方式之一。

混合式教学模式同时利用了传统教学的互动交流和现代教学手段的优势，为护理教育的教学方式翻开了新篇章。国内外学者对护理学相关课程进行了混合式教学的实践，发现该方式可激发学生兴趣，提高学习效果，培养学生的综合能力[4]。但也有学者发现，与传统教学组相比，学生在成绩、满意度和自主学习准备方面无显著提高。

2016 年开始，课程组对临床医学和影像专业学生进行了医学免疫学混合式教学授课。期间经过多次调整，逐渐形成了一套贯穿课前、课堂、课后的教学相长的完整教学体系，并取得了良好成效。护理专业的学生动手能力较强，但基础理论知识较为薄弱，同时医学免疫学课程课时较短，学习起来更为吃力。针对这一问题，笔者借鉴临床医学和影像专业医学免疫学的授课方式，开展了一系列混合式教学授课方式的教学改革探索，以期提高学生学习的积极性，提高免疫学的教学质量。

一、对象与方法

（一）对象

将三峡大学护理专业学生分为两组：处理组为 2021 级至 2022 级护理专业学生，全部纳入研究对象；对照组为 2019 级至 2021 级护理专业学生。

1　2022 年三峡大学高教研究项目（J2022067）。

2　晁金，三峡大学基础医学院讲师，博士，研究方向为病原微生物的致病机制。

（二）方法

1. 干预前

进行常规课堂学习。作为教学过程中的主导者，教师应运用多媒体课件实施大班教学，通过图片、表格等形式启发学生思考及理解复杂知识点。课程成绩按照期末考试成绩算。

2. 干预后

运用"线上＋线下"的混合式教学模式。将传统的"课堂教学"模式转变为"课前预习＋课堂测试、互动＋课后拓展、总结"的混合式教学模式，同时在一些重要而难懂的章节和实验课中引入"问题导向＋学生讨论＋教师点评"的方式，增强学生的自主学习能力，加强师生互动，保持免疫学教学的先进性和科学性，并使学生的思维更加开阔。同时，设置实验课程，使学生对基础知识更加具象化、深入化。具体的教学模式为：

上课之前教师在雨课堂上创建自己的班级，通知学生下载 App 并加入相应的班级。课前，教师发布预习课件及学习任务，掌握学生完成情况。课上，教师根据实际情况使用"一键签到"；教师还可以利用"弹幕""举手""抢答"及"选人"等方式提问，加强互动；每堂课结束前 5 ～ 10 分钟，教师利用课堂测试功能对相关内容进行测试并讲解总结，便于学生复习巩固相关知识点。

对于需要学生重点掌握、较为难懂的章节，教师可适当开展"头脑风暴"，如针对某一临床案例或者某一主题布置相关预习任务，在课堂上先请学生展示其对该问题的理解和解决思路，在课堂上进行充分讨论，最后教师进行点评并扩展相应知识点。该方式可增加学生的自主性、积极性和参与感，极大地激发学生自主探索、有效内化知识的潜能。

教师在中国大学慕课 App 上创建自己的课程，将录制好的教学视频上传，通知学生参加学习并完成课后复习作业，便于学生复习巩固，增加课前、课上、课后的有机联系。

专门设设立实验课，使学生更加直观地理解免疫学的相关知识点，如小吞噬、抗原抗体反应；专设计性实验，课前布置相关案例或任务，让学生查阅资料，分组讨论之后形成设计思路并在实验课上展示，教师引导小组进一步讨论设计的科学性、合理性和可行性，提高学生的学习兴趣，增强学生主动学习的能力，并加深学生对相关理论知识的理解。

学生成绩由"平时成绩＋实验成绩＋期末考试成绩"组成，平时成绩包括雨课堂成绩和慕课成绩；实验成绩包括实验报告成绩、实验设计成绩和实验报告成绩。

3. 效果评价

以学生成绩为主要评价指标，对干预后的学生进行问卷调查，分期对学生课程接受度、教师授课方式接受度、实验操作设置、知识掌握、能力培养等进行分析，进而评价学生的学习效果。

二、结果

（一）课程干预前后对护理专业学生的期末成绩对比

干预对象包括三峡大学一本护理专业（本部）和三峡大学科技学院（科院）二本护理专业学生，干预前后对学生期末成绩调查如表 1 所列。结果发现：无论是干预前还是干预后，本部护理专业学生的平均成绩都显著高于科院护理学生，其不及格率（＜ 60 分）也显著低于科院护理学生（$P < 0.05$）。然而，实施"线上＋线下"混合式教学方式后，2021 级和 2022 级的本部和科院学生的平均成绩均显著高于 2019 级和 2020 级学生（$P < 0.05$），其不及格率也显著低于干预前。就本部护理生的成绩分布来看，与 2019 级学生相比，2021 级和 2022 级学生的不及格率显著降低，中高分段学生比例显著增加；与 2020 级学生相比，尽管干预后不及格率没有显著差异，但干预

后学习成绩在中高分段（＞80分）的学生比例明显增加。就科院护理生的成绩分布来看，其成绩分布由干预前的向低分段显著倾斜（尤其不及格率偏高），转为干预后的明显的正态分布，中高分段（＞80分）学生数目显著增加。

表1 2019级至2022级护理专业生医学免疫学成绩

级别	类别	人数（人）	分数（分）			分数段人数占比（%）				
			平均分	最高分	最低分	＜60	60～69	70～79	80～79	90～100
2019级	总体	152	55.2	93.5	19	65.8	12.5	10.5	9.9	1.3
	本部（一本）	24	63.9	91	26	41.7	12.5	12.5	29.2	4.2
	科院（二本）	128	53.6	93.5	19	70.3	12.5	10.2	6.3	0.8
2020级	总体	163	63.8	90	30	24.5	41.1	25.8	8.0	1.2
	本部（一本）	20	71	90	56	5.0	45.0	30.0	15.0	10.0
	科院（二本）	143	62.8	85	30	27.3	40.6	25.2	7.0	0.0
2021级	总体	151	71.8	95	25	12.6	32.5	29.1	17.9	2.6
	本部（一本）	15	79	92	63	0.0	6.7	46.7	33.3	20.0
	科院（二本）	136	71	95	25	14.0	35.3	27.2	16.2	0.7
2022级	总体	179	69.9	96	30	16.8	30.2	31.3	16.2	5.6
	本部（一本）	37	77.3	94	51	8.1	18.9	27.0	35.1	10.8
	科院（二本）	142	68	96	30	19.0	33.1	32.4	11.3	4.2

（二）本科护理学生对混合式课程的满意度

参加调查的学生共227人，其中2021级和2022级的人数分别为80人和147人，占比分别为35.2%和64.8%。

学生对医学免疫学课程的满意度评价如表2所列。接受教学改革的两届护理专业学生对医学免疫学的教学方面和内容改革、考核方式、混合式教学模式和授课教师的满意度多数为"非常满意/很喜欢"或"较满意/喜欢"。其中，2022级学生对授课教师的"非常满意很喜欢"人数显著高于2021级学生，其"非常满意/很喜欢"或"较满意/喜欢"总体人数为136，也显著高于2021级学生。

（三）本科护理学生对混合式课程的主观评价

绝大多数学生认为教师的授课"有条理和生动有趣"（73.1%）"通俗易懂"（70.0%），认为"教学过程中经常出现互动""能学到实用的东西""实验安排比较合理"和"开展案例讨论和临床紧密联系"的学生分别占总有效次数的56.0%、59.03%、46.3%和39.7%。同时，多数学生认为该课程的改革对自己提高课程的知识掌握（151，66.5%）、自主学习能力（167，73.6%）和知识应用能力（111，49.3%）均有很大帮助。

关于授课教师及授课方式的评价，多数学生认为教师在课堂上的角色应该是促进者/合作者（143，63%）或指导者（67，29.5%）而非管理者/控制者（17，7.5%）；认为授课教师具有新课程改革理念（112，49.34%），且充满智慧（108，47.58%），而认为授课教师教育观念较为传统的仅7名（3.08%）。然而，学生最喜欢的授课方式是"老师讲，我听"（49.3%），另有28.19%的学生喜欢"同学间合作互助解决问题"，22.47%的学生喜欢"在老师帮助下自己解决问题"。

表 2　护理专业学生对医学免疫学课程的满意度评价（$n = 227$）

人（占比 %，95% CI）

项目	非常满意 / 很喜欢	较满意 / 喜欢	一般	不满意 / 不喜欢
教学方法改革的满意度	136（59.9，53.2–66.3）	84（37，30.7–43.6）	4（1.8，0.5–4.5）	3（1.3，0.3–3.8）
2021 级	44（55.0，43.5–66.2）	32（40，29.2–51.6）	4（5，1.4–12.3）	0（0，0.0–4.5）
2022 级	93（63.3，54.9–71.1）	51（34.7，27.0–43.0）	0（0，0.0–2.5）	3（2.0，0.4–5.8）
教育内容改革的满意度	137（60.35，53.7–66.8）	83（36.6，30.3–43.2）	5（2.2，0.7–5.1）	2（0.88，0.1–3.1）
2021 级	44（55.0，43.5–66.2）	33（41.3，30.4–52.8）	3（3.8，0.8–10.6）	0（0，0.0–4.5）
2022 级	93（63.3，54.9–71.1）	50（34.0，26.4–42.3）	2（1.4，0.2–4.8）	2（1.4，0.2–4.8）
混合式教学模式的满意度	105（46.3，39.6–53.0）	63（27.8，22.0–4.1）	3（1.3，0.4–5.8）	8（3.3，1.5–6.8）
2021 级	38（47.5，36.2–59.0）	31（38.8，28.1–50.3）	19（23.8，5.1–12.8）	2（2.5，0.3–8.7）
2022 级	68（46.3，38.0–54.7）	41（27.9，20.8–35.9）	33（22.5，30.4–52.8）	5（3.4，1.1–7.8）
考核方式的满意度	114（50.2，43.5–56.9）	73（32.2，26.1–38.7）	37（16.3，11.7–21.8）	3（1.3，0.3–3.8）
2021 级	37（46.3，35.0–57.8）	22（27.5，18.1–38.6）	19（23.8，14.9–34.6）	2（2.5，0.3–8.7）
2022 级	77（52.4，44.0–60.7）	51（34.7，27.0–43.0）	18（12.2，7.4–18.7）	1（0.7，0.0–3.7）
授课教师教学的满意度	131（57.7，51.0–64.2）	73（32.2，26.1–38.7）	20（8.8，5.5–13.3）	3（1.3，0.3–3.8）
2021 级	39（48.8，37.4–60.2）	29（36.2，18.1–38.6）	11（13.8，7.1–23.3）	1（1.3，0.0–6.8）
2022 级	92（62.6，54.2–70.4）	44（29.9，27.0–43.0）	9（6.1，2.8–11.3）	2（1.4，0.2–4.8）

对于线上学习，多数学生认为其优势主要包括可以增强自主学习能力（164，72.2%），有利于把握自己的预习及复习等环节的学习（165，72.7%），可以"不限时间反复学习"（163，71.8%）。对于混合式教学主要存在的问题，多数学生认为主要是"完成学习任务时间紧"，占59.91%，其次是"学习任务难度大"，占36.56%，"对平台操作不熟练"和"学习效率低"分别占34.8%和30.4%，而"课堂学习跟不上"也占有一定比例（25.99%）。其中，"活动形式"和"活动主题"是学生最希望在混合式教学中改进的两个主要方面，分别占51.98%和47.58%。"学习资源和硬件配置"也是学生关注的问题，占51.1%。在开放式问题中，关于该课程总体的改进，学生建议增加师生交流、小组交流、增加线下教学课程等。

（四）本科护理学生对混合式教学中实验课程的评价

该课程共设置了三次实验课：①基础验证性实验——天然免疫功能的检测（大小吞噬实验观察、鼠尾静脉注射台盼蓝观察血脑屏障）；②综合性实验——抗原抗体反应 1（凝集反应、沉淀反应、胶体金实验）；③综合性设计实验——抗原抗体反应 2（ELISA 实验、自主设计检测乙肝疫苗抗体）。调查问卷结果显示，大部分学生认为实验①和③难度较大，分别占 36.1% 和 56.8%；同时，多数学生认为实验①最有趣（67%），而认为②或③有趣的分别占 21.2% 和 11.9%。

32.2% 的学生认为自己在实验课中是主要的操作者。99.6% 的学生认为自己在小组实验中的表现"非常积极，完成了很多工作"或"积极"，仅 0.4% 的学生认为自己的表现"消极"。

三、讨论

（一）混合式教学有助于提升护理生的学习成绩

研究结果显示，干预后的本部和科院学生平均成绩均显著高于干预前，其不及格率显著低于干预前。这说明，与常规课堂学习相比，混合式教学在提高学生学习效果方面具有明显优势。就成绩分布来看，干预后中高分段无论在本部还是科院学生的数量均显著大于干预前。值得一提的是，干预后科院护理生的成绩分布由干预前的向低分段显著倾斜（尤其不及格率偏高），转为干预后明显的正态分布。这表明，从成绩考核方面来讲，混合式教学法更加科学、合理。造成干预前科院护理生不及格率较高的原因可能是：科院护理生基础更为薄弱，理解能力难以适应教师的授课思路，造成课程前期基础知识学习没有及时跟上，进一步导致许多学生在课程中后期放弃了更加深入和系统地学习。干预前教师讲授的形式较为单一，无法使学生很快地理解相关知识；一次性考核无法形成对学生主动学习不断进行督促的机制；缺乏多方位的教学形式促进学生的理解。然而，混合式教学在课堂上提供给学生多样化的教学，吸引其注意力，增强学生的理解；提供多种线上资源，供学生不限时间地学习；并以"平时考核＋期末考核"的考核机制督促学生及时地学习和总结。

（二）护理专业学生对混合式学习教学法接受度高，加强了师生沟通，改善了护理专业学生的学习方式

对混合式教学的满意度调查显示，无论从教学内容的改革、考核方式、授课教师方面，还是从总的教学模式方面，两届受试都对该课程教学方式总体接受度较高。多数学生认为教师的授课"有条理和生动有趣"（73.1%）、"通俗易懂"（70.0%）。同时，相当比例的学生选择了课程中"教学过程中经常出现互动""能学到实用的东西""实验安排比较合理"和"开展案例讨论和临床紧密联系"。多数学生认为，该门课程的改革对自己提高课程的知识掌握（66.5%）、自主学习能力（73.6%）和知识应用能力（49.3%）均有很大帮助。这些多选题的选项有相当数量次数的有效选择，表明此混合式教学的改革的设置较为均衡，从多个方面促进了学生学习能力的提高。

在2021级学生进行混合式教学结果的基础上，授课教师做出了一些针对性的调整，如在预习中增加病例分析并布置小组讨论任务、课前测试、课前答疑，并在慕课中发起讨论主题。问卷调查结果显示，2022级学生对授课教师的满意人数显著多于2021级学生，表明这些调整有助于学生的知识获得，无形中增进了师生的交流和理解。

当然混合式教学也存在一些共通性问题，比如，干预后学生认为该门课程存在的主要问题在于"完成学习任务时间紧"和"学习任务难度大"。因此，如何在不断压缩的课时中让学生更好地掌握课程专业知识，成为现代医学生教育者面临的普遍难题之一。其中，"活动形式"和"活动主题"是学生最希望在混合式教学中改进的两个主要方面。在进一步的开放式问题中，学生建议增加师生交流、小组交流，增加线下教学课程等。这在一定程度上也反映了上述提到的学生课程较短的问题。另外，尽管学生觉得教师在课堂上的角色应该是促进者／合作者或指导者，而非管理者／控制者，更喜欢具有新课程改革理念的教师，且希望增加师生交流，但是更多的学生最喜欢的授课方式却是"老师讲，我听"（49.3%），另有约1/4的学生选择"同学间合作互助解决问题"，约1/4的学生选择"在老师帮助下自己解决问题"，这反映出许多学生在学习方式上依然依赖被动学习，需要教育者不断督促和引导。

（三）实验课程增进学生对免疫基础知识的理解

本课程共设置了①、②、③三次实验课程，包括基础性实验、综合性实验和综合设计性实验，从天然免疫、获得性免疫和免疫标记技术等角度安排。调查结果显示，大部分学生认为综合设计实验和基础性实验难度较大，但基础实验最有趣。其原因可能是①中设置了小鼠实验操作、巨噬细胞吞噬细菌实验、吉姆萨染色等多项不同实验相关。这表明，学生实验的难度和趣味性的相关性并不大。

护理生基础知识较为薄弱，但具有较强的动手操作能力。在该课程中设置实验课程能使较为抽象的专业知识变得更加具体，同时加深学生对重难点知识的理解和应用。调查结果显示：约1/3的学生在实验课中成为主要的操作者，绝大多数学生（99.6%）在小组实验中表现"非常积极，完成了很多工作"或"积极"。学生希望增加小鼠实验等趣味性操作。

综上所述，该方法有助于提升护理生的学习成绩，加强师生沟通，改善护理专业学生的学习方式，学生接受度较高。同时，实验操作的引入能发挥该专业学生的优势，促进学生对基础知识的理解和运用。因此，相对于传统教学，"线上＋线下"混合式教学模式在护理专业医学免疫学的教学中具有明显优势。另外，由于"线上＋线下"混合式教学模式中涉及的环节较为丰富，教师在学生展示和实验设计环节应充分考虑护理系学生的特点和认知层次，适当调整难度，合理安排章节和实验内容，避免增加学生的畏难情绪，影响其自信心和学习的积极性。

参考文献：

[1] 曹雪涛 . 医学免疫学 第 7 版［M］. 北京：人民卫生出版社，2018.

[2] 吴艳峰，曹雪涛 . 关于免疫学实验课教学改革的几点思考［J］. 中国免疫学杂志，2011，27（5）：468–470.

[3] 宋银宏，韩莉，周永芹，等 . 凸显创新能力培养的免疫学实验教学体系的探索［J］. 生命的化学，2020，40（2）：4.

[4] 王露，朱萍，谢莉玲，等 . 混合式教学在护理教育应用的研究进展［J］. 护理学杂志，2019，034（10）：98–101.

留学生公共卫生学教学分析与质量提升策略[1]

黄玲[2]　陈雅　张彩霞　付国庆　钟文涛

摘　要： 公共卫生学课程是临床医学专业来华留学生的学位课程。临床医学专业来华留学生公共卫生学课程存在主题涉及面广、教学方式传统、课堂上师生交流难推进、实验操作难开展等问题。文章提出规范教材、采用灵活教学方式、加强教师队伍建设等解决方案，提高我国临床医学专业留学生的教学质量。

关键词： 临床专业；留学生；公共卫生；教学质量

三峡大学自 2004 年开始招收临床医学专业来华留学生，是湖北省最早招收自费来华留学生的高校。2011 年，三峡大学获教育部批准开始招收六年制临床医学本科英语授课专业（MBBS）来华留学生；2014 年又获批教育部"来华留学示范基地"建设单位。2021 年，公共卫生系教师讲授的公共卫生学课程获第三届全国来华临床医学专业留学生英语授课展示二等奖。

三峡大学为 MBBS 留学生开设全英文授课的公共卫生学课程，旨在让留学生学习该课程后，建立公共卫生服务理念，树立预防为主、为人群健康服务的观念，同时能熟悉世界各国公共卫生工作方针、政策和法规。目前，国内有少量文献讨论了临床医学专业公共卫生学全英文授课存在的困难，主要体现为学生语言表达障碍、师生沟通困难、教师英语水平欠缺、国家间文化差异、学生管理松散等问题[1]。但是，对于公共卫生课程的课程内容设置、教材选用、教学方式改革、教师教学激励机制等方面的文献有限。因此，笔者以三峡大学为例，结合授课过程中发现的教学难点，总结该门课程教学中的成果，探索未来教学改革方向，以期为今后 MBBS 留学生公共卫生学课程教学实践提供参考。

一、预防医学课程的教学难点

公共卫生是一门通过评价、政策发展和保障措施来预防疾病、延长人的寿命和促进人的身心健康的科学和艺术。它不仅包括预防医学、社会医学、家庭医学等内容，还包括全球公共卫生等卫生政策与策略。其他高校该门课程的名称以"预防医学（Preventive Medicine）"命名；为了更好地概括该门课程的性质，三峡大学以"公共卫生学"为名，考虑到留学生回到生源国的成绩单认证需求，英文沿用"Community Medicine"。纵观三峡大学近 20 年的医学留学生公共卫生学教学经验，该课程目前存在的挑战主要包括以下几个方面。

（一）课程内容广，实验课学时设置不足

国内大多数高校的 MBBS 专业预防医学课程主要包括三大内容：预防医学、流行病学、统计学。

1　三峡大学 2021 年来华留学英语授课品牌课程立项建设课程。

2　黄玲，三峡大学健康医学院讲师，博士，研究方向为医学教育研究及流行病研究。

但由于所选用的教材不同，学校之间的教学重点存在差异。三峡大学 MBBS 公共卫生学课程的教学内容主要涉及医学统计学、流行病学、营养卫生、传染病学、健康教育、全球健康、卫生经济、妇幼保健、职业卫生、环境卫生以及社会医学 11 个领域。由于其教学内容涉及面广，对授课教师的知识面及知识储备量也是一个极大的挑战。另外，这些知识比较抽象，留学生在理解上存在一定难度。而且，留学生的数学基础知识与中国本土学生相比更薄弱，对统计学、流行病学方法和卫生经济学等相关内容的理解和掌握存在一定困难。三峡大学培养方案经过多轮修订，目前公共卫生有 184 学时，分别在第 8 学期和第 9 学期开设，其中理论 152 学时、实验 32 学时，实验课时不足，很多环境卫生和营养卫生的实验课无法开展。笔者在国外访学期间注意到，南亚国家非常重视公共卫生的教育，临床医学专业本科生的公共卫生学学时达 1 000 多个学时，几乎是内科、外科、妇产科、儿科学学时的总和；学生升入大三后，要到边远社区医院见习 1 个月，且在实习轮转科室期间，要在社区医院实习 2 ～ 3 个月，而我国的临床医学教育不太重视社区医学的教育，学生一般在二甲以上的综合医院的临床科室实习。

（二）教材种类少、规范化程度有待提升

国内现有的公共卫生或预防医学专业英文教材种类少，多数是国外教材的译本。不少高校自行选择国内外英文教材并编写讲义，教材因教师理解存在差异，会出现内容传授不一致或内容不连贯的情况。此外，国内出版的英文教材内容大多围绕中国临床专业学生的教学大纲展开，存在内容不全、语言不地道等问题，无法同国际公共卫生课程接轨，如缺乏传染病、卫生经济、全球公共卫生重大问题现状与进展的相关内容。三峡大学大部分临床专业来华留学生来自南亚国家。早期由于师资力量不够，截至 2018 年，三峡大学公共卫生教学一直聘请生源国的外教来担任全部或者部分课程的教学，故三峡大学一直采用的是最大生源国印度的原版教材 *Park's Textbook of Preventive and Social Medicine*。与美国等发达国家的教材相比，该书语言简单易懂，南亚国家该门课程的教学基本采用该教材，且该教材每年都更新。目前，三峡大学使用的教材为 2022 年出版的第 27 版，包含 COVID-19 的相关知识介绍，但该教材对我国和其他国家健康服务的相关知识不全面，需要教师多渠道寻找素材。

另一个面临的现实问题是，国内外英文教材均缺乏公共卫生学的实验教材。系部教师自编了医学统计学、流行病学及营养评估的实验讲义，每年花费大量时间更新案例，但不同教师缺乏统一性和规范性，难以保障不同小组成员的学习效果。

（三）教学模式传统单一

部分教师仍采用"以教师为中心"的教授型教学模式，不利于激发学生学习的主动性。大部分留学生爱展示自己，课堂气氛活跃，如果授课教师英语基础好，学生、教师、视导组三方对课堂的满意度都会很高。但当学生与教师的互动长期得不到及时回应时，传统的"灌输式"课堂教学会大大消磨留学生的积极性。加上授课教师与学生的课后交流严重缺失，留学生参与教师科研活动的概率远小于中国学生。

（四）课堂交流互动难推进

三峡大学临床医学专业留学生的主要生源国依次是印度、美国（印度裔）、尼泊尔、孟加拉国、马尔代夫、巴基斯坦、约旦、加纳、赞比亚、加蓬等。南亚国家曾是三峡大学 MBBS 留学生的主要来源地，目前生源慢慢转向非洲国家，无论是南亚还是非洲国家的学生，其英语口语都带着不同程度的地方口音。参加预防医学课程全英文授课的三峡大学教师一般都有较好的英语基础，且大部分有国外的博士学习经历或者访学进修经历，英文水平普遍较高。但由于大多数 MBBS 留学生的英语发音同中国人的英语发音差异较大，导致新来的授课教师与学生短时间内存在语言交流障碍，加大了课堂深度交流专业知识的困难。

二、公共卫生学教学改革实践

MBBS 留学生公共卫生学课程的教学改革探索应重视学生文化背景的异域性、生源国公共卫生的需求差异、教材内容的丰富多样性以及教学过程中沟通技巧应用。笔者结合以往教学经验，积极探索能提高 MBBS 公共卫生学教学效果的教学模式。

（一）改进教学策略

留学生过往接受的教学方式与中国传统的教学方式大有不同，他们比较适应个人展示、小组讨论、课后交流等多样化的活泼教学形式。因此，教师在教学过程中应采用灵活多样的教学方式，结合国内外精品课程、国际案例、参与教师科研等手段进行授课。

1. 采用灵活多样的教学方法，因材施教

授课教师可借鉴目前备受重视的几种教学法，如以问题导向式学习方法（Problem-Based Learning, PBL）、以结果为导向的教学方法（Intended Learning Outcomes, ILO）、可观察的学习成果分类法（Structure of Observed Learning Outcomes, SOLO）、翻转课堂教学法（Flipped Classroom）。与传统讲授法相比，这四种方法比较适应留学生课堂活跃、喜欢发言的特点，尤其是目前被国内外医学教育广泛采用的 PBL 教学方法。已有研究证实，采用 PBL 能有效提高同年级留学生预防医学的成绩。

授课教师在采用 PBL 教学方法时，应事先了解留学生的知识、文化、宗教、卫生体制等相关背景，以培养基础理论知识扎实并具有解决突发公共卫生事件实际问题能力的高级医学专门人才为主旨，制订教学计划。PBL 课堂上，授课教师可与留学生就生源国存在的公共卫生领域的问题，共同探讨解决方案，从而拉近与学生之间的距离，激励学生的课堂兴趣与主动学习的积极性。例如，我们的生源国是蚊虫传染病的高发国家，丝虫病、登革热、疟疾等的预防与管控是这些留学生来源国共同面对的公共卫生挑战。不同生源国的学生由于其文化、宗教、国家卫生体制各不相同，常出现对同一个问题的见解有所差异的情况。因此，教师应在课堂上集思广益，可以引入印度电影《厕所英雄》来介绍生源国及中国在艾滋病预防、管控上的挑战与经验，极大地激发学生主动学习的热情。

已有不少研究证实翻转课堂教学法的应用可以提高教学效果[2]。留学生喜欢自我展示和进行小组讨论学习，翻转课堂模式更为自由和灵活，是一种适合留学生的教学模式，但是教师一定要有足够的魄力控制好课堂秩序。

2. 构建科学的教学评价体系，提升效果

评价教师授课效果最核心的标准是学生在能力的提高和发展方面是否能达到预期的目标水平。公共卫生学的主要培养目标是锻炼学生制定公共卫生策略和措施的能力。因此，在构建教学效果评价时，教师应着重了解 MBBS 留学生对国内外重要公共卫生问题、科研技能的掌握程度。高校可构建全面的教学效果评价体系，避免一考定终生，形成过程性评价系统。三峡大学一直坚持期中考试制度，在期中考试周全面停课，便于学生全力准备期末考试；平时也通过指纹考勤、雨课堂测试等形式加大过程性评价力度；期中和期末考试的题型和内容以生源国本课程职业医师的题库为蓝本；邀请学生在课程结束时参加线上教学效果评价；鼓励学生参加校级、市级、省级甚至全国级大健康科普大赛以及大学生创新实验项目等科研项目；了解教学方式的改进对于公共

卫生能力的培养效果。

（二）规范教材，使课程内容与国际接轨

教材是知识的载体，好的教材能大大提高教学质量和教学效果。MBBS 公共卫生学课程的教材应规范统一，内容必须涵盖公共卫生与预防医学领域最新理论与技术。

笔者所到国家的临床医学本科都设有公共卫生学相关课程，大多以流行病学、医学统计学、全球公共卫生课程为主。哈佛大学预防医学专业在课程的设置和教材的选用上强调流行病学的实际应用，旨在让学生掌握前沿预防医学知识，了解包括耐多药结核菌、艾滋病、精神卫生问题、医疗资源的分配不均等全球重大公共卫生问题。例如，浙江大学采用的是美国多所大学预防医学课程的指定教材，即 Howard Frumkin 主编的最新版《环境健康：从全球到地方》，内容主要涉及环境医学、毒理学、流行病学、公共卫生 [3]。流行病学与统计学的教材选用可采用国际各大医学院校通用的标准教材。例如，Kenneth J. Rothman 编写的 *Modern Epidemiology* 以及 Michael J. Campbell 编写的 *Medical Statistics: A Textbook for the Health Sciences* 均可作为 MBBS 流行病学与统计学课程的参考教材。三峡大学一直采用 *Park's Textbook of Preventive and Social Medicine* 最新版的教材作为通用教材，但是如果生源国学生的主体为非洲国家，印度版的教材将不再适用。

我国应尽早建立符合医学教育特色的英文版教材体系，根据国外英文原版教材和国内教材存在的差异对教学内容进行调整和删减，适当融入生源国和我国公共卫生的特色。全球公共卫生发展、我国卫生政策以及相关医疗保障制度是留学生关注的问题，课程中，学生尤其对西方国家、中国及留学生生源国的医疗制度和现状的探讨气氛活跃，积极举手参加讨论。大多数留学生来自南亚及非洲国家，这些国家的公共卫生基础建设较为薄弱，卫生体系也不够完善，他们对如何改进自己国家的基础卫生政策及医疗保障制度有着浓厚的兴趣。

（三）加强教师队伍建设

使教学质量从本质上提高，离不开更多更高素质的教师人才。结合三峡大学经验，高校可以尝试从以下几个方面来建设教师队伍：①短时期内邀请外国语学院教师或者公认的全英文医学授课较好的教师对教师进行教学培训和指导。在培训中，教师应重点学习优秀教师授课技巧，结合科研前沿案例，尤其是留学生生源国的公共卫生问题，学会对具有不同背景的国际留学生因材施教。②鼓励教师申请教育部或者教育厅以及学校组织的国外访学项目，尤其是教学法项目。③建立国际高校人才合作绿色通道，引进海外名校教师，加强教师队伍的多元化与国际化。④设立专项基金，鼓励高校教师加强同海外各大高校或科研机构的教研项目合作交流。⑤建立并完善留学生英语授课师资认证制度和教师岗前培训制度。⑥提升留学生授课教师的奖励和晋升机制，鼓励更多热爱教学的教师投身于留学生教学。

参考文献：

[1] 王文祥，张文昌.关于医学留学生预防医学课程全英语教学的探讨与对策 [J].中国高等医学教育，2013（1）：9–10.

[2] 杨淑改.翻转课堂教学模式在预防医学教学中的应用效果评价 [J].中国医学教育技术，2016，30（5）：577–580.

[3] 姜薇，沈筱筠.医学留学生预防医学教学体会和探讨 [J].继续医学教育，2017，31（12）：76–78.

针灸学教学改革（1963—2022年）：热点与趋势 [1]

罗亚男 [2]　张子嫣　冯知涛　蔡三金

摘　要： 教学改革一直是国内高校学者研究的重要任务。笔者以 CNKI 数据库为文献来源，运用 CiteSpace 6.1.2 软件对针灸学教学改革相关研究的作者、研究机构、关键词等进行可视化分析。结果纳入 662 篇文献，年发文量呈波动上升趋势，48.50% 的论文有项目基金资助，以《中国中医药现代远程教育》期刊的发文量最高。常小荣是该领域发文量最多的作者，并形成了稳定的核心团队；湖南中医药大学针灸推拿学院为发文量第一的研究机构；团队及机构之间缺乏紧密合作。针灸学教学改革先后呈现"教育评价、双语教学、微课、实训教学、翻转课堂、课程思政"等热点主题。如何立足前沿、与时俱进，让新兴技术与针灸教学创新融合，是未来针灸学新课堂改革的研究重点。

关键词： 针灸学；教学改革；可视化分析；CiteSpace

随着"一带一路"倡议的逐步推进，中医药发展正面临着前所未有的新机遇。2019 年国家发布《中共中央、国务院关于促进中医药传承创新发展的意见中医药发展》及 2022 年印发的《"十四五"中医药发展规划》等方针，将传统医学的发展上升为国家战略。针灸学，作为传统医学的重要组成部分，是以中医理论为指导，研究经络、腧穴及刺灸方法，探讨运用针灸防治疾病规律的一门学科 [1]。从 20 世纪 50 年代起，随着全国各地中医院校的建立，针灸学作为主干课程，开创了我国高等中医药学历教育的历史。短短几十年，针灸学科的科学化、现代化和国际化发展均取得了重大飞跃。

《关于深化本科教育教学改革全面提高人才培养质量的意见》及《关于促进中医药传承创新发展的意见》的颁布，提升了我国对中医药人才培养的重视程度。近年来，随着教学改革的不断深入，新的教学方法不断应用于针灸学教学。目前，关于针灸学教学改革研究的发文量逐年上升，但相关的知识图谱分析尚未见报道。笔者利用 CiteSpace 软件，对有关针灸学教学改革的相关文献进行可视化分析，全面探讨该领域的研究现状、热点及发展趋势，以期为今后相关研究者提供参考和借鉴。

一、资料与方法

（一）数据来源

以中国知网（China National Knowledge Infrastructure, CKNI）为该研究文献来源的数据库；发表时间设定为建库至 2022 年 6 月 5 日；检索式：主题词 =（"针灸学"）AND（"教育" OR "教学"）。

1　三峡大学课程思政教学改革研究与实践类专题项目"针灸学"（K2022006）。

2　罗亚男，三峡大学健康医学院中医系副教授，博士，从事针灸相关临床及教学工作。

（二）纳入标准

①研究课程：针灸学；②研究内容：与该课程教学改革相关的研究。

（三）排除标准

①涉及针灸学课程，但与教学改革不相干的文献；②与教学改革相关，但不以针灸学为研究课程的文献；③学位论文、会议论文、新闻报道、图书及成果；④重复发表的文献。

（四）文献筛选与资料提取

两位研究者根据纳入和排除标准对文献进行独立筛选，并提取作者、机构、标题、摘要和关键词等文献信息。在筛选和资料提取过程中，交叉核对，如有分歧，互相讨论解决或寻求第三方帮助。筛选后得到的文献以"Refworks"格式导出。

（五）文献分析

使用 Microsoft Excel 对文献年度发表趋势、发文期刊、项目依托情况进行统计；利用 CiteSpace 6.1.2 软件对纳入文献的作者、机构、关键词等进行可视化分析并绘制图谱，设置时间切片（Year Per Slice）为"1"；节点类型（Node Types）分别为作者（Author）、机构（Institution）、关键词（Keyword）；阈值（Selection Criteria）为 Top N = 50；剪切方式（Pruning）为 Pathfinder 与 Pruning Slice Network。

二、结果

计算机检索 CNKI 共得到 1 286 篇文章。根据排除标准，删除 146 篇与针灸学相关，但与教学改革无关的文献；250 篇与教学改革相关，但不以针灸学为研究课程的文献；208 篇包括学位论文、会议论文、新闻报道、图书及成果在内的文献；20 篇重复发表文献。最终纳入 662 篇文献。

（一）文献年度发表趋势

对针灸学教学改革相关文献的年发文趋势进行分析，如图 1 可知，针灸学教学研究起步较早，1963 年便有相关文献发表。此后，很长一段时间处于缓慢增长期，直到 2005 年才进入快速增长期，2019 年发文量达到顶峰。2022 年只收录半年文献量，故不能代表其年发文量。

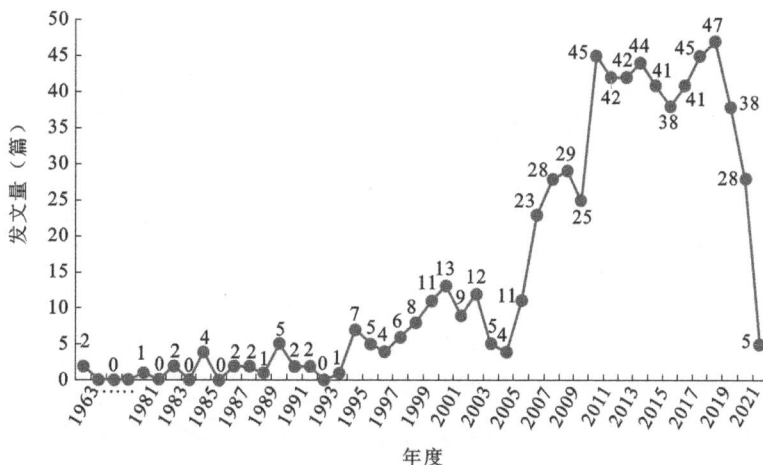

图 1　论文年发文量趋势图

（二）文献来源

该领域文献共涉及 132 家期刊，其中以《中国中医药现代远程教育》刊载文献最多，为 109

篇；其次是《中医教育》《上海针灸杂志》《中国针灸》。刊载文献量前十名的期刊如图2所示。

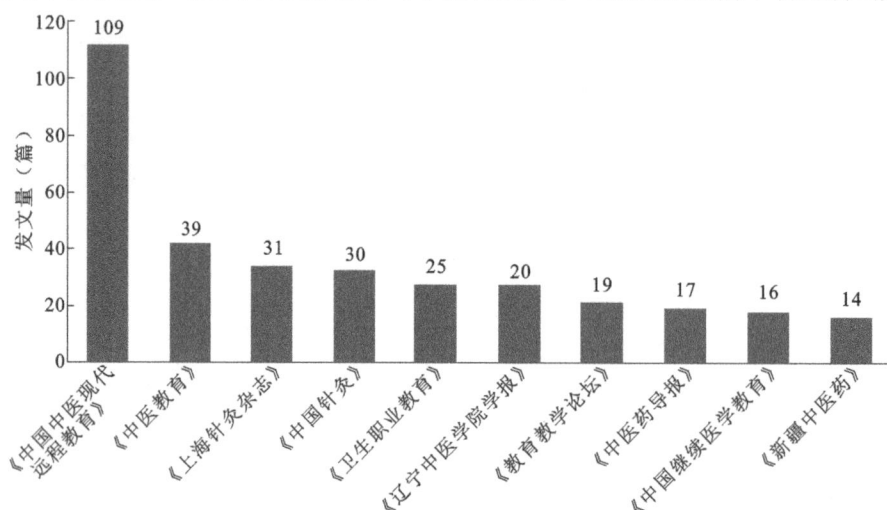

图2 刊载文献量前十名的期刊

（三）项目依托情况

该研究纳入的662篇论文中，有依托项目的共321篇，占总数的48.49%，其中部分文献同时依托多个项目。按国家级、教育部、省厅级、校级项目级别进行划分（依托多个项目的文献按最高级别依托项目进行统计），发现以依托校级项目的研究最多，而51.51%的文献无依托项目（详见表1）。

表1 论文依托研究项目情况

序号	依托项目类型	论文篇数	占比（%）
1	国家级项目	24	3.63
2	教育部项目	25	3.78
3	省厅级项目	132	19.94
4	校级项目	140	21.15
5	无项目依托	341	51.51
	合计	662	100.00

（四）关键词共现分析

关键词网络共现图谱获得节点489个，连线1 056条。图3显示出词频≥8的关键词，发现近几十年来学者对于该领域研究的议题较多，大致可归纳为四类：第一类为限定学科的关键词，如针灸学、针灸、针灸学科；第二类为限定教学的关键词，如教学改革、教学方法、教学模式、教育评价；第三类为与教学方法相关的关键词，如翻转课堂、实训教学、双语教学、技能训练、多媒体；第四类是与教学对象相关的关键词，如针灸专业、西医院校、留学生。

图3　关键词共现图谱[1]

（五）关键词聚类分析

对关键词进行聚类分析，聚类模块性指数 Q = 0.602 3（> 0.3），聚类轮廓性指数 S = 0.903 3（> 0.7），提示聚类板块的结构显著，令人信服[2]。聚类图谱中获得主要的 11 个聚类依次为针灸学、针灸、教学改革、教学方法、针灸教学、教学模式、实验教学、针灸专业、技能训练、经脉循行和实训教学（图 4），代表了我国目前针灸学教学改革研究的热点。以 #2 聚类为例，热点关键词教学改革、慕课、探索、中医学、教学质量、实践、医学教育、实验、多媒体、案例教学等共同聚类成教学改革大类。结合图 4 和表 2，发现针灸学教学改革研究连接紧密，交互叠错，根据每一聚类所倾向的研究热点对其归纳为三类：① #1、#2、#3、#5 为教学手段及方法的改革，如慕课、多媒体、案例教学、双语教学、微课；② #0、#4、#6、#7、#9 为理论教学内容的改革，如主治作用、取穴法、实验教学、经脉循行、针灸理论；③ #8、#10 为提高应用型能力的教学改革，如技能训练、实训教学、情景教学。

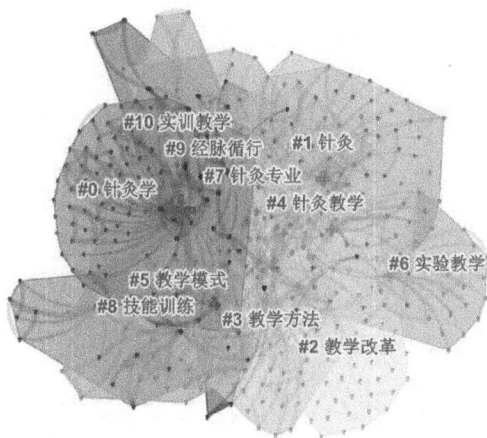

图4　关键词聚类图谱[2]

1　各节点的大小表示关键词出现的频次；节点间的连线粗线代表关键词之间联系的紧密程度。

2　聚类标签中数字越小表示包含的关键词越多；颜色由冷到暖代表时间由远及近。

表 2 1963 至 2022 年针灸学教学研究 CNKI 文献关键词聚类表

序号	文献量	轮廓值	平均年份	主要内容
0#	88	0.96	2009	针灸学、临床教学、实验针灸学、针灸、教学体会、临床实践、针刺手法、临床带教、成人教育、学科建设
1#	76	0.875	2011	针灸、教学、教育、医学、针灸学、教学法、教学研究、西医院校、中医、中医针灸
2#	56	0.851	2011	教学改革、慕课、探索、中医学、教学质量、实践、医学教育、实验、多媒体、案例教学
3#	44	0.84	2009	教学方法、双语教学、研究、经络学说、教学探讨、教育改革、教学内容、教学形式、国际化、实验课
4#	41	0.929	1995	针灸教学、主治作用、针灸学科、中医学院、取穴法、教育评价、留学生、针灸技术、十四经脉、中医学院
5#	36	0.886	2014	教学模式、翻转课堂、应用、教学实践、素质、微课、实践教学、教学评价、临床技能、课堂教学
6#	25	0.852	2009	实验教学、实验针灸、创新能力、培养、改革策略、改革、人才培养、学生、实践能力、探讨
7#	24	0.923	2000	针灸专业、针灸理论、针灸医学、针灸教育、几点体会、刺灸法、腧穴、自主学习、优势、针灸师
8#	16	0.93	2001	技能训练、操作方法、针灸临床、中医教学、理论知识、毫针刺法、动手能力、综合素质、理论知识、持针法
9#	15	0.966	2011	经脉循行、针灸学、几个问题、前正中线、湖南中医药大学、刺灸方法、十二经脉、骨度分寸、精品课程、网络平台
10#	15	0.937	1995	实训教学、建构主义、传统教学、情景化模拟教学、情景教学、实践技能、网络教学、情景模拟、执业医师、临床课程

（六）关键词共现时区分析和突现分析

共现时区视图和突现词分析能直观、定量地展示不同研究热点的热度及演变趋势[3]。以 5 年为时间分区绘制时区视图（图 5），并对不同时区内关键词的突显时间与突变强度进行分析（图 6），发现针灸学教学改革研究主要经历了 3 次比较集中的研究热点转变：1963 至 1996 年，针灸学教学还处在传统教学模式，教学研究的热点集中在教学评价及经络、刺灸法等针灸学科教育；1997 至 2016 年，针灸学教学开始进行自我改革与自我创新，教学研究的热点经历了从网络教学、实训教学、多媒体、动画功能、PBL、双语教学等模式的转变；2017 至 2022 年，随着线上教学平台的迅速发展，微课、翻转课堂、临床实例等成为较新的研究热点。同时，课程思政作为 2021 至 2022 年的突现词，说明了如何将思政教育融入针灸学教学过程，是该领域教学改革的新近研究热点。

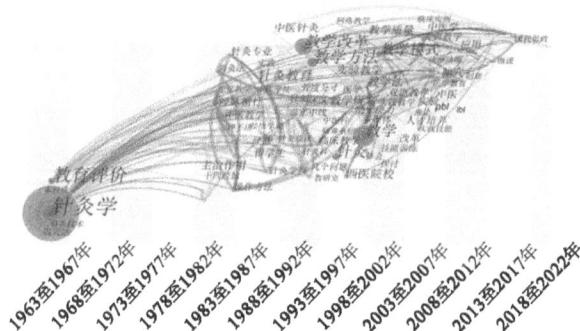

图 5 关键词时区图

Top 14 Keywords with the Strongest Citation Bursts
1963-2022

Keywords	Year	Strength	Begin	End
教育评价	1963	4.03	1963	1996
针灸教育	1963	3.73	1990	2007
针灸学科	1963	2.4	1990	2001
教学法	1963	2.32	2001	2010
体会	1963	2.65	2003	2009
双语教学	1963	2.55	2009	2009
改革	1963	2.33	2012	2013
针灸	1963	4.5	2014	2016
教学模式	1963	2.32	2015	2020
微课	1963	3.22	2017	2022
教学改革	1963	2.99	2017	2019
翻转课堂	1963	2.8	2018	2022
教学设计	1963	3.01	2019	2022
课程思政	1963	2.59	2021	2022

图 6 关键词突现图谱

（七）关键词时间线视图分析

关键词时间线图谱以文献发表年份为横坐标、以聚类编号为纵坐标，反映了该领域研究热点的动态演进路径[4]。不同时期的研究热点承担着各自的改革重任。聚类 #0 临床教学与 #5 针灸教学皆于 1963 年出现，并且一直延续，其中又以 #0 临床教学文献数量最多，提示临床教学一直是该领域内重要的研究热点。2001 至 2016 年，其余聚类依次出现，研究主题逐步丰富，研究热点主要集中在教学改革、教学方法、教学模式、技能训练、实训教学、经脉循行及网络平台等方面。此外，针灸专业属性的关键词是该阶段的一大亮点与热点，其提示各大高校针灸专业对针灸学教学研究的重视。2017 至 2022 年，在大数据、"互联网 +"、中医药传承创新等国家重大战略背景下，实验教学、国际交流、创新、培训、慕课教学、课程思政等热点词崭露头角，提示针灸学教学研究改革方向指向网络实训与课程思政。

（八）作者合作网络分析

作者合作网络图谱获得 600 个节点、763 条连线，网络密度为 0.004 2，提示 662 篇文献中涉及的作者有 600 位，但作者合作网络整体较为松散，只有部分作者之间有合作交流。发文量 ≥3 的作者有 59 位，其中以常小荣发文量最多，为 29 篇，其次是刘密、刘世红，发文量分别为 26 篇、14 篇。这三个核心团队内部合作密切，但团队之间联系不多，特别是刘世红，与常小荣、刘密团队合作薄弱，没有形成广泛的团队间合作。

（九）机构合作网络分析

机构合作网络图谱中获得节点数 381 个、连线数 150 条，网络密度 0.002 1，提示有 381 家研究机构纳入分析，但机构合作网络结构松散，机构间联系薄弱。发文量排名前四的机构依次为湖南中医药大学针灸推拿学院（27 篇）、辽宁中医药大学针灸推拿学院（18 篇）、新疆医科大学中医学院（14 篇）、湖北中医药高等专科学院（12 篇）。

三、分析与讨论

教学改革是提高人才培养质量的重要途径[5]。2012 年，《国家教育事业发展第十二个五年规划》指出提高人才培养质量和落实教学改革等重大举措后，高校教师开始加速对教学改革的研究；2018 年，教育部发布《关于加快高水平本科教育全面提高人才培养能力的意见》，将教学改革推向了一个新的台阶。

文章首次应用 CiteSpace 软件对针灸学教学改革相关文献的发表时间、作者，研究机构及关键词等进行可视化分析。从年发文量分析显示，该领域发文量分为缓慢增长和快速增长两个阶段，这与国家政策密切相关。位居前列的核心作者，如常小荣、刘密、刘世红，是近年来活跃在针灸学教学改革研究的知名学者，他们是该领域的引领者，在针灸教学改革中发挥着关键作用。核心机构以全国各中医药本科院校为主，其中湖南中医药大学发挥的引领示范作用更加突出。同一地区的机构之间合作密切，跨地区的合作相对缺乏，提示国内学者及研究机构应该重视搭建信息共享平台，加强合作和交流。

关键词是对论文主题的高度凝练，能够反映不同研究领域的核心价值及热点趋势[6]。综合分析关键词共线、聚类、突现等图谱，笔者发现针灸学教学起初以传统讲授式教学、教育评价为主。1987 年世界针灸学会联合会在北京成立后，掀起了针灸国际化的热潮。为了促进针灸国际化发展，高等针灸教育开始外语教学，培养针灸国际人才。1988 年底，国内就已经为 120 多个国家培养了上千名针灸医生，此后，不断涌现出双语教学，并培养了大批量留学生[7]。随着网络、计算机、多媒体的飞速发展，现代教学手段所占比重日益增加，多媒体、动画、微课、翻转课堂等新型教学模式逐步推广和普及[8]。《国家教育事业发展第十二个五年规划》的全面实施，让地方高校将培养应用型和技能型人才作为主要任务，实训教学、临床教学成为教育界关注的热点。因此，以全国中医药院校针灸临床技能大赛为代表的比赛陆续开展，这种"以赛促学、以赛促教"的培养模式在全国得到了广泛推广[9]。基于针灸学科操作性极强的特点，针灸技能培养可能会在未来相当长的时间内持续成为焦点。此外，自从习近平总书记在全国高校思想政治工作会议上强调，要坚持把立德树人作为中心环节后，课程思政成为 2021 年持续至今的热点关键词，可以说是针灸学教学改革的前沿主题[10]。

目前，在大数据、人工智能等新兴技术迅猛发展的背景下，信息技术与教育教学的深度融合已成为课堂颠覆性变革的核心动力。如何立足前沿、与时俱进，将新兴技术与针灸教学创新融合，构建针灸学新课堂，提高课堂教学质量，是针灸学领域教育工作者思考和研究的新方向。

参考文献：

[1]戴健，罗本华，吴椋冰，等.针灸学多样化教学方法探析［J］.中国中医药现代远程教育，2021，19（19）：47-48.

[2]熊金璐，于迪，宋来辉，等.基于 CiteSpace 的矿物药研究现状可视化分析［J］.中草药，2021，52（4）：1105-1116.

[3]毕奕侃，韩毅.关键词时间分布特征视角下的研究前沿探测研究［J］.西华大学学报（哲学社会科学版），2020，39（2）：105-114.

[4]郭芳琪.前瞻性科学前沿的界定与识别指标的文献计量研究［D］.大连：大连理工大学，2018.

[5]关守宁，李姗姗，宋柏林.新时期高等中医药院校人才培养改革的实践探索——以长春中医药大学为例［J］.中医教育，2021，40（2）：4-6.

[6]陈悦，陈超美，刘则渊，等.CiteSpace 知识图谱的方法论功能［J］.科学研究，2015，33（2）：242-253.

[7]陈铭诗，李晓晨."互联网+"背景下西医院校留学生针灸学教学研究［J］.中国中医药现代远程教育，2021，19（7）：1-3.

[8]苏妆，刘丽莎，于本性，等.针灸学多媒体资源库的建设与应用［J］.中国中医药现代远程教育，2022，20（8）：

185–186.

[9] 刘世红 . 以赛促学法在高职高专针灸学教学中的实践［J］. 中医教育，2012，31（3）：76–77.

[10] 蔡荣林，胡玲，余情，等 . 针灸类课程思政元素意蕴及实施路径探析［J］. 中国针灸，2021，41（1）：99–102.

新鲜冰冻尸体单侧双通道内镜技术治疗
腰椎退行性病变的探索和实践 [1]

李波 [2]　李新志　阙祥勇　李意　汪杰　王涵　黄冲宇

摘　要： 探究用新鲜冰冻尸体进行单侧双通道内镜技术（Unilateral Biportal Endoscopy, UBE）治疗腰椎退行性病变手术的教学效果。方法：2021 年 6 月，用新鲜冰冻尸体开展 3 次单侧双通道内镜技术的学习班。对学员发放问卷，统计教学前、后知识掌握程度及课程评价。结果：参加全部 3 次培训共 90 名学员的单侧双通道内镜技术相关知识问卷结果显示，培训前平均（70 ± 0.5）分，培训后平均（91 ± 0.5）分，分数前后差异有统计学意义（$P < 0.05$）。参加培训学员的教学反馈问卷调查中，89 名学员认为新鲜冰冻尸体教学有助于提高对术中解剖结构的认识，88 名学员认为有利于培训后新开展单侧双通道内镜技术，78 名学员拟培训后新开展 UBE 手术。结论：新鲜冰冻尸体行单侧双通道内镜技术教学切实可行，有利于单侧双通道内镜技术的规范化发展。

关键词： 脊柱微创手术；单侧双通道内镜技术；新鲜冰冻尸体；教学

　　腰椎是人体躯干活动的枢纽，几乎所有的身体活动都在增加腰椎的负担。腰椎退变主要是一种随年龄改变的一种生理过程，很多因素可以加快腰椎老化退行性变的进程，引起一系列疾病和症状。腰椎退变到一定程度就会导致腰椎退行性疾病的产生，主要有腰椎间盘突出（Lumbar Disc Herniation, LDH）、腰椎管狭窄（Lumbar Spinal Stenosis, LSS）、腰椎滑脱等，严重的腰椎退行性疾病可以引起腰腿痛甚至下肢神经损害，影响人们的工作能力和生活质量。随着新颖实用的腰椎手术的不断涌现，微创脊柱手术也在世界范围内蓬勃发展，如通道辅助下融合手术（Mis-TLIF）、显微内窥镜椎间盘切除术、显微和极 / 直接外侧椎间融合、斜侧椎间融合和经皮内窥镜。这些微创手术不会像传统手术损害过多的人体结构如椎旁肌肉、骨组织。相对于上文所述的种种脊柱微创手术而言，使用关节镜的器械的单侧双通道内镜技术是一种起步较晚的、较为不成熟的一种微创技术，其有效性和安全性仍需要进一步的研究。

　　我院外科在本地区率先开展单侧双通道内镜技术。2021 年 6 月，我院外科举办应用新鲜冰冻尸体标本操作脊柱微创手术的培训课程。 该课程旨在利用新鲜尸体模拟真实患者，进行 UBE 的手术技术培训，以进一步提高医生技术水平，减少各种并发症的风险，最大程度保障手术患者安全和健康。

1　2002 年湖北省科技厅研发项目"基于单侧双通道内镜技术治疗腰椎退行性疾病的手术窗实验研究"（2022BCE039）；2021 年三峡大学高教所研究项目"基于新鲜冰冻尸体标本操作脊柱微创的教学研究"（GJ2139）。

2　李波，三峡大学附属仁和医院副主任医师，硕士研究生导师，研究方向为脊柱外科。

一、实验教学材料

实验教学材料包括新鲜冰冻尸体（由三峡大学医学院解剖与组织胚胎学系提供，提前 1 天 解冻）；关节镜机器及操作器械（由 STORZ 公司、迈瑞公司提供）、超声刀及磨钻（由奥林巴斯公司提供 ）、吸引器、缝线和一次性手术衣、手套等。

二、教学演示过程

（一）前期准备

为了评估教学演示的可行性，课程前期在三具新鲜尸体标本上进行 C 臂机透视，分别在体表用记号笔标记每具尸体腰 1 椎到骶 1 椎椎弓根投影，在此基础上制定培训教案，为实际教学做好准备。参与本项教学工作共需要 3 名有 200 台以上独立操作单侧双通道内镜技术的脊柱外科医师，其中 2 名医师负责手术演示，1 名医生负责术中讲解。模拟操作前对到场的学员进行问卷调查，侧重对培训的评价，培训后的问卷侧重对知识的理解。问卷共 10 题，每题 1 分。其中 2 题考查 UBE 手术适应证的把握，1 题考查 UBE 手术的术式选择，2 题考查 UBE 手术的围术期管理，3 题考查 UBE 的手术操作要点，2 题考查 UBE 手术并发症相关处理。

（二）手术过程

1. 手术切口定位与通道的建立

将新鲜冰冻尸体取俯卧位，在 C 臂机的透视下，确定手术切口部位，最初的目标点位于棘突与椎板的交接部位，以此做一横行标记线，沿椎弓根内缘画一标记线。两线的交接点上下 1.5 cm 分别为观察切口与操作切口的体表点。在新鲜冰冻尸体上，每侧做出 6 个标记点，共 12 个标记点，分别插入注射器针头。然后做 1～2 cm 的纵行皮肤切口，插入逐级套管以及剥离器，建立起通道。

2. 建立内镜观察通道

在建立的观察切口通道中插入内镜，在与之对应的操作切口通道中插入神经拉钩或 UBE 半套管，二者前端汇合于椎板。为保持术中视野清晰并防止电灼伤和感染，持续和通畅的出水以及合适的水压非常关键。有研究显示，术中通道内平均水压应控制在 16.99 ± 9.12 cmH$_2$O（12.25 ± 6.71 mmHg ），不应超过 31.00 cmH$_2$O（22.83 mmHg ）。术中使用 30° 内窥镜，可以扩大手术视野，利于观察微小的血管和韧带，从而减少术中血管和神经的损伤[1]。

3. 椎板和黄韧带的处理

镜下采用 90° 等离子刀头处理椎板间隙的软组织，处理到椎板之后用 4.0 磨钻和椎板咬处理椎板下缘。有研究者使用超声骨刀处理椎板，能有效提高手术的精细程度，减少手术风险，使椎板的处理难度降低。处理到黄韧带上缘后需从黄韧带近端止点将黄韧带向远端剥离。该部分处理极易出血，需用射频刀止血，同时合适的水压也能有效减少术中出血。近端椎板处理直至黄韧带近端椎板下止点，再处理下位椎体椎板上缘的黄韧带，这样同侧的黄韧带可整块切除。

4. 椎间盘的处理

在镜下暴露脱出的髓核之后用见到切破后纵韧带，夹取暴露的髓核，用神经拉钩或者半套管保护硬膜囊和神经根。完全夹取出暴露的椎间盘后，镜下可见神经根不再紧绷，变得松弛。完全清除脱出的髓核后，可以适当进行纤维环的缝合并在局部使用激素。

三、统计学方法

应用 SPSS 22.0 软件对问卷数据进行统计分析。计数资料用百分比（%）表示，经过 Fisher 精确检验。计量资料即本次培训前后分值，以均数±标准差表示，采用独立样本 t 检验。$P < 0.05$，差异有统计学意义。

四、结果

对本次参加三次培训的 90 名学员进行了 UBE 手术后的相关指数调查，结果显示，学员培训前平均（70±0.5）分，培训后平均（91±0.5）分，培训前、后分数差异有统计学意义（$t = 3.169$，$P = 0.004\ 521$）$P < 0.05$。

参加三次培训的所有学员中的教学反馈问卷调查中，89 名学员认为新鲜冰冻尸体教学有助于提高对术中解剖结构的认识，88 名学员认为有利于培训后新开展单侧双通道内镜技术，78 名学员拟培训后新开展 UBE 手术。由以上结果可知，在新鲜冰冻尸体上进行 UBE 教学演示及实操，有助于临床医生熟悉与掌握该项技术，使学习曲线更加平滑。

五、讨论

随着世界人口老龄化程度的加快，腰椎退行性病变渐渐成为全社会关注的重要健康问题。在医学迅速发展的今天，临床医师有更多的手段去解决患者的病痛。UBE 作为目前一种发展非常迅速的微创技术，已成为脊柱外科医师必须掌握的技能。然而，传统的脊柱微创手术培训班大多采用模拟微创手术器械操作或观看手术录像的方式进行。在这种传统的培训模式下，参训人员很难直观体会真实的微创手术操作，且这种培训模式更适合脊柱微创入门学习。

为了更好地模拟真实手术情景、缩短 UBE 手术学习曲线，许多外科中心尝试新的外科培训方法。随着科技的进步，目前已出现用虚拟现实技术进行 UBE 手术的培训。但此类培训对设备的要求很高，且对真实手术的环境模拟程度欠佳。三峡大学附属仁和医院脊柱外科通过总结分析种种手术的优劣，结合自身病种优势，推出用新鲜尸体完成 UBE 手术的培训课程，是国内领先的培训实践。

新鲜冰冻尸体的概念最早由 Logan 提出，其目的在于保持尸体组织柔软的特性 [2]。用福尔马林浸泡过的尸体，会有组织僵硬及表现不真实的组织特性，手术平面和空间会有损失，以及对于一些细小的结构（如神经、血管）难以识别，且其强烈的刺激性气味，可能导致鼻塞、眼睛发痒、头晕恶性等不良症状 [3]。与福尔马林浸泡过的尸体相比，用新鲜冰冻尸体模拟手术最接近真实的手术状态，新鲜冰冻尸体不仅无明显刺激性气味，而且在组织的细腻、柔软方面有巨大优势，更加适合模拟手术之后进行生物力学的检测以及更加精细的剖训练。相比讲解视频录像，使用新鲜冰冻尸体模拟手术，参训学员参与度高、兴趣大，实际操作更放松，能切实有效地学习手术步骤与解剖注意点。

在 UBE 的手术中可使用关节镜手术的大部分器械，降低了手术器械的门槛，但在操作时，由于需要自己制造一个人为的工作空间，和关节镜手术的自然空间有较大差异，所以对外科医生手眼协调能力有较高要求。我们发现在学习班初期，由于内镜和操作器械的活动范围太大，学员在操作时极易丢失操作器械的视野，甚至直接进入椎间隙，伤及神经根或硬脊膜。有关 UBE 手术学习曲线的研究显示，UBE 手术用于腰椎椎板切除和椎管减压需要在进行到第 58 次手术时，才能达到足够的熟练度，即减少手术时间、减少患者出血。有研究显示，UBE 手术的总失败率为 6.11%，学习阶段为 10.11%，掌握阶段为 2.78%，至少有 89 例手术经验的医生才能达到稳定的成功率。同时，为了进一步减少 UBE 手术最常见的三种并发症，如硬脊膜撕裂（2.23%）、不完全减压（1.7%）、硬膜外血肿（3.79%），脊柱外科医生还需要很长一段时间的学习和经验积累。本次学习班目的在于传递国内外脊柱微创技术的诊治新进展，规范脊柱外科医师对腰椎退行性疾病的诊治标准，同时规范脊柱微创评估标准，以更好地指导腰椎退行性疾病的诊治策略制定，进一步推广 UBE 技术在腰椎退行性疾病中的应用，让更多的医生了解认识其至掌握这项技术。

本次学习班有几个局限性：①新鲜冰冻尸体的数量较少，两具尸体可供四位医生同时操作，由于医生人数较多，导致每位医生的操作时间相对有限；②没有对每位医生的学习能力、手术能力做好评价，无法针对每位医生做出个体化教学方案；③由于是新鲜冰冻尸体的研究，所以无法有效评价手术细节，如椎板切除的大小、关节突打磨的程度、黄韧带的切除以及出血量的控制。且在研究过程中，我们尚未进行内镜下腰椎融合术以及内镜下对侧减压术。

现代外科学快速发展，众多新技术、新业务如雨后春笋般蓬勃发展。现在的外科医生既要做好临床的本职工作，又要成为一名教学者、引路人。在 UBE 蓬勃发展的今天，其技术本身的诸多优越性和可推广普及的便利性，使其成为当前时期治疗腰椎退变性疾病的重要微创技术。其势不可挡，宛如东出旭日。但是目前阶段，UBE 技术还有许多问题等待我们进一步完善，如合理的应用指征、技术细节的优化。而 UBE 技术未来是否真正在脊柱内镜领域起关键性作用，除了要依靠其技术本身的优势和历史契机，更取决于当今脊柱微创人的使命和情怀。

参考文献：

[1] Kim J E,Choi D J.Unilateral biportal endoscopic spinal surgery using a 30° arthroscope for L5–S1 foraminal decompression［J］. *Clinics in Orthopedic Surgery*, 2018, *10*（4）:508–512.

[2] Song Y K, Jo D H. Current and potential use of fresh frozen cadaver in surgical training and anatomical education［J］. *Anatomical Sciences Education*, 2022, *15*（5）:957–969.

[3] Onyije F M,Avwioro O G. Excruciating effect of formaldehyde exposure to students in gross anatomy dissection laboratory［J］. *The International Journal of Occupational and Environmental Medicine*, 2012, *3*（2）:92–95.

[4] Xu J, Wang D,Liu J, et al. Learning curve and complications of unilateral biportal endoscopy:Cumulative sum and risk-adjusted cumulative sum analysis［J］. *Neurospine*, 2022, *19*（3）:792–804.

[5] Park D Y, Upfill-Brown A, Curtin N, et al. Clinical outcomes and complications after biportal endoscopic spine surgery：A comprehensive systematic review and meta-analysis of 3673 cases［J］. *European Spine Journal: Official Publication of the European Spine Society, the European Spinal Deformity Society, and the European Section of the Cervical Spine Research Society*, 2023, *32*（8）:2637–2646.

基于 BOPPPS 教学模式公众急救常识和现代急救技能课程思政教育实践探索 [1]

徐雯 [2]

摘　要： 文章探讨了基于 BOPPPS 模式公众急救常识和现代急救技能大学公选课程融合课程思政教育实践探索。笔者选取 2021 级和 2022 级综合大学公众急救常识和现代急救技能网选班各 100 名学生为研究对象。2021 级为对照组，实施传统教学模式；2022 级为观察组，按照 BOPPPS 教学模式融合课程思政元素实施课程实践；课程结束后均对两组学生进行理论、操作考核，并发放调查问卷。结果显示，观察组的理论、操作考试成绩优于对照组，学生对融合课程思政的 BOPPPS 教学模式认可度较高，两组比较差异有统计学意义（$P < 0.01$）。研究结果说明，基于 BOPPPS 模式的公众急救常识和现代急救技能课程融合思政元素有助于提高学生急救、政治素养等方面的水平。

关键词： BOPPPS 教学模式；公众急救常识和现代急救技能；课程思政；实践探索

党的二十大强调"育人的根本在于立德"，课程思政是把专业教育与思想政治教育紧密融合，是贯彻落实立德树人根本任务的战略举措[1]；BOPPPS 教学模式是一种以教学目标导向、以学生为中心的教学模式，可有效促进课堂的教与学，实现教学理论与教学实践的有机融合。近年来，各高校积极探索将思想政治教育和道德培养贯穿教育教学全过程，推动人文教育和专业教育有机融合[2]。三峡大学开设公众急救常识和现代急救技能课程即以提升大学生急救素养为目标，根据学生的成长和发展需求，在教学目标、教学任务中融入思政元素，按照课程内容设计教学过程，从而有效实施。该课程于 2016 年开设，前期教学偏重知识技能培养，2022 年秋季教学时本着立足党和国家需要，将思想政治元素与急救案例素材充分融合，基于 BOPPPS 教学模式实施开展相关课程，将价值塑造、能力培养、知识传授有机互融，整体提升大学生综合素养。

一、资料与方法

（一）研究对象

笔者选取湖北省综合大学（三峡大学）四年制 2021 年及 2022 年网选公选课程公众急救常识和现代急救技能各 100 名大学生为研究对象，将 2021 年选课的 100 名大学生设为对照组，2022 年选课的 100 名大学生设为观察组，实施融合课程思政的 BOPPPS 教学模式。两组学生对该研究均已知情同意。两组学生一般资料比较，如表 1 所列。

1　三峡大学附属人民医院 2022 年课程思政专题立项重点项目"公众急救常识和现代急救技能"（J-SZ2022001）。

2　徐雯，三峡大学第一临床医学院急诊科主任护师，从事医学教育研究。

表 1　两组学生一般资料比较

组别	人数	性别		年龄	来源学院（个）
		男	女	岁，（$\bar{x} \pm s$）	
对照组	100	62	38	20.33 ± 1.08	52
观察组	100	57	43	21.06 ± 0.91	49
t 值		−3.602		−8.214	
p 值		0.537		0.328	

（二）具体实施方法

1. 课程内容

课程总学时 24 学时，12 次课 / 学期，2 学时 / 次；两组课程内容设置均通过每期调研获取，选择学生认可度最高的前 11 位的急救技能和知识实施（结合课时安排），最后 2 学时进行理论考试、操作考核、问卷调查；理论知识源于《急诊与灾难医学》《内科学》《外科学》教材中的知识。

2. 研究方法

（1）教学内容

以人民卫生出版社出版的第九版《急诊与灾难医学》心肺复苏章节为例（两组均选择）。

（2）教学手段

对照组采用传统教学模式，教师根据课程教学大纲讲授基础知识，末次课安排 5 名助教，将学生分 5 组，每组 20 人进行操作演练和实操练习并考核，结束后采用纸质版问卷调查；观察组采用融合课程思政素材的 BOPPPS 教学模式，将 BOPPPS 模型六个元素模块化分解：①课程引入：以讲述非医务人员实施的心肺复苏成功案例为切入点，播放心肺复苏视频，抛出问题，如"你是否愿意向陌生人施以援手？"引发学生思考和讨论，激发学生的社会责任感和使命感，从而认同并理解心肺复苏操作的重要性和意义。②学习目标：明确此次课程专业目标即掌握心肺复苏技能并熟练运用，了解注意事项，明确思政育人目标即厚植生命至上理念、救死扶伤精神。③课前摸底：课前检测学生受训能力，采用课前测验、集体讨论等方式进行课前摸底，了解其对心肺复苏知识的储备。④参与式学习：教师在讲解心肺复苏关键要点基础上，如按压深度、频率，引入动作有瑕疵的操作图片，让学生参与讨论，指出并有效示范，丰富课堂的趣味性，加深对所学内容的理解，强调急救中团队合作的必要性，增加学生的参与度。⑤课后测验：教师在教学过程中及时评估教学效果，心肺复苏课程中设计回答问题、小测验、口诀背诵等方法检测学生对知识的掌握程度，并在此设计情景模拟案例，以击鼓传花的方法确定参与人员，展开操作，以具体操作流程和按压的准确度进行评判打分。⑥课堂总结：学生对该节课知识点进行归纳、总结，理清知识脉络，教师引导学生分享心肺复苏操作的思考和感受，完成此次课堂教学，如图 1、表 2 所示。

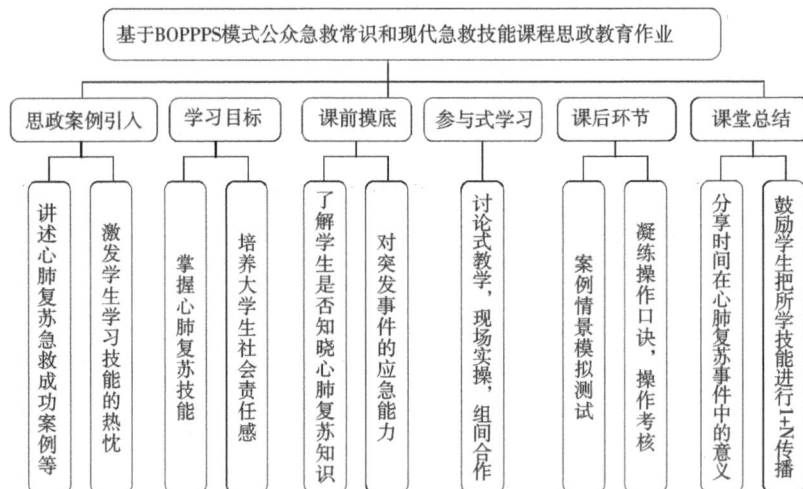

图1　基于 BOPPPS 模式心肺复苏课程思政教育流程

表2　临床教学案例示例

教学案例，以心肺复苏章节为例		
Step 1	B (Bridge) 课程引入	播放视频案例：患者，男性，57 岁，20 分钟前骑摩托车时突感胸部不适，将车辆停放路边后倒地，街边超市保安发现后立即拨打急救电话，并在 120 电话指导下进行心肺复苏，直至急救人员介入，患者被转运至医院急诊科，经过医疗救治，患者痊愈；视频中着重放大了"第一目击者"的重要作用和患者痊愈后的笑容；抛出问题：①此刻作为目击者的你是否愿意对陌生人施以援手？②如果患者需要心肺复苏，你是否敢动手操作？
Step 2	O (Objective) 学习目标	技能层面：掌握心肺复苏技能并熟练运用，了解注意事项； 思想层面：生命至上理念、救死扶伤精神植入学生心中，提升学生的社会责任和担当
Step 3	P (Pre-assessment) 课前摸底	采用问卷星调查了解学生受训情况，是否参与过该类急救技能培训，了解心肺复苏相关知识、要点、掌握情况，包括按压深度、频率、呼吸与按压比例，充分掌握学生的学情
Step 4	P (Participation) 参与式学习	1. 教师讲、教，将心肺复苏操作流程总结成口诀"评、叫、按、开、呼"，方便学生记忆和掌握，包括：①评估患者是否心搏骤停，包括颈动脉搏动的触摸、用操作者的面部贴近患者去感受其鼻息，用眼睛观察患者的胸廓起伏做出判断；②患者出现三无（无心跳、无呼吸、无意识）即可呼叫，取得他人帮助，立即进行心肺复苏；按压深度、频率等，引入节拍器的节奏每分钟 110 次，让学生在声音和教师示范下直观感受，从而加深记忆；③开放患者气道，清除口鼻分泌物，强调呕吐物堵塞口鼻会造成气道梗阻，从而引发窒息，可让学生捏住自己的鼻翼，屏住呼吸感受濒死的体验；④用口包住患者口鼻，为其吹气，以供给患者足够的氧气。在参与式学习过程中熟悉步骤，达到熟练掌握； 2. 学生练、学；学生遵照口诀两两成组，你练我看，相互提醒，相互促进； 3. 播放抢救室医护协作抢救视频（已经过剪辑处理），让学生感受团队协作的重要性，并理解急救的结局对社会和家庭的重要意义，使学生真正感受时间就是生命的深刻含义

		教学案例，以心肺复苏章节为例
Step 5	P (Post-assessment) 课后测试	教师设置案例：学生做，学生考，找瑕疵； 设置情景案例：李某，男性，70 岁，晨起到公园锻炼，突发心前区疼痛倒地，针对此案例以击鼓传花的形式选取 4 名同学，设置角色，即呼救报警者、路人、施救者以及热心群众（帮助疏散人群者），展开救护；让观摩者针对救护过程找瑕疵并现场示范，教师对每个环节进行点评，共同提升急救技能的运用，操作者分享抢救的心得，感悟理论与实操的不同之处，从而更加珍爱生命、健康生活
Step 6	S (Summary) 课堂总结	教师通过雨课堂分享阅读漫画《一个 90 后员工猝死的全过程》，引发学生思考生命的重要性，分享学习心肺复苏后对医职业的感性认知，健康生活不仅是对自己的人身负责，也是对社会和家庭的贡献；同时，利用绘制思维导图的形式理清知识脉络，巩固知识体系

3. 教学实施效果评价

课程结束后，采取理论、操作考核、发放调查问卷评价两种教学模式的教学效果。理论知识测试采取闭卷笔试形式（满分为 50 分），结合高质量心肺复苏按压要点，以了解学生心肺复苏相关基础理论知识掌握情况；操作考核以分组式考核进行，设置案例脚本，案例设置模拟临床真实抢救案例，高度还原急救场景。以每组 10 人，五五配合，自行分饰角色，即操作者、呼救者、患者、家属和围观群众，正式考核前可进行预演，以人人掌握为原则，指导教师根据学生具体实施步骤判定考核成绩（满分 50 分）；调查问卷以问卷星发放，包括课程设计对激发学习兴趣和参与热情、思政案例对知识理解和责任感的触发、教师对职业使命感的启迪、学生对第一目击者参与急救意愿度和对授课团队获取成绩评估方式。

4. 统计学方法

数据采用 SPSS 26.0 软件进行统计学分析，计量资料以均数±标准差（$\bar{x} \pm s$）表示，组间比较采用独立样本 t 检验，$P < 0.05$ 表示差异有统计学意义。

二、结果

（一）两组理论考试成绩、操作考试成绩比较

对照组理论考试成绩为（83.00 ± 7.59）分，低于观察组理论考试成绩（91.57 ± 8.92）分，两组比较差异有统计学意义（$P < 0.05$）。对照组操作考试成绩为（78.83 ± 8.36）分，低于观察组操作考试成绩（93.63 ± 7.82）分，两组比较差异有统计学意义（$P < 0.05$），如表 3 所列。

表 3 两组学生理论考试成绩、操作考试成绩比较

组别	理论考核成绩	操作技能成绩
对照组（$n = 100$）	83.00 ± 7.59	78.83 ± 8.36
观察组（$n = 100$）	91.57 ± 8.92	93.63 ± 7.82
t 值	−7.136	−6.382
p 值	0.000	0.000

（二）两组对各自教学模式的比较

如表 4 所列，"课程设计对激发学习兴趣和参与热情度""思政案例对知识理解和责任感的触发度""教师对职业使命感的启迪""学生对第一目击者参与急救意愿度"和"对授课团队获取成绩评估方式"方面的比较结果显示，融合课程思政 BOPPPS 教学模式比传统教学模式更能得到学生的接纳和认可，差异有统计学意义（$P < 0.01$）。

表 4　公众急救常识和现代急救技能课程培训效果调查

	满意（人）		不满意（人）		满意度 %	
	对照组	实验组	对照组	实验组	对照组	实验组
课程设计对激发学习兴趣和参与热情度	68	94	32	6	68	94
思政案例对知识理解和责任感的触发度	56	85	44	15	56	85
教师对职业使命感的启迪	32	97	68	3	92	97
学生对第一目击者参与急救意愿度	52	92	48	8	52	92
对授课团队获取成绩评估方式	47	88	53	12	47	88

三、讨论

综合大学开设公共急救常识和现代急救技能（公选课）是高等教育课程体系的重要组成部分，是推动素质教育的重要途径，是加强学生综合素质培养的重要手段。基于大学生素质教育的重要性，研究组聚焦高校教学改革和提升大学生自救与互救能力培养，将 BOPPPS 教学模式运用于公众急救常识和现代急救技能课程，充分融合思政教育，增强学生对生命的敬畏感和主动施救的社会责任感。

（一）将 BOPPPS 教学模式运用于公众急救常识和现代急救技能教学，能显著提高教学效果

公众急救常识和现代急救技能课程是一门既有理论知识又有实践技能的课程，它不仅可以提高大学生自救互救能力，也可以培养大学生的社会责任感和人道主义精神。传统的教学模式以教师讲授为主，学生只是被动地接受，缺乏创新性与个性化，这种固定的"教与学"的教学方式难以提高学生的自主能动性[3]；BOPPPS 教学模式可以让学生在参与式的学习过程中，从课程引入、学习目标、课前摸底、参与式学习、课后环节、课堂总结六大元素切入，基于课程思政案例引入，展开实践探索与应用及讨论，在掌握急救基本知识和技能的同时，凝练个人心得，分享个人感受；在促进师生之间以及生生之间的相互交流与互动过程中[4]，潜移默化地融入价值取向的引领性，激发大学生的社会责任感和使命感，让学生体会到急救的价值和意义。总之，将 BOPPPS 教学模式运用到公众急救常识和现代急救技能课程并融入课程思政是可行的，它可以让思想政治教育与专业知识相互渗透、相互促进，能显著提高临床教学效果，提高公众急救常识和现代急救技能课程的效率和质量[5]。

（二）将课程思政融入公众急救常识和现代急救技能专业课教学，有利于培养具有正确价值观的综合型人才

我国对公众急救知识与技能普及率仅为 1% 左右，和发达国家相比存在较大的差距。大学生作为高素质群体，同时拥有学习能力强、社会沟通能力强、时间精力充沛等优势[6]。要利用这些优势让大学生不仅学会在应对突发情况时自救，还要发挥其中介媒体作用，向他人传播急救知识，产生"滚雪球"效应。要使大学生具备这种素质，除了教会其掌握基本急救技能和知识外，还应有始终把人民群众生命安全和身体健康放在首位的思想高度，培养大学生正确的人生观、价值观，让其理解"敬佑生命、救死扶伤、甘于奉献、大爱无疆"的医者精神。课程组将经过筛选医学领

域具有典型教育案例，润物无声地融入急救课程的教学，从职业角度出发，让学生感同身受[7]。如心肺复苏案例中，因第一目击者抢救措施为患者争取了宝贵的急救机会，通过观看该患者与康复期录制的感谢视频具象化肯定了参与者的付出。这种临床真实案例更能渲染和发挥专业课程的育人作用，将价值塑造、知识传授和能力培养三者融为一体，充分体现新时代党、国家和社会对大学生综合素养培养需求。研究数据体现了通过融入思政元素的 BOPPPS 教学模式在教学实践的优势，也从另一个方面发掘了大学生对于精神层面的高度需求，正确价值观的输出可以被大学生接收并发挥良性效能。

（三）BOPPPS 模式的公众急救常识和现代急救大学公选课程与课程思政中的教育模式的思索

公众急救常识和现代急救大学公选课程于 2016 年开班，为精准地传播急救技能和急救知识，研究组每期纳入 100 人，以控制普通大学生在学习专业医学技能过程中可能发生的误差。研究组将重心集中在"专业"上，忽略了学会这项技能后能否去施救的意愿和责任担当。通过课程创新与改革，研究组将 BOPPPS 模式的六个环节逐一串联，让大学生积极参与课前、课中、课后的学习，并将精选提炼的思政案例按照课程设计植入教学过程，引发大学生主动探索。真实的临床案例能够短暂触发学生的热情，尽管取得了较好的学习效果，但如何使学生保持持久的激情，真正在突发事件来临时成为"第一目击者"并开展自救与互救，是研究组亟待思考的问题。以急救教育服务社会，围绕学生为中心积极转变教育理念，在授业解惑的同时，将思政引领放在首要，在完成教学目标的前提下，将价值塑造、能力培养、知识传授有机互融，输出价值取向积极的综合型人才方是该研究组坚守初心的根本。

四、结语

基于 BOPPPS 模式的公众急救常识和现代急救技能大学公选课程，是指教师结合学生的实际学习情况，从课程引入、学习目标、课前摸底、参与式学习、课后测验、课堂总结六大环节切入，系统地给学生进行课堂知识讲解，培养学生的注意力和兴趣，激发学生的好奇心和探究欲；同时，将每次课程的内容和学生的平日所见或未来可能碰到的危急事件与思政案例有效联系起来，引发学生自主思考生命的意义，帮助学生主动掌握学习的重点和方向，进一步加深对所学内容的理解和应用，并在此基础上引导学生进行思想政治教育的内化和外化，形成正确的世界观、人生观、价值观[8]。该课程有助于学生对急救知识的掌握、对技能的运用，有助于提高学生的素养和思想觉悟等方面的水平，也增强了学生的社会责任感和人道主义精神，能够彰显教育者铸魂育人的强大力量。

参考文献：

[1] 周娟.思政教育的人本价值管窥［J］.中学政治教学参考，2023（31）：48-50.

[2] 胡康，尹青，孙志钢.融合课程思政的BOPPPS教学模式在胸外科临床教学中的应用研究[J].研究卫生职业教育，2022，40（19）：106-108.

[3] 胡敏.新时代环境下高校思政教育课程改革探究［J］.现代职业教育，2023（24）：17-20.

[4] 唐楠，张宏晨，王艳红，等.临床综合护理技能课程中BOPPPS教学模式的应用[J].护理学杂志，2022，37（15）：77-79.

[5] 李居一，倪英群，刘怀珍.基于OBE理论的BOPPPS教学模式在内科学教学中的应用探讨［J］.中国继续医

学教育，2023，15（15）：38-42.

[6] 姜雅慧，王亚旭，龙清艳，等.基于BOPPPS模式的公众急救技能培训设计与探讨［J］.中国急救复苏与灾害医学杂志，2023，18（6）：821-824.

[7] 冯蓉，许红，夏立平.高职妇产科护理课程"理实结合"思政育人方案的设计与实践［J］.中华护理教育，2021，18（11）：989-993.

[8] 仝慧茹，何严，陈世存，等.BOPPPS教学模式在护理学专业本科英语课程教学中的应用[J].中华现代护理杂志，2017，23（10）：1415-1418.

基于虚拟现实技术的微课在重症医学科住院医师规范化培训教学中的应用研究[1]

吴文[2]　章宜兰　张朝晖　张蓉

摘　要：文章探究了基于虚拟现实（Virtual Reality, VR）技术的微课在重症医学科住院医师规范化培训中的应用效果。笔者选择 2022 年 8 月至 2023 年 8 月进行住院医师规范化培训的 60 名学员，分为传统教学组和 VR 组各 30 人。传统教学组接受常规重症医学科医师规范化培训，VR 组接受基于数字化 VR 技术的微课教程。比较两组教学效果及学员对教学的满意度反馈。结果：与传统教学组相比，VR 组的理论知识、病例分析和临床技能操作三个方面的成绩更优（$P < 0.05$）；VR 组的课堂兴趣、课堂参与和教学方法三个方面的满意度更高（$P < 0.05$）。结论：相较于传统教学，基于 VR 的微课教学更有利于提高住院医师规范化培训的效果和满意度。

关键词：VR 技术；微课；重症医学；规范化培训

危重症医学作为医学领域的重要分支之一，对培养学生的实践能力和决策能力具有重要意义。但由于这门学科的复杂性、多样性和临床实践性，相对于其他学科，危重症医学对培养方式提出了更高的要求。目前，许多医学院开设了危重症医学实验课程，但由于真实临床环境的限制，学生往往只能通过理论学习和模拟培训来提升技能，这种形式单一且存在局限性。因此，需要更多先进和复合化的教学模式来满足当前重症医学教育的需求。

随着医学信息数字化的发展，VR 技术和微课逐渐被应用于住院医师的规范化培训中，成为医学教育信息化建设的研究热点。本研究通过基于 VR 技术的微课进行重症医学科住院医师规范化培训，取得了良好的教学效果，现报道如下。

一、研究对象与方法

（一）教学对象

选取三峡大学第一临床医学院接受住院医师规范化培训的硕士研究生为研究对象，共计 60 人。所有人均于 2022 年 8 月至 2023 年 8 月期间在宜昌市中心人民医院重症医学科接受危重症救治的临床技能培训。所有研究对象对本研究均知情同意。

（二）研究方法

将 60 名接受住院医师规范化培训的医师作为教学对象，采用随机数表分组的方法将 60 名学生按 1∶1 重症教学培训；传统教学进行常规急危重症教学培训。

1　三峡大学教学研究和教学改革项目（J2022073）。

2　吴文，三峡大学第一临床医学院·宜昌市中心人民医院急诊与危重症医学科副主任医师，硕士。

（三）教学实施

1. 教学内容

根据教学大纲设计培训项目，主要针对常用危重症中的急性呼吸衰竭的理论学习和模拟培训，包括气管插管术、中心静脉置管术和体外膜氧合技术三项临床技能操作。

2. 教学方式

（1）传统教学组教学方式

采用常规重症医学科住院医师规范化培训。教师通过 PPT、教学视频等形式进行集中授课，讲解急危重症案例相关内容及基础知识。授课内容主要包括急性呼吸衰竭的病因、病理生理变化、临床表现、鉴别诊断、治疗方案等理论知识。同时，学员会被带至病房进行引导教学，选择急性呼吸衰竭病例进行展示。展示内容包括患者的病史、体检资料、影像资料等。学员通过实际病例学习急性呼吸衰竭的问诊、查体、病历书写、鉴别诊断及治疗方案等技能。教师会针对重点内容进行提问，学员需要自行查阅资料解答，以加深对疾病的认知与理解。根据学员的学习情况，教师还会安排实践教学操作，包括气管插管术、中心静脉置管术和体外膜氧合技术。带教教师会现场讲解并操作示范，最后理论与操作考核，教师进行点评和总结。

（2）VR 组教学方式

采用基于 VR 技术的急性呼吸衰竭的微课教程。教学实施步骤如下：①运用 VR 技术制作急性呼吸衰竭微课：按照教学大纲的要求，总结急性呼吸衰竭的知识点。制作一个全面、生动、形象的微课视频，时长 10 ~ 15 分钟，配以 PPT、动画和讲解文稿。视频中使用 VR 技术展示具体病例的医学图像，提供三维可视图像，模拟常见临床情境和交互式体格检查，学习气管插管术、中心静脉置管术和体外膜氧合技术的操作过程。②教学实施：带教教师在教学时将微课视频穿插到整个教学活动中。在课堂教学前即可将微课视频发送至学员手机端，学员在上课前可通过微课对知识点进行预习。带教教师在课堂教学、教学查房、开展讲座时均可结合微课视频进行讲解。教师利用微课视频对急性呼吸衰竭的临床技能操作进行细节化讲解、连贯性展示，使学员能够通过基于 VR 的微课掌握理论知识。学员可以在课后随时查看微课视频复习知识点，并通过社交网络平台进行讨论和交流。

（四）评估方法

带教教师依据教学大纲共同出题评价教学效果。对两组学生考试成绩进行评价考核，其中包括理论知识成绩、病例分析成绩和临床技能操作成绩。各部分满分均为 100 分。理论知识考试涉及重症医学科疾病的基础知识与基本理论；病例分析考试涉及考试病例的诊断标准、治疗原则、处置流程和预后判断等；临床技能操作考试涉及气管插管术、中心静脉置管术和体外膜氧合技术的操作过程的完整性和规范性。

专门设计 VR 教学调研问卷，从课堂兴趣、课堂参与、教学方法三个维度设计满意度评分调查表。向两组学生发放不记名调研问卷，由学生进行满意度评分及相关改进建议填写。其中每项满分均为 100 分，分数越高表示满意度越好。

（五）统计学方法

利用 Epidata 3.0 进行问卷资料输入，使用 SPSS 22.0 软件进行数据分析。计量资料用（均数±标准差）表示，组间比较采用 t 检验；计数资料用频数（百分比）表示，组间比较采用卡方检验、Fisher 精确检验。检验水准 $\alpha = 0.05$。

二、结果

（一）两组学生考试成绩比较

VR 组学生的理论知识成绩、病例分析成绩、临床技能操作成绩均高于传统教学组，差异有统计学意义，如表1所列。

表1 两组学生考试成绩比较（$\bar{x} \pm s$，分）

	传统教学组（$n=30$）	VR 教学组（$n=30$）	t 值	P 值
理论知识成绩	89.6±5.2	92.7±4.2	2.11	0.034
病例分析成绩	85.8±3.6	90.4±5.7	3.12	0.002
临床技能操作成绩	86.9±5.3	91.1±4.1	3.96	< 0.001

（二）两组学生课堂调研问卷结果

对两组学生发放共计60份问卷调查表，回收有效问卷60份（VR 教学组30份，传统教学组30份），有效率100%。在课堂兴趣、课堂参与和教学方法的满意度三个方面，VR 教学组均高于传统教学组，差异有统计学意义，如表2所列。

表2 两组学生课堂兴趣、课堂参与和教学方法的满意度的比较（$\bar{x} \pm s$，分）

	传统教学组（$n=30$）	VR 教学组（$n=30$）	t 值	P 值
课堂兴趣满意度	82.4±6.7	91.3±7.9	4.23	< 0.001
课堂参与满意度	85.9±4.5	89.4±6.1	2.07	0.045
教学方法满意度	88.8±5.2	94.3±7.6	5.12	< 0.001

三、讨论

重症医学是一门实践性和应用性很强的学科[1]。重症病种繁多、分科细致、专业性强，与临床技能操作和解剖学密切相关。传统的集中式课堂教学已不能满足住院医师规范化培训的需求，因此需要探索更有效的教学方式[2]。VR 技术是一项实用的技术，它将计算机、电子信息和仿真技术融合在一起，通过计算机模拟虚拟环境使人们沉浸其中。近年来，VR 技术在临床教学中得到广泛应用[3]。

本研究发现，基于 VR 的微课能够提供更好的教学效果。与传统的带教相比，微课能够提供更多的理论知识、病例分析和临床技能操作成绩，同时提高了课堂兴趣满意度评分、参与度评分和教学方法满意度。传统的带教受限于教师的教学习惯、理论知识和临床经验，学员缺乏学习兴趣和自主学习能力。而微课作为一种新兴的教学形式，以短小的视频为载体，综合使用动画、图片、表格、文本等多种资源进行教学，具有内容短小精悍、主题明确、重点突出、生动形象等特点[4]。结合 VR 技术，微课能够创造先进、灵活的教学环境，使学员能够身临其境地观察骨骼、肌肉、神经和血管的毗邻关系，深入理解实践操作过程。通过虚拟教学演示，可以以立体化、形象化的方式展示相关知识和技能，提高学员的理解能力[5]。基于 VR 的微课还能够丰富多彩地呈现教学活动，激发学员的学习兴趣。通过 VR 技术，学员可以体验临床操作的过程，增强学习的参与感和实践感。此外，基于 VR 的微课还可以帮助学员更好地利用零散时间进行学习，提高其自主学习能力。学员可以根据自己的学习进度和时间安排，随时随地进行学习，不再受限于传统教学的时间和地点限制。这样的灵活性和便利性能够大大提升教学效果。

需要注意的是，基于 VR 技术的微课在重症医学科住院医师规范化培训中虽能够提高教学效果，但也对带教教师提出了新的要求。首先，VR 技术的应用需要教师熟悉并掌握相应的软件和设备，了解 VR 技术的原理和操作方法。教师需要学习如何使用 VR 设备，如头戴式显示器、手柄，并熟练掌握虚拟教学平台的操作。其次，带教教师需要具备制作高质量微课视频的能力。在基于 VR 技术的微课中，教师需要运用 VR 技术将复杂的重症医学科知识和技能转化为易于理解和学习的虚拟场景，以便学员能够身临其境地体验和学习。再者，VR 技术的应用在医学教育中仍处于发展阶段，新的技术和方法不断涌现，带教教师还需不断更新自己的知识和技能，以适应新的教学方式。因此，基于 VR 技术的微课应该与传统带教相互补充，充分利用 VR 技术的优势，同时发挥传统教学的价值，以实现教学效果的最大化。

因此，基于 VR 技术的微课在重症医学科住院医师规范化培训中具有广阔的应用前景[6]。它不仅可以提高学员的实践能力、决策能力和教学满意度，还可以提供更加灵活和个性化的学习方式。未来，我们将进一步完善 VR 技术的应用，探索更多创新的教学模式，以满足医学教育的不断发展和变化。

参考文献：

[1] 刘宁，沈艳，徐颖，等.基于重症医学专科医师核心胜任力培养的多元化模拟教学研究［J］.中华医学教育杂志，2022，42（3）：272–275.

[2] 刘继海，陈志桥，季晟超，等.基于混合模拟技术的急诊医师危重症抢救能力的评价研究［J］.中华医学教育杂志，2022，42（3）：280–284.

[3] 杨懿农，向长和，饶利兵，等.利用虚拟现实技术构建虚拟人体科学馆［J］.解剖学杂志，2018，41（4）：488–489.

[4] 陈洁，马正良，顾小萍，等.基于"微课程"的翻转课堂在医学生气管插管临床技能培训中的应用［J］.中华医学教育探索杂志，2022（2）：186–189.

[5] Makransky G, Petersen G B. Investigating the process of learning with desktop virtual reality: A structural equation modeling approach［J］. *Computers & Education*, 2019（134）：15–30.

[6] 刘婧，姜冠潮，柳琪林.我国住院医师规范化培训基地医学模拟中心现状调查与分析［J］.中华医学教育杂志，2022，42（4）：362–366.

肿瘤专业学位研究生 IT-PBL 教学模式的思考与设计

钟欣冉[1]　周海波

摘　要： 肿瘤放射治疗学是肿瘤治疗学的重要组成之一，具有专业独特性和多学科交叉复杂性的特点，然而肿瘤专业研究生放射治疗学的教学普遍存在专业课程分散孤立、实践教学环节脱节、教学模式陈旧单一、教学缺乏针对性等问题。为提高该学科教学水平，本研究从理论教学和实践教学两方面出发，改革课程结构，以研究生课程放射治疗学为例，将针对性整合教学模式融入 PBL 教学法，试图从教学方法论的角度，整合放射肿瘤治疗学的教学体系，构建一种肿瘤专业研究生培养模式；以肿瘤放射治疗学为主线，交叉融合各学科教学，注重学生临床思维训练，培养学生肿瘤诊疗的综合能力，构建一种以肿瘤放射治疗学为中心，多学科联合的网状课程体系。

关键词： 肿瘤专业；放射治疗学；研究生教育；IT；PBL；教学模式

当今世界恶性肿瘤发病率、死亡率不断攀升，已经成为提高人类寿命预期的重要障碍。放射治疗作为恶性肿瘤治疗的三大主要手段之一，在肿瘤治疗中发挥着重要作用。放射治疗技术具有无创伤，受基础疾病、患者年龄、解剖结构等因素限制较小的特点，使许多无法接受手术或其他治疗手段的肿瘤患者从中获益[1]。临床治疗中放射治疗的主要目标是尽可能地给予肿瘤靶区高剂量照射，同时尽可能地保护周围的正常组织和危及器官。因此，如何将正确的剂量传递至正确的位置进行照射一直是放射治疗技术发展的方向和研究重点[2]。现代放射肿瘤学是研究恶性肿瘤治疗的重要学科，也是临床教学的重要课程，在此形势下，建立高层次放疗专业研究生人才培养体系是习近平新时代中国特色社会主义思想关于医疗卫生服务体系建设思想的重要体现，建设优质高效的医疗卫生服务体系，提高恶性肿瘤治愈率，不断增强人民群众的获得感、幸福感、安全感[3]。

笔者结合三峡大学第一临床医学院教学及临床优势，以提高放射治疗能力水平为目的，对肿瘤专业研究生的培养模式、教学模式进行了探索和分析。

一、肿瘤专业学位研究生教学模式现状

肿瘤放射治疗学是知识范围非常广泛、复杂的学科，涉及多学科知识，因此临床教学十分重要。目前，肿瘤专业研究生教学模式普遍存在专业课程分散孤立、实践教学环节脱节、教学模式陈旧单一、教学缺乏针对性等问题，主要表现为专业课程分散，实践环节孤立。例如：肿瘤学专业的各种知识分散在其他学科中，学生由此获得的肿瘤学知识缺乏系统性及全面性，基础知识和基本技能掌握混乱，临床思维能力不足；教学模式陈旧单一，实践教学环节亟须加强；"灌输式"教学方式下学生缺乏主动思考和实践，在临床实践过程中无法将基础理论知识与临床经验有机结合，可能导致学生对基础知识掌握不足，对临床知识一知半解，无法做到融会贯通。

1　钟欣冉，三峡大学第一临床医学院在读硕士研究生，研究方向为恶性肿瘤基础及临床。

在肿瘤学教学中，国际上非常流行的教学模式是以研究生为主体，以病例中遇到的实际问题为中心，通过查阅指南、结合文献、咨询专家等多种学习途径，提高学生的自学能力以及分析和解决问题的能力，激发学生的主观能动性，实现对疾病的纵向理解。这种 PBL 教学模式会带来一定的活力，但是在临床实践中，学生每日忙于病患日常管理工作，知识获取碎片化，整合不足；而带教导师身兼数职，医疗科研任务繁重，言传身教时间短，教学缺乏针对性。每个学生都有自身特点，现有教学模式无法针对其知识体系或实践能力中的薄弱点进行强化整合训练[4]。

随着更高、更新、更精准的放疗技术不断涌现，放射治疗应用型、复合型高层次人才的不断输出是肿瘤防治事业的关键。肿瘤放射治疗学涵盖内容相当丰富，包括肿瘤病理学、放射影像学、放射生物学、放射免疫学、临床肿瘤学、循证医学等诸多亚学科。在此形势下，肿瘤专业研究生应具有扎实的专业基础和较强的实践能力、创新能力，能在专业基础方面深度理解肿瘤病理、影像、放射基础、临床肿瘤学等基础理论知识，同时在实践创新能力方面应能够熟练运用计算机信息技术、自动靶区勾画、治疗计划制订等核心技术，从而独立地胜任放射治疗技术的开发和研究工作。

二、提高肿瘤专业学位研究生能力措施

（一）放射肿瘤专业 IT-PBL 教学模式的构想与思考

为提高对肿瘤专业学位研究生的教学水平，将针对性整合教学模式[5]（Integrated Teaching, IT）融入问题式教学法（Problem-Based Learning, PBL）或项目式教学法（Project-Based Learning, PBL）中，构建一种肿瘤专业研究生 IT-PBL（Integrated Teaching-Project-Based Learning）教学模式，并从理论教学和实践教学两方面出发，以研究生课程放射治疗学为例，试图从教学方法论的角度，树立放射肿瘤治疗教学的整体思路，改革课程结构，以肿瘤放射治疗学为主线，针对性整合教学内容、教学方式，从教学思想、教学手段、教学环节等方面进行改革，培养学生肿瘤诊疗的整体思路，加强学生全面、系统的临床思维的培训，构建一种以肿瘤放射治疗学为中心，多学科联合的网状课程体系。

第一，通过针对性整合理论教学与典型病例实践，以 PBL 教学为先导，启发学生主动发现和解决问题的能力，从而激发他们自主学习、深入探究的主观能动性。

第二，通过针对性整合课堂教学与科研训练，提升中英文文献检索和阅读能力，拓宽视野，提高英语水平和科研思维，引导学生设计科研课题的能力，并具体研究。

第三，通过针对性整合放疗专业知识与相关专业知识，夯实基本理论知识与基本实践能力。

第四，通过针对性整合课堂 PBL 教学与多学科综合诊疗 MDT 模式教学[6]，以学生"角色扮演"肿瘤科大夫和相关专业医生或邀请专家参与 MDT 讨论方式，在多个学科的参与下，对各种治疗方法的优势和局限性进行分析，加强肿瘤临床与相关学科的交融，注重医学生临床诊断思维的养成与构建，实现对疾病诊疗的横向理解。

第五，通过针对性整合教师与学生的角色关系，使教师的角色转变为组织者，让学生成为主体，教师灵活开展启发式教学，师生互动，共同进步，促进教学相长。

（二）放射肿瘤专业 IT-PBL 教学模式的具体运用

1. 面向肿瘤专业学位研究生的 IT-PBL 教学模式——以放射治疗学为例

基于上述对肿瘤专业学位研究生的现状分析及教学模式思考，在既往教育模式基础上建立有针对整合项目导向的联合式网状课程体系。现以放射治疗学为例，构建 IT-PBL 教学模式，如图 1 所示。

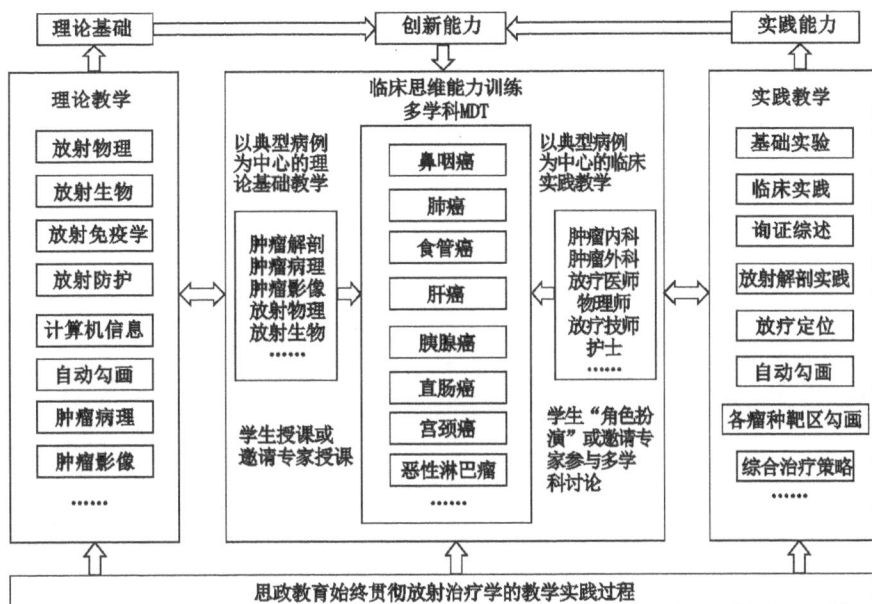

图 1　放射治疗学 IT-PBL 教学模式结构

针对性整合教学模式是针对不同教学对象和不同教学目的，将多种教学模式进行针对性整合，真正做到因材施教的教学模式。单一教学模式各有特色，侧重点不同可能会造成某些知识点的欠缺，或对基本理论掌握不足，或对临床知识一知半解，或实践能力不足，无法做到融会贯通。运用针对性整合教学模式，教师不仅可以将临床专业课程内容进行整合，而且可以将相关肿瘤学临床课程设置前移，即将基础课程与临床实践交叉整合，使二者有机融合。

经过五年的本科教育，肿瘤专业的研究生虽然对肿瘤的临床特点及治疗有了基本的认识[7]，但是由于各个常见恶性肿瘤的知识都是独立和分散的，相互之间缺乏衔接，造成学生无法在临床实践中做到学以致用，融会贯通。所以，教师要改革课程结构，以肿瘤放射治疗学为主线，以典型病例为中心组织教学内容，以 IT-PBL 教学模式，从教学思想、教学手段、教学环节等方面进行改革，培养学生肿瘤诊疗的整体思路，加强学生全面、系统的临床思维的培训，促进其动手能力提升，同时要将思政教育始终贯穿整个教学实践。

2. 针对性整合教学模式下放射治疗学的 IT-PBL 教学法

根据以上针对性整合教学模式，该项目拟设计一种面向放射治疗学课程的 IT-PBL 教学法，如图 2 所示。该教学法主要包括三个模块，即传授肿瘤放射治疗知识、实践肿瘤放射治疗知识、临床思维培训。

传授肿瘤放射治疗知识是指老师或同学通过课堂上的讲述将肿瘤放射治疗相关的理论知识传授给学生。

实践肿瘤放射治疗知识是指学生通过在临床实践平台上开展相关的基础实践和临床实战，学习放射解剖、肿瘤影像、放射物理、放射生物、放疗定位、各瘤种靶区勾画、放疗计划等知识，进一步练习和巩固课堂上学习到的理论知识，并培养其动手实践能力。

临床思维培训是指学生以小组为单位，以某一病例为中心，通过角色扮演或邀请专家参与多学科讨论，通过询证综述、肿瘤治疗指南学习、综合治疗策略等方式，培养学生肿瘤诊疗的整体思路，同时培养学生的科研设计能力。

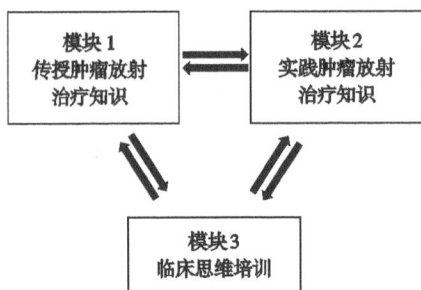

图 2　面向放射治疗学课程的 IT-PBL 教学法

以上三个模块并不是孤立存在于课程授课中的，而是进行了系统整合。教师在施教过程中要注重三者的交叉实施，即在传授基础知识时要同步实践印证，还要注重临床思维训练；实践肿瘤放射治疗知识，同时复习基础知识，将临床思维训练贯穿教学全过程。交叉整合即针对性整合教学模式 IT-PBL 教学法的精髓所在。

这种带教模式对带教教师提出了更高要求，为此，三峡大学第一临床医学院充分发挥师资力量雄厚的优势，成立以中级职称以上医师为主的培养指导小组，定期开设讲座并参与指导学生的培养计划制订与实施；构建一种适用于肿瘤专业研究生课程肿瘤放射治疗学的 IT-PBL 教学模式；基于该教学模式，完成常见恶性肿瘤放射治疗流程架构的教学案例 1～2 个；基于该教学模式，完成恶性肿瘤多学科病例讨论 MDT 相关的教学案例 1～2 个；基于该教学模式，完成常见恶性肿瘤放疗靶区设计及实施相关的教学案例 1～2 个。每一阶段带教结束后都进行量化考核，由带教教师反馈问题并解答，形成"实践—反馈—提高—再实践"的流程，使肿瘤专业学位研究生的实际临床能力获得真正的提高。

基于此，该研究初步构思了该课程的 IT-PBL 教学模型，如表 1 所列。

表 1　初步构思的肿瘤放射治疗学 IT-PBL 教学模型

模块	教学目标	示范主题
模块 1：传授肿瘤放射治疗知识	各瘤种解剖、病理、临床表现等基础知识回顾；各瘤种放射物理、生物、靶区勾画、放疗计划及实施；理解肿瘤放射治疗流程架构	复习肿瘤相关专业知识；肿瘤放射治疗学总论；
模块 2：实践肿瘤放射治疗知识	传授事实知识和实践知识；培养动手能力和独立思考能力	放射防护知识及实施；放疗定位技术及实施；放疗靶区勾画训练
模块 3：临床思维培训	肿瘤综合治疗理念；放疗靶区设计	"角色扮演"或邀请专家参与多学科讨论；集体阅读英文询证综述，科研设计；肿瘤治疗指南学习

（三）改革评估方法

让学生快乐地学习并全面掌握知识点，熟练运用是教学的目标，但是项目的成功与否需要对学员进行考核来评估成效，单纯的知识记忆的测试已经不能满足评估的需求。理论及实践能力综合测定内容应该包括学习能力、临床三基、临床思维能力、肿瘤放射治疗临床技能（阅片、定位、靶区勾画、计划评估、计划验证、计划实施等）[8]。考核范围为培养方案中学生在轮转科室的学习内容，按不同阶段分为轮转考核、阶段考核、毕业考核[9]。要求考核成绩不低于甚至高于传统教学方法的考核成绩，并且运用统计学方法研究培训质量控制关键。最后，通过对比和分析使用 IT-PBL 教学方法前后的教育数据，验证 IT-PBL 方法的有效性。

（四）IT-PBL 教学模式特点、优势

该研究通过融合 IT 教学法和 PBL 教学法，设计出一种 IT-PBL 教学法，为学生提供一条交叉的、理论与实践紧密结合的学习路径，从通过课堂讲授了解肿瘤放射治疗及相关知识，到实战练习肿瘤放射治疗知识，再到根据多学科讨论，循证综述及肿瘤诊疗指南学习，三个模块交叉融合，培养学生的肿瘤综合治疗观念素养。然后，将所设计的 IT-PBL 教学法应用到实际的肿瘤放射治疗学课程中，鼓励学生将理论与实践融会贯通，并要求他们在恶性肿瘤放疗靶区设计及实施方面创新性发展，教师通过评估放射治疗临床技能来了解学生对肿瘤放射治疗学的掌握情况。

该研究拟构建的 IT-PBL 肿瘤放射治疗学课程内容设置合理、肿瘤相关知识及专业知识涵盖面广、实践环节丰富，学生通过扮演不同专业医生并主动参与，提高学习兴趣。教师应通过融合针对性整合教学法和 PBL 教学法，使学生能够交叉融合式地学习放射治疗知识，成为优秀的肿瘤放射治疗医生，从而成为高层次创新人才。为了更好地应用所设计的 IT-PBL 教学模式，该研究拟完成配套的课程大纲、教学案例与 PPT 讲义，这些丰富的教学资源将有助于学生理解肿瘤放射治疗及相关知识，准确形成肿瘤诊疗综合理念，也有助于学生在恶性肿瘤放疗靶区设计及实施方面创新性发展。同时，该研究组会将相关的教学资源和教学经验上传到中国大学 MOOC（慕课）上，为 IT-PBL 教学模式推广到其他高校提供良好的契机。

三、结语

综上所述，构建肿瘤专业研究生 IT-PBL 教学模式，是临床教学模式创新的具体体现，是一种值得我们不断尝试和推广的新教学模式。当然，各种教学方法及模式的组合不是固定不变的，其目的在于更有效地提高人才培养的质量和效益，有利于提高临床医师分析、解决临床问题的能力。这也是我们提出的 IT-PBL 教学模式的初衷。在未来工作中，我们将加强深化教育教学改革，加强肿瘤专业研究生的综合实践与创新能力，以适应高层次创新创业人才的需求。

参考文献：

[1] 沈瑜. 肿瘤放疗相关研究的进展 [J]. 中华放射肿瘤学杂志，2005（1）：75-76.

[2] 刘孝花. 肿瘤放疗技术研究进展 [J]. 中国医疗器械信息，2020（2）：33-34.

[3] 刘志礼，韩晶晶. 习近平关于人民健康重要论述的四重向度 [J]. 大连理工大学学报（社会科学版）2022，43（1）：9-16.

[4] 李妍. PBL 教学模式对高等教育的影响分析 [J]. 科技风，2023（3）：36-38.

[5] 梁璇. 针对性整合教学模式在肿瘤学专业带教中的应用 [J]. 中国医学教育技术，2018（3）：442-444.

[6] 王红梅，韩正祥，杜秀平. 循证医学在肿瘤科教学中的应用 [J]. 中国继续医学教育，2015，7（28）：10-11.

[7] 王利华，秦晓玲. 肿瘤放射治疗学研究生教学实践的探索 [J]. 内蒙古医科大学学报，2018，40（S1）：50-53.

[8] 李俞婷. 肿瘤专业学位研究生放射治疗能力培养的思考与建议 [J]. 现代职业教育，2021（2）：190-191.

[9] 唐志伟，李伟，段丽萍，等. 临床医学专业学位研究生培养模式的探索与实践 [J]. 中华医学教育杂志，2013（2）：268-270，295.

Workshop 联合 CDIO 教学模式在 ICU 护理
临床实践教学中的应用

龚婷婷[1] 刘春艳 罗婧 林家浩

摘 要： 文章探讨了 Workshop 联合 CDIO 的教学模式对 ICU 实习护生临床实践的教学效果。笔者选取 2021 年 7 月至 2023 年 4 月在三峡大学第一临床医学院 ICU 实习的 110 名护生作为研究对象，按照入科先后顺序将实习护生分为对照组和实验组，每组 55 人。对照组采用传统一对一带教法，实验组采用 Workshop 联合 CDIO 教学法。比较两组实习护生护理能力、教学满意度及临床能力。干预后，实验组实习护生的护理能力、教学满意度和临床能力均显著高于对照组（$P < 0.01$）。研究结果表明，Workshop 联合 CDIO 的教学法提高了实习护生的护理能力、临床能力和教学满意度。

关键词： Workshop；CDIO；重症医学科；临床能力

重症监护病房（Intensive Care Unit, ICU）患者病情危重，操作技术项目多、难度大，对操作技术要求高。实习护生的临床实践学习是护理学习中的关键环节之一，需重点培养，而实习护生初次踏入临床，是理论走向实践的关键时期，他们缺乏临床实践技术，对 ICU 和实际的动手操作怀有畏惧。传统一对一的带教模式下，课程项目大多由教师根据大纲设定，实习护生缺乏自主参与性，学习方式单一，教学氛围单调，导致培训的技能不能被灵活应用到今后复杂多变的临床工作中[1]。CDIO 是 conceive-design-implement-operate 的缩写，即构思 — 设计 — 实现 — 运作，是一种基于工程教育的教学模式，其将临床实践作为教学的核心，通过项目驱动的教学方式鼓励学生积极参与临床实践项目的设计、实施、运用、评价等过程，使学生在实践中体会和掌握所学知识和技能，提高实践能力，从而提高自身综合素质[2]。Workshop（工作坊）是一种基于专题的教学模式，其主要特点为目的性强、形式灵活、参与性高、操作性强，在临床教学过程中通过带教教师引导，以小组合作的学习形式，鼓励学生参与及发挥其主观能动性，在操作实践中发现自己的问题，从而提高知识学习效果。笔者将 Workshop 联合 CDIO 的教学模式应用于护生的临床实践教学，取得了良好效果。

一、材料与方法

（一）一般资料

采用便利抽样法，选取 2021 年 7 月至 2023 年 4 月在三峡大学第一临床医学 ICU 实习的 110 名护生作研究对象，按照入科先后顺序将实习护生分为对照组和实验组，每组 55 人。对照组实

---

1 龚婷婷，三峡大学第一临床医学院·宜昌市中心人民医院重症医学科护士长、副主任护师，研究方向为护理管理、重症护理、护理教育。

习护生中男生 3 人，女生 52 人；年龄为 19～22 岁，平均（21.21±0.94）岁；本科 48 人，大专 7 人。实验组实习护生中男生 5 人，女生 50 人；年龄为 19～21 岁，平均（20.76±1.03）岁；本科 49 人，大专 6 人。纳入标准：①大专及以上在校护理专业学生；②已在学校完成规定学制理论学习且考试合格；③自愿参与本研究。排除标准：①已参与或正在参与教学相关研究；②不能全程参与本科室实习者。两组实习护生一般资料比较差异无统计学意义（$P > 0.05$），具有可比性。

（二）方法

两组均在三峡大学第一临床医学院 ICU 实习 4 周，每一批次 5～6 名护生。两组授课教材、实习大纲、考核标准、教学进度、带教教师均相同。由总带教教师负责教学任务安排、质量控制。

1. 对照组

对照组实习护生采用传统一对一带教模式，即 1 名临床教师带教 1 名实习护生。入科第 1 天，科室护士长、总带教教师介绍工作环境及科室相关规章制度。第 2 天至第 4 周，带教教师根据医院及科室实习生培训计划，进行一对一理论和操作教学，完成教学查房、小讲课等，第 4 周进行理论、操作考核与评价。

2. 实验组

实验组采用 Workshop 联合 CDIO 模式教学。①教学团队：1 名科室护士长、1 名总带教教师，10 名 ICU 带教教师，均参加过医院实习生带教资格培训，结业并取得实习生带教资格。根据三峡大学第一临床医学院实习要求和 ICU 专科特色，结合 CDIO 大纲与标准、CDIO 工作坊要求，教学组成员集体讨论，制定教学目标、带教方案。每位带教教师负责 1 名实习护生。②入科时：科室护士长、总带教教师向实习护生介绍工作环境及科室相关规章制度。③构思。每轮培训由理论教学、操作技能、情景演练等组成。培训教师根据教学目标、教学方案进行备课，制作讲课 PPT 和操作视频，上传至科室教学微信群。将实习护生分为两组，每组 2～3 人即为一个工作坊，自主学习教师上传的学习资料，提出重点、难点，查阅文献与相关资料，初步构思情景案例。④授课设计。培训教师通过 PPT 对理论知识进行系统讲解。带教教师协助实习护生在初步构思的基础上设定情景案例，实习组长进行分工，共同讨论、形成完整的护理方案。⑤实践。实习护生通过临床模拟实践将护理方案实施，完成情景演练，进一步掌握 ICU 相关知识与技能，并在情景演练中查找不足，提升其对患者角色的体验感；结束后，各工作坊小组成员分析存在的问题，提出整改方案；培训教师总结和分析实习护生临床判断的准确性及方案的组织合理性，提出指导意见，并对操作步骤的规范性以及注意事项等问题进行总结；对于大家的共性问题进行现场演示，重点教学；设置一个技能训练室，便于实习护生练习操作技能。⑥运行。进行临床实践时，带教教师再次进行观察与指导，查缺补漏。实习最后一周进行理论、操作出科考核及教学评价，并对教学质量进行分析，优化教学方案。

（三）评价指标

1. 护理能力考核

能力考核包括理论和实践操作考核。理论考核内容从医院护理助手题库中提取，满分为 100 分，90 分为优秀，80 分为合格；实践操作考核采用技能直接观察法[3]，即护士长、总带教教师、带教教师在其日常工作状态中查看实践操作能力。考核选择在实习护生正常上班的工作状态下进行，了解其当班的主要工作，正在进行或将要进行的治疗操作情况，随时以某个点开始考试，考核中重点观察实习护生的行为与能力。满分为 100 分，90 分为优秀，85 分为合格。

2. 教学满意度

使用带教教师满意度调查量表评估实习护生对带教教师的满意度，包含5个维度：课程设计、专业能力、健康教育、教学效果、人文关怀。满分为100分，十分满意：评分 ≥90分；比较满意：评分 60～89分；不满意：评分 < 60分。满意度 =（十分满意 + 比较满意）/ 人数 ×100%。

3. 临床能力评价

采用周厚秀编制的护理本科生临床能力评价量表，包括临床处置能力、护理沟通能力、健康教育能力、护理科研能力、临床教学能力、临床管理能力、职业心理素质共7项指标39个条目。Cronbach's α 为 0.89，效度为 0.91，信效度良好。

（四）统计学方法

该研究所有数据均采用 SPSS 25.0 进行统计分析，计量资料用（$\bar{x} \pm s$）表示，各组间比较采用方差分析，计数资料用率（%）表示，比较用卡方检验，$P < 0.05$ 时表明有统计学意义。

二、结果

（一）两组实习护生护理能力得分比较

实验组理论、操作考核成绩均高于对照组，差异有统计学意义，$P < 0.001$，如表1所列。

表1　两组实习护生护理能力得分比较（$\bar{x} \pm s$，分）

组别	理论考核	操作考核	合计
实验组	94.52 ± 1.56	95.17 ± 1.54	94.85 ± 1.31
对照组	92.12 ± 2.52	92.56 ± 2.89	92.34 ± 2.65
t 值	58.239	57.419	61.003
P 值	0.000	0.000	0.000

（二）两组实习护生对教学满意度情况比较

实验组实习护生对教学满意度显著高于对照组，差异有统计学意义，$P < 0.01$，如表2所列。

表2　两组实习护生对教学满意度情况比较 [人（%）]

项目	实验组		对照组		χ^2 值	P 值
	满意	不满意	满意	不满意		
课程设计	53（96.36）	2（3.63）	45（81.82）	10（18.18）	5.986	0.029
专业能力	53（96.36）	2（3.63）	51（92.73）	4（7.27）		0.679*
健康教育	50（90.91）	5（9.09）	47（85.45）	8（14.55）	0.785	0.556
教学效果	53（96.36）	2（3.63）	43（78.18）	12（21.82）	8.185	0.008
人文关怀	49（89.09）	6（10.91）	48（87.27）	7（12.73）	0.087	1.000
合计	258（93.82）	17（6.18）	234（85.09）	41（14.91）	11.102	0.001

注：* 有两个单元格的期望计数小于5，采用费希尔精确检验。

（三）两组临床能力得分比较

实验组实习护生临床能力得分显著高于对照组，差异有统计学意义，$P < 0.001$，如表3所列。

表 3　两组实习护生临床能力得分比较

项目	实验组	对照组	t 值	P 值
临床处置能力	120.56 ± 2.20	105.75 ± 3.71	25.487	0.000
临床沟通能力	31.85 ± 2.04	30.18 ± 2.33	4.009	0.000
健康教育能力	41.95 ± 2.35	39.13 ± 2.14	6.579	0.003
护理科研能力	26.11 ± 2.77	22.25 ± 3.04	6.960	0.000
临床教学能力	15.09 ± 1.61	14.49 ± 1.02	2.334	0.020
临床管理能力	27.18 ± 2.11	25.16 ± 2.13	4.991	0.000
职业心理素质	24.60 ± 1.41	23.89 ± 1.44	2.614	0.010
合计	287.36 ± 5.47	260.82 ± 6.32	23.552	0.000

三、讨论

综合性 ICU 是医院收治危重症患者的科室，有较高的技术手段和技术能力，是实习护生临床护理实践的重要组成部分。科学、高效的教学模式能够帮助实习护生掌握更加丰富且专业的临床知识与实践技能[4]。传统的教学模式，因带教教师不同，学习的内容存在差异，实习护生没有得到同质化的培训；并且传统的教学模式存在教师"教什么"，护生便"学什么"的情况，缺乏自我学习能力的培养。被动学习的学生往往对知识的掌握程度大大缩减，理论与实践结合能力较差，不能应对临床工作中的突发状况。基于 CDIO 的教学模式，实习护生根据学习大纲，自行创建 ICU 护理模拟场景，发挥其自主学习的能力，激发其自身创造性，提高实习护生综合护理能力和临床能力。同时以工作坊的形式应用到临床实践中，分小组模拟临床场景，让实习护生体验临床工作，不断发现问题，改进优化，提高临床实践能力；带教教师在教学过程中不再照本宣科，而是随时关注护生的课堂反应，注重与护生的互动，激发护生的兴趣，提高其参与度[5]。

采用 Workshop 联合 CDIO 教学模式开展实习护生的临床实践教学，带教教师通过系统的理论、操作技能培训，实习护生自行收集相关资料，以 ICU 实际情况设定模拟场景，将所学护理常规及护理专科操作融入场景，演示学习成果，带教教师了解护生对知识的掌握情况，查找问题，实时反馈，针对问题再培训。该研究显示，实验组理论考核和操作考核成绩均高于对照组，反映出实习护生的护理能力显著提高。另外，在技能直接观察法的考核中，能够发现护生对所学知识的实际运用能力，更贴近临床实际情况，发现临床中可能遇到的问题，折射出护生的真实状态，提高其临床应变能力，对于实践操作不再"纸上谈兵"。

护理临床能力是完成护理工作所需的能力，是进行临床护理实践必需的技能。沉浸式工作坊模式充分调动了护生的自主能动性，增强了护生的临床能力。工作坊小组形式改变了传统教学结构，实习护生通过所学知识设计案例，在案例设置过程中，将病史采集、查体、护理诊断等环节串联起来，发现护理问题，形成护理方案，能应对整个护理过程中的突发事件，充分体现了实习护生的临床思维和处置能力。传统教学呈现割裂化特点，教、学方式单一，缺乏与教师的沟通[6]。一个完整模拟场景的设定，仅靠个人能力无法完成，需要依靠团队的力量进行资料收集和案例准备，其中不乏组员间、实习护生与医护之间及实习护生与患者家属间的有效沟通，使实习护生的组织沟通能力得以提升。加强学生的创造力、实践能力、决策能力及批判性思维能力的培养，是当代护生临床教育的一个主要起点和落脚点。具备文献查阅和批判性思维的能力，能够帮助实习护生快速构建成功的案例模拟场景；且案例模拟情景的呈现又能激发实习护生理论讲授和操作演示的能力，体现出较高的职业心理素质。该模式的运用大大提升了实习护生全方位的临床能力。

Workshop 联合 CDIO 模式下的临床教学方法，打破了传统临床实践模式，充分调动了实习护生的学习积极性，且丰富多样的模拟场景增加了实习护生的学习兴趣。新的教学模式，不再以教师为主导，而是以学生为中心，带教教师辅助、指导学生完成课程构思、设计、实践，并进行现场评价，快速、及时解决护生的问题，更能体现带教教师的专业性和解决问题的能力，从而得到护生的认可；同时，增加师生沟通，促进带教模式的优化，提高临床带教水平，达到双赢的目的[7]。

四、结语

综上所述，Workshop 联合 CDIO 的教学模式的使用，可使 ICU 实习护生的理论知识和临床操作的护理能力、临床思维能力有所提高，改善了实习护生对带教教师的满意度，为临床实践提供了新的教学模式和教学思路，能够更全面地提高临床实践教学的质量。此次研究对象在科室实习时间仅 1 个月，这种教学模式对初入临床实践的护生难度较大，在临床教学中如何丰富情景案例，提高知识的渗透层次，需要临床带教教师不断地更新教学理念，扩充教学手段，更好地提升自身的教学能力。

参考文献：

[1] 王清，崔丽萍，李敏，等.工作坊在新入职护士规范化培训中的应用效果［J］.护理研究，2022，36（21）：3933-3936.

[2] 张妮，李玲玲，杨琳，等.CDIO 框架下的教师工作坊研修模式构建与应用［J］.现代教育技术，2022，32（9）：117-125.

[3] 罗健，杨柳，杨丹，等.技能直接观察考核法在新护士规范化培训技能考核中的应用实践［J］.中国护理管理，2017，17（1）：75-78.

[4] 卢昌碧.提高综合性 ICU 护理实习生带教质量方法探讨［J］.护理实践与研究，2012，9（10）：98-100.

[5] 张平，赵宏波，陈丹艳，等.问题引导式联合 CDIO 模式教学在手术室新护士培训中的应用［J］.护理实践与研究，2021，18（9）：1404-1404.

[6] 卢靖，陈惠珍，杨筱敏.Seminar 教学法在全科病房护理实习生带教中的应用［J］.中国高等医学教育，2022（5）：83，134.

[7] 梁钰华，陈淑华，黎少英.目标管理带教模式在药学专业实习生中的应用效果［J］.现代医院，2023，23（8）：1284-1286.

自主合作探究教学模式在急危重症护理
实践技能课程中的应用与效果评价[1]

刘静[2]　　徐雯　杨怀洁

摘　要： 文章探讨了自主合作探究教学模式在急危重症护理实践技能课程中的应用与效果。笔者选取某高校 2020 级护理本科生为对照组、2021 级护理本科生为实验组，对照组采用传统教学模式，实验组采用自主合作探究教学模式。课程结束后比较两组学生的教学效果。实验组学生在急危重症护理实践技能、思维能力、自主学习能力和团队协作能力方面均优于对照组学生，差异有统计学意义，说明自主合作探究教学模式在急危重症护理实践技能课程中的应用具有良好效果。
关键词： 自主合作探究；实践技能；急危重症护理

急危重症护理学是护理教育中的核心课程，旨在挽救生命、促进患者康复、减少伤残率、提高生存质量为目的。该课程涉及急危重症患者现场救护、转运途中监护、急诊科救护及重症救护等综合性应用领域[1]。该课程实践性强，要求学生具备扎实的理论知识、熟练的实践技能、敏捷的应变能力和良好的沟通协作能力，能在紧急情况下迅速、准确、有效地对患者实施护理干预。然而，传统的教学模式往往以教师为中心，系统全面地将知识传授给学生，学生在教师的主导下被动地接受、记忆和巩固[2]。这种模式忽视了学生的主体地位和对其实践能力的培养，导致学生缺乏临床思维和实践动手能力，在临床实践工作中遇见危重患者时束手无策。为解决这一问题，笔者探讨自主合作探究教学模式对提高学生的自主学习能力、实践动手能力和探究精神的作用。自主合作探究教学模式立足学生的生活实际，以学生为主体，以教师为引导者，引导学生学会自我选择与自主发展，培养学生的自主能力、创新素养和探究能力。笔者将介绍该模式在护理本科急危重症护理学实践技能课程教学中的应用，分析其对激发学生的学习动力，使学生从被动学习转为主动学习，提倡学生自发合作、对知识追根溯源和自主探索创新精神的发展，培养学生的自主学习能力、实践动手能力和探究精神。

一、对象与方法

（一）研究对象

笔者选取由三峡大学第一临床医学院承担急危重症护理学教学的 2020 级、2021 级护理本科学生为研究对象，分为对照组和实验组。对照组为 2020 级护理本科生，采用教师讲授和演示教学的传统教学模式，实验组为 2021 级护理本科生，采用自主合作探究教学模式进行急危重症护

1　三峡大学高教研究一般项目"自主—合作—探究型实验教学模式在急危重症护理实践技能教学中的应用研究"（J202163）；三峡大学 2022 年高教研究重点项目（GJ2214）；三峡大学 2023 年其他教学改革研究类重点项目（J2023004）。
2　刘静，三峡大学第一临床医学院·宜昌市中心人民医院副主任护师，从事急救护理、医学教育研究。

理实践技能课程的学习。在教学前对两组学生进行基线调查，包括一般资料、自我学习能力和急救思维能力进行比较，差异无统计学意义（$P > 0.05$），具有可比性。

（二）研究方法

该研究采用了两组不同教学方式对实践技能课程进行对比分析，两组课程的师资团队、教材、教学目标、课时、考核方式均同质化，教材统一采用《急危重症护理学第 4 版》。不同点在于对照组采用传统的教学模式；实验组采用自主合作探究教学模式。以心搏骤停与心肺脑复苏章节为例，运用该教学模式的思路进行具体教学过程的设计。主要教学过程如下。

1. **教学设计**

根据急危重症护理实践技能课程的目标和内容，实践技能课程共计 20 个学时，每周开展 4 小时的实践教学活动。教师按照自主合作探究教学模式，围绕课前自主学习、信息检索、导入问题、分组讨论、实践操作、评价反馈等环节设计教学方案，每个环节制定明确的目标、内容、方法、时间和评价方式，充分调动学生学习的主动性和积极性，锻炼学生综合运用知识与技能的能力。

2. **教学实施**

在急危重症护理实践技能课程开设前，对两组学生进行预测试，了解他们对该课程的基础知识和技能水平。在教学活动中紧紧围绕自主合作探究教学模式的六环节，合理安排课程的内容和流程：①课前自主学习：在实践课开课前 1 周将实践技能教学目标、教学内容、教学重难点、操作视频、实际案例影视等资源发布在雨课堂平台上，让学生通过已学的理论知识结合操作视频与案例，激发学生的好奇心，鼓励其发散思维，引导学生尝试提出问题并独立思考。②信息检索：学生在自主学习过程中，将遇到的疑虑和困惑进行整理和收集。通过系统地查阅相关文献和资料，学生能够答疑解惑，提升其自主学习能力。③导入问题：课程开始时，教师向学生提出一个与心肺复苏实践技能相关的问题，如"高质量心肺复苏中按压深度与按压的频次是否有相关性？""如何保证高质量的复苏？"教师通过问题引导学生思考问题，培养学生解决问题的能力，激发学生的学习动机和探究欲望。④分组讨论：教师将学生随机组成 6 ～ 7 人的小组，每个小组针对教师导入的问题进行讨论，每组设组长 1 名，教师鼓励小组成员发挥自己的优势，相互交流和协作，共同分析问题，提出解决方案，并记录讨论的过程和结果。⑤实践操作：教师安排学生在模拟或真实的临床环境中，按照设计的场景进行模拟仿真实践操作，在整个实践过程中设置患者出现突发的病情变化，检验学生的临床思维及探究问题的能力。在此过程中，教师应注重学生的操作规范和安全性，并给予反馈和建议。通过分组合作、问题探究、案例分析等方式，激发学生的学习兴趣和动机，培养学生的自主学习能力和团队协作能力，提高学生的急危重症护理实践技能和临床思维能力。⑥评价反馈：教师对每个小组的表现进行评价，学生也应该作为评价主体，积极鼓励每个小组进行自评、组内互评、组间互评等，使其更加公正、公平。

3. **教学效果评价**

课程结束后，教师应采取操作考核、发放调查问卷的方式评价教学效果。操作考核分为单项考核和分组式考核。单项考核设置为单人心肺复苏术；分组考核以每组 7 人自行分配角色（包含医护患）设置案例脚本，模拟临床真实抢救案例。考核前提供案例脚本，小组成员可对案例进行分析和讨论，旨在提升学生分析问题、解决问题以及团队协作能力。调查问卷采用问卷星，包括课程设计满意度、自信心、兴趣度、创新意识等方面的感受和看法。

4. **统计学方法**

数据采用 SPSS 26.0 软件进行统计学分析，计量资料以均数 ± 标准差（$\bar{x} \pm s$）表示，组间比

较采用独立样本 t 检验，$P < 0.05$ 表示差异有统计学意义。

二、结果

（一）两组培训模式前后实践操作考试成绩比较

表 1 显示，两组学生在培训前的实践技能水平没有显著差异（$P > 0.05$），说明两组学生在该课程的基础水平相当。培训后，实验组学生在实践技能水平均显著高于对照组学生，差异有统计学意义（$P < 0.01$），说明自主合作探究教学模式能够提高学生对实践技能的掌握和应用。

表 1 两组培训模式前后实践操作考试成绩

组　别	培训前操作技能成绩	培训后操作技能成绩
对照组（$n = 49$）	75.24 ± 8.82	78.83 ± 8.36
实验组（$n = 47$）	76.70 ± 9.08	90.74 ± 6.97
t 值	0.67	5.81
p 值	0.51	< 0.01

（二）两组培训模式教学满意度比较

表 2 显示，实验组培训教学满意度为 93.2%，接受度高，说明自主合作探究教学模式能够提高学生对该课程的积极性和主动性，增加学生对该课程的满意度和自信心，激发学生对该课程的兴趣和创新意识。

表 2 两组培训模式教学满意度

	满意（人）		不满意（人）		满意度 %	
	对照组	实验组	对照组	实验组	对照组	实验组
课程设计对激发学习兴趣	40	44	9	4	82	94
有助于提升操作技能的自信心	38	42	11	5	77	90
有助于提高自主学习能力	35	45	14	2	71	96
培训方式的创新意识	32	43	17	4	65	92
培训方式的总体满意度	40	44	19	3	82	94

三、讨论

自主合作探究教学模式在急危重症护理实践技能课程中能够提高学生的实践技能水平、思维能力、自主学习能力和团队协作能力，同时能提高学生对该课程的满意度和自信心，激发学生对该课程的兴趣和创新意识，使学生在实践中学习，在学习中反思，在反思中总结，在总结中提高。

（一）自主合作探究教学模式能够提高学生的实践技能水平

急危重症护理实践技能是本科护理学生必须掌握的急救技能，此阶段的学生应具备扎实的理论知识、熟练的操作技巧、敏捷的应变能力和良好的沟通协作能力。传统的教学模式常以教师为中心，以知识技能传授为主，忽视了学生的主体地位和实践能力的培养，难以发展学生的临床主动思维能力和实践动手能力，导致学生在临床实践工作中遇见危重患者时常束手无策。而自主合作探究教学模式是一种以学生为主体，以教师为引导者，培养学生创新素养和探究能力的教学模式。它通过课前自主学习、信息检索、导入问题、分组讨论、实践操作、评价反馈等六个关键环节，使学生从被动转为主动学习，提倡学生自发合作、对知识追根溯源，培养学生的自主学习能力、实践动手能力和探究精神。该研究结果显示，实验组学生的单项操作技能考核显著优于对照组学生，应用自主合作探究教学模式能够有效提高学生对急危重症护理实践技能的掌握和应用。

（二）自主合作探究教学模式能够提高学生的思维能力

思维能力包含分析问题、解决问题、创造性思维，即运用已有知识解决问题、创造新知识的过程和结果。急危重症护理实践技能课程不仅要求学生掌握基本的操作技能技巧，还应具备分析临床复杂情况、制订合理方案、应对突发事件的思维与应变能力。传统的教学模式往往注重知识"灌输"，忽视了对学生主动思维能力的训练，导致学生缺乏创新意识和批判性思维。而自主合作探究教学模式可促进学生评判性思维的形成，通过引入问题导向、情景模拟案例分析等方式，强调学生的主体地位，激发学生的好奇心和求知欲，促进学生对知识的深入理解和应用。在各组之间的相互演练中，学员在教师的引导下提出问题并进行深入的剖析，从而提升学生分析问题、解决问题以及创造性思维的能力。教师则进一步引导学生学会思考，将理论与实践相结合，注重实践寻求真知，启发学生灵活地将理论知识在实践中运用。

（三）自主合作探究教学模式能够提高学生的自主学习能力

自主学习是学生在教师的引导和帮助下，根据自己的学习目标、兴趣和需求，自主选择学习内容、方法和资源，自主安排学习时间和进度，自主评价学习效果，不断调整和完善学习策略的能力。自主学习能力是终身学习的基础，也是适应社会变化的必备素质。传统教学模式常常是学而不思，思而不疑，疑而不问，而自主学习则是学有所思，思有所疑，疑有所问[3]。学生通过自己所学、所思、所悟，在学习中不断提出问题，通过自主学习答疑解惑。教师鼓励学生学会自主学习，引导学生学会思考、学会设疑、学会提问，调动学生学习的积极性，培养学生自主学习能力。例如，教师在心肺复苏实操课课前发放预习课件、操作视频，让学生通过自学的方式结合理论知识要点提出一系列疑虑，让学生带着问题上课。急危重症护理实践技能课程涉及的知识和技能非常广，教师无法面面俱到，加之，临床工作中患者的病情错综复杂、瞬息万变，因此，学生应具备自主学习能力，能够根据自己的实际情况和需求不断更新知识和技能。

四、结语

自主合作探究教学模式在急危重症护理实践技能课程中的应用具有良好效果，为护理教学改革提供了一种有效的教学模式，能够提高学生的实践技能水平、思维能力、自主学习能力和团队协作能力，同时能够提高学生对该课程的积极性和主动性，增加学生对该课程的满意度和自信心，激发学生对该课程的兴趣和创新意识。但该研究也存在一些局限性，如样本量较小、研究时间较短、评价指标较单一，需要进一步完善和改进。

参考文献：

[1] 罗忠琛，杨英，卢海霞，等.精准思政视角下教学方案设计与实践——以本科护生《急危重症护理学》课程思政为例［J］.医学教育研究与实践，2022，30（3）：342-348.

[2] 俞露.高中思想政治课"自主、合作、探究"型教学模式研究［D］.苏州：苏州大学，2015.

[3] 马蕾，叶茂.基于自主探究性学习的课堂教学设计——以人教版"黄土高原"为例［J］.中学地理教学参考，2021(8）：4.

基于柯氏评估模型的"线上+线下"混合式教学在护理本科教学中的探索[1]

张菊[2] 刘静兰

摘　要： 笔者基于柯氏评估模型，在护理本科生的健康评估课程教学过程中应用"线上+线下"混合模式进行教学，探讨此教学方法实施的可行性。笔者采用更新教学理念、重构教学内容、注重教学过程、完善考评体系的具体教学方法，运用柯氏评估模型反应层、学习层、行为层和结果层四个层级进行多元化的评价，形成了基于柯氏评估模型的"线上+线下"混合式教学模式。结果表明，通过对护理本科生教学方法的改革与实践，文章所述方法有助于提高护理本科生的积极性和主动性，为护理本科生的临床实习打下良好的理论和实践基础。

关键词： 柯氏评估模型；混合式教学；护理本科

教学是实施教育的重要环节，是培养人才的重要途径。护理本科教育是整个护理教育的重要环节，护理本科教学质量也是护理教育改革的重点关注点心。随着教育体系的改革，以讲义为导向的LBL、以问题为导向的PBL、以案例为导向的CBL的三种教育方法普遍存在于高等医学教育模式中。随着网络的发展，网络教学、CAI（计算机辅助教学）、翻转课堂等教学方法相继出现。近十年来，依托互联网为基础的慕课平台建设发展迅速，越来越多的护理本科院校开展了"线上+线下"的混合式教学模式，教学模式呈现多元化发展的态势。国务院办公厅在2020年出台的《国务院办公厅关于加快医学教育创新发展的指导意见》指出："医学教育是卫生健康事业发展的重要基石，要加快医学教育的创新发展，发挥课程思政作用，着力培养医学生救死扶伤精神。"柯氏评估模型是1959年由著名学者唐纳德-柯克帕特里克提出的一种系统的四层级学习评估模式。关于柯氏评估模型和混合式教学在医学教育教学中的研究很多，但是将二者结合的研究较少。该研究在本科护理教学过程中采用基于柯氏评估模型的"线上+线下"混合式教学模式，运用更新教学理念、重构教学内容、注重教学过程、完善考评体系的研究方法，探索其可行性。目的在于增强护理本科生对知识、技能、态度、评估四个层级之间的连续性学习迁移和转化；增强学生在护理本科教育中的主体地位和提高学生对本科教育质量的关注意识；引导高校更加关注学生的学习效果；客观反映各层级存在的问题，针对性地提出相应解决措施；为护理本科生的临床实习奠定良好的理论基础。

一、研究对象和内容

该研究以三峡大学医学院和科技学院2021级的在读护理本科生为研究对象。在健康评估课

1　2021年湖北高校省级教学研究项目（2021255）；2021年三峡大学教学研究项目（J2021055）。

2　张菊，三峡大学第一临床医学院·宜昌市中心人民医院肿瘤科主管护师，硕士，研究方向为宫颈癌放疗的护理，护理教育。

程的教学中充分体现"以教师为主导、以学生发展为中心"的教学理念；课程思政元素贯穿教学过程始终，培养学生的医学人文精神和家国情怀；结合护理专业研究进展、前沿知识，以及临床对护理本科生的专业需求，对教学内容进行重构，突出课程高阶性、挑战度，培养学生的创新精神；基于柯氏评估模型的"线上＋线下"混合式教学，教学过程中采用案例教学、情景教学、分组教学等多元教学方法；建立多元化教学质量评价体系，达到教学相长的目的。

二、研究方法

一门课程的教学方法是衡量教学实施和组织的重要指标，对推动教学改革具有重要的指导意义[1]。健康评估课程组通过头脑风暴，多次讨论，拟定了以下教学方法：更新教学理念，设定教学目标；重构教学内容，体现思政培养；创新教学方法，注重教学过程；完善考评体系，重视教学反馈。

（一）更新教学理念

教学理念是教学管理者和教师从事教学活动的态度、观念和信念，这种态度和信念对教学活动有明确的指导意义[2]。课程组在教学过程中秉承"以教师为主导，以学生发展为中心"的教学理念，将课程思政理念贯穿教学始终，注重价值引领和塑造学生的人格，培养其正确的人生观、价值观和职业观。在课程设计上，突出课程的高阶性、挑战度，注重理论与实践的结合，既有别于护理专科生教学的基础化，又有别于护理研究生教学的专业化、国际化。

（二）设定教学目标

传统的教学目标只注重单方面的知识与技能的教学，往往忽略学生对知识的接受程度及感受[3]，阻碍了学生的全面发展。健康评估课程组紧扣书本，以知识传承为导向，以提高学生的自主学习和独立思考能力、提升综合素养、增强人文情怀为目的，编制教学大纲和教案，梳理知识点，从知识、能力、素质三个方面设定教学目标。

1. 知识目标

掌握健康评估基本理论知识，促进高阶能力发展；掌握临床常见症状的概念、特征及评估方法，做出护理诊断；掌握视、触、叩、听、嗅诊基本方法；掌握常用标本采集方法、正常值范围及异常改变的临床意义；查阅行业标准指南和文献，获得前沿知识。

2. 能力目标

能对健康评估资料进行综合分析，以便及时、准确地评判服务对象的护理问题；能运用有效的沟通技术，促进护患关系、加强医护合作、护护合作；围绕"健康"新理念，培养学生临床逻辑思维能力及解决复杂问题的综合能力。

3. 素质目标

培养有情怀、有温度、有灵性的临床实用型护理人才；进行思政教育，向学生输入人文关怀精神和严谨慎独的科学精神，提升学生的综合素质；具有爱岗敬业、乐于奉献精神以及团队合作意识。

（三）重构教学内容

依据大纲要求进行重难点分析，本着"实用为主，够用为度，应用为本"的原则，重构教学内容，优化学时分配。对课程内容重新分类，结合专业特点和教学大纲要求重构教学内容和知识点，打破原有的课程体系，构建个性化的知识体系，侧重实践性和综合能力的运用，同时融入新型实用技术，让学生能够接触到最前沿的操作。在学时上以章节为单位进行优化，总学时由原来的 72

学时变为 64 学时。

（四）体现思政培养

加强护理专业课程思政建设是培养德才兼备的高级护理人才的重要举措[4]，教师在教学中除了关注专业知识的传授外，还需重视对学生的价值引领和培养其职业认同感。过去的健康评估教学，过于重视"知识与技能"。改革后，课程组经讨论将"情感、态度、价值观"和"知识与技能"放在同等重要的位置，教师根据护理专业的特色和优势，紧紧围绕专业育人目标，进行课程思政建设，培养德才兼备、全面发展的护理人才；融合"爱岗、敬业、慎独、仁心仁术"等品德教育，收集合适的思政案例并实时更新，深挖思政元素，在课堂教学中实现思政教育，不断提高学生的思想水平、政治觉悟、道德品质、文化素养，帮助学生树立正确的价值观、人生观、职业观。在教学全过程中融入思政教育，用好课堂教学，让专业课程和思政课程同向同行、相互协同，培养具有爱国情怀、文化自信的高素质护理人员。

（五）创新教学方法

教育质量是教育的生命线，是护理教育可持续发展的基本前提，也是衡量护理人才培养工作重心定位的重要指标。柯克帕特里克的四层次模型，以受教育者为评估对象，根据评估的深度和难度分为反应层、学习层、行为层、结果层四个逐步递进的层次[5]。笔者以提高教育质量为目标，创新性使用柯氏评估模型结合"线上＋线下"混合式教学的方法对三峡大学的护理本科生进行教学。

1. 反应层

课前先导入案例、文本、图片、音频、视频，让学生进行线上自学，引导学生自学后思考学习内容、存在的疑惑。教师在每一次教学结束后，通过问卷调查对教学设计、教学实施、教学效果进行评估，了解学生的反应、感受，评估学生对健康评估课程的整体满意度，达到以评促教的效果。

2. 学习层

课中运用图片、视频、情景教学、分组教学、探究式教学，激发学生的兴趣，引导学生抬头听课，使学生在学中玩、在玩中学。利用课中测试、课后作业等进行学习内容的巩固，促进知识的内化。教师实时了解学生对知识和技能的理解、掌握和提高程度，帮助学生发现自己存在的问题，及时给予纠正，达到以测促学的效果。

3. 行为层

课中采用案例重现分析、操作演练的方式，促进知识的实践运用。教师先组织学生分小组进行案例重现讨论分析，然后搭建临床真实场景，让学生进行操作演练。在这个过程中，教师评价学生在实践中灵活运用知识的能力，促进学生分析问题、解决问题能力的提升，同时培养学生的临床思维、沟通交流、人文关怀和团队协作等专业素养。

4. 结果层

学生通过学习通、长江雨课堂等在线工具提交案例分析报告，教师组织学生进行操作技能大赛，锻炼学生的实践技能，评估教学的实际效果。教师课后总结反思本堂课的亮点和存在的不足等内容，如是否激发学生兴趣？学生参与互动是否积极？课程是否有机融入思想政治教育元素？是否引入相关热点新闻？课程是否实用？教研室及课程组根据结果不断优化教学设计、更新教学方式、提高教学能力。

（六）注重教学过程

在整个教学过程中，教师应提供中国大学 MOOC 等线上的优质教学资源学习路经，同时在慕课堂等平台建设课程，录制微课、微视频等，让学生可以进行移动式学习，让学习过程不受时间和空间的限制；在线下将案例教学、多媒体授课、分组教学、情景教学、翻转课堂有机结合，学生采取探究式、参与式、合作式、情景式学习方式进行自主、终身学习，改变被动式学习的局面。强化课堂教学中的生生、师生、师师互动，让学生积极主动地"学"，教师有的放矢地"教"。

（七）完善考评体系，重视教学反馈

为避免单一评价的片面性，课程组针对护理本科生对健康评估课程的学习感受、完成学习内容、达成学习目标的情况，以柯氏评估模型为指导，进行系统性、多元化的评价。课程组制定了平时考核、小组讨论 / 案例分析、情景模拟演练评分标准，课程考试命题计划、分解考题任务，使考核细化、量化、流程化、多元化。课程评价采用"线上 + 线下"混合式多元化双向评价模式，对学生采用形成性 + 终结性评价以及学生自评，对教师采用同行听课、教学督导、学生评价等多元化考核评价体系，让评价更加客观。教师对学生的评价可对学生的学习起监控、监督的作用；学生自评可调动其主观能动性，增强自主学习意识，建立良好的学习习惯；学生对教师的评价能帮助教师反思教学设计是否合理、教学内容安排是否恰当、教学方法是否有效；同行评价可促进教师取长补短、共同提高，增强对教学实践的再认识、再思考，提高教学能力。

三、研究成效

护理教研室在护理本科生的教学过程中，边探索边实践，引入柯氏评估模型，开创了基于柯氏评估模型的"线上 + 线下"混合式教学，完成了教学"理念—资源—方法—评价"的全面提升；更新了以学生发展为中心，坚持"思政导向""过程导向""应用导向"和以教师发展为核心，提高"教学水平""教学能力""教学质量"的教学理念；优化了教学资源，包括修订教学大纲、思政大纲、建立"课程思政"专题项目典型教学案例库和柯氏模型案例库；建立了名为"健康评估"的网上慕课视频教学资源库及学习路径，创新了以"线上与线下 + 课内与课外 + 理论与实践"三位一体的立体教学模式为主的教学方法；完善了"双向评价 + 多维度考核"的教学评价方式。

"健康评估"教师团队通过将课程思政贯穿课程教学过程始终，厚植了学生的医学情怀和人文精神，培养了学生勤奋、慎独、细致、关爱的护理服务理念，增强了学生救死扶伤、全心全意为患者服务的职业使命感和社会责任感。通过课前预习课件的学习，课中的情景模拟、角色扮演、分组学习、翻转课堂、临床实践观摩的实施，激发了学生自主学习的热情，培养了学生评判性思维及临床实践能力。教师在教学过程中通过引导学生对学科前沿知识的学习，培养学生的科学创新精神，提高本科护生的自主学习能力和教师的教学质量。

四、存在的问题及改进

（一）存在网络卡顿、延迟、不稳定等因素

线上教学依赖稳定的网络和技术设备，在教学过程中可能存在技术设备不足、网络卡顿、延迟、不稳定等问题，影响学习体验。改进建议：学校提供技术设备支持及支持渠道，解决学生在使用过程中的技术问题。

（二）教学互动不足

开展线上教学时，教师和学生之间的互动受限，限制了实时问题解答和讨论的机会。健康评估课程需要用到较多的肢体语言、演示等手法进行讲解，线上教学时这些手段很难实现，学生也很难融入课堂教学的氛围。改进建议：运用在线讨论、小组项目、合理安排线上教学内容等方法，压缩讲解时间，线上教学以启发式教学和答疑解惑式教学为主，提供在线办公时间，方便学生提问和交流。

（三）自主学习动力和时间管理能力不足

部分学生存在学习目标不清晰、情绪不稳定、人际关系不佳等情况，从而缺乏自主学习的动力和管理时间的能力。改进建议：教师在教学过程中关注学生的动态，及时给予引导和帮助，培养学生自主探究的能力和时间管理水平。

五、结语

在人口老龄化进程加快和健康中国的策略下，我们需要一支文化素质高、专业技术过硬和职业认同感高的稳定护理队伍，护理本科生便是这支护理队伍的主力军。因此，对于他们的培养显得极其重要。柯氏评估模型是最为人们熟知、应用最为广泛的培训评估模型之一[6]。基于柯氏评估模型的"线上+线下"混合式教学模式贯穿了教学的全过程，实现了教学质量的持续改进，在护理本科生的教学效果评估中的应用是有效和可行的。

参考文献：

[1] 李芳，陈佳，宋秋月，等.伍亚舟.医学统计学教学方法改革与发展的文献评价［J］.中国卫生统计，2022（4）：621–624.

[2] 王雨微，李焕楠.CDIO教学理念与常规教学理念对护理专业教学效果的分析比较［J］.中国教育技术装，2023（3）：122–125.

[3] 刘幸卉，陈荣.基于三维教学目标的解剖学教学设计与初步探索［J］.现代职业教育，2022（25）：58–60.

[4] 李学玲，周帆，陈莎，等."三教改革"视域下内科护理课程思政建设路径初探［J］.陕西教育（高教），2023（2）：43–45.

[5] 黄婉霞，肖梅花.柯氏评估模型在我国护理教育评价中应用的计量学研究［J］.现代职业教育，2022（29）：112–114.

[6] 张淑清，许柳琴，高莹，等.柯氏评估模型在评价护生临床教育阶段性效果中的应用［J］.中国当代医药，2017（18）：137–139.

以培养优秀新医科人才为目标的中医内科学"一体四式"教学模式实践运用研究[1]

向岁[2]　屈赵　胡卫　冯知涛　彭察安

摘　要： 在新医科视阈下，针对传统中医内科学课程存在的教学方法手段单一、忽视中医临床实践培养、与中医经典衔接不紧密、多学科交叉融合不足、考核方式重理论轻实践等问题，以服务新时代人才培养为导向，为使学生形成更贴近临床的中医辩证思维，笔者将从教学理念、教学内容、教学模式、教学评价等方面进行一系列的改革，构建以学生为中心，以中医内科学为主，以强化经典教学、规范临床实践教学、PBL 案例教学融合多学科交叉、多元评价体系为辅的"一体四式"教学模式，不断培养学生的临床思辨能力，在促进学生中医临床思维规范化建立和临床诊治技能渐进性提升的同时，培养"大医精诚"人文情怀，实现知识、能力与素养的有机融合，有利于培养中医复合型创新拔尖人才。

关键词： 中医内科学；教学模式；新医科；人才培养

2019 年 4 月，教育部与相关部门联合启动"六卓越一拔尖"计划 2.0，发展新工科、新医科、新农科、新文科，推动全国高校掀起一场"质量革命"。新医科是新时代要求下的医科，要求对医学人才的培养，不仅要做好专业知识和技能的教授，更应做好思政教育和职业素养教育[1]。创新与交叉日益推动着医学的进步，2020 年 9 月，国务院办公厅印发《关于加快医学教育创新发展的指导意见》，要求以新医科统领医学教育创新，实现医学从"生物医学科学为主要支撑的医学模式"向以"医文、医工、医理、医 + X 交叉学科为支撑的医学模式"的转变，培养能够适应以人工智能为代表的新一代技术革命，能够运用交叉学科知识解决医学领域前沿问题的高层次医学创新人才[2]。中医内科学是中医学类本科专业学生最先接触的临床核心课程，对学生中医思维能力构建和临床诊疗能力培养具有极为重要的塑构意义。在新医科背景下，笔者分析了中医内科学专业教学现状，探讨如何进行教学模式改革，培养德才兼备的中医药高层次人才。

一、传统中医内科学课程教学中存在的问题

中医内科学是中医教学体系的重要组成部分之一，是中医学科中的骨干课程，是理论基础与临床实践印证与交融的桥梁，教学核心在于中医临床思维能力的培养。目前，各种客观因素的影响导致其教学效果相对较差，不能有效激发学生的主动临床思维与实践能力。

（一）教学方法手段单一

一直以来，中医内科学的教学方法主要以面对面讲授为主，简单来说，就是一种"以书本中

1　三峡大学高教研究重点项目（GJ2304、GJ2202）。

2　向岁，三峡大学健康医学院讲师，博士，从事中医内科学的教学及科研工作。

心、以课堂为中心、以教师为中心"的传统教学方法,普遍存在"教师满堂讲,学生被动听""线下沉默"的状况。因此,只有将传统的教学方法向"以实践为中心、以案例为中心、以学生为中心"转变,才能促进学生临床思维能力、解决问题能力的提高,进而满足学生对新知识、新技能的渴求。传统的教学方法按照教材照本宣科,师生互动较少,教师不能灵活地运用启发式、研讨式、案例式、情境式、探究式等现代教育教学方法,导致学生参与度较低,教学内容与临床联系不够紧密,知识点的讲解相对抽象,学生较难理解,不能较好地将理论知识应用于临床。因此,学生自主学习的积极性与参与性不强,缺乏创新兴趣。

（二）忽视中医临床实践培养

教师比较重视理论教学,缺乏对学生的中医临床思维培养和临床技能的训练,因此,学生中医四诊操作能力、中医临床思维能力、实践能力薄弱,缺乏临床应变能力,与教育部、中医药管理局联合印发的《本科医学教育标准——中医学专业》要求"本科中医学专业毕业生应具有较强的实践能力、中医传承能力和中医思维能力"尚有一定差距。

（三）与中医经典衔接不紧密

中医内科学的形成源自中医经典著作,《黄帝内经》《伤寒论》《金匮要略》《温病学》等中医经典对中医理论和临床实践有着重要的指导意义。中医内科学教学较为缺乏与中医经典的呼应和引用,各门课程相对孤立,对中医经典教学的重视度不够,导致学生对中医思辨规律不熟悉,只是单纯地死记硬背,不利于中医临床思维的形成。

（四）多学科交叉融合不足

新医科注重培养能够运用交叉学科知识解决未来医学领域前沿问题的高层次医学创新人才[3],教师在教学过程中较少注重培养学生多学科知识和视野,在对学生的科研素质、理工基础、前沿科技的指导方面亦不够,导致学生缺乏科研训练,科研素养普遍偏低,解决医学领域前沿问题的综合素质不足,学生的创新思维和创新能力亟待提高。

（五）考核方式重理论、轻实践

教学考核作为中医内科学教学的一个重要环节和过程,代表了学生掌握课程内容的程度,同时是检测和评价教师教学质量的重要指标。然而,在长期的应试教育背景下,偏重应试考核依然是中医内科学考核过程的一个重要问题。这种形式单一、偏重理论的考核方式缺少具体的操作参与性和实践性,而中医内科学是一门对操作实践性非常重视的学科,所以,目前的教学考核模式缺少实践考核的比重,导致学生虽然掌握了理论知识,但是对于最重要的具体操作能力和实践能力没有得到应有的考量,而这正是中医内科学的重中之重。临床见习时,受病例匹配度、患者自我保护意识、实习场地及环境等限制,学生往往无法更好地将理论知识与临床实际进行有机结合,不能很好地进行望、闻、问、切,病史收集得不够完整,病因病机分析得不够清晰,缺乏良好的医患沟通能力,继而不能从容地接诊患者,辨证遣方更加欠缺。

二、中医内科学课程模式的构建

（一）"一体模式"—— 以学生为中心,发挥中医内科学课程主导作用,打好理论根基

教师树立"以学生发展为中心"的课程教学理念,围绕"推动教学创新,培养一流人才"主题,结合中医内科学课程特点、思维方法和价值观念,高度重视中医思维和临床技能培训,与课程思政同向同行,充分体现立德树人思想,建立颇具中医特色的新医科课程体系。

目前,混合式教学已逐渐成为高等医学教育主流模式,纵观各大线上教育平台,精品课程线

上资源不胜枚举，如何结合专业特点，整合优质教学资源，因材施教，设计出真正利于学生核心能力培养的混合式教学方案，最大限度地发挥"线上＋线下"一体化教学的价值，是我们需要不断探索教学模式改革与创新的主要关注点。我们将中医内科学线上教学纳入课程教学大纲规划，围绕教学重难点，划分线上、线下教学内容和学时，线上利用MOOC（学堂在线）教学平台，划分难易度，针对学习内容采用"测（基础知识点测试）、问（小组疑问汇总）、答（组间答疑—教师答疑）、画（小组思维导图）"四部曲的方式监管学生的学习过程。线下课堂在运用传统讲授法的同时，采用SPOC平台进行"测"（随堂测试）、"论"（小组讨论）、"答"（提问抢答）、"评"（下课前学生评价），提升课堂活跃度，重视学生的需求，促进学生自我激励、自我成长，真正实现了教学决策数据化、评价反馈即时化、交流互动立体化的课堂。

（二）"四式模式"——培养新医科优秀人才

1. 强化经典教学——打好理论根基

中医经典条文贯穿中医内科学的始终，也是中医内科学的难点。中医经典是经过千百年临床实践检验的智慧结晶，对《黄帝内经》《伤寒论》《金匮要略》《温病学》以及诸多医家等的经典理论要有透彻的认识，掌握中医药经典著作理论精髓，这样才能有效地提高临床辨病辩证及遣方用药的能力。学生通过深入学习和诵读经典条文，可以更好地将中医理论与临床相结合。教师可以通过临床案例，指导学生精读每一条文及条文背后包含的病因、病机、病位、病性及病势等诸多内容，尤其是原方应用的"重要标志""主症""次症"及每一味药的应用缘由。

现代中医内科学汲取了中医经典著作的精华，全面保持中医学的专业特色，能围绕临床实际案例而展现中医理法方药的一致性。教学过程中，教师要适当引用经典和讲述典故，这样既可以增加教学的生动性，又能调动学生学习的积极性。在经典理论知识的指导下，教师可以总结相关规律，把冗余难记的中医内科理论条理化、简明化，便于学生记忆和理解，使学生可以灵活地运用于临床实践。

教师要以培养中医临床思维能力为目标，开展人才培养模式改革，在原有中医经典课程体系基础上，以经典原文为根基，对经典进行分化精讲，将中医经典从形态学、藏象学、病机学、诊疗学、病候学等方面进行精讲，与中医内科学教学进行有机融合。

2. 规范临床实践教学——将方法论与实操相结合

临床实践教学在中医内科学的整个学习和人才的培养阶段尤为重要。教师在教学过程中，应让学生早临床、多临床，通过临床实际病例进一步巩固课堂所学。邓铁涛指出，临床实践能够帮助医者发现、发掘新的理论，临床实践是源头活水。通过临床实践教学，学生可以将所学的理论知识转化为实际临床操作能力，从根本上提高分析和解决问题的能力，对一些常见疾病有更加全面和透彻的认识，为以后的临床工作打下坚实的基础，这样能更好地完成培养中医临床思维能力的教学目标。在实践过程中开展的临床教学查房和病例讨论就是一个很好的教学方式，教师可选择临床典型病例进行教学，事先让学生对病例内容有充分的认识和了解，同时查阅相关文献。实践过程中，学生通过独立完成病史采集和体格检查，结合辅助检查结果，对疾病做出正确的诊断，并进行病因病机分析，给出治疗方案，最后教师进行点评指正。

中医内科学的临床教学，应严格按照教学任务要求，根据实际的临床情况和问题，制订临床实践教学计划，细心指导学生进行规范的中医医疗实践活动。在临床实践后，教师要带领学生总结和思考，引导学生针对问题进行积极讨论和发言，进而巩固课堂知识并建立规范的医疗实践活动意识。对临床实践课进行必要的规范改革，不仅可以强化学生自主思考能力、综合运用能力、交流能力，更能在一定程度上提高学生的学习兴趣及教学效果，及时了解和掌握学生的临床技能水平，帮助学生及时解决存在的问题，纠正学生不正确或不规范的技能操作，让学生在实践中体悟基础理论与临床运用的结合方法，感受鱼渔共享的学习过程，增强专业自信、文化自信，做有技艺、有医德、有情义、有温度的医生。

3. 采用 PBL 案例教学，并融合多学科交叉 —— 提升岗位胜任力

PBL 案例教学法由 Howard Barrows 首创，主要理念是以问题为基础，以病例为先导，以学生为教学活动的主体，以教师为主导，注重培养学生自主学习、终身学习、自我管理、团队协作、沟通交流、分析和解决临床问题的能力和创新精神。

辨证论治是中医内科学的精髓及独到之处，也是中医内科学教学过程的重中之重，这部分内容可采取 PBL 案例教学法强化教学效果，具体实施过程如下。首先，教师预先提供一段视频及完整的病例资料，课前，学生根据所提供的内容，搜集患者的症状、体征，归纳四诊资料，再凝练出诊断的四大要素，即"主要症状、相关病史、重要体征、辅助检查"。其次，让学生进行中医诊断分析，包括中医病名、证型及辨证分析，并完成患者的辨证论治。再次，教师进行点评与分析，讲评本例资料的辨证论治要点和难点。这样的案例教学法更贴近临床，可以逐层次地为学生提供由简单到复杂的临床案例，结合多媒体资料，更形象地展示患者的诊治过程，使枯燥的知识变得具体生动。同时，通过层层剥茧的分析，学生有足够的时间和空间思考，逐步培养出临床辨证思维。在此过程中，强化了病史采集与归纳能力、病因病机综合阐释能力、病势转化把控能力、方药化裁运用能力，解决了学生前期基础课程中碎片化知识不能有机结合为临床所用的问题，解决了学生在后续课程学习中难以将中医临证思维一以贯之的问题，解决了中医临床综合运用能力中基本诊疗技术不扎实的问题。

如此一来，以学生自主学习为主，以教师指导为辅，围绕某一病案进行研究，激发学生思考问题、提出问题、自主获取资料、分析和解决未知的问题，以培养学生的综合学习能力，重视对学生自主学习和终身学习的习惯和能力的培养以及自身学习潜力的挖掘，可以强化理论与实践之间的融合，不断提升学生岗位胜任力，具备本领过硬的"技术"，这正契合第三次医学教育改革的核心内容即医学卫生人才的"岗位胜任能力"[4]。

另外，教师要重塑课程形态，将西医学、文学、理科、工科等现代科技发展新进展融进中医内科教学方案，创建"中内 + X"课程，如带领学生学习中医人工智能的相关理论基础及应用等领域内容，通过课外研学的方式带领本科生进入课题组和相关项目合作实验室，学习舌诊仪、脉诊仪、红外检测等中医技术，并了解其应用原理，从而加强学生的科研思维和技能训练，不断提高其系统整合思维能力及解决复杂问题的综合能力。

4. 多元评价体系——创新教学评价体系，注重知识、能力、素质相融合，培养高阶性人才

中医内科学课程将采用形成性评价与终结性评价结合的方式构建考评体系。为充分调动学习积极性、主动性与自觉性，不断丰富学生学习形式，突出核心能力培养，在优化过程考核的成绩构成要素、考核方式及分值比例方面积极探索，将建立特色鲜明的中医内科学复合型成绩评价体系，在形成性评价中将 MOOC+ SPOC 的线上教学进行全程管理纳入过程考核，同时创新性地纳入对学生综合学习能力的评估，教师根据课程知识构成，设置多个灵活的主题，供学生选择。学生分组后（5～7人／组），借助自主学习平台、图书馆、网络资源等，通过小组讨论和合作完成文献检索、论文撰写、PPT 制作和汇报，训练学生利用信息技术技能、多途径获取并整合资源、归纳总结知识、语言组织和表达的能力，学生的该项成绩在小组成绩的基础上根据分工情况进行适当调整。另外，临床实践报告也是考核指标之一，报告内容的完整性、辨病辩证的准确性、处方用药的合理性等都是评价报告的重要参数。期末考试采用题库随机抽题的形式，严格按照"教考分离"原则出卷，试题由客观题和主观题两类构成，总分100分，试题中基础知识考核占50%，综合能力考核占30%，高阶能力考核占20%。整个评价体系采用"评价—反馈—改进"教学管理闭环，持续优化课程建设。

三、结语

中医药越来越受到全世界的关注，探索新医科人才培养体系对中医药教育改革至关重要[5]。将"一体四式"融入课程教学设计，注重教学形式的先进性、互动性，为枯燥单调的课堂注入思想活力与灵魂，引导学生从课堂到临床思维的转换，形成规范严谨的临床诊疗思维，提高胜任临床的综合能力，培养"敬佑生命、大医精诚"的人文情怀，是突破传统中医内科教学瓶颈、提升教学效果的关键措施。但此种教学模式需要授课教师收集大量资料、组织典型病案，这会耗费教师的大量时间，大大增加教师的工作负担和时间成本。因此，教师要更加合理地分配工作时间。中医应用型人才培养是新医科建设的重要内容[6]，三峡大学中医内科学教学团队围绕新医科视阈下教育部对中医人才培养的要求，紧扣建设高质量高等教育体系，以培养中医思维和技能为导向，增加学生的社会责任感、创新精神和实践能力，推动中医内科学课程改革创新，助力学校高水平大学和"双一流"高校建设，培养适应时代需要的中医复合型创新拔尖人才。

参考文献：

[1] 刘莹，喻荣彬，陈峰，等.健康中国战略下新医科的建设任务与发展路径思考［J］.中华医学教育杂志，2020，40（9）：657–661.

[2] 顾丹丹，钮晓音，郭晓奎，等."新医科"内涵建设及实施路径的思考［J］.中国高等医学教育，2018（8）：17–18.

[3] 夏青，王耀刚.新医科视角下公共卫生与预防医学一流学科建设策略［J］.中国公共卫生，2019，35（10）：1453–1456.

[4] 杨发奋，郭鹏威，汤春荣，等.基于岗位胜任力的人才培养模式在临床医学本科实习中的应用研究［J］.右江医学，2021，49（8）：636–640.

[5] 李兆燕.新医科背景下中医思维培养的探索与思考［J］.新中医，2021，53（15）：216–218.

[6] 宋丹宁，金昊艺，朴喜航.新医科背景下中医应用型人才培养方案比较研究［J］.吉林医学，2023，44（7）：2062–2065.

基于 PBL 教学模式的医学留学生
妇产科临床教学研究与实践 [1]

秦琪 [2]　李秀华

摘　要：随着我国临床医疗水平的提高，越来越多的外国留学生来三峡大学第二临床医学院实习。通过对留学生在妇产科临床实习的总结，包括加强教师队伍建设，给予学生合理的引导，以问题为中心的教学模式（Problem-Based Learning, PBL）等的应用，可以帮助医学留学生圆满完成医学理论知识向临床实践转化的过程。

关键词：妇产科临床实习；医学留学生；PBL 教学模式

随着我国医疗科技的不断进步，越来越多医学专业的留学生来到我国高校进行学习深造，并在相应的医院进行实践和交流。留学生大多思维活跃，具有较强的自学能力、查阅资料的能力、分析问题和解决问题的能力，更适宜进行临床实践教学。三峡大学第二临床医学院一直承担着妇产科学的教学任务，构建了成熟的课程体系，积累了丰富的经验和教学资源。妇产科临床实习是教导留学生把课堂上学到的理论知识应用到临床实践的重点教学形式，妇产科教组带教教师在应用传统的临床实习模式外，还应该摸索、实践新的临床教学模式，比如采用以问题为中心的教学模式 [1]。这种创造力的发挥可在丰富教学形式的同时，强化教育理念，使医学留学生在妇产科临床实习过程中得到更多的收获。

一、PBL 教学模式的研究

1969 年美国神经病学教授 Barrows 提出 PBL 教学法，是指在教学过程中，以问题为教学的核心，以学生为主体讨论教学问题，以教师为辅助引导解决问题的一种新型教学模式。主要分为八个阶段：确定事实，确定问题，产生假设，列出需要了解的情况，制定学习目标，自我指导学习，小组讨论，反馈。PBL 教学在医学中应用，是将复杂的螺旋式网络样结构的医学知识以"病"连接起来，并将相关的基础与临床知识进行重新组合。和传统教学方法比较，PBL 教学模式的教学优势明显，不仅培养了学生的学习能力，更重要的是提高了很多专业素养，如团队精神、创新思维、表达能力，这些都是当今高素质医学人才所必备的。

Ablnaees 指出，PBL 教学模式能够使学生将知识体系牢固存储的同时，能举一反三，提高学生的综合能力。由此可见，这种教学模式相对于传统教学模式的优势是显而易见的。第一，相对于传统的直接概念灌输式、教师示范然后学生模仿的教学模式来说，PBL 教学模式是以问题为引导的，所设置的教学问题更加贴近实际。这种教学模式具有能在问题情境中引发学生思考的优势，

1　三峡大学 2023 年"课程思政"专项项目（GJ2334）。

2　秦琪，三峡大学第二临床医学院主治医师，研究方向为高危妊娠。

更有利于培养学生处理问题的能力，同时通过逐步探索接触某一概念或理论，让学生更加容易接受一些复杂的或者枯燥的理论知识。第二，相对于传统教学模式中教师解答教学问题，PBL教学模式更加注重学生的主体性，教师在教学活动中更多是起到引导作用，强调发挥学生的主观能动性，首先围绕问题获取相关信息，进一步通过交流讨论找到解决问题的方案。这种模式更加有助于培养学生自主学习、自主解决问题的能力。第三，PBL教学中的临床教学训练，不仅能够提高学生的临床医学专业知识，而且能培养学生的竞争意识及团队合作精神。第四，PBL教学对临床教师提出了更高的要求，教师只有不断更新教学理念，完善知识结构，提高自身业务水平和综合素质，才能真正担当起PBL教学的组织者和领导者，实现师生共成长。

相较于传统教学模式，PBL教学具有其优势所在，但缺乏传统教学的系统性，如对基础知识相对比较薄弱的初学者，尤其是留学生文化背景、教育背景、宗教信仰等存在差异，妇产科学作为一门专业性很强的学科，涉及妇科、产科、计划生育及辅助生殖四大亚专业，内容广而深，留学生对于妇产科学系统认知不够，即使使用PBL整合式教学，学生也难以具备对新知识的理解、探索能力和自学能力。并且大多数医学院校的教师没有接受过规范有效的PBL教学培训，实践经验不足，使得教学效果大大降低。这对教师设置问题情境的能力以及对学生的引导方法等都提出了考验。因此，在临床实训教学中，PBL教学法激发了学生的学习兴趣，鼓励学生在实践中主动发现问题、研究问题，详细观察患者的症状和体征，提取病史和实验室检查结果等数据，培养学生独立思考的能力，提高学生解决问题的实践能力，有利于学生的全面发展。

二、留学生在妇产科临床实习中存在的问题

（一）语言沟通问题

三峡大学第二临床医学院的留学生主要来自印度等国家，其官方语言虽然基本都是英语，但因种族、地区、信仰等多元化差异，他们的口音存在较大差别，发音与标准英语存在差异，严重影响了临床见习教学过程中教师和学生之间的交流，这种交流障碍会使授课过程频繁中断，不仅容易影响教师授课的积极性，也会使授课效率大大降低。此外，临床见习的带教教师大多未经过专业化英语口语训练，有些教师在授课的过程中不能像给中国学生讲解那样自如，或者解答留学生提问时不能像给中国学生解答得那样全面，从而影响留学生的学习效果。临床实习带教教师虽然拥有扎实的专业知识和丰富的临床及教学经验，但很多教师阅读理解还行，口语交流的运用水平及专业英语掌握程度不高，加上妇产科专业知识的特殊性，有些章节如分娩机制、新生儿窒息复苏等内容较为抽象，与理论授课相比，实习过程中语言交流的随意性较大。因此，带教教师很难用形象生动的语言向留学生表达出专业知识及患者的病情和诊疗措施。

（二）患者配合方面问题

妇产科专业的特殊性在于所有患者都是女性，病史询问几乎均涉及患者月经、婚育等较为隐私的内容；常规进行双合诊、三合诊等体格检查，有的患者受传统观念的影响，即使面对高年资的、有着丰富临床经验的主管医生都难免产生抵触情绪，更何况面对不同肤色甚至不同性别、语言沟通不畅的来自国外的留学实习医生[2]。所以，留学生要单独与患者接触、沟通存在相当大的困难，这也在很大程度上限制了留学生真正从学生向医生的角色转换，难以完成实习任务。

（三）留学生行为规范问题

同中国学生相比，留学生更为活泼开朗，有时会不修边幅，不够注意自己的仪表，有时会穿着拖鞋、敞着工作服上见习课；他们的时间观念也不强，迟到早退现象屡见不鲜。

综合上述种种原因及困难，有的留学生临床实习不久就会因心理预期与实际工作的落差太大而产生消极情绪，常常表现出更加懒散的状态，如早晨不按时参加早交班，有时甚至整天不到病房露面，即使来了，也是找个僻静处待着，根本不与教师及患者沟通交流。该如何将留学生培养成合格的为广大民众身心健康服务的临床医生呢？

三、医学留学生临床实习 PBL 教学模式实施方案

（一）教学目标设置

通过 PBL 的学习，培养学生将基本的妇产科理论知识应用至临床实践的能力，发展学生临床推理、决策和团队合作的能力，提高沟通技巧；发展其阅读和分析文献报告能力，培养自我导向学习及终身学习的习惯。由此，提高留学生对妇产科临床学习的积极性，使每个学生自愿主动参与临床实习活动。

（二）完善留学生教材

目前，国内尚无统一的妇产科学英文教材供留学生使用。近 20 年来，妇产科学得到了突飞猛进的发展，教材必须跟上时代进步。鉴于此，三峡大学第二临床医学院妇产科教研组参考国内临床医学专业教学大纲，以薛凤霞主编的《妇产科学》为蓝本，结合新近出版的权威英文教材，编写适合我国国情和来华留学生特点的妇产科学留学生教材。同时，针对不同亚专业的发展，结合科室特色，每周安排新指南、新进展讨论，可以是文献抄读，也可以是手术学习，无论是研究生、留学生还是带教教师，均需提前准备，课堂上积极讨论，激发学生的学习热情。

（三）教学内容的选择

PBL 教学必须具备三个基本要素：问题情境、教师和学生。教学的第一步是设计优秀的问题情境，问题的特征必须能激发留学生的兴趣和求知欲，并有明确的学习目标。我们会选取妇产科临床中常见病的典型病例，如前置胎盘伴出血。首先，提前要求学生预习前置胎盘的分类、病因病理及其发病机制、主要临床特点以及应急预案等诊疗原则，使学生积极主动地查阅有关前置胎盘的资料，带着问题来参加临床实习。实习过程中，教师会提供典型的病例，给孕妈妈做详细查体、胎心监护等产前筛查，组织留学生分组讨论，要求他们踊跃发言。在这个过程中，教师必须正确引导，让学生自己总结发病机制、病理改变、临床特点、诊断依据及思路，并提供详细的治疗方案。然后，教师结合学生的发言、反馈，及时且有针对性地做总结性阐述，针对学生在讨论中争议较大的焦点问题进行详细分析，同时对各组发言的内容进行点评，指出优缺点，甚至对个别同学的发言做详细的点评。最后，将该课程需要掌握的重点难点问题进行全面总结，使学生对该课程内容的认识更为深刻。

李飞等人[3]选取临床见习的本科临床医学专业留学生共 89 人为资料组，分两个班进行妇产科见习教学，其中 1 班 44 人，2 班 45 人，随机选择 1 班为观察组，采用 PBL 教学法；2 班为对照组，采用传统的 LBL（Lecture-Based Learning）教学法。观察组在见习课前 1 周，带教教师根据教学大纲要求，提前发布临床病案并提出问题。留学生根据提出的问题自主查阅相关资料，复习相关知识，结合自学总结。课堂上首先分小组讨论（每组大约 6 人，可以自由组合），然后组长围绕病例所提出的问题进行中心发言，小组其他成员可以修正或者补充。带教教师由此延伸，可以提出新的问题，或由其他组同学提出问题，大家解答。若出现留学生解决不了的问题，教师通过启发、引导等方式，加深留学生对病例相关的专业知识点的掌握程度。最后，带教教师解决仍存在的问题，并进一步对该疾病进行归纳总结。对照组采用 LBL 教学法，教师按照教学大纲拟

出病例，并在课堂上系统讲解该病例的诊断、诊断依据、鉴别诊断及临床治疗等。该研究通过分析两组留学生的期末考试卷，发现观察组留学生主观题得分、客观题得分和总成绩均明显高于对照组，差异有显著统计学意义（$P < 0.01$）。教学结束后，教师向两组留学生发放调查问卷共 89 份，回收 89 份。调查问卷分析结果显示，观察组留学生的主动学习能力、学习效率、独立解决问题能力、查阅文献能力的提高率均高于对照组，观察组对目前教学方法综合评价满意率也明显高于对照组。这说明 PBL 教学法不但巩固了留学生的妇产科理论知识基础，促进了其临床思维的培养，还激发了他们拓宽知识的兴趣，提升了考试成绩，显著提高了教学质量。

由于实践的对象是真实的临床病例，故容易激发留学生的学习兴趣，增强其解决实际问题的意识和能力。此外，在临床理论教学中，PBL 联合其他教学模式的应用正处于探索中，如 PBL 联合基于案例的学习（Case-Based Learning, CBL）、团队学习（Team-Based Learning, TBL）及慕课（Massive Open Online Course, MOOC）的教学方法对于提高学生妇产科学的成绩、自学能力、分析解决问题的能力和临床思维能力均优于传统教学法。

（四）教学模式创新

随着现代信息技术与计算机网络技术的快速发展，个性化学习与教育资源逐渐趋于开放、共享与多元化，微课教学方法逐渐成为一种新兴教学模式，为教育界广泛关注。比如，华中科技大学同济医学院附属同济医院妇产科通过微课教学法，可有效提高临床医学专业留学生的临床操作技能成绩，并且可促进留学生对妇产科学的理论知识与临床操作相结合[4]。除了开展教学查房、常规应用幻灯片的示教方法，我们妇产科教研室在教学实践过程中还加入了与临床疾病的相配合的教学视频，以加深留学生对学习的兴趣和深化对临床知识的记忆。

还可采取角色转换的形式进行交流。例如，通常选一名学生扮演孕妈妈，另一名学生扮演医生来询问及记录等。总之，通过多样化的教学，鼓励留学生多提出问题，讨论解决问题的方法，最后，带教教师针对某些问题给予指导性的建议，让留学生参与疾病的诊断、治疗的整个过程。临床医学是实践科学，因此，在条件允许的情况下，尽量让每个留学生都有动手的机会，包括四步触诊法了解胎方位、胎先露，听诊胎心音；双合诊、阴道后穹隆穿刺术、宫内节育器放置等简单的临床技能操作。带教教师利用临床技能培训中心相关模型示教，分析和讨论案例特点，培养留学生操作前后与患者沟通，操作过程中对患者进行人文关怀、规范操作、保护患者隐私的意识[5]，培养留学生临床思维，为其成为临床医生奠定坚实的基础。针对产房、妇科小手术室及医院大手术室为防止感染发生而严格限制进入人数的问题，教研室利用计算机多媒体技术的优势，将临床操作及手术实例以静态图片和动态视频为载体向留学生展示，特别是妇科领域的阴道镜、宫腔镜、腹腔镜等内窥镜技术，本身操作过程都配备了视频显示系统，用于临床教学非常方便，而且能真实、全面地还原手术过程。另外，利用手术切除标本也是临床实习教学的重要组成部分。例如，因子宫肌瘤切除的子宫标本可给留学生展示子宫上肌瘤的形态、数目、大小、位置；同时，可以在离体子宫标本上练习肌瘤挖除、残腔缝合等技能，不会影响标本的最终病理诊断结果；还可以根据留学生的要求，请英语口语水平较好的护士协助留学生学习新生儿护理、母乳喂养、监测黄疸值及先心病筛查等护理知识和技巧。

（五）评价体系的构建

教学效果评价采取问卷调查结合理论考试的方法[6]。问卷调查主要是记录采集留学生在 PBL 教学模式中的主观感受及想法，用不记名的方式。问卷调查的主要内容包括提高学习的主动性和独立性、提高分析问题和解决问题能力、提高团队合作能力、提高口头表达能力和沟通交流等方面。考试形式分为理论和操作两部分，其中理论考试多为以病例分析为主的选择题和论述题，操作考核主要结合模型考查四步触诊法、胎心监护判读、阴道后穹隆穿刺术等。

四、结语

临床问题包罗万象、千变万化。相对于其他专业，临床医学更加注重理论与实际的结合，通过所学理论知识解决临床应用过程中所遇到的问题。留学生教育是一种跨国界教育的特殊教育形式，具有鲜明的社会性。留学生在我国进行临床实习，不只是学生个体获益，事实上对实习单位、科室教学能力的提高和学科建设也有很大的促进作用。临床医学留学生教育实际上起着引导学生从单纯理论学习向理论与实践相结合的承前启后的作用。在这个过程中，培养留学生主动发现问题并通过自主学习、讨论解决问题的能力，对于其今后的临床和科研工作至关重要。传统的以教师为中心的传授式教学模式已经不能满足这一要求。探索和尝试新型医学留学生教学模式对于我国医学事业的发展非常重要。因此，一定要重视此项工作。通过以上对留学生在妇产科临床实习问题的总结、对 PBL 教学法的具体实施和创新实践，妇产科学临床教学工作者能够进一步帮助医学留学生完成好医学理论知识向临床实践转化的过程。相信通过不断总结经验，我国妇产科学临床医学教育的优越性将会吸引更多的国外学子到中国学习深造。

参考文献：

[1] 陈莹，李洪春，郁涛涛，等 . 医学高校师生对 PBL 的评价与期望对比研究 [J]. 教学法研究，2020，12（12）：10.

[2] 王贵军，邓蓓蓓，王玉彬，等 . 双语标准化病人在普外科留学生临床见习教学中的应用研究 [J]. 中国高等医学教育，2017（2）：92-93.

[3] 李飞 . PBL 教学在医学留学生妇产科临床见习教学中的应用实践探讨 [J]. 山东青年，2019（9）：57-58.

[4] 刘荣华，周婷，崔鹏飞 . 微课教学方法在临床医学专业留学生妇产科学教学的应用 [J]. 中华妇幼临床医学杂志，2019，15（5）：596-600.

[5] 姚晓群，郭丽，赵海涛 . 高校来华留学生导师制的构建模式与制度保障 [J]. 教育教学论坛，2016（5）：13-14.

[6] 周光耀，金玲湘，林巍，等 . 留学生医学教育研究感染内科留学生实习质量影响因素及其对策 [J]. 中国高等医学教育，2012（10）：27-28.

OBE 联合混合式教学模式在超声影像学教学中的实践和探索[1]

柯淑丽[2]　胡兵　车鹏飞　胡莉莉　王凡　丁凌

摘　要： 随着信息技术的发展，混合式教学模式得以推进，但其在实践过程中存在诸多问题，如何使混合式教学模式能同时发挥传统教学模式中教师的主导作用以及教学中学生的主体作用是研究者重点关注的问题。笔者将 OBE 理念联合混合式教学模式应用于超声影像学教学，并将形成性评价贯穿整个教学过程，加强学生自主学习的能力，充分体现以学生为中心的教学理念，探讨 OBE 联合混合式教学在提升师生能力及教学质量中的价值。

关键词： OBE；混合式教学；形成性评价；教学改革

随着信息技术的发展，特别是移动通信的普及，越来越多的人开始接触并使用网络学习平台。"互联网 +"教育正逐步成为新兴教学模式。线上教学通过互联网手段弥补传统教学短板，结合线下教师授课，发展成"线上 + 线下"混合式教学模式。在 MOOC、微课、雨课堂等的推广和使用过程中，"线上 + 线下"混合式教学模式暴露出理论与实践脱节、教学模式不适应和教学效果不理想等诸多问题[1-4]。为避免混合式学习成为简单的迁移，有机结合在线学习与课堂授课，教师尝试将成果导向教育模式（OBE）引入超声影像学的学习，形成新的混合式教学模式，来加强学生自主学习的能力，提升教师与学生之间的互动性，将临床辩证思维转化为实践，强化学习效果，并将形成性评价贯穿整个教学过程，以期更有效地推进超声影像课程的学习。

OBE 又称能力导向教育，是一种以学生的学习成果为导向的教育理念，认为教学实施的目标是学生通过教育过程最后取得的学习成果，倡导学生是学习的主体，强调学生的自我探索和自主学习，教师是学习过程中的引导者、旁观者、辅助者，教师的任务是明确预期的学习成果，即学生掌握的技能，并以此为目的进行教学设计和实践，驱动"教、学、评价"的全部教学环节。OBE 理念融合混合式教学模式的教学将"跟着教师走"的学习行为转为"学生自己发掘和探索"的行为，将知识传授和能力培养有机融合。

一、学情分析

超声影像学是医学影像专业学生的一门必修课程，是应用超声波进行临床诊断的一门学科，通过教学使学生掌握超声波的物理特性，以某种方式获得活性器官和组织的精细大体断层解剖图像和观察大体病理形态学改变，从而使一些疾病得到早期诊断的课程。学校为了提高学习效果，配备了雨课堂、MOOC 等教学软件系统，两台彩色多普勒诊断仪及一台人体体模超声学习仪硬件系统。

1　三峡大学第二临床医学院 2021 年教学研究项目。

2　柯淑丽，三峡大学附属仁和医院主治医师，从事教学研究。

该课程共 64 学时，其中大课堂授课 48 学时，小班制实验课 16 学时。由于课时较多和临床中专业分组的细化，因此不同的人体组织系统由不同的教师授课，理论授课教师与实验课主讲教师也不相同。这容易造成授课教师信息不相通，导致教师不能有效了解授课内容的重点和难点、学生基础知识储备情况及课堂知识掌握情况等，降低教学效果。

超声影像学是以人体解剖学、病理生理学理论知识为基础的实践性很强的学科，图像抽象难于理解，加上学时短，学生畏难情绪高，达不到理想的教学效果。等到临床实习时，大多数学生对于所学超声内容已基本遗忘。超声影像学在临床上应用广泛，可以帮助临床解决许多难题。传统的带教模式不能满足学生的学习要求，毕业生的临床岗位胜任力、临床思维、科研思维能力不能满足临床需求。临床要求超声医师除了能对常规疾病进行诊断外，还需要对一些少见的、临床难以鉴别的疾病提供诊疗方向的建议，这就需要超声医师有临床辨析思维、发散性思维，将人体解剖学、病理生理学知识及超声专业知识融会贯通，灵活应用于临床诊断。临床对人才的需求与学生培养效果相差甚远。因此，需要将传统的学习模式与现代网络信息模式结合，落实学生中心理念，拓宽学生视野，深化学习内容，提高学生的主观能动性和创造性，提高教师的引导、启发能力，从而全面提高教学质量和效果。

二、课程的规划与实践

（一）课程目标

OBE 理念强调以学生为中心，要求教师明确学生最终要取得的学习成果是什么，然后以最终的学习成果为起点，反向进行课程设计和开展教学活动。基于 OBE 理念，制定课程目标：超声影像学作为一门实践性很强的学科，学生应掌握彩色多普勒诊断仪设备的使用方法，练就娴熟的超声仪器操作技能，灵活运用超声探头打出脏器切面，具有一定的临床治疗发散思维，结合临床多方面的知识，对于"同影异病"及"同病异影"进行鉴别诊断。该课程的课程目标不再是传统教学所要求的学生应掌握某种疾病的超声声像图表现和鉴别诊断，不再是简单记忆和背诵，更注重学生最终所获得的解决临床实际问题的能力，强调学生学习该课后能做什么。

（二）课堂设计

1. 课前环节

超声影像学的学习是建立在解剖学、影像解剖学、病理生理学、临床内外科学基础上的，因此，学生想学好超声影像学，需对以上课程有足够的知识储备。在授课前，教师需要了解学生对相关知识的掌握情况，可以通过雨课堂、微信群等提前发布相关短视频或者简短的 PPT 复习以前所学的相关知识，并进行小测试，了解学生的知识储备情况，同时督促学生预习下次课堂的主要内容，提高课堂 45 分钟的学习效率。对于基础较好的学生或自主学习能力强的学生，可以提供一些临床相关的思考题，锻炼临床思维，加强知识的横向联系。

2. 课中环节

超声诊断学专业性、实践性强，对于大多数同学来说，比较晦涩难懂，因此，对教师提出更高的要求，将课堂设计成引人入胜、有趣、学生参与度高的教学模式是我们的目标。问题式教学模式（PBL）和案例式教学模式（CBL）的整合模式是由教师提出问题、学生自主讨论、自主解决问题三部分组成，能积极调动学生的学习积极性，为培养学生的临床思维能力奠定基础[5]。教师在课堂开始时应引入真实案例，理论联系实际，不能局限于教材，使抽象的知识变得生动具体，激发学生的兴趣，再提出临床问题，引出课堂学习内容重点、难点，让学生带着问题学习，提高学习效果。课堂中间通过雨课堂或二维码扫码进行阶段性小测试检验学习效果，让教师实时动态了解学生对授课内容的掌握状况，根据实际情况微调后面授课的内容。教师在授课时，应同时注重通过学科前沿、社会热点的渗透，使临床技能教育富有感染力和时代感，增强医学生的使命感，使学生获得热爱医学、崇尚科学的情感和价值观。

3. 课后环节

教师可以在课堂末尾根据课堂初始提出的问题组织学生进行讨论和解答，强化重点和难点的学习，并布置课后思考题，作为本课堂知识的一个延伸。教师也可根据课堂实际进度安排讨论，以学生为中心，教师仅起到引导的作用，鼓励学生从多种方式和角度去寻找答案，锻炼临床思维；或者在雨课堂上提交课后作业，教师进行批改评分，同时对部分评分不高的同学提出建议或方法，引导学生往正确的方向寻找答案，锻炼学生的自主学习能力，同时促进师生交流，满足不同层次学生的学习需求，以利于实现学生个性化教育。

4. 实验课环节

每个系统的理论课后都配有实验课。实验课的主要目的是锻炼学生的实践能力及培养学生的临床思维，让学生了解超声诊断仪器，学会基本的机器操作，灵活应用超声探头打出脏器切面，通过临床案例的探讨培养学生的临床辨析思维。教师可通过雨课堂或者微信群提前发布课程相关操作技能视频及临床案例，并进行小测试，促进学生自主学习；或者发布辨析题，锻炼学生的临床辨析能力。学生思考分析的过程也是临床思维锻炼培养的过程，所获得的知识才会记忆深刻，不容易忘记。实验课分为案例讨论和上机实践操作两部分。

课堂上案例讨论环节，分小组进行讨论后，学生担任主讲，组内其他学生做补充。其他小组在听取汇报过程中发现、提出问题，并展开讨论。教师在听取学生汇报和讨论的过程中，结合理论课课中测试和实验课课前测试学生答题正确率，全面了解学生的学习效果及对知识的掌握程度，教师有侧重点地引导学生深入讨论，掌握知识点。

上机实践操作环节，学生分为两组，根据课前发布的教学视频，学生自主探索机器的操作和探头的使用，运用超声探头打出脏器切面，并分辨各器官的解剖结构和空间关系，让学生切身感受到理论学习和实践的差别。教师在旁观察并引导、解答学生的疑难问题。助教教师可利用体模超声学习系统提供的病例培养学生将理论与实践相结合的能力，并对学习效果进行考核。

课程结束时，教师及学生填写不同的问卷。设置调查问卷，内容包含学习效果最佳的课程章节、教学过程中最喜欢的教学环节，学生自我评价是否达到自我设定的学习目标，学习过程中有哪些自我满意和不满意的地方等。通过问卷调查结果帮助教师改进后期教学方案及过程。

（三）改革与创新

OBE 联合混合式教学模式的成效与创新主要体现在以下方面。

1. 创新教学模式

混合式教学模式将以教师教授知识为主的传统教学模式改为引导学生自主学习，提升学生课堂积极性及与教师之间的互动性，并强化对教学过程合理规划，注重学生能力培养的教学模式[6]。混合式教学融合有 PBL、CBL、翻转课堂等线下教学模式的各方面的优点，更具有线上教学的优势，利用线上视频、课件、临床案例等丰富的资源可以使课堂更生动、有趣，更有体验感，能帮助学生形成良好的内化过程。这种真实的学习经验，经过学生实践的成果，可持续存在，不易遗忘。通过线上网络软件使师生更加便捷地交流和互动，以更加弹性的方式配合学生的个性化要求，提高教学满意度。

2. 创新教学理念

OBE 理念强调教学设计和教学实施的目标是学生通过教育过程最后所取得的学习成果，而不是最后的考试成绩或平均成绩，衡量学生能做什么，而不是学生知道什么。成果包括能应用于实际的能力，以及可能涉及的价值观或其他情感因素。"最终成果"并不是不顾学习过程中的结果。教师应根据最后取得的顶峰成果，按照反向设计原则设计课程，并分阶段地对阶段成果进行评价。实施过程中，应落实"以学生为中心，以教师为辅助"的教学理念，改变教师单方面输入知识，培养学生主动思考并学习，强调学生学习中所获得的成果是内化到其心灵深处的历程，并注重其实用性，否则会变成易忘记的信息和片面的知识；加强师生互动的理念，考虑学生的个体差异，要在时间和资源上保障每个学生都有达成学习成果的机会；注重学习效果，实施理论与实践充分结合的理念，提升学生综合分析问题的能力 [7]。

3. 改革评价体系

教学评价采用形成性评价，期末考试占 40%，其中 60% 的内容贯穿课前、课中、课后过程。雨课堂的使用使学生整个学习过程的数据得以很好地保存，不同的教师对整个教学过程中学生的表现进行评分，如课前的预习及测试、课中的发言和测试、问题的讨论和发言、课后的作业提交及临床病例的分析都算入 60% 的评分。在教学过程中，教师提醒学生进行自我评价，查验是否达到自己的预设学习目标，查找没达到的原因，可随时跟教师沟通。教师根据学生平时上课表现、基础情况提出合理的建议，帮助学生达到预期的学习效果。教师应贯彻教学过程中的形成性评价，从而对学生的评价更加客观、准确、公平、合理。教师在整个教学过程中多次测试和评分，能及时了解教学动态过程中的情况，把握真实信息，迅速反馈信息，有利于监控教育过程，及时调节修正偏差，完善执行过程，最终促进教学质量的提高。

三、结语

研究 [8] 表明，混合式教学满意度的主要影响因素依次是学习效果、学习模式、学习资源和学习环境。OBE 联合混合式教学模式从教学设计开始，以学生最终达到的教学成果为目标，反向设计，逐步实施，注重学习效果，用教学内容的多元化及新颖化吸引学生的注意力，调动学生的积极性，提升课堂参与度。教学过程中，教师会在每个阶段进行小测试，检验学习效果，及时修正教学偏差。在教学模式上，教师会融合线上、线下各方面的优势，将原来的传统的传授知识的教学方法转变成一个"以学生为中心，以能力培养为目的"的新的教学方法。三峡大学雨课堂的使用为师生提供了丰富的网络资源，优越的网络环境，大大提升了教学满意度。

OBE 联合混合式教学模式在超声影像学教学中的应用解决了学生对超声影像学这门学科兴趣不高、学习受机器设备条件限制、实践时间少的问题，高效利用课堂内外时间解决学习临床思维及发散性思维培养难、实际工作能力差等问题。

OBE 联合混合式教学模式可以利用信息技术手段将医学理论知识和临床技能进行有效的衔接，创造高效、智能的课堂学习环境；改变了传统教学形式单调、学生学习主动性不强的缺点，将传统教学方法和网络线上学习的优势相结合，发挥了教师引导、启发、监控教学过程的主导作用，又充分体现了学生作为学习过程主体的主动性、积极性与创造性，而且在拓展学习空间、丰富学习资源、支持个性化学习方面优势明显 [9]；以学生未来职业发展需求为导向，注重理论学习向实践成果的教学转化，对培养学生的临床综合能力、科研创新能力意义重大。

综上所述，OBE 联合混合式教学模式可以提高学生的学习兴趣，让学生积极参与课堂互动，提高学生解决临床问题的能力；但它对教师的信息化水平和知识能力要求高，对网络硬件要求较高，教学进度比较难控制。这需要在实践过程中不断学习，积累经验，加强教师的培训和沟通，优化教学方案、过程并持续改进，形成一个良性循环，达到更优的教学效果。

参考文献：

[1] 张丽娜 . 基于岗位胜任力的医学影像科住院医师培训教学探索［J］. 现代医药卫生，2017，33（20）：3188-3190.

[2] 徐凌霄 . 疫情背景下网络教学在医学教育中的探索与实践［J］. 中国高等医学教育，2022（5）：6-7.

[3] 王立国 . 微信支持下的混合式学习模式在针灸学教学中的实践与探索［J］. 中医临床研究，2019，11（17）：138-141.

[4] 郑丽莉 . 混合式学习模式下医学生实践能力培养的应用研究［J］. 卫生职业教育，2019，37（18）：67-69.

[5] 刘士超 . PBL 和 CBL 整合教学模式在心内科临床教学中的体会［J］. 中国继续医学教育，2021，13（27）：4.

[6] 张雨婷 . "线上 + 线下"混合式教学在医学影像学中的应用［J］. 中国继续医学教育，2023，15（2）：14-19.

[7] 党相国 .OBE 教学模式对临床医学生学习效果的影响探究［J］. 中国高等医学教育，2020（12）：117-118.

[8] 方俊涛 . 学生视角下混合式教学满意度分析［J］. 高教学刊，2021（5）：107-111.

[9] 窦磊 . 全科医生规范化培训新型混合式教学方法的探讨［J］. 中国继续医学教育，2018，10（35）：3-6.

基于"互联网+教学""智能+教学"下护理教师教学创新能力培养模式探索[1]

余良欢[2]　刘静　徐雯　郑赟

摘　要： 探索基于"互联网+教学""智能+教学"下护理教师教学创新能力的培养模式，以急危重症护理学为例，为提升护理教育质量和水平提供理论指导和实践参考。笔者采用文献分析法、问卷调查法和访谈法，对某高校护理专业的教师和学生进行实证研究。基于"互联网+教学""智能+教学"的新形态，笔者构建了一个包含目标层、内容层、方法层和评价层的护理教师教学创新能力培养模式，并通过数据分析验证了该培养模式的有效性和可行性。结果表明，基于"互联网+教学""智能+教学"下护理教师教学创新能力的培养模式，对于护理教育信息化的创新发展、提高护理人才的素质和水平，具有一定的理论意义和实践价值。

关键词： "互联网+教学"；"智能+教学"；护理教师；教学创新能力；急危重症护理学

护理教育是培养高素质护理人才的重要途径，也是提高医疗卫生服务质量和水平的关键因素。随着社会经济的发展和科技的进步，护理教育面临着新的挑战和机遇。为了适应时代变化，护理教师作为护理教育的主体和推动者，必须不断创新和改革教学活动，以培养具有创新精神和实践能力的护理人才[1]。教学创新能力是指教师在教学过程中，运用创新思维和方法，设计、实施、评价和改进教学活动，以达到优化教学效果，促进学生全面发展的能力[2]。近年来，"互联网+"和"智能+"等为护理教师提供了新的教学资源、平台、辅助和服务[3]，也对其提出了更高的要求[4]。目前，国内外关于护理教师教学创新能力的研究主要集中在以下几个方面：①探讨其内涵、结构和评价指标[5]；②分析影响其发展的因素；③探索提高其水平的策略和方法[6]；④开展实证研究[7]。这些研究为护理教师教学创新能力的培养提供了一定的理论基础和实践经验，但也存在不足之处，如缺乏统一的概念界定和评价体系，缺乏对"互联网+"和"智能+"等新形态下的护理教师教学创新能力的深入探讨，缺乏对不同专业课程和不同层次学生的针对性研究。为了填补这些研究空白，笔者以急危重症护理学为例，探索基于"互联网+教学""智能+教学"的新形态下，护理教师教学创新能力的培养模式。急危重症护理学是一门重要的专业课程，具有知识面广、实践性强、难度大等特点，对护理教师的教学创新能力提出了较高的要求[8]。笔者旨在通过构建一个适用于急危重症护理学课程的护理教师教学创新能力培养模式，并进行实证研究，验证其有效性和可行性。

1　三峡大学高教研究一般项目"基于'互联网+教学''智能+教学'新形态的护理教师教学创新能力培养模式研究"（GJ2339）；三峡大学附属人民医院教学研究一般项目"以急危重症护理学为示范的护理专业课程融入课程思政的方法改革与研究"（J-JY2022003）；三峡大学附属人民医院课程思政专题立项一般项目"急危重症护理学"（J-SZ2022004）。

2　余良欢，三峡大学第一临床医学院主管护师，从事急救护理、医学教育研究、护理管理。

一、理论基础

该研究从"互联网＋教学"和"智能＋教学"的概念、特征、优势和挑战出发，探讨了护理教师在这两种教学模式下的教学创新能力的培养和提升。主要基于以下几个理论框架：①"互联网＋教学"是指通过互联网平台实现优质教育资源的共享和传播，支持线上、线下融合教学，提高教育公平和效率的教育活动。该模式具有教学主体时空分离、教学过程智能生成、教学评价全面及时等特点。②"智能＋教学"是指利用人工智能等新技术与教育深度融合，实现对教育的变革，创造教育新业态的教育活动。该模式利用智能系统和工具，为学生提供更加个性化、定制化、智能化的学习方案，为教师提供更加高效、便捷、智慧的教学服务[9]。③教学创新能力是指教师在教学过程中运用创新思维和方法，不断改进和完善教学内容、方式、方法、手段、评价等方面，以适应不同的教学目标、对象、环境和要求的能力。该能力包括创新意识、创新思维、创新方法和创新实践四个方面。④教师专业发展是指教师在职业生涯中不断更新知识结构，提高专业水平，增强专业素养，实现自我完善和成长的过程。该过程受到多种因素的影响，如个人因素、环境因素、社会因素。在"互联网＋"和"智能＋"条件下，护理教师需要利用信息技术为自己提供有效的专业发展途径。

二、研究方法

该研究采用文献分析法、问卷调查法和访谈法三种研究方法，对某高校护理专业的教师和学生进行了实证研究，具体步骤如下。

（一）文献分析法

通过检索国内外相关的文献资料，对"互联网＋教学""智能＋教学"和护理教师教学创新能力的概念、特征、影响因素、培养策略等进行系统的分析和综述，为构建护理教师教学创新能力培养模式提供理论依据。文献检索的步骤包括确定检索词、选择数据库、制定检索策略等。主要使用了以下几个数据库：中国知网、万方数据、维普资讯、百度学术、Google Scholar 等。检索词包括护理教育、护理教师、教学创新能力、"互联网＋教学""智能＋教学"等。检索策略包括使用布尔运算符（AND、OR、NOT）组合检索词，使用引号或括号限定检索词，使用通配符或截词符扩大检索范围等。文献筛选的标准包括与文章主题相关，发表时间在 2018 年以后，发表在核心期刊或权威机构的文献等。最终，文章共收集了 68 篇文献，其中中文文献 48 篇，英文文献 20 篇。

（二）问卷调查法

通过设计一份结构化的问卷，对某高校护理专业的教师和学生进行在线调查，了解他们对"互联网＋教学""智能＋教学"的认知和态度，以及他们对护理教师教学创新能力的评价和需求。该问卷共分为四个部分：第一部分为基本信息，包括性别、年龄、职称或年级等；第二部分为对"互联网＋教学""智能＋教学"的认知和态度，采用 Likert 量表的形式，共 5 个问题；第三部分为对护理教师教学创新能力的评价和需求，采用语义差异量表[10]的形式，共 15 个问题；第四部分为对急危重症护理学课程的满意度和建议，采用开放式问题的形式，共 5 个问题。问卷采用网络平台进行发布和回收，使用百度表单制作问卷链接，并通过微信群发送给目标受访者。问卷的有效回收率为 85.7%，共收集了有效问卷 210 份，其中教师 60 份，学生 150 份。问卷的数据分析采用 SPSS 26.0 软件，运用描述性统计、t 检验、方差分析、相关分析等方法，得出相关的结论和建议。

（三）访谈法

通过对某高校护理专业的部分教师和学生进行半结构式访谈，深入了解他们对"互联网+教学""智能+教学"的体验和感受，以及他们对护理教师教学创新能力的看法和期待。访谈设计的步骤包括确定访谈目标和内容、编制访谈大纲和问题、选择访谈对象和方式、进行录音和记录、整理和分析资料等。访谈大纲共分为三个部分：第一部分为引言，介绍访谈的目的和意义，征得访谈对象的同意，并说明保密原则等；第二部分为主题，围绕"互联网+教学""智能+教学"和护理教师教学创新能力三个主题，提出若干开放式问题，并根据访谈对象的回答进行追问或引导；第三部分为结束语，感谢访谈对象的参与，并征求他们对本次访谈的意见或建议。笔者选择了从问卷调查中抽取的10名教师和10名学生作为访谈对象，采用电话或视频的方式进行访谈，每次访谈时间约为30分钟。访谈过程中使用录音笔进行录音，研究者进行记录和整理。访谈的数据分析采用NVivo 12软件，运用内容分析法提取关键词和主题并进行归纳和总结。

三、研究结果

文章通过对问卷调查和访谈的数据进行分析，得出以下几个方面的结果。

（一）对"互联网+教学""智能+教学"的认知和态度

从表1可以看出，护理教师和学生对"互联网+教学""智能+教学"的认知和态度总体上是积极的，他们认为这两种教学模式能够提高教学效果，丰富教学资源，拓展教学视野，激发教学兴趣。但是，他们也存在一些担忧和困惑，如网络安全、技术难度、人机交互。

表1　对"互联网+教学""智能+教学"的认知和态度（5分制）

问　题	教师平均得分（$n=60$）	学生平均得分（$n=150$）
1.你了解"互联网+教学""智能+教学"的概念吗？	4.23	3.87
2.你认为"互联网+教学""智能+教学"对护理教育有什么好处吗？	4.17	3.93
3.你认为"互联网+教学""智能+教学"对护理教育有什么挑战吗？	3.97	3.67
4.你愿意尝试或接受"互联网+教学""智能+教学"的方式吗？	4.13	3.83
5.你觉得自己有足够的能力和条件使用"互联网+教学""智能+教学"的方式吗？	4.07	3.77

从表2可以看出，护理教师和学生对"互联网+教学""智能+教学"的认知和态度存在一定的差异，其中教师的平均得分高于学生，说明教师对这两种教学模式的认知和态度更为积极。这可能与教师的专业背景、工作经验、信息素养等因素有关。

表2　护理教师和学生对"互联网+教学""智能+教学"的认知和态度的差异

组别	平均得分	标准差	t值	P值
教师组（$n=60$）	4.11	0.42	3.76	<0.01
学生组（$n=150$）	3.87	0.51	−3.76	<0.01

（二）对护理教师教学创新能力的评价和需求

从表3可以看出，护理教师和学生对护理教师的创新意识、创新思维、创新方法和创新实践四个方面的评价总体上是正面的，他们认为护理教师在这些方面都有一定的水平和优势。但是，他们也存在一些期待和要求，如提高创新动机、增加创新机会、丰富创新手段、扩大创新成果。

表3   对护理教师教学创新能力的评价和需求（5分制）

创新能力	教师平均得分（$n=60$）	学生平均得分（$n=150$）
创新意识	4.27	3.91
创新思维	4.13	3.87
创新方法	4.03	3.79
创新实践	4.17	3.93

　　从表4可以看出，护理教师和学生对护理教师教学创新能力的评价和需求存在一定的差异，其中教师的平均得分高于学生，说明教师对自己的教学创新能力的评价更为自信，而学生对教师的教学创新能力的需求更为迫切。这可能与教师和学生的不同角色、期望和经验有关。

表4   护理教师和学生对护理教师教学创新能力的评价和需求的差异

组别	平均得分	标准差	t值	P值
教师组（$n=60$）	4.15	0.44	4.21	<0.01
学生组（$n=150$）	3.88	0.53	−4.21	<0.01

（三）对急危重症护理学课程的满意度和建议

　　从表5可以看出，护理教师和学生对急危重症护理学课程的满意度总体上是较高的，他们认为该课程的内容、方式、方法、效果等方面都比较符合他们的期望和需要。但是，他们也提出了一些改进和完善的建议，如增加实践环节、提高互动性、优化评价体系。

表5   对急危重症护理学课程的满意度（5分制）

课程方面	教师平均得分（$n=60$）	学生平均得分（$n=150$）
课程内容	4.33	4.07
课程方式	4.23	3.97
课程方法	4.17	3.91
课程效果	4.27	4.03

　　从表6可以看出，护理教师和学生对急危重症护理学课程的满意度存在一定的差异，其中教师的平均得分高于学生，说明教师对该课程的满意度更高，而学生对该课程的改进更有期待。这可能与教师和学生对该课程的认知、态度和体验有关。

表6   护理教师和学生对急危重症护理学课程满意度的差异

组别	平均得分	标准差	t值	P值
教师组（$n=60$）	4.25	0.41	3.92	<0.01
学生组（$n=150$）	3.99	0.49	−3.92	<0.01

　　综上所述，笔者通过问卷调查和访谈法，验证了基于"互联网＋教学""智能＋教学"的新形态下，护理教师教学创新能力的培养模式的有效性和可行性。研究发现，护理教师和学生对这两种教学模式的认知和态度总体上是积极的，对护理教师的教学创新能力的评价和需求总体上是正面的，对急危重症护理学课程的满意度总体上是较高的。护理教师和学生在这些方面存在一定的差异，其中教师的平均得分高于学生，说明教师对这两种教学模式的认知和态度更为积极，对

自己的教学创新能力的评价更为自信，对该课程的满意度更高，而学生对这两种教学模式的担忧和困惑更多，对教师的教学创新能力的需求更为迫切，对该课程的改进更有期待。笔者还收集了护理教师和学生对"互联网＋教学""智能＋教学"和护理教师教学创新能力培养模式的一些具体意见和建议，为进一步完善该培养模式提供了参考依据。

四、讨论与建议

研究结果表明，基于"互联网＋教学""智能＋教学"的新形态下，护理教师教学创新能力的培养模式是有效的和可行的。该培养模式能够促进护理教师的专业发展，提高护理教育的质量和水平，培养具有创新精神和实践能力的护理人才。创新点在于首次提出了基于"互联网＋教学""智能＋教学"的新形态下，护理教师教学创新能力的培养模式，并以急危重症护理学为例进行了实证研究，为护理教育信息化的创新发展以及护理人才素质和水平的提高，提供了一定的理论指导和实践参考。

该研究也存在局限性和不足之处，需在今后的研究中加以改进和完善。例如，研究对象只限于某高校护理专业的教师和学生，样本量较小，不能代表全国或全省的护理教育现状，需要扩大研究范围和样本量，提高研究的普遍性和代表性；研究方法主要依赖问卷调查和访谈法，可能存在一定的主观偏差和客观误差，需要引入更多客观和量化的数据来源和分析方法，提高研究的客观性和科学性；研究内容只针对急危重症护理学这一门专业课程，不能涵盖护理教育的全部或主要课程，需要拓展研究内容和领域，考察不同课程对护理教师教学创新能力培养模式的适用性和效果。

基于上述讨论，笔者提出以下几点建议：①护理教师应该积极适应"互联网＋"和"智能＋"条件下的教育变革，不断更新知识结构，提高信息素养，增强创新意识，掌握创新方法，开展创新实践，提高自身的教学创新能力；②护理院校应该积极推进"互联网＋"和"智能＋"条件下的教育改革，为护理教师提供更多的创新机会、资源和平台，为护理学生提供更多的创新环境、条件和支持，促进护理教师和学生之间的互动与合作；③护理管理部门应该积极制定"互联网＋"和"智能＋"条件下的教育政策，为护理教师制定合理的评价体系和激励机制，为护理学生制定合适的培养目标和标准，为护理教育信息化的创新发展提供有力的保障。

参考文献：

[1] 原天香，冯志芬.创新护理实践教学突显护生能力培养［J］.中国实用护理杂志，2011，27（21）：68-69.

[2] 白星良，牛同训.职业教育教师教学创新团队建设研究［J］.高等职业教育探索，2020，19（3）：45-50.

[3] 陈丽，唐雪萍.国家"互联网＋教育"战略的政策导向分析［J］.电化教育研究，2023，44（7）：5-12，36.

[4] 徐和祥，申利侠."智能＋教育"：应用场景、风险挑战与治理对策［J］.复旦教育论坛，2023，21（2）：24-30.

[5] 朱大乔，刘燕燕，周秀华，等.浅析21世纪高校护理教师素质结构及其培养[J].中国实用护理杂志，2003，19（22）：72-73.

[6] 张晓燕.高职院校护理教师信息化教学能力现状及培训方案研究［D］.河南：郑州大学，2019.

[7] 杨淑芬，肖丽娜，刘佳，等.护理专业案例教学教师胜任力评价指标体系的构建研究［J］.护理学报，2023，30

（10）：11–15.

[8]门延艳，周丽娟，景霞.急危重症护理学课程思政建设研究［J］.现代职业教育，2023（7）：33–36.

[9]赵凌云，胡中波.数字化：为智能时代教师队伍建设赋能［J］.教育研究，2022，43（4）：151–155.

[10]董圣鸿，吴洁，朱鸿健，等.基于语义差异量表的心理疾病外显与内隐污名的结构及关系[J].心理与行为研究，2018，16（5）：694–700.

超声远程会诊系统在超声诊断学实践
教学中的应用探讨[1]

王露[2]　高小瞻　马飞　袁玉玲　朱玮玮

摘　要：超声诊断学是一门理论与实践相结合的专业技术性学科，包含临床多学科的知识。超声实践教学是超声诊断学教学中的重要组成部分。笔者将超声远程会诊系统应用于超声诊断学实践教学中，探讨其在超声诊断学实践教学中的应用效果。应用超声远程会诊系统实践教学不仅提高了学生的实践能力，而且改善了实践教学的效果，在超声诊断学实践教学中具有良好的临床应用价值，对学生的临床实践能力的培养具有重要的意义。

关键词：超声诊断学；远程会诊系统；实践教学

随着科学技术的发展，超声医学也在不断地发展变化，从二维成像到实时三维成像、弹性成像及超声造影，从单纯的超声诊断到超声介入治疗，既丰富了诊断手段，也开展了治疗方法。超声诊断学是一门理论与实践相结合的专业技术性学科，包含临床多学科的知识。超声实践教学是超声诊断学教学的重要组成部分，亦是学生消化理解基础理论知识及解决临床实际问题的重要途径[1]。传统的超声实践教学受诊室空间、患者隐私、见习时间等限制，难以达到较好的学习效果，同时也暴露出超声实践教学中的各种问题。为此，三峡大学第二人民医院超声科引入迈瑞远程会诊系统，用于三峡大学超声诊断学实践教学，旨在提高医学生的实践能力，改善实践教学效果，提高教学质量。

一、超声远程会诊系统的介绍

过去，超声远程会诊系统多用于学术交流、专业医师培训班及低年资医生的咨询指导。目前，基于远程会诊平台的超声医学授课模式，不仅让学生能够更加清晰地认识疾病的超声声像图表现，还可以更加直观地了解超声检查的操作流程，特别是超声新技术的操作流程[2]。

三峡大学第二人民医院超声科引入迈瑞远程会诊系统，用于三峡大学本科超声实践教学。该系统主要包括服务器、工作站软件和会诊软件，系统通过数据传递，将医学影像由诊断设备传入工作站端。会诊端通过软件安装后，可以实时观看工作站端医学影像。会诊端可以是个人工作电脑，也可是移动设备。

（一）系统构架

系统构架如图 1 所示。

1　2022 年三峡大学高教研究项目（GJ2235）。

2　王露，三峡大学第二人民医院超声科主治医师，研究方向为超声诊断学。

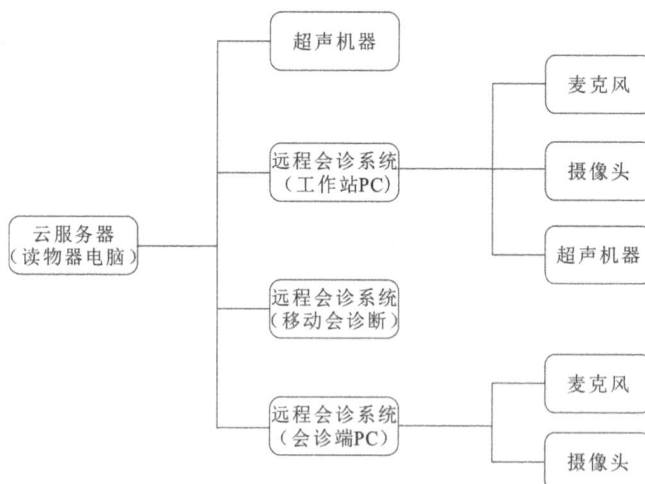

图 1 系统构架

（二）系统功能

迈瑞远程会诊系统依托影像采集及传输技术，实现了跨地域的医疗资源整合，让患者在当地就可以享受高质量的医疗服务。上级医院的医生可以在自己的电脑或手机里完成对当地医生的专业指导，为患者进一步确定治疗方案提供了方便、可靠的诊断思路，是一种为患者和医院都带来便利与实效的医疗服务。

迈瑞远程会诊系统也可以通过即时通信、实时视频、语音支持等现代化通信工具运用于教学，为教学提供了先进的手段；可以对医学院学生、住院医师规培生、低年资医生进行远程的医学教育及专业指导，从而取得良好的教学效果，这也是目前医院教学改革的热点。

学生可通过手机端下载会诊系统 App，注册后进入登录界面。在工作站端发起超声实时直播后，手机端会收到超声实时直播邀请，受邀请后进入直播会诊界面，直播会诊界面将实时显示工作站端采集的超声图像和超声医生的操作手法视频，系统会自动录制视频并保存，可供学生反复观看学习，还可在手机端的评论区互相交流学习内容，学习过程中遇到疑问可以马上提出，教师可以在线及时发现问题，及时回答。

二、超声远程会诊系统应用于实践教学的优势

超声诊断学的理论课时安排有限，而教学内容却涉及广泛，包含超声基础、腹部、妇产、浅表、心血管等，这给教师的授课带来了难度，学生也很难在有限的时间内理解所有的内容，故超声实践课显得更为重要。目前，超声实践课的学习方式包括见习课和实验课。见习课是学生到教学附属医院超声科进行学习，教师一边操作一边讲解，但是常常由于对患者隐私的保护或患者拒绝被观摩学习等原因，只能换成学生作为模特，导致学生缺乏对相关疾病的超声诊断学习。实验课是在医学院校的实验室里，虽然目前实验室也配了超声仪器，但是一个班的学员都围绕一台仪器，很多学生无法清楚看到教师的操作手法和超声图像的显示。同样，学生相互作为模特实践操作，缺乏对常见疾病的超声诊断学习，带教教师只能将常见疾病的静态超声图像通过 PPT 展示给学生看。由于超声诊断疾病时强调实时、连续、多切面、多角度、多模式、多参数动态观察病变的特征，学生很难理解静态的超声切面和超声图像，对于超声新技术的应用更是难以理解[3]。

超声远程会诊系统可以同时显示工作站端的超声动态图像和超声医生的操作手法视频，并实现了实时传播，让观看的学生不仅能清晰地看到超声声像图的表现，还可以更加直观地了解超声检查时的操作手法。操作的教师也可以和观看实时视频的学生进行双向对话，对学习中遇到的问题进行现场答疑解惑。教师也可以在实践课前准备典型病例及相关图像资料存于超声机器上，课堂上可以通过调取图像实时转播到学生的手机上，让学生更加直观地理解超声图像，这样既巩固了相关的理论知识，也培养了学生的临床诊断思维，从而提高了超声医学的教学质量。

三、超声诊断学临床实践教学现状

（一）课时安排不足

随着近些年来超声诊断新技术不断出现，超声检查从术前辅助诊断、术中引导监测、术后评估及介入治疗等方面为临床工作提供了重要保障，超声诊断学的特点重在实践，需通过反复不断的实践和视觉刺激来保证和巩固学习效果[4]。

在我国临床医学专业本科教学中，超声医学作为非主干学科，教学计划所占比例较少。超声医学依然作为医学影像学一个组成部分来授课，超声教学课程设置不足，教学时间相对较少。临床医学专业学生学习超声诊断学主要是理论学习，超声实践课时少，动手操作机会少，导致临床医学专业本科生对超声诊断学的相关知识和技能掌握不足。所以，如何提高临床医学专业学生超声诊断课的教学质量显得尤为必要[5]。

（二）学生实践操作能力不足

目前，我国超声诊断学的教学分为理论与实践教学两个部分。与理论教学相比，实践教学部分更具直观性、实践性，在加强学生综合素质能力的培养方面起至关重要的作用。因此，超声诊断学的实践教学显得尤为重要，是学生掌握和巩固基础理论知识的重要途径。然而，目前超声诊断学实践教学存在以下几方面问题[6]：①有限的实践时间与较多的教学内容不匹配。目前超声诊断学的覆盖面非常广，包括心血管、腹部、妇产、浅表、超声介入等多方面，而在较短的实践课程内完成大量的教学内容非常困难，教学效果不佳。②传统超声诊断学的实践过程主要采取教师主动讲授和学生被动听讲的教学模式，学生缺乏主动思考、提出问题和自主解决问题的机会，不利于超声临床思维的形成和实践能力的提高。③传统的超声实践教学受诊室空间、患者隐私、见习时间、医患关系等因素的影响，学生上手实践的机会很少，导致学生实践操作能力不足，难以达到较好的学习效果。

四、超声远程会诊系统应用于实践教学的效果

三峡大学第二人民医院超声科承担了三峡大学临床医学专业超声诊断的教学，将超声远程会诊系统在实践教学中进行初步应用，研究对象为三峡大学临床医学专业，按班级分为远程实践教学组和传统实践教学组，均于进行集中超声理论课程学习后，按照远程实践教学方法和传统实践教学方法进行实践学习。统计问卷调查的数据后发现，95% 的学生认为超声远程会诊系统为超声实践的学习提供了一种新的学习方式，在教学中每个学生都可以清楚地看到带教教师的操作过程、超声图像的实时播放，听到带教教师对超声图像的实时讲解，能更加快速地掌握超声检查的流程、超声图像的认识、超声医师的诊断思路，有助于更好地理解超声理论知识；而 5% 的学生认为远程会诊系统教学也存在弊端，比如对移动设备的要求，网络存在延时，传输的超声图像清晰度等问题会影响教学质量。

超声实时远程会诊系统解决了超声实践带教受诊室空间、患者隐私等因素影响而不能进行现场教学等问题。超声远程会诊系统体现以病例为核心的教学指导方式，实现影像教学资源的共享，兼容远程指导与同步答疑，既满足了学生实践课的教学需求，也在培养学生对超声医学的兴趣、提高超声医学的教学质量中产生了积极的作用。通过远程会诊系统，学生加深了对超声理论知识的理解，学会了与临床实践融会贯通，提高了学习兴趣，获得了满意的教学效果。带教教师也能充分发挥实践课在超声诊断学教学中的作用，通过实践课提高学生的理论知识和实践技能的结合能力。

五、结语

超声医学是影像医学的重要组成部分。随着超声造影、弹性成像、三维超声、介入超声及治疗超声的出现，超声技术得到迅速发展，超声诊断学的实践教学也越来越得到重视。

超声诊断学是理论和实践紧密结合的学科，学生需要通过实践课巩固加强理论课所学的知识。应用远程会诊系统实践教学不仅满足了学生实践课的教学要求，也提高了学生的学习热情及学习效果，从而提升了教学质量，在超声诊断学实践教学中具有良好的临床应用价值，对学生的临床实践能力的培养具有重要的意义，但是其也存在不足之处，如网络的稳定性、传输图像的分辨率、系统的储存空间等问题。因此，如何发挥超声远程会诊系统在实践教学中的最大价值，仍需我们在今后的教学工作中进一步探讨。

参考文献：

[1] 陈蕊，赵佳琦.基于智能便携彩超云技术的实时远程教学系统在超声诊断学实践带教中的初步应用［J］.临床超声医学杂志，2019，21（4）：309-311.

[2] 王佳佳，肖蕾，张靖，等.基于远程会诊平台的超声新技术临床教学模式［J］.铜陵职业技术学院学报，2018，17（2）：86-87.

[3] 俞飞虹，王剑翔，叶新华，等.基于多系统融合的超声远程教学平台的初步设计与应用［J］.教育教学论，2019（13）：60-62.

[4] 高静，李玉宏.医学影像专业超声诊断学实习教学改革初探［J］.中国继续医学教育，2017，9（12）：13-15.

[5] 陈霞，何年安.临床医学专业本科生超声医学教学现状与思考［J］.临床超声医学杂志，2019，21（2）：151-153.

[6] 高静，李玉宏.移动 PBL 在医学超声诊断学实习教学中的应用［J］.中国继续医学教育杂志，2017，9（15）：17-19.

情景模拟教学法在中医诊断学问诊
教学中的实践与反思[1]

屈赵[2]　向岁　周平　蔡三金

摘　要：基于问诊技能培养在中医诊断教学中的重要性，结合情景模拟教学法在中医诊断学问诊教学中的实践情况，笔者介绍了情景模拟教学法的设计、实践与反思，为中医诊断学的教学设计提供参考。

关键词：情景模拟教学法；中医诊断学；问诊

中医诊断学是中医学课程体系中的必修主干课程，是中医基础学科与临床各科之间的桥梁课程，其内容主要包括望、闻、问、切四诊获取临床病情资料以及对病情资料进行辩证分析两个方面，具有非常强的临床实践性，并非单纯的理论灌输就能满足该课程的教学要求。在四诊教学中，望诊、闻诊、脉诊常辅以典型图片、音频、视频等多媒体材料以及舌诊仪、脉诊仪等教学实训手段，以提高学生获取临床病情资料的能力。而问诊则是直接与患者交流，通过询问患者或陪诊者来获取病情资料的一种方法。传统教学方法多偏于介绍问诊的具体内容及其分析要点，对问诊的方法和技巧涉及较少，这不利于培养学生的问诊技能和临床实践能力。

情景模拟教学法是一种具有时代特色的新兴的体验式教学法，它能将理论知识与直观的表现方式相结合，让学习者利用情景剧的表达方式，加深对教学内容的理解和应用，提升学习者的学习兴趣，从而达到提高课程教学效果的目的[1]。在情景模拟教学的具体实施过程中，教师通过围绕某一既定的主题，结合教学内容和教学目标，按照现有的实际条件有针对性地设计仿真的情景，并安排学习者以模拟的方式学习和展现专业知识和技能的教学方法[2]，其目的在于帮助学生加强对知识的理解和运用能力。在中医诊断学的情景模拟教学中，教师主要通过给定一个有针对性的诊断主题，引导学生全员参与模拟问诊的情景，促进学生以问诊为首的四诊综合能力的培养。

教师将情景模拟教学法应用于中医诊断学问诊教学，不断地完善和修正，现已有7年教学实施经历，现将其具体的教学实施过程和教学实践反思介绍如下。

一、情景模拟教学法在中医诊断学问诊教学中的实践

（一）布置情景模拟的主题与要求

教师应在情景模式教学课堂展示的前2周布置情景模拟的主题与要求。根据具体的学生人数，按照自愿组合的原则，将学生分为6~8个小组，每组学生人数为8人左右，并给每组学生布置1个问诊的特定主题。问诊主题都是临床最常见的症状，如头痛、失眠、咳嗽、胸痛、呕吐、腹

1　三峡大学高教研究项目（GJ2022、GJ2304）。

2　屈赵，三峡大学讲师，博士，研究方向为中医学。

泻、发热、便秘。各小组的学生根据以上症状的特点及临床上可能出现的情况及伴随症状，经集体讨论后编写情景模拟的剧本，并设定人物关系和故事情节，要求全组成员于当天在课堂上进行展示，且角色分工明确。课堂展示当天要求有 PPT，PPT 上的内容包括主诉、现病史、情景模拟环境图片的嵌入等。要求学生围绕"患者"的主症进行问诊，体现中医边问边辨问辨结合的中医特色诊疗方法。由于教学课时的限制，每组课堂展示时间建议为 8 ～ 10 分钟。各小组展示结束后，学生评委互评交流，教师评委补充和总结。课堂展示结束后，各小组上交情景模拟剧本、PPT、课堂展示剧照，以便对各小组的课堂表现和学习情况进行全面分析和把控。

（二）各小组成员全员参与情景模拟问诊的课堂展示

在情景模拟问诊课堂展示当天，要求全组成员同时参与，根据情景设置，每位成员扮演不同的角色，其中"医生"和"患者"是必备的角色，摄影师记录全组成员的精彩表现，评委参与评价其他各组的课堂展示。此外，还有"护士""家属""陪诊者""实习医生"等可能出现的角色。在众多角色的展示过程中，"医生"和"患者"的表现是课堂学习和评价的重点。此次课程是以问诊为主的情景模拟展示，但实际上要求包括望、闻、问、切四诊的内容，如"患者"的面色、舌象、脉诊要有所体现，为切合实际分析"患者"病情，可适当地在 PPT 中辅以典型的图片进行展示。另外，若有咳嗽声等不易准确进行模拟的因素，可利用音频资料进行辅助。

（三）情景模拟课堂展示结束，师生点评

在各组成员的情景模拟课堂展示结束后，先由学生评委对各组成员的表现进行点评，其中包括值得学习和推荐之处，以及课堂展示中存在的不足，甚至是需要纠正的错误。随后，教师评委对各组成员的课堂展示及学生评委的点评意见进行评价和总结，使学生在听到多方面的点评意见之后，明确自己在问诊环节中存在的不足，从而促进学生问诊技能的提高。

（四）收集各小组情景模拟的资料，总结课堂展示效果

课堂展示结束后，各小组上交情景模拟的资料，包括自行编写的剧本、课堂展示 PPT、课堂展示剧照、评委现场评分表，以便教师对学生的课堂表现和学习情况进行全面的把控，并在今后的教学中有侧重地引导学生。

评委评分表的设计包括以下几个部分：①根据问诊疾病要求自行编写，设定人物关系和故事情节（20 分）；②围绕主症展开询问（40 分）；③时间控制在 8 ～ 10 分钟（5 分）；④全组同时参与，分工明确（5 分）；⑤表演效果（20 分）；⑥上交剧本、PPT、现场剧照（10 分）。合计 100 分。评委根据课堂展示的具体表现进行评分，据评分表上各组的分值推选出最佳小组。

此外，评委将结合学生点评意见，推选出最佳"医生"、最佳"患者"、最佳"陪诊者"及其他优秀的角色扮演者。最佳摄影师和最佳评委由全体学生参与投票产生。课堂展示优秀的小组和个人给予肯定，并纳入平时成绩管理的范围。

二、情景模拟教学法在中医诊断学问诊教学中的实施效果

问诊的情景模拟教学是针对传统教学方法不利于学生问诊能力培养而设定的。结合现代教育教学规律和理念，教师根据教学内容设定情景剧的主题，学生是此教学环节的主体，自编、自导、自演情景剧。学生以小组为单位自行组织，最终围绕情景剧主题将教学内容以表演的形式在课堂上呈现出来。此过程能够让自己或者他人以最直接的方式进行观看、学习。与其他教学方法相比，情景模拟教学法更具直观性、灵活性和趣味性。教师通过全员参与情景剧的教学模式，有效调动学生参与教学活动的积极性，促进学生之间的交流与学习，引导学生将教学内容与临床实践相结

合，在教学环境中实现知识的内化和深入理解。

（一）有利于调动学生学习的积极性，激发学习兴趣

传统教学方法以课堂讲授为主，强调问诊的内容，学生很难将其与临床实践相结合，从而实现知识的内化。例如，学龄前儿童有不能准确表达自己诉求的特点，通常需要询问其家长，学生缺乏生活经历，可能忽略这个问题。教师在教学过程中，应以点评的方式提醒学生注意这类问题，会对今后从事临床工作收集患者资料有指导意义。结合当代大学生思想活跃、乐于表现、喜欢独立自主思考的特点，教师在开展问诊教学时，应利用情景剧教学法，以充分体现教学规律和学生成长规律。教师在教学过程中应突显学生的主体地位，给他们自由发挥的表现机会，使他们的个性能够得到张扬，体现学生的价值，同时兼顾学生的心理需求，减少强行灌输，给学生探索的自由和空间，使学生体会到学习的乐趣。在教学过程中，学生可以自主地选择自己的组员，确定情景剧的剧本，自行组织排练。学生始终以自己为主体，教师积极引导学生，保持教学环节的开放性，激发学生的创造性。课后，授课教师以问卷星的形式对三峡大学2021级中医专业的本科生开展问卷调查。结果显示，98.31%的学生认同情景模拟教学方法，并认为该方法能够有效激发学习兴趣。

（二）实现课前、课中、课后相结合，有效延伸课堂

情景剧教学模式使教学活动更为丰富，具体体现在该教学模式将课前、课中、课后有效结合，延伸课堂教学。课前2周，教师下达情景模拟的主题和具体要求，学生自由组合为不同的小组，集体查阅相关资料构思切合主题的剧本，集体排练和预演。课中，各小组成员以情景剧的模式展示以问诊为主的四诊收集病情资料的过程，表演结束后，再进行学生之间的互评和教师点评，实现课堂的及时交流、互动与反馈。课后，学生以小组为单位上交情景模拟的相关材料，教师根据上交材料进行再评价，找出可能存在的不足，并在下次课上反馈给学生。情景剧教学模式真正实现了课前、课中和课后都有师生参与，体现以学生为中心的教学理念，把提高学生的临床实践技能贯穿整个教学过程，而不是局限于课堂教学。

（三）有利于提高学生的综合素质，促进学生全面发展

在情景剧创作过程中，学生需要协作查阅资料、编写剧本、准备道具、排练演出、制作PPT等，整个过程需要小组成员全体参与。该过程的顺利进行可增强学生的团结协作意识、自主学习意识、创新实践意识，并促进学生思维能力、语言表达能力、动手能力的提高，从而提高学生的综合素质，促进学生的全面发展。此外，情景剧表演还能让学生站在不同的角度和立场去思考问题，为以后的临床实践实习打下一定的学习基础。

三、情景模拟教学法在中医诊断学问诊教学中的反思

传统的理论讲授忽视了对学生问诊技能的培养，学生的课堂参与度低；以学生为主导的情景模拟教学法，增加了学生学习的参与度，激发了学生学习的积极性和主动性，加强了对学生问诊能力的培养。然而，结合情景模拟教学法中医诊断学问诊教学中的具体实施，教师在利用该教学法的过程中，需注意以下问题。

（一）情景模拟的主题要为临床常见

中医诊断学的授课对象是中医学专业大一年级下学期的学生，学生的理论知识和实践技能均比较薄弱，可能存在对专业名词的理解有分歧的情况。例如，临床上所说的胸痛多指胸部的憋闷疼痛，其疼痛性质多以闷痛、彻痛或持续剧烈的疼痛为常见，并且可能伴有呼吸喘促、汗出、面色苍白等全身症状。学生由于理解不足，没有抓住给出的主题是患者最迫切希望解决的问题的要

点，把胸痛归于咳嗽剧烈或日久引起的胸部不适的范畴。因此，教师在下达情景模拟的主题时，既要考虑到以临床常见的症状为主，使诊断分析更倾向于临床常见病、多发病，必要时还要给学生相关的名词解释，让学生准确理解给出的主题词的具体含义。

（二）课前准备要充分

情景模拟教学法需要学生在课前完成查阅资料、编写剧本、排练和预演等过程，教师需要给学生留有充分准备的时间。针对创作过程中遇到的学科知识层次方面的问题，教师要给予学生必要的指导和纠正，推送相关知识，以提高课堂展示环节的呈现效果，促进学生学习和思考。为促进学生之间相互学习，使课堂展示的效果更为直观，要求学生在 PPT 中展示主题、角色分工、主诉和现病史等内容，鼓励学生辅以 PPT 的形式展现更切合诊断特征的舌象、脉象图片，若有需要也可插入音频资料。

问诊能力和通过问诊归纳主诉和现病史的能力是问诊教学的主要能力目标，因此，各小组应在课堂 PPT 中展现主诉、现病史的内容。由于归纳主诉和现病史对于初学者来说有一定的难度，故教师应在课堂上先用案例教学法引导学生归纳主诉和现病史，然后抛出情景模拟的主题，让学生总结该情景剧中的主诉和现病史。若有不规范的地方，教师可以在课前引导学生进行修改。

（三）情景模拟教学法不宜频繁使用

在中医诊断学的教学中，教师要结合不同章节的教学内容采用不同的教学方法，不可以一种教学法用于全部的章节。例如，望诊适合插入代表性的图片引导学生进行讨论，以讨论式教学为主；闻诊可利用音频资料引导学生进行鉴别；脉诊重在实际操作，可利用脉诊仪引导学生悉心体会；辩证部分则适合引入案例式教学法。情景模拟教学法以情景剧的形式在课堂上展示，该法适用于以问诊为主导的四诊综合学习。若扩大其应用范围，一是学生需要大量的时间进行准备，未必能有持续的学习兴趣和学习积极性；二是其他章节的内容以情景剧的方式来呈现，也未必能收到促进学生全面发展的学习效果。因此，情景模拟教学法不宜在中医诊断学的教学中频繁使用。

（四）情景剧表演是形式，四诊获取病情资料是核心

情景剧表演只是促进学生提高问诊能力的一种表现形式，引导学生通过四诊获取患者的病情资料才是教学的核心，不能重形式而轻内容，出现本末倒置的情况。在情景模拟课堂展示时，存在重形式而轻核心内容的情况。有的小组在表演情景剧时，在剧情设置和场景布置方面投入较多的精力，殊不知模拟医生看病的整个过程才是核心，问诊的整个过程是大家学习和评价的重点。而在问诊的内容方面，主诉和现病史是其重点。情景剧表演只是围绕教学内容而呈现的一种表现形式，其目的在于借助这种教学方法培养学生问诊的能力，以及通过问诊获取的病情资料归纳主诉和现病史的能力。

参考文献：

[1] 林小平，房婉秋．情景模拟教学法的理论研究与实践探索［J］．农银学刊，2018（1）：70-73.

[2] 姚敏，许丽．情景模拟教学法在消毒供应中心培训中的应用［J］．现代医药卫生，2015，31（22）：3503-3504.

Workshop 联合 CDIO 教学模式在 ICU 护理临床实践教学中的应用研究

林家浩[1]　龚婷婷　刘春艳　罗婧

摘　要： ICU 是临床重点学科之一，收治的患者病情危重，ICU 护理人员需要掌握各种复杂的操作并保持清晰的思维。ICU 实践学习是帮助护理实习生进行理论整合及操作检验的重要环节。笔者结合目前 ICU 临床实践教学现状，探讨以 Workshop 联合 CDIO 教学模式的应用，希望达到更好的实践教学效果。实践结果表明，Workshop 联合 CDIO 教学模式，在增强实习生自主学习兴趣、临床自主思维及创新能力方面表现出巨大优势，对于提高 ICU 临床实践教学质量有着积极的推进作用。

关键词： Workshop；CDIO；ICU；实践教学；护理临床实践

随着现代医疗理念及技术的引进与革新、临床医疗设备的优化及群众受教育程度的提高，患者在临床护理服务质量方面表现出更高的期待。重症监护病房（Intensive Care Unit, ICU）作为生命保障的最后一道防线，收治的患者病情危重、情况复杂，救治工作主要以抢救、高级生命支持及延续生命支持为主。ICU 护理工作强度大、面对的病种复杂，护理人员需要全面、系统地掌握各类疾病的护理常规和救治流程，拥有独立自主的思维方式、娴熟的动手操作能力以及面对各种临床护理困难的良好心态和处变不惊[1]。实习生由于初入临床，缺乏实践经验，无法快速完成角色转换，加之 ICU 实习任务繁重、工作节奏紧密、临床工作风险较高，护理实习生要在较短的时间内适应 ICU 的环境，掌握多项操作技能及复杂的理论知识，往往会缺乏自信，对于陌生的各种复杂仪器和操作产生惧怕心理，难以将从书本上学到的知识应用到临床实践中。同时，ICU 临床工作繁忙，教师往往采取传统的"灌输式"教学模式对实习生进行指导，而实习生很难在短时间内真正掌握这些知识。基于此，提高实习生的主观能动性、革新护理带教方法、提升带教效能具有重大的意义。工作坊（Workshop）是以学生为主体，以提出、解决问题为主的一种新型教学方式，从实际的问题场景出发，通过小组合作学习的形式，主动找寻解决问题的方案，有利于培养学生自主学习能力和开发思维能力[2]。构思—设计—实施—运作教学法（Conceive-Design-Implement-Operate, CDIO）是 21 世纪初西方高校提出的理工科人才培养的一种创新教学模式，呼吁理论与实践相结合。该模式关注整个实践过程，目的在于培养学生的逻辑思维能力及实际操作能力，在医学教育培训中的应用越来越广泛[3]。笔者结合目前 ICU 护理实践教学现状，探讨 Workshop 联合 CDIO 教学模式的应用效果，以期达到更好的教学成效。

1　林家浩，三峡大学第一临床医学院·宜昌市中心人民医院护士，从事重症护理工作。

一、 ICU 护理实习生实践教学现状

（一）教学模式陈旧，教学内容冗杂

ICU 临床护理工作包含多种护理操作，在进行教学时，经常有教师进行操作演示，然后实习生进行模仿[4]。实习生最终能够学会操作，却不知道操作原理和意义，知其然而不知其所以然，导致实习生被动地学习，主观能动性较差[5]。同时，ICU 临床护理与普通临床科室相比，需要学习的疾病护理常规数量更庞大、内容更复杂，对应的护理操作繁多、难度大。教师除了要教授常规的注射法以外，还要教授各类仪器的使用方法、动脉血气分析采集等操作，如心电监护技术、电除颤技术。短时间内，实习生无法掌握这些冗杂的知识、烦琐的技术。实习生在面对复杂的操作时，由于理论知识不足和临床风险较大，常常呈现出退缩的姿态，难以真正融入护理实践学习。

（二）临床工作繁重，师生交流欠缺

ICU 护理工作量大，护理人员经常面对两三个重病患者，发生病情变化时，更是分身乏术，而除了日常的工作外，教师往往还承担其他的任务，如质控监督、指导低年资护士工作以及科研工作，导致教师没有时间对实习生进行系统性、全面性的教学，只是边操作边讲解，师生间反馈、交流较少。同时，每个实习生的基础不一，对知识的掌握度不尽相同，教师往往采取全部灌输的方式进行教学[6]，导致很多不必要的知识灌输，浪费了教学时间。

二、建立 Workshop 联合 CDIO 教学模式

（一）建立 Workshop 教学模式

改变传统的一对一教学方法，建立 Workshop 教学模式，通过实习生自己的专长和兴趣来分组进行学习。个人的思维在临床中有时难以打开，实习生在学习操作或者理论时，常常只记该怎么做，而不知道为什么这么做。之所以出现这种情况，一方面，与实习生的不敢提出问题有关，另一方面，临床工作繁重，带教教师可能无暇解释更深层次的原因。而每个实习生由于自身的兴趣和天赋各有不同，在临床工作中可能擅长的领域也不尽相同。有些实习生在理论方面较强，对于带教教师教学的理论知识较容易接受，但是在操作实践中不尽如人意，可能会出现多个小错误或者难以顺畅地完成一项操作。反之，侧重操作的实习生不太明白操作的重点有哪些，意义为何。因此，Workshop 教学模式应运而生，教师将实习生分成小组，小组中分别有四个兴趣方向，包含理论、实践、逻辑思维以及资料收集。科室定期集合全部的实习生进行集中培训，比如在进行心电图检查时，不告诉实习生导联如何安放、要注意哪些点，让实习生自己先进行操作，其他实习生在操作完毕后提出意见[7]。再者，教师提出问题，让实习生进行讨论。例如，哪些情况下，心电图导联的位置要更换位置，让实习生在实践操作中巩固理论知识，做到知其然且知其所以然，在丰富教学内容的同时，增加实习生学习的热情，让他们能够主动学习。

（二）建立 CDIO 教学模式

建立 CDIO 教学模式，使其贯穿整个教学过程，从构思、设计、实施和运作四个方面入手，以实习生为主体，教师为辅助[8]。教师应鼓励实习生在临床学习时发挥主观能动性，通过多种信息化渠道获得知识，自主创造问题、解决问题，改掉以往学习主动性差的缺点。教师通过 CDIO 教学，使实习生学到的知识更加系统且全面，并且打开了实习生的自主思维，提高了实习生自主解决问题的能力和综合素质。教师对实习生进行实践辅助指导，除按大纲教学外，在实习生有困惑时，应及时给出专业性的意见及建议，让学生在巩固专科基础知识的同时延伸思维、开阔视野，

而教师也能完成自身的工作内容，师生交流的频次在教学过程中得以增加。

（三）Workshop 联合 CDIO 教学模式改革探索

发挥 Workshop 和 CDIO 教学的优势，采用 Workshop 联合 CDIO 教学模式，即"以小组为单位，以项目为驱动"的教学模式，将实习生作为教学主体，在理论应用于实践的过程中加以引导，让实习生自主思考问题，增强其临床思维能力和创新思维能力[9]。首先，带教教师结合 ICU 实习大纲要求及临床实际的情况将知识点总结归纳为一个个待解决的问题，内容包括操作前、操作中和操作后三个阶段。实习生以小组为单位进行学习，实习生需要从临床实际的案例出发，根据 CDIO 理念在构思阶段通过互联网课程或者查阅相关文献，学习对应的知识，围绕"问题"自主构思需要解决的问题。设计阶段可以采用多种渠道，包括查阅课本、微信公众号、论文等，小组合作，带教教师给予引导，形成解决问题的方案。实施阶段以小组为单位，联合验证解决方案能否达到预期的效果，带教教师与实习生一同讨论、总结不足之处和经验。运作阶段需要对实践过程进行整体的评估和整改，确定更优质的临床路线，由带教教师和实习生共同完成。

三、基于 Workshop 联合 CDIO 教学模式改革的实践设计

根据三峡大学第一临床医学院 ICU 实习大纲要求，带教教师确定教学目标、重点及难点，总结成一个个待解决的问题，其难度循序渐进，让实习生进行爬楼梯式的学习[10]，具体项目设计见图 1。实习生根据难易度选择问题，以临床中的实际场景为基础，结合真实的临床操作境况，以小组为单位自主构思问题，带教教师在此阶段进行引导。

以"动脉血气采集及检验"为例子，实习生确定此问题后，通过课本、互联网及临床操作规范来构思血气采集及检验分析过程中出现的问题，如为何要进行血气分析、血气分析的结果如何指导临床用药及机器参数调整。教师可从操作前、操作中和操作后三个方面引导实习生，实习生提出问题并找到解决方案，如血气分析的结果该如何解读，实习生自主查阅资料进行讨论，找到解决方案，并对血气分析结果进行汇报。教师依据汇报的内容进行验证，将几份不同的血气分析报告单分发下去，让实习生分析汇报，分别说明血气分析结果中各种参数的意义并道出缘由，同时将血气分析结果报告给医师，遵医嘱给予相应的临床治疗调整，之后对比患者的下一次血气分析结果，体会治疗方案调整后的变化。在此过程中，带教教师指导实习生形成"做中学，学中做"的学习体系，最后再对整个方案进行系统的评价。在学习过程中，实习生发挥了动手及动脑能力，在新问题中不断摸索、解决新问题，让学生能够发散思维，锻炼实践能力，在理论中实践，在实践中获得新的理论。具体教学过程如图 2 所示。

四、带教效果评价体系

建立 Workshop 联合 CDIO 教学模式下的学习效果评价体系，包括过程性评价和终结性评价[11]。设定总分为 100 分，过程性评价总分为 60 分，主要的考核点包括实习生构思问题是否全面且突出主体、设计方案是否符合逻辑且可行、实施中是否能发现新的问题并解决、总结归纳是否准确且流畅以及观察实习生的操作是否规范。其中，对能够发现新颖或者有深度的问题的实习生给予加分。终结性评价总分为 40 分，主要观察操作的流程是否符合规范、流畅程度、能否独自完成操作以及对报告解读的准确性。最后，实习生以小组为单位进行自我评价和互相评价，讨论不足之处，再次巩固在实践中得出的真知。

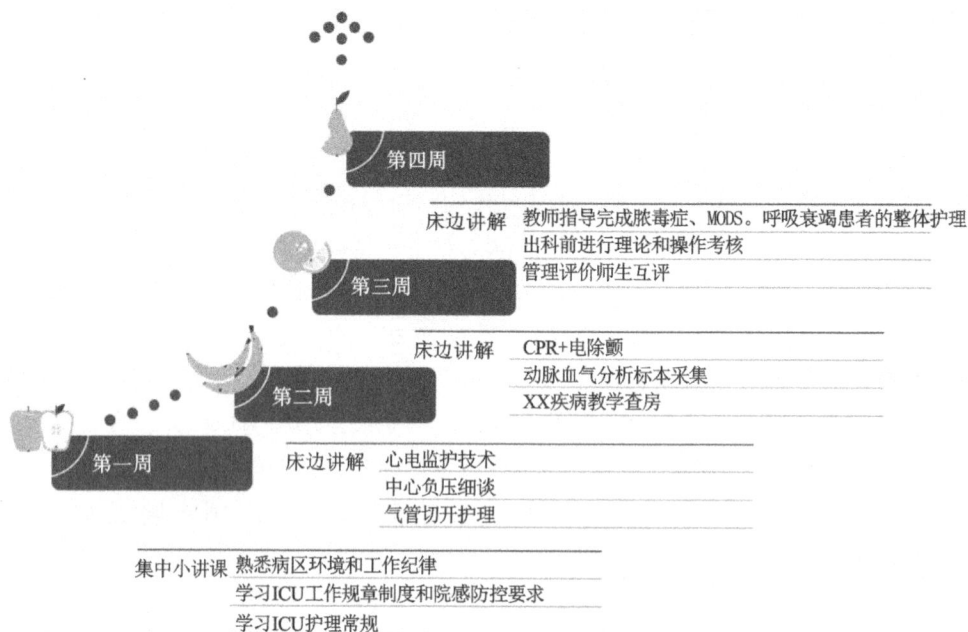

图 1　ICU 临床实习大纲

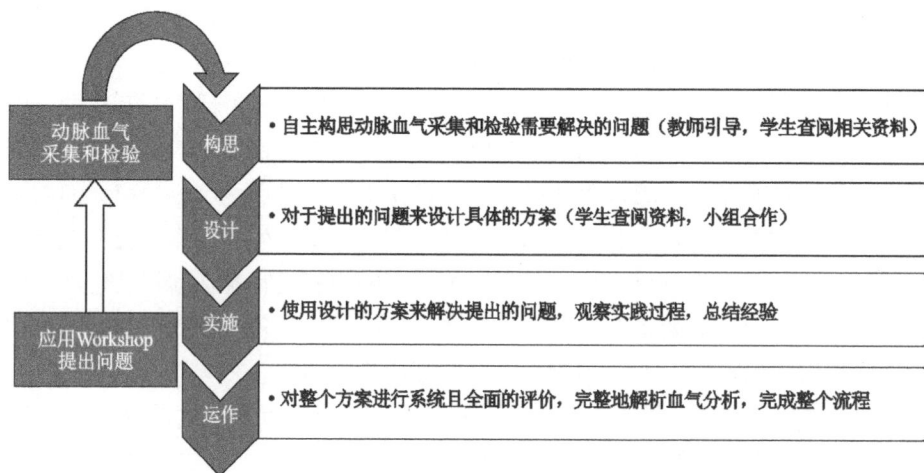

图 2　Workshop 联合 CDIO 教学过程

五、Workshop 联合 CDIO 教学模式的成效

ICU 采用 Workshop 联合 CDIO 教学模式后，实习生能够自主发现问题并提出问题，教师与实习生之间的互动性有所提高，有别于以往教师讲、实习生听的方法，让实习生主动寻根问底，明显提高了实习生的主观能动性。同时，以小组为单位进行学习的模式，让实习生的团队意识及团队协作能力得到强化，为其日后正式进入临床工作打好基础。护理人员在 2023 年 ICU 实践教学过程中发现，总能提出一些有创造性的问题，比如在使用钙剂后为何要延迟使用头孢类抗生素，再如持续性床边 CRRT 的患者为何选择 CVVH 模式而不是其他的模式，说明实习生在实践过程中不断地主动思考，主观能动性和创造性思维得到了较大提升。实习生的思维逻辑能力在教学查房中得到明显提高，参与到 ICU 教学查房的各个环节（病情介绍、阳性体征、相关知识及护理措施），

病情介绍涉及床边查体环节，此环节规范性和程序性较高，可提升操作的准确性及逻辑能力。在阳性体征方面，实习生会主动查询各个阳性体征的意义，以及在患者身上的具体体征。相关知识环节让实习生在制作 PPT 时就能主动地学习及吃透知识，同时，用自己的话来叙述知识，显著提升了实习生的语言组织能力。最后，护理措施方面主要是发现患者个性化护理方面的难点和潜在并发症，让实习生以实际的临床患者为例，分析自身在护理实践中忽视的点，回归护理的主体，即患者的健康。通过整体的教学查房，实习生的综合素质得到了非常大的提升。实习生再次面对患者时，能够马上知道患者的护理重点有哪些，知道在护理工作中应该如何安排自己的做事顺序，教学的成效在实习生的日常工作中得以体现。这说明在此教学模式下，实习生获取的知识更加全面、新颖且深刻。带教教师在此教学模式下自身的教学水平及知识水平也得到了提升。

综上所述，教师运用 Workshop 联合 CDIO 教学模式，以小组为单位提出问题，可有效地让实习生从被动接受知识转变为主动学习，激发其学习兴趣，增强团队协作能力，提高学生的思维发散能力及创新意识，同时增加师生互动的趣味性，让学习的过程变得生动活泼，不再单一乏味。总之，Workshop 联合 CDIO 教学模式可以明显地提升 ICU 实习生的理论和实践水平，对 ICU 临床实践教学起积极的推进作用。

参考文献：

[1] 张洲，蔡邱嫦，杨梦娇，等 . ICU 护理人员职业压力源研究进展 [J] . 当代护士（中旬刊），2022，29（2）：1–4.

[2] 王锴，林剑浩，邢丹 . 基于 Workshop 教学法在培训基层医师关节置换技术中的应用 [J] . 中国继续医学教育，2021，13（2）：44–47.

[3] 刘红云，马丽萍 . CDIO 结合 PBL 教学模式在内科住院医师规范化培训中的应用探索 [J] . 继续医学教育，2021，35（1）：6–7.

[4] 陆燕飞，许雨乔 . PBL 联合 CDIO 教学模式在临床微生物检验实践教学中的应用 [J] . 继续医学教育，2023，37（7）：77–80.

[5] 陈丽华，宋明胜，漆涌，等 . 翻转课堂结合学生小讲课在临床微生物学检验技术实习教学中的探索 [J] . 微生物学杂志，2021，41（3）：124–128.

[6] 王瑶，王萌 ."对分课堂" 教学模式下灌输性和启发性相统一路径探索 [J] . 创新创业理论研究与实践，2021，4（19）：20–21，54.

[7] 柳舟，张亮，夏文芳，等 . Workshop 教学在重症医学科 ECMO 培训中的运用 [J] . 医学教育研究与实践，2022，30（3）：396–400.

[8] 侍雯婧，严朗，任丽君，等 . CDIO 理念在卫生化学实验教学中的探索 [J] . 中国继续医学教育，2022，14（5）：5–8.

[9] 冯敬骞，李姜言，宋剑锋，等 . 基于 SIECI-CDIO 理念将 PBL 教学法应用于中药学专业实训教学的探索与实践 [J] . 卫生职业教育，2019，37（7）：99–100.

[10] 陈秀荣，黄淑萍，王江南，等 . 基于 TBL-CDIO 理念的微生物检验技术课程内容设计与实践 [J] . 科技视界，2021（8）：86–87.

[11] 彭丽娟，杜经纬，朱红，等 . 基于反馈环的过程性评价在基础医学教学中的应用 [J] . 中华医学教育探索杂志，2020，19（11）：1295–1298.

PBL 联合 LBL 双轨教学在护理研究课程中的应用研究 [1]

郭华丽 [2]　　刘晓轶　　许宽宽

摘　要：文章探讨了 PBL 联合 LBL 双轨教学在护理研究课程的应用效果。笔者选取三峡大学 2021 级、2022 级护理本科学生为研究对象，将 2021 级学生作为对照组，采取传统教学方法；将 2022 级作为实验组，采用 PBL 联合 LBL 双轨教学模式。课程结束后，对诊断性报告、满意度和形成性评价进行比较。结果显示，实验组护生诊断性报告、满意度、形成性评价明显好于对照组（$P < 0.01$），说明 PBL 联合 LBL 双轨教学在护理研究课程中的应用，提高了护理本科护生的科研能力和成绩，提升了学生对教学的满意度。

关键词：教学改革；PBL；LBL；护理研究；教学评价

　　科研能力是指运用科学方法顺利完成某项科研活动所需要掌握的知识和技能，如文献检索、科研设计、资料收集、统计学运用及撰写论文 [1]。护理研究是护理专业本科生必修课程之一，对于培养护理本科生的科学思维、问题解决能力以及科研能力均具有重大意义 [2]。但护理研究课程内容抽象，既要掌握基础概念，又要学会开展科研的方法，学生不易理解和掌握 [3]。系统评价的结果显示，比起传统的课堂学习，混合教学更能激发学生自主学习，促进师生有效沟通，获得较好的教学效果，增加学生的学习满意度。PBL 教学因其独特的优越性在国内外教学改革中取得了成效，但学生获取的知识缺乏系统性，对学生的知识基础、学习能力也要求较高。LBL 教学在我国沿用已久，强调知识的全面型、系统性，但 LBL 采取全程灌输式教学。PBL 联合 LBL 双轨教学，是将新型教学法与传统教学法结合，除教授知识外，还激发学生的学习兴趣，锻炼其分析、解决问题的能力，能有效增强学生的人际交流及沟通技巧，培养团队合作精神。目前，PBL 联合 LBL 双轨教学在我国护理理论教学、临床带教、护士培训等方面取得了一定的成果。然而，由于受到教学内容、对象、课时、师资及资源等因素的限制，其尚未能在护理研究课程中广泛普及。基于此，此研究探讨 PBL 联合 LBL 双轨教学在护理研究课程教学中的改革与实践，以改变护理本科生科研能力薄弱的现象，提高护理研究课程的教学质量。自 2020 年起，笔者构建并实施护理研究课程双轨教学方案，经过教学实践，取得了较满意的效果，现报告如下。

1　三峡大学 2020 年教学研究项目"基于 EAP 高校医学生心理健康教育的'W+3S'干预模式的研究"（J2020058），三峡大学 2020 年教学研究项目"PBL 联合 LBL 双轨教学在本科护理研究理论教学中的应用研究"（J2020059）；三峡大学 2023 年教学研究项目"STEAM 教育理念下多元混合式教学模式在妇产科护理学中的应用研究"（J2023071）。

2　郭华丽，三峡大学第一临床医学院·宜昌市中心人民医院主管护师，硕士，从事临床护理、护理教育研究。

一、研究对象

笔者选择三峡大学护理学院 2022 级 44 名全日制护理本科生为实验组，护理研究课程采用 PBL 联合 LBL 双轨教学混合式教学模式；选择 2021 级 41 名全日制护理本科为对照组，全部课程内容采用课堂教学。两届学生的招生方式、培养方案、使用的教材一致。在开始学习护理研究前，实验组两年所有课程的平均绩点成绩为（2.72 ± 0.46）分，对照组为（2.81 ± 0.42）分，差异无统计学意义（$t = 0.942$，$P = 0.397$）。

二、研究方法

课程教材选择胡雁、王志稳主编的《护理研究（第 5 版）》。护理研究课程在大二秋季学期开设，理论 22 学时，每周 2 学时，共 11 周。两组学生所用教材、授课教师、教学进度均一致。

（一）PBL 联合 LBL 双轨教学方法

采用 PBL 联合 LBL 双轨教学方法开展护理研究课程。

1. 组成试验教学团队

根据 PBL 联合 LBL 双轨教学方法的需要，遴选 5 名来自各个层次的教职人员组成实验团队，教授 1 名负责教学的咨询、指导工作。整个教学包括在医院收集案例、编制 PBL 病例、实施 PBL 联合 LBL 双轨教学和担任导师角色、各种资料的收集整理等。

2. 编写 PBL 案例

实验团队教师以临床问题为教学内容，收集并将其作为教学的临床课题基础，形成初步的 PBL 病例。其中，教师版 PBL 病例中提供详细的思路引导和参考资料[4]。学生版的病例中，着重介绍课题背景介绍、科研步骤、资料分析和需要解决的问题，只起启发学生思考的作用。

3. 培训学生

在护理研究课程教学前，对教师和学生进行培训，内容包括案例教学理念、案例编制原则、课堂教学流程与掌控等。对实验组的学生进行 PBL 联合 LBL 双轨教学法的简单介绍，使学生对该教学方法有一定的了解，为 PBL 联合 LBL 双轨教学法课程的顺利进行打下基础。

4. 教学的实施

选取选题与文献检索、科研设计方案、资料收集与分析三章作为研究比较的内容，共 6 学时，3 次课程。PBL 联合 LBL 双轨教学的教学流程为：①LBL 教学，用时 45 分钟，主要讲解重点及难点内容，对案例涉及内容起抛砖引玉作用，教师采用多媒体教学对学生进行课堂讲授教学。②PBL 教学，用时 45 分钟，呈现案例，首先提出第 1 阶段的问题，然后让护生思索、讨论与汇报，最后教师评析总结与讲解知识，用 LBL 教学法帮助学生理清思路，掌握重点[5]。教师在发布雨课堂预习课件时将案例附在其后，学生通过自导教学形式，各组根据组员自学成果沟通交流，讨论形成一份组内最终学习成果，于授课前 2 天将汇报课件交给授课教师，授课教师在学生自学阶段与学生保持有效的联系，以便了解学生的自学情况并适当给予引导。具体实施：①在开展选题与文献检索章节时，用 LBL 教学法重点讲解选题的基本概念和步骤、文献检索的操作和管理方法；用 PBL 教学法，以案例库中的课题"PBL 联合 LBL 双轨教学在本科护理研究理论教学中的应用研究"为引入点，在课题方向明确的情况下，提出"如何选题""如何进行文献检索"，进行小组讨论，不同小组从选题和文献检索角度进行汇报，授课老师结合 LBL 传授的知识点给予引导和总结。②在开展科研设计方案章节时，用 LBL 教学法重点讲解研究设计概念、干预性研究、分析性研究和描述性研究；用 PBL 教学法，以案例库中的文章"基于危机管理 4R 理论护理安全质量管理体系的构建与实施""SWOT 视角下地市级培训基地住院医师规范化培训管理工作的思考与分析"为背景，展开小组讨论，不同小组从研究设计的类型、研究设计的要点进行汇报，授课教师用知识点结合案例给予汇总评价。③在开展资料收集与分析时，将 LBL 教学法应用于收集资料的准备、生物医学测量法、观察法、问卷法的实操上，对资料进行整理和统计学分析。用 PBL 教学法，以案例库中的课题"高校阈下抑郁大学生人群的筛查与早期干预"为素材，展开小组讨论，不同小组从资料类型、资料的收集和整理分析入手，授课教师给予重点剖析。教师在讨论阶段主要注意小组讨论重点与案例重点、授课重点是否一致，实施给予指导；注意组员表现，如发现个别组员出现表现欲过强或过于沉默，可在适当的时候给予提醒。

（二）对照组教学方法

对照组采用传统教学法。课前，课程组的所有教师按照护理研究课程的教学大纲进行集体备课，并在雨课堂上提前发布预习课件，安排学生预习护理研究课程中的相关章节；授课时，在开启雨课堂授课的情况下进行幻灯片内容的讲解，利用雨课堂发布习题、现场收题、现场答疑解惑。对于"选题与文献检索"，学生自由组队（5～8 人 / 组）完成布置的作业及测试。

（三）评价方法

1. 诊断性评价标准

诊断性评价是 PBL 联合 LBL 双轨教学的总目标：撰写开题报告。评价指标包括对选题依据（10 分）、文献综述（5 分）、研究内容（30 分）、研究目标（10 分）、拟解决的主要问题（10 分）5 个方面进行考察。

2. 课程教学满意度评价

用教学评价表测量，该评价表被用于该课程的评价，包括教学态度、教学方法、教学引导 3 个维度的平均分；分值越高表示患者对教学效果越满意；3 分以上为满意，满意度 =（满意条目数 / 总条目数）×100%。采用 3 级评分法，1～3 分依次为"同意""不确定""不同意"，量表 Cronbach's α 系数为 0.776。

3. 形成性评价标准

形成性评价[6]是对学生课程考试成绩（由期末考试闭卷考试成绩和随堂测试成绩共同组成）的评价。形成性评价总分 = 期末考试成绩 ×70% + 随堂测试 ×30%。期末考试采取闭卷考试，两组的命题计划相同，试卷组成相同，总分 100 分。随堂测试主要测试章节基础知识，通过课程雨课堂平台进行，每章节都附有线上客观题测验，限时完成。

4. 资料收集方法

诊断性评价资料开题报告，两组学生均提交统一格式的纸质版，一式一份，封面注明学号、姓名、班级，课程负责人组织课程的所有教师按统一评分标准评阅。形成性评价的课程考试成绩由教务处提供，期末考试卷面成绩和平时成绩由教研室提供。课程教学满意度评价在每组课程结束时通过问卷星在线发放，运用问卷星收集信息并整合分析，共发放问卷 85 份，回收有效问卷 85 份，有效回收率为 100%。

5. 统计学方法

采用 SPSS 22.0 统计软件包分析数据，经正态性检验计量资料均服从正态分布，计量资料以)表示，组间比较采用独立样本 t 检验，$P < 0.05$，有统计学意义。

三、结果

（一）两组一般情况资料

实验组学生共 44 名，其中男 6 名、女 38 名；年龄为（20.72±0.69）岁；入学以来课程平均成绩为（79.39±7.23）分。对照组学生共 41 名，其中男 5 名、女 36 名；年龄为（20.35±0.75）岁；入学以来课程平均成绩为（77.28±6.54）分。将两组性别、年龄及入学以来课程平均成绩进行比较，差异均无统计学意义（$P > 0.05$）。

（二）两组学生在护理研究课程中的诊断性评价结果比较

表 1　两组学生在护理研究课程中的诊断性评价结果比较（$\bar{x} \pm s$，分）

组别	n	选题依据	文献综述	研究内容	研究目标	解决问题
对照组	41	7.14±1.42	3.02±0.22	22.35±2.42	8.24±0.48	7.94±0.76
实验组	44	7.61±0.52	5.21±0.59	23.69±1.76	8.69±0.52	8.02±0.81
t		−8.721	−15.721	−16.453	−1.721	−15.721
P		< 0.01	< 0.01	< 0.01	0.251	0.705

（三）两组教学满意度比较

学生对 PBL 联合 LBL 双轨教学在护理研究课程满意度总体得分为（4.17±0.46）分，其中，教学方法为（4.20±0.84）分；教学态度为（4.14±0.92）分；教学引导为（4.17±0.98）分，总体满意度 100%。

（四）两组学生在护理研究课程中的形成性评价标准比较

表 2　两组学生在护理研究课程中的形成性评价结果比较（$\bar{x} \pm s$，分）

组别	n	期末考试成绩	随堂测验	总分
对照组	41	78.14±4.82	93.62±3.22	82.35±4.42
实验组	44	82.61±3.42	93.83±4.75	86.69±2.46
t		−8.721	−15.721	−16.453
P		< 0.01	< 0.01	< 0.01

四、讨论

（一）PBL 联合 LBL 双轨教学运用到护理研究课程中，可以提升学生的科研能力

研究结果显示，PBL 联合 LBL 双轨教学组的学生，在选题依据、文献综述、研究内容、研究目标和解决问题方面的能力总体优于对照组，特别在选题依据、文献综述、研究内容方面，两组的比较差异具有统计学意义（$P < 0.05$）。目前，本科护生总体科研实践能力薄弱、科研成果较少[7]。该课程组教师基于 PBL 联合 LBL 双轨教学，将各种临床优质的科研课题、论文、专利的资源以案例库的形式融入，让学生通过预习自学掌握学习目标。然而，由于学生缺乏护理研究的基本知识，学生会因为对知识的不理解或因为无临床实践经验，出现自主性不强、单一的 LBL 教学效果较差的情况，因此，必须采用有效的教学策略以保证教学质量。PBL 的全称是 Problem-Based Leaning[8]，于 1969 年由美国的神经病学教授 Barrows 在加拿大的麦克马斯特大学首创，是一种以问题激发学生的学习动力，以学生自动学习加小组讨论为主，以教师指导为辅的教学方法，

弥补了传统教学中教师以"填鸭式"的方法向学生灌输知识，不能发挥学生主观能动性的缺陷。目前，PBL 已成为国际上流行的一种教学方法[9]。近年来，我们将传统的教学方法与 PBL 相结合，取得了较为满意的效果。PBL 联合 LBL 双轨教学是一种融合创新的教学模式，教师在课前给学生分组并布置任务，学生通过雨课堂进行预习，完成知识认知；课中，适当加入翻转课堂元素，以学生为主，在教师引导下分组协作、讨论评价，教师教学解疑、总结归纳，达到知识内化；课后，学生通过线上资源巩固反思，加强对章节知识重点和难点的掌握。PBL 联合 LBL 双轨教学有效地提高了教学效果。

（二）PBL 联合 LBL 双轨教学运用到护理研究课程中可以提升学习效果

研究结果显示，与传统教学相比，PBL 联合 LBL 双轨教学提高了学生的课程成绩，包括期末考试成绩和随堂测验。对照组的成绩明显低于实验组的成绩，差异有统计学意义（$P < 0.05$），这与其他研究者[10]的研究结果一致。PBL 联合 LBL 双轨教学将重点知识点的课堂教学与实际的案例密切结合。教师在课堂上面对面讲解核心知识，然后学生开展讨论和疑难解答，最后完成并提交作业。与传统课堂的授课方式相比，双轨教学更加灵活，可以发挥学生的主观能动性，帮助学生发现问题并想办法解决问题，进而掌握学习技巧，养成自学习惯。教师应善于控制讨论场面，掌握教学进度、深度和广度，传授学习方法、记忆方法、文献检索方法和写作技巧。最后，教师对学生的学习过程和结果进行总结、评价和评分。教师应突破时间和空间的限制，把优质的临床教学资源结合护理研究的知识点教授给学生，使学生更容易理解，在理解的基础上将理论知识学得更扎实。单纯 PBL 也具有其一定的局限性，比如对学生的自主学习能动性和计算机技能提出了更高的要求，以及学生校园集体感的缺失。而二者结合的混合教学模式将在线教学和传统课堂教学的优势有机地结合起来，其教学效果比单纯的传统课堂教学和单纯基于案例式讲解的教学效果更佳[11]。

（三）PBL 联合 LBL 双轨教学运用到护理研究课程中可以提高学生对教学的满意度

课堂教学满意度与学习兴趣密切相关[12]。研究结果显示，实验组学生的教学效果满意度评价优于对照组，实验组学生满意 PBL 联合 LBL 双轨教学，无论是对教师的教学态度、教学方法还是教学引导均满意；提示 PBL 联合 LBL 双轨教学可提高学生的课堂教学满意度，究其原因，可能是在本研究中融入 PBL 教学，提高了学生的学习兴趣。本研究将当下流行的 PBL 教学理念引入课堂，在避免学生产生倦怠感的同时解决了知识"吸收率低、转化率低"的问题。笔者在课前预习阶段设立疑难问题反馈机制，教师可及时根据学生学习情况进行调整，使课程内容更贴合学生实际，按需施教，从而获得学生的好评。教师将课后作业分解，采取小组合作形式完成，学生可根据自身兴趣及优势选择任务完成，也可提升学生对课堂教学的满意度。

五、结语

PBL 联合 LBL 双轨教学在护理研究课程中的应用，能有效提高本科护生的科研能力、课程考核成绩，能提升学生的课程学习满意度。这种教学模式使护生的学习方式由被动变主动，让教师的授课方式由主讲变主导，赋予了课堂新的活力。本项研究的教学模式，需要得到教学管理者的大力支持，因为 PBL 联合 LBL 双轨教学的构建和运行需要较大教学团队的精力投入。与传统教学相比，双轨教学的教学设计、学生课前学习的监督、案例库的编制等增加了教师的工作量，如果没有相配套的激励机制，会影响教师进行教改的积极性，导致持续动力不足，故如何完善教学模式和构建持续发展管理机制有待进一步研究。

参考文献:

[1] 王志稳,刘聪颖,吴雪.以学生发展为中心的护理研究课程思政教学设计与实践[J].中华护理教育,2023,20(1): 19-23.

[2] 李春香,李忠原,李显彬,等.CBL 与 PBL 双轨教学模式在检验核医学教学方法改革中的探索[J].中国继续 医学教育,2018,10(20):10-12.

[3] 祁艳霞,牟善芳.我国护理硕士研究生科研能力培养策略研究进展[J].中华护理教育,2015,12(5):393- 396.

[4] 王萍,王丽萍.毕博平台下任务驱动法在《护理研究》教学中的应用[J].医学教育研究与实践,2017,25(6): 861-864.

[5] 王萍,毛俊,曾兢.护理研究(案例版)[M].北京:科学出版社,2017.

[6] 郑晓英,王飞,卢英雪,等.形成性评价在护理研究教学中的应用[J].中国医药导报,2021,18(10):71- 75.

[7] 邢唯杰,王君俏,卢惠娟,等.混合教学模式在护理研究课程中的应用与评价[J].中华护理教育,2017,14(1): 14-17.

[8] 罗园园,张捷,樊琼玲,等.闯关式"案例+探究"教学法在护理研究课程中的应用[J].中华护理教育,2020,17(11): 1026-1031.

[9] 赵燕利,李秋芳,张春慧,等.基于雨课堂的混合式教学模式在护理研究教学中的应用[J].大学教育,2021(12): 7-10.

[10] 郭淑芳,冯俏,边红艳,等.护理研究课程教学方法改革实践[J].中华护理教育,2019,16(12):908-912.

[11] 张金峰,刘宁,吕岩岩.护理研究课程加强实践教学的思考与探索[J].中国继续医学教育,2018,10(15): 35-36.

[12] 张丽丽,李丽,齐广涛,等.PBL+LBL 用于妇产科轮转住院医师住培教学的效果[J].中国继续医学教育, 2023,15(11):97-100.

微课程结合 CBL 教学在骨科住院医师规范化培训教学中的应用[1]

刘建军[2]　王茂鹏　韩庆斌　黄卫　周游　李新志

摘　要：文章分析了课程结合 CBL 教学应用于骨科住院医师规范化培训中的教学效果。笔者将 2018 年至 2022 年在三峡大学附属仁和医院骨科轮转的 39 名住院医师规范化培训学员分为两组，对照组 18 名学员，实验组 21 名学员。对比两组学员的理论知识考试、病例分析考试、临床技能考核和教学满意度四个方面的评价。结果显示，实验组的理论知识考试成绩、病例分析考试成绩明显高于对照组（$P < 0.05$），实验组的学习兴趣、知识掌握程度、临床思维能力、总分等各项评分均高于对照组（$P < 0.05$），说明微课程结合 CBL 教学应用于骨科住院医师规范化培训中的教学效果优于传统教学方式。

关键词：微课程；CBL；骨科；住院医师规范化培训

　　住院医师规范化培训是临床医学教育的重要组成部分，是把医学毕业生培养为能够胜任临床工作的合格医师的重要环节。随着我国住院医师规范化培训工作的不断推进，传统教学方法的弊端不断显露。基于案例教学法（Case-Based Learning, CBL）以临床案例为基础，设计与之相关的问题，以案例为先导，以问题为基础，以学生为主体，以教师为引导的讨论式的教学模式。它更贴合医学教育的特点，有效弥补了传统教学枯燥机械、被动接受等不足，培养学生主动正确的临床思维、专业胜任能力[1]。随着移动网络技术的成熟，微课程（Microlecture, ML）也逐步应用到临床医学教育中。它将需要学习的知识点或重点问题录制为短时视频，使得学员可以随时随地学习。它的教学内容高度凝练，学员可以利于临床工作中碎片化的时间自由学习。笔者将微课程与 CBL 教学相结合，应用于骨科住院医师的规范化培训，探讨其教学效果。

一、资料与方法

（一）一般资料

　　研究对象为 2018 年至 2022 年在三峡大学附属仁和医院骨科轮转的 39 名住院医师规范化培训学员，2018 年和 2020 年采用传统方法教学的 18 名学员为对照组，2021 年和 2022 年采用微课程结合 CBL 教学的 21 名学员为实验组。两组学员均为男性，均为硕士研究生规培，培训年限均为 3 年，一般资料对比无明显差异。

（二）教学方法

　　实验组采用微课程结合 CBL 的教学方式进行教学。每周参照培训大纲选取 1 ～ 2 个典型病

1　2021 年三峡大学第二临床学院教学研究项目（202119）。

2　刘建军，三峡大学仁和医院骨科副主任医师，硕士，研究方向为骨科临床医疗及教学。

例作为教学病例。设置 3～4 个明确的学习目标，选取重要的知识点为主题，如骨折的流行病学、损伤机制、骨折的分型、治疗原则和方法、手术适应证、禁忌证、康复方案、预后，骨病的病史、病理生理、诊断、鉴别诊断、治疗、预防、健康教育。将相关知识点制作为微课进行互联网教学，并于学习后给予考核。要求学员查阅相关文献和专家共识，了解相关的前沿知识。在带教教师的组织下，学员对相关病例提出各自的分析、诊断、治疗、预后的想法，培养临床思维模式。参加科内术前病例讨论和术后病例回顾，轮流对所学相关知识进行小讲课汇报讨论，对相关知识进行强化和提高。与此同时，在带教教师的带教下，参与床旁的病史采集、体格检查、文书书写、医患沟通，以及夹板固定术、石膏固定术、骨骼牵引术、关节穿刺术、清创术和手术操作等临床技能的培训。

对照组采用传统教学模式，每周集中进行 1 次理论小讲课，带教教师按照培训大纲对相关知识进行讲授，学员在带教教师的带教下进行相关临床技能培训。

（三）考核指标

在轮转结束 4 周内，对相关学员进行考核评估。考核分为理论知识考试、病例分析考试、临床技能考核和教学满意度评价。①理论知识考核参照培训大纲，以基本理论、基本知识、基本技能和相关诊疗规范为主，采用闭卷笔试形式，以百分制计分。②病例分析选用临床病例，考核主要考察骨科常见病的读片、诊断、分型、治疗方法等临床分析判断解决问题的能力，兼顾相关医疗中人文关怀、法律法规意识，采用笔试和口试结合的方式，以百分制计分。③技能操作考核主要考察骨科的动手能力，考试包括基本操作考核和平时成绩，以百分制计分；骨科教学秘书对学员的石膏固定术；骨骼牵引术、关节腔注射术等规定的基本操作进行逐一考核评分，成绩占比60%；带教教师根据学员平时学习中的动手能力进行综合评定，给出平时成绩，成绩占比40%。④教学满意度评价，采用匿名调查问卷形式，从学习兴趣、知识掌握程度、临床思维能力、临床岗位胜任能力、自主学习能力等方面是否提升进行评分，评分用 1～5 分制评分法，总分为 25 分，满意度越高，则相应给予更高的评分。

（四）统计学方法

应用 SPSS 23.0 统计软件进行统计处理，计量数据以 $\bar{x} \pm s$ 表示，组间比较采用两独立样本 t 检验，以 $P < 0.05$ 为差异有统计学意义。

二、结果

各项考核评分显示，实验组理论知识考试成绩明显高于对照组，差异具有统计学意义（$P < 0.05$）。实验组病例分析考试成绩高于对照组分，差异具有统计学意义（$P < 0.05$）。实验组技能操作考核成绩也高于对照组，但差异不具有统计学意义（$P > 0.05$），如表 1 所列。

表 1 两组各项考核评分的对比（$\bar{x} \pm s$，分）

分组	理论知识考试	病例分析考试	技能操作考核
对照组（$n = 18$）	82.2 ± 5.6	79.7 ± 4.1	79.1 ± 4.7
实验组（$n = 21$）	86.0 ± 4.6	83.2 ± 5.0	81.6 ± 4.5
t 值	2.308	2.429	1.712
P 值	0.027	0.020	0.095

两组教学满意度调查结果显示，实验组学习兴趣、知识掌握程度、临床思维能力、临床岗位

胜任能力、自主学习能力、总分等评分均高于对照组，差异具有统计学意义（ $P < 0.05$ ）。如表2所列，实验组和对照组的临床思维能力、临床岗位胜任能力两项评分的差异不具有统计学意义（ $P > 0.05$ ），但实验组的评分分值仍高于对照组。

表2 两组教学满意度调查结果的对比（ $\bar{x} \pm s$ ，分）

分组	学习兴趣	知识掌握程度	临床思维能力	临床岗位胜任能力	自主学习能力	总分
对照组（ $n = 18$ ）	3.72 ± 0.82	3.27 ± 0.82	3.61 ± 0.84	3.72 ± 0.75	3.50 ± 0.70	17.83 ± 3.72
实验组（ $n = 21$ ）	4.28 ± 0.71	4.09 ± 0.70	4.14 ± 0.65	3.70 ± 0.70	3.81 ± 0.67	20.09 ± 2.34
t 值	2.280	3.345	2.205	0.171	1.329	2.577
P 值	0.028	0.002	0.034	0.866	0.172	0.014

三、讨论

住院医师规范化培训是深化医改和医学教育改革的重大举措，是医学毕业生成长为合格临床医师的必经之路。随着住院医师规范化培训制度建设的深入推进，国家对完善住院医师规范化培训制度、提高人才培养质量提出了新的更高要求，强调以临床岗位胜任力为导向，培养具备职业素养、患者照护、沟通合作、知识技能、教学能力及终身学习六大核心胜任力，综合能力强，高素质的医学人才[2]。并且，随着信息科学技术的不断进步和移动网络的不断普及，很多基于网络传播的新教学方式也不断丰富着我们的教学手段。传统的"以教师为主导授课，学员被动听课"的"填鸭式"学习方式，使学员的主观能动性不能得到很好的发挥，学员往往对教师所讲的内容不能完全理解或者记不住，掌握程度不高，学习效率低下。如何提升住院规范化培训的教学质量和学员的临床岗位胜任能力是很多带教教师应当思考的问题。

医学教育是一门实践性很强的学科，而医疗服务的对象是人，具有复杂性、多样性、整体性。医学生课堂上按系统、按疾病为模块，条块化割裂地讲授知识，使得医学生在面对患者时具有较大的局限性。真实的病例往往是患者有着不同的年龄，有着不同的受伤方式，可能合并有不同的合并伤，有着不同的基础疾病。因而，基于临床真实典型病例的CBL教学模式可能更贴合以临床岗位胜任力为核心的住院医生规范化培训教学。早在20世纪，美国哈佛大学医学院就提出了CBL教学方法，精选典型真实临床病例为基本教学内容，将抽象的理论概念与具体病例相结合并加以阐述，以结果为导向，让学生尝试在分析具体案例中独立地做出判断和决策，培养学生运用所学理论解决实际问题的能力。教师在传授课程内容的同时，更注重对学生思维模式的培养，将"授人以鱼"转变为"授人以渔"，获得了较好的效果，是临床教学中公认的比较先进的教学方法，得到了广泛推广。

此外，参加住院医生规范化培训的学员会被分配到各专业组，作为住院医师参与临床工作，随诊医疗工作的需要24小时不停运转。而且研究生学员有一定的科研任务，存在学习难度大、临床任务重、学习时间短暂而零碎的特点，特别是在急诊较多的骨科教学中，具有较大的随机性，集中授课往往难以达到良好的出勤率和教学效果。临床带教教师很难有足够的时间和精力对每个病例给予详尽的讲解，更多的是手术等临床操作的带教。随着移动网络的普及，2008年新墨西哥州圣胡安学院高级教师David Penrose提出了微课程教学[3]。他将知识点凝练制作成小视频，以网络为载体，具有单次知识内容少、教学时间短、方便利用碎片化时间学习、满足个性化需求的特点，非常适合住院医生规范化培训的授课。

笔者将CBL教学与微课程教学相结合，教学内容直接针对临床岗位所需，学习地点、学习时间充分自主，极大地提高了学员的学习兴趣，提升了其自主学习的能力。学员利用手术间隙、值班间隙等碎片化的时间来学习。例如，骨科教学涉及众多学科，如外科、生物力学、放射学、病理学、解剖学，内容繁杂，尤其是生物力学、骨折分型等枯燥的教学内容，依靠传统的教师灌输，学员难以理解、消化甚至吸收，总是记了忘，忘了记，难以熟练掌握，极容易造成学习疲劳[4]。微课程结合 CBL 的教学方式，可以将这些知识点凝练后固化下来，当学员在临床工作中遇到相关问题时，可以随时查阅相关知识，在学习中实践，在实践中学习，从而形成牢固的记忆和技能。结果对比分析表明，微课程结合 CBL 的教学模式的学员理疗知识考核、病案分析考核成绩明显提高。实验组技能操作考核成绩也略高于对照组，虽然这种差异不具有显著性。在知识掌握牢固程度、临床思维能力和临床岗位胜任能力等多项指标评价中，采用微课程结合 CBL 教学方式的实验组明显优于采用传统教学方法的对照组。可见，微课程结合 CBL 的教学模式有助于提升骨科住院医师规范化培训的教学质量。

当然，微课程结合 CBL 的教学方式也存在着不足。骨科是一门需要较强动手能力的学科，而微课程结合 CBL 的教学方式更侧重对学员临床思维的培训，需要学员积极地参与到临床各项实操训练中。除此以外，临床科室的各项术前病例讨论、疑难病例讨论、术后集体读片等临床活动，会进一步扩展学员的视野，加深学员对所学知识的理解、归纳、总结。此外，微课程的学习更依赖学员的自主性，应对一些自控能力较差的学员加强监督和考核，避免教学流于形式。我们通过实践摸索，在每次微课程中增加了考试环节，对学员进行学习掌握情况摸底、敦促。同时，微课程教学对教师也提出了更高的要求。教师要收集大量的资料，这会占用他们较多的时间和精力。

综上所述，在骨科住院医师规范化培训的教学中采用微课程结合 CBL 的教学模式，以临床典型病例为内容，以微课为载体，将二者有机结合，以学生自主学习为主导，以教师引导为辅助，能够充分调动学员学习的兴趣，能够充分发挥学员学习的主动性和探索性，能够培养学员思考和解决临床问题的能力。教学过程中，教师应打破时间、空间的限制，让学生更好地利用零碎闲暇时间学习知识，结合临床实践，逐步将碎片化的知识点转化为自身的临床经验，从而不断提升教学成效，提升学员的临床岗位胜任能力，培养更多更优秀的骨科临床实用型人才。

参考文献：

[1] 李亮亮，王雯雯，姜红，等.思维导图结合 CBL 在 NICU 住院医师规范化培训中的应用探讨［J］.中国高等医学教育，2020（3）：10-11.

[2] 张景峰，江茂情，郑建军，等.我国放射科住院医师规范化培训现状的调查与思考［J］.中国毕业后医学教育，2022，6（4）：315-320，325.

[3] 李文智，韦自卫，王忠.基于中美差别的视角探索新时代泌尿外科住院医师培养的中国化模式［J］.现代泌尿外科杂志，2020，25（5）：373-375，379.

[4] 王瑞，陈德旗.CBL 联合专题讨论教学法在骨科住院医师规范化培训中的应用［J］.中国毕业后医学教育，2022，6（4）：348-352.